Sammlung

von

Gesetzen, Verordnungen und Ministerial-erlassen strafrechtlichen Inhalts

für bayerische Polizeiorgane.

Mit systematischer Inhalts-Uebersicht und ausführlichem alphabetischen Register.

2. neubearbeitete Auflage.

Vom K. Staatsministerium des Innern

für die Gendarmerie und

Vom K. Staatsministerium der Justiz

für die Gerichte und Staatsanwaltschaften angeschafft.

München und **Berlin**

J. Schweitzer Verlag (Arthur Sellier)

1910.

Inhaltsverzeichnis.

Erster Abschnitt.

Die strafrechtlichen Grundbestimmungen.

Zweiter Abschnitt.

Öffentliche Ordnung und Sicherheit.

A. Sicherheit des Staates.

B. Öffentliche Ruhe.

C. Presse, Versammlungen und Vereine.

D. Fremden- und Paßpolizei.

E. Waffen und Sprengstoffe.

F. Bau- und Feuerpolizei.

G. Straßen- und Wasserpolizei.

Dritter Abschnitt:

Medizinal- und Veterinärwesen.

C. Arzneien und Gifte.

D. Krankheiten, Leichen- und Begräbnispolizei.

E. Viehseuchen.

Vierter Abschnitt.

Erwerbswesen.

A. Landwirtschaft.

E. Versicherungs- und Unterstützungswesen.

Nachtrag.

Anhang:

Erster Abschnitt.

Die strafrechtlichen Grundbestimmungen.

1. Strafgesetzbuch für das Deutsche Reich vom 15. Mai 1871 ff.

2. Bayerisches Polizeistrafgesetzbuch vom 26. Dezember 1871 ff.

3. K. Verordnung vom 4. Januar 1872, die Zuständigkeit der Verwaltungsbehörden in Sachen des Strafgesetzbuchs für das Deutsche Reich und des Polizeistrafgesetzbuchs betr. — Zuständigkeitsverordnung — (RegBl. S. 25).

I. Zum Strafgesetzbuche für das Deutsche Reich.

§ 1. Die in § 38 Abs. II der höheren Landespolizeibehörde vorbehaltene Befugnis wird durch die Distriktspolizeibehörden, in München durch die Polizeidirektion, ausgeübt und zwar:

1. bezüglich Angehöriger des bayerischen Staates oder solcher Personen, welche in Bayern eine vorläufige Heimat besitzen, durch die Distriktspolizeibehörde der Heimat des Verurteilten, oder wenn derselbe außerhalb seiner Heimat einen ständigen Aufenthaltsort hat, durch die Distriktspolizeibehörde des letzteren;
2. bezüglich Angehöriger anderer deutscher Staaten und bezüglich der Ausländer, welche keine vorläufige Heimat in Bayern besitzen, wenn der Verurteilte einen ständigen Aufenthaltsort in Bayern hat, durch die Distriktspolizeibehörde des letzteren, außerdem durch die Distriktspolizeibehörde des Ortes, an welchem er seine Strafe erstanden hat, oder wenn im Strafurteile die erkannte Strafe durch die erlittene Untersuchungshaft als getilgt erklärt wurde, durch die Distriktspolizeibehörde des Ortes der Verurteilung.

§ 2. Die Erlaubnis, Risse von Festungen oder einzelnen Festungswerken aufzunehmen oder zu veröffentlichen (§ 360 Ziff. 1), kann nur durch das Kriegsministerium erlangt werden.

§ 3. Zum Erlasse eines Verbotes der Aufsammlung von Vorräten von Waffen oder Schießbedarf (§ 360 Ziff. 2) sind die Distriktspolizeibehörden, in München die Polizeidirektion, zuständig.

§ 4. Die Errichtung von Aussteuer-, Sterbe- oder Witwenkassen oder anderen dergleichen Gesellschaften oder Anstalten, welche bestimmt sind, gegen Zahlung eines Einkaufsgeldes oder gegen Leistung von Geldbeträgen beim Eintritt gewisser Bedingungen oder Fristen, Zahlungen an Kapital oder Renten zu leisten, (§ 360 Ziff. 9) ist nur mit Genehmigung der Kreisregierung, Kammer des Innern, in deren Bezirk die Errichtung stattfindet, zulässig.

Sind derartige Kassen oder Anstalten außerhalb Bayerns errichtet, so bedürfen sie zur Ausdehnung ihres Geschäftsbetriebs auf Bayern der Genehmigung Unseres Staatsministeriums des Innern.

Die Errichtung oder der Betrieb von Versicherungsanstalten in Bayern ist insoferne nicht bezüglich einzelner derartiger Anstalten etwas Besonderes bestimmt ist, von der Genehmigung Unseres Staatsministeriums des Innern abhängig.

Anmerkung: Die Vorschrift des § 360 Ziff. 9 RStGB. ist, soweit sie sich auf Versicherungsunternehmungen im Sinne des Reichsgesetzes vom 12. Mai 1901 (RGBl. S. 139) bezieht, mit Inkrafttreten dieses Gesetzes aufgehoben.

§ 5. Zur Erlassung der in § 361 Ziff. 6 vorbehaltenen Anordnungen sind die Distriktspolizeibehörden, in München die Polizeidirektion, zuständig.

§ 6. Die Vollstreckung der in § 361 Ziff. 8 erwähnten Frist steht den Distriktspolizeibehörden, beziehungsweise exponierten Bezirksamtsassessoren, in München der Polizeidirektion, zu.

§ 7. Die in § 362 Abs. II der Landespolizeibehörde vorbehaltene Befugnis wird durch die Distriktspolizeibehörden, in München durch die Polizeidirektion, ausgeübt, und zwar:

1. bezüglich derjenigen Personen, welche in Bayern eine wirkliche oder vorläufige Heimat besitzen, durch die Distriktspolizeibehörde der Heimat,
2. bezüglich anderer Personen, wenn der Verurteilte einen ständigen Aufenthaltsort in Bayern besitzt, durch die Distriktspolizeibehörde des letzteren, außerdem durch die Distriktspolizeibehörde des Ortes, in welchem der Verurteilte seine Strafe erstanden hat, oder wenn im Strafurteile die erkannte Strafe durch die erlittene Untersuchungshaft als getilgt erklärt wurde, durch die Distriktspolizeibehörde des Ortes der Verurteilung.

Diese Behörden sind auch befugt, Ausländer (Nichtangehörige des Deutschen Reiches) gemäß § 362 Abs. III aus dem Bundesgebiet zu verweisen.

§ 8. Zur Erteilung der in § 367 Ziff. 8 vorgesehenen Erlaubnis sind die Distriktspolizeibehörden, beziehungsweise exponierten Bezirksamtsassessoren, in München die Polizeidirektion, zuständig.

§ 10. Die in § 367 Ziff. 11 vorgesehene polizeiliche Zuständigkeit in bezug auf das Halten und die Behandlung gefährlicher wilder oder bösartiger Tiere wird von den Distriktspolizeibehörden, beziehungsweise exponierten Bezirksamtsassessoren, in München von der Polizeidirektion, ausgeübt.

§ 11. Die in § 367 Ziff. 13 erwähnte Aufforderung hat von den Distriktspolizeibehörden, beziehungsweise den exponierten Bezirksamtsassessoren, in München von der Lokalbaukommission, auszugehen.

§ 12. Zum Erlasse der in § 367 Ziff. 14 vorgesehenen Anordnungen sind die Distriktspolizeibehörden und beziehungsweise exponierten Bezirksamtsassessoren, in dringenden Fällen die Ortspolizeibehörden zuständig; in München ist, soweit es sich um die Aufstellung oder Instandhaltung von Baugerüsten handelt, die Lokalbaukommission, in allen übrigen Fällen die Polizeidirektion, zuständig.

§ 13. Die nach § 369 Ziff. 1 erforderliche polizeiliche Erlaubnis wird durch die Ortspolizeibehörden, in München durch die Polizeidirektion, erteilt.

II. Zum Polizeistrafgesetzbuche.

§ 14. Die in Art. 19 der Polizeibehörde vorbehaltene Befugnis wird durch die Distriktspolizeibehörden, beziehungsweise exponierten Bezirksamtsassessoren und in dringenden Fällen durch die Ortspolizeibehörden, in München durch die Polizeidirektion, ausgeübt.

§ 15. Zur Veranstaltung öffentlicher Lustbarkeiten und dergl. — Art. 32 — ist, insoweit nicht für einzelne Arten derselben andere Bestimmungen bestehen, die Erlaubnis der Ortspolizeibehörde, in München der Polizeidirektion, erforderlich.

§ 16. Die zuständige Polizeibehörde in den durch Art. 38 vorgesehenen Fällen ist die Ortspolizeibehörde, in München die Polizeidirektion.

§ 17. Die Bewilligung, fremde Kinder unter acht Jahren gegen Bezahlung in Pflege oder Erziehung zu nehmen — Art. 41 —, wird von den Distriktspolizeibehörden, beziehungsweise den exponierten Bezirksamtsassessoren, in München von der Polizeidirektion, erteilt.

§ 18. Eine Reiseroute oder eine Reisezeit nach Art. 45 zwangsweise vorzuschreiben, sind zuständig:

I. Für die Landesteile diesseits des Rheins:

1. in München die Polizeidirektion;
2. in den anderen, einer Kreisregierung unmittelbar untergeordneten Städten die Magistrate;
3. in den übrigen Polizeibezirken die Bezirksämter, beziehungsweise die exponierten Bezirksamtsassessoren. Zugleich sind diejenigen Beamten oder Bediensteten, welche mit der Ver-

tretung der Staatsanwaltschaft bei den nicht an dem Sitze eines Bezirksamts oder exponierten Bezirksamtsassessors befindlichen Amtsgerichten betraut sind, zuständig, anstatt des Bezirksamts, Personen, welche ihnen oder den Amtsgerichten vorgeführt worden sind, eine Reiseroute oder Reisezeit in den eine solche Maßnahme begründenden Fällen zwangsweise vorzuschreiben.

II. Für die Pfalz:

1. die Bezirksämter,
2. die Ortspolizeibehörden an den Sitzen derjenigen Amtsgerichte, an welchen sich nicht zugleich auch ein Bezirksamt befindet.

Außerdem sind die Vorstände der Zuchthäuser, sowie der Gefangenanstalten und Arbeitshäuser zuständig, den zur Entlassung kommenden Personen eine Reiseroute oder Reisezeit zwangsweise vorzuschreiben.

§ 19. Die in Art. 65 vorgeschriebene Anzeige ist an die Ortspolizeibehörde zu erstatten.

§ 20. Sanitätspolizeiliche Maßregeln im Sinne des Art. 66 Abs. II zu treffen, steht den Distriktspolizeibehörden, beziehungsweise den exponierten Bezirksamtsassessoren, in München der Polizeidirektion, zu.

§ 21. Die Befugnis, über die Art der Reinigung der in Art. 67 Abs. I bezeichneten Gegenstände Vorschriften zu erteilen, sowie die Vernichtung solcher Gegenstände anzuordnen, ist den Distriktspolizeibehörden, beziehungsweise den exponierten Bezirksamtsassessoren, in München der Polizeidirektion, zugewiesen.

Zum Erlasse der in Art. 67 Abs. II vorgesehenen Anordnungen sind Unser Staatsministerium des Innern, dann die Kreisregierungen, Kammern des Innern, und die Distriktspolizeibehörden, sowie in dringenden Fällen die Ortspolizeibehörden zuständig, in München sind die Polizeidirektion und der Magistrat nach Maßgabe der über den Wirkungskreis dieser Behörden in bezug auf die Gesundheitspolizei bestehenden Bestimmungen zum Erlasse solcher Anordnungen kompetent.

§ 22. Die in Art. 78 erwähnten polizeilichen Zuständigkeiten werden von den Distriktspolizeibehörden, beziehungsweise den exponierten Bezirksamtsassessoren, in München von der Polizeidirektion ausgeübt.

§ 23. Wegen Unterbringung der in Art. 80 bezeichneten Personen in einer Irrenanstalt oder wegen deren sonstiger Verwahrung Anordnung zu treffen, steht der Distriktspolizeibehörde der Heimat der betreffenden Person, in München der Polizeidirektion, zu. Hat die betreffende Person in Bayern keine wirkliche oder angewiesene Heimat, so ist die Distriktspolizeibehörde des Aufenthaltsortes zuständig.

§ 24. Die in Art. 81 Abs. II vorgesehene Befugnis kommt den Distriktspolizeibehörden der Heimat der verwahrlosten Person, in München der Polizeidirektion, zu. Hat die betreffende Person in Bayern keine wirkliche oder angewiesene Heimat, so ist die Distriktspolizeibehörde des Aufenthaltsortes zuständig.

§ 25. Die berechtigte Polizeibehörde für die in Art. 105 bezeichneten Fälle ist die Distriktspolizeibehörde, beziehungsweise der exponierte Bezirksamtsassessor.

In München steht diese Berechtigung in den Fällen des § 367 Ziff. 13 und 15, dann § 368 Ziff. 3, sowie des Art. 101 der Lokalbaukommission zu; in den Fällen des § 367 Ziff. 14 ist die Polizeidirektion und Lokalbaukommission und in den Fällen des § 368 Ziff. 4 die Lokalbaukommission und der Magistrat nach Maßgabe der über den Wirkungskreis dieser Behörden bestehenden allgemeinen Bestimmungen zuständig.

Anmerkung: Vgl. K. Verordnung vom 2. Oktober 1869 (RegBl. S. 1881).

§ 26. Die in Art. 106 Abs. IV und V vorgesehene Befugnis wird von den Orts- oder Distriktspolizeibehörden, in München von der Polizeidirektion, ausgeübt.

III. Allgemeine Bestimmungen.

§ 33. Die Zuständigkeit zur Erlassung der gesetzlich statthaften polizeilichen Anordnungen, Gebote oder Verbote an einzelne Personen oder in bestimmten Fällen richtet sich, soweit nicht das Gesetz oder gegenwärtige Verordnung hierüber maßgibt, nach den über die Zuständigkeit der Behörden bestehenden allgemeinen Normen oder den zu den einzelnen Paragraphen oder Artikeln des Strafgesetzbuchs, beziehungsweise Polizeistrafgesetzbuchs, besonders erlassenen Verordnungen oder Polizeivorschriften.

---

4. Reichs-Strafprozeßordnung vom 1. Februar 1877 ff. (RGBl. S. 253).

§§ 94—111. Beschlagnahme und Durchsuchung.
§§ 112—132. Verhaftung und vorläufige Festnahme.

---

5. Bayerisches Gesetz vom 18. August 1879 zur Ausführung der Reichs-Strafprozeßordnung (GVBl. S. 781).

Art. 6. Wer den Verordnungen zuwiderhandelt, durch welche die Staatsregierung bei drohendem oder ausgebrochenem Kriege den Verkehr mit feindlichen Ländern oder feindlich besetzten Teilen des Staats- oder Reichsgebiets verboten, beschränkt oder geregelt, die Sammlung von Nachrichten, die Verbreitung oder Veröffentlichung gewisser Mitteilungen, sowie die Erlassung gewisser Aufforderungen untersagt oder beschränkt oder ähnliche mit der Kriegsgefahr im Zusammenhange stehende Maßregeln angeordnet hat, soll, soferne nicht die in den §§ 15 und 18 des Reichsgesetzes vom 7. Mai 1874 über die Presse enthaltenen Bestimmungen in Anwendung zu kommen haben, mit Gefängnis oder Festungshaft bis zu drei Monaten oder mit Geldstrafe bis zu sechshundert Mark bestraft werden.

Art. 7. Wer ungeachtet erfolgter Warnung durch ungeziemendes Benehmen vor einer öffentlichen Stelle oder Behörde dieselbe in ihrer Dienstverrichtung stört oder die ihr gebührende Achtung verletzt, soll, soweit nicht eine anderweitige gesetzliche Bestimmung in Anwendung zu bringen ist, mit Haft bis zu drei Tagen oder an Geld bis zu fünfzehn Mark bestraft werden.

Art. 8. Wird ein Gewerbe, bezüglich dessen nach den Bestimmungen der Gewerbeordnung vom 21. Juni 1869 das landesgesetzliche Erfordernis einer Konzession fortbesteht, zu einer Handlung mißbraucht, welche als Verbrechen oder als Vergehen strafbar ist, und wird der Gewerbetreibende deshalb zu einer Verbrechens- oder Vergehensstrafe verurteilt, so ist die zuständige Gewerbspolizeibehörde innerhalb dreier Monate nach eingetretener Rechtskraft des Strafurteils berechtigt, dem Verurteilten den selbständigen Gewerbsbetrieb auf die Dauer von höchstens drei Jahren zu untersagen.

Anmerkung: Diese Bestimmung tritt an Stelle des Art. 29 des Gesetzes vom 30. Januar 1868, das Gewerbswesen betr.

Art. 9. Wer Telegraphen-Freimarken nach ihrer Entwertung zur Frankierung einer telegraphischen Depesche benützt, wird mit dem vierfachen Betrage der defraudierten Gebühr, jedoch niemals unter einer Geldsumme von drei Mark, bestraft.

Inwieferne wegen hinzugetretener Vertilgung des Entwertungszeichens eine härtere Strafe verwirkt ist, wird nach den allgemeinen Strafgesetzen beurteilt.

Art. 12. Wer ohne polizeiliche Erlaubnis auf Straßen oder öffentlichen Plätzen Bekanntmachungen, Plakate oder Aufrufe anschlägt, anheftet, ausstellt oder öffentlich unentgeltlich verteilt, desgleichen wer ohne solche Erlaubnis eine der angeführten Handlungen vornehmen läßt, wird mit Haft bis zu 14 Tagen und an Geld bis zu neunzig Mark bestraft.

Sind mildernde Umstände vorhanden, so ist das Gericht befugt, entweder auf Haft bis zu 14 Tagen oder auf Geldstrafe bis zu neunzig Mark zu erkennen.

Neben der Strafe kann auf Einziehung der gesetzwidrig verbreiteten, aber noch nicht in fremdes Eigentum übergegangenen Schriften erkannt werden.

Art. 13. Die Polizeibehörde ist befugt, jede Schrift, welche gegen die Bestimmung des Art. 12 öffentlich verbreitet wird, mit Beschlag*) zu belegen.

---

*) Vgl. § 23 des Preßgesetzes (s. u. S. 20).

Auf die Beschlagnahme findet § 8 des Ediktes über die Freiheit der Presse und des Buchhandels vom 4. Juni 1848 Anwendung.

Anmerkung: § 8 dieses Ediktes lautet: „Die polizeiliche Beschlagnahme von Erzeugnissen der Presse kann nur wegen Übertretung eines in der Verfügung anzuführenden Strafgesetzes geschehen, und muß die Einleitung des in den Gesetzen bestimmten strafgerichtlichen Verfahrens längstens binnen acht Tagen nach sich ziehen."

Art. 15. An Geld bis zu sechshundert Mark werden Standesbeamte bestraft, wenn sie eine Ehe für geschlossen erklären, ehe das für den Abschluß derselben gesetzlich erforderliche distriktspolizeiliche Zeugnis beigebracht ist.

Diese Strafbestimmung findet auch Anwendung, wenn der erwähnten Handlung des Standesbeamten nur Fahrlässigkeit zugrunde liegt.

Art. 102. Die Behörden und Beamten des Polizei- und Sicherheitsdienstes sind verpflichtet, durch Aufsicht und Anstalten den Übertretungen der Strafgesetze möglichst zuvorzukommen und dieselben in ihrem Laufe zu unterdrücken.

Die bezeichneten Beamten sind berechtigt, bei allen strafbaren Handlungen denjenigen, welcher auf frischer Tat betreten wird, vorläufig festzunehmen, wenn die Festnahme unbedingt notwendig ist, um die Fortsetzung der strafbaren Handlung zu verhindern.

Der Festgenommene ist unverzüglich, soferne er nicht wegen Wegfalls der Ursache der Festnahme sofort wieder in Freiheit gesetzt wird, dem Amtsrichter des Bezirkes, in welchem die Festnahme erfolgt ist, vorzuführen.

Dieser hat, soferne nicht ein anderer die Festnahme rechtfertigender Grund vorhanden ist, die Freilassung anzuordnen, sobald eine Fortsetzung der strafbaren Handlung nach den Umständen nicht mehr mit Grund zu besorgen ist.

Die Festnahme zu dem Zwecke, um die Fortsetzung einer strafbaren Handlung zu verhindern, darf in keinem Falle über 24 Stunden fortgesetzt werden.

Art. 103.*) Beamte, welche glaubhafte Kenntnis von der bevorstehenden Ausführung eines Verbrechens oder Vergehens oder einer strafbaren Zuwiderhandlung gegen die gesetzlichen Vorschriften über Erhebung und Sicherung öffentlicher Abgaben oder Gefälle erlangt haben und vermöge ihres Amtes oder öffentlichen Dienstes die Begehung der Handlung zu verhindern verpflichtet sind, sollen, wenn sie die Verhinderung vorsätzlich unterlassen und die betreffende strafbare Handlung ausgeführt oder ein strafbarer Versuch derselben begangen worden ist, mit Geld bis zu neunhundert Mark disziplinär bestraft werden, soferne nicht nach sonstigen gesetzlichen Bestimmungen eine anderweitige Strafe Platz greift.

Art. 104. Beamte, welchen die Verübung eines Ver-

*) Die Art. 103—106 finden auf Beamte keine Anwendung, deren Dienststrafrecht durch das Beamtengesetz vom 15. August 1908 (GVBl. S. 581) geregelt ist. (Art. 223 Ziff. II, 105 ff. des Beamtengesetzes).

brechens oder eines *Vergehens* oder einer strafbaren *Zuwiderhandlung* gegen die gesetzlichen Vorschriften in bezug auf Erhebung und Sicherung *öffentlicher Abgaben oder Gefälle* bekannt geworden ist, sollen, wenn sie zur Anzeige dieser strafbaren Handlungen vermöge ihres Amtes verpflichtet sind und diese Anzeige vorsätzlich unterlassen, *bei unterlassener Anzeige* eines Verbrechens mit Geld bis zu sechshundert Mark und in den übrigen Fällen bis zu dreihundert Mark disziplinär bestraft werden, soweit nicht anderweitige Strafbestimmungen hiefür bestehen.

Art. 105. Ein *Beamter*, welcher vorsätzlich seiner *Dienstpflicht zuwiderhandelt*, um dadurch einem anderen Schaden zuzufügen oder sich oder einem Dritten einen rechtswidrigen Vorteil zu verschaffen, wird, wenn die Handlung unter keine andere Strafbestimmung fällt, disziplinär mit Geld bis zu dreihundert Mark bestraft.

Art. 106. Jeder *Beamte* ist verpflichtet, über die vermöge seines Amtes ihm bekannt gewordenen Angelegenheiten, deren Geheimhaltung ihrer Natur nach erforderlich oder von seinen Vorgesetzten vorgeschrieben ist, *Verschwiegenheit* zu beobachten. Diese Verpflichtung dauert fort, auch nachdem das Dienstverhältnis aufgelöst ist.

Zuwiderhandlungen werden, soferne nicht eine anderweitige Strafe verwirkt ist, disziplinär mit Geld bis zu sechshundert Mark bestraft.

Art. 112. Was in den vorstehenden Artikeln 103 bis 106, dann 108 bis 111 von Beamten bestimmt ist, gilt, vorbehaltlich der Bestimmungen des Disziplinargesetzes, von allen königlichen Staatsbeamten und öffentlichen Dienern, sowie von den *Beamten und öffentlichen Dienern der Gemeinden*, der öffentlichen Korporationen und öffentlichen *Stiftungen*, ferner von allen jenen, welche mit den Verrichtungen eines solchen Beamten oder öffentlichen Dieners vorübergehend oder ständig betraut sind, ohne Unterschied, ob sie einen Diensteid geleistet haben oder nicht.

Zweiter Abschnitt.

Öffentliche Ordnung und Sicherheit.

A. Sicherheit des Staates.

1. Reichsgesetz gegen den Verrat militärischer Geheimnisse vom 3. Juli 1893. (RGBl. S. 205).*)

§ 1. Wer vorsätzlich Schriften, Zeichnungen oder andere Gegenstände, deren Geheimhaltung im Interesse der Landesverteidigung erforderlich ist, in den Besitz oder zur Kenntnis eines anderen gelangen läßt, wird, wenn er weiß, daß dadurch die Sicherheit des Deutschen Reiches gefährdet wird, mit Zuchthaus nicht unter zwei Jahren bestraft, neben welchem auf Geldstrafe bis zu fünfzehntausend Mark erkannt werden kann.

Sind mildernde Umstände vorhanden, so tritt Festungshaft nicht unter sechs Monaten ein, neben welcher auf Geldstrafe bis zu zehntausend Mark erkannt werden kann.

§ 2. Wer außer dem Falle des § 1 vorsätzlich und rechtswidrig Gegenstände der daselbst bezeichneten Art in den Besitz oder zur Kenntnis eines anderen gelangen läßt, wird mit Gefängnis oder mit Festungshaft bis zu fünf Jahren bestraft.

Neben der Freiheitsstrafe kann auf Geldstrafe bis zu fünftausend Mark erkannt werden.

Der Versuch ist strafbar.

§ 3. Wer vorsätzlich den Besitz oder die Kenntnis von Gegenständen der im § 1 bezeichneten Art in der Absicht sich verschafft, davon zu einer die Sicherheit des Deutschen Reiches gefährdenden Mitteilung an Andere Gebrauch zu machen, wird mit Zuchthaus bis zu zehn Jahren bestraft, neben welchem auf Geldstrafe bis zu zehntausend Mark erkannt werden kann.

§ 4. Wer ohne die vorbezeichnete Absicht vorsätzlich und rechtswidrig den Besitz oder die Kenntnis von Gegenständen der im § 1 bezeichneten Art sich verschafft, wird mit Gefängnis bis zu drei Jahren oder mit Festungshaft von gleicher Dauer bestraft.

Neben der Freiheitsstrafe kann auf Geldstrafe bis zu fünftausend Mark erkannt werden.

Sind mildernde Umstände vorhanden, so kann ausschließlich auf die Geldstrafe erkannt werden.

Der Versuch ist strafbar.

---

*) Vgl. auch § 360 Ziff. 1 RStGB. und Zuständigkeitsverordnung § 2.

§ 5. Haben mehrere ein Verbrechen der in den §§ 1, 3 bezeichneten Art verabredet, ohne daß es zur Ausführung oder zu einem strafbaren Versuch desselben gekommen ist, so tritt Gefängnis nicht unter drei Monaten ein.

Neben der Freiheitsstrafe kann auf Geldstrafe bis zu fünftausend Mark erkannt werden.

Straflos bleibt der an einer Verabredung der vorbezeichneten Art Beteiligte, wenn er von derselben zu einer Zeit, wo die Behörde nicht schon anderweit davon unterrichtet ist, in einer Weise Anzeige macht, daß die Verhütung des Verbrechens möglich ist.

§ 6. In den Fällen der §§ 1, 3, 5 kann neben Gefängnis auf Verlust der bekleideten öffentlichen Ämter und der aus öffentlichen Wahlen hervorgegangenen Rechte, neben jeder Freiheitsstrafe auf Zulässigkeit von Polizeiaufsicht erkannt werden.

§ 7. Wer aus Fahrlässigkeit Gegenstände der im § 1 bezeichneten Art, die ihm amtlich anvertraut oder Kraft seines Amtes oder eines von amtlicher Seite erteilten Auftrages zugänglich sind, in einer die Sicherheit des Deutschen Reiches gefährdenden Weise in den Besitz oder zur Kenntnis eines anderen gelangen läßt, wird mit Gefängnis oder Festungshaft bis zu drei Jahren oder mit Geldstrafe bis zu dreitausend Mark bestraft.

Neben der Freiheitsstrafe kann auf Geldstrafe bis zu dreitausend Mark erkannt werden.

§ 8. Wer den von der Militärbehörde erlassenen, an Ort und Stelle erkennbar gemachten Anordnungen zuwider Befestigungsanlagen, Anstalten des Heeres oder der Marine, Kriegsschiffe, Kriegsfahrzeuge oder militärische Versuchs- oder Übungsplätze betritt, wird mit Geldstrafe bis zu einhundertfünfzig Mark oder mit Haft bestraft.

§ 9. Wer von dem Vorhaben eines der in den §§ 1 und 3 vorgesehenen Verbrechen zu einer Zeit, in welcher die Verhütung des Verbrechens möglich ist, glaubhafte Kenntnis erhält und es unterläßt, hiervon der Behörde zur rechten Zeit Anzeige zu machen, ist, wenn das Verbrechen oder ein strafbarer Versuch desselben begangen worden ist, mit Gefängnis zu bestrafen.

§ 10. Die Bestimmungen im § 4 Absatz 2 Nr. 2 des Strafgesetzbuches für das Deutsche Reich finden auch auf die in den §§ 1, 3, 5 dieses Gesetzes vorgesehenen Verbrechen und Vergehen Anwendung.

---

2. Reichsgesetz, betr. den Schutz der Brieftauben und den Brieftaubenverkehr im Kriege vom 28. Mai 1894 (RGBl. S. 463).

§ 1. Die Vorschriften der Landesgesetze, nach welchen das Recht, Tauben zu halten, beschränkt ist, und nach welchen im Freien betroffene Tauben der freien Zueignung oder der Tötung unterliegen, finden auf Militär-Brieftauben keine Anwendung.

Dasselbe gilt von landesgesetzlichen Vorschriften, nach welchen Tauben, die in ein fremdes Taubenhaus übergehen, dem Eigentümer des letzteren gehören.

§ 2. Insoweit auf Grund landesgesetzlicher Bestimmungen Sperrzeiten für den Taubenflug bestehen, finden dieselben auf die Reiseflüge der Militärbrieftauben keine Anwendung. Die Sperrzeiten dürfen für Militärbrieftauben nur einen zusammenhängenden Zeitraum von höchstens je zehn Tagen im Frühjahre und Herbste umfassen. Sind längere als zehntägige Sperrzeiten eingeführt, so gelten für Militärbrieftauben immer nur die ersten zehn Tage.

§ 3. Als Militärbrieftauben im Sinne dieses Gesetzes gelten Brieftauben, welche der Militär- (Marine-) Verwaltung gehören oder derselben gemäß den von ihr erlassenen Vorschriften zur Verfügung gestellt und welche mit dem vorgeschriebenen Stempel versehen sind.

Privatpersonen gehörige Militärbrieftauben genießen den Schutz dieses Gesetzes erst dann, wenn in ortsüblicher Weise bekannt gemacht worden ist, daß der Züchter seine Tauben der Militärverwaltung zur Verfügung gestellt hat.

Anmerkung: Als Stempel zur Bezeichnung der Militärbrieftauben dient das kaiserliche Wappen (Reichsadler).

Die Ortspolizeibehörden haben die Befolgung der gesetzlichen Vorschriften und dieser Ausführungsvorschriften seitens der Privatpersonen zu überwachen, insbesondere jeden Mißbrauch des Stempels zur strafrechtlichen Verfolgung zu bringen. (Amtsblatt des K. Staatsministeriums des Innern 1894 S. 432).

§ 4. Für den Fall eines Krieges kann durch kaiserliche Verordnung bestimmt werden, daß alle gesetzlichen Vorschriften, welche das Töten und Einfangen fremder Tauben gestatten, für das Reichsgebiet oder einzelne Teile desselben außer Kraft treten, sowie daß die Verwendung von Tauben zur Beförderung von Nachrichten ohne Genehmigung der Militärbehörde mit Gefängnis bis zu drei Monaten zu bestrafen ist.

3. K. Verordnung vom 31. Mai 1894, den Brieftaubenverkehr betr. (GVBl. S. 268.)

§ 1. Die Beförderung und das Auflassen ausländischer Brieftauben innerhalb des Regierungsbezirkes der Pfalz, sowie im Bereiche der Festung Ingolstadt und der Festung Ulm rechten Donauufers, wird verboten.*)

Die Einführung solcher Brieftauben für Zwecke der Züchtung in diese Bezirke kann jedoch gestattet werden. Die Genehmigung hiezu erteilt die Distriktsverwaltungsbehörde.

*) Strafbestimmung Art. 22a des PolStGB.

§ 2. Als ausländisch gelten jene Brieftauben, deren Heimatstationen außerhalb des Deutschen Reiches gelegen sind.

§ 3. Das K. Staatsministerium des Innern wird ermächtigt, im Einvernehmen mit dem K. Kriegsministerium, die zum Bereiche der Festungen im Sinne des § 1 Abs. 1 der gegenwärtigen Verordnung gehörigen Bezirke festzustellen und die zum Vollzuge des Absatz 2 desselben Paragraphen weiter erforderlichen Bestimmungen zu treffen.

B. Öffentliche Ruhe.

1. Gesetz vom 4. Mai 1851, das Einschreiten der bewaffneten Macht zur Erhaltung der gesetzlichen Ordnung betr. (GBl. S. 9.)

Art. 1. Wenn die zuständige Zivilbehörde zur Erhaltung der inneren Sicherheit oder der gesetzlichen Ordnung die bewaffnete Macht aufbietet, so muß das Aufgebot schriftlich erfolgen.

In Notfällen kann dasselbe mündlich gestellt, muß aber so bald als möglich schriftlich wiederholt werden.

Anmerkung: Zur Aufbietung der bewaffneten Macht im Sinne des Gesetzes vom 4. Mai 1851 sind in der Regel die Distriktspolizeibehörden berufen.

Die Ortspolizeibehörden sind hiezu nicht zuständig. Dagegen fällt ihnen die wichtige Aufgabe zu, von allen Vorkommnissen, welche geeignet sind, zu einem solchen Aufgebote Anlaß zu geben, möglichst frühzeitig der vorgesetzten Distriktspolizeibehörde Anzeige zu erstatten und zugleich mit den ihnen zu Gebote stehenden Machtmitteln vorläufig alle jene Maßnahmen zu treffen, welche zur Erhaltung der bedrohten oder zur Wiederherstellung der gestörten gesetzlichen Ordnung dienlich sind. Die gleiche Aufgabe obliegt der K. Gendarmerie gemäß den Allerhöchsten Organisationsverordnungen und den Dienstesinstruktionen.

Art. 2. Die Militärbehörde hat zu bestimmen, in welcher Stärke und aus welchen Waffengattungen die bewaffnete Macht abgeordnet werden soll.

Zu diesem Zwecke ist die Militärbehörde mit allen erforderlichen Aufschlüssen zu versehen.

Art. 3. Bevor die wirkliche Einschreitung der bewaffneten Macht erfolgt, sind die Zusammengerotteten durch einen Abgeordneten der Zivilbehörde dreimal im Namen des Gesetzes zum ruhigen Auseinandergehen aufzufordern.

Der Abgeordnete der Zivilbehörde soll in seiner Amtstracht erscheinen, oder doch mit einer weißen Schärpe ausgezeichnet sein.

Können die Aufforderungen nicht durch einen Abgeordneten der Zivilbehörde erfolgen, so sind sie durch eine von dem Befehlshaber der bewaffneten Macht abzuordnende Militärperson vorzunehmen.

Jeder Aufforderung geht, insoweit es möglich ist, ein Signal voraus.

Art. 4. Bleibt auch die dritte Aufforderung ohne Erfolg, so hat die bewaffnete Macht von ihren Waffen den erforderlichen Gebrauch zu machen.

Die Art und Dauer dieses Gebrauches hat der Befehlshaber, unter eigener Verantwortlichkeit, allein zu bestimmen.

Art. 5. Auch ohne Signal und Aufforderung (Art. 3) und insoweit sie bereits stattgefunden haben, ohne deren Wiederholung ist die bewaffnete Macht zu dem erforderlichen Gebrauch der Waffen befugt, wenn die Zusammengerotteten

1. auf die bewaffnete Macht eindringen, oder dieselbe auf irgend eine Weise angreifen, oder
2. Barrikaden errichten, oder
3. in öffentliche oder Privatgebäude eindringen oder einzudringen suchen, oder
4. Gewalttaten an Personen verüben, oder
5. fremdes Eigentum gewaltsam wegnehmen, beschädigen oder zerstören.

Art. 6. Von den Waffen kann in allen Fällen auch gegen denjenigen der erforderliche Gebrauch gemacht werden, welcher sich der Entwaffnung oder Verhaftung mit Gewalt widersetzt.

Art. 7. Personen, welche auf dem Wege zum Orte der Zusammenrottung betreten werden, können zurückgewiesen und, wenn sie bewaffnet sind, entwaffnet und zu Haft gebracht werden.

Art. 8. Auch nach erfolgter Wiederherstellung der Ordnung hat die bewaffnete Macht zu den notwendigen Verhaftungen, sowie zur Ablieferung der Gefangenen mitzuwirken.

---

2. Oberpolizeiliche Vorschriften zur Aufrechterhaltung der öffentlichen Ruhe, Ordnung und Sicherheit bei Eisenbahnbauten vom 7. April 1897. (GVBl. 1897 S. 63.) / 7. Februar 1906. (GVBl. 1906 S. 43.)*)

§ 1. Jeder arbeitsfähige Inländer und Ausländer, welcher gesund, mit der notdürftigen Kleidung sowie mit einer entsprechenden Legitimation, — insbesondere Paß, Heimatschein, Dienstboten- oder Arbeitsbuch, Militärpaß — versehen ist, darf zu Bahnbauarbeiten zugelassen werden. Für solche Personen, welche in dem nämlichen Distriktspolizeibezirke arbeiten, in welchem sie heimatberechtigt sind, genügt als Legitimation ein Vorweis der Ortspolizeibehörde.

Personen, die weder geimpft sind noch die Blattern bereits überstanden haben, dürfen in die Arbeit nicht eingestellt werden.

§ 2. Werktagsschulpflichtige Kinder sind von der Zulassung zu Eisenbahnbauarbeiten ausgeschlossen.

---

*) Strafbestimmung Art. 44 des PolStGB.

§ 3. Jeder, der bei Eisenbahnbauten Arbeit sucht, hat sich

a) für staatliche Eisenbahnbauten,

1. soweit es sich um Regiebauarbeiten handelt, bei der betreffenden K. Eisenbahnbausektion oder bei dem von dieser aufgestellten Bauführer oder bei dem betreffenden K. Staatsingenieur des einschlägigen K. Oberbahnamtes oder dem von letzterem aufgestellten Bauführer (Bahnmeister),
2. soweit es sich um verakkordierte Bauarbeiten handelt, bei dem betreffenden Bahnbauarkkordanten oder dem von diesem aufgestellten Stellvertreter,

b) für konzessionierte Privatbahnbauunternehmungen,

1. soweit es sich um Regiebauarbeiten handelt, bei dem von diesen Privatbahnbauunternehmungen aufgestellten Bahnbauleiter oder dessen Stellvertrter,
2. soweit es sich um verakkordierte Bauarbeiten handelt, bei dem betreffenden Bahnbauakkordanten oder dem von diesem aufgestellten Stellvertreter

zu melden und seine *Legitimation* vorzuzeigen.

Wird der Arbeiter angenommen, so erhält er eine nur für die sieben auf den Ausstellungstag folgenden Tage gültige *Aufnahmskarte*, mit welcher er sich zunächst bei dem Bahnarzte oder dessen Stellvertreter zu melden hat; dieser hat seinen Gesundheitszustand zu untersuchen und das Ergebnis auf der Rückseite der Aufnahmskarte zu vermerken.

Hierauf hat sich der Arbeiter sofort bei der Ortspolizeibehörde seines Wohnortes zu melden, derselben die Aufnahmskarte sowie seine Legitimation zu übergeben und seine Wohnung anzugeben.

Wenn seiner Aufnahme ein Hindernis nicht im Wege steht, so erhält er eine mit dem Stempel desjenigen der unter Abs. I aufgeführten Arbeitgeber, bei welchem er Arbeit sucht, versehene polizeiliche *Kontrollkarte* unter Siegelung und Fertigung der Ortspolizeibehörde. Bis zur Aushändigung dieser Kontrollkarte dient die mit dem bahnärztlichen Vermerke versehene Aufnahmskarte als Legitimation.

Bei Minderjährigen ist auf der Kontrollkarte anzugeben, welche Legitimation (Arbeitsbuch oder sonstige Legitimation) bei der Ortspolizeibehörde hinterlegt ist.

§ 4. Mit der Kontrollkarte hat sich der Arbeiter spätestens an dem auf ihre Aushändigung folgenden Tage bei dem einschlägigen *Arbeitgeber* oder dessen Stellvertreter zu melden; der Arbeitgeber oder dessen Stellvertreter hat die Kontrollkarte in sein Arbeiterverzeichnis einzutragen und den Eintrag auf der Rückseite der Kontrollkarte durch Beisetzung der Nummer des Verzeichnisses und seiner Unterschrift vorzumerken.

Kontrollkarten, welche diese *Vormerkung* nicht an sich tragen, sind als ungültig zu betrachten und den Besitzern abzunehmen.

§ 5. Kein Arbeitgeber oder dessen Stellvertreter darf einen Arbeiter vor der Beibringung der polizeilichen Kontrollkarte beschäftigen.

Den Arbeitern ist es verboten, ihre Kontrollkarte zu verpfänden oder an einen Dritten zu überlassen; sie haben diese Karte beständig bei sich zu führen und ihrem Arbeitgeber oder dessen Stellvertreter, sowie, wenn sie im Dienste eines Bahnbauakkordanten stehen, auch jedem Beamten oder Bediensteten der unter § 3 Abs. I Buchstabe a Ziff. 1 genannten Eisenbahnbaubehörden oder der unter Buchstabe b Ziff. 1 bezeichneten Privatbahnbauunternehmung, ferner jedem Polizeibeamten — Bürgermeister, Polizeidiener, Gendarmen usw. — auf Verlangen vorzuzeigen.

§ 6. Den Wohnunggebern ist es untersagt, Arbeiter und Arbeiterinnen zusammen in einem Wohnungsraume zu beherbergen, mit Ausnahme von Familien.

§ 7. Verändert der Arbeiter seine Wohnung, so hat er hievon der Ortspolizeibehörde Anzeige zu erstatten, welche die Wohnungsveränderung auf der Kontrollkarte vormerkt; die mit dieser Vormerkung versehene Kontrollkarte hat der Arbeiter seinem Arbeitgeber oder dessen Stellvertreter vorzuzeigen.

§ 8. Die Bahnbauakkordanten und ihre Stellvertreter sind verpflichtet, alle Vorkehrungen und Sicherheitsmaßregeln zu treffen, welche nach Anordnung der Polizeibehörde

a) bei staatlichen Eisenbahnbauten im Benehmen mit der einschlägigen K. Eisenbahnbaubehörde (K. Oberbahnamt oder K. Eisenbahnbausektion),

b) bei konzessionierten Privateisenbahnbauunternehmungen im Benehmen mit diesen oder mit dem von ihnen aufgestellten Bauleiter,

oder aber welche von den unter a und b bezeichneten K. Eisenbahnbaubehörden und Privateisenbahnbauunternehmungen allein zur Vermeidung von Unglücksfällen für erforderlich erachtet werden; die Arbeiter haben den bezüglichen sowie sonstigen zur Aufrechthaltung der öffentlichen Ruhe, Ordnung und Sicherheit getroffenen dienstlichen Anordnungen ihrer Vorgesetzten unbedingten Gehorsam zu leisten.

§ 9. Der gewerbsmäßige Verkauf von Eßwaren und Getränken auf den Bauplätzen ohne Bewilligung der Gewerbepolizeibehörde ist verboten. Marketendereien sind von der Gewerbepolizeibehörde nach vorgängigem Benehmen mit den in § 8 bezeichneten K. Eisenbahnbaubehörden und Privateisenbahnbauunternehmungen stets nur widerruflich und nur für solche Bauplätze zu bewilligen, welche von den bestehenden Schankstellen zu weit entfernt sind. In jeder Marketenderei muß ein mit der Fertigung der Ortspolizeibehörde versehenes Verzeichnis der Preise der daselbst feilgehaltenen Speisen und Getränke angeschlagen sein.

Den Arbeitern ist es gestattet, ihren täglichen Lebensmittelbedarf auf die Bauplätze mitzubringen, sowie behufs Erlangung besserer Kost Vereinigungen (Menagen) zu bilden.

Die Arbeitgeber oder deren Stellvertreter sind verpflichtet, dafür zu sorgen, daß auf den Bauplätzen stets gutes Trinkwasser in ausreichender Menge vorhanden sei.

§ 10. Wird ein Arbeiter entlassen, so hat der Arbeitgeber oder dessen Stellvertreter dies unter Angabe des Grundes der Entlassung auf der Rückseite der Kontrollkarte vorzumerken.

Der Entlassene hat sich spätestens am folgenden Tage bei der Ortspolizeibehörde abzumelden; steht seinem Abgange ein polizeiliches Hindernis nicht entgegen, so ist ihm gegen Übergabe seiner Kontrollkarte die von ihm hinterlegte Legitimation zurückzugeben.

§ 11. Die Nichtbefolgung der vorstehenden Vorschriften, sowie der in § 8 erwähnten, jeweils besonders bekannt gemachten Anordnungen zieht vorbehaltlich der etwa außerdem verwirkten Einschreitung die in Art. 44 des Polizeistrafgesetzbuches angedrohten Strafen nach sich.

§ 12. Die vorstehenden Vorschriften finden auf Eisenbahnbauten des Staates und von Privaten gleichmäßige Anwendung.

Soweit bei Eisenbahnbauten der letzteren Art Bahnärzte nicht aufgestellt sind, sind die in § 3 Abs. II vorgesehenen Geschäfte durch die K. Bezirksärzte oder deren Stellvertreter zu besorgen.

C. Presse, Versammlungen und Vereine.

1. Reichsgesetz über die Presse vom 7. Mai 1874 (in der Fassung des § 43 Abs. VI der Reichsgewerbeordnung). (RGBl. 1874 S. 65, 1883 S. 192.)

§ 2. Das gegenwärtige Gesetz findet Anwendung auf alle Erzeugnisse der Buchdruckerpresse, sowie auf alle andern, durch mechanische oder chemische Mittel bewirkten, zur Verbreitung bestimmten Vervielfältigungen von Schriften und bildlichen Darstellungen mit oder ohne Schrift, und von Musikalien mit Text oder Erläuterungen.

Was im folgenden von „Druckschriften" verordnet ist, gilt für alle vorstehend bezeichneten Erzeugnisse.

§ 3. Als Verbreitung einer Druckschrift im Sinne dieses Gesetzes gilt auch das Anschlagen, Ausstellen oder Auslegen derselben an Orten, wo sie der Kenntnisnahme durch das Publikum zugänglich ist.

§ 5. Die nichtgewerbsmäßige öffentliche Verbreitung von Druckschriften kann durch die Ortspolizeibehörde denjenigen Personen verboten werden, welchen nach §§ 57 Nr. 1, 2, 4, 57a, 57b Nr. 1 und 2 der Gewerbeordnung ein Legitimationsschein versagt werden darf.

Zuwiderhandlungen gegen ein solches Verbot werden nach § 148 der Gewerbeordnung bestraft.

§ 6. Auf jeder im Geltungsbereich dieses Gesetzes erscheinenden Druckschrift muß der Name und Wohnort des Druckers und, wenn sie für den Buchhandel, oder sonst zur Verbreitung bestimmt ist, der Name und Wohnort des Verlegers, oder — beim Selbstvertriebe der Druckschrift — des Verfassers oder Herausgebers genannt sein. An Stelle des Namens des Druckers oder Verlegers genügt die Angabe der in das Handelsregister eingetragenen Firma.

Ausgenommen von dieser Vorschrift sind die nur zu den Zwecken des Gewerbes und Verkehrs, des häuslichen und geselligen Lebens dienenden Druckschriften, als Formulare, Preiszettel, Visitenkarten und dergleichen, sowie Stimmzettel für öffentliche Wahlen, sofern sie nichts weiter als Zweck, Zeit und Ort der Wahl und die Bezeichnung der zu wählenden Personen enthalten.

§ 7. Zeitungen und Zeitschriften, welche in monatlichen oder kürzeren, wenn auch unregelmäßigen Fristen erscheinen (periodische Druckschriften im Sinne dieses Gesetzes), müssen außerdem auf jeder Nummer, jedem Stücke oder Hefte den Namen und Wohnort des verantwortlichen Redakteurs enthalten.

Die Benennung mehrerer Personen als verantwortliche Redakteure ist nur dann zulässig, wenn aus Form und Inhalt der Benennung mit Bestimmtheit zu ersehen ist, für welchen Teil der Druckschrift jede der benannten Personen die Redaktion besorgt.

§ 8. Verantwortliche Redakteure periodischer Druckschriften dürfen nur Personen sein, welche verfügungsfähig, im Besitze der bürgerlichen Ehrenrechte sind und im Deutschen Reiche ihren Wohnsitz oder gewöhnlichen Aufenthalt haben.

§ 9. Von jeder Nummer (Heft, Stück) einer periodischen Druckschrift muß der Verleger, sobald die Austeilung oder Versendung beginnt, ein Exemplar gegen eine ihm sofort zu erteilende Bescheinigung an die Polizeibehörde des Ausgabeorts unentgeltlich abliefern.

Diese Vorschrift findet keine Anwendung auf Druckschriften, welche ausschließlich Zwecken der Wissenschaft, der Kunst, des Gewerbes oder der Industrie dienen.

§ 10. Der verantwortliche Redakteur einer periodischen Druckschrift, welche Anzeigen aufnimmt, ist verpflichtet, die ihm von öffentlichen Behörden mitgeteilten amtlichen Bekanntmachungen auf deren Verlangen gegen Zahlung der üblichen Einrückungsgebühren in eine der beiden nächsten Nummern des Blattes aufzunehmen.

§ 11. Der verantwortliche Redakteur einer periodischen Druckschrift ist verpflichtet, eine Berichtigung der in letzterer mitgeteilten Tatsachen auf Verlangen einer beteiligten öffentlichen Behörde oder Privatperson ohne Einschaltungen oder Weglassungen aufzunehmen, sofern die Berichtigung von dem Einsender unterzeichnet ist, keinen strafbaren Inhalt hat und sich auf tatsächliche Angaben beschränkt.

Der Abdruck muß in der nach Empfang der Einsendung nächstfolgenden, für den Druck nicht bereits abgeschlossenen Nummer und zwar in demselben Teile der Druckschrift und mit derselben Schrift, wie der Abdruck des zu berichtigenden Artikels geschehen.

Die Aufnahme erfolgt kostenfrei, soweit nicht die Entgegnung den Raum der zu berichtigenden Mitteilung überschreitet; für die über dieses Maß hinausgehenden Zeilen sind die üblichen Einrückungsgebühren zu entrichten.

§ 13. Die auf mechanischem oder chemischem Wege vervielfältigten periodischen Mitteilungen (lithographierte, autographierte, metallographierte, durchschriebene Korrespondenzen) unterliegen, sofern sie ausschließlich an Redaktionen verbreitet werden, den in diesem Gesetze für periodische Druckschriften getroffenen Bestimmungen nicht.

§ 14. Ist gegen eine Nummer (Stück, Heft) einer im Auslande erscheinenden periodischen Druckschrift binnen Jahresfrist zweimal eine Verurteilung auf Grund der §§ 41 und 42 des Strafgesetzbuches erfolgt, so kann der Reichskanzler innerhalb zwei Monaten nach Eintritt der Rechtskraft des letzteren Erkenntnisses das Verbot der ferneren Verbreitung dieser Druckschrift bis auf zwei Jahre durch öffentliche Bekanntmachung aussprechen.

Die in den einzelnen Bundesstaaten auf Grund der Landesgesetzgebung bisher erlassenen Verbote ausländischer periodischer Druckschriften treten außer Wirksamkeit.

§ 15. In Zeiten der Kriegsgefahr oder des Krieges können Veröffentlichungen über Truppenbewegungen oder Verteidigungsmittel durch den Reichskanzler mittelst öffentlicher Bekanntmachung verboten werden.

§ 16. Öffentliche Aufforderungen mittelst der Presse zur Aufbringung der wegen einer strafbaren Handlung erkannten Geldstrafen und Kosten, sowie öffentliche Bescheinigungen mittelst der Presse über den Empfang der zu solchen Zwecken gezahlten Beiträge sind verboten.

Das zufolge solcher Aufforderungen Empfangene oder der Wert desselben ist der Armenkasse des Orts der Sammlung für verfallen zu erklären.

§ 17. Die Anklageschrift oder andere amtliche Schriftstücke eines Strafprozesses dürfen durch die Presse nicht eher veröffentlicht werden, als bis dieselben in öffentlicher Verhandlung kundgegeben worden sind oder das Verfahren sein Ende erreicht hat.

§ 18. Mit Geldstrafe bis zu eintausend Mark oder mit Haft oder mit Gefängnis bis zu sechs Monaten werden bestraft:

1. Zuwiderhandlungen gegen die in den §§ 14, 15, 16 und 17 enthaltenen Verbote;
2. Zuwiderhandlungen gegen die Bestimmungen der §§ 6, 7 und 8, welche durch falsche Angaben mit Kenntnis der Unrichtigkeit begangen werden.

Dieselbe Strafe trifft den Verleger einer periodischen Druckschrift auch dann, wenn er wissentlich geschehen läßt, daß auf derselben eine Person fälschlich als Redakteur benannt wird.

§ 19. Mit Geldstrafe bis zu einhundertundfünfzig Mark oder mit Haft werden bestraft:

1. Zuwiderhandlungen gegen die §§ 6, 7 und 8, welche nicht durch § 18 Ziffer 2 getroffen sind;
2. Zuwiderhandlungen gegen den § 9;
3. Zuwiderhandlungen gegen die §§ 10 und 11.

In den Fällen der Ziffer 3 tritt die Verfolgung nur auf Antrag ein, und hat das Strafurteil zugleich die Aufnahme des eingesandten Artikels in die nächstfolgende Nummer anzuordnen. Ist die unberechtigte Verweigerung im guten Glauben geschehen, so ist unter Freisprechung von Strafe und Kosten lediglich die nachträgliche Aufnahme anzuordnen.

§ 20. Die Verantwortlichkeit für Handlungen, deren Strafbarkeit durch den Inhalt einer Druckschrift begründet wird, bestimmt sich nach den bestehenden allgemeinen Strafgesetzen.

Ist die Druckschrift eine periodische, so ist der verantwortliche Redakteur als Täter zu bestrafen, wenn nicht durch besondere Umstände die Annahme seiner Täterschaft ausgeschlossen wird.

§ 21. Begründet der Inhalt einer Druckschrift den Tatbestand einer strafbaren Handlung, so sind der verantwortliche Redakteur, der Verleger, der Drucker, derjenige, welcher die Druckschrift gewerbsmäßig vertrieben oder sonst öffentlich verbreitet hat (Verbreiter), soweit sie nicht nach § 20 als Täter oder Teilnehmer zu bestrafen sind, wegen Fahrlässigkeit mit Geldstrafe bis zu eintausend Mark oder mit Haft oder mit Festungshaft oder Gefängnis bis zu einem Jahre zu belegen, wenn sie nicht die Anwendung der pflichtgemäßen Sorgfalt oder Umstände nachweisen, welche diese Anwendung unmöglich gemacht haben.

Die Bestrafung bleibt jedoch für jede der benannten Personen ausgeschlossen, wenn sie als den Verfasser oder den Einsender, mit dessen Einwilligung die Veröffentlichung geschehen ist, oder, wenn es sich um eine nichtperiodische Druckschrift handelt, als den Herausgeber derselben, oder als einen der in obiger Reihenfolge vor ihr Benannten eine Person bis zur Verkündigung des ersten Urteils nachweist, welche in dem Bereich der richterlichen Gewalt eines deutschen Bundesstaates sich befindet, oder falls sie verstorben ist, sich zur Zeit der Veröffentlichung befunden hat; hinsichtlich des Verbreiters ausländischer Druckschriften außerdem, wenn ihm dieselben im Wege des Buchhandels zugekommen sind.

§ 22. Die Strafverfolgung derjenigen Verbrechen und Vergehen, welche durch die Verbreitung von Druckschriften strafbaren Inhalts begangen werden, sowie derjenigen sonstigen Vergehen, welche in diesem Gesetze mit Strafe bedroht sind, verjährt in sechs Monaten.

§ 23. Eine Beschlagnahme von Druckschriften ohne richterliche Anordnung findet nur statt:

1. wenn eine Druckschrift den Vorschriften der §§ 6 und 7 nicht entspricht, oder den Vorschriften des § 14 zuwider verbreitet wird,
2. wenn durch eine Druckschrift einem auf Grund des § 15 dieses Gesetzes erlassenen Verbot zuwider gehandelt wird,
3. wenn der Inhalt einer Druckschrift den Tatbestand einer der in den §§ 85, 95, 111, 130 oder 184 des deutschen Strafgesetzbuchs mit Strafe bedrohten Handlungen begründet, in den Fällen der §§ 111 und 130 jedoch nur dann, wenn dringende Gefahr besteht, daß bei Verzögerung der Beschlagnahme die Aufforderung oder Anreizung ein Verbrechen oder Vergehen unmittelbar zur Folge haben werde.

Anmerkung: Vgl. Art. 13 des AusfG. z. StPO. (s. o. S. 6.)

§ 24. Über die Bestätigung oder Aufhebung der vorläufigen Beschlagnahme hat das zuständige Gericht zu entscheiden.

Diese Entscheidung muß von der Staatsanwaltschaft binnen vierundzwanzig Stunden nach Anordnung der Beschlagnahme beantragt und von dem Gericht binnen vierundzwanzig Stunden nach Empfang des Antrages erlassen werden.

Hat die Polizeibehörde die Beschlagnahme ohne Anordnung der Staatsanwaltschaft verfügt, so muß sie die Absendung der Verhandlungen an die letztere ohne Verzug und spätestens binnen zwölf Stunden bewirken. Die Staatsanwaltschaft hat entweder die Wiederaufhebung der Beschlagnahme mittelst einer sofort vollstreckbaren Verfügung anzuordnen, oder die gerichtliche Bestätigung binnen zwölf Stunden nach Empfang der Verhandlungen zu beantragen.

Wenn nicht bis zum Ablaufe des fünften Tages nach Anordnung der Beschlagnahme der bestätigende Gerichtsbeschluß der Behörde, welche die Beschlagnahme angeordnet hat, zugegangen ist, erlischt die letztere und muß die Freigabe der einzelnen Stücke erfolgen.

§ 27. Die Beschlagnahme von Druckschriften trifft die Exemplare nur da, wo dergleichen zum Zwecke der Verbreitung sich befinden. Sie kann sich auf die zur Vervielfältigung dienenden Platten und Formen erstrecken; bei Druckschriften im engeren Sinne hat auf Antrag des Beteiligten statt Beschlagnahme des Satzes das Ablegen des letzteren zu geschehen.

Bei der Beschlagnahme sind die dieselbe veranlassenden Stellen der Schrift unter Anführung der verletzten Gesetze zu bezeichnen. Trennbare Teile der Druckschrift (Beilagen einer Zeitung 2c.), welche nichts Strafbares enthalten, sind von der Beschlagnahme auszuschließen.

§ 28. Während der Dauer der Beschlagnahme ist die Verbreitung der von derselben betroffenen Druckschrift oder der Wiederabdruck der die Beschlagnahme veranlassenden Stellen unstatthaft.

Wer mit Kenntnis der verfügten Beschlagnahme dieser Bestimmung entgegenhandelt, wird mit Geldstrafe bis fünfhundert Mark oder mit Gefängnis bis zu sechs Monaten bestraft.

---

2. Reichs-Vereinsgesetz vom 19. April 1908.

(RGBl. S. 151.)

§ 1. Alle Reichsangehörigen haben das Recht, zu Zwecken, die den Strafgesetzen nicht zuwiderlaufen, Vereine zu bilden und sich zu versammeln. Dieses Recht unterliegt polizeilich nur den in diesem Gesetz und anderen Reichsgesetzen enthaltenen Beschränkungen.

Die allgemeinen sicherheitspolizeilichen Bestimmungen des Landesrechts finden Anwendung, soweit es sich um die Verhütung unmittelbarer Gefahr für Leben und Gesundheit der Teilnehmer an einer Versammlung handelt.

Anmerkung: Bayer. Vollzugsanweisung vom 12. Mai 1908 Ziff. 1—4 (MABl. S. 247):

1. Nach § 1 Abs. 1 des Gesetzes unterliegt das Recht der Reichsangehörigen, Vereine zu bilden und sich zu versammeln, polizeilich nur den im Reichsvereinsgesetze und anderen Reichsgesetzen, wie z. B. Seuchengesetze, Reblausgesetz, Reichsstrafgesetzbuch, Reichsstrafprozeßordnung, enthaltenen Beschränkungen.

Unter den allgemeinen sicherheitspolizeilichen Bestimmungen des Landesrechts, welche zur Verhütung unmittelbarer Gefahr für Leben und Gesundheit der Teilnehmer an einer Versammlung zulässig sind, sind insbesondere die Bestimmungen über die Bau-, Feuer- und Verkehrssicherheit sowie die der Gesundheitspolizei zu verstehen.

2. Durch § 1 Abs. 1 des Gesetzes werden die Disziplinarbefugnisse der Behörden gegenüber den ihnen unterstellten Beamten und Bediensteten, sowie die Disziplinarvorschriften für Unterrichts- und Erziehungsanstalten nicht berührt.

3. Den Reichsausländern steht ein Recht, Vereine zu bilden und sich zu versammeln, nicht zu; sie sind jedoch hinsichtlich solcher Veranstaltungen den Vorschriften des Reichsvereinsgesetzes unterworfen.

4. Den Reichsangehörigen dürfen aus dem Umstande, daß Ausländer inländischen Vereinen angehören oder sich an von Reichsangehörigen veranstalteten Versammlungen beteiligen, Schwierigkeiten oder Nachteile hinsichtlich des ihnen gesetzlich zustehenden Vereins- und Versammlungsrechtes nicht entstehen.

§ 2. Ein Verein, dessen Zweck den Strafgesetzen zuwiderläuft, kann aufgelöst werden.

Die Auflösungsverfügung kann im Wege des Verwaltungsstreitverfahrens und wo ein solches nicht besteht, im Wege des Rekurses nach Maßgabe der Vorschriften der §§ 20, 21 der Gewerbeordnung angefochten werden.

Die endgültige Auflösung eines Vereins ist öffentlich bekannt zu machen.

Anmerkung: Bekanntmachung des K. Staatsministeriums des Innern vom 12. Mai 1908, den Vollzug des Vereinsgesetzes betr. Ziff. 2 und 3 (MABl. S. 141):

2. Die Auflösung eines Vereines, dessen Zweck den Strafgesetzen zuwiderläuft, auf Grund des § 2 des Gesetzes erfolgt durch Beschluß der Distriktspolizeibehörde, in München der K. Polizeidirektion. Das Verfahren, insbesondere hinsichtlich der Beschwerde, sowie die Zuständigkeit des Verwaltungsgerichtshofes bemißt sich nach dem Gesetze über die Ausführung des Vereinsgesetzes vom 6. Juli 1908 (GVBl. S. 351).

3. Die öffentliche Bekanntmachung der endgültigen Auflösung eines Vereines erfolgt durch Einrückung in das für die öffentlichen Bekanntmachungen der Distriktspolizeibehörde bestimmte Amtsblatt.

§ 3. Jeder Verein, der eine Einwirkung auf politische Angelegenheiten bezweckt (politischer Verein), muß einen Vorstand und eine Satzung haben.

Der Vorstand ist verpflichtet, binnen einer Frist von zwei Wochen nach Gründung des Vereins die Satzung sowie das Verzeichnis der Mitglieder des Vorstandes der für den Sitz des Vereins zuständigen Polizeibehörde einzureichen. Über die erfolgte Einreichung ist eine kostenfreie Bescheinigung zu erteilen.

Ebenso ist jede Änderung der Satzung sowie jede Änderung in der Zusammensetzung des Vorstandes binnen einer Frist von zwei Wochen nach dem Eintritte der Änderung anzuzeigen.

Die Satzung sowie die Änderungen sind in deutscher Fassung einzureichen. Ausnahmen von dieser Vorschrift können von der höheren Verwaltungsbehörde zugelassen werden.

Anmerkung: Ziff. 7 Abs. 2 der bayer. Vollzugsanweisung vom 12. Mai 1908: Gewerkschaftliche Vereine, die innerhalb des Rahmens des § 152 der Gewerbeordnung sich nur mit Berufs- und Standesfragen ihrer Mitglieder befassen, sind als politische Vereine nicht anzusehen.

Vgl. Anmerkung zu § 21 des Gesetzes wegen der Begriffe „Polizeibehörde" und „höhere Verwaltungsbehörde".

§ 4. Personenmehrheiten, die vorübergehend zusammentreten, um im Auftrage von Wahlberechtigten Vorbereitungen für bestimmte Wahlen zu den auf Gesetz oder Anordnung von Behörden beruhenden öffentlichen Körperschaften zu treffen, gelten vom Tage der amtlichen Bekanntmachung des Wahltags bis zur Beendigung der Wahlhandlung nicht als politische Vereine.

Anmerkung: Ziff. 8 der bayer. Vollzugsanweisung vom 12. Mai 1908:

8. Als Wahlen im Sinne des § 4 des Gesetzes sind die Wahlen zum Reichstag, zum Landtag, zur Kreis-, Distrikts- und Gemeindevertretung, ferner auch die Wahlen zu den Handels- und Gewerbekammern, zu den Handwerkskammern, Gewerbegerichten, Kaufmannsgerichten, sowie zu anderen auf Gesetz oder Anordnung von Behörden beruhenden öffentlichen Körperschaften zu verstehen.

§ 5. Wer eine öffentliche Versammlung zur Erörterung politischer Angelegenheiten (politische Versammlung) veranstalten will, hat hiervon mindestens 24 Stunden vor dem Beginne der Versammlung unter Angabe des Ortes und der Zeit bei der Polizeibehörde Anzeige zu erstatten. Über die Anzeige ist von der Polizeibehörde sofort eine kostenfreie Bescheinigung zu erteilen.

Anmerkung: Ziff. 4 der Bekanntmachung des K. Staatsministeriums des Innern vom 12. Mai 1908, den Vollzug des Vereinsgesetzes betreffend:

4. Die in § 5 des Gesetzes vorgeschriebene Anzeige über die Veranstaltung einer politischen Versammlung ist von dem Veranstalter mindestens 24 Stunden vor dem Beginn der Versammlung bei der Ortspolizeibehörde (Ziff. 1 Abs. 2) zu erstatten. Die Ortspolizeibehörde hat sofort die vorgeschriebene kostenfreie Bescheinigung, in welcher der Zeitpunkt (Tag und Stunde) der Anzeigeerstattung tunlichst genau festzustellen ist, zu erteilen und unverzüglich, erforderlichen Falles telegraphisch oder telephonisch, der vorgesetzten Distriktspolizeibehörde über die Versammlung Nachricht zu geben.

Vgl. ferner Anmerkung zu § 21 dieses Gesetzes wegen des Begriffes „Polizeibehörde".

§ 6. Einer Anzeige bedarf es nicht für Versammlungen, die öffentlich bekannt gemacht worden sind; die Erfordernisse der Bekanntmachung bestimmt die Landeszentralbehörde.

Einer Anzeige bedarf es ferner nicht für Versammlungen der Wahlberechtigten zum Betriebe der Wahlen zu den auf Gesetz oder Anordnung von Behörden beruhenden öffentlichen Körperschaften vom Tage der amtlichen Bekanntmachung des Wahltags bis zur Beendigung der Wahlhandlung.

Das Gleiche gilt für Versammlungen der Gewerbetreibenden, gewerblichen Gehilfen, Gesellen, Fabrikarbeiter, Besitzer und Arbeiter von Bergwerken, Salinen, Aufbereitungsanstalten und unterirdisch betriebenen Brüchen und Gruben zur Erörterung von Verabredungen und Vereinigungen zum Behufe der Erlangung günstiger Lohn- und Arbeitsbedingungen, insbesondere mittelst Einstellung der Arbeit oder Entlassung der Arbeiter.

Anmerkung zu Abs. 1: Ziff. 5 der Bekanntmachung des K. Staatsministeriums des Innern vom 12. Mai 1908, den Vollzug des Vereinsgesetzes betreffend:

5. Der Anzeige bei der Polizeibehörde bedarf es nicht, wenn die öffentliche Bekanntmachung der Versammlung unter Angabe des Ortes und der Zeit der Versammlung sowie ihres Veranstalters erfolgt entweder

a) in einer im Bezirke der Distriktspolizeibehörde erscheinenden Zeitung oder
b) durch öffentlichen, in die Augen fallenden Anschlag unter Beachtung der allenfalls über das Plakatwesen bestehenden polizeilichen Vorschriften oder
c) durch Ausrufen, wo dies für Bekanntmachungen auch nicht amtlicher Art ortsüblich ist.

Spätestens 24 Stunden vor Beginn der Versammlung muß die Nummer der Zeitung, welche die Bekanntmachung enthält, zur Ausgabe gelangt sein oder der Anschlag oder das Ausrufen der Bekanntmachung begonnen haben.

Die Ortspolizeibehörden haben in den oben lit. a—c bezeichneten Fällen jeweils sofort die in Ziff. 4 (siehe Anmerkung zu § 5) vorgeschriebene Anzeige an die Distriktspolizeibehörde zu erstatten.

Zu Abs. 2: Ziff. 10 der bayerischen Vollzugsanweisung vom 12. Mai 1908:

10. Als Wahlen im Sinne dieser Bestimmung sind die in Ziff. 8 (siehe Anmerkung zu § 4) bezeichneten Wahlen gleichmäßig zu verstehen.

Die in § 6 Abs. 2 des Gesetzes bezeichneten Versammlungen der Wahlberechtigten verlieren diese Eigenschaft nicht schon dadurch, daß den Versammlungen auch nichtwahlberechtigte Personen anwohnen.

§ 7. Öffentliche Versammlungen unter freiem Himmel und Aufzüge auf öffentlichen Straßen oder Plätzen bedürfen der Genehmigung der Polizeibehörde.

Die Genehmigung ist von dem Veranstalter mindestens 24 Stunden vor dem Beginne der Versammlung oder des Aufzugs unter Angabe des Ortes und der Zeit nachzusuchen. Sie ist schriftlich zu erteilen und darf nur versagt werden, wenn aus der Abhaltung der Versammlung oder der Veranstaltung des Aufzugs Gefahr für die öffentliche Sicherheit zu befürchten ist. Im Falle der Verweigerung ist dem Veranstalter sofort ein kostenfreier Bescheid mit Angabe der Gründe zu erteilen.

Anmerkung: Zu § 7 Abs. 1 und 2 und § 9: Ziff. 6 bis 10 der Bekanntmachung des K. Staatsministeriums des Innern vom 12. Mai 1908, den Vollzug des Vereinsgesetzes betreffend:

6. Öffentliche Versammlungen auf öffentlichen Straßen und Plätzen und Aufzüge auf öffentlichen Straßen und Plätzen bedürfen der Genehmigung der Distriktspolizeibehörde.

Wird die Genehmigung verweigert oder von der Einhaltung bestimmter Bedingungen abhängig gemacht, so ist dem Veranstalter sofort ein gebühren- und kostenfreier Bescheid mit Angabe der Gründe zu erteilen. Gegen diesen Bescheid findet innerhalb einer Frist von 14 Tagen Beschwerde an die K. Regierung, Kammer des Innern statt, welche in zweiter und letzter Instanz entscheidet. Die Oberaufsichtsbeschwerde an das K. Staatsministerium wird hiedurch nicht ausgeschlossen.

7. Öffentliche Versammlungen unter freiem Himmel, die nicht auf öffentlichen Straßen und Plätzen stattfinden, bedürfen einer Genehmigung nicht, wenn sie nach Ziff. 4 (siehe Anmerkung zu § 5) bei der Ortspolizeibehörde angezeigt worden sind. Diese hat auch in diesem Falle nach Ziff. 4 zu verfahreu.

8. Keiner Genehmigung oder Anzeige bedürfen gewöhnliche Leichenbegängnisse sowie Züge der Hochzeitsgesellschaften, wo sie hergebracht sind, Aufzüge und Aufmärsche der Feuerwehren, Sanitätskolonnen, Kriegervereine, Innungen, Schulen, dann Aufzüge zu geselligen und sportlichen Zwecken.

9. Die zur Verhütung von Gefahren für die öffentliche Sicherheit, insbesondere Verkehrssicherheit, erforderlichen polizeilichen Anorduungen bleiben für alle vorgenannten Veranstaltungen (Ziff. 6, 7 und 8) vorbehalten.

Die Polizeibehörden sind verpflichtet, die in dieser Richtung in Betracht kommenden Vorschriften den Veranstaltern auf Anfrage mitzuteilen.

10. Aufzüge, die durch mehrere Ortschaften führen, brauchen nur die Genehmigung der Distriktspolizeibehörde des Ausgangsortes. Von der erteilten Genehmigung sind die Distrikts- und Ortspolizeibehörden, deren Bezirke der Aufzug berührt, sofort schriftlich, telegraphisch oder telephonisch zu verständigen.

Vgl. Anmerkung zu § 21 dieses Gesetzes wegen des Begriffes „Polizeibehörde“.

§ 8. Eine Versammlung, die in einem geschlossenen Raum veranstaltet wird, ist nicht schon deshalb als Versammlung unter freiem Himmel anzusehen, weil außerhalb des Versammlungsraums befindliche Personen an der Erörterung teilnehmen, oder weil die Versammlung in einen mit dem Versammlungsraume zusammenhängenden umfriedeten Hof oder Garten verlegt wird.

Anmerkung: Ziff. 12 der bayer. Vollzugsanweisung vom 12. Mai 1908:

12. Die Anwendbarkeit des § 8 wird nicht dadurch ausgeschlossen, daß die Verlegung der Versammlung in einen mit dem Versammlungsraum zusammenhängenden umfriedeten Hof oder Garten schon vor dem Beginn der Versammlung erfolgt.

§ 9. Der Landeszentralbehörde bleibt es überlassen zu bestimmen, daß und unter welchen Voraussetzungen für Versammlungen untre freiem Himmel und Aufzüge die Genehmigung durch Anzeige oder öffentliche Bekanntmachung ersetzt wird.

Gewöhnliche Leichenbegängnisse sowie Züge der Hochzeitsgesellschaften, wo sie hergebracht sind, bedürfen der Anzeige oder Genehmigung nicht. Der Landeszentralbehörde bleibt es überlassen zu bestimmen, daß auch andere Aufzüge der Anzeige und Genehmigung nicht bedürfen, und daß Aufzüge, die durch mehrere Ortschaften führen, nur einer Polizeibehörde angezeigt und von ihr genehmigt zu werden brauchen.

Anmerkung: Siehe Anmerkung zu § 7.

§ 10. Jede öffentliche politische Versammlung muß einen Leiter haben. Der Veranstalter ist berechtigt, die Leitung selbst zu übernehmen, sie einem anderen zu übertragen oder die Wahl des Leiters durch die Versammlung zu veranlassen. Der Leiter oder, solange dieser nicht bestellt ist, der Veranstalter hat für Ruhe und Ordnung in der Versammlung zu sorgen. Er ist befugt, die Versammlung für aufgelöst zu erklären.

§ 11. Niemand darf in einer öffentlichen Versammlung oder einem Aufzuge, der auf öffentlichen Straßen oder Plätzen stattfinden soll, bewaffnet erscheinen, es sei denn, daß er vermöge öffentlichen Berufs zum Waffentragen berechtigt oder zum Erscheinen mit Waffen behördlich ermächtigt ist.

§ 12. Die Verhandlungen in öffentlichen Versammlungen sind in deutscher Sprache zu führen.

Diese Vorschrift findet auf internationale Kongresse, sowie auf Versammlungen der Wahlberechtigten zum Betriebe der Wahlen für den Reichstag und für die gesetzgebenden Versammlungen der Bundesstaaten und Elsaß-Lothringens vom Tage der amtlichen Bekanntmachung des Wahltags bis zur Beendigung der Wahlhandlung keine Anwendung.

Die Zulässigkeit weiterer Ausnahmen regelt die Landesgesetzgebung. Jedoch ist in Landesteilen, in denen zur Zeit des Inkrafttretens dieses Gesetzes alteingesessene Bevölkerungsteile nichtdeutscher Muttersprache vorhanden sind, sofern diese Bevölkerungsteile nach dem Ergebnisse der jeweilig letzten Volkszählung sechzig vom Hundert der Gesamtbevölkerung übersteigen, während der ersten zwanzig Jahre nach dem Inkrafttreten dieses Gesetzes der Mitgebrauch der nichtdeutschen Sprache gestattet, wenn der Veranstalter der öffentlichen Versammlung mindestens dreimal 24 Stunden vor ihrem Beginne der Polizeibehörde die Anzeige erstattet hat, daß und in welcher nichtdeutschen Sprache die Verhandlungen geführt werden sollen. Über die Anzeige ist von der Polizeibehörde sofort eine kostenfreie Bescheinigung zu erteilen. Als Landesteile gelten die Bezirke der unteren Verwaltungsbehörden.

Ferner sind, soweit die Landesgesetzgebung abweichendes nicht bestimmt, Ausnahmen auch mit Genehmigung der Landeszentralbehörde zulässig.

Anmerkung: Ziff. 11 der Bekanntmachung des K. Staatsministeriums des Innern vom 12. Mai 1908, den Vollzug des Vereinsgesetzes betreffend:

11. In den in § 6 Abs. 3 des Gesetzes bezeichneten Versammlungen ist der Gebrauch einer nichtdeutschen Sprache zulässig.

In anderen öffentlichen Versammlungen ist neben den im § 12 Abs. 2 des Gesetzes bezeichneten Fällen der Mitgebrauch einer nichtdeutschen Sprache gestattet. Die Zulassung weiterer Ausnahmen wird den Distriktspolizeibehörden übertragen.

§ 13. Beauftragte, welche die Polizeibehörde in eine öffentliche Versammlung (§§ 5, 6, 7, 8, 9, 12) entsendet, haben sich unter Kundgebung ihrer Eigenschaft dem Leiter oder, solange dieser nicht bestellt ist, dem Veranstalter der Versammlung zu erkennen zu geben.

Den Beauftragten muß ein angemessener Platz eingeräumt werden. Die Polizeibehörde darf nicht mehr als zwei Beauftragte entsenden.

Anmerkung: Ziff. 13—16 der bayer. Vollzugsanweisung vom 12. Mai 1908:

13. Nach § 13 des Gesetzes ist die Polizeibehörde befugt, Beauftragte in die in §§ 5, 6, 7, 8, 9, 12 des Gesetzes bezeichneten öffentlichen Versammlungen zu entsenden. Zweck dieser Befugnis ist, sowohl von der öffentlichen Meinung fortgesetzt unterrichtet zu bleiben, als auch dem Reichsvereinsgesetze und den sonstigen Reichs- und Landesgesetzen den entsprechenden Vollzug zu sichern. Nach diesem Gesichtspunkte ist die Frage zu würdigen, ob und zu welchen Versammlungen im einzelnen Falle Beauftragte zu entsenden sind. Von dieser Befugnis ist jedoch stets ein wohlbemessener Gebrauch zu machen; in der Regel wird sich nur bei öffentlichen Versammlungen zur Erörterung politischer Angelegenheiten (politischen Versammlungen) die Frage ergeben, ob die Entsendung von Beauftragten veranlaßt ist. Versammlungen der Wahlberechtigten sowie Versammlungen im Sinne des § 6 Abs. III des Gesetzes werden zumeist auszunehmen sein.

14. Hiernach hat die Distriktspolizeibehörde, sobald sie gemäß Ziff. 4 mit 7 der Ministerialbekanntmachung vom 12. Mai 1908 oder auf anderem Wege Kenntnis von der Veranstaltung einer öffentlichen Versammlung erhält, sofort sich darüber schlüssig zu machen, ob sie von der Befugnis, in die Versammlung Beauftragte zu entsenden, Gebrauch machen will.

Wird von der Befugnis kein Gebrauch gemacht, so ist gegebenenfalls die Ortspolizeibehörde des Versammlungsortes rechtzeitig zu verständigen und mit den erforderlichen Weisungen zu versehen.

15. Zu Beauftragten sind nur Männer von bewährter Einsicht und erprobtem Takte zu wählen, welche die ihnen gestellte Aufgabe selbständig und sicher zu lösen vermögen.

Nach den Umständen des Falles ist zu bemessen, ob ein oder zwei Beauftragte in die Versammlung zu entsenden sind.

16. Die Beauftragten der Polizeibehörde haben sich womöglich vor dem festgesetzten Beginn der Versammlung an dem Orte einzufinden und zunächst dem Leiter oder solange dieser noch nicht bestellt ist, dem Veranstalter der Versammlung, unter Kundgebung ihrer Eigenschaft zu erkennen zu geben, sowie sich mit dem Leiter oder Veranstalter wegen Einräumung eines angemessenen Platzes zu benehmen. Der Platz wird als angemessen dann zu erachten sein, wenn er den Beauftragten gestattet, von allen Verhandlungen der Versammlung ungehindert Kenntnis zu nehmen und zugleich mit dem Leiter oder Veranstalter der Versammlung in unmittelbares mündliches Benehmen zu treten.

Vgl. Anmerkung zu § 21 dieses Gesetzes wegen des Begriffes „Polizeibehörde".

§ 14. Die Beauftragten der Polizeibehörde sind befugt, unter Angabe des Grundes die Versammlung für aufgelöst zu erklären,

1. wenn in den Fällen des § 12 Abs. 3 die Bescheinigung über die ordnungsmäßige Anzeige nicht vorgelegt werden kann;
2. wenn die Genehmigung nicht erteilt ist (§ 7);
3. wenn die Zulassung der Beauftragten der Polizeibehörden (§ 13 Abs. 1) verweigert wird;

4. wenn Bewaffnete, die unbefugt in der Versammlung anwesend sind, nicht entfernt werden (§ 11);
5. wenn in der Versammlung Anträge oder Vorschläge erörtert werden, die eine Aufforderung oder Anreizung zu Verbrechen oder nicht nur auf Antrag zu verfolgenden Vergehen enthalten;
6. wenn Rednern, die sich verbotswidrig einer nichtdeutschen Sprache bedienen (§ 12), auf Aufforderung der Beauftragten der Polizeibehörde von dem Leiter oder Veranstalter der Versammlung das Wort nicht entzogen wird.

Ist eine Versammlung für aufgelöst erklärt worden, so hat die Polizeibehörde dem Leiter der Versammlung die mit Tatsachen zu belegenden Gründe der Auflösung schriftlich mitzuteilen, falls er dies binnen drei Tagen beantragt.

Anmerkung zu §§ 14 und 15: Ziff. 12 der Bekanntmachung des K. Staatsministeriums des Innern vom 12. Mai 1908, den Vollzug des Vereinsgesetzes betreffend:

12. Wird gemäß § 15 des Gesetzes die Auflösung einer Versammlung im Verwaltungsstreitverfahren angefochten, so entscheidet über die Anfechtung in erster Instanz die Distriktspolizeibehörde, in München die K. Polizeidirektion. Auf das Verfahren findet die Bestimmung in Ziff. 2 gleichmäßige Anwendung.

Zu § 14 Abs. 1: Ziff. 17 der bayer. Vollzugsanweisung vom 12. Mai 1908:

17. Auf den Gang der Verhandlungen kommt den Beauftragten eine Einwirkung nicht zu.

Sie sind nur in den in § 14 Abs. 1 Ziff. 1 bis 6 des Gesetzes bezeichneten Fällen befugt, unter Angabe des Grundes die Versammlung für aufgelöst zu erklären.

Dabei wird es sich in der Regel empfehlen, bei Vorliegen eines Auflösungsgrundes den Leiter oder Veranstalter der Versammlung darauf aufmerksam zu machen, um demselben die Möglichkeit zu geben, im Interesse eines ungehinderten Fortganges der Versammlung und zur Vermeidung der polizeilichen Auflösung derselben von den ihm nach § 10 des Gesetzes zustehenden Befugnissen Gebrauch zu machen.

Zu § 14 Abs. II und § 15: Ziff. 18 und 19 der vorerwähnten Vollzugsanweisung:

18. Ist der Leiter der Versammlung mit der Auflösung nicht einverstanden, so hat er das Recht, binnen drei Tagen nach der Auflösung bei der Distriktspolizeibehörde zu beantragen, daß ihm die mit Tatsachen zu belegenden Gründe der Auflösung mitgeteilt werden. Zweckmäßig wird die Polizeibehörde hierbei dem Leiter eröffnen, ob sie das Verhalten des Beauftragten billige oder nicht. Ist die Auflösung einer Versammlung erfolgt, bevor ein Leiter nach § 10 des Gesetzes bestellt war, so wird das Recht des Leiters auf den Veranstalter übergehen.

19. Der in § 14 Abs. II zugelassene Antrag bildet keine unerläßliche Voraussetzung für die Anfechtung der Auflösung einer Versammlung; die Anfechtung kann vielmehr auch unmittelbar unter Bezugnahme auf den von dem Beauftragten angegebenen Auflösungsgrund erhoben werden.

Wegen der Anfechtung der Auflösung einer Versammlung wird auf Ziff. 12 der Ministerialbekanntmachung vom 12. Mai 1908 verwiesen.

Vgl. ferner Anmerkung zu § 21 dieses Gesetzes wegen des Begriffes „Polizeibehörde".

§ 15. Auf die Anfechtung der Auflösung einer Versammlung finden die Vorschriften des § 2 Abs. 2 Anwendung.

Vgl. Anmerkung zu § 14.

§ 16. Sobald eine Versammlung für aufgelöst erklärt ist, sind alle Anwesenden verpflichtet, sich sofort zu entfernen.

§ 17. Personen, die das 18. Lebensjahr noch nicht vollendet haben, dürfen nicht Mitglieder von politischen Vereinen sein und weder in den Versammlungen solcher Vereine, sofern es sich nicht um Veranstaltungen zu geselligen Zwecken handelt, noch in öffentlichen politischen Versammlungen anwesend sein.

Anmerkung: Ziff. 20 der bayer. Vollzugsanweisung vom 12. Mai 1908:

20. Nach dieser Bestimmung sind Personen, die das 18. Lebensjahr noch nicht vollendet haben, von politischen Vereinen und deren Versammlungen, soferne es sich nicht um Veranstaltungen zu geselligen Zwecken handelt, und von öffentlichen politischen Versammlungen ausgeschlossen. Das Verbot des § 17 erstreckt sich daher nicht auf die oben in Ziff. 7 Abs. 2 bezeichneten Vereine und nicht auf die in § 6 Abs. 3 des Gesetzes bezeichneten Versammlungen, insbesondere nicht auf gewerkschaftliche Versammlungen, insoweit sich deren Verhandlungen auf die Erörterung der dortselbst bezeichneten Fragen beschränken.

§ 18. Mit Geldstrafe bis einhundertfünfzig Mark, an deren Stelle im Unvermögensfalle Haft tritt, wird bestraft:

1. wer als Vorstand oder als Mitglied des Vorstandes eines Vereines den Vorschriften über die Einreichung von Satzungen und Verzeichnissen (§ 3 Abs. 2 bis 4) zuwiderhandelt;
2. wer eine Versammlung ohne die durch §§ 5, 6, 7, 8, 9 dieses Gesetzes vorgeschriebene Anzeige oder Bekanntmachung veranstaltet oder leitet;
3. wer als Veranstalter oder Leiter einer Versammlung den Beauftragten der Polizeibehörde die Einräumung eines angemessenen Platzes verweigert (§ 13 Abs. 2);
4. wer sich nach Erklärung der Auflösung einer Versammlung nicht sofort entfernt (§ 16);
5. wer als Vorstand oder als Mitglied des Vorstandes eines Vereins entgegen den Vorschriften des § 17 dieses Gesetzes Personen, die das 18. Lebensjahr noch nicht vollendet haben, in dem Vereine duldet;
6. wer entgegen den Vorschriften des § 17 dieses Gesetzes in einer Versammlung anwesend ist.

§ 19. Mit Geldstrafe bis zu dreihundert Mark, an deren Stelle im Unvermögensfalle Haft tritt, oder mit Haft wird bestraft:

1. wer eine Versammlung unter freiem Himmel oder einen Aufzug ohne die vorgeschriebene Anzeige oder Genehmigung (§§ 7, 9) veranstaltet oder leitet;
2. wer unbefugt in einer Versammlung oder in einem Aufzuge bewaffnet erscheint (§ 11);
3. wer entgegen den Vorschriften des § 12 dieses Gesetzes eine öffentliche Versammlung veranstaltet, leitet oder in ihr als Redner auftritt.

§ 20. Die Vorschriften dieses Gesetzes finden keine Anwendung auf die durch das Gesetz oder die zuständigen Behörden angeordneten Versammlungen.

§ 21. Welche Behörden unter der Bezeichnung „Polizeibehörde", „untere Verwaltungsbehörde" und „höhere Verwaltungsbehörde" zu verstehen sind, bestimmt die Landeszentralbehörde.

Anmerkung: Ziff. 1 der Bekanntmachung des K. Staatsministeriums des Innern vom 12. Mai 1908, den Vollzug des Vereinsgesetzes betreffend:

1. Höhere Verwaltungsbehörden im Sinne des Vereinsgesetzes sind die Kreisregierungen, Kammern des Innern, und untere Verwaltungsbehörden die Distriktspolizeibehörden, in München die K. Polizeidirektion.

Polizeibehörden im Sinne des § 3 Abs. 2, § 7 Abs. 1, § 13 Abs. 1 und 2, § 14 Abs. 1 und 2 des Gesetzes sind die Distriktspolizeibehörden, in München die K. Polizeidirektion, und Polizeibehörden im Sinne des § 5 des Gesetzes die Ortspolizeibehörden, in München die K. Polizeidirektion.

§ 22. An die Stelle des § 72 des Bürgerlichen Gesetzbuches tritt folgende Vorschrift:

Der Vorstand hat dem Amtsgericht auf dessen Verlangen jederzeit eine von ihm vollzogene Bescheinigung über die Zahl der Vereinsmitglieder einzureichen.

§ 23. Aufgehoben werden:

Der § 17 Abs. 2 des Wahlgesetzes für den deutschen Reichstag vom 31. Mai 1869 (Bundes-Gesetzbl. S. 145, Reichs-Gesetzbl. 1873 S. 163),

der § 2 Abs. 2 des Einführungsgesetzes zum Strafgesetzbuch für das Deutsche Reich vom 31. Mai 1870 (Bundes-Gesetzbl. S. 195, Reichs-Gesetzbl. 1871 S. 127), soweit er sich auf die besonderen Vorschriften des Landesstrafrechts über Mißbrauch des Vereins- und Versammlungsrechtes bezieht,

der § 6 Abs. 2 Nr. 2 des Einführungsgesetzes zur Strafprozeßordnung vom 1. Februar 1877 (Reichs-Gesetzbl. S. 346).

Die sonstigen reichsgesetzlichen Vorschriften über Vereine und Versammlungen bleiben in Kraft.

Anmerkung zu Abs. II: Nach § 49 Abs. 2 des Reichsmilitärgesetzes vom 2. Mai 1874 (RGBl. S. 45) ist den zum aktiven Heere gehörigen Militärpersonen die Teilnahme an politischen Vereinen und Versammlungen untersagt.

§ 24. Unberührt bleiben

die Vorschriften des Landesrechts über kirchliche oder religiöse Vereine und Versammlungen, über kirchliche Prozessionen, Wallfahrten und Bittgänge, sowie über geistliche Orden und Kongregationen,

die Vorschriften des Landesrechts in bezug auf Vereine und Versammlungen für die Zeiten der Kriegsgefahr, des Krieges, des erklärten Kriegs- (Belagerungs-) Zustandes oder innerer Unruhen (Aufruhrs),

die Vorschriften des Landesrechts in bezug auf Verabredungen ländlicher Arbeiter und Dienstboten zur Einstellung oder Verhinderung der Arbeit,

die Vorschriften des Landesrechts zum Schutze der Feier der Sonn- und Festtage; jedoch sind für Sonntage, die nicht zugleich Festtage sind, Beschränkungen des Versammlungsrechts nur bis zur Beendigung des vormittägigen Hauptgottesdienstes zulässig.

Anmerkung: Ziff. 21 der bayer. Vollzugsanweisung vom 12. Mai 1908:

21. Nach § 24 des Gesetzes bleiben unberührt die Vorschriften des Landesrechtes über kirchliche und religiöse Vereine und Versammlungen, über kirchliche Prozessionen, Wallfahrten und Bittgänge. Hiernach bleiben insbesondere die Bestimmungen des bayerischen Gesetzes vom 26. Februar 1850 / 15. Juni 1898 über die Versammlungen und Vereine, welche sich auf kirchliche Prozessionen, Wallfahrten und Bittgänge beziehen, also Art. 4 Abs. 1 und 2 und die dazugehörige Strafbestimmung des Art. 20 andauernd in Kraft, d. h. herkömmliche, kirchliche Prozessionen, Wallfahrten und Bittgänge unterliegen nicht der in Art. 4 Abs. 1 a. a. O. vorgeschriebenen Genehmigung der Distriktspolizeibehörde. Ebenso unterliegen sie selbstverständlich nicht der in §§ 7 und 9 des Reichsvereinsgesetzes bestimmten Pflicht der Genehmigung, Anzeige oder öffentlichen Bekanntmachung. Als herkömmliche Prozessionen, Wallfahrten und Bittgänge sind nach den seitens der K. Staatsregierung im Jahre 1898 bei Beratung der Vereinsgesetznovelle (Stenogr. Bericht Bd. XII S. 444) abgegebenen Erklärungen nicht nur die am betreffenden Orte herkömmlichen, sondern auch alle diejenigen anzusehen, welche in der betreffenden religiösen Gesellschaft herkömmlich sind.

Die vorstehend angezogenen Artikel des bayerischen Vereinsgesetzes vom 26. Februar 1850 / 15. Juni 1898 lauten:

Art. 4. Zu Versammlungen, welche auf öffentlichen Plätzen und Straßen in Städten und Ortschaften stattfinden sollen, sowie zu öffentlichen Aufzügen in Städten und Ortschaften hat der Unternehmer, Leiter oder Ordner die Zustimmung der betreffenden Gemeindeverwaltung zu erholen und sodann die Genehmigung der Distriktspolizeibehörde nachzusuchen, welche den Bescheid möglichst schleunig und spätestens am folgenden Tage schriftlich zu erteilen hat.

Herkömmliche kirchliche Prozessionen, Wallfahrten und Bittgänge, gewöhnliche Leichenbegängnisse, Züge der Hochzeitsversammlungen und hergebrachte Umzüge der Innungen unterliegen der Bestimmung nicht.

Art. 20. Handlungen oder Unterlassungen, welche den Bestimmungen der Art. 2, 5, 7, beziehungsweise Art. 16 Abs. 1, dann Art. 12, 14 und 15 des gegenwärtigen Gesetzes zuwiderlaufen, sind mit Geldstrafen bis zu hundert Gulden (180 Mk.) zu ahnden.

Gleicher Strafe unterliegt, wer im Falle des Artikels 4 ohne vorgängige polizeiliche Bewilligung eine Versammlung oder einen öffentlichen Aufzug veranlaßt, dazu einladet, dieselben ordnet oder leitet.

D. Fremden- und Paßpolizei.

1. Gesetz über Heimat, Verehelichung und Aufenthalt in der Fassung vom 30. Juli 1899. (GVBl. S. 470.)

Art. 38. Wer sich in einer fremden Gemeinde aufhält, hat binnen 8 Tagen nach der Ankunft hiervon der Ortspolizeibehörde, in München der K. Polizeidirektion, nach Maßgabe der oberpolizeilichen oder ortspolizeilichen Vorschriften Anzeige zu erstatten.

Nichtbeachtung dieser Vorschrift, welche auf die im Art. 42 bezeichneten Personen keine Anwendung findet, wird an Geld bis zu 18 Mark bestraft.

Anmerkung: Vgl. Ziff. 18 der Vollzugsentschließung vom 28. Dez. 1899. (MABl. S. 803.)

Art. 42. Angehörige des bayerischen Staates, welche auf Grund ihrer Anstellung im Dienste des Staates, der Kirche, der

Gemeinde, einer öffentlichen Körperschaft oder Stiftung, oder zur Erfüllung einer gesetzlichen Pflicht in einer Gemeinde sich aufzuhalten genötigt sind, oder welche in der Gemeinde das Bürgerrecht ohne Heimatrecht besitzen, können aus dieser Gemeinde nicht weggewiesen werden.

---

2. Bundesgesetz vom 12. Oktober 1867 über das Paßwesen.
(GBl. 1870/71 Beil. S. 6.)

§ 1. Bundesangehörige bedürfen zum Ausgange aus dem Bundesgebiete, zur Rückkehr in dasselbe, sowie zum Aufenthalte und zu Reisen innerhalb desselben keines Reisepapieres.

Doch sollen ihnen auf ihren Antrag Pässe oder sonstige Reisepapiere erteilt werden, wenn ihrer Befugnis zur Reise gesetzliche Hindernisse nicht entgegenstehen.

§ 2. Auch von Ausländern soll weder beim Eintritt, noch beim Austritt über die Grenze des Bundesgebietes, noch während ihres Aufenthaltes oder ihrer Reisen innerhalb desselben ein Reisepapier gefordert werden.

§ 3. Bundesangehörige wie Ausländer bleiben jedoch verpflichtet, sich auf amtliches Erfordern über ihre Person genügend auszuweisen.

§ 4. Pässe oder sonstige Reisepapiere, sowie andere Legitimationsurkunden, welche von der zuständigen Behörde eines Bundesstaates ausgestellt sind, haben, wenn sie nicht eine ausdrückliche Beschränkung in dieser Beziehung enthalten, Gültigkeit für das ganze Bundesgebiet.

§ 5. Eine Verpflichtung zur Vorlegung der Reisepapiere behufs der Visierung findet nicht statt.

§ 6. Zur Erteilung von Pässen an Bundesangehörige zum Eintritt in das Bundesgebiet sind befugt:

1. die Bundesgesandten und Bundeskonsuln;
2. die Gesandten jedes Bundesstaates, jedoch für Angehörige anderer Bundesstaaten nur insoweit, als die letzteren in ihrem Bezirke nicht vertreten sind;
3. solange solche noch vorhanden sind (Art. 56 der Reichsverfassung), die Konsuln jedes Bundesstaates, soweit ihnen nach den in demselben geltenden Bestimmungen diese Befugnis zusteht.

Zur Erteilung von Auslandspässen und sonstigen Reisepapieren sind diejenigen Behörden befugt, welche nach den in den einzelnen Bundesstaaten geltenden Bestimmungen diese Befugnis haben, oder welchen dieselbe von Bundeswegen oder von den Regierungen der einzelnen Bundesstaaten fernerhin beigelegt wird.

§ 7. Zu Pässen und sonstigen Reisepapieren sind übereinstimmende Formulare einzuführen und zu benutzen.

§ 9. Wenn die Sicherheit des Bundes oder eines einzelnen Bundesstaates, oder die öffentliche Ordnung durch Krieg, innere Unruhen oder sonstige Ereignisse bedroht erscheint, kann die Paßpflichtigkeit überhaupt oder für einen bestimmten Bezirk, oder zu Reisen aus und nach bestimmten Staaten des Auslandes, durch Anordnung des Bundespräsidiums vorübergehend eingeführt werden.

---

3. K. Verordnung vom 9. Dez. 1865, 21. Nov. 1881, das Paßwesen betr. (RegBl. 1865 S. 1408, GVBl. 1881 S. 1316.)

§ 3. Reisepapiere werden weder bei dem Eintritte in das Königreich, noch beim Austritte aus demselben, noch während des Aufenthaltes und der Reisen im Inlande vidiert, vorbehaltlich jedoch der Bestimmung des § 4 Abs. 1.

Dieselben bedürfen auch nicht das Visum einer bayerischen Gesandtschaft oder eines sonstigen bayerischen diplomatischen Agenten im Auslande.

§ 4. Die besonderen Vorschriften bezüglich der Legitimierung und Meldung der ein Gewerbe oder eine Erwerbsart im Umherziehen betreibenden Personen bleiben unverändert aufrecht.

§ 6. Das Institut der Paßkarten bleibt unverändert aufrecht und richtet sich die Ausstellung dieser Karten nach den einschlägigen besonderen Bestimmungen.

§ 8. Ausländern, welche kein Reisepapier besitzen, jedoch auf sonstige Weise sich genügend zu legitimieren vermögen, kann auf Verlangen ein Paß zu Reisen im Inlande und in den übrigen Paßvereinsstaaten oder zur Rückreise in das Ausland bis auf die Dauer von vier Wochen erteilt werden, soferne hiergegen sich kein Bedenken geltend macht.

§ 9. Die Reisepässe sind nach gleichmäßigen, für dieselben vorgeschriebenen Formularien auszustellen.

§ 10. Der ausgestellte Reisepaß soll enthalten: Vor- und Zunamen, Stand oder Beschäftigung, Wohnort, Reiseziel, Unterschrift, Personalbeschreibung des Reisenden, Gültigkeitsdauer.

§ 11. Der Reisepaß darf in der Regel nur für eine Person ausgestellt werden.

Bezüglich der Begleitung des Reisenden, welche dessen Ehegattin, Kinder, Pflegbefohlene oder minderjährige Anverwandte, Gefolge und Dienerschaft begreift, genügt jedoch deren namentliche Erwähnung unter Angabe ihres bezüglichen Verhältnisses zu dem Reisenden in dem Passe des letzteren.

Ebenso ist bei der Schiffmannschaft auf Schiffen und Flößen genügend, wenn das namentliche, die Personalbeschreibung enthaltende Verzeichnis dieser Mannschaft dem Passe des Schiff- oder Floßführers beigefügt oder in die von der zuständigen Distriktspolizeibehörde beglaubigte Equipagenrolle eingetragen wird.

§ 12. Die Dauer der Reisepässe ist nach den maßgebenden Verhältnissen jedes einzelnen Falles festzusetzen, soll jedoch in keinem Falle über fünf Jahre erstreckt werden.

§ 13. Die Ausstellung der Pässe, welche nur für das Inland gelten sollen, steht

1. den Kreisregierungen, Kammern des Innern,
2. der K. Polizeidirektion München,
3. den einer Kreisregierung unmittelbar untergeordneten Magistraten mit Ausnahme jenes von München,
4. den K. Bezirksämtern und exponierten Bezirksamtsassessoren bezüglich der Inländer zu, welche in dem betreffenden Regierungs- beziehungsweise Polizeibezirke heimatberechtigt sind oder zeitlich sich aufhalten.

§ 14. Zur Ausstellung von Pässen, welche nicht bloß für das Inland gelten, sind ermächtigt:

1. das Staatsministerium des K. Hauses und des Aeußern an alle Inländer ohne Ausnahme;
2. die Kreisregierungen, Kammern des Innern, an die in dem betreffenden Regierungsbezirke Wohnenden;
3. die im § 13 genannten Distriktspolizeibehörden an die Personen, welche in dem betreffenden Polizeibezirke ihren Wohnsitz haben.

Diese Ermächtigung erstreckt sich auch auf die Erteilung von Pässen an Ausländer.

§ 15. Die an auswärtigen Höfen beglaubigten Königlichen Gesandtschaften sind berechtigt, den im Auslande befindlichen bayerischen Staatsangehörigen Pässe zur Rückreise nach Bayern oder zur Weiterreise in das Ausland zu erteilen, sowie die denselben im Königreiche ausgestellten Pässe zu verlängern oder auf andere, in letzteren nicht angeführten Staaten auszudehnen.

§ 17. Jeder Reisende — Inländer sowohl als Ausländer — ist verpflichtet, auf Auffordern der Orts- oder Distriktspolizeibehörden oder der mit Handhabung der Sicherheitspolizei beauftragten öffentlichen Diener über seine Person genügend sich auszuweisen.

Personen, welche dieser Verpflichtung nicht genügen, haben, abgesehen von der allenfalls begründeten Strafeinschreitung, nach Umständen die Hemmung ihrer Weiterreise, die Vorführung an die nächste Distriktspolizeibehörde, die Zurückweisung oder andere gesetzlich zulässige Maßregeln zu gewärtigen.

---

4. K. Verordnung vom 14. Januar 1851, die Einführung von Paßkarten betreffend. (RegBl. S. 25.)

Art. 1. Die sämtlichen deutschen Staaten und das Kaisertum Oesterreich gehören zum Paßkartenverein. In diesen sämtlichen

Staaten werden Paßkarten ausgestellt, durch welche sich der Inhaber auch in jedem dieser Staaten legitimieren kann.

Art. 3. Ehefrauen und Kinder, welche mit ihren Ehegatten und Eltern, sowie Dienstboten, welche mit ihren Herrschaften reisen, werden durch die Paßkarten der letzteren legitimiert.

Art. 4. Die Paßkarten bleiben allen denjenigen versagt, welche

1. nach den bestehenden Gesetzen auch bei Reisen im Inlande paßpflichtig sind, jedenfalls den Handwerksgesellen und Gewerbegehilfen,
2. den Dienstboten und Gewerbesuchenden aller Art,
3. denen, welche ein Gewerbe im Umherziehen betreiben.

Art. 5. Die Paßkarten sind nur auf die Dauer eines Kalenderjahres gültig.

In der äußeren Form wird die möglichste Übereinstimmung zwischen allen dem Paßkartenverein angehörigen Regierungen beobachtet, und für jedes Kalenderjahr zwischen denselben eine gleiche Farbe verabredet, in welcher die Paßkarten überall gleichmäßig ausgefertigt werden.

Art. 6. Die Ausstellung von Paßkarten in Unserem Königreiche steht zu:

1. Unserem Staatsministerium des Königlichen Hauses und des Äußern bezüglich aller Inländer ohne Ausnahme,
2. Unseren Kreisregierungen, Kammern des Innern, bezüglich der in dem betreffenden Regierungsbezirke Wohnenden,
3. Unseren mit den Paßgeschäften gesetzlich beauftragten Distriktspolizeibehörden bezüglich derjenigen Personen, welche in dem betreffenden Polizeibezirke ihren Wohnsitz haben.

Die von den Distriktspolizeibehörden ausgestellten Paßkarten erfordern nicht die bestätigende Gegenzeichnung der vorgesetzten Regierung, Kammer des Innern. Die von den zuständigen Behörden ausgestellten Paßkarten werden in den Gebietsteilen der dem Paßkartenverein angehörigen Staaten gleichmäßig respektiert.

Art. 7. Eine Visierung der Paßkarten findet nicht statt.

Art. 8. Die vereinbarten Paßkarten enthalten

auf der ersten Seite:

1. das Wappenschild des betreffenden Staates,
2. das Kalenderjahr, auf welches die Paßkarte lautet,
3. den Namen, Stand und Wohnort des Inhabers,
4. die Fertigung der ausstellenden Behörde mit Namensunterschrift und beigedrucktem Siegel,
5. die Nummer des gesondert zu führenden Paßkartenjournales,

auf der zweiten Seite:

6. das in seinen 4 Rubriken sorgfältig auszufüllende Signalement des Inhabers.
7. dessen eigenhändige Namensunterschrift, endlich

8. die Hinweisung auf die in dem betreffenden Staate gegen Fälschung oder Mißbrauch der Pässe und Paßkarten zu verhängenden Strafbestimmungen.

---

5. Entschließung der K. Staatsministerien des K. Hauses und des Äußern, des Innern, der Finanzen, dann des Handels und der öffentlichen Arbeiten vom 9. Mai 1871, den Vollzug des Gesetzes vom 12. Oktober 1867 über das Paßwesen betreffend.

III. Zu den Reisepapieren sind von nun an — abgesehen von den hier nicht in Betracht kommenden Zwangspässen und beschränkten Reiserouten — nur

a) die Paßkarten, hinsichtlich deren es bei den Bestimmungen der Allerhöchsten Verordnung vom 14. Januar 1851 „die Einführung der Paßkarten betr." und den Vollzugsvorschriften hierzu vom 18. Januar 1851 bewendet, und

b) die eigentlichen Reisepässe

zu rechnen.

E. Waffen und Sprengstoffe.

1. K. Verordnung vom 19. Nov. 1887, das Verbot des Feilhaltens und Führens von Waffen zur Verhütung von Gefahren für die Sicherheit der Personen betr. (GVBl. S. 655.)*)

§ 1. Die Führung nachstehender Waffen:

1. von Dolchen, Stiletten und anderen im Griff feststehenden oder mittelst einer Vorrichtung feststellbaren, sowie von solchen Messern, deren Klinge wegen Mangels einer Einschlagrinne in den Griff nicht einfallen kann;
2. von zugespitzten Streichern und Pfriemen;
3. von Revolvern, Terzerolen und Sackpistolen;
4. von Abschraubgewehren;
5. von Raufringen, Schlageisen, Schleudern und Totschlägern jeder Art

ist Bettlern und Landstreichern, Zigeunern und allen nach Zigeunerart umherziehenden Personen unterſagt.

Demselben Verbote unterliegen die wegen Geisteskrankheit entmündigten Personen.

Das gleiche Verbot gilt für Personen unter 18 Jahren, für Lehrlinge, für die bei Eisenbahnbauten beschäftigten Arbeiter, dann

*) Strafbestimmung zu §§ 1 und 2: Art. 39 des Polizeistrafgesetzbuchs, Strafbestimmung zu § 3: § 367 Ziff. 9 des Reichsstrafgesetzbuchs. Vgl. auch § 360 Ziff. 2 RStGB. und Zuständigkeitsverordnung § 3.

für ledige Dienstboten, Taglöhner, Gewerbsgehilfen, Fabrikarbeiter und in der Hausindustrie beschäftigte Personen, endlich für die noch im Brote des Familienhauptes stehenden ledigen Haussöhne.

§ 2. Das Verbot des § 1 findet keine Anwendung auf Personen, welche Messer, Streicher oder Pfriemen der in § 1 Ziff. 1 und 2 bezeichneten Art zur Ausübung des Berufes notwendig haben, insoferne sie solche während dieser Ausübung mit sich führen.

Außerdem können die Distriktspolizeibehörden, in München die Polizeidirektion, einzelnen Personen der in § 1 Abs. 3 aufgeführten Klassen das Tragen bestimmt bezeichneter Waffen der fraglichen Art in stets widerruflicher Weise oder auf bestimmte Zeit durch gebührenfrei auszustellenden Erlaubnisschein gestatten, welchen der Inhaber während des Waffentragens bei sich zu führen hat.

§ 3. Das Feilhalten oder Mitsichführen von Schußwaffen, welche in Stöcken oder Röhren oder in ähnlicher Weise verborgen sind, ist nur mit Bewilligung der Distriktspolizeibehörden, in München der Polizeidirektion, zulässig.

Das Mitsichführen von Stoß- oder Hiebwaffen dieser Art ist den in § 1 aufgeführten Klassen von Personen untersagt, kann jedoch einzelnen Personen der in § 1 Abs. 3 bezeichneten Klassen nach Maßgabe des § 2 Abs. 2 gestattet werden.

§ 4. Das K. Staatsministerium des Innern ist ermächtigt, bezüglich der in § 1 Abs. 3 aufgeführten Klassen von Personen den Vollzug der in § 1 und § 3 Abs. 2 enthaltenen Verbote auf Antrag der einschlägigen Regierung, Kammer des Innern, entweder für den ganzen Regierungsbezirk oder für einzelne Amtsdistrikte zeitweise zu suspendieren, soweit der Stand der öffentlichen Sicherheit solches gestattet.

---

2. Reichsgesetz, betreffend die Prüfung der Läufe und Verschlüsse der Handfeuerwaffen vom 19. Mai 1891. (RGBl. S. 109.)

§ 1. Handfeuerwaffen jeder Art dürfen nur dann feilgehalten oder in den Verkehr gebracht werden, wenn ihre Läufe und Verschlüsse nach den Vorschriften dieses Gesetzes in amtlichen Prüfungsanstalten geprüft und mit Prüfungszeichen versehen sind.

§ 4. Wird an einer bereits geprüften Waffe während oder nach der Herstellung in dem Kaliber oder an dem Verschlusse eine Veränderung vorgenommen, so ist eine erneute Prüfung erforderlich. Dieselbe richtet sich bei Waffen, welche der Regel nach einer zweimaligen Prüfung unterliegen, nach dem Stande der Herstellung, in welchem die Waffe sich befindet.

§ 6. Auf Handfeuerwaffen,

1. welche mit dem Vorratszeichen versehen sind,
2. welche aus dem Auslande eingeführt und mit den vollständigen, den inländischen gleichwertigen Prüfungszeichen eines auswärtigen Staates versehen sind,

3. welche durch eine Militärverwaltung oder im Auftrage einer solchen hergestellt und geprüft worden sind,

finden die Vorschriften dieses Gesetzes solange keine Anwendung, als an den Waffen keine Veränderung des Kalibers oder des Verschlusses vorgenommen wird. Wird eine solche Veränderung vorgenommen, so bedürfen Waffen dieser Art der im § 4 vorgeschriebenen Prüfung, die unter 3 bezeichneten jedoch nur dann, wenn die Veränderung nicht durch eine Militärverwaltung ausgeführt oder geprüft worden ist.

Der Bundesrat bestimmt, welche Prüfungszeichen eines auswärtigen Staates als den inländischen gleichwertig anzuerkennen sind.

Anmerkung: Vgl. MABl. 1910 S. 434.

§ 9. Mit Geldstrafe bis zu eintausend Mark oder mit Gefängnis bis zu sechs Monaten wird bestraft:

wer Handfeuerwaffen feilhält oder in den Verkehr bringt, deren Läufe oder Verschlüsse nicht mit den vorgeschriebenen oder zugelassenen (§ 6) Prüfungszeichen versehen sind.

---

3. Reichsgesetz gegen den verbrecherischen und gemeingefährlichen Gebrauch von Sprengstoffen vom 9. Juni 1884. (RGBl. S. 61.)

§ 1. Die Herstellung, der Vertrieb und der Besitz von Sprengstoffen, sowie die Einführung derselben aus dem Auslande ist unbeschadet der bestehenden sonstigen Beschränkungen nur mit polizeilicher Genehmigung zulässig.

Wer sich mit der Herstellung oder dem Vertriebe von Sprengstoffen befaßt, hat ein Register zu führen, aus welchem die Mengen der hergestellten, aus dem Auslande eingeführten oder sonst zum Zwecke des Vertriebes angeschafften Sprengstoffe, sowie die Bezugsquellen und der Verbleib derselben ersichtlich sein müssen. Dieses Register ist der zuständigen Behörde auf Erfordern jederzeit vorzulegen.

Auf Sprengstoffe, welche vorzugsweise als Schießmittel gebraucht werden, finden vorbehaltlich abweichender landesrechtlicher Vorschriften die Bestimmungen des ersten und des zweiten Absatzes keine Anwendung. Die Bezeichnung dieser Stoffe erfolgt durch Beschluß des Bundesrats. *)

---

*) Auf Grund des § 1 Abs. 3 wurden vom Bundesrat die nachfolgenden Sprengstoffe als solche, welche vorzugsweise als Schießmittel gebraucht werden, bezeichnet:

A. folgende Pulversorten:

1. alle zum Schießen aus Handfeuerwaffen nnd Böllern sowie zur Feuerwerkerei und zum Sprengen dienenden, aus Salpeter, Schwefel und Kohle hergestellten Pulver;
2. die zum Schießen aus Jagd- und Scheibengewehren dienenden rauchschwachen Pulver, die aus gelatinierter Schießwolle oder sonstiger nitrierter Pflanzenfaser ohne Zusatz anderer explosiver Stoffe hergestellt sind und gekörnt (in Körnern von nicht über 5 Millimeter Dicke) oder

Insoweit Sprengstoffe zum eigenen Gebrauch durch Reichs- oder Landesbehörden von der zuständigen Verwaltung hergestellt, besessen, eingeführt oder vertrieben werden, bleiben die Vorschriften des ersten und zweiten Absatzes ebenfalls ausgeschlossen.

§ 5. Wer vorsätzlich durch Anwendung von Sprengstoffen Gefahr für das Eigentum, die Gesundheit oder das Leben eines anderen herbeiführt, wird mit Zuchthaus bestraft.

Ist durch die Handlung eine schwere Körperverletzung verursacht worden, so tritt Zuchthausstrafe nicht unter fünf Jahren, und wenn der Tod eines Menschen verursacht worden ist, Zuchthausstrafe nicht unter zehn Jahren oder lebenslängliche Zuchthausstrafe ein.

Ist durch die Handlung der Tod eines Menschen herbeigeführt worden und hat der Täter einen solchen Erfolg voraussehen können, so ist auf Todesstrafe zu erkennen.

§ 6. Haben mehrere die Ausführung einer oder mehrerer nach § 5 zu ahndender strafbarer Handlungen verabredet oder sich zur fortgesetzten Begehung derartiger, wenn auch im einzelnen noch nicht bestimmter Handlungen verbunden, so werden dieselben, auch ohne daß der Entschluß der Verübung des Verbrechens durch Handlungen, welche einen Anfang der Ausführung enthalten, betätigt worden ist, mit Zuchthaus nicht unter fünf Jahren bestraft.

§ 7. Wer Sprengstoffe herstellt, anschafft, bestellt, oder in seinem Besitze hat, in der Absicht, durch Anwendung derselben Gefahr für das Eigentum, die Gesundheit oder das Leben eines anderen entweder selbst herbeizuführen oder andere Personen zur Begehung dieses Verbrechens in den Stand zu setzen, wird mit Zuchthaus bis zu zehn Jahren bestraft.

Der gleichen Strafe verfällt, wer Sprengstoffe, wissend, daß dieselben zur Begehung eines in dem § 5 vorgesehenen Verbrechens bestimmt sind, an andere Personen überläßt.

§ 8. Wer Sprengstoffe herstellt, anschafft, bestellt, wissentlich in seinem Besitze hat, oder an andere Personen überläßt unter Umständen, welche nicht erweisen, daß dies zu einem erlaubten Zwecke geschieht, wird mit Zuchthausstrafe bis zu fünf Jahren oder

---

in Plättchen von nicht über 1,8 Kubikmillimeter Inhalt in den Handel gebracht werden;

3. Das Sprengpulver „Petroklastit" oder „Haloklastit";
4. der Sprengstoff „Cahücit";

B. die zur Entzündung von Gewehrladungen dienenden Sprengstoffe, soweit sie in Zündhütchen für Gewehre oder Zündspiegeln für dergleichen verarbeitet sind;

C. die Vereinigung der unter A 1 und B genannten Stoffe in fertige Gewehr-, Pistolen- oder Revolverpatronen, einschließlich der unter Verwendung von Knallquecksilber ohne Pulver hergestellten Patronen für Teschingewehre, Pistolen oder Revolver;

D. fertige Gewehr-, Pistolen- und Revolverpatronen, welche rauchschwaches, aus nitrierter Pflanzenfaser ohne Zusatz anderer explosiver Stoffe hergestelltes Pulver enthalten. (RGBl. 1903 S. 211; 1907 S. 375.)

mit Gefängnis nicht unter einem Jahre bestraft. Diese Bestimmung findet auf die gemäß § 1 Abs. 3 vom Bundesrat bezeichneten Stoffe nicht Anwendung.

§ 9. Wer der Vorschrift in dem ersten Absatz des § 1 zuwider es unternimmt, ohne polizeiliche Ermächtigung Sprengstoffe herzustellen, vom Auslande einzuführen, feilzuhalten, zu verkaufen oder sonst an andere zu überlassen, oder wer im Besitze derartiger Stoffe betroffen wird, ohne polizeiliche Erlaubnis hierzu nachweisen zu können, ist mit Gefängnis von drei Monaten bis zu zwei Jahren zu bestrafen.

Gleicher Strafe verfällt, wer die Vorschriften des § 1 Abs. 2, die von den Zentralbehörden in Gemäßheit des § 2 getroffenen Anordnungen oder die bereits bestehenden oder noch zu erlassenden sonstigen polizeilichen Bestimmungen über den Verkehr mit Sprengstoffen, auf welche § 1 Abs. 1 Anwendung findet, übertritt.

§ 10. Wer öffentlich vor einer Menschenmenge oder wer durch Verbreitung oder öffentlichen Anschlag oder öffentliche Ausstellung von Schriften oder anderen Darstellungen, oder wer in Schriften oder anderen Darstellungen zur Begehung einer der in den §§ 5 und 6 bezeichneten strafbaren Handlungen oder zur Teilnahme an denselben auffordert, wird mit Zuchthaus bestraft.

Gleiche Strafe trifft denjenigen, welcher auf die vorbezeichnete Weise zur Begehung der im Absatz 1 gedachten strafbaren Handlungen insbesondere dadurch anreizt oder verleitet, daß er dieselben anpreist oder als etwas Rühmliches darstellt.

§ 13. Der in dem § 139 des Strafgesetzbuches für das Deutsche Reich angedrohten Strafe verfällt, wer von dem Vorhaben eines im § 5 vorgesehenen Verbrechens oder von einer im § 6 vorgesehenen Verabredung oder von dem Tatbestande eines im § 7 des gegenwärtigen Gesetzes unter Strafe gestellten Verbrechens in glaubhafter Weise Kenntnis erhält und es unterläßt, der durch das Verbrechen bedrohten Person oder der Behörde rechtzeitig Anzeige zu machen.

---

4. Bekanntmachung des K. Staatsministeriums des Innern vom 27. Juli 1905, den Verkehr mit Sprengstoffen betr. (GVBl. S. 531.)*

§ 1. Die nachstehenden Bestimmungen begreifen:

1. die Versendung von Sprengstoffen auf Land- und Wasserwegen — mit Ausnahme des Eisenbahn- und Postverkehrs und des unter militärischer Begleitung stattfindenden Verkehrs mit Sprengstoffen und Munitionsgegenständen der Militär- und Marineverwaltung, sowie der Versendung von Sprengstoffen in Kauffahrteischiffen —,
2. den Handel mit Sprengstoffen,

*) Strafbestimmung § 367 Ziff. 5 RStGB.

3. die Aufbewahrung und Verausgabung von Sprengstoffen innerhalb des Betriebs von Bergwerken, Steinbrüchen, Bauten und gewerblichen Anlagen,
4. die Lagerung von Sprengstoffen — mit Ausnahme der Lagerung in Niederlagen oder Magazinen der Militär- und Marineverwaltung —.

Zu den Sprengstoffen im Sinne dieser Bestimmungen gehören nicht:

a) die in dem Heere und in der Marine vorgeschriebenen, nicht sprengkräftigen Zündungen,
b) die für Feuerwaffen bestimmten Zündhütchen und Zündspiegel, die für Handfeuerwaffen bestimmten Metallpatronen und alle Jagdpatronen,
c) Zündschnüre.

I. Allgemeine Bestimmungen.

§ 2. Zum Verkehr im Sinne des § 1 Ziffer 1 bis 3 sind zugelassen:

1. Pulver — Sprengsalpeter, brennbarer Salpeter — (ein sehr inniges Gemisch aus neutral reagierenden Salpeterarten und Kohle oder Stoffen, deren wesentliche Bestandteile Kohlenstoff, Wasserstoff und Sauerstoff sind, mit oder ohne Schwefel);
2. folgende Nitroglyzerin enthaltende Präparate:
   a) Dynamit I (ein bei mittlerer Temperatur plastisches, nicht abtropfbares Gemisch von Nitroglyzerin mit pulverförmigen, an sich nicht sprengkräftigen und nicht selbstentzündlichen Stoffen),
   b) Dynamit II und III (Kohlendynamit, ein Gemisch von Nitroglyzerin mit schießpulverähnlichen Gemengen),
   c) Sprenggelatine (ein bei mittlerer Temperatur zähelastisches Gemisch, bestehend aus Nitroglyzerin, welches durch Nitrozellulose gelatiniert ist, mit oder ohne kohlensauren Alkalien [beziehungsweise alkalischen Erden] oder neutral reagierenden Salpeterarten),
   d) Rohmasse für rauchloses Pulver, bestehend aus einem innigen Gemenge von Nitroglyzerin und feuchter Nitrozellulose, dessen Wassergehalt mindestens 30 Prozent und dessen Nitroglyzeringehalt höchstens 28 Prozent beträgt,
   e) Gelatinedynamit (ein bei mittlerer Temperatur plastisches Gemisch, bestehend aus Nitroglyzerin, welches durch Nitrozellulose gelatiniert ist, und Holzmehl, Salpeter und kohlensauren Alkalien [beziehungsweise alkalischen Erden]),
   f) Karbonit (ein Gemisch von Nitroglyzerin mit schießpulverähnlichen Gemengen und mit flüssigen, an sich nicht sprengkräftigen oder nicht selbstentzündlichen Stoffen);
3. Nitrozellulose (lockere mit mindestens 20 Prozent Wassergehalt und gepreßte, nicht gelatinierte, insbesondere Schieß-

baumwolle und Kollodiumwolle, sowie Gemische von Nitrozellulose mit neutral reagierenden Salpeterarten;
4. Feuerwerkskörper, sofern sie nicht pikrinsaure Salze enthalten, geladene Geschosse, Geschützpatronen, Kartuschen, Petarden, sprengkräftige Zündungen, welche zum Entzünden von Ladungen dienen (z. B. Sprengkapseln), Zündplättchen (amorces);
5. alle jeweilig zur Versendung auf den Eisenbahnen zugelassenen Sprengstoffe.

Zu Versuchszwecken kann die Versendung neuer, hier nicht aufgeführter Sprengstoffe auf bestimmten Wegen, sowie die Aufbewahrung und Verausgabung derselben von der K. Regierung, Kammer des Innern, für ihren Bezirk gestattet werden.

§ 3. Vom Verkehr im Sinne des § 1 Ziffer 1 bis 3 sind ausgeschlossen die nicht nach § 2 zugelassenen Sprengstoffe, insbesondere:
1. Nitroglyzerin als solches und in Lösungen;
2. Knallgold, trocken in fester oder Pulverform, Knallquecksilber, Knallsilber und die damit dargestellten Präparate;
3. Nitrozuckerarten, Nitrostärkearten und die damit hergestellten Gemische;
4. Gemische, welche Nitroglyzerin abtropfen lassen;
5. Sprengstoffe, welche entweder
   a) bei einer Temperatur bis zu + 40 Grad Celsius zur Selbstzersetzung neigen, oder
   b) welche enthalten:
      aa) chlorsaure Salze (mit Ausnahme der Sprengkapseln und Zündplättchen [§ 2 Nr. 4]), oder
      bb) pikrinsaure Salze, oder
      cc) Phosphor (mit Ausnahme der Zündplättchen [§ 2 Nr. 4]), oder
      dd) Schwefelkupfer;
6. Sprengstoffe in Patronenhüllen, sofern diese äußerlich mit Nitroglyzerin (Ziffer 1) oder mit anderer Sprengflüssigkeit benetzt, oder äußerlich mit festen Sprengstoffen behaftet sind;
7. Sprengpräparate, bei welchen die einzelnen an und für sich nicht sprengkräftigen Bestandteile in einem geschlossenen Behälter durch leicht brechbare Scheidewände oder Hahnvorrichtungen solange getrennt gehalten werden, bis die Explosion, durch Zertrümmerung, Verschiebung der Scheidewände oder Öffnen der Hahnvorrichtungen veranlaßt, stattfinden soll.

§ 4. Wer Sprengstoffe in Mengen von mehr als 35 Kilogramm Bruttogewicht versendet, muß unter Angabe der Bestimmungsorte der Ortspolizeibehörde des Versendungsorts den Frachtschein zur Visierung vorlegen. Der Empfang der Sendung ist vom Empfänger auf dem dem Frachtscheine beigefügten Lieferscheine zu bescheinigen. Die bescheinigten Lieferscheine sind der Ortspolizeibehörde des Versendungsorts jederzeit auf Verlangen vorzulegen.

§ 5. Wer an der Versendung von solchen Sprengstoffen, welche den Vorschriften des Reichsgesetzes vom 9. Juni 1884 gegen den verbrecherischen und gemeingefährlichen Gebrauch von Sprengstoffen (Reichs-Gesetzbl. S. 61) unterliegen, in der Weise teilnimmt, daß er dabei in den Besitz von Sprengstoffen gelangt (Spediteur, Transportführer, Transportbegleiter), muß den vorgeschriebenen Erlaubnisschein zum Besitze von Sprengstoffen oder beglaubigte Abschrift desselben während der Dauer seines Besitzes stets bei sich führen und auf Verlangen vorzeigen.

§ 6. Für die Versendung auf Land- und Wasserwegen sind Sprengstoffe in hölzerne, haltbare und dem Gewichte des Inhalts entsprechend starke Kisten oder Tonnen, deren Fugen so gedichtet sind, daß ein Ausstreuen nicht stattfinden kann, und welche nicht mit eisernen Reifen oder Bändern versehen sind, fest zu verpacken. Statt der hölzernen Kisten oder Tonnen können auch aus mehrfachen Lagen sehr starken und steifen, gefirnißten Pappdeckels gefertigte Fässer (sogenannte amerikanische Fässer) verwendet werden. Die zum Transporte von Pulver, Sprengsalpeter und brennbarem Salpeter (§ 2 Ziffer 1) verwendeten Behälter dürfen keine eisernen Nägel, Schrauben oder sonstige eiserne Befestigungsmittel haben.

Pulver, Sprengsalpeter, brennbarer Salpeter (§ 2 Ziffer 1) und das aus gelatinierter Nitrozellulose mit oder ohne Salpeter hergestellte Pulver (§ 2 Ziffer 3) darf in metallene Behälter, ausgenommen solche von Eisen, verpackt werden. Vor der Verpackung in Tonnen oder Kisten müssen diese Stoffe entweder in Pakete (Blechbehälter) bis zu höchstens $2^1/_2$ Kilogramm Gewicht verpackt, oder in dichte, aus haltbaren Stoffen gefertigte Säcke, Mehlpulver in Säcke aus Leder oder dichtem Kautschukstoffe geschüttet werden.

Die im § 2 Ziffer 2 aufgeführten Sprengstoffe dürfen ebenso, wie die nach § 2 Ziffer 5 zugelassenen Sprengstoffe, soweit die Versendung der letzteren auf Eisenbahnen nur in Patronenform erfolgen darf, nur in Patronen, nicht auch in loser Masse versendet werden. Diese Patronen, sowie Patronen aus gepreßter Schießbaumwolle mit oder ohne Paraffinüberzug (§ 2 Ziffer 3) sind durch eine Umhüllung von Papier in Pakete zu vereinigen. Die Patronen sind in den Paketen und diese in den sie umschließenden Behältern fest zu verpacken. Bei nitroglyzerinhaltigen Sprengstoffen sind die Patronen in den Paketen mittels Wellpappe so zu verpacken, daß die Patronen schichtweise in ihrer Lage festgehalten werden, und die Pakete in die sie umschließenden Behälter so fest einzusetzen, daß sie sich nicht gegeneinander verschieben können. Für die Ausfuhr bestimmte Sprengstoffe werden von der Vorschrift der Benutzung von Wellpappe bei der Verpackung nicht betroffen.

Gepreßte Schießwollkörper mit mindestens 15 Prozent Wassergehalt dürfen auch in dichtschließende Blechbüchsen oder Pappschachteln verpackt werden.

Für die Versendung loser Nitrozellulose mit mindestens 20 Prozent Wassergehalt ist feste Verpackung in starkwandige, luftdichte Behälter erforderlich.

Rohmasse für rauchloses Pulver (§ 2 Ziffer 2d) darf lose versandt werden. Sie muß jedoch vor der Verpackung in einer Tonne oder Kiste (Abs. 1) in einem Beutel aus Kautschukstoff dicht verschnürt werden.

Sprengstoffe jeder Art, einschließlich der geladenen Geschosse, dürfen nicht mit Zündungen oder Zündschnüren versehen sein. Auf Gewehr- und Geschützpatronen findet diese Bestimmung keine Anwendung, doch dürfen die geladenen Geschosse von Geschützpatronen Zündungen nicht tragen. Geladene Geschosse und die geladenen Geschosse von Geschützpatronen müssen einen sicheren Abschluß der Sprengladung besitzen. Es ist untersagt, Zündungen, Zündschnüre oder Patronen für Feuerwaffen mit anderen Sprengstoffen in dieselben Behälter zu verpacken.

Die zur Verpackung von Sprengstoffen dienenden Behälter müssen je nach ihrem Inhalte mit der Aufschrift: Pulver, Sprengsalpeter, brennbarer Salpeter, Pulver aus Nitrozellulose und Salpeter, geladene Geschosse, Geschützpatronen, Kartuschen, Petarden, Feuerwerkskörper, Zündungen, Dynamitpatronen, Kohlendynamitpatronen, Sprenggelatinepatronen, Gelatinedynamitpatronen, Karbonitpatronen, Schießbaumwolle usw. versehen sein. Außerdem müssen dieselben mit der Firma oder der Marke der Fabrik, aus welcher die Sprengstoffe herrühren, bezeichnet sein, oder eine von dem K. Staatsministerium des Innern gebilligte und öffentlich bekanntgemachte Bezeichnung der Fabrik tragen. Die zur Verpackung von nitroglyzerinhaltigen Sprengstoffen dienenden Kisten sind an zwei gegenüberliegenden Schmalseiten mit zuverlässigen Handgriffen oder Handleisten zu versehen; bei Fässern und Tonnen sind solche Handgriffe nur insoweit erforderlich, als nicht durch tief eingelassene Böden und Deckel eine feste Handhabe gegeben ist. Für die Ausfuhr in das Ausland bestimmte Behälter werden hiervon nicht betroffen.

Das Bruttogewicht der Versendungsstücke darf bei Pulver, Sprengsalpeter, brennbarem Salpeter (§ 2 Ziffer 1), bei Schießbaumwolle (§ 2 Ziffer 3), bei Kartuschen, Petarden, Feuerwerkskörpern oder Zündungen (§ 2 Ziffer 4) 90 Kilogramm, bei sonstigen Sprengstoffen 35 Kilogramm nicht übersteigen. Auf prismatisches Geschützpulver in Kartuschen finden diese Gewichtsbestimmungen keine Anwendung. Für Versendungsstücke von geladenen Geschossen und Geschützpatronen darf das Höchstgewicht 150 Kilogramm nicht übersteigen. Für Behälter mit einem Geschoß oder einer Geschützpatrone kommt diese Gewichtsgrenze in Wegfall.

Die für den Eisenbahnverkehr jeweilig vorgeschriebene Verpackung genügt auch für die Versendung auf Land- und Wasserwegen.

II. Besondere Bestimmungen für den Landverkehr.

§ 7. Die Beförderung von Sprengstoffen auf Fuhrwerken, welche Personen befördern, ist verboten.

Eine Ausnahme findet nur statt, wenn in dringenden Fällen allgemeiner Gefahr, z. B. bei Eisstopfungen, die nötigen Sprengbüchsen und das zu deren Füllung erforderliche Material unter zuverlässiger Begleitung in kürzester Frist nach dem Bestimmungsorte geschafft werden soll.

§ 8. Bei dem Verpacken und dem Verladen, sowie bei dem Abladen oder Auspacken darf Feuer oder offenes Licht nicht gehalten, Tabak nicht geraucht werden.

Das Verladen und Abladen hat unter sorgfältiger Vermeidung von Erschütterungen zu erfolgen. Die Versendungsstücke dürfen deshalb nie gerollt oder abgeworfen werden. Das Verladen nitroglyzerinhaltiger Sprengstoffe auf Fuhrwerke und das Abladen von solchen darf nur an Rampen oder gleichwertigen Einrichtungen unter Benutzung von weichen Unterlagen stattfinden. Das Auf- und Abladen darf nur von zuverlässigen unterrichteten Personen und unter Aufsicht erfolgen.

Soll das Verladen oder Abladen ausnahmsweise nicht vor der Fabrik oder dem Lagerraum oder innerhalb dieser Räume geschehen, so ist hierzu die Genehmigung der Ortspolizeibehörde einzuholen.

§ 9. Die Versendungsstücke müssen auf dem Fuhrwerke so fest verpackt werden, daß sie gegen Scheuern, Rütteln, Stoßen, Umkanten und Herabfallen aus ihrer Lage gesichert sind, insbesondere dürfen Tonnen nicht aufrecht gestellt, müssen vielmehr gelegt und durch Holzunterlagen unter Haar- oder Strohdecken gegen jede rollende Bewegung gesichert werden.

§ 10. Sprengstoffe dürfen nicht mit Zündhütchen, Zündpräparaten oder sonstigen leicht entzündlichen oder selbstentzündlichen Gegenständen zusammen verladen werden.

Die im § 2 Ziffer 2 und 3 aufgeführten Stoffe dürfen nicht mit Pulver, Sprengsalpeter, brennbarem Salpeter (§ 2 Ziffer 1), Kartuschen, Petarden, Feuerwerkskörpern, Zündungen (§ 2 Ziffer 4), oder mit Patronen für Feuerwaffen zusammen verladen werden.

§ 11. Zur Beförderung von Sprengstoffen dienende Fuhrwerke müssen so dicht schließende Wagenkasten besitzen, daß die Sprengstoffe nicht verstreut werden können. Sind die Wagenkasten oben offen, so müssen sie mit einem dichtschließenden, feuersicheren Plantuche (z. B. imprägnierter Leinwand) überspannt sein.

Auch die Vorder- und Hinterseite der Fuhrwerke sind mit demselben Materiale zu schließen.

Zum Sperren der Räder dürfen nur hölzerne Radschuhe angewendet werden; bei Eisbahn ist eine eiserne Sperrvorrichtung (Krätzer) gestattet, sofern sie ganz vom Radschuhe bedeckt ist.

Die Fuhrwerke müssen als Warnungszeichen eine von weitem erkennbare, stets ausgespannt gehaltene schwarze Flagge mit einem weißen P führen.

Beim Verladen der Sprengstoffe auf Fuhrwerke und beim Abladen von solchen müssen die Zugtiere ausgespannt sein.

§ 12. Fuhrwerke, welche Sprengstoffe führen, dürfen niemals ohne Bewachung bleiben.

Auf denselben darf Feuer oder offenes Licht nicht gehalten, Tabak nicht geraucht werden. Auch in der Nähe der Fuhrwerke ist das Anzünden von Feuer oder Licht, sowie das Tabakrauchen verboten.

§ 13. Fuhrwerke, welche Sprengstoffe führen, dürfen nur im Schritt fahren und von Fuhrwerken, sowie von Reitern nur im Schritt passiert werden.

Besteht ein Transport aus mehreren Fuhrwerken, so müssen diese während der Fahrt eine Entfernung von mindestens 50 Meter untereinander innehalten.

§ 14. Bei jedem Aufenthalte von mehr als einer halben Stunde ist eine Entfernung von mindestens 300 Meter von Fabriken, Werkstätten und bewohnten Gebäuden einzuhalten.

Die Ortspolizeibehörde darf, falls eine geeignete Haltestelle in solcher Entfernung nicht zu finden ist, gestatten, daß eine Haltestelle in einer geringeren, wenn aber nicht ein anderer Schutz geboten ist, mindestens 200 Meter betragenden Entfernung von Fabriken, Werkstätten und bewohnten Gebäuden gewählt wird.

Bei einem Aufenthalte von mehr als einer halben Stunde in der Nähe von Ortschaften ist überdies der Ortspolizeibehörde tunlichst schleunig Anzeige zu erstatten; die Ortspolizeibehörde hat darauf die ihr notwendig erscheinenden Vorsichtsmaßregeln zu treffen.

§ 15. Fuhrwerke, welche Sprengstoffe führen, müssen von Eisenbahnzügen oder geheizten Lokomotiven, Dampfwalzen, Dampfpflügen und ähnlichen Maschinen möglichst weit entfernt bleiben.

Neben der Eisenbahn herlaufende Wege, sowie Wege, auf welchen Dampfstraßenbahnen liegen, dürfen nur dann von solchen Fuhrwerken befahren werden, wenn der Bestimmungsort von Frachtfuhrwerk auf einem anderen gut fahrbaren Wege nicht zu erreichen ist.

§ 16. Der Transport durch zusammenhängend gebaute Ortschaften ist nur gestattet, wenn diese nicht von Frachtfuhrwerk auf gut fahrbaren Wegen umfahren werden können. Ist die Durchfahrt unvermeidlich, so hat der Transportführer der Ortspolizeibehörde Anzeige zu erstatten und deren Bestimmungen vor der Einfahrt in den Ort abzuwarten. Die Ortspolizeibehörde hat den zu nehmenden Straßenzug zu bestimmen und von anderen Fahrzeugen möglichst frei zu halten, auch Sorge zu tragen, daß die Durchfahrt ohne unnötigen Aufenthalt und mit Vermeidung besonderer Gefahren erfolgt.

§ 17. Werden zur Beförderung von Sprengstoffen Fuhrwerke verwendet, welche mit festen, dicht schließenden und feuersicher hergestellten, während des Transports unter Verschluß gehaltenen Wagenkasten versehen sind, so finden hinsichtlich der Beförderung solcher Transporte nur die Vorschriften im § 11 Abs. 3 und 4, § 12, § 13 Abs. 1 und § 14 Anwendung, und zwar die des § 14 mit der Maßgabe, daß die regelmäßig einzuhaltende Entfernung 200 Meter beträgt.

§ 18. Gerät eine Sprengstoffsendung unterwegs in einen Zustand, daß der weitere Versand bedenklich erscheint, so hat die Ortspolizeibehörde, welcher von dem Transportführer tunlichst schleunig Anzeige zu erstatten ist, die zur gefahrlosen weiteren Behandlung der Sendung nötigen Anordnungen zu treffen, und zwar je nach den Umständen unter Zuziehung eines auf ihre Aufforderung von dem Absender zu entsendenden Sachverständigen.

Ist Gefahr im Verzuge, so erfolgt die Vernichtung der Sprengstoffe durch die Ortspolizeibehörde auf Kosten des Absenders ohne vorherige Benachrichtigung desselben, wenn möglich nach der Angabe und unter Aufsicht eines Sachverständigen.

§ 19. Werden Sprengstoffe in Mengen von nicht mehr als 35 Kilogramm Bruttogewicht versendet, so finden auf dergleichen Sendungen von den Vorschriften dieses Abschnitts nur die §§ 7 bis 10 Anwendung.

III. Besondere Bestimmungen für den Wasserverkehr.

§ 20. Auf Dampfschiffen, welche Personen befördern, dürfen Sprengstoffe nicht transportiert, an Schießpulver oder Feuerwerkskörpern jedoch darf soviel mitgeführt werden, als zur Abgabe von Signalen notwendig ist.

Die im § 7 enthaltene Ausnahmebestimmung findet auch hier Anwendung.

Fähren, welche Fuhrwerk mit Sprengstoff übersetzen, dürfen nicht andere Fuhrwerke oder Personen befördern.

§ 21. Die §§ 7 bis 10, 11 Abs. 4, 12 Abs. 1, 13 Abs. 2, 14, 18 und 19 finden für den Schiffsverkehr sinngemäße Anwendung.

Werden zur Beförderung von Sprengstoffen eiserne oder stählerne Schiffe verwendet, welche mit dichtschließenden und feuersicher hergestellten, während des Transports unter Verschluß gehaltenen Laderäumen versehen sind, so finden von den im Abs. 1 angezogenen Vorschriften nur die §§ 8, 11 Abs. 4, 12 Abs. 1, 14, 18 und 19 sinngemäße Anwendung, und zwar die des § 14 mit der Maßgabe, daß die regelmäßig einzuhaltende Entfernung 200 Meter beträgt.

Zur Versendung auf Schiffen sind Patronen der im § 2 Ziffer 2 aufgeführten Stoffe außerdem mit einer das Eindringen von Wasser oder Feuchtigkeit verhindernden Umhüllung (z. B. mit Gummilösung verklebten Gummibeutel) zu versehen. Auf den Transport auf Fähren findet dies keine Anwendung.

Das Ein- und Ausladen darf nur an einer von der Ortspolizeibehörde dazu angewiesenen Stelle, welche mindestens 300 Meter von bewohnten Gebäuden entfernt sein muß, erfolgen. Mit Genehmigung des K. Staatsministeriums des Innern kann auch in geringerer Entfernung von bewohnten Gebäuden eine Stelle angewiesen werden, sofern diese Gebäude durch Erdwälle oder in anderer Weise gegen die Wirkungen einer auf der Ladestelle eintretenden Explosion genügend gesichert sind.

Die Ladestelle darf während ihrer Benutzung dem Publikum nicht zugänglich sein und ist, wenn ausnahmsweise das Aus- oder Einladen bei Dunkelheit stattfindet, mit fest- und hochstehenden Laternen zu erleuchten. Die mit Sprengstoffen gefüllten Behälter dürfen nicht eher auf die Ladestelle gebracht oder zugelassen werden, bis die Verladung beginnen soll.

§ 22. Die Sprengstoffe müssen auf dem Schiffe in einem abgeschlossenen Raume, welcher bei Dampfschiffen möglichst weit von den Kesselräumen entfernt ist, unter Deck fest verstaut werden. Bei Verladung in offenen Booten müssen letztere mit einem dichtschließenden feuersicheren Plantuche (z. B. imprägnierte Leinwand) überspannt sein.

Weder in den so benutzten, noch in den unmittelbar daranstoßenden Räumen dürfen Zündhütchen und Zündschnüre verpackt sein.

Leichtentzündliche oder selbstentzündliche Stoffe, zu welchen Steinkohlen und Koks nicht gerechnet werden, sind von der gleichzeitigen Beförderung überhaupt ausgeschlossen.

§ 23. Sind zu öffnende Brücken oder Schleusen zu passieren, so hat der Transportführer dem Brücken- oder Schleusenwärter Anzeige zu erstatten und vor der Durchfahrt dessen Bestimmungen abzuwarten. Der Brücken- oder Schleusenwärter hat Sorge zu tragen, daß die Durchfahrt ohne unnötigen Aufenthalt und mit Vermeidung besonderer Gefahren erfolgt.

Das Anlegen darf nur an Orten geschehen, welche während des Aufenthalts dem Publikum nicht zugänglich sind.

Die Ortspolizeibehörde ist stets vorher in Kenntnis zu setzen und hat Vorschriften über Ort und Zeit zu geben und Vorsichtsmaßregeln im einzelnen zu treffen.

IV. Bestimmungen über den Handel mit Sprengstoffen sowie über deren Aufbewahrung und Verausgabung.

§ 24. Wer Sprengstoffe feilhalten will, muß davon der Ortspolizeibehörde Anzeige machen. Wer Sprengstoffe feilhalten will, welche den Vorschriften des Reichsgesetzes vom 9. Juni 1884 unterliegen, bedarf dazu der polizeilichen Erlaubnis gemäß § 1 dieses Gesetzes.

Sprengpatronen dürfen von den Fabriken und Händlern und ihren Beauftragten nicht einzeln und lose, sondern nur in den nach § 6 dafür vorgesehenen Behältern oder kleineren dichtschließenden Originalverpackungen der Fabrikationsstätte von $1/4$, $1/2$, 1 und $2 1/2$ Kilogramm abgegeben werden. Diese Behälter und Originalverpackungen müssen mit der Jahreszahl der Abgabe aus der Fabrikationsstätte und mit einer durch das Jahr der Abgabe fortlaufenden Nummer versehen sein. Dieselbe Zahl und Nummer müssen auch an jeder in den Behältern verpackten Sprengpatrone angebracht sein. Die Angabe der Jahreszahl und Nummer auf den Behältern und Sprengpatronen darf auch in chiffrierter Form erfolgen, welche vor der Anwendung dem K. Staatsministerium des Innern zur Genehmigung vorzulegen ist. Außerdem muß an jeder Sprengpatrone der Name des Sprengstoffs, sowie die Firma oder Marke der Fabrik oder eine von dem K. Staatsministerium des Innern gebilligte und öffentlich bekanntgemachte Bezeichnung der Fabrik angebracht sein. Die von diesem Ministerium einer in Bayern betriebenen Fabrik erteilte Genehmigung ihrer Nummernchiffern und Billigung ihrer Fabrikbezeichnung hat für den Verkehr mit Erzeugnissen dieser Fabrik im ganzen Reiche Geltung.

In dem gemäß § 1 Abs. 2 des Reichsgesetzes vom 9. Juni 1884 zu führenden Register sind Jahreszahl und Nummer der gekauften und abgegebenen Sprengpatronen zu vermerken.

§ 25. Wer sich mit der Anfertigung oder dem Verkaufe von Sprengstoffen befaßt, welche dem Reichsgesetze vom 9. Juni 1884 nicht unterliegen, ist verpflichtet, über alle An- und Verkäufe dieser Stoffe in Mengen von mehr als 1 Kilogramm Buch zu führen, welches den Namen der Verkäufer und der Abnehmer, den Zeitpunkt des Ankaufs und der Abgabe, die Mengen der gekauften und abgegebenen Stoffe, sowie bei Sprengpatronen deren Jahreszahl und Nummer angibt. Dieses Buch ist auf Verlangen der Polizeibehörde zur Einsicht vorzulegen. Hinsichtlich der Buchführung greifen im übrigen die auf Grund des Reichsgesetzes vom 9. Juni 1884 erlassenen Vorschriften Platz.

§ 26. Die Abgabe von Sprengstoffen an Personen, von welchen ein Mißbrauch derselben zu befürchten ist, insbesondere an Personen unter 16 Jahren ist verboten. Dies gilt insbesondere auch von solchen Feuerwerkskörpern, mit deren Verwendung eine erhebliche Gefahr für Personen oder Eigentum verbunden ist (Kanonenschläge, Frösche, Schwärmer u. dergl.). Dagegen findet diese Vorschrift keine Anwendung auf Spielwaren, welche ganz geringe Mengen von Sprengstoffen enthalten. Zündplättchen (amorces), welche mehr als 7,5 Gramm Sprengmischung (Knallsatz) auf 1000 Plättchen enthalten, dürfen als Spielwaren nicht in den Verkehr gebracht werden.

Die Abgabe von Sprengstoffen, welche den Vorschriften des Reichsgesetzes vom 9. Juni 1884 unterliegen, darf seitens der Fabriken und Händler und ihrer Beauftragten nur an solche Personen erfolgen, welche nach den gemäß § 2 dieses Gesetzes erlassenen Anordnungen zum Besitze von Sprengstoffen berechtigt sind. Bei Staatswerken, welche besonderer Erlaubnis zum Besitze von Sprengstoffen nicht bedürfen, kann die Abgabe an solche Personen erfolgen, welche von der Verwaltung des Werkes zu der Annahme ausdrücklich ermächtigt sind.

§ 27. Die Verausgabung von Sprengstoffen, welche den Vorschriften des Reichsgesetzes vom 9. Juni 1884 unterliegen, an die in Bergwerken, Steinbrüchen, Bauten und gewerblichen Anlagen beschäftigten Bergleute, Arbeiter usw. darf nur von denjenigen Betriebsleitern, Beamten oder Aufsehern bewirkt werden, welche nach den gemäß § 2 dieses Gesetzes erlassenen Anordnungen zum Besitze von Sprengstoffen berechtigt sind. Diese Personen sind verpflichtet, über die Verausgabung ein Buch zu führen, welches den Namen der Empfänger, den Zeitpunkt der Verausgabung, die Menge der verausgabten Stoffe, sowie bei Sprengpatronen deren Jahreszahl und Nummer angibt. Bei Staatswerken, welche besonderer Erlaubnis zum Besitze von Sprengstoffen nicht bedürfen, kann die Verausgabung von solchen Personen bewirkt werden, welche von der Verwaltung des Werkes zu der Verausgabung ausdrücklich ermächtigt sind.

Die Leiter der Bergwerke, Steinbrüche, Bauten und gewerblichen Anlagen sind verpflichtet, Maßregeln zu treffen, welche eine Verwendung der zum Verbrauch im Betriebe verausgabten Sprengstoffe durch die Bergleute, Arbeiter usw. zu anderen Zwecken tunlichst ausschließen.

V. Bestimmungen über die Lagerung von Sprengstoffen.

§ 28. Geraten Sprengstoffe auf ihrem Lager in einen Zustand, daß die weitere Lagerung bedenklich erscheint, so finden die Vorschriften des § 18 entsprechende Anwendung.

§ 29. Wer mit Pulver, Sprengsalpeter, brennbarem Salpeter (§ 2 Ziffer 1), Feuerwerkskörpern oder Zündplättchen — amorces — (§ 2 Ziffer 4) oder solchen Patronen für Handfeuerwaffen, welche nicht unter § 1 Abs. 2b fallen, Handel treibt, darf:

1. im Kaufladen nicht mehr als $2^1/_2$ Kilogramm,
2. im Hause außerdem nicht mehr als 10 Kilogramm vorrätig halten.

Auf Nachweis eines besonderen Bedürfnisses kann die Erhöhung des Vorrates unter 2 zeitweilig bis auf 15 Kilogramm gestattet werden.

Die Aufbewahrung muß in einem auf dem Dachboden (Speicher) belegenen, mit keinem Schornsteinrohr in Verbindung stehenden abgesonderten Raume erfolgen, welcher beständig unter Verschluß gehalten und mit Licht nicht betreten wird. Die Behälter müssen den Bestimmungen im § 6 Abs. 1 und 2 entsprechen und mit stets festgeschlossenen Deckeln versehen sein.

§ 30. Personen, welche nicht unter die Bestimmung des § 29 fallen, bedürfen für die Aufbewahrung von mehr als $2^1/_2$ Kilogramm der daselbst genannten Sprengstoffe der ortspolizeilichen Erlaubnis.

§ 31. Größere als die im § 29 angegebenen Mengen dieser Sprengstoffe sind außerhalb der Ortschaften in besonderen Magazinen aufzubewahren, von deren Sicherheit die Distriktspolizeibehörde sich überzeugt hat. Diese Magazine müssen sich, wenn sie über Tage liegen, im Wirkungsbereiche sachgemäß ausgeführter und unter Aufsicht stehender Blitzableiter befinden.

Handelt es sich um Magazine, welche zu einem der Aufsicht der Bergbehörde unterstehenden Werke gehören, so hat die Distriktspolizeibehörde die Prüfung in Gemeinschaft mit der Bergbehörde vorzunehmen.

Es kann angeordnet werden, daß die Schlüssel zu diesen Magazinen in den Händen der Behörde bleiben.

§ 32. Die Aufbewahrung der im § 29 genannten Sprengstoffe an der Herstellungsstätte sowie an der Verbrauchsstätte unterliegt den im § 33 gegebenen Vorschriften.

§ 33. Die im § 2 aufgeführten Sprengstoffe dürfen — abgesehen von den im § 29 vorgesehenen Ausnahmen — nur an der Herstellungsstätte oder an denjenigen Orten, wo sie innerhalb eines Betriebs zur unmittelbaren Verwendung gelangen, oder in besonderen Magazinen gelagert werden.

Für die Lagerung an der Herstellungsstätte sind, in Ermangelung besonderer, bei Genehmigung der Anlage gemäß § 16 der Gewerbeordnung vorgeschriebener Bedingungen, die Weisungen der Ortspolizeibehörde zu beachten.

Die Niederlagen an der Verbrauchsstätte sowie die besonderen Magazine bedürfen der distriktspolizeilichen Genehmigung und sind nach den von der Distriktspolizeibehörde zu erteilenden Vorschriften einzurichten.

Für solche Niederlagen oder Magazine, welche zu einem der Aufsicht der Bergbehörde unterstehenden Werke gehören, tritt diese an die Stelle der Distriktspolizeibehörde.

Es kann angeordnet werden, daß die Schlüssel zu den Niederlagen oder Magazinen in den Händen der Behörde bleiben.

§ 34. Andere als die im § 2 aufgeführten, insbesondere die im § 3 genannten Sprengstoffe, dürfen nur an der Herstellungsstätte gelagert werden.

Zu Versuchszwecken kann die Lagerung neuer Sprengstoffe an anderen Orten von der K. Regierung, Kammer des Innern, gestattet werden.

VI. Strafbestimmungen.

§ 35. Zuwiderhandlungen gegen vorstehende Vorschriften werden nach § 367 Nr. 5 des Strafgesetzbuchs bestraft, soweit nicht härtere Strafen nach dem Reichsgesetze vom 9. Juni 1884 verwirkt sind.

Schlußbestimmung.

§ 36. Weitergehende bergpolizeiliche Vorschriften und Anordnungen über die Verwendung von Sprengstoffen beim Bergbau, dann die internationalen Verabredungen über den Verkehr mit Sprengstoffen, werden durch die vorstehenden Bestimmungen nicht berührt.

5. Bekanntmachung des K. Staatsministeriums des Innern vom 15. Februar 1894, / 19. Okt. 1906, die Versendung von Sprengstoffen und Munitionsgegenständen der Militär- und Marineverwaltung auf Land- und Wasserwegen (Sprengstoff-Versendungsvorschrift) betr. (GVBl. 1894 S. 98, 1906 S. 792.)

In bezug auf die Versendung von Sprengstoffen und Munitionsgegenständen der Militär- und Marineverwaltung auf Land- und Seewegen wird die Bekanntmachung vom 27. Juli 1905, den Verkehr mit Sprengstoffen betreffend (GVBl. S. 531), durch nachstehende vom Bundesrate vereinbarte Zusätze ergänzt:

Zu §§ 12 u. 13. a) Den von den Begleitkommandos militärischer Sendungen von Sprengstoffen und Munitionsgegenständen behufs Verhütung der Gefährdung der Sendungen ergehenden Aufforderungen zu Handlungen oder Unterlassungen — insbesondere zum Anhalten, zum langsamen Vorbeifahren oder Vorbeireiten, zum Ausweichen, zum Unterlassen des Rauchens, zum Auslöschen von Feuer — haben Wagenführer, Reiter und andere Personen ungesäumt Folge zu leisten.

Zuwiderhandlungen werden, unbeschadet des nötigenfalls von den Begleitkommandos zur Anwendung zu bringenden unmittelbaren Zwanges, nach § 367 Nr. 5 des Strafgesetzbuchs für das Deutsche Reich bestraft.

b) Entgegenkommende oder den Transport einholende Fuhrwerke oder Reiter müssen den mit Sprengstoffen rc. beladenen Wagen ganz ausweichen.

c) Dem Führer des Begleitkommandos ist es gestattet, erforderlichenfalls neben den mit Sprengstoffen rc. beladenen Wagen in schneller Gangart zu reiten.

d) Besteht die Sendung aus einer größeren Anzahl von Wagen, so können Gruppen von zwei bis drei Wagen gebildet werden, in welchen die einzelnen Wagen nur 10 m Abstand erhalten; die Gruppen müssen jedoch in mindestens 50 m Entfernung von einander bleiben.

---

6. Oberpolizeiliche Vorschriften des K. Staatsministeriums des Innern vom 26. Januar 1910, die Lagerung und die Verwendung von Sprengstoffen und Zündmitteln bei der Ausführung von Sprengarbeiten betr. (GVBl. S. 46.)*)

I. Sprengstoffe.

§ 1. Als Sprengstoffe im Sinne dieser Vorschriften sind nur zugelassen:

*) Zuständigkeitsbestimmung: § 2 der K. V. v. 18. Januar 1910 (GVBl. S. 45); Strafbestimmungen: Art. 156 Ziff. 2 PStGB., § 367 Ziff. 5 RStGB.

I. Klasse: Dynamite (Gurdynamit, Sprenggelatine, Gelatinedynamit und ähnliche), ferner die Chlorat- und Perchloratsprengstoffe der Eisenbahnverkehrsordnung Anlage C I A, 2. und 3. Gruppe.

II. Klasse: Schwarzpulver.

III. Klasse: Handhabungssichere Sprengstoffe der Eisenbahnverkehrsordnung Anlage C I A, 1. Gruppe.

Dem Staatsministerium des Innern bleibt vorbehalten, auch andere Sprengstoffe in die vorbezeichneten Klassen einzureihen.

II. Die Genehmigungspflicht.

§ 2. Zur Lagerung und Verwendung von Sprengstoffen ist die distriktspolizeiliche Genehmigung erforderlich.

Als Feuerwerker und Magazinsverwalter dürfen nur Personen aufgestellt werden, die nach den gemäß § 2 des Reichsgesetzes vom 9. Juni 1884 erlassenen Anordnungen zum Besitze von Sprengstoffen berechtigt sind. Mit distriktspolizeilicher Genehmigung kann dieselbe Person als Magazinsverwalter und Feuerwerker aufgestellt werden.

Die Distriktsverwaltungsbehörde kann die namhaft gemachten Personen beanstanden, wenn sie die erforderliche Verlässigkeit nicht besitzen. Bis zur Behebung des Anstandes kann die Inangriffnahme oder Fortsetzung der Sprengarbeiten untersagt werden.

III. Die Lagerung von Sprengstoffen.

§ 3. Vorbehaltlich der Bestimmung im § 20 dürfen Sprengstoffe der Klasse I mit solchen der Klasse II und III, Sprengstoffe dieser drei Klassen mit Zündmitteln nicht zusammen gelagert werden. Schwarzpulver und Sprengstoffe der Klasse III dürfen zusammen gelagert werden.

Die zur Durchführung von Sprengarbeiten erforderlichen Sprengstoffe und Zündmittel sind in eigenen Magazinen aufzubewahren.

Zur Anlage der Magazine und zu wesentlichen Änderungen hieran ist die distriktspolizeiliche Genehmigung erforderlich.

Bei vorübergehender Aufbewahrung von Sprengstoffen (z. B. bei Brunnen- und Kanalisationsarbeiten, Ausschachtungen, Baumrodungen) in Mengen bis zu $2^1/_2$ kg der Klassen I und II und bis zu 5 kg der Klasse III kann mit Erlaubnis der Distriktspolizeibehörde von der Anlage eines besonderen Aufbewahrungsraumes abgesehen werden, wenn für genügende Sicherheit gegen Diebstahl und für den Schutz der Umgebung gesorgt wird. In solchen Fällen genügt es, den Sprengstoff in einer hölzernen, starken, gut verschließbaren Kiste einzulagern (§ 20). In diese müssen täglich nach Beendigung der Sprengarbeiten die nicht verbrauchten Sprengstoffreste zurückgebracht werden. Die Kiste ist an einem gegen Diebstahl gesicherten Orte aufzubewahren; die Lagerung in oder unter bewohnten Räumen ist verboten.

§ 5. Von Wohn- und Arbeitsstätten, Eisenbahnen und öffentlichen Wegen sind folgende Mindestentfernungen einzuhalten:
bei Magazinen für eine Einlagerung

bis zu	50 kg	Sprengstoffe der Klasse	I	100 m
„ „	100 kg	„ „ „	II	100 m
„ „	250 kg	„ „ „	III	100 m
„ „	250 kg	„ „ „	I und II	250 m
„ „	1000 kg	„ aller drei Klassen		500 m
über	1000 kg	„ „ „ „ . .		1000 m.

Unter besonders günstigen örtlichen Verhältnissen kann die Distriktsverwaltungsbehörde geringere Entfernungen gestatten.

Mehrere Magazine, die in freier ungedeckter Lage errichtet werden, sollen in der Regel mindestens 100 m von einander entfernt sein. Unter besonders günstigen örtlichen Verhältnissen, ferner wenn es sich ausschließlich um die Lagerung handhabungssicherer Sprengstoffe der Eisenbahnverkehrsordnung Anlage C I A, 1. Gruppe handelt, kann die Distriktspolizeibehörde geringere Entfernungen gestatten.

§ 6. An den Zugängen zu den Arbeitsstätten dürfen Magazine nicht errichtet werden.

§ 7. Die Zugänge zu den Magazinen müssen so hergestellt und stets so in Ordnung gehalten werden, daß die Sprengstoffe sicher transportiert werden können. Insbesondere ist die Anlage von Stufen verboten.

§ 8. Magazine für eine Einlagerung bis zu

50 kg	Sprengstoff der Klasse	I
100 kg	„ „ „	II
250 kg	„ „ „	III

können aus festen, gut verschließbaren, trocken gelegenen Bretterverschlägen bestehen, die mit Ausnahme der Türe, bis zur Höhe des Firstes von einer 1 m dicken Schicht Sand oder steinfreier Erde umgeben sein müssen.

§ 9. Magazine für eine Einlagerung von über 50 kg Sprengstoff der Klasse I, über 100 kg der Klasse II und über 250 kg der Klasse III müssen den §§ 10—18 entsprechen.

§ 10. Die Magazine sind je nach der Örtlichkeit entweder als freistehende Gebäude zu errichten oder im festen Gestein als einbruchsichere Nischen auszuarbeiten oder aber teilweise in den gewachsenen Boden zu versenken.

Im letzteren Falle sind Wände und Boden durch Isolierschichten gegen Feuchtigkeit zu schützen.

§ 11. Die Magazine sind mit einem bis zur Höhe des Firstes reichenden Erdwall sowie mit einer mindestens 2,25 m hohen, durch Stacheldraht gesicherten Einfriedigung außerhalb des Walles zu umgeben; bei besonderen örtlichen Verhältnissen kann die Distriktsverwaltungsbehörde Ausnahmen gestatten.

Der Wall ist aus Sand oder einem anderen möglichst klein zerteilten Material herzustellen, er muß bei einer Kronenbreite von 1 m ein- bis anderthalbfache Böschung haben und mit Rasen bedeckt oder durch Reisigflechtwerk befestigt sein.

Zwischen dem Walle und dem Gebäude ist ein 1 m breiter Raum zu belassen, in dem brennbare Stoffe nicht gelagert werden dürfen.

Der Zugang zum Magazin durch den Wall ist in gerader Linie seitlich vom Magazin anzulegen.

§ 12. Die Wände eines Magazins sollen, wenn es nicht ganz im festen Gestein als einbruchsichere Nische angelegt wird, aus leichtem Material wie aus Bimssandsteinen (Schwemmsteinen), leichten Tuffsteinen, Kiesbeton oder als Riegelfachwerk ausgeführt werden. Zur Herstellung des Betons darf nur Kies von höchstens 2 cm Korngröße verwendet werden.

Im Innern sind die Wände mit glattem Zementverputz oder einer glatt gehobelten Holzverschalung zu versehen.

§ 13. Das Dach ist aus leichtem Material (Holz, Zement- oder Betonbohlen, Gipsdielen) herzustellen. Es ist mit Asphaltpappe, präpariertem Segeltuche oder mit Asbest zu bekleiden und darf mit Steinen nicht beschwert werden.

Das Dach ist mit einer leichten Erdschüttung zu überdecken oder mit Kalk oder weißer Ölfarbe anzustreichen.

§ 14. Der Fußboden muß aus dicht gefugten Brettern, in denen die Nägel zu versenken und einzukitten sind, oder aus einem Lehm-, Gips- oder Asphaltestrich ohne Steinbeimischung bestehen. Er ist in seiner ganzen Fläche mit Linoleum zu belegen.

Gegen das Eindringen von Bodenfeuchtigkeit ist der Fußboden durch eine wasserdichte Schichte zu schützen.

§ 15. Der Verschluß der Magazine muß durch zwei hintereinanderliegende, nach außen aufgehende, möglichst einbruchsichere Türen von mindestens 1,8 m Höhe und 0,8 m Breite gebildet werden. Zwischen beiden Türen hat ein Vorraum von mindestens 1 m Tiefe zu verbleiben.

In Pulvermagazinen muß die innere Türe aus Holz gefertigt und auf der Außenseite mit Zinkblech verkleidet sein. Die Türbeschläge und Schwellen sind so einzurichten, daß Funkenbildungen oder gefährliche Erwärmungen durch Reibungen von Eisenteilen auf Stein oder Eisen ausgeschlossen sind.

§ 16. Eine künstliche Beleuchtung des Magazins darf nur vom Vorraume aus und nur durch Sicherheitslampen oder elektrische Glühlampen mit besonders starker Fassung und mit Schutzglocken nach Maßgabe der anerkannten Sicherheitsvorschriften des Verbandes deutscher Elektrotechniker erfolgen. Die Ein- und Ausschalter für die elektrischen Glühlampen müssen sich außerhalb des Lagerhauses befinden. Auch eine Außenbeleuchtung mittels Laternen hinter zuverlässig dichten Glasfenstern ist erlaubt.

§ 17. Nahe der Decke und über dem Fußboden sind Ventilationsöffnungen anzuordnen, gekrümmt anzulegen, fest zu vergittern und innen mit einem Drahtnetz zu verschließen.

In jedem Magazin muß ein brauchbares Celsiusthermometer angebracht sein.

§ 18. Die Magazine sind mit der Aufschrift zu versehen: „Vorsicht! Sprengstoffe! Nicht rauchen! Feuer und Licht fernhalten!"

§ 19. Die Magazine müssen in allen Teilen stets in gutem Zustand erhalten werden.

In den Magazinen sowie innerhalb der Einfriedigungen muß die größte Ordnung und Reinlichkeit herrschen. Leere Behälter, loses Packmaterial, Holz- und Papierabfälle sind daraus zu entfernen.

§ 20. Werden Sprengstoffe der Klasse I mit solchen der Klassen II und III, und Sprengstoffe einer der drei Klassen mit Zündmitteln in einem Magazine gelagert, so müssen die Sprengstoffe der Klasse I und die Zündmittel je in gesonderten, durch Zwischenwände von mindestens 12 cm (= $1/_2$ Stein) Stärke hergestellten Lagerräumen untergebracht werden. In Felsnischen, die als Lagerräume dienen, muß die Zwischenwand mindestens 50 cm (= 2 Stein) stark sein.

Die Zündmittel sind überdies in einer dichten Holzkiste unter Verschluß aufzubewahren.

§ 21. Fässer sind zu stellen oder so festzulegen, daß sie nicht rollen. Andere Sprengstoffbehälter müssen auf Holzunterlagen ruhen. Es dürfen höchstens fünf Reihen übereinander gestellt werden, zwischen den Reihen sind glatte hölzerne Zwischenlager anzubringen.

Die Sprengstoffbehälter dürfen niemals ganz an der Wand anliegen und nicht gestürzt, gekollert oder geschoben werden; sie sind mit großer Vorsicht zu tragen und vor jedem Stoße zu schützen.

§ 22. In den Magazinen dürfen Arbeiten, die außerhalb des Lagers ausgeführt werden können, wie das Herrichten oder Umarbeiten von Patronen, das Ausklopfen von Sprengkapseln nicht vorgenommen werden.

Pulver ist in den Versandgefäßen oder in einer gut verschlossenen Kanne aus Zinkblech, Holz oder Leder (nicht aus Eisen- oder Weißblech), aufzubewahren. Gefäße zum Abmessen des Pulvers dürfen nicht aus Eisen bestehen. Enthält der eigentliche Lagerraum mehr als ein Faß Pulver in der Originalpackung, so ist das Umfüllen von Pulver sowohl im Lagerraum als auch im Vorraume verboten. Der Fußboden der Pulvermagazine ist von verstreutem Pulver sorgfältigst zu reinigen. Außerhalb des Magazins liegendes Pulver ist zu entfernen.

§ 23. Wer ein Magazin betritt, hat vorher alle feuergefährlichen Gegenstände abzulegen.

Pulvermagazine dürfen nur mit Filzschuhen betreten werden; solche sind im Vorraum bereit zu halten. Der Zutritt zu den Magazinen ist außer den Kontrollbeamten nur dem Verwalter des Magazins und unter der Aufsicht des Verwalters den mit dem Heraus-

und Hineinbringen von Sprengstoffen und Zündmitteln beauftragten Hilfskräften gestattet.

Der Verwalter hat allein den Schlüssel zu führen, soferne nicht besondere Anordnung nach § 33 Abs. 5 der oberpolizeilichen Vorschriften vom 27. Juli 1905 (GVBl. S. 531) getroffen ist.

Der Aufenthalt in Magazinen während eines Gewitters ist verboten.

§ 24. Der Verwalter des Magazins hat über die Einlagerung und Verausgabung von Sprengstoffen und Zündmitteln ein Buch zu führen, welches den Zeitpunkt des Empfangs und der Verausgabung, den Namen des Lieferanten und Empfängers, die Art und Menge der Sprengstoffe, sowie bei Sprengpatronen deren Stückzahl und Nummer angibt.

§ 25. Aus den Magazinen dürfen nur Sprengstoffe und Zündmittel von tadelloser Beschaffenheit und diese nur in Mengen, die dem Tagesbedarf entsprechen, abgegeben werden.

Verdorbene Sprengstoffe sind möglichst bald unter der Aufsicht des Verwalters zu vernichten.

Über die Art und Menge der vernichteten Sprengstoffe ist Buch zu führen.

§ 26. Die Verpackung ist entweder im Vorraum oder außerhalb des Magazins zu öffnen; hiezu dürfen mit Ausnahme von Nagelzangen und Schraubenziehern keine eisernen Werkzeuge, sondern nur solche aus Kupfer, Messing, Bronze, Zink oder Holz verwendet werden.

§ 27. Sprengstoffe, die aus der Verpackung genommen sind, müssen ganz besonders vor Feuchtigkeit geschützt werden. Zu diesem Zwecke sind kleinere Pulvermengen in Zinkblechkannen, andere Sprengstoffe in trockenen und dichten mit Deckel versehenen Holzkisten oder in Zinkblechbüchsen aufzubewahren.

Erst nach vollständigem Verbrauche des losen Vorrats an Sprengstoffen darf eine neue Verpackung gleicher Art geöffnet werden.

Die am längsten lagernden Sprengstoffe sind stets zuerst zu verwenden.

IV. Die Verbringung der Sprengstoffe und Zündmittel vom Magazin bis zur Verwendungsstelle.

§ 28. Die für den Tagesbedarf nötigen Sprengstoffe und Zündmittel sind täglich zu bestimmten Zeiten durch den Verwalter des Magazins an den für den Transport zur Verbrauchsstelle sowie für die weitere Verwendung verantwortlichen Feuerwerker (Schießmeister) abzugeben.

§ 29. Die Sprengstoffe und Zündmittel sind in dicht verschließbaren Zinkblech- oder Holzbehältern oder in Ledertaschen, gegen Feuchtigkeit und Erschütterung sorgfältig geschützt, durch zuverlässige Arbeiter in Begleitung des Feuerwerkers an die Verbrauchsstelle zu bringen.

Sprengstoffe und Zündmittel dürfen gleichzeitig niemals von einer und derselben Person getragen werden.

§ 30. Unverwendet gebliebene Sprengstoffe und Zündmittel sind nach beendigter Sprengarbeit in ihren Behältern in das Magazin zurückzubringen und dort zu verbuchen.

Die Betriebsleiter sind verpflichtet, Maßregeln zu treffen, welche eine Verwendung der zum Verbrauch im Betriebe verausgabten Sprengstoffe durch Arbeiter und sonst beim Betriebe beschäftigte Personen zu anderen Zwecken tunlichst ausschließen.

V. Die Behandlung der Sprengstoffe und der Zündmittel an der Verbrauchsstelle.

§ 31. An der Verbrauchsstelle sind die Sprengstoffe und Zündmittel in verschließbaren Kisten (Schießkisten) aufzubewahren.

Sprengstoffe und Zündmittel dürfen nur dann gemeinschaftlich in einer Kiste untergebracht werden, wenn mittels einer Holzwand für beide eine eigene Abteilung hergestellt ist.

§ 32. Die Schießkisten sind an trockenen, vor Sprengstücken gesicherten Orten aufzustellen; sie dürfen nicht in Werkstätten oder in die für die Arbeiter bestimmten Aufenthalts- und Unterstandsräume gebracht werden und sind, so lange sich in ihnen Sprengstoffe und Zündmittel befinden, verschlossen zu halten.

Der Schlüssel hat stets in Verwahrung des Feuerwerkers zu verbleiben. Leere Schießkisten sind offen zu lassen.

§ 33. Sprengstoffe müssen in der Form von Patronen verwendet werden.

Zu Sprengarbeiten über Tag darf bei Bohrlöchern, die in die Tiefe gehen, Pulver auch in loser Form benützt werden. Zum Einfüllen des Pulvers dürfen nur Zinktrichter verwendet werden.

§ 34. Gefrorene Dynamite dürfen nicht gerieben und gedrückt, auch nicht zerbrochen oder zerschnitten werden. Sie sind unmittelbar vor dem Gebrauch unter der Aufsicht des Feuerwerkers in einem Dynamitauftauapparate vollkommen aufzutauen.

Das Auftauen darf an sehr warmen Orten, wie in der unmittelbaren Nähe eines Ofens, Herdes, offenen Feuers, einer Dampfleitung, eines Dampfkessels nicht erfolgen.

In den betreffenden Räumen dürfen nur die mit dem Auftauen beschäftigten Personen anwesend sein.

§ 35. Es ist verboten, gefrorene Sprengstoffe am Körper zu erwärmen.

VI. Ausführung der Sprengarbeiten.

§ 36. Das Laden und Besetzen der Bohrlöcher hat unter der Aufsicht des Feuerwerkers nach Maßgabe der §§ 37—42 zu geschehen.

§ 37. Bei Verwendung von Schwarzpulver in loser Form soll in das gut gereinigte Bohrloch zunächst ein Teil der zur Ladung erforderlichen Pulvermenge mittels eines Trichters aus Zink eingebracht, darauf die Zündschnur mit umgebogenem Ende in das Loch bis auf die Ladung eingesenkt und dann der Rest der Pulverladung eingefüllt werden.

Wird das Schwarzpulver in Form von Patronen in das Bohrloch eingebracht, so muß die Zündschnur schon vorher in die Patrone gesteckt und mit ihr fest verbunden werden.

§ 38. Bei Verwendung von Dynamit und handhabungssicheren Sprengstoffen ist eine Patrone nach der anderen vorsichtig in das Bohrloch einzusetzen.

Die Zündpatrone ist so herzustellen, daß das Ende der Zündschnur in ein Zündhütchen aus Kupfer so weit hineingeschoben (nicht hineingedreht) wird, bis es auf dem am Boden des Hütchens befindlichen Knallsatze aufruht. Der obere Rand des Zündhütchens darf nur mit einer Zange an die Zündschnur angepreßt werden.

In der geöffneten Patrone soll mit einem Holzstäbchen eine Vertiefung hergestellt und in diese das mit Zündschnur versehene Zündhütchen so eingefügt werden, daß ein Teil aus dem Sprengstoff hervorragt.

Die fertige Zündpatrone ist behutsam in das Bohrloch einzuschieben und ohne jedes Festpressen auf die Ladung aufzusetzen.

§ 39. Bei Sprengungen unter Wasser soll die erforderliche Anzahl von Dynamitpatronen in eine gut schließende Hülse eingelegt, eine Guttapercha-Zündschnur angewendet und die Verbindungsstelle des Zündhütchens mit der Zündschnur durch Talg, Wachs oder Fett vor dem Eindringen des Wassers geschützt werden.

§ 40. Unmittelbar auf die Ladung soll ein etwa 10 cm hoher loser Besatz aus einem von Funken reißenden Bestandteilen freien Material, sodann ein fester Besatz aufgebracht werden.

Das Besatzmaterial ist mit einem Ladstocke aus Holz einzupressen, es darf nicht festgeschlagen werden. Die über dem Besatz verbleibende Tiefe des Bohrloches ist genau einzumessen.

Bei Sprengungen unter Wasser finden Abs. I und II keine Anwendung.

§ 41. Beim Besetzen der Bohrlöcher ist darauf zu achten, daß die Zündschnur nicht beschädigt wird; sie soll an die Bohrlochwand angedrückt und gespannt werden.

Die Länge der Zündschnur ist so zu bemessen, daß dem mit der Zündung betrauten Arbeiter hinreichend Zeit bleibt, sich vor der Explosion in gesicherte Stellung zurückzuziehen.

Bei Anwendung von elektrischer Zündung ist statt der Zündschnur der elektrische Zünder in die Ladung einzuführen.

§ 42. Die Verbindung der Leitungsdrähte in den besetzten Bohrlöchern untereinander und mit der Hauptleitung ist mit großer Sorgfalt herzustellen. Die Drähte dürfen, soferne sie nicht mit sicherer Isolierung versehen sind, sich weder kreuzen noch die Erde berühren.

Bei elektrischen Zündapparaten ist die Verwendung von Schaltern, mit denen sich ein dauernd ununterbrochener Kontakt herstellen läßt, verboten.

Der elektrische Zündapparat muß während der ganzen Dauer der Zündarbeit unter sachverständiger Aufsicht stehen.

§ 43. In der Nähe von Gebäuden, Wegen oder sonstigen durch Sprengstücke leicht zu gefährdenden Gegenständen müssen die Schüsse mit Faschinen, geflochtenen Hürden, eisernen Ketten, Eisendrahtgeflecht oder dergl. zweckentsprechend *abgedeckt* werden.

§ 44. Das *Anzünden* der Sprengschüsse hat durch zuverlässige Arbeiter nach den Angaben und auf Befehl des Feuerwerkers zu erfolgen.

§ 45. Regelmäßige Sprengungen in größerem Umfange sind an bestimmten *Tagesstunden* vorzunehmen. Diese Tagesstunden sind nebst einer Erklärung der Signale auf zweckmäßig angebrachten Warnungstafeln bekannt zu machen.

§ 46. Der Zeitpunkt des Sprengens ist unmittelbar vor dem Anzünden der Schüsse durch weithin sichtbare rote Flagge und durch tönende *Signale* anzuzeigen.

Sobald die Signale gegeben sind, haben sämtliche Arbeiter, die bei der Zündung nicht beschäftigt sind, das Sprenggebiet unverzüglich zu verlassen und sich auf die von dem Feuerwerker als ungefährlich bezeichneten Plätze zu begeben. Erforderlichenfalls sind hiefür geeignete Unterstandsräume bereit zu stellen.

Das im Sprengbereich liegende Gelände ist von Personen und Tieren zu räumen; die Wege sind auf die Dauer der Gefahr abzusperren und zu bewachen. Das Sprengbereich ist von der Distriktspolizeibehörde festzustellen.

Hat sich der Feuerwerker überzeugt, daß innerhalb der abgesperrten Strecke keine anderen als die mit dem Anzünden der Ladung beauftragten Personen sich befinden, so muß er durch ein deutlich wahrnehmbares *dreimaliges* Hornsignal das Zeichen zum Zünden geben.

Nach vollzogener Zündung der Schüsse haben die hiermit betrauten Personen sofort die Sprengstätte zu verlassen und sich auf einem von Verkehrshindernissen freizuhaltenden Wege in sichere Deckung zurückzuziehen. Während der ganzen Dauer des Sprengens haben ununterbrochen in kurzen Zwischenräumen deutlich wahrnehmbare Glockensignale zu ertönen.

§ 47. Der Feuerwerker ist verpflichtet, vor jeder Sprengung die geladenen Schüsse zu zählen und beim Sprengen zu beobachten, ob alle Schüsse losgehen.

Vor Ablauf von mindestens 10 Minuten nach dem letzten Schusse darf weder der Feuerwerker noch irgend eine andere Person die abgesperrte Sprengstätte betreten.

Nach Ablauf dieser Frist hat der Feuerwerker die Strecke zu begehen und sich von der Entzündung sämtlicher Schüsse persönlich zu überzeugen. Nimmt er wahr, daß ein Schuß ganz oder teilweise versagt hat, so muß er ihn durch ein neben das Bohrloch zu setzendes rotes Fähnchen oder sonst in auffallender Weise kennzeichnen. In der Nähe einer solchen Stelle darf die Arbeit nicht eher aufgenommen werden, als bis der Schuß zur Explosion gebracht oder beseitigt ist.

Den Arbeitern ist das Betreten der abgesperrten Sprengstätte erst dann gestattet, wenn ein einmaliges Hornsignal gegeben wurde und die roten Flaggen zurückgezogen sind.

§ 48. Sprengschüsse, die ganz oder teilweise versagt haben, sind unschädlich zu machen.

Dies kann in der Weise geschehen, daß man den Versager durch einen daneben gesetzten neuen Schuß zur Explosion bringt; bei diesem Verfahren muß dem neuen Bohrloche eine solche Richtung gegeben werden, daß der alte Schußkanal nicht angebohrt wird. Nach der Abfeuerung des neuen Schusses hat sich der Feuerwerker davon zu überzeugen, daß der alte Schuß mit zur Explosion gebracht wurde und Reste von ihm weder im Bohrloche noch im Gerölle vorhanden sind.

Ist dieses Verfahren nicht durchführbar, so ist durch eine sachverständige Person oder in Gegenwart einer solchen der Besatz anzufeuchten und dann mittels Werkzeug aus Weichkupfer, Weichmessing oder Holz bis auf eine Tiefe von 10 cm über der Sprengladung zu entfernen; hiernach ist der Schuß durch eine Schlagpatrone zum Abgehen zu bringen. Bei Schwarzpulver ist auch ein Ersäufen mit Wasser zulässig.

Das Ausbohren, Auskratzen und Wiederbesetzen nicht losgegangener Schüsse sowie das Tieferbohren von Bohrlochresten (Pfeifen) ist verboten.

§ 49. Sollen Bohrlöcher, die durch Schüsse erweitert (Schnüren-, Kessel- oder Lassenschießen) oder ausgetrocknet wurden, wiederholt mit Sprengstoff geladen werden, so darf dies erst nach Ablauf von mindestens 30 Minuten geschehen.

VII. Schlußbestimmungen.

§ 50. Für das Verbringen der Sprengstoffe und Zündmittel vom Bezugsorte zum Verbrauchsmagazin und für die Anbringung von Blitzableitern auf letzteren sind die Bestimmungen der oberpolizeilichen Vorschriften vom 27. Juli 1905, GVBl. S. 531, maßgebend.

Der Zustand der Blitzableiteranlagen ist mindestens alljährlich durch einen geprüften Blitzableitersetzer zu untersuchen.

§ 51. Als Magazinsverwalter und Feuerwerker und als deren Stellvertreter dürfen nur zuverlässige sachkundige Personen aufgestellt werden. Diesen obliegen im Bereiche der ihnen durch gegenwärtige Vorschriften übertragenen Aufgaben alle im Interesse der Sicherheit erforderlichen Anordnungen und Maßnahmen.

§ 52. Das Rauchen ist während der Hantierung mit Sprengstoffen und Zündmitteln verboten.

§ 53. Die mit Sprengarbeiten beschäftigten Personen sind in den ihnen obliegenden Verpflichtungen eingehend zu unterrichten. Auch ist ihnen ein Abdruck dieser Vorschriften gegen unterschriftlichen Nachweis einzuhändigen.

§ 54. Die Anlagen und die Betriebe sind von der Distriktsverwaltungsbehörde geeignet zu überwachen; diese ist berechtigt, erforderlichenfalls hiezu Sachverständige heranzuziehen.

Die Kosten dieser Überwachung hat der Unternehmer zu tragen.

§ 55. Der Vollzug vorstehender Bestimmungen steht den Distriktsverwaltungsbehörden in erster, den Kreisregierungen, K. d. J., in zweiter und letzter Instanz zu.

In München besorgt der Stadtmagistrat die durch gegenwärtige Vorschrift den Distriktsverwaltungsbehörden zugewiesenen Geschäfte.

Die Kreisregierungen, K. d. J., sind ermächtigt, beim Vorhandensein ganz besonderer Verhältnisse von einzelnen Bestimmungen dieser Vorschriften Ausnahmen zuzulassen; hiebei dürfen jedoch weder öffentliche Interessen noch Rechte oder erhebliche Interessen eines Dritten beeinträchtigt werden.

§ 56. Auf die der Aufsicht der Bergbehörden und der Militärverwaltung unterstehenden Betriebe finden vorstehende Bestimmungen keine Anwendung.

Für Sprengarbeiten in den übrigen Betrieben des Staates und in Betrieben der Zivilliste richtet sich die Zuständigkeit nach den hiefür jeweils geltenden besonderen Vorschriften.

F. Bau- und Feuerpolizei.

1. K. Verordnung vom 17. Februar 1901, die Bauordnung betr. (GVBl. S. 87)*)

§ 6. Baupolizeiliche Genehmigung ist zu erholen:

zur Herstellung von neuen Haupt- und Nebengebäuden, zur Verlegung von solchen an einen anderen Ort, sowie zur Vornahme einer Hauptreparatur oder Hauptänderung an denselben.

*) Strafbestimmungen: § 367 Ziff. 15, § 368 Ziff. 3 und 8 des RStGB., Art. 101 des PStGB. In München gilt die K. Verordnung vom 29. Juli 1895, die Bauordnung für die Haupt- und Residenzstadt München betr. (GVBl. S. 333).

Baupolizeiliche Genehmigung ist nicht erforderlich:

a) in Städten für die Herstellung von Kegelstätten und Sommerhäuschen ohne Feuerungsanlagen, von offenen Schutzdächern, unheizbaren Federviehställen, Taubenschlägen und dergleichen geringfügigen Bauwerken für wirtschaftliche Zwecke;

b) in Märkten und auf dem Lande außerdem:

1. für offene oder nur mit Latten und dergleichen geschlossene Schupfen, Holzhütten und Remisen, für gewöhnliche Schweineställe und für sonstige Bauten ohne Feuerungsanlagen mit nur einem Geschoße und höchstens 70 qm Grundfläche, soferne solche Bauten nicht zur Bergung besonders feuergefährlicher Materialien, wie Pech, Petroleum, Spiritus und dergleichen bestimmt sind, dann mit Ausnahme der Feldkapellen;
2. für Ziegeltrockenstädel und Getreide- und Heuschupfen außerhalb der Ortschaften, für Alpen-, Jagd- und Waldhütten.

§ 7. Als Hauptreparaturen oder Hauptänderungen an Bauten sind zu betrachten:

1. Die Veränderung der Höhe, Länge oder Breite eines Gebäudes;
2. Die Schwächung, Versetzung, Beseitigung oder Erneuerung von Umfassungen, soferne die Änderung auf eine ganze Gebäudeseite sich erstreckt oder von solcher Bedeutung ist, daß bei ordnungsmäßigem Verfahren besondere technische Vorsichtsmaßregeln hiezu erforderlich werden;
3. Die Anlegung neuer und die Versetzung oder konstruktive Änderung bestehender Feuerstätten oder Kamine, soweit es sich nicht lediglich um das Setzen von Öfen oder Herden zum häuslichen Gebrauche handelt;
4. in Städten und in Märkten mit geschlossener Bauweise die Erneuerung oder konstruktive Änderung eines Dachstuhles, sowie die Wohnbarmachung von Räumen im Kellergeschoße oder im Dachraume;
5. Die bauliche Änderung der Fassaden von Gebäuden an Straßen und öffentlichen Plätzen in Städten von mehr als 20000 Seelen und auch in anderen Orten, insoferne im Interesse der Verschönerung baupolizeiliche Vorschriften erlassen sind (Art. 101 Abs. III des Polizeistrafgesetzbuches).

§ 8. Durch ortspolizeiliche Vorschrift kann angeordnet werden, daß auch zur Herstellung oder wesentlicher Veränderung von Brunnenschachten, Kellern, Haus- und Straßenkanälen, von Abtritten, Dung- und Versitzgruben, von Zäunen und Einfriedungen aus Mauer- oder geschlossenem Holzwerk oder Metall an öffentlichen Plätzen, Straßen oder Wegen, oder wo Baulinien in Frage kommen, dann in Städten zum Anbau von Balkonen, Altanen, Erkern, Galerien und Gängen polizeiliche Genehmigung zu erwirken, oder daß der Ortspolizeibehörde zur Wahrung bestehender Vorschriften binnen bestimmter Frist vor dem Beginne der Ausführung dieser baulichen Anlagen Anzeige zu erstatten ist.

§ 12. Sämtliche Bauarbeiten bei Bauführungen jeder Art, insbesondere auch an Gerüsten und anderen provisorischen Bauvorrichtungen müssen fest und sicher und den Rücksichten auf Leben und Gesundheit entsprechend nach Maßgabe des genehmigten Planes und der etwaigen besonderen Anordnungen und unter Einhaltung sämtlicher baupolizeilicher Vorschriften ausgeführt werden.

Die in den bestehenden Verordnungen oder ortspolizeilichen Vorschriften begründeten baupolizeilichen Anordnungen müssen auch bei solchen Bauten eingehalten werden, zu deren Herstellung, Reparatur oder Abänderung eine polizeiliche Genehmigung oder eine vorgängige Anzeige nicht erforderlich ist.

§ 72. Erst wenn die Bescheidung eines Baugesuchs rechtskräftig ist, darf mit den Bauarbeiten, zu denen auch die Herstellung der Baugruben zu rechnen ist, begonnen werden.

Von dem Beginn jedes genehmigungspflichtigen Baues und jeder umfangreicheren mit einer genehmigungspflichtigen Bauführung zusammenhängenden Abbruchsarbeit hat der Bauherr sowohl der Orts- als auch der Distriktspolizeibehörde vorherige Anzeige zu erstatten. Zugleich ist, falls dies nicht bereits mit der Einreichung des Bauplanes geschehen ist, der mit der Bauleitung betraute Baumeister oder Bauhandwerker namhaft zu machen. Dieser hat die Verantwortung durch unterschriftliche Erklärung zu übernehmen.

Die Baupolizeibehörde kann die als Bauleiter namhaft gemachte Person beanstanden, wenn diese die für eine sichere Bauführung erforderliche Verlässigkeit nicht besitzt. Bis zur Behebung des Anstandes kann die Inangriffnahme oder Fortsetzung der Bauarbeiten untersagt werden.

---

2. K. Verordnung vom 10. Februar 1901, die Wohnungsaufsicht betreffend. (GVBl. S. 73.)*)

§ 9. Neuhergestellte Wohnungen und Wohnungsräume dürfen ohne polizeiliche Genehmigung nicht bezogen werden.

Diese Genehmigung ist schriftlich zu erteilen und darf erst erfolgen, wenn die betreffenden Wohnungen oder Wohnungsräume vollständig fertiggestellt und genügend ausgetrocknet sind.

Zuständig zur Erteilung der Genehmigung ist die Ortspolizeibehörde, in München die Lokalbaukommission.

§ 10. Alle Räume, welche als Wohn-, Schlaf- oder Arbeitsräume benützt werden, sollen hinreichend Luft und Licht und zwar in der Regel unmittelbar aus dem Freien erhalten.

---

*) Strafbestimmung: Art. 73 des PStGB.

Ausnahmen können von der Ortspolizeibehörde bei solchen Gebäuden gestattet werden, welche vor Erlaß dieser Vorschriften entstanden sind. Hierbei darf jedoch den etwa früher erlassenen bau- oder gewerbepolizeilichen Anordnungen kein Eintrag geschehen.

§ 11. Alle zum Aufenthalt für Menschen dienenden Räume sollen in bezug auf baulichen Zustand, Trockenheit und Reinlichkeit derart beschaffen sein, daß aus ihrer Benützung gesundheitliche Gefahren nicht entstehen.

§ 12. Schlafräume sollen für die hierin untergebrachten Personen einen genügenden Luftraum enthalten und dürfen nicht in einer Weise belegt werden, welche den Anforderungen der Sittlichkeit zuwiderläuft. In einzelnen Orten ist veranlaßten Falls das Mindestmaß des Luftraums durch ortspolizeiliche Regelung festzusetzen.

§ 13. Die Heizvorrichtungen und Feuerungen müssen so beschaffen sein, daß durch ihren Gebrauch die Gesundheit nicht gefährdet wird.

§ 14. Die Abortanlagen müssen, unbeschadet der auf Grund des Art. 73 Abs. 1 des Polizeistrafgesetzbuches erlassenen Bestimmungen, so eingerichtet sein, daß ihre Benützung ohne Verletzung von Sitte und Anstand erfolgen kann.

§ 15. Jedem Schlafgänger ist eine eigene Lagerstätte zur Verfügung zu stellen.

Bei der Unterbringung von Schlafgängern ist die Trennung nach dem Geschlechte durchzuführen; auch für die Zugänge zu den Schlafstellen haben die Rücksichten der Sittlichkeit Beachtung zu finden.

Die an Schlafgängerinnen vergebenen Räume müssen von innen verschließbar, jedenfalls aber mit einem Riegel versehen sein.

Die als Schlafstellen benützten Räume dürfen in bezug auf die Möglichkeit einer Rettung bei Feuersgefahr keinem Bedenken unterliegen.

§ 16. Die nähere Regelung der in den §§ 10—15 einschließlich behandelten Verhältnisse wie auch der Erlaß weiterer einschlägiger Anordnungen, so namentlich hinsichtlich der Unterbringung des gewerblichen und häuslichen Dienstpersonals, hat, soweit veranlaßt, im Wege ober- und ortspolizeilicher Vorschriften zu erfolgen.

Auf dem Lande, dann in Märkten und Städten mit ländlichen Verhältnissen können bei Handhabung der Bestimmungen in §§ 10 bis 13 Erleichterungen insoweit gewährt werden, als einerseits die Durchführung einzelner Bestimmungen unverhältnismäßige Schwierigkeiten mit sich bringen würde und andererseits gesundheitliche und sittliche Gefahren nicht zu befürchten sind.

3. Entschließung des K. Staatsministeriums des Innern vom 20. Oktober 1897, Vollzug der Baukontrolle betr. (MABl. S. 489.)

Die mittelbaren Gemeindebehörden haben jeden Bauunfall, bei welchem es sich um Verletzung eines Menschen oder um gänzlichen oder teilweisen Einsturz eines Bauwerkes oder Gerüstes handelt, unverzüglich der vorgesetzten Distriktsverwaltungsbehörde anzuzeigen und dabei darzulegen, ob der Unfall durch Mängel der Bauführung bzw. durch Unterlassung von Sicherheitsmaßregeln verursacht worden ist.

---

4. Oberpolizeiliche Vorschriften der K. Staatsministerien des K. Hauses und des Äußern und des Innern zum Schutze der bei Bauten beschäftigten Personen vom 21. August 1909. (GVBl. S. 655)*)

§ 1. Alle bei der Herstellung von Gerüsten und anderen provisorischen Bauvorrichtungen zur Verwendung kommenden Materialien, Geräte und Maschinen müssen sich stets in gutem, vollkommen gebrauchsfähigen Zustande befinden.

§ 2. Alle Gerüste, sowohl die stehenden wie die hängenden und die auf sogenannten Auslegern aufgeführten, müssen den fachmännischen Grundsätzen und dem jeweiligen Zweck entsprechend in genügender Festigkeit hergestellt und unterhalten werden.

Ungleichmäßige und übermäßige Belastung der Gerüste ist verboten.

Eigenmächtige Änderungen an den Gerüsten, insbesondere das Herausnehmen von Klammern und Hölzern, das Entfernen von Schutzbrettern und Dielen, sind den Arbeitern zu verbieten.

Zu Arbeiten auf Gerüsten dürfen Personen, die als Epileptiker oder als mit Schwindel behaftet bekannt sind, ferner Taubstumme nicht verwendet werden.

§ 3. Die Gerüstständer müssen in die Erde entsprechend tief eingegraben oder auf Holzunterlagen (Schwellen) sicher und unverrückbar befestigt werden.

§ 4. Die Gerüste sind mit den nötigen Streichstangen zu versehen; diese müssen entsprechend befestigt und bei stärkerer Belastung noch durch untergenagelte Knaggen, Eisenklammern, Steifhölzer oder ähnliche Hilfsmittel unterstützt werden.

Zur Verhütung von Längen- und Seitenverschiebungen der Gerüste müssen genügend starke Verschwertungen (Diagonalverstrebungen) angebracht werden; insbesondere sind die Gerüstleitern bei verhältnismäßig weit von einander liegenden Gerüstgeschossen fest, nötigenfalls kreuzweise abzusteifen.

*) **Strafbestimmung: Art. 101 PStGB., § 147 Abs. 1 Ziff. 4 RGewO.**

§ 5. Die zum Gerüstbelage verwendeten Bretter müssen eine ihrer Belastung entsprechende Stärke haben, dicht aneinander und so gelegt werden, daß das Aufschnappen oder Ausweichen ausgeschlossen ist. Die Gerüst-(Netz)riegel (Hebel) dürfen nicht zu weit auseinander liegen, müssen entsprechend aufgelagert und genügend stark sein.

Gerüstgeschosse, auf denen gearbeitet wird, oder die von Arbeitern begangen werden müssen, sind mit Bretterbelag und da, wo sie von den Wänden abstehen, innen und außen mit gehörig befestigten Brustwehren und Bordbrettern zu versehen. Ebenso ist das Gerüstgeschoß, über dem gearbeitet wird, dicht abzudecken und mit Bordbrettern zu umgeben. Die Bordbretter müssen an den Bretterbelag dicht anschließen.

Leiter- und Stangengerüste für Maler- und Stukkaturarbeiten, sowie Gerüste, die nur zum Zwecke des Abscharrierens von Sandsteinfassaden errichtet sind, bedürfen in den einzelnen Geschossen auf der Innenseite keiner Bordbretter und Brustwehren, wenn der Bretterbelag nicht mehr als 30 cm von der Mauer absteht und wenn außerdem in der Höhe des untersten Geschosses eine breite Schutzvorrichtung das Herabfallen von Gegenständen auf den Erdboden verhindert.

Lauftreppen sind mit einem festen Geländer und mit Bordbrettern zu versehen und in einer solchen Breite anzulegen, daß sie das Ausweichen zweier Personen gestatten.

Aus den Gerüstbrettern, Gerüstlatten und sonstigen zur Verwendung gelangenden Holzteilen müssen vorstehende Nägel entfernt werden.

§ 6. An allen Patentgerüsten ist eine gut begehbare Steigleiter anzubringen. Der Gerüstbelag muß mindestens 50 cm breit sein.

§ 7. Die Verwendung von Hängekörben und Hängeflößen ist nur mit besonderer baupolizeilicher Genehmigung und nur für solche Reparaturen zulässig, zu deren Ausführung ein größerer Materialaufwand nicht notwendig ist. Diese Gerüste müssen gegen Absturz genügend versichert und vor der Verwendung auf ihre Tragfähigkeit geprüft werden.

§ 8. Bei allen Arbeiten, bei denen eine erhebliche Gefahr des Absturzes von Personen oder des Herunterfallens von Bauteilen und Werkzeugen besteht, sind besondere Schutzgerüste anzubringen.

Sind diese Schutzgerüste lediglich zum Schutze der unterhalb arbeitenden Personen, nicht auch für den Verkehr von Personen bestimmt, so sollen sie so hergestellt werden, daß sie nicht ohne weiteres betreten werden können.

§ 9. Bei Neubauten ist Sorge zu tragen, daß zur Sicherheit der Dacharbeiter das vorhandene Gerüst des Rohbaues so lange stehen bleibt, bis die Eindeckung des Daches und alle anderen Arbeiten am Dache vollendet sind.

Beim Neubau von drei- und mehrgeschossigen Gebäuden mit harter Dachung sind Schneefanggitter und bei Dächern, deren Neigung mehr als 30° beträgt, auch Dachhaken in genügender Zahl und in solcher Beschaffenheit anzubringen, daß sie die mit Ausbesserungsarbeiten beschäftigten Arbeiter zu tragen vermögen. Bei Turmdächern, an denen Schneefanggitter nicht angebracht werden können, sind mindestens genügend starke Dachhaken vorzusehen.

Bei Reparaturen ist zur Sicherung der Dacharbeiten am Fuße des Daches eine Vorrichtung anzubringen, die das Abrutschen von Menschen und Material zu verhindern imstande ist.

Zur Ausführung von Arbeiten an steilen Dächern und an anderen gefährlichen Gebäudestellen sind, sofern hiezu nicht genügend sichere Schutzgerüste hergestellt werden können, Sicherheitsgürtel und starke Leinen bereitzustellen. Die Arbeiter sind zum Gebrauche derselben anzuhalten.

Das Eindecken und Anstreichen von Glasdächern darf nur dann vorgenommen werden, wenn unter denselben in entsprechender Höhe ein mit Brettern abgedecktes Gerüst angebracht ist.

§ 10. Das Überhandmauern nach außen ist gestattet, wenn ein tragfähiges, die Arbeiter gegen Absturz sicherndes Schutzgerüst auf der Außenseite vorhanden ist.

Ohne ein solches Schutzgerüst ist das Überhandmauern nach außen nur gestattet bei Bauten, die nur aus Erdgeschoß und Kniestock bestehen, bei Erbauung von Dampfschornsteinen und da, wo es nicht möglich ist, ein Gerüst aufzustellen; in diesen Fällen ist für die Sicherung der Arbeiter anderweitig Sorge zu tragen.

§ 11. Alle bei Arbeiten an Gebäuden verwendeten Leitern müssen den Austritt entsprechend überragen und, auch wenn sie nur zu Maler-, Tüncher- oder ähnlichen Arbeiten dienen sollen, so befestigt werden, daß sie weder unten abrutschen noch oben überschlagen oder ausweichen können.

Die Sprossen müssen in den Leitern gut befestigt sein und dürfen nicht durch aufgenagelte Holzstücke ersetzt werden.

Der Transport von Lasten auf Leitern ist nur zulässig, wenn eine anderweite Beförderung nicht möglich ist.

Leitern dürfen nicht als Laufgänge oder als Gerüstgeschosse verwendet werden.

§ 12. Während des Aufbringens (Aufziehens) der Balken oder anderen Baumaterials, während des Verlegens der Tramhölzer und während des Aufstellens des Dachstuhls hat, wenn nicht genügende Vorkehrung zur Sicherheit getroffen ist, jede Beschäftigung unter den Arbeitsstellen zu ruhen.

§ 13. Die Material-Aufzüge sind, soweit dies nach der Konstruktion möglich ist, so zu versichern, daß Unfälle ausgeschlossen werden. Insbesondere müssen sie, soweit möglich, vollständig eingeschalt und, wenn im Innern von Bauten befindlich, von Stockwerk zu Stockwerk abgebolzt werden. Die Getriebe dieser Aufzüge sind mit Doppelhaken und mit Sperrvorrichtungen zu versehen.

Bei Bauaufzügen mit Maschinenbetrieb sind außerdem folgende Vorkehrungen zu treffen:

1. Die Ein- und Auslade-Öffnungen sind gegen unbefugtes Hineintreten und gegen ein Herausfallen der Ladung entsprechend zu sichern.
2. An den Ladestellen ist eine Tafel anzubringen, welche die größte zulässige Belastung angibt und bei den zur Förderung von Personen nicht bestimmten Aufzügen die Aufschrift trägt: „Mitfahren von Personen verboten."
3. Werden die Fördergefäße zum Zwecke des Beladens und Entladens betreten, so müssen sie an den Ladestellen selbsttätig derart feststellbar sein, daß der Aufzug von einer anderen Stelle aus nicht in Bewegung gesetzt werden kann.
4. Ist der Aufzug zur Förderung von Personen bestimmt, so muß das Fördergefäß auf Mannshöhe ringsum Wände, eine Decke und eine ausreichende Fangvorrichtung besitzen und darf eine Fahrgeschwindigkeit von 1,5 m in der Sekunde nicht überschritten werden.
5. Alle Triebwerksteile, die Seile und Ketten müssen für die Gesamtförderlast fünffache Sicherheit darbieten und stets in bestem Zustand erhalten werden.
6. Die Aufzüge dürfen nur von Personen aufgestellt und bedient werden, die mit allen Vorrichtungen vollkommen vertraut sind.

Anmerkung: **Mit Entschließung der K. Staatsministerien des K. Hauses und des Äußern und des Innern vom 11. August 1909 (MABl. S. 692) wurden ausführliche „Sicherheitsvorschriften für Aufzüge (Fahrstühle)" veröffentlicht.**

§ 14. Alle Teile der Gerüste, das zu diesen verwendete Bindezeug, dann die Aufzugsvorrichtungen mit ihrem Tauwerk und sonstigem Zubehör müssen in entsprechenden Zwischenräumen sorgfältig untersucht werden.

§ 15. Es ist Sorge zu tragen, daß bei dem Abbruch der Gerüste und bei dem Entfernen von Absteifungen Personen unter diesen nicht unnütz verweilen.

Die zur Herstellung von Betondecken, Gewölben und Bogen angebrachten Gerüste dürfen erst dann entfernt werden, wenn die hergestellten Bauteile genügend erhärtet sind und die Aufnahme des entstehenden Seitendrucks durch genügend feste Widerlager gesichert ist.

§ 16. Der Abbruch von Gebäuden oder Gebäudeteilen darf nur unter sachverständiger Leitung und Aufsicht erfolgen. Hierbei sind ausreichende Vorsichtsmaßregeln zum Schutze der Personen gegen herabfallende Gegenstände zu treffen. Ein Umwerfen ganzer Wände oder sonstiger Gebäudeteile ist nur bei besonderen Verhältnissen gestattet. Sprengungen dürfen nur mit Erlaubnis der Distriktspolizeibehörde vorgenommen werden.

Für die entsprechende Absteifung von Bauwerken, die durch den Abbruch anstoßender Bauteile ihre Stütze verlieren, ist Sorge zu tragen.

Aus Abbruchholz vorstehende Nägel sind zu entfernen oder umzuschlagen.

Bauschutt ist beim Aufschütten und Aufladen zur Vermeidung des Staubens ausreichend zu begießen.

Steinrutschen müssen während der Benützung bedeckt sein. Es ist Sorge zu tragen, daß die Steine am Ausgange der Rutsche nicht mit der Hand entfernt werden.

§ 17. Baugruben und Gräben müssen eine der Standfestigkeit des Materials entsprechende Böschung erhalten oder gut abgesteift werden.

Neben vorhandenen Bauwerken ist der Aushub der Baugruben und die Herstellung der Fundamente mit besonderer Vorsicht und nur nach Vornahme der nötigen Absteifungen auszuführen. Das gleiche gilt für das Unterfangen bereits bestehender Fundamentmauern.

Zur Herstellung und Zurückbauung von Ausschachtungen jeder Art dürfen nur fachmännisch ausgebildete Arbeiter verwendet werden.

§ 18. Öffnungen in den Balken-(Träger-)lagen und Gewölbedecken, insbesondere solche für Treppen, Lichtschachte und Aufzüge, ferner Kalkgruben und andere beim Verkehr der Bauarbeiter in Betracht kommende Vertiefungen der Baustelle sind mit hinreichend festem Brustgeländer einzufriedigen oder mit Brettern fest zu überdecken.

Alle Balken-(Träger-)lagen, auf oder über denen gearbeitet wird, müssen in genügender Breite mit Brettern abgedeckt und gegen Öffnungen durch feste Brustgeländer abgeschlossen werden.

Öffnungen, unter denen ein Personenverkehr stattfindet, sind mit entsprechend hohen Bordbrettern zu versehen, um das Herabfallen von Gegenständen zu verhindern.

Tür- und Fensteröffnungen, die zu nicht gedeckten Räumen oder ins Freie führen und für den Personenverkehr Gefahr bieten, sind entsprechend abzuschließen.

§ 19. Bei Glatteis und bei Frostwetter müssen die Gerüstbretter, Treppen und Laufbahnen ausreichend mit Sand bestreut werden. Das gleiche muß an den oberen Mauerflächen beim Aufbringen von Balkenlagen, Eisenschienen und dergleichen geschehen.

§ 20. Nach Eintritt der Dunkelheit ist den Arbeitern das Betreten nicht genügend erleuchteter Rohbauten und das Verweilen in diesen zu untersagen. Auch ist der Zutritt soweit tunlich durch Abschließen der Zugänge zu verhindern.

§ 21. Vor dem Einfahren oder Einsteigen in Brunnenschachte, Abortgruben und Kanäle ist festzustellen, ob dort keine das Leben oder die Gesundheit gefährdende Gase vorhanden sind; sind solche vorhanden, ist für deren Beseitigung zu sorgen.

Der zuerst einsteigende Arbeiter ist anzuseilen.

§ 22. Die im Innern von Gebäuden, insbesondere von Neubauten, beschäftigten Bauarbeiter sind, soweit es nach Art der Arbeit veranlaßt ist, während der kalten Jahreszeit durch Fenster, Türen oder andere entsprechende Vorrichtungen gegen Luftzug und sonstige schädliche Witterungseinflüsse zu schützen.

§ 23. Offene Koks- und Kohlenfeuer dürfen zum Austrocknen und Erwärmen der Räume nicht verwendet werden.

§ 24. Bei allen Bauten, bei denen mehr als zehn Arbeiter gleichzeitig beschäftigt werden, sollen zur Benützung während der Arbeitspausen entsprechend große, gegen die Unbilden der Witterung allseitig geschützte, genügend belichtete, lüftbare und bei kalter Witterung geheizte Unterkunftsräume mit Holzfußböden und ausreichender Sitzgelegenheit zur Verfügung gestellt werden.

Die Unterkunftsräume sind entsprechend rein zu halten und dürfen nicht als Lager- oder Aufbewahrungsräume für Baumaterialien benützt werden.

In den Unterkunftsräumen ist an geeigneter, jedem Arbeiter zugänglicher Stelle unter Verschluß des Paliers oder seines Stellvertreters ein Verbandkasten anzubringen. In diesem ist Verbandzeug in hinreichender Menge und gebrauchsfähigem Zustande bereit zu halten und reinlich aufzubewahren.

Bei Bauten der im Abs. I bezeichneten Art kann die Baupolizeibehörde erforderlichen Falles die Bereitstellung von Speisewärme-Einrichtungen für die Arbeiter fordern.

§ 25. Auf jeder Baustelle ist zum Genusse geeignetes Wasser nebst den erforderlichen Trinkgefäßen bereit zu stellen.

Die Verabreichung von Bier oder anderen geistigen Getränken auf der Baustelle während der Arbeitszeit ist zu untersagen.

Betrunkenen Arbeitern ist das Betreten der Baustelle oder das Fortsetzen der Arbeit auf der Baustelle nicht zu gestatten.

§ 26. Bei allen Bauten sind den Arbeitern geeignete, für die Geschlechter getrennte, genügend erhellte, lüftbare, reinlich gehaltene und nach Bedarf desinfizierte Aborte in ausreichender Anzahl zur Verfügung zu stellen.

Die Verunreinigung der Bauten ist verboten.

§ 27. Verantwortlich für den Vollzug dieser Vorschriften sind zunächst der mit der Bauleitung betraute Baumeister oder Bauhandwerker, der nach den Vorschriften der Bauordnung die verantwortliche Bauleitung übernommen hat, neben diesem diejenigen auf dem Bau beschäftigten Aufsichtspersonen, denen die Überwachung der Bauausführung von dem Bauleiter besonders übertragen ist, außerdem innerhalb ihres Geschäftskreises jene Unternehmer von Nebenbetrieben, die in selbständiger Weise zur Ausführung der Bauten beitragen, und die von diesen mit der Überwachung besonders betrauten Aufsichtspersonen.

§ 28. Gegenwärtige Vorschriften müssen auf jeder Baustelle, wo mehr als 10 Arbeiter gleichzeitig beschäftigt werden, an einem leicht zugänglichen Orte in Plakatform sichtbar angebracht werden.

§ 29. Die Baupolizeibehörde kann bei dem Vorhandensein besonderer Verhältnisse, namentlich bei einfacheren Bauten auf dem Lande, von einzelnen Bestimmungen der vorstehenden Vorschriften Ausnahmen zulassen, soweit nicht öffentliche Interessen entgegenstehen. Die Ausfertigung der Zulassung ist auf der Baustelle aufzulegen.

§ 30. Die Erlassung weitergehender ortspolizeilicher Vorschriften nach Maßgabe des bestehenden Bedürfnisses bleibt vorbehalten.

---

5. Oberpolizeiliche Vorschriften der K. Staatsministerien des K. Hauses und des Äußern und des Innern zum Schutze der bei Tiefbauten beschäftigten Personen vom 4. September 1905. (GVBl. S. 567.)*)

I. Allgemeine Vorschriften.

§ 1. Sämtliche Arbeiten bei Tiefbauten, insbesondere an Gerüsten und anderen provisorischen Bauvorrichtungen, müssen den Rücksichten auf Leben und Gesundheit der Arbeiter entsprechend fest und sicher ausgeführt und durch hierzu befähigte Personen geleitet und beaufsichtigt werden.

§ 2. Die bei dem Baubetriebe sowie bei den provisorischen Bauanlagen zur Verwendung kommenden Materialien, Geräte und Maschinen müssen sich stets in gutem, vollkommen gebrauchsfähigem und zweckentsprechendem Zustande befinden und in angemessenen Zwischenräumen sorgfältig untersucht werden.

§ 3. Bei Arbeiten, welche besondere Kenntnisse erfordern oder mit besonderer Gefahr verbunden sind, insbesondere bei der Aufstellung und Abtragung von Rüstungen jeder Art, beim Brems- und Seilbahnbetrieb, bei maschinellen Anlagen, beim Schiffahrtsbetrieb, bei Abbruch- und Sprengarbeiten dürfen nur fachkundige, geübte und zuverlässige Personen verwendet werden.

§ 4. Personen, von denen dem Arbeitgeber bekannt ist, daß sie an körperlichen Gebrechen leiden, dürfen nur bei Arbeiten beschäftigt werden, welche sie ohne Gefahr für sich und andere ausüben können.

§ 5. Durch Anlage sicherer Zugänge und durch geeignete Vorkehrungen (Treppen, Leitern, Stege usw.) ist dafür zu sorgen, daß die Arbeiter die ihnen auf den Baustellen zugewiesenen Arbeitsplätze ohne Gefahr erreichen und verlassen können.

Bei Dunkelheit sind während des Betriebes die Arbeitsstellen und deren Zugänge ausreichend zu beleuchten.

Das Betreten der Baustelle nach Schluß der Arbeit ist zu untersagen und soweit tunlich durch Abschließen der Zugänge zu verhindern.

---

*) Strafbestimmung: Art. 101 PStGB., § 147 Abs. I Ziff. 4 RGewO.

§ 6. Alle beim Verkehr der Arbeiter in Betracht kommenden Vertiefungen der Baustelle, wie Luken, Fundamentgruben, Schachtlöcher, Kalkgruben, sind sicher einzufriedigen oder sicher zu überdecken.

§ 7. Zur Ausführung von Arbeiten an besonders ausgesetzten Stellen müssen, soferne hierzu nicht genügend sichere Schutzgerüste hergestellt sind, Sicherheitsgürtel und starke Leinen vorrätig gehalten werden. Die Arbeiter sind zum Gebrauche derselben anzuhalten.

Bei allen mit der Gefahr des Ertrinkens verbundenen Arbeiten nächst und auf dem Wasser sind Rettungsvorkehrungen (Kähne, Seile, Haken, Rettungringe oder -Bälle u. dergl.) an geeigneter Stelle bereit zu halten.

§ 8. Bei Arbeiten, welche die Gefahr der Augenbeschädigung durch Steinsplitter, Funken u. dergl. mit sich bringen, sind Schutzbrillen bereit zu halten; die Arbeiter sind zum Gebrauche derselben anzuhalten.

§ 9. Bei Glatteis und Frostwetter müssen die Gerüstbretter, Treppen und Laufdielen, sowie die dem Verkehr dienenden Wege und Steige innerhalb der Baustelle ausreichend mit Sand oder dergl. bestreut werden.

§ 10. Auf jeder Baustelle ist zum Genusse geeignetes Wasser nebst den erforderlichen Trinkgefäßen bereit zu stellen.

Die Verabreichung von Bier und anderen geistigen Getränken auf der Baustelle während der Arbeitszeit ist zu untersagen.

Betrunkenen Arbeitern ist das Betreten der Baustelle oder das Fortsetzen der Arbeit auf derselben nicht zu gestatten.

§ 11. Bei allen Bauten sind den Arbeitern geeignete, für die Geschlechter getrennte, genügend erhellte, lüftbare, reinlich gehaltene und nach Bedarf desinfizierte Aborte in ausreichender Zahl zur Verfügung zu stellen.

§ 12. Bei länger dauernden Betrieben an gleichen oder benachbarten Stellen, bei denen mehr als 10 Arbeiter gleichzeitig beschäftigt werden, sollen zur Benützung während der Arbeitspausen entsprechend große, gegen die Unbilden der Witterung allseitig geschützte, genügend belichtete, lüftbare und bei kalter Witterung geheizte Unterkunftsräume mit Holzfußböden und ausreichender Sitzgelegenheit zur Verfügung gestellt werden.

Die Unterkunftsräume sind entsprechend reinzuhalten und dürfen nicht als Lager- oder Aufbewahrungsräume für Baumaterialien benützt werden.

In denselben ist an geeigneter, jedem Arbeiter zugänglicher Stelle ein Verbandskasten anzubringen, in welchem Verbandszeug in hinreichender Menge und in gebrauchsfähigem Zustande bereit zu halten und reinlich aufzubewahren ist. Eine Anleitung über die erste Hilfe bei Unglücksfällen ist an leicht zugänglicher Stelle in Plakatform anzubringen.

Das Aufsichtspersonal soll für Ausübung der Nothilfe bei Unglücksfällen zuverlässig geschult sein.

Bei Bauten der im Abs. 1 bezeichneten Art kann die Distriktspolizeibehörde erforderlichenfalls die Bereitstellung von Speisewärmvorrichtungen fordern.

II. Gerüste, Leitern, Abbrucharbeiten und dergleichen.

§ 13. Alle Gerüste müssen den fachmännischen Grundsätzen und dem jeweiligen Zwecke entsprechend in genügender Festigkeit hergestellt und unterhalten werden.

Ungleichmäßige und übermäßige Belastung der Gerüste ist verboten.

Eigenmächtige Änderungen an den Gerüsten, insbesondere das Herausnehmen von Klammern und Hölzern, das Entfernen von Schutzbrettern und Dielen, sind den Arbeitern zu verbieten.

§ 14. Die Gerüstständer müssen in einer der Beanspruchung entsprechenden Weise mittels Holzunterlagen (Schwellen) oder durch Eingrabung oder Einrammung sicher und unverrückbar mit dem Untergrunde verbunden werden.

§ 15. Die Gerüste sind mit den nötigen Streichstangen zu versehen, die entsprechend befestigt und bei stärkerer Belastung noch durch untergenagelte Knaggen, Eisenklammern, Steifhölzer oder ähnliche Hilfsmittel unterstützt werden müssen.

Zur Verhütung von Längen- und Seitenverschiebungen der Gerüste müssen genügend starke Diagonalverstrebungen angebracht werden.

§ 16. Die zum Gerüstbelag verwendeten Hölzer müssen eine ihrer Belastung entsprechende Stärke haben, dicht aneinander und so gelegt werden, daß das Aufschnappen oder Ausweichen derselben ausgeschlossen ist.

Gerüstgeschoße, auf welchen gearbeitet wird, oder welche von Arbeitern begangen werden müssen, sind mit Bretterbelag und da, wo sie von Wänden abstehen, innen und außen mit gehörig befestigten Brustwehren und Bordbrettern zu versehen. Die Bordbretter müssen an den Bretterbelag dicht anschließen.

Aus den Gerüstbrettern, Gerüstlatten und sonstigen zur Verwendung gelangenden Holzteilen sind vorstehende Nägel zu entfernen.

Lauftreppen und Stege sind mit festen Geländern zu versehen und in einer solchen Breite anzulegen, daß sie das Ausweichen zweier Personen gestatten.

§ 17. Die Verwendung von Hängekörben und Hängeböden ist nur mit besonderer distriktspolizeilicher Genehmigung und nur für solche Bauvornahmen zulässig, zu deren Ausführung ein größerer Materialaufwand nicht notwendig ist. Diese Gerüste müssen vor der Verwendung auf ihre Tragfähigkeit geprüft und gegen Absturz genügend versichert werden.

§ 18. Bei allen Arbeiten, bei denen eine erhebliche Gefahr des Absturzes von Personen oder des Herunterfallens von Bauteilen und Werkzeugen besteht, sind besondere Schutzgerüste anzubringen.

Sind letztere lediglich zum Schutze der unterhalb arbeitenden Personen, nicht auch für den Verkehr von Personen bestimmt, so sollen sie so hergestellt werden, daß sie nicht ohne weiteres betreten werden können.

§ 19. Leitern müssen den Austritt entsprechend überragen und so befestigt werden, daß sie weder unten abrutschen, noch oben überschlagen oder ausweichen können.

Die Sprossen müssen in denselben gut befestigt sein und dürfen nicht durch aufgenagelte Holzstücke ersetzt werden.

Der Transport von Lasten auf Leitern ist verboten.

Leitern dürfen nicht als Laufgänge oder als Gerüstgeschoße verwendet werden.

§ 20. Während des Aufstellens der Gerüste und des Aufbringens (Aufziehens) der Gerüsthölzer oder anderer Baumaterialien hat, wenn nicht genügende Vorkehrung zur Sicherheit getroffen ist, jede andere Beschäftigung an den betreffenden Stellen zu ruhen.

Desgleichen ist Sorge zu tragen, daß bei dem Abbruch der Gerüste und bei dem Entfernen von Absteifungen ein unnützes Verweilen von Arbeitern unter denselben nicht stattfindet.

§ 21. Bei Abbrucharbeiten sind ausreichende Vorsichtsmaßregeln zum Schutze der Personen gegen herabfallende Gegenstände zu treffen. Ein Umwerfen ganzer Wände oder sonstiger Bauteile ist nur bei besonderen Verhältnissen gestattet. Sprengungen dürfen nur mit Erlaubnis der Distriktspolizeibehörde vorgenommen werden.

Für die entsprechende Absteifung von Bauwerken, welche durch den Abbruch anstoßender Bauteile ihre Stütze verlieren, ist Sorge zu tragen.

Aus Abbruchholz vorstehende Nägel sind zu entfernen oder umzuschlagen.

Bauschutt ist beim Aufschütten und Abladen zur Vermeidung des Staubens ausreichend zu begießen.

III. Erdarbeiten.

§ 22. Es darf nur an Erd- und Felswänden gearbeitet werden, deren Neigung der Standfähigkeit des Materials entspricht. Wo dies nicht der Fall und eine entsprechende Abböschung nicht möglich ist, sind die Wände durch Sicherheit gewährende Absteifungen zu stützen.

Dies gilt auch für Baugruben und Gräben jeder Art, die nötigenfalls regelrecht auszuschalen und stets am oberen Rande mit Bordbrettern zu versehen sind.

Das Arbeiten an überhängenden Wänden ist verboten, desgleichen das Unterhöhlen der Wände und das lotrechte Abarbeiten über Brusthöhe.

§ 23. Wird eine steile Erd- oder Felswand durch Abkeilen, Sprengen oder in anderer Weise gelöst, so muß im Bereiche der Gefahr während dieser Verrichtung und solange die Absturzfläche nicht von losen, absturzdrohenden Teilen gereinigt ist, die regelmäßige Arbeit ausgesetzt bleiben.

Außerdem sind solche Wände vor dem Arbeitsbeginn, namentlich bei Regen, Frost oder Tauwetter, auf das Vorhandensein von einsturzdrohenden Teilen zu prüfen und nötigenfalls zu sichern.

§ 24. Neben vorhandenen Bauwerken ist der Aushub der Baugruben, die Lagerung des Aushubmaterials und die Herstellung der Fundamente mit besonderer Vorsicht und nur nach Vornahme der nötigen Absteifungen, veranlaßten Falles stückweise, auszuführen. Das Gleiche gilt für das Unterfangen bereits bestehender Fundamentmauern.

Nach Regengüssen sind die Sicherungen auf ihre Haltbarkeit besonders zu prüfen.

§ 25. Beim Zuschütten der Baugruben und Gräben dürfen die Aussteifungen erst dann entfernt werden, wenn sie durch das Einfüllen entbehrlich geworden sind.

§ 26. Brunnenschächte müssen bei Grabung in nicht felsigem Boden und einer Tiefe von mehr als 1,5 m ausgeschalt werden. Bei der Aufmauerung darf die Verschalung stets nur soweit entfernt werden, als es durch die Aufmauerung notwendig wird.

§ 27. Vor dem Einfahren und Einsteigen in Brunnenschächte, Abortgruben, Kanäle und andere unterirdische Hohlräume ist festzustellen, ob in denselben keine das Leben oder die Gesundheit gefährdende Gase vorhanden sind; gegebenenfalls ist für die Beseitigung derselben Sorge zu tragen.

Der zuerst einsteigende Arbeiter ist anzuseilen.

IV. Transport.

§ 28. Die Transportbahnen mit allem Zubehör sind stets in gutem, die Tragfähigkeit des Untergrundes und die Fahrgeschwindigkeit berücksichtigenden Zustand zu erhalten und müssen möglichste Sicherheit gegen Ausspringen, Um- und Abstürzen der Wagen gewährleisten.

§ 29. Die Gefälle der Transportbahnen (Laufdielen, Geleise) sind so zu bemessen, daß die Transportgeräte durch die Hemmvorrichtungen (Bremsen, Fangvorrichtungen) an jeder beliebigen Stelle zum Stehen gebracht werden können.

Sind die Schienen infolge von Kälte oder Nässe glatt geworden, so müssen sie mit Sand u. dergl. bestreut werden.

§ 30. Einzelnbewegte Wagen dürfen nur in angemessenen Abständen aufeinander folgen. Jeder derselben muß gebremst werden können.

Kippwagen müssen mit leicht zu handhabenden, ein selbsttätiges Kippen verhindernden Feststellvorrichtungen versehen sein.

Geschlossene Züge müssen mit sicheren Kuppelvorrichtungen und einer genügenden Anzahl rasch und sicher wirkender Bremsen versehen sein.

§ 31. Die Überlastung der Wagen ist bei allen Bahnen verboten.

Die Benützung der Transportbahnen zur Beförderung der Arbeiter ist nur bei betriebssicherem Geleise zu gestatten.

§ 32. Bei Rollbahnstegen muß zwischen dem Rollwagen und den Geländern beiderseits genügend Raum für eine Person vorhanden sein.

Die Rollbahnstege sind in ganzer Breite abzudecken.

§ 33. Bremsbahnen (Bremsberge) müssen mit zuverlässig wirkender Bremse versehen sein. Die Verbindung der Transportgefäße untereinander und mit dem Förderseil oder der Förderkette muß so sicher sein, daß eine selbsttätige Lösung ausgeschlossen ist.

Das Betreten des Bremsberges während der Fahrt ist zu verbieten.

§ 34. Wo die Wagen einer Seilbahn und dergleichen mit der Unterkante 2,50 m oder weniger vom Boden abstehen, ist der Verkehr unter der Bahn durch Geländer von mindestens 1 m Höhe sicher abzuschließen.

Begangene oder befahrene Wege, über welche Seilbahnen und dergl. hinführen, müssen an den Übergängen durch Schutzdächer oder Schutznetze gesichert werden.

§ 35. Zwischen der Abgangs- und Endstation müssen bei Brems- und Seilbahnen sowie ähnlichen Anlagen zuverlässig wirkende Signalvorrichtungen, welche gegenseitige Verständigung ermöglichen, vorhanden sein.

V. Arbeiten unter Anwendung von Preßluft.

§ 36. Zur Arbeit in verdichteter Luft dürfen nur durchaus gesunde Personen, welche das 20. Lebensjahr vollendet und das 50. Lebensjahr nicht überschritten haben, zugelassen werden.

Die Arbeiter müssen vor der erstmaligen Verwendung im Betriebe ärztlich untersucht und gehörig unterwiesen werden. Die Untersuchung ist in angemessenen Zwischenräumen und nach jeder vorausgegangenen Gesundheitsstörung zu wiederholen. Die Verwendung oder Wiederverwendung der Arbeiter darf nur auf Grund ärztlicher Bescheinigung über deren Tauglichkeit erfolgen. Bei Arbeiten unter einem Überdruck von mehr als $1^1/_2$ Atmosphären muß für den Bedarfsfall rasche ärztliche Hilfeleistung bereit gestellt sein.

§ 37. Die Arbeitsschichten sind nach Maßgabe der Zunahme des Überdrucks entsprechend abzukürzen.

Das Ein- und Ausschleusen ist langsam unter allmählicher Ausgleichung des Luftdruckes auszuführen. Beim Ausschleusen muß für je $1/_{10}$ Atmosphären Druckminderung bei einem Überdruck bis zu $1^1/_2$ Atmosphären ein Zeitraum von mindestens 1 Minute, bei einem Überdruck von mehr als $1^1/_2$ Atmosphären ein Zeitraum von mindestens 2 Minuten verwendet werden.

Bei jeder Schleuse muß ein gut funktionierender Manometer und Kontrollmanometer vorhanden sein.

§ 38. Die unter Preßluft arbeitenden Personen müssen durch Signalvorrichtungen in den Stand gesetzt werden, sich jederzeit mit den oberirdischen Betriebsstätten in Verbindung zu setzen.

§ 39. Der zum Ein- und Ausschleusen benützte Raum muß eine solche Größe haben, daß auf jede der gleichzeitig durchzuschleusenden Personen mindestens 0,75 cbm Raum entfällt und der Gesamtinhalt desselben mindestens 2,5 cbm umfaßt.

Wird mit einem Überdruck von mehr als $1^1/_2$ Atmosphären gearbeitet, so muß eine entsprechend eingerichtete Sanitätsschleuse mit Vorkammer und Ruhebett, Telephon und elektrischer Beleuchtungsvorrichtung vorhanden sein.

Die verbrauchte Luft ist stets rechtzeitig zu erneuern.

§ 40. Die Schleusen sind im Sommer vor der unmittelbaren Einwirkung der Sonne mit Matten oder Stroh zu schützen und durch Begießen mit Wasser zu kühlen.

§ 41. Alle Materialien und Werkzeuge müssen mittels der Förderkübel in den Caisson verbracht werden. Das Hinunterwerfen durch den Einsteig- oder Förderschacht ist zu verbieten.

§ 42. Die Schleusen und Schachtrohre sind vor jeder erstmaligen Inbetriebnahme, ferner nach jeder länger als 12 Monate dauernden Unterbrechung des Gebrauches mit Wasser- oder Luftdruck zu proben. Letzterer muß das Doppelte des Luftdruckes betragen, mit dem die Schleuse arbeiten soll, bzw. bei der ersten Probe einer neuen Schleuse das Doppelte desjenigen Druckes, für welchen sie berechnet wurde.

VI. Baumaschinen.

§ 43. Bei allen maschinellen Einrichtungen sind im Verkehrsbereich der Arbeiter die gefahrdrohenden beweglichen Teile, soweit es der Betrieb zuläßt, einzufriedigen oder mit Schutzvorrichtungen zu versehen.

Besonders gefahrbringende Orte sind durch Warnungstafeln u. dergl. kenntlich zu machen oder abzuschließen.

§ 44. Die bei Motoren und Transmissionen beschäftigten Arbeiter sind anzuhalten, anschließende Kleidung zu tragen.

Personen unter 16 Jahren sind von der Bedienung und Beaufsichtigung von Motoren und Transmissionen auszuschließen.

§ 45. Hebezeuge aller Art sind mit der Angabe über die größte zulässige Belastung zu versehen; dieselben dürfen niemals über letztere hinaus beansprucht werden. Alle Triebwerksteile, die Seile und Ketten müssen für die Gesamtförderlast mindestens fünffache Sicherheit bieten.

Das Anhängen der zu hebenden Gegenstände hat in sicherer Weise zu erfolgen.

Die Beförderung von Personen mittels Hebewerken, die nur für Lastentransport bestimmt sind, ist verboten.

§ 46. Unter den in einem Hebezug hängenden Lasten darf niemand Stellung nehmen oder Arbeit verrichten; ist dies unumgänglich nötig, so ist die Last vorher abzufangen.

§ 47. Hebezeuge mit Kurbelantrieb müssen mit Sicherheitskurbeln und mit einer wirksamen Sperrvorrichtung versehen sein, soferne sie nicht selbstsperrend sind. Soll das Hinablassen der Last durch das Eigengewicht geschehen, so muß eine zuverlässige Bremse vorhanden sein.

VII. Schlußbestimmungen.

§ 48. Über den Beginn und die voraussichtliche Dauer umfangreicherer Tiefbauten, bei welchen mehr als 10 Arbeiter gleichzeitig beschäftigt werden, hat der Unternehmer der Distriktspolizeibehörde Anzeige zu erstatten. Zugleich ist die mit der Bauleitung betraute Person namhaft zu machen, welche die Verantwortung durch unterschriftliche Erklärung zu übernehmen hat.

Auf regelmäßig wiederkehrende Tiefbauarbeiten, wie Bach-, Graben-, Kanalräumungen, Frühjahrs- und Herbstwegreparaturen u. dergl. findet diese Bestimmung keine Anwendung.

§ 49. Die Distriktspolizeibehörde kann die als Bauleiter bestellte Person beanstanden, wenn diese die für eine sichere Bauführung erforderliche Verlässigkeit nicht besitzt. Bis zur Behebung des Anstandes kann die Inangriffnahme oder Fortsetzung der Bauarbeiten untersagt werden.

Die Distriktspolizeibehörde kann erforderlichenfalls Nachschau bei den Bauten durch geeignete Sachverständige anordnen. Die Kosten dieser Kontrolle hat der Unternehmer zu tragen.

§ 50. Verantwortlich für den Vollzug gegenwärtiger Vorschriften sind zunächst der Unternehmer oder die von diesem mit der Bauleitung betraute Person, ferner diejenigen bei dem Bau beschäftigten Aufsichtsorgane, denen die Überwachung der Bauausführung von dem Bauleiter besonders übertragen ist, außerdem innerhalb ihres Geschäftskreises jene Unternehmer von Nebenbetrieben, welche in selbständiger Weise zur Ausführung der Bauten mit beitragen und die von diesen mit der Überwachung besonders betrauten Aufsichtsorgane.

§ 51. Die Vorschriften müssen auf jeder Baustelle, wo regelmäßig mehr als 10 Arbeiter beschäftigt werden, an einem leicht zugänglichen Orte in Plakatform sichtbar angebracht oder den einzelnen Arbeitern übergeben werden.

§ 52. Die Distriktspolizeibehörde kann unter besonderen Verhältnissen, namentlich bei einfacheren Bauten, von einzelnen Bestimmungen der vorstehenden Vorschriften entbinden, soweit nicht öffentliche Interessen entgegenstehen.

§ 53. Für die Bauführungen der Zivilliste und des Staatsärars gelten an Stelle der Zuständigkeitsbestimmungen in den §§ 12, 17, 21, 48, 49 und 52 die jeweils bestehenden besonderen Vorschriften.

§ 54. Die Erlassung weitergehender ortspolizeilicher Vorschriften nach Maßgabe des bestehenden Bedürfnisses bleibt vorbehalten.

§ 55. Gegenwärtige Vorschriften finden keine Anwendung auf die der Aufsicht der Bergbehörden unterstehenden Tiefbauten.

6. Oberpolizeiliche Vorschriften des K. Staatsministeriums des K. Hauses und des Äußern betr. die Beschäftigung von Arbeiterinnen auf Bauten vom 21. November 1908 (GVBl. S. 990.)*)

§ 1. Die Beschäftigung von Arbeiterinnen auf Bauten unterliegt folgenden Beschränkungen:

1. Arbeiterinnen dürfen mit dem Tragen von Lasten, insbesondere von Mörtel, Stuck, Steinen, Zement usw. nicht beschäftigt werden;
2. Arbeiterinnen dürfen auf Baugerüsten überhaupt nicht beschäftigt werden.

7. Reichsgesetz über die Sicherung der Bauforderungen vom 1. Juni 1909. (RGBl. S. 449).

§ 1. Der Empfänger von Baugeld ist verpflichtet, das Baugeld zur Befriedigung solcher Personen, die an der Herstellung des Baues auf Grund eines Werk-, Dienst- oder Lieferungsvertrags beteiligt sind, zu verwenden. Eine anderweitige Verwendung des Baugeldes ist bis zu dem Betrage statthaft, in welchem der Empfänger aus anderen Mitteln Gläubiger der bezeichneten Art bereits befriedigt hat.

Ist der Empfänger selbst an der Herstellung beteiligt, so darf er das Baugeld in Höhe der Hälfte des angemessenen Wertes der von ihm in den Bau verwendeten Leistung, oder, wenn die Leistung von ihm noch nicht in den Bau verwendet worden ist, der von ihm geleisteten Arbeit und der von ihm gemachten Auslagen für sich behalten.

Baugeld sind Geldbeträge, die zum Zwecke der Bestreitung der Kosten eines Baues in der Weise gewährt werden, daß zur Sicherung

*) Strafbestimmung: § 147 Abs. I Ziff. 4 RGewO.

der Ansprüche des Geldgebers eine Hypothek oder Grundschuld an dem zu bebauenden Grundstücke dient oder die Übertragung des Eigentums an dem Grundstück erst nach gänzlicher oder teilweiser Herstellung des Baues erfolgen soll. Als Geldbeträge, die zum Zwecke der Bestreitung der Kosten eines Baues gewährt werden, gelten insbesondere:

1. solche, deren Auszahlung ohne nähere Bestimmung des Zweckes der Verwendung nach Maßgabe des Fortschreitens des Baues erfolgen soll,
2. solche, die gegen eine als Baugeldhypothek bezeichnete Hypothek (§ 33) gewährt werden.

§ 2. Zur Führung eines Baubuchs ist verpflichtet, wer die Herstellung eines Neubaues unternimmt und entweder Baugewerbetreibender ist oder sich für den Neubau Baugeld gewähren läßt. Über jeden Neubau ist gesondert Buch zu führen.

Neubau im Sinne dieses Gesetzes ist die Errichtung eines Gebäudes auf einer Baustelle, die zur Zeit der Erteilung der Bauerlaubnis unbebaut oder nur mit Bauwerken untergeordneter Art oder mit solchen Bauwerken besetzt ist, welche zum Zwecke der Errichtung des Gebäudes abgebrochen werden sollen.

Aus dem Baubuche müssen sich ergeben:

1. die Personen, mit denen ein Werk-, Dienst- oder Lieferungsvertrag abgeschlossen ist, die Art der diesen Personen übertragenen Arbeiten und die vereinbarte Vergütung;
2. die auf jede Forderung geleisteten Zahlungen und die Zeit dieser Zahlungen;
3. die Höhe der zur Bestreitung der Baukosten zugesicherten Mittel und die Person des Geldgebers, sowie Zweckbestimmung und Höhe derjenigen Beträge, die gegen Sicherstellung durch das zu bebauende Grundstück (§ 1 Abs. 3), jedoch nicht zur Bestreitung der Baukosten gewährt werden;
4. die einzelnen in Anrechnung auf die unter Ziffer 3 genannten Mittel an den Buchführungspflichtigen oder für seine Rechnung geleisteten Zahlungen und die Zeit dieser Zahlungen;
5. Abtretungen, Pfändungen oder sonstige Verfügungen über diese Mittel;
6. die Beträge, die der Buchführungspflichtige für eigene Leistungen in den Bau aus diesen Mitteln entnommen hat.

Das Buch ist bis zum Ablaufe von fünf Jahren, von der Beendigung des letzteingetragenen Baues an gerechnet, aufzubewahren.

§ 3. Die Vorschriften des § 2 finden auch auf Umbauten Anwendung, wenn für den Umbau Baugeld gewährt wird.

§ 4. Bei Neubauten ist der Bauleiter verpflichtet, an leicht sichtbarer Stelle einen Anschlag anzubringen, welcher den Stand, den Familiennamen und wenigstens einen ausgeschriebenen Vornamen, sowie den Wohnort des Eigentümers, und, falls dieser die Herstellung des Gebäudes oder eines einzelnen Teiles des Gebäudes einem Unternehmer übertragen hat, des Unternehmers in deutlich lesbarer und unverwischbarer Schrift enthalten muß. Wird der Bau von einer Firma als Eigentümer oder Unternehmer ausgeführt, so ist diese und deren Niederlassungsort anzugeben.

§ 5. Baugeldempfänger, welche ihre Zahlungen eingestellt haben oder über deren Vermögen das Konkursverfahren eröffnet worden ist und deren im § 1 Abs. 1 bezeichnete Gläubiger zur Zeit der Zahlungseinstellung oder der Konkurseröffnung benachteiligt sind, werden mit Gefängnis nicht unter einem Monate bestraft, wenn sie vorsätzlich zum Nachteile der bezeichneten Gläubiger den Vorschriften des § 1 zuwidergehandelt haben. Sind mildernde Umstände vorhanden, so kann die Strafe bis auf einen Tag Gefängnis ermäßigt oder auf Geldstrafe bis zu dreitausend Mark erkannt werden.

§ 6. Zur Führung eines Baubuchs verpflichtete Personen, welche ihre Zahlungen eingestellt haben oder über deren Vermögen das Konkursverfahren eröffnet worden ist und deren im § 2 Abs. 3 Ziffer 1 bezeichnete Gläubiger zur Zeit der Zahlungseinstellung oder der Konkurseröffnung benachteiligt sind, werden mit Gefängnis bis zu einem Jahre oder mit Geldstrafe bis zu dreitausend Mark bestraft, wenn sie das vorgeschriebene Baubuch zu führen unterlassen oder es verheimlicht, vernichtet oder so unordentlich geführt haben, daß es keine genügende Übersicht, insbesondere über die Verwendung der zur Bestreitung der Baukosten zugesicherten Mittel, gewährt.

§ 7. Mit Geldstrafe bis zu einhundertfünfzig Mark und im Unvermögensfalle mit Haft bis zu vier Wochen wird bestraft, wer den Vorschriften des § 4 zuwiderhandelt.

---

8. K. Verordnung vom 27. Juni 1862, 31. Dezember 1867, die Verhütung von Feuersgefahren betr. (RegBl. 1862 S. 1573, 1868 S. 5.)*)

§ 1. Feuer darf in Gebäuden nicht außer den bauordnungsmäßig hergestellten und erhaltenen offenen oder geschlossenen Feuerstätten angezündet werden.

§ 2. In Lokalen, in welchen Vorräte von Holz oder sonstigen leicht entzündlichen Stoffen lagern oder verarbeitet werden, sind offene Feuerstätten unzulässig. Die Öfen in solchen Lokalen müssen von außen heizbar, oder, wo dies untunlich ist, mit verschließbaren Vorgelägen versehen sein.

§ 3. Ist die Benützung von offenem Feuer oder von Glut in solchen Lokalen unvermeidlich, so müssen hierbei feuerfeste, von hölzernen Unterlagen, Wänden und Decken isolierte, gegen Ausstreuen von Glut und Asche und Verbreitung der Flamme Sicherheit bietende

*) Strafbestimmung: § 368 Ziff. 8 des Reichsstrafgesetzbuches.

Behältnisse und Vorrichtungen in gehöriger Entfernung von leicht entzündlichen Stoffen und Abfällen angewendet werden. Feuer und Glut müssen bei zeitweiser Aussetzung oder Beendigung der Arbeit völlig ausgelöscht oder die Reste der Feuerung in einem sicheren Lokale verwahrt werden. Gleiches hat zu gelten, wenn Feuer oder Glut auf oder an Gebäuden gebraucht wird.

Das Anmachen offenen Feuers im Freien innerhalb der Ortschaft ist außer Notfällen nur mit ortspolizeilicher Genehmigung zulässig.

§ 4. Feuerstätten müssen stets unter Aufsicht gehalten und so abgeschlossen und verwahrt werden, daß eine Zerstreuung der Brandstoffe nicht erfolgen kann.

§ 5. Asche darf von den Feuerstätten nur in Gefäße aus feuersicherem Material gebracht, oder nur in solchen Gefäßen oder in gemauerten Räumen, niemals aber in Holzlegen, Schupfen, Dachräumen und überhaupt an Orten verwahrt werden, wo brennbare Materialien gelagert sind.

Torfasche ist nur nach sorgfältigem Begießen mit Wasser ins Freie zu bringen.

§ 6. Gluthäfen und Pfannen, sowie Räucherpfannen dürfen in geschlossenen Räumen, in Marktbuden und Stallungen nur benützt werden, wenn sie aus feuersicherem Material bestehen und Gluthäfen und Pfannen überdies feuersicher geschlossen sind.

Derlei Behältnisse dürfen nicht auf oder an brennbarem Material niedergestellt werden.

§ 7. Der zum Unterhalte von Feuer und Glut nötige Vorrat von Brennmaterial muß so verwahrt werden, daß eine Entzündung desselben von der Feuerstätte aus nicht stattfinden kann.

§ 10. 1. In Getreide-, Öl-, Farb- und Lohmühlen, Lack- und Firnissiedereien, Branntweinbrennereien, Fournierschneidereien, Strohflechtereien und ähnlichen Arbeitsstätten ist zur Beleuchtung nur geschlossenes, durch Laternen, Glaskugeln oder Zylinder gegen die Berührung mit feuerfangenden Stoffen gesichertes Licht zu benützen.

2. In Schreiner-, Wagner- und Drechsler-Werkstätten darf auch offenes Licht verwendet werden; dasselbe muß jedoch entweder feststehend an durchaus feuersicheren Stellen der Werkstätten angebracht sein oder sich auf einem eisenblechernen Leuchter befinden, welcher eine Unterlage von mindestens 6 Zoll Breite im Durchmesser und einen Umfassungsrand von einem Zoll Höhe hat.

Licht in den vorbezeichneten Lokalen ohne Aufsicht zu lassen, ist verboten.

§ 11. Holzspähne, Schleissen und ähnliche Glut und Aschenabfall ergebende Materialien dürfen zur Beleuchtung nur in Wohnstuben und Küchen und auch da nur gebraucht werden, wenn die Stelle, wo die Beleuchtung unterhalten wird, von Holzwänden und Decken genügend entfernt ist.

§ 12. Fackeln, Windlichter, Pechkränze und Leuchtpfannen dürfen in der Nähe von Gebäuden nur mit ortspolizeilicher Bewilligung und unter Beobachtung der hierbei ergehenden Bestimmungen gebraucht werden.

Das Abschlagen von Fackeln und Windlichtern an anderen als feuersicheren Stellen ist verboten.

§ 13. Die Aufbewahrung von Reibfeuerzeugen in den Haushaltungen hat in Behältern von Stein, Metall, Ton, oder wenigstens gut schließenden dichten Schächtelchen unter gehöriger Entfernung von leicht entzündbaren Gegenständen an nicht zu warmen Orten stattzufinden.

In Scheunen, Stallungen, Holzlegen, Werkstätten von Holz-, Flachs-, Wolle-Arbeiten, in Mühlen und überhaupt in allen zur Aufbewahrung leicht entzündbarer Gegenstände benützten Gebäuden und Lagerplätzen dürfen Reibzünder nur mit gehöriger Vorsicht und nur an Stellen gebraucht werden, welche von brennbarem Material genügend entfernt sind.

§ 14. Leicht entzündliche Gegenstände, wie Öl, Pech, Talg, Camphin, Spiritus und dgl., sowie Brennzeug der Branntweiner, dürfen nicht in offenen Höfen und Lokalen gelagert werden. Mit solchen Stoffen, dann mit Heu, Stroh, Wolle, Hanf und dgl. beladene Wagen sollen innerhalb der Ortschaften zur Nachtzeit in geschlossene Räume gebracht oder, wenn sie im Freien stehen bleiben, überwacht werden.

§ 15. In Scheunen, Stallungen, Schupfen, Holzlegen, Futter- und Dachböden, dann sonstigen Räumen, Plätzen und Werkstätten, in welchen leicht entzündliche Stoffe oder größere Massen brennbaren Materials sich befinden, ist das Tabakrauchen verboten.

§ 16. Gebrannte Kalksteine an oder in hölzernen Gebäuden ohne sichere Bewahrung vor Benetzung zu lagern, ist verboten.

§ 17. Aus Dachlucken, Fenstern und Zuglöchern dürfen nirgends brennbare Stoffe hervorragen, Stroh und ähnliches Material darf zur Verstopfung derselben, mit Ausnahme der Kellerfenster, nicht verwendet werden.

§ 18. Das Auslassen größerer Quantitäten von Schmalz und Talg, das Sieden von Öl, Pech, Lack, Firnis und dgl. darf nur bei geschlossenem Feuer oder in feuersicher gewölbtem Raume unter Bereithaltung gutschließender, feuerfester Deckel vorgenommen werden.

§ 19. Das Auspichen der Fässer darf nur auf ortspolizeilich bestimmten Plätzen abseits von Gebäuden vorgenommen werden.

§ 20. Geringe Vorräte von Brennmaterial in Heizungsvorlagen an Kaminen oder sonst in Räumen aufzubewahren, wo besondere Gefahr durch Feuer und Licht zu besorgen steht, ist verboten.

§ 21. Größere Vorräte von Futter, unausgedroschenem Getreide, Streu- und Brennmaterial, sowie von gewerblichen Fahrnissen und Rohstoffen leicht entzündlicher oder schwer zu löschender Beschaffenheit, wie Werk- und Nutzholz, Fässer, Rinden, Talg, Pech und Wachs dürfen nur in solchen Räumen gelagert werden, welche den einschlägigen Bauvorschriften entsprechen.

Die Bestimmung über die zulässige Quantität solcher Lagerungen, sowie über deren Statthaftigkeit im Freien bleibt in Städten und Märkten der ortspolizeilichen Zuständigkeit vorbehalten.

Auf dem Lande sind dieselben im Freien auf solchen Stellen ausgeschlossen, welche polizeilich als feuergefährlich erklärt worden sind.

§ 22. Das Flachs- und Hanfbörren darf niemals mittels Feuerstätten in oder an Wohngebäuden, sondern nur in isoliert gelegenen, [illegible] hergestellten und [illegible] oder in eigenen Dörrlokalen außer den Ortschaften geschehen.

Das Bläuen, Brechen, Schwingen und Hecheln des Flachses und Hanfes soll nur bei Tag vorgenommen werden.

Nur wenn zu solchen Arbeiten feuersichere Lokale oder isolierte Räume benützt werden, dürfen die Arbeiten bei Licht in Laternen unter den oben § 9 enthaltenen Bedingungen vorgenommen werden.

Für die Lagerung von rohem oder bearbeitetem Flachs und Hanf gelten die in § 21 gegebenen Bestimmungen.

---

9. K. Verordnung vom 10. Januar 1872, die Verhütung von Feuersgefahren betreffend. (RegBl. S. 127.)*)

§ 1. Dienstherrschaften, Arbeitgebern und Familienhäuptern ist verboten, feuergefährliche Handlungen ihrer Dienstleute oder Arbeiter, Familienglieder oder Hausgenossen zu dulden; desgleichen ist verboten, Kindern, Blödsinnigen, Wahnsinnigen oder Betrunkenen Feuer, Licht oder leicht entzündliche Stoffe anzuvertrauen.

§ 4. Wer in seiner Wohnung oder in einem dazu gehörigen Gebäude oder Hofraum einen ausgebrochenen Brand wahrnimmt, hat alsbald die öffentliche Hilfe anzurufen.

Jede zur Entdeckung von Feuersbrünsten dienstlich verpflichtete Person hat von einem von ihr wahrgenommenen Brande sofort die ihr obliegende Anzeige zu erstatten.

---

10. K. Verordnung vom 19. März 1874, die Verhütung von Feuersgefahren durch leicht Feuer fangende Gegenstände betr. (GVBl. 1874 S. 109.)**)

§ 1. Als Stoffe, auf welche die nachstehenden Vorschriften Anwendung zu finden haben, werden erklärt:

*) Strafbestimmung: § 368 Ziffer 8 des Reichsstrafgesetzbuches.

**) Strafbestimmung: § 368 Ziff. 8 des Reichsstrafgesetzbuches. Vgl. auch die Kaiserliche Verordnung über das gewerbsmäßige Verkaufen und Feilhalten von Petroleum vom 24. Februar 1882 im dritten Abschnitte Buchst. B Ziff. 2 unten.

III. Phosphor und Reibfeuerzeuge.

§ 5. Hinsichtlich der Reibfeuerzeuge werden folgende besondere Vorschriften erlassen:

a) Die zur Fabrikation von Reibfeuerzeugen dienenden Lokalitäten müssen 25 m entfernt von bewohnten Gebäuden sein.

b) Die Magazinierung der Rohstoffe und der Fabrikate hat je in besonderen, von den Arbeitslokalitäten durch Mauern getrennten Räumlichkeiten zu geschehen und im Falle die Aufbewahrungs- und Arbeits-Lokalitäten unter einem Dache sich befinden, in gewölbten Räumen, welche eiserne Türen und Fenster mit von außen schließbaren eisernen Läden haben.

c) Bei der Aufbewahrung und Behandlung des Phosphors, bei der Bereitung der Zündmasse, bei dem Auftragen derselben, endlich bei dem Trocknen und Verpacken der Hölzer sind alle Vorsichtsmaßregeln zu beachten, welche zur Verhütung von Feuersgefahren notwendig sind.

Insbesondere sind im Trockenraum die aufrechtstehenden Reihen von mit Reibfeuerzeugen beladenen Rahmen durch Schirme von Blech zu trennen.

d) Reibfeuerzeuge aller Art müssen in Behältnissen von starkem Eisenblech oder mindestens in sehr festen hölzernen Kisten von nicht über 1 cbm Größe sorgfältig und fest verpackt sein und zwar der Art, daß der Raum der Kisten völlig ausgefüllt ist.

Diese Kisten sind äußerlich mit roten Signaturen zu versehen, auf welchen der Inhalt deutlich zu bezeichnen ist.

e) Die zum Detailverkaufe kommenden Reibfeuerzeuge aller Art müssen durch sorgfältige Verpackung vor Reibung und Verstreuung geschützt sein.

f) In den Verkaufsläden dürfen Vorräte von Reibfeuerzeugen nur bis höchstens 100 000 Stück aufbewahrt werden und zwar an einem von leicht brennbaren Stoffen, z. B. Weingeist, Äther, Petroleum u. dgl. entfernten Platze.

Reibfeuerzeuge, welche nur in Papier eingeschlagen sind, müssen in den Verkaufsläden in einer mit Blech ausgeschlagenen und mit einem Blechdeckel versehenen Kiste aufbewahrt werden.

In Lagerhäusern und Magazinen dürfen in gut zugenagelten Kisten bis zu fünf Millionen Stück aufbewahrt werden. Darüber hinaus gehende Quantitäten sind in besonderen, außerhalb bewohnter Orte gelegenen, frei stehenden Magazinen zu lagern.

---

11. K. Verordnung vom 17. Juni 1898, die Feuerbeschau betreffend.

(GVBl. S. 332.)*)

§ 4 Abs. 2. Die Besitzer von Gebäuden und Anwesen beziehungsweise deren Stellvertreter in der Verwaltung und Benützung

*) Strafbestimmung: § 368 Ziff. 8 des Reichsstrafgesetzbuches.

der Gebäude, wie Verwalter, Mieter, Aftermieter ꝛc. ꝛc., sind verpflichtet, die Feuerbeschau ungehindert vornehmen zu lassen.

§ 10 Abs. 3. Die Besitzer von Gebäuden und Anwesen beziehungsweise deren Stellvertreter in der Verwaltung oder Benützung derselben sind auch in denjenigen Fällen, welche nicht durch anderweitige feuerpolizeiliche Anordnungen im Sinne des Art. 2 Ziff. 14 des Polizeistrafgesetzbuches getroffen werden, verpflichtet, den Verfügungen der Distriktsverwaltungsbehörde in bezug auf Abstellung feuergefährlicher Zustände in oder an den Gebäuden und Anwesen innerhalb der hiefür von der Behörde festgesetzten Frist nachzukommen.

12. K. Verordnung vom 9. Juni 1902, leicht entzündliche flüssige Stoffe betr. (GVBl. S. 211.)*)

§ 1. Als Stoffe, auf welche die gegenwärtige Verordnung Anwendung zu finden hat, werden erklärt:

I. Folgende bei weniger als 21° Cels. und bei 760 mm Barometerstand entflammbare Flüssigkeiten:

1. Roh-Petroleum,
2. dessen Destillationsprodukte, wie Benzin, Gasolin, Gasstoff, Hydririn, Hydrocarbür, Ligroin, Naphta, Petroleumäther, Petroleumessenz, Putzöl, Terpentinölersatz,
3. Produkte der trockenen Destillation der Braunkohlen, des bituminösen Schiefers, der Steinkohlen, des Torfes, der Harze und des Asphaltes, wie Braunkohlen-Benzin, Roh-Photogen, Benzol, Toluol, Pinolin, Camphin, Harzessenz,
4. Azeton, Schwefeläther und Schwefelkohlenstoff,
5. Flüssigkeiten, welche die unter Ziffer 1—4 genannten Stoffe als Lösungsmittel enthalten und die gleiche Entflammbarkeit zeigen.

II. 1. Petroleum gereinigt von 21° Cels. Reichstest und darüber, Solaröl, Solvent-Naphtha, Terpentinöl, Weingeist raffiniert und denaturiert, Rohsprit über 50 Volumprozent Tralles oder 42,5 Gewichtsprozent, Holzgeist, Methylalkohol, Essigäther, Amylacetat und sonstige Fruchtäther,

2. Flüssigkeiten, welche die unter Ziffer II, 1 genannten Stoffe als Lösungsmittel enthalten und die gleiche Entzündlichkeit zeigen.

Das Staatsministerium des Innern ist ermächtigt, auch andere, hier nicht genannte Stoffe als unter gegenwärtige Verordnung fallend zu erklären.

Die Herstellung von Sprengstoffen und der Verkehr mit solchen wird durch gegenwärtige Vorschriften nicht berührt.

§ 2. Soweit für die Errichtung oder wesentliche Veränderung von Fabriken oder Werkstätten zur Zubereitung oder Verarbeitung

*) Strafbestimmung: § 368 Ziff. 8 des RStGB.

der in § 1 bezeichneten Stoffe gemäß §§ 16 ff. der Reichsgewerbeordnung in der Fassung vom Jahre 1900 (RGBl. S. 871) eine besondere Genehmigung erforderlich ist, hat es bei den Vorschriften dieses Gesetzes und den zum Vollzuge desselben erlassenen Bestimmungen sein Bewenden.

Die Prüfung neuer oder wesentlich veränderter Anlagen (§ 18 bzw. 25 RGewO.) hat sich auch auf die Beachtung der Vorschriften gegenwärtiger Verordnung zu erstrecken.

Bereits genehmigten Anlagen können Auflagen im Sinne gegenwärtiger Verordnung nur insoweit gemacht werden, als solche Auflagen seinerzeit in dem Genehmigungsbescheide vorbehalten worden sind.

Unter obigen Vorbehalten gelten für die gewerbsmäßige Zubereitung oder Verarbeitung der in § 1 bezeichneten Stoffe nachstehende Bestimmungen.

§ 3. Wer sich mit der Zubereitung oder Verarbeitung dieser Stoffe befassen will, hat hievon vor dem Beginn des Betriebes der Distriktsverwaltungsbehörde, in München dem Stadtmagistrate, Anzeige zu erstatten und den hierauf ergehenden Anordnungen sich zu unterwerfen.

§ 4. Die Fabrikationsräume müssen in besonderen nach allen Richtungen freistehenden Gebäuden oder Gebäudegruppen angelegt werden. Die eigentlichen Fabrikationsgebäude müssen von bewohnten Gebäuden wenigstens 25 m entfernt sein. Die dauernde Einhaltung dieses Abstandes muß für die Zukunft sichergestellt sein.

Vorbehalten bleiben etwaige auf Grund des § 23 Abs. III der Reichsgewerbeordnung zu erlassende besondere Bestimmungen.

§ 5. Die für die Zwecke der Fabrikation dienenden Feuerungsanlagen müssen außerhalb der Arbeitsräume liegen. Die Heizung hat entweder von außen oder von einem im Innern des Gebäudes liegenden feuersicher abgeschlossenen Heizerstande aus zu erfolgen.

Die Erwärmung der Fabrik- und Arbeitsräume darf nur auf zentralem Wege durch Dampf oder Warmwasser erfolgen.

§ 6. Eine künstliche Beleuchtung der Fabrik- und Arbeitsräume hat mittels elektrischer Glühlampen mit durch Draht gegen Zerschlagen geschützten Überglocken, welche auch die Fassung dicht umschließen, zu geschehen. Es sind nur Glühlampen zulässig, welche im luftleeren Raum brennen. Die Drahtleitung selbst ist sicher zu isolieren. Ein- und Ausschalter, Schalttafeln, Sicherungen, Kontakte, Elektrizitätsmesser dürfen nur außerhalb der Räume angebracht werden.

Eine Verwendung anderer Lichtquellen ist zulässig, wenn die Beleuchtung von außen geschieht, und die Flammen durch dicht eingemauerte dicke Glasscheiben von den Innenräumen vollkommen abgeschlossen werden.

Zur vorübergehenden Beleuchtung dürfen nur zuverlässige Sicherheitslampen verwendet werden.

Das Betreten der Räume mit offenem Licht, mit brennender Zigarre oder Tabakspfeife ist verboten. Das Verbot ist an den Eingängen der Räume ersichtlich zu machen.

§ 7. Die *Aufbewahrung* der Rohstoffe, soweit diese leicht entzündlich sind, wie der fertigen Produkte muß in besonderen, ausschließlich hiezu bestimmten, von den Fabrikationsräumen feuersicher durch vorschriftsmäßige Brandmauern getrennten Räumen oder in besonderen Gebäuden geschehen.

Im übrigen finden auf die Errichtung und den Betrieb der Fabriklagerräume die Vorschriften der §§ 29 ff. über die Lagerung größerer Mengen entsprechende Anwendung.

§ 8. Die *Verfrachtung* größerer, 60 kg oder darüber betragender Mengen der in § 1 genannten Stoffe muß in starken, der Ausschwitzung und Verdunstung des Inhaltes möglichst widerstehenden und sorgfältigst verschlossenen Fässern oder Blechgefäßen geschehen.

Kleinere Mengen dieser Stoffe sind mindestens in Flaschen aus Steinzeug oder Glas zu versenden, welche noch in Blechbüchsen oder in hölzernen Kisten, in Körben oder Kübeln mit Kleie, Sägmehl, Holzwolle, Stroh, Infusorienerde oder ähnlichen Stoffen fest eingefüttert sein müssen.

Auf die Versendung von nicht über 2 kg betragenden Mengen, welche nicht feuergefährlichen Waren beigepackt sind, finden vorstehende Bestimmungen keine Anwendung.

§ 9. Der Inhalt der Gefäße ist in den Frachtbriefen ausdrücklich anzugeben.

Die Gefäße, welche zur Versendung der in § 1 Ziff. I bezeichneten Stoffe verwendet werden, sind mit der leicht erkennbaren Aufschrift „*Feuergefährlich!*“ zu versehen.

§ 10. Wenn Wagen, die mit den in § 1 bezeichneten Stoffen beladen sind, beim Transporte in einem Orte *anhalten* oder *übernachten*, hat der Fuhrmann die erforderlichen Vorsichtsmaßregeln zu treffen und insbesondere dafür Sorge zu tragen, daß kein offenes Feuer in die Nähe der Wagen gebracht wird.

§ 11. Alle mit dem Auf- und Abladen und mit dem Transporte solcher Stoffe beschäftigten Personen haben sich hierbei des *Tabakrauchens* und jeder feuergefährlichen Handlung zu enthalten.

Die Laternen an den Wagen sind so anzubringen, daß jede Gefahr einer Entzündung der Stoffe ausgeschlossen ist.

§ 12. Derartige Stoffe dürfen niemals mit explosiblen Stoffen auf ein und dasselbe Fahrzeug *verladen* werden.

§ 13. Hinsichtlich des Transportes auf *Eisenbahnen*, Wasserstraßen und durch die Post kommen die hierüber jeweils geltenden besonderen Vorschriften zur Anwendung.

§ 14. In den Verkaufsstellen dürfen von den in § 1 Ziff. I genannten Stoffen nicht mehr als insgesamt 30 kg, von den in § 1 Ziff. II genannten Stoffen nicht mehr als insgesamt 750 kg vorrätig gehalten werden.

§ 15. Die Gefäße, welche zur Aufbewahrung der Stoffe dienen, müssen aus Metall, Steinzeug oder starkem Glas hergestellt und sorgfältig verschlossen sein. Spiritus kann in Holzfässern gelagert werden.

Gefäße, welche die in § 1 Ziff. I genannten Stoffe enthalten, sind mit der Aufschrift: „Feuergefährlich!" zu versehen.

§ 16. Petroleum ist in mit Meßvorrichtung versehenen Blechgefäßen zu verwahren, so daß die unmittelbare Abfüllung in die von den Kunden geführten Gefäße möglich ist.

Die Vorschriften der kaiserlichen Verordnung vom 24. Februar 1882 über das gewerbsmäßige Verkaufen und Feilhalten von Petroleum (RGBl. S. 40) sowie die bestehenden Vorschriften über Untersuchung des Petroleums werden hierdurch nicht berührt.

§ 17. Die in Verkaufsstellen aufbewahrten Stoffe müssen in möglichster Entfernung von Öfen und von offenem Licht gelagert werden.

Die in § 1 Ziff. I genannten Stoffe dürfen nur bei Tageslicht umgefüllt und abgegeben werden.

§ 18. In den zu den Verkaufsstellen gehörigen Lagerräumen dürfen von den in § 1 Ziff. I genannten Stoffen nicht mehr als insgesamt 200 kg, von den in § 1 Ziff. II genannten Stoffen nicht mehr als insgesamt 6000 kg gelagert werden.

In Räumen, welche ausschließlich zur Lagerung dienen, in welchen also ein Auf- und Abfüllen überhaupt nicht oder nur von Außen stattfindet, dürfen die in Absatz I bezeichneten Lagerungsmengen verdoppelt werden.

Eine vorübergehende Anwesenheit von größeren Mengen der der in § 1 Ziff. II genannten Stoffe während des Tages bis zum Eintritt der Dunkelheit zum Zwecke der sofortigen Versendung ist nicht als Lagerung zu erachten.

§ 19. Die Lagerung darf nur im Keller, im Erdgeschoß oder in abgedeckten Gruben im Freien erfolgen.

§ 20. Die Lagerräume müssen durch mindestens einen Stein starkes Mauerwerk von anderen Räumen getrennt und feuersicher eingedeckt sein. Freiliegende tragende Eisenkonstruktionsteile sind flammensicher zu ummanteln.

§ 21. Die Türen der Räume dürfen nicht unmittelbar in das Stiegenhaus münden.

Die Türstöcke müssen aus Stein oder Eisen hergestellt und die Türschwellen mindestens 20 cm über dem Fußboden erhöht sein.

Die Türen sind aus feuerbeständigem Materiale, in mindestens 6 cm breiten Stein- oder Eisenfalz anschlagend und nach Außen aufgehend anzubringen.

§ 22. Die Fußböden sind aus unverbrennbarem Materiale oder aus Holz, welches auf unverbrennbarem Materiale aufliegt, herzustellen.

Die Fensteröffnungen sind mit gut schließenden feuerbeständigen, von Außen schließbaren Läden zu versehen.

Die Fensterscheiben müssen aus blasenfreiem Glas bestehen.

§ 23. Jeder Lagerraum muß so eingerichtet sein, daß eine ausreichende Lüftung möglich ist.

§ 24. Fahrbahnen von Aufzügen sind feuersicher herzustellen und abzuschließen.

§ 25. In den Lagerräumen dürfen sich keine Heizkaminöffnungen, Heizeinrichtungen, Gas oder Wassermesser befinden.

Bezüglich der Beleuchtung der Räume und des Gebrauches von offenem Licht finden die Vorschriften des § 6 keine Anwendung.

§ 26. Feste Lagerbehälter (Zisternen, Reservoire u. dgl.) müssen mit einer leicht sichtbaren, die Art des Stoffes und den Fassungsraum enthaltenden Bezeichnung versehen sein.

§ 27. In dem Lagerraum oder in nächster Nähe desselben ist eine genügende Menge trockenen Sandes vorrätig zu halten.

§ 28. Die Distriktsverwaltungsbehörden sind ermächtigt, unter den von ihnen festzusetzenden weiteren Bedingungen eine Erhöhung der in §§ 14 und 18 bezeichneten Lagerungsmengen, sowie bei der Lagerung geringerer Mengen in kleinen Geschäftsbetrieben eine Erleichterung der vorstehenden Bestimmungen über die Beschaffenheit der Lagerräume eintreten zu lassen.

§ 29. Bei Lagerung größerer Mengen finden die Vorschriften der §§ 19 bis 27 entsprechende Anwendung. Außerdem gelten hiefür folgende weitere Bestimmungen:

§ 30. Die Stoffe müssen in einzelnstehenden, nicht bewohnten Gebäuden gelagert werden, welche von bewohnten Gebäuden wenigstens 25 m entfernt sein müssen. Die dauernde Einhaltung dieses Abstandes muß für die Zukunft sichergestellt sein.

Für Lager, in welchen nicht mehr als 10000 kg der in § 1 Ziff. I bezeichneten und nicht mehr als 100000 kg der in § 1 Ziff. II bezeichneten Stoffe gelagert werden, kann die Distriktsverwaltungsbehörde unter Berücksichtigung der örtlichen Verhältnisse diese Schutzzone bis auf 10 m ermäßigen.

§ 31. Die Lagergebäude müssen derart eingerichtet sein, daß sie bei einem etwaigen Bruche der Behälter die Maximalmenge der zu lagernden Stoffe ohne überzufließen aufnehmen können.

§ 32. Die Lagergebäude müssen mit Blitzableitern versehen sein.

§ 33. Lagerhäuser, welche zu einer besonderen Feuersgefahr Anlaß geben, müssen nach näherer Bestimmung der Distriktsverwaltungsbehörde mittels 12 cm (1/2 Stein) starker Mauern in Abteilungen getrennt werden, deren jede ihre besondere Eingangstüre von der Außenseite des Gebäudes haben muß.

§ 34. Im Freien ist die Lagerung in eisernen Tanks oder in Fässern zulässig. Die Tanks oder die Fässer müssen mindestens 25 m von bewohnten Gebäuden entfernt sein. Die dauernde Einhaltung dieses Abstandes muß für die Zukunft sichergestellt sein. § 30 Abs. II findet entsprechende Anwendung.

Der Lagerplatz oder die einzelnen Tanks müssen mit Graben, Wall oder Mauer ohne Öffnungen umgeben sein.

Graben, Wall oder Mauer müssen so angelegt sein, daß der umschlossene Raum bei einem etwaigen Bruche der Behälter die Maximalmenge der zu lagernden Stoffe ohne überzufließen aufnehmen kann. Der Lagerplatz ist fest zu umzäunen.

§ 35. Die Tanks sind mit einer feuersicheren Lüftungsvorrichtung zu versehen und zum Schutz gegen Blitzgefahr mit dem Erdboden in gut leitende Verbindung zu bringen.

Das Auf- und Abfüllen der Stoffe in den Tanks darf nur bei Tageslicht oder bei einem den Vorschriften des § 6 entsprechenden künstlichen Licht geschehen.

§ 36. Das Rauchen und die Vornahme feuergefährlicher Handlungen auf den Lagerplätzen ist verboten. Das Verbot ist an den Zugängen ersichtlich zu machen.

§ 37. Den Ortspolizeibehörden bleibt vorbehalten, gemäß Art. 2 Ziff. 14 des Polizeistrafgesetzbuches weitergehende ortspolizeiliche Vorschriften zu erlassen, soweit es die örtlichen Verhältnisse erfordern oder rätlich machen.

§ 38. Die K. Regierungen, Kammern des Innern, sind ermächtigt, beim Vorliegen besonderer Verhältnisse, soweit es ohne Gefährdung der öffentlichen Sicherheit geschehen kann, Dispensation von einzelnen Bestimmungen gegenwärtiger Verordnung zu erteilen.

§ 39. Gegenwärtige Verordnung findet keine Anwendung

a) hinsichtlich der Betriebe der Heeresverwaltung,

b) auf Laboratorien, in welchen Versuche von technisch vorgebildeten Personen ausgeführt werden.

Insoweit die Verordnungen über den Verkehr mit Arzneimitteln innerhalb und außerhalb der Apotheken und über den Verkehr mit Giften besondere Bestimmungen enthalten, hat es bei diesen sein Bewenden.

§ 40. Hinsichtlich der Anlagen und Betriebe, welche für den Dienst des K. Hofes, der Staatsbergwerke und Salinen, der Staatseisenbahnen und Dampfschiffe sowie der sonstigen Staatsanstalten bestimmt sind, richtet sich die Zuständigkeit nach den hiefür jeweils geltenden besonderen Vorschriften.

Im übrigen finden die technischen Vorschriften dieser Verordnung auch im Falle des Absatzes I Anwendung, vorbehaltlich derjenigen Ausnahmen, welche für einzelne Anlagen seitens der einschlägigen Staatsministerien bzw. Hofstäbe nach Benehmen mit dem K. Staatsministerium des Innern zugelassen werden.

---

13. Reichsgesetz betreffend Phosphorzündwaren vom 10. Mai 1903. (RGBl. S. 217.)

§ 1. Weißer oder gelber Phosphor darf zur Herstellung von Zündhölzern und anderen Zündwaren nicht verwendet werden.

Zündwaren, die unter Verwendung von weißem oder gelbem Phosphor hergestellt sind, dürfen nicht gewerbsmäßig feilgehalten, verkauft oder sonst in Verkehr gebracht werden.

Zündwaren der bezeichneten Art dürfen zum Zwecke gewerblicher Verwendung nicht in das Zollinland eingeführt werden.

Die vorstehenden Bestimmungen finden auf Zündbänder, die zur Entzündung von Grubensicherheitslampen dienen, keine Anwendung.

§ 2. Wer den Vorschriften dieses Gesetzes vorsätzlich zuwiderhandelt, wird mit Geldstrafe bis zu zweitausend Mark bestraft.

Ist die Handlung aus Fahrlässigkeit begangen worden, so tritt Geldstrafe bis zu einhundertfünfzig Mark ein.

Neben der Strafe ist auf Einziehung der verbotswidrig hergestellten, eingeführten oder in Verkehr gebrachten Gegenstände sowie bei verbotswidriger Herstellung auf die Einziehung der dazu dienenden Gerätschaften zu erkennen, ohne Unterschied, ob sie den Verurteilten gehören oder nicht. Ist die Verfolgung oder die Verurteilung einer bestimmten Person nicht ausführbar, so ist auf die Einziehung selbständig zu erkennen.

---

14. K. Verordnung vom 15. Oktober 1905, die Herstellung, Aufbewahrung und Verwendung von Azetylen, sowie die Lagerung von Karbid betreffend. (GVBl. S. 611.)*)

§ 1. Wer Azetylen herstellen oder verwenden will, hat dies, unbeschadet der Bestimmungen im § 21, spätestens bei der Inbetriebsetzung der Apparate der Distriktsverwaltungsbehörde anzuzeigen.

Je eine genaue Beschreibung und Schnittzeichnung der Apparate und je eine Anweisung über ihre Behandlung sind der Distriktsver-

---

*) Strafbestimmung: § 367 Ziff. 5, § 368 Ziff. 8 des RStGB.
Vollzugsbekanntmachung vom 16. Oktober 1905 (GVBl. S. 618). Über Luftgasbeleuchtungsanlagen vgl. MinEntschl. vom 30. September 1909 (MABl. S. 797).

waltungsbehörde vorzulegen und im Apparatenraum an einer in die Augen fallenden Stelle anzuschlagen.

Das gleiche gilt von einer wesentlichen Veränderung der Apparate und ihrer Behandlung.

§ 2. Die Herstellung und Aufbewahrung von Azetylengas darf nicht in oder unter Räumen erfolgen, die zum Aufenthalte von Menschen bestimmt sind; die Gasentwickler und Gasbehälter dürfen nur in Räumen aufgestellt werden, welche mit leichter Bedachung versehen und von Wohnräumen, von Scheunen oder von Ställen durch eine Brandmauer (öffnungslose massive Mauer) oder einen Abstand von wenigstens 5 Meter getrennt sind. Die Einziehung einer leichten, mit Hilfe schlechter Wärmeleiter hergestellten Zwischendecke ist gestattet.

Im Freien aufgestellte Apparate müssen wenigstens 5 Meter von zum Aufenthalte von Menschen bestimmten Baulichkeiten, von Scheunen und Ställen entfernt sein.

Feststehende Azetylengasentwicklungsapparate dürfen nicht im Freien aufgestellt werden, sofern sie nicht nur für den Sommerbetrieb dienen.

§ 3. Die Apparatenräume (§ 2 Abs. I) müssen nach außen aufschlagende Türen besitzen, welche entweder unmittelbar ins Freie oder in solche Räume führen, in denen sich kein offenes Feuer befindet und die nicht mit Licht betreten werden; sie müssen hell, geräumig, gut gelüftet und frostfrei sein.

Die Heizung darf nur durch Dampf oder Wasser oder durch andere Einrichtungen geschehen, bei denen auch im Falle der Beschädigung die Bildung von Funken oder das Glühendwerden sowie der Zutritt von Azetylen zu offenem Feuer oder hocherhitzten Gegenständen ausgeschlossen ist.

Von der Feuerstätte für die Heizung müssen die Apparatenräume durch Brandmauern getrennt sein.

§ 4. Die künstliche Beleuchtung der Apparatenräume darf nur von außen erfolgen. Sie ist vor einem dicht schließenden Fenster, das nicht geöffnet werden kann, wenn möglich in einer türfreien Wand anzubringen. Befindet sich in derselben Wand mit diesem Fenster eine Tür oder ein zu öffnendes Fenster, so ist elektrisches Glühlicht in doppelten, durch ein Drahtnetz geschützten Birnen mit Außenschaltung und guter Isolierung der Leitung anzuwenden. Wird zu Beleuchtung Azetylen verwendet, so muß daneben eine andere, den vorstehenden Bestimmungen entsprechende Beleuchtung betriebsbereit vorhanden sein.

§ 5. Die Apparatenräume dürfen für andere Zwecke nicht verwendet und von Unbefugten nicht betreten werden. Das Betreten dieser Räume mit Licht sowie das Rauchen in ihnen ist verboten. Diese Verbote sind an den Türen deutlich sichtbar zu machen.

§ 6. Die Entlüftung der Apparatenräume hat durch genügend weite, im höchsten Punkte dieser Räume aufzusetzende Rohre zu geschehen. Die Entlüftungsrohre der Räume sind bis über das Dach derart ins Freie zu führen, daß die abziehenden Gase und Dünste weder in geschlossene Räume noch in Kamine gelangen können.

§ 7. Die *Apparate* müssen in allen Teilen so hergestellt sein, daß sie gegen Formveränderung und Durchrosten widerstandsfähig sind und dauernd gasdicht bleiben.

§ 8. In den Apparaten und Gasleitungen dürfen keine aus Kupfer bestehenden Teile angebracht sein. Die Verwendung von Messing ist zulässig.

§ 9. Die Apparate müssen so eingerichtet sein, daß sie entweder eine vollständige Entlüftung gestatten, oder das Entweichen des Gasluftgemisches in ausreichendem Maße ermöglichen. Sie müssen ferner so eingerichtet sein, daß ein Überdruck von mehr als einer halben Atmosphäre und im Entwickler eine Erhitzung über 100 Grad Celsius ausgeschlossen bleibt, sofern nicht für fabrikmäßige Betriebe in der Genehmigung nach § 16 der Gewerbeordnung etwas anderes bestimmt ist. Ferner müssen Vorrichtungen zur Entfernung von Verunreinigungen (Phosphorwasserstoff, Ammoniak und dergl.) vorhanden sein.

Das Zurücktreten von Gas aus dem Gasbehälter in den Entwickler muß durch einen Wasserabschluß verhindert sein.

§ 10. Die *Leitungen* müssen bis zu einem Überdrucke von $^1/_{10}$ Atmosphäre vollkommen dicht und im übrigen unter Beobachtung derselben Vorsichtsmaßregeln wie die Steinkohlengasleitungen gelegt sein.

§ 11. Der Gasbehälter muß mit einem *Abzugsrohre* versehen sein, welches das Abströmen des sich nachentwickelnden Gases gestattet, sobald der Gasbehälter nicht mehr aufnahmefähig ist.

Dieses Abzugsrohr muß von mindestens gleicher Weite wie das Gaszuführungsrohr sein und ist bis über das Dach derart ins Freie zu führen, daß die abziehenden Gase und Dünste weder in geschlossene Räume noch in Kamine gelangen können.

§ 12. Die *Überwachung* und Bedienung der Apparate darf nur durch zuverlässige, mit der Einrichtung und dem Betriebe vertraute Personen erfolgen.

§ 13. Die bei der Herstellung von Azetylen verbleibenden *Karbidrückstände* müssen in gefahrloser Weise entfernt werden.

§ 14. Die *Aufbewahrung von Kalziumkarbid* und anderen durch Wasser zersetzbaren Karbiden darf nur in wasserdicht verschlossenen Gefäßen und in trockenen, hellen, gut gelüfteten Räumen, welche gegen den Zutritt von Wasser unter allen Umständen geschützt sind, erfolgen.

Eine etwaige Heizung darf nur durch Einrichtungen geschehen, bei denen auch im Falle der Beschädigung der Eintritt von Wasser in den Lagerraum und der Zutritt etwa entwickelten Azetylens zu offenem Feuer oder hoch erhitzten Gegenständen ausgeschlossen ist.

Geöffnete Karbidgefäße sind mit wasserdicht schließenden oder übergreifenden, wasserundurchlässigen Deckeln verdeckt zu halten.

Die Anwendung von Entlötungsapparaten zum Öffnen verlöteter Büchsen ist verboten.

Die Lagerung in Kellern ist untersagt.

Die Gefäße müssen die Aufschrift tragen: „Karbid, gefährlich, wenn nicht trocken gehalten."

§ 15. Im Apparatenraume selbst dürfen nicht mehr als 500 Kilogramm Karbid aufbewahrt werden.

§ 16. Die Vorschriften der §§ 4, 5 finden auch auf Karbidlager entsprechende Anwendung.

§ 17. Mengen von mehr als 1000 Kilogramm Karbid dürfen nur in Räumen gelagert werden, die von anderen Räumen durch massive, mindestens 30 Zentimeter überragende Brandmauern oder massive öffnungslose Gewölbe getrennt sind.

Die Brandmauer darf durch feuerfeste Türen durchbrochen und durch eine Wellblechwand ersetzt werden, wenn der Abstand bis zum nächsten Gebäude mindestens 5 Meter beträgt. Eine Brandmauer ist nicht erforderlich, wenn der Abstand mindestens 10 Meter beträgt.

Die Türen müssen nach außen aufschlagen. Die Mitlagerung leicht brennbarer oder explosiver Gegenstände ist verboten.

§ 18. Die Lagerung von Karbid im Freien ist in den im § 14 Abs. 1 vorgeschriebenen, wasserdicht verschlossenen Gefäßen in einer Entfernung von mindestens 10 Meter von Gebäuden gestattet. Die Lagerstätte ist auf allen Seiten in einem Abstande von mindestens 4 Meter mit einem Zaune oder Drahtgitter zu versehen. Der Raum zwischen Lager und Umwehrung ist von brennbaren Gegenständen frei zu halten.

Das Karbid ist auf einer Bühne zu lagern, von deren Unterkante bis zum Erdboden ein freier Zwischenraum von mindestens 20 Zentimeter vorhanden ist.

Das Karbid ist durch ein Schutzdach oder durch wasserdichte Planen zu schützen.

Der Lagerplatz muß an jedem Zugange mit einer leicht sichtbaren Warnungstafel versehen sein, welche die Aufschrift trägt: „Karbid, gefährlich, wenn nicht trocken gehalten".

§ 19. Denjenigen, welche beim Inkrafttreten dieser Verordnung Azetylenentwicklungsapparate bereits in Betrieb genommen haben, kann von der Distriktsverwaltungsbehörde zur Erfüllung der Vorschriften dieser Verordnung eine Frist von 12 Monaten vom Tage des Inkrafttretens dieser Verordnung ab bewilligt werden.

§ 20. Vorstehende Bestimmungen finden keine Anwendung:

1. auf staatliche wissenschaftliche Institute, soweit sie Azetylen zu Lehrzwecken herstellen oder verwenden, sowie auf Laboratorien der Staatseisenbahnverwaltung;

2. auf bewegliche Apparate bis zu 2 Kilogramm Karbidfüllung, jedoch unbeschadet der Bestimmungen im § 8 und § 9 Abs. I Satz 2;
3. auf die Lagerung von Karbid in Mengen von weniger als 10 Kilogramm;
4. auf die Lagerung von Karbid in Fabriken, in denen Karbid hergestellt wird.

§ 21. Die Bestimmungen dieser Verordnung finden auch auf die Anlagen zur fabrikmäßigen Herstellung von gasförmigem oder flüssigem Azetylen Anwendung, welche als chemische Fabriken einer Genehmigung nach § 16 der Gewerbeordnung bedürfen. Bei der Herstellung von flüssigem Azetylen sind außerdem die Bestimmungen des Gesetzes vom 9. Juni 1884 gegen den verbrecherischen und gemeingefährlichen Gebrauch von Sprengstoffen (Reichs-Gesetzbl. S. 61) zu beachten.

§ 22. Die Besitzer der in dieser Verordnung bezeichneten Anlagen und deren Stellvertreter in der Verwaltung oder Benützung sind verpflichtet, den Verfügungen der Polizeibehörden in bezug auf Abstellung ordnungswidriger oder sonst gefährlicher Zustände in diesen Anlagen innerhalb der hiefür festgesetzten Frist nachzukommen.

§ 23. Die Distriktsverwaltungsbehörde ist befugt, die in der Verordnung bezeichneten Anlagen nach Bedarf einer amtlichen Revision unter Zuziehung von Sachverständigen zu unterwerfen.

Alle zur Prüfung und Revision der Anlagen erforderlichen Werkzeuge und Instrumente, sowie das nötige Hilfspersonal hat der Besitzer der Anlage oder sein Stellvertreter unentgeltlich zur Verfügung zu stellen.

§ 24. Die Kosten der im Vollzuge der Verordnung getroffenen amtlichen Maßnahmen hat der Besitzer der Anlage zu tragen.

§ 25. Von Azetylenexplosionen hat der Besitzer der Anlage oder sein Stellvertreter unverzüglich der Distriktsverwaltungsbehörde Anzeige zu erstatten.

Diese Behörde hat sofort, falls nicht die Einleitung einer strafrechtlichen Untersuchung veranlaßt ist, unter Zuziehung von Sachverständigen den Tatbestand behufs Ermittelung der Explosionsursache festzustellen und die gebotenen polizeilichen Anordnungen zu treffen.

Vor Beginn und bis zur Beendigung der technischen Untersuchung dürfen an dem durch die Explosion verursachten Zustande der Apparate, sowie an den durch die Explosion berührten Bauten und Einrichtungen keinerlei Veränderungen vorgenommen werden, es sei denn, daß dieselben aus polizeilichen Rücksichten erforderlich sind.

Über die Tragung der erwachsenen Kosten ist nach Maßgabe der für polizeiliche Verhandlungen geltenden Grundsätze unbeschadet des Beschwerderechts Beschluß zu fassen.

§ 26. Der Vollzug vorstehender Bestimmungen steht den Distriktsverwaltungsbehörden in erster, den K. Kreisregierungen, Kammern des Innern, in zweiter und letzter Instanz zu.

In München besorgt der Stadtmagistrat die durch gegenwärtige Verordnung den Distriktsverwaltungsbehörden zugewiesenen Geschäfte.

Die K. Kreisregierungen, Kammern des Innern, sind ermächtigt, in einzelnen Fällen beim Vorliegen besonderer Verhältnisse Ausnahmen von einzelnen Bestimmungen gegenwärtiger Verordnung zuzulassen. Gegen den Bescheid der K. Kreisregierung kann Beschwerde zum K. Staatsministerium des Innern erhoben werden.

§ 27. Hinsichtlich der Anlagen und Betriebe, welche für den Dienst des K. Hofes, der Landesverteidigung, der staatlichen Werke, Eisenbahnen und Dampfschiffe, sowie der sonstigen Staatsanstalten bestimmt sind, richtet sich die Zuständigkeit nach den hiefür jeweils geltenden besonderen Vorschriften.

Die technischen Vorschriften dieser Verordnung finden übrigens auch im Falle des Absatzes I Anwendung, vorbehaltlich derjenigen Ausnahmen, welche für einzelne Anlagen seitens der einschlägigen Staatsministerien bzw. Hofstäbe nach Benehmen mit dem K. Staatsministerium des Innern zugelassen werden.

§ 28. Das K. Staatsministerium des Innern ist ermächtigt, Bestimmungen zum Vollzuge dieser Verordnung zu erlassen.

---

15. Entschließung des K. Staatsministeriums des Innern vom 7. Oktober 1903, die Feuer- und Betriebssicherheit in Waren- und Geschäftshäusern betr. (MABl. S. 425.)*)

Allgemeine Anweisung.

A. Warenhäuser.

Bestimmungen für den Betrieb.

Für Neuanlagen und bestehende Anlagen:

1. Die Einrichtung einer Zentralheizung ist bei Neuanlagen unbedingt zu fordern.

Heizkörper und Heizröhren der Zentralheizung sind gegen die Berührung durch besonders leicht entzündliche Gegenstände zu schützen.

Eiserne Öfen müssen mit starken, unverrückbar befestigten Ofenschirmen versehen sein.

Die Rauchrohrleitungen von den Öfen zu den Kaminen müssen möglichst kurz geführt sein; gegebenen Falles sind dieselben geeignet zu umhüllen.

---

*) Strafbestimmung: § 368 Ziff. 8 des RStGB., § 147 Abs. I Ziff. 4 der RGewO.

Die Heizöffnungen der Öfen sind gegen das Herausfallen von Brennstoffen möglichst zu versichern; die Aufbewahrung von Heizmaterial in der Nähe der Öfen darf nur in geschlossenen feuersicheren Gefäßen erfolgen.

Petroleum- und Spiritus-Kocher und -Öfen sind verboten.

Gasöfen, Gaskocher und dergleichen sind tunlichst zu vermeiden; eventuell ist bei ihrer Aufstellung, die nur mit distriktspolizeilicher Genehmigung erfolgen darf, mit besonderer Vorsicht zu verfahren.

2. Petroleumbeleuchtung, Spiritusbeleuchtung und ähnliche Beleuchtungsarten dürfen nicht zugelassen werden; die Benützung von schweren Mineralölen zur Beleuchtung der Geschäftsräume mit Ausnahme der Verkaufs- und Ausstellungsräume ist zulässig, falls eine zentrale Gas- oder elektrische Beleuchtungsanlage nicht vorhanden ist. Stehlampen dürfen in den Geschäftsräumen nicht benützt werden; Hängelampen mit Schutzblechen gegen die Decke sind sicher zu befestigen und von brennbaren Gegenständen geeignet entfernt zu halten.

3. Gasbeleuchtung darf nur dann neu eingerichtet werden, wenn eine zentrale elektrische Beleuchtungsanlage nicht vorhanden ist.

Die Gasmesser sind nicht unter Treppen aufzustellen; die Herstellung besonderer, feuersicher umschlossener und mit Tageslicht hinreichend beleuchteter Räume für die Unterbringung der Gasmesser kann gefordert werden. Die Gasleitung muß auch außerhalb des Gebäudes abstellbar sein.

Ausgeschlossen ist sowohl die Verwendung beweglicher Gasarme als auch von Stehlampen.

Die Beleuchtungskörper sind tunlichst über den Verkehrswegen anzuordnen und müssen gegen die Berührung mit brennbaren Gegenständen entsprechend geschützt werden.

4. Elektrische Beleuchtungsanlagen müssen den vom Verbande Deutscher Elektrotechniker aufgestellten Sicherheitsvorschriften entsprechen und in angemessenen Fristen spezieller fachmännischer Prüfung unterstellt werden.

Alle elektrischen Leitungen, welche äußerlichen Beschädigungen ausgesetzt sind, müssen hiergegen in völlig ausreichender Weise geschützt werden.

Elektrische Beleuchtungskörper sind tunlichst über den Verkehrswegen anzuordnen. Sie dürfen sich nicht in der unmittelbaren Nähe leicht brennbarer Stoffe befinden oder von solchen Stoffen umhüllt werden.

Glühlampen, die sich in der Nähe brennbarer Stoffe befinden oder von brennbaren Stoffen berührt werden können, sind durch eine zweite Glocke oder in ähnlich sicherer Weise (Gitter usw.) zu schützen.

Bogenlampen müssen Vorrichtungen erhalten, die das Herabfallen glühender Kohlenteilchen sicher verhüten.

5. Die Beleuchtung der Auslagen und Schaufenster darf nur von außen oder in der Art erfolgen, daß sich zwischen dem Schaufenster und den Beleuchtungskörpern nebst Leitungen starke, genau abschließende Glasscheiben befinden.

Glühlampen mit besonderen Schutzglocken (Gittern) und in Röhren sicher verlegten elektrischen Leitungen innerhalb der Schaufenster sind nur dann zulässig, wenn die letzteren feuersicher gegen den Innenraum abgeschlossen sind.

6. Notbeleuchtung ist an allen zum Ausgange dienenden Türen und Ausgängen einzurichten und bei eintretender Dunkelheit in Betrieb zu setzen. Zur Notbeleuchtung sind Kerzen in Laternen, Rüböllampen oder solche elektrische Lampen, welche durch eine besondere Betriebsquelle gespeist werden, zu verwenden. Auf die Notbeleuchtung finden die vorstehenden Sicherheitsvorschriften sinngemäße Anwendung.

7. In allen Verkaufs-, Ausstellungs-, Lager- und Packräumen müssen Gänge von entsprechender Breite bestehen, welche in möglichst gerader Richtung zu den Ausgängen führen und frei von allen Hindernissen gehalten werden müssen. Die Breite und Lage derselben ist in den der baupolizeilichen Genehmigung zugrunde liegenden Plänen einzuzeichnen; für die Bemessung derselben ist die Höchstzahl der zu erwartenden Besucher nebst der Zahl der Angestellten maßgebend.

Treppen, Treppenpodeste, Vestibüle und Korridore sind gleichfalls dauernd von allen Verkehrshindernissen durch Waren und dergleichen freizuhalten. Ausschmückungen an und auf Treppen sollen tunlichst vermieden werden; wo solche nötig sind, sollen sie aus feuersicherem Materiale hergestellt werden.

Die Haupt- und Notausgänge sind als solche mit großer Schrift kenntlich zu machen; die nächsten Wege zu ihnen sind, soweit erforderlich, durch Richtungspfeile an den Wänden zu bezeichnen.

An den zu den Ausgängen führenden Verkehrswegen des Erdgeschosses dürfen besonders leicht entzündliche Gegenstände nicht ausgelegt werden.

Ferner dürfen in der Nähe der Ausgänge behufs Erhaltung der vorgeschriebenen Breite Verkaufstische oder sonstige Gegenstände nicht aufgestellt werden.

Vorhänge dürfen an den zu den Treppen und Ausgängen führenden Türen nicht angebracht werden; zur Verhinderung des Zuges sind Windfänge zulässig. Durch die geöffneten Türflügel darf der Verkehr in den Korridoren, Treppenhäusern usw. nicht behindert werden, namentlich dürfen die Treppenhäuser nicht über die freie Treppenlaufbreite hinaus beschränkt werden.

8. Hinter den durchbrochenen Brüstungen der Galerien muß ein 1 bis 2 Meter breiter Raum von allen Gegenständen freigehalten werden. Leicht brennbare Gegenstände dürfen an Brüstungen, sowie an Säulen und Treppengeländern nicht derart aufgehängt werden, daß dadurch eine Übertragung des Feuers ermöglicht wird.

9. Die Lagerung brennbarer Gegenstände soll nicht höher als 1,5 Meter unter den Decken erfolgen; bei höherer Lagerung sind behufs Einschränkung eines Feuers an geeigneten Stellen etwa 1 Meter hohe Schutzstreifen aus unverbrennbarem Material unter den Decken anzubringen.

10. Beleuchtungsgegenstände, Kocheinrichtungen und dergleichen dürfen nur in besonderen hiezu geeigneten Räumen brennend vorgezeigt werden.

11. Rauchen ist in den Verkaufs-, Ausstellungs-, Lager- und Packräumen verboten. Dies ist durch Anschläge in ausreichender Zahl und Größe mit deutlicher Aufschrift kenntlich zu machen.

12. Leicht verbrennliche Abfälle dürfen in den Geschäftsräumen nicht angehäuft werden und hat ihre Beseitigung jeden Tag noch vor Schluß des Geschäftes zu erfolgen.

Die Lagerung von Feuerwerkskörpern und zur Selbstentzündung neigender Stoffe ist in solchen Räumen verboten.

13. Die Feuerlöscheinrichtungen und die besonderen für einen Brandfall dienenden Angriffs- und Rettungswege sind nach näherer Anordnung auszuführen und dauernd betriebsfähig zu erhalten; auf Verlangen ist eine Feuermelde-Vorrichtung herzustellen. Wird die Herstellung einer solchen nicht verlangt, so sind Hinweise betreffs des nächstgelegenen Feuermelders an geeigneten Stellen anzubringen.

14. Bei größeren Anlagen sind auf Verlangen geeignete Alarm-, Regen- und Brausevorrichtungen herzustellen, sowie eine gutgeschulte Feuerwache einzurichten, deren Mannschaftszahl sich nach der Größe des Betriebes richtet, die mindestens aber aus zwei Mann bestehen muß. Die Angestellten müssen über das, was sie beim Ertönen der Alarmvorrichtung im Interesse der Sicherheit zu tun haben, durch eine Instruktion genau unterrichtet gehalten werden. Diese Instruktion ist dem Feuerwehrkommando auf Verlangen zur Prüfung mitzuteilen.

15. Es ist Vorsorge zu treffen, daß eine Überfüllung der Verkaufs- und Ausstellungsräume nicht stattfindet. Zu diesem Behufe sind veranlaßtenfalls eigene Kommissäre zur Überwachung abzuordnen.

B. Große Geschäftshäuser.

(Große Betriebe, welche bei ausgedehnten Geschäftsräumen, einem zahlreichen Personal und einem lebhaften bedeutenden Verkehr des Publikums nur einzelne bestimmte Artikel führen [Modewaren-, Weißzeug-, Schuhwaren-, Bekleidungsgeschäfte und dergleichen].)

Bestimmungen für den Betrieb.

1. Bei Neuanlagen gelten die Vorschriften für Warenhäuser unter A Ziff. 1 mit 14.

2. Bei bestehenden Betrieben sind zu beachten die Vorschriften für Warenhäuser unter A Ziff. 1 Abs. 2 mit 5, Ziff. 2, 3 Abs. 2 mit 4, Ziff. 4, 6 mit 14.

An Stelle von Ziff. 5 tritt nachfolgende Bestimmung:

„Die Beleuchtung der Auslagen und Schaufenster soll im allgemeinen nur von außen erfolgen. Beleuchtungskörper innerhalb der Auslagen sind nur dann zulässig, wenn die letzteren feuersicher gegen den Innenraum abgeschlossen sind, oder wenn die Beleuchtungskörper gegen jede Möglichkeit einer Berührung mit den ausgelegten Gegenständen vollständig gesichert sind.“

3. Auf Lagerhäuser und dergleichen, in welchen größere Mengen leicht entzündlicher Stoffe gelagert sind und in denen ein zahlreiches Personal beschäftigt ist, haben die vorstehenden Bestimmungen unter B sinngemäße Anwendung zu finden.

---

16. K. Verordnung vom 26. März 1903, die Kaminkehrer betr. (GVBl. S. 115.)*)

§ 1. Die Reinigung der Kamine und der Feuerzüge der Malzdarren, dann das Abziehen und Ausbrennen der Kamine, sowie das Ausbrennen der Rauchrohre darf nur durch die nach Maßgabe der seitherigen Vorschriften oder dieser Verordnung aufgestellten Kaminkehrer und Kaminkehrergeschäftsführer, sowie deren Gehilfen erfolgen.

Die Besitzer von Feuerstätten sind verpflichtet, diese Arbeiten ungehindert vornehmen zu lassen.

§ 2. Der Kaminkehrer ist auf den ihm zugewiesenen Bezirk beschränkt. Nur in Notfällen oder auf besondere Anordnung der Distriktsverwaltungsbehörde kann er in einem anderen Bezirke tätig sein.

An den festgesetzten Kehrterminen hat er alle Kamine und die Feuerzüge der Malzdarren gründlich zu reinigen und den Ruß in feuersicheren, von dem Feuerstättenbesitzer bereit zu haltenden Gefäßen zu sammeln, sofern nicht letzterer für sofortige Entfernung des Rußes aus dem Gebäude sorgt.

Der Kaminkehrer hat zu untersuchen, ob die Rohre, welche den Rauch aus den Heizungen in die Kamine leiten und die Feuerzüge der Heizungen entsprechend gereinigt sind; auf Verlangen der Feuerstättenbesitzer hat er die Reinigung selbst vorzunehmen.

Der Kaminkehrer hat bei Ausübung seines Geschäftes darauf zu achten, daß die Feuerstätten sich in gutem baulichen Zustande befinden; auf Mängel ist der Besitzer aufmerksam zu machen; feuergefährliche Zustände sind der Ortspolizeibehörde, in bedeutenderen Fällen auch der Distriktsverwaltungsbehörde alsbald anzuzeigen.

Der Kaminkehrer darf die Reinigungsarbeiten durch Gehilfen, welche verlässig, gut beleumundet und im Geschäfte erfahren sind, selbständig vornehmen lassen.

Lehrlinge dürfen niemals ohne Aufsicht und Anleitung des

*) Strafbestimmung: § 368 Ziff. 8 des RStGB.
Vollzugsentschließung vom 28. März 1903 (MABl. S. 119).

Kaminkehrers oder eines nach § 129 der Reichsgewerbeordnung hiezu befähigten Gehilfen beschäftigt, auch darf ihnen die Reinigung der nämlichen Kamine an zwei aufeinanderfolgenden Terminen nicht übertragen werden.

Der Kaminkehrer ist verpflichtet, die Arbeit seiner Gehilfen und den feuersicheren Zustand der Feuerstätten stets zu überwachen und deshalb wenigstens einmal des Jahres persönlich an der Reinigung aller Kamine und Malzdarrenfeuerzüge teilzunehmen.

Jeder neue Kamin muß vor der Benützung abgezogen werden. Diese Verrichtung, sowie das Ausbrennen der Kamine und Rauchrohre hat der Kaminkehrer persönlich zu leiten. Das Ausbrennen darf nur bei Tageshelle und ruhiger Witterung und unter Beobachtung der hierüber bestehenden besonderen Vorschriften erfolgen. Vorher hat der Kaminkehrer der Ortspolizeibehörde Anzeige zu erstatten.

Der Kaminkehrer hat die nötigen Arbeitsgeräte selbst zu stellen und darf hierfür neben dem Kehrlohne eine besondere Vergütung nur dann beanspruchen, wenn die Bauweise eines Kamines die Beschaffung besonderer Werkzeuge oder Vorrichtungen erfordert.

Der Kaminkehrer hat ein Kehrbuch zu führen und darin für jeden Kamin und jede Malzdarre die Kehrtermine, sowie nach jeder Reinigung den Tag und den Namen desjenigen, der die Reinigung vorgenommen hat, vorzumerken.

Dem Kaminkehrer ist untersagt, neben dem Kaminkehrgeschäfte ein anderes Gewerbe zu betreiben. Kaminkehrern, welche seither ein Nebengewerbe betrieben haben, ist zu dessen Aufgabe eine angemessene Frist zu gewähren.

Der Kaminkehrer darf den ihm angewiesenen Wohnsitz nicht eigenmächtig verändern und, soweit es nicht das Kehrgeschäft erfordert, auch nicht ohne Genehmigung der Distriktsverwaltungsbehörde für mehr als 3 Tage verlassen. Von Krankheits- und sonstigen Verhinderungsfällen hat er der Distriktsverwaltungsbehörde Anzeige zu erstatten.

Den Distriktsverwaltungsbehörden bleibt vorbehalten, die Tätigkeit der Kaminkehrer durch Dienstvorschriften zu regeln.

G. Straßen- und Wasserpolizei.

1. Bekanntmachung des K. Staatsministeriums des Innern vom 4. Januar 1872, die Sicherheit und Bequemlichkeit auf öffentlichen Wegen, Straßen und Plätzen betr. (RegBl. S. 73.)*)

§ 1. Es ist verboten, auf Brücken, die ganz oder teilweise aus Holz oder Eisen hergestellt sind, anders als im Schritte zu reiten oder zu fahren.

*) Strafbestimmung: § 366 Ziff. 10 des RStGB. Vgl. auch Gesetz vom 25. Juli 1850 (1. Juli 1856), die Einrichtung des die Kunststraßen im Königreiche Bayern befahrenden Fuhrwerkes betr., GesBl. 1850 S. 322, 1856 S. 137.

§ 2. Das Fahren mit mehreren aneinander gehängten Wägen auf öffentlichen Straßen oder Wegen ist nur mit Bewilligung der Distriktspolizeibehörde, in München der K. Polizeidirektion, gestattet.

Das Aneinanderhängen zweier Wägen bei landwirtschaftlichen Fuhrwerken bedarf jedoch keiner Erlaubnis.

§ 3. Mit Ausnahme von Notfällen und insoweit durch oberpolizeiliche Vorschriften der K. Kreisregierungen, Kammern des Innern, für bestimmte Gegenden eine Ausnahme nicht zugelassen ist, dürfen auf öffentlichen Straßen oder Wegen nicht mehr als zwei Schlitten an dem Haupt- oder Vorschlitten angebracht werden; jeder angebrachte Schlitten muß aber so befestigt werden, daß derselbe das Geleise des vorhergehenden Schlittens einhalten muß.

§ 4. Bei dem Bergabfahren an jenen Stellen, wo solches durch obrigkeitlichen Anschlag geboten ist, sind die Fuhrwerke durch Einlegung des Radschuhes, durch Anwendung von Radsperrschleifen oder Bremsvorrichtungen und bei Glatteis durch Anbringung von Eisketten zu hemmen.

§ 5. Personen, welche die Leitung eines Fuhrwerkes übernommen haben, dürfen sich weder durch Schlafen noch durch sonstiges Verschulden in eine Lage bringen, daß sie ihr Gespann nicht mehr zu leiten imstande sind.

§ 6. Wege, Brücken und Stege, welche dem öffentlichen Verkehr gewidmet sind, sowie die zur Verhütung von Unglücksfällen erforderlichen Geländer und sonstigen Sicherheitsmittel an solchen Wegen, Brücken und Stegen müssen von den hiezu Verpflichteten in sicherem Zustande erhalten werden. Desgleichen sind bei eingetretenen Beschädigungen solcher Brücken, Wege und Stege, oder bei Hemmungen des Verkehrs auf denselben die von der Polizeibehörde angeordneten oder sonst nötigen Warnungs- und Leitungszeichen von den hiezu Verpflichteten auszustecken.

§ 7. Die Benützung von Straßen oder Wegstrecken, welche von der zuständigen Behörde durch aufgeworfene Gräben, aufgestellte Tafeln oder sonstige Zeichen als gesperrt oder verboten erklärt sind, ist untersagt.

Die Befugnis, Straßen oder Wegstrecken als gesperrt oder verboten zu erklären, steht zu:

a) bei Staatsstraßen der Distriktspolizeibehörde, beziehungsweise der einschlägigen Baubehörde;

b) bei Distriktsstraßen der Distriktspolizeibehörde;

c) in allen übrigen Fällen der Ortspolizeibehörde, in München der Polizeidirektion, und in den Fällen des § 18 Abs. 2 der Allerh. Verordnung vom 2. Okt. 1869 „die Ausscheidung der Zuständigkeit der Polizeidirektion, des Magistrates und der Lokalbaukommission München bezüglich der Polizei- und Distriktsverwaltung betr." dem Magistrate.

§ 8. Es ist verboten, auf den abgegrenzten Fußbänken öffentlicher Straßen, oder auf den Trottoirs der Straßen in Städten, Märkten oder Dörfern zu reiten, zu fahren oder größere Lasten fortzubewegen.

---

2. Bekanntmachung des K. Staatsministeriums des Innern, dann des Handels und der öffentlichen Arbeiten, vom 23. Juni 1862, das Ausweichen der Reiter, Fuhrwerke und Viehherden auf öffentlichen Straßen, Wegen und Plätzen betr. (RegBl. S. 1465.)*)

§ 1. Fuhrwerke und Reiter dürfen den zu Wagen oder Pferde befindlichen Mitgliedern des K. Hauses nicht vorfahren oder vorreiten.

Begegnen Fuhrwerke oder Reiter Seiner Majestät dem Könige, oder Ihrer Majestät der Königin, wenn Allerhöchstdieselben sich zu Wagen oder Pferde befinden, so haben sie rasch auf die Seite zu fahren oder zu reiten und solange zu halten, bis Ihre Majestäten vorüber sind.

Fuhrwerke und Reiter, welche andern, zu Wagen oder zu Pferde befindlichen Mitgliedern des K. Hauses begegnen, haben nach der entgegengesetzten Seite ganz auszuweichen.

§ 2. Alle sich entgegenkommenden Postfuhrwerke haben wechselseitig zur rechten Hand auszuweichen.

§ 3. Den Extraposten und Postfuhrwerken jeder Art haben alle Nichtpostfuhrwerke nach der entgegengesetzten Richtung, welche der Postillon befährt, auf das von dem letzteren gegebene Zeichen ganz auszuweichen. Große Lastwagen haben hiebei nach Beschaffenheit des Wagens zeitig auf die Seite zu lenken. Dieselben können zwar, wenn es ohne Sperrung des bequemen Vorüberkommens geschehen kann, gegen zweispännige leichte Postfuhren die Mitte der Straße behaupten, müssen aber in diesem Falle stillhalten, um das Postfuhrwerk ohne Aufenthalt und Unfall vorüberpassieren zu lassen.

Als Zeichen zum Ausweichen stößt der Postillon ins Horn und erneuert den Postruf, wenn es nötig ist, in kurzen Pausen.

Wer das Ausweichen auf wiederholten Postruf unterläßt, ist straffällig.

§ 4. Der Extrapost darf nicht vorgefahren werden, es sei denn, daß ein besonderer Umstand deren Weiterkommen hindern oder deren ununterbrochenen postordnungsmäßigen Lauf aufhalten sollte.

§ 5. Abgesehen von den in §§ 1—4 behandelten Fällen gelten nachstehende Vorschriften:

---

*) Strafbestimmung: § 366 Ziff. 10 des RStGB.

I. wenn die Breite und Beschaffenheit des Weges das Ausweichen gestattet:

1. Reiter und Viehherden haben jedem ihnen begegnenden Fuhrwerke auszuweichen.

   Das Fuhrwerk hat jedoch bei engen Wegen den ihm begegnenden Reitern und Herden den zum Passieren notwendigen Platz zu lassen und muß beim Vorbeitreiben einer Herde erforderlichen Falles solange anhalten, bis die Herde vorbeigetrieben ist.
2. Kommen zwei Fuhrwerke, sowie Viehherden oder Reiter einander entgegen, so haben sich die Begegnenden zeitig zur Hälfte rechts auszuweichen, d. h. rechts auf die Seite soweit einzulenken, daß die Hälfte des Weges freibleibt.
3. Langsam fahrende Fuhrwerke, sowie Viehherden haben die nachkommenden schneller fahrenden Fuhrwerke und die nachkommenden Reiter auf das gegebene herkömmliche Zeichen links vorbeizulassen und daher auf die rechte Seite so auszuweichen, daß das andere Fuhrwerk oder der Reiter auf der andern Seite vorbeikommen kann.

II. Wenn die Breite und Beschaffenheit des Weges das Ausweichen nicht gestattet:

1. Derjenige Leiter eines Fuhrwerks, welcher das ihm entgegenkommende Fuhrwerk zuerst bemerken kann, hat an einem passenden Orte oder da, wo eigene Ausweichestellen bestehen, an einer solchen Stelle mit seinem Fuhrwerke solange zu halten, bis das andere Fuhrwerk vorübergefahren ist.

   Fuhrleute haben sich auf solchen Wegen durch Rufen oder durch Klatschen mit der Peitsche, die Postillons mit dem Horne Zeichen zu geben.
2. Die Bestimmung unter Ziff. 1 findet auch bei Hohlwegen Anwendung. Kommen aber zwei Fuhrwerke in einem Hohlwege da zusammen, wo ein Ausweichen nicht möglich ist, so muß dasjenige zurückfahren, für welches dieses nach Richtung, Entfernung und Ladung mit den wenigsten Schwierigkeiten verbunden ist.
3. Treffen Viehherden oder Reiter auf Wegen, wo sie nicht ausweichen können, mit Fuhrwerken zusammen, so müssen sie umkehren.

---

3. Oberpolizeiliche Vorschrift des K. Staatsministeriums des Innern, betr. die Sicherheit auf öffentlichen Wegen, Straßen und Plätzen, vom 28. August 1909. (GVBl. S. 668.)*)

Es ist verboten, Stacheldraht derart anzubringen, daß dadurch Personen, die auf öffentlichen Wegen, Straßen oder Plätzen verkehren, gefährdet werden.

*) Strafbestimmung: § 366 Ziff. 10 RStGB.

Verlangt die Polizeibehörde die Entfernung oder Abänderung einer Vorrichtung aus Stacheldraht mit der Begründung, daß dadurch Personen, die auf öffentlichen Wegen, Straßen oder Plätzen verkehren, gefährdet werden, so ist diesem Verlangen innerhalb der von der Behörde bestimmten Frist zu entsprechen.

Weitergehende oberpolizeiliche Vorschriften der Regierungen, Kammern des Innern, distrikts- oder ortspolizeiliche Vorschriften werden vorbehalten.

---

4. Oberpolizeiliche Vorschrift des K. Staatsministeriums des Innern, die Sicherheit und Bequemlichkeit auf öffentlichen Wegen, Straßen und Plätzen betr., vom 22. Februar 1910. (GVBl. S. 101.)*)

Wer Lasten auf öffentlichen Wegen, Straßen oder Plätzen mittels eines geteilten Wagens oder zweier Schlitten befördert oder befördern läßt, hat Vorkehrungen zu treffen, daß die Räder oder die Schlittenkufen bei richtiger Leitung des Fuhrwerks auf der Fahrbahn bleiben und daß durch die überstehenden Teile der Ladung Personen oder Gegenstände (Gebäude, Geländer, Bäume usw.) nicht gefährdet werden.

Ist das hintere Wagengestelle oder der hintere Schlitten nicht in der Fahrtrichtung festgestellt, sondern um eine lotrechte Achse drehbar, so muß dem Fuhrmann ein kräftiger Mann beigegeben werden, der das Fuhrwerk von der Rückseite zu leiten hat. Die Befestigung des Lenkbaumes (Starz, Schwicke) an der Ladung mittels Umschlagketten gilt als Feststellung im Sinne dieser Vorschrift.

---

5. Oberpolizeiliche Vorschrift des K. Staatsministeriums des Innern über den Radfahrverkehr vom $\frac{\text{29. Sept. 1907.}}{\text{6. April 1908.}}$ (GVBl. $\frac{\text{1907 S. 731**)}}{\text{1908 S. 261)}}$.

A. Allgemeine Vorschriften.

§ 1. Für den Radfahrverkehr gelten sinngemäß die den Verkehr von Fuhrwerken auf öffentlichen Wegen und Plätzen regelnden polizeilichen Vorschriften, soweit nicht in nachfolgendem andere Bestimmungen getroffen sind.

Auf Fahrräder, welche im öffentlichen Transportgewerbe verwendet werden, sowie auf die Fahrer dieser Räder finden neben den nachstehenden Vorschriften die allgemeinen Bestimmungen über den Betrieb der dem öffentlichen Transportgewerbe dienenden Beförderungsmittel Anwendung.

Auf Fahrräder, die nicht ausschließlich durch menschliche Kraft betrieben werden, finden die nachstehenden Vorschriften insoweit An-

---

*) Strafbestimmung: § 366 Ziff. 10 RStGB.

**) Strafbestimmung: § 366 Ziff. 10 RStGB.

wendung, als nicht in den Vorschriften, betreffend den Verkehr mit Kraftfahrzeugen, ein anderes bestimmt ist.

B. Das Fahrrad.

§ 2. Jedes Fahrrad muß versehen sein:
1. mit einer sicher wirkenden Hemmvorrichtung;
2. mit einer helltönenden Glocke zum Abgeben von Warnungszeichen;
3. während der Dunkelheit und bei starkem Nebel mit einer hellbrennenden Laterne mit farblosen Gläsern, welche den Lichtschein nach vorn auf die Fahrbahn wirft.

C. Der Radfahrer.

a) Ausweis über die Person des Radfahrers.

§ 3. Der Radfahrer hat eine auf seinen Namen lautende Radfahrkarte bei sich zu führen und auf Verlangen dem zuständigen Beamten vorzuzeigen.

Die Karte wird von der zuständigen Behörde des gewöhnlichen Aufenthaltsorts des Radfahrers unter Verwendung von auf Leinwand aufgezogenem Papier ausgestellt.

Für Personen unter 14 Jahren erfolgt die Ausstellung auf Antrag des Vaters, Vormundes oder sonstigen Gewalthabers.

Die Radfahrkarte gilt für den Umfang des Deutschen Reichs.

Radfahrer, welche ihren gewöhnlichen Aufenthalt außerhalb des Deutschen Reichs haben, haben einen anderweiten genügenden Ausweis über ihre Person bei sich zu führen und auf Verlangen dem zuständigen Beamten vorzuzeigen.

Anmerkung: Die nach den bisherigen Vorschriften ausgestellten Radfahrkarten sind seit 1. Januar 1910 ungültig (§ 17).

b) Besondere Pflichten des Radfahrers.

§ 4. Jeder Radfahrer ist zur gehörigen Vorsicht bei der Leitung seines Fahrrads verpflichtet.

Auf den Haltruf oder das Haltzeichen eines als solcher kenntlichen Polizeibeamten hat jeder Radfahrer sofort anzuhalten. Zur Kenntlichmachung eines Polizeibeamten ist auch das Tragen einer Dienstmütze ausreichend.

Anmerkung: Zuständige Beamte bzw. Polizeibeamte im Sinne der §§ 3 und 4 sind sämtliche Organe der Sicherheits- und Straßenpolizei (§ 18).

§ 5. Die Fahrgeschwindigkeit ist jederzeit so einzurichten, daß Unfälle und Verkehrsstörungen vermieden werden.

Innerhalb geschlossener Ortsteile darf nur mit mäßiger Geschwindigkeit gefahren werden.

Auf unübersichtlichen Wegen, insbesondere nach Eintritt der Dunkelheit oder bei starkem Nebel, beim Einbiegen aus einer Straße in die andere, bei Straßenkreuzungen, bei scharfen Straßenkrümmungen, bei der Ausfahrt aus Grundstücken, die an öffentlichen Wegen liegen, und bei der Einfahrt in solche Grundstücke, ferner beim Passieren enger Brücken und Tore sowie schmaler oder abschüssiger Wege, sowie da, wo die Wirksamkeit der Hemmvorrichtung durch die Schlüpfrigkeit des Weges in Frage gestellt ist, endlich überall da, wo ein lebhafter Verkehr stattfindet, muß langsam und so vorsichtig gefahren werden, daß das Fahrrad nötigenfalls auf der Stelle zum Halten gebracht werden kann. In allen diesen Fällen sowie bei jedem Bergabfahren ist es verboten, beide Hände gleichzeitig von der Lenkstange oder die Füße von den Pedalen zu nehmen.

§ 6. Der Radfahrer hat entgegenkommende, zu überholende, in der Fahrtrichtung stehende oder die Fahrtrichtung kreuzende Menschen, insbesondere die Führer von Fuhrwerken, Reiter, Viehtreiber usw. durch deutlich hörbares *Glockenzeichen* rechtzeitig auf das Nahen des Fahrrads aufmerksam zu machen.

Auch an unübersichtlichen Stellen (§ 5 Abs. 3) ist das Glockenzeichen zu geben.

Das Abgeben des Glockenzeichens ist sofort einzustellen, wenn Tiere dadurch unruhig oder scheu werden.

Zwecklose oder belästigendes Klingeln ist zu unterlassen. Der Gebrauch von Signalpfeifen, Huppen und beständig tönenden Glocken (Schlittenglocken und dergl.) sowie von sogenannten Radlaufglocken, sofern sie dergestalt in Verbindung mit der Hemmvorrichtung stehen, daß sie ertönen, wenn und solange diese in Anwendung gebracht wird, ist untersagt.

Merkt der Radfahrer, daß ein Tier vor dem Fahrrade scheut, oder daß sonst durch das Vorbeifahren mit dem Fahrrade Menschen oder Tiere in Gefahr gebracht werden, so hat er langsam zu fahren und erforderlichenfalls sofort abzusteigen.

§ 7. Das *Einbiegen* in eine andere Straße hat nach rechts in kurzer Wendung, nach links in weitem Bogen zu geschehen.

§ 8. Der Radfahrer hat bei der Fahrt die *rechte Seite* der Fahrbahn einzuhalten und entgegenkommenden Fuhrwerken, Kraftfahrzeugen, Reitern, Radfahrern, Fußgängern, Viehtransporten oder dergleichen rechtzeitig und genügend nach rechts auszuweichen oder, falls dies die Umstände oder die Örtlichkeit nicht gestatten, solange abzusteigen, bis die Bahn frei ist.

Auf Fahrwegen haben entgegenkommende Fuhrwerke, Kraftfahrzeuge usw. dem Radfahrer soviel Platz frei zu lassen, daß er auf der Fahrstraße ohne Gefahr rechts ausweichen kann.

§ 9. Das *Vorbeifahren* an eingeholten Fuhrwerken, Kraftfahrzeugen, Reitern, Radfahrern, Fußgängern, Viehtransporten oder dergl. hat auf der linken Seite zu erfolgen.

Auf Fahrwegen haben die zu überholenden Fuhrwerke, Kraftfahrzeuge usw. auf das gegebene Glockenzeichen soviel Platz frei zu lassen, daß der Radfahrer auf der Fahrstraße ohne Gefahr vorbeifahren kann.

An unübersichtlichen Stellen (§ 5 Abs. 3) sowie überall, wo die Fahrbahn durch Fuhrwerke, Kraftfahrzeuge usw. verengt ist, ist das Überholen verboten.

§ 10. Bei Benutzung der Bankette und Fußwege (§ 12 Abs. 1 und 2) darf der Verkehr der Fußgänger nicht gestört werden. Das Bankett hat der Radfahrer bei Annäherung an Fußgänger rechtzeitig zu verlassen; sofern dies aber nicht möglich ist, hat er abzusteigen.

§ 11. Das Umkreisen von Fuhrwerken, Menschen und Tieren und ähnliche Bewegungen, welche geeignet sind, Menschen oder Eigentum zu gefährden, den Verkehr zu stören oder Tiere scheu zu machen, sind verboten.

D. Die Benutzung öffentlicher Wege und Plätze.

§ 12. Das Radfahren ist, außer auf den für den Radfahrverkehr eingerichteten besonderen Wegen (Radfahrwegen), nur auf den für Fuhrwerke bestimmten Wegen und Plätzen gestattet. Außerhalb der geschlossenen Ortschaften darf das Fahren mit Zweirädern auch auf den neben den Fahrwegen hinführenden, nicht erhöhten Banketten stattfinden.

Die Wegepolizeibehörden sind befugt, den Radfahrverkehr auf Fußwegen und auf Plätzen, die für Fuhrwerke nicht bestimmt sind, zuzulassen.

Reiten, Fahren, Schieben von Handwagen und Handkarren oder Viehtreiben auf den Radfahrwegen (Abs. 1 Satz 1) ist nicht gestattet.

§ 13. Durch allgemeine ortspolizeiliche Vorschriften oder durch besondere, für einzelne Fälle getroffene polizeiliche Anordnungen kann auf bestimmten Wegen, Plätzen und Brücken oder Teilen derselben sowie auf Banketten neben den Fahrwegen das Fahren mit Fahrrädern oder mit bestimmten Arten von Fahrrädern verboten oder beschränkt, sowie auf den Radfahrwegen (§ 12 Abs. 1 Satz 1) der Fußgängerverkehr verboten werden.

Allgemeine Vorschriften dieser Art sind öffentlich bekannt zu machen und, vorbehaltlich anderweiter Anordnungen der Landespolizeibehörden, an den betreffenden Strecken durch öffentlichen Anschlag zur Kenntnis zu bringen.

Die bereits bestehenden Verbote bleiben in Kraft.

§ 14. Das Wettfahren und die Veranstaltung von Wettfahrten auf öffentlichen Wegen und Plätzen sind verboten. Ausnahmen bedürfen der Genehmigung der zuständigen Polizeibehörde,*) welche im einzelnen Falle die besonderen Bedingungen festsetzt.

E. Strafbestimmungen.

§ 15. Zuwiderhandlungen gegen die vorstehenden Bestimmungen und gegen die darin vorbehaltenen allgemeinen ortspolizeilichen Vorschriften oder besonderen polizeilichen Anordnungen (§ 13) werden in

*) Distriktsverwaltungsbehörde (§ 18).

Gemäßheit des § 366 Nr. 10 des Reichsstrafgesetzbuchs mit Geldstrafe bis zu 60 Mark oder mit Haft bis zu 14 Tagen bestraft.

F. Ausnahmen.

§ 16. Die Vorschriften des § 3 finden auf Militärpersonen in Uniform oder auf Reichs-, Staats- und Gemeindebeamte, die Amtskleidung oder ein Amtszeichen tragen, keine Anwendung, sofern diese Personen das Fahrrad zu dienstlichen Zwecken benutzen.

Ob und inwieweit Ausnahmen von den in Gemäßheit des § 13 ergangenen Vorschriften für den dienstlichen Radfahrverkehr der Beamten der Post- und Telegraphenverwaltung und anderer öffentlicher Verwaltungen zuzulassen sind, bestimmt die zuständige Landeszentralbehörde.

---

6. Reichsgesetz über den Verkehr mit Kraftfahrzeugen vom 3. Mai 1909. (RGBl. S. 437).

I. Verkehrsvorschriften.

§ 1. Kraftfahrzeuge, die auf öffentlichen Wegen oder Plätzen in Betrieb gesetzt werden sollen, müssen von der zuständigen Behörde zum Verkehre zugelassen sein.

Als Kraftfahrzeuge im Sinn dieses Gesetzes gelten Wagen oder Fahrräder, welche durch Maschinenkraft bewegt werden, ohne an Bahngleise gebunden zu sein.

§ 2. Wer auf öffentlichen Wegen oder Plätzen ein Kraftfahrzeug führen will, bedarf der Erlaubnis der zuständigen Behörde. Die Erlaubnis gilt für das ganze Reich; sie ist zu erteilen, wenn der Nachsuchende seine Befähigung durch eine Prüfung dargetan hat und nicht Tatsachen vorliegen, die die Annahme rechtfertigen, daß er zum Führen von Kraftfahrzeugen ungeeignet ist.

Den Nachweis der Erlaubnis hat der Führer durch eine Bescheinigung (Führerschein) zu erbringen.

Die Befugnis der Ortspolizeibehörde, auf Grund des § 37 der Reichsgewerbeordnung weitergehende Anordnungen zu treffen, bleibt unberührt.

§ 3. Wer zum Zwecke der Ablegung der Prüfung (§ 2 Abs. 1 Satz 2) sich in der Führung von Kraftfahrzeugen übt, muß dabei auf öffentlichen Wegen oder Plätzen von einer mit dem Führerschein versehenen, durch die zuständige Behörde zur Ausbildung von Führern ermächtigten Person begleitet und beaufsichtigt sein. Das gleiche gilt für die Fahrten, die bei Ablegung der Prüfung vorgenommen werden.

Bei den Übungs- und Probefahrten, die gemäß der Vorschrift des Abs. 1 stattfinden, gilt im Sinne dieses Gesetzes der Begleiter als Führer des Kraftfahrzeugs.

§ 4. Werden Tatsachen festgestellt, welche die Annahme rechtfertigen, daß eine Person zum Führen von Kraftfahrzeugen ungeeignet ist, so kann ihr die Fahrerlaubnis dauernd oder für bestimmte Zeit durch die zuständige Verwaltungsbehörde entzogen werden; nach der Entziehung ist der Führerschein der Behörde abzuliefern.

Die Entziehung der Fahrerlaubnis ist für das ganze Reich wirksam.

III. Strafvorschriften.

§ 21. Wer den zur Erhaltung der Ordnung und Sicherheit auf den öffentlichen Wegen oder Plätzen erlassenen polizeilichen Anordnungen über den Verkehr mit Kraftfahrzeugen zuwiderhandelt, wird mit Geldstrafe bis zu einhundertfünfzig Mark oder mit Haft bestraft.

§ 22. Der Führer eines Kraftfahrzeugs, der nach einem Unfalle (§ 7) es unternimmt, sich der Feststellung des Fahrzeugs und seiner Person durch die Flucht zu entziehen, wird mit Geldstrafe bis zu dreihundert Mark oder mit Gefängnis bis zu zwei Monaten bestraft. Er bleibt jedoch straflos, wenn er spätestens am nächstfolgenden Tage nach dem Unfall Anzeige bei einer inländischen Polizeibehörde erstattet und die Feststellung des Fahrzeugs und seiner Person bewirkt.

Verläßt der Führer des Kraftfahrzeugs eine bei dem Unfalle verletzte Person vorsätzlich in hilfloser Lage, so wird er mit Gefängnis bis zu 6 Monaten bestraft. Sind mildernde Umstände vorhanden, so kann auf Geldstrafe bis zu dreihundert Mark erkannt werden.

§ 23. Mit Geldstrafe bis zu dreihundert Mark oder mit Gefängnis bis zu zwei Monaten wird bestraft, wer auf öffentlichen Wegen oder Plätzen ein Kraftfahrzeug führt, das nicht von der zuständigen Behörde zum Verkehre zugelassen ist.

Die gleiche Strafe trifft den Halter eines nicht zum Verkehre zugelassenen Kraftfahrzeugs, wenn er vorsätzlich dessen Gebrauch auf öffentlichen Wegen oder Plätzen gestattet.

§ 24. Mit Geldstrafe bis zu dreihundert Mark oder mit Gefängnis bis zu zwei Monaten wird bestraft:

1. wer ein Kraftfahrzeug führt, ohne einen Führerschein zu besitzen;
2. wer ein Kraftfahrzeug führt, obwohl ihm die Fahrerlaubnis entzogen ist;
3. wer nicht seinen Führerschein der Behörde, die ihm die Fahrerlaubnis entzogen hat, auf ihr Verlangen abliefert.

Die gleiche Strafe trifft den Halter des Kraftfahrzeugs, wenn er vorsätzlich oder fahrlässig eine Person zur Führung des Fahrzeugs bestellt oder ermächtigt, die sich nicht durch einen Führerschein ausweisen kann oder der die Fahrerlaubnis entzogen ist.

§ 25. Wer in rechtswidriger Absicht

1. ein Kraftfahrzeug, für welches von der Polizeibehörde ein Kennzeichen nicht ausgegeben oder zugelassen worden ist,

mit einem Zeichen versieht, welches geeignet ist, den Anschein der polizeilich angeordneten oder zugelassenen Kennzeichnung hervorzurufen,

2. ein Kraftfahrzeug mit einer anderen als der polizeilich für das Fahrzeug ausgegebenen oder zugelassenen Kennzeichnung versieht,
3. das an einem Kraftfahrzeuge gemäß polizeilicher Anordnung angebrachte Kennzeichen verändert, beseitigt, verdeckt oder sonst in seiner Erkennbarkeit beeinträchtigt,

wird, sofern nicht nach den Vorschriften des Strafgesetzbuchs eine höhere Strafe verwirkt ist, mit Geldstrafe bis zu fünfhundert Mark oder mit Gefängnis bis zu drei Monaten bestraft.

Die gleiche Strafe trifft Personen, welche auf öffentlichen Wegen oder Plätzen von einem Kraftfahrzeuge Gebrauch machen, von dem sie wissen, daß die Kennzeichnung in der im Abs. 1 unter Nr. 1 bis 3 bezeichneten Art gefälscht, verfälscht oder unterdrückt worden ist.

---

7. Verordnung des Bundesrats über den Verkehr mit Kraftfahrzeugen (Reichskanzlerbekanntmachung vom 3. Februar 1910, RGBl. S. 389) mit Vollzugsbekanntmachung des K. Staatsministeriums des Innern vom 17. März 1910 (MABl. S. 195).

A. Allgemeine Vorschriften.

§ 1. Als Kraftfahrzeuge im Sinne dieser Vorschriften gelten Wagen oder Fahrräder, die durch Maschinenkraft bewegt werden, ohne an Bahngleise gebunden zu sein; als Krafträder gelten Fahrzeuge, die vom Sattel aus gefahren werden und auf nicht mehr als drei Rädern laufen, wenn ihr Eigengewicht ohne Betriebsstoffe (bei elektrischem Antrieb ohne Akkumulatoren) 150 Kilogramm nicht übersteigt.

§ 2. Für den Verkehr mit Kraftfahrzeugen gelten sinngemäß die den Verkehr von Fuhrwerken oder von Fahrrädern auf öffentlichen Wegen und Plätzen allgemein regelnden Vorschriften, sofern nicht nachfolgend oder gemäß § 6 Abs. 3 des Gesetzes von den Landeszentralbehörden andere Bestimmungen getroffen werden.

Auf Kraftfahrzeuge, die für den öffentlichen Fuhrbetrieb verwendet werden, sowie auf die Führer dieser Fahrzeuge finden neben den nachstehenden Vorschriften die allgemeinen Bestimmungen über den Betrieb der Droschken, Omnibusse und sonstigen dem öffentlichen Transportgewerbe dienenden Fuhrwerke Anwendung.

Die nachstehenden Vorschriften finden keine Anwendung auf Straßenlokomotiven, Straßenwalzen, Zugmaschinen ohne Güterladeraum, deren betriebsfertiges Eigengewicht, und Lastkraftwagen, deren Gesamtgewicht (einschließlich Ladung) 9 Tonnen übersteigt, sowie auf selbstfahrende Arbeits- und Werkzeugmaschinen zu landwirtschaftlichen oder gewerblichen Zwecken (z. B. Dampf-, Motorpflüge, Motorsägen).

Anmerkung: Durch die Verordnung vom 3. Februar 1910 wird § 32 der oberpolizeilichen Vorschriften vom 17. September 1906 (GVBl. S. 729) insoweit nicht berührt, als hienach auf Straßenlokomotiven und schwere Vorspannmaschinen die oberpolizeilichen Vorschriften vom 7. Mai 1902 (GVBl. S. 193) anzuwenden sind. (Vollzugsbek.)

B. Das Kraftfahrzeug.

a) Beschaffenheit und Ausrüstung.

§ 3. Die Kraftfahrzeuge müssen verkehrssicher und insbesondere so gebaut, eingerichtet und ausgerüstet sein, daß Feuers- und Explosionsgefahr sowie jede vermeidbare Belästigung von Personen und Gefährdung von Fuhrwerken durch Geräusch, Rauch, Dampf oder üblen Geruch ausgeschlossen ist.

Die Radkränze dürfen keine Unebenheiten besitzen, die geeignet sind, die Fahrbahn zu beschädigen.

Anmerkung: Gleitschutzvorrichtungen von normaler Beschaffenheit (Stahlniete auf der Reifendecke) sind zulässig (Vollzugsbek.).

§ 4. Jedes Fahrzeug muß versehen sein:

1. mit einer zuverlässigen Lenkvorrichtung, die gestattet, sicher und rasch auszuweichen; die zur Lenkung benutzten Wagenräder sollen nach beiden Seiten möglichst weit einschlagen, um kurz wenden zu können;
2. mit zwei voneinander unabhängigen Bremseinrichtungen, von denen jede auf die Wagenräder der gebremsten Achse gleichmäßig einwirkt; mindestens eine Bremseinrichtung muß unmittelbar auf die Hinterräder oder auf Bestandteile, die mit diesen Rädern fest verbunden sind, wirken; diese Bremse muß feststellbar sein. Jede Bremseinrichtung muß für sich geeignet sein, den Lauf des Fahrzeugs sofort zu hemmen und es auf die kürzeste Entfernung zum Stehen zu bringen;
3. mit einer zuverlässigen Vorrichtung, die beim Befahren von Steigungen die unbeabsichtigte Rückwärtsbewegung verhindert, sofern nicht eine der Bremsen diese Forderung erfüllt;
4. mit einer tieftönenden Huppe zum Abgeben von Warnungszeichen; falls die Huppe mehrtonig ist, müssen die verschiedenen Töne gleichzeitig anklingen;
5. nach eingetretener Dunkelheit und bei starkem Nebel mit mindestens zwei in gleicher Höhe angebrachten, die seitliche Begrenzung des Fahrzeugs anzeigenden, hellbrennenden Laternen mit farblosem Glase, die den Lichtschein derart auf die Fahrbahn werfen, daß diese auf mindestens 20 Meter vor dem Fahrzeuge von dem Führer übersehen werden kann. Übermäßig stark wirkende Scheinwerfer dürfen nicht verwendet werden;
6. mit einer Vorrichtung, die verhindert, daß das Fahrzeug von Unbefugten in Betrieb gesetzt werden kann.

Auf Krafträder findet Nr. 3 keine Anwendung; Nr. 4 gilt mit der Maßgabe, daß die Huppe hochtönend sein muß. Für Kraftzweiräder gilt außerdem Nr. 5 mit der Einschränkung, daß eine Laterne der bezeichneten Art genügt.

Jeder Kraftwagen, dessen Eigengewicht 350 Kilogramm übersteigt, muß so eingerichtet sein, daß er mittels der Maschine oder des Motors vom Führersitz aus in Rückwärtsgang gebracht werden kann.

Die Griffe zur Bedienung der Maschine oder des Motors und der im Abs. 1 bis 3 angeführten Einrichtungen müssen so angebracht sein, daß der Führer sie, ohne sein Augenmerk von der Fahrtrichtung abzulenken, leicht und auch im Dunkeln ohne Verwechselungsgefahr handhaben kann.

Jedes Kraftfahrzeug muß mit einem an einer sichtbaren Stelle des Fahrgestells angebrachten Schilde versehen sein, das die Firma, die das Fahrgestell hergestellt hat, die Fabriknummer des Fahrgestells, die Anzahl der Pferdestärken der Maschine oder des Motors (bei steuerpflichtigen Fahrzeugen auch die nach der Steuerformel berechnete Nutzleistung des Fahrzeugs) und das Eigengewicht des betriebsfertigen Fahrzeugs ergibt.

Anmerkung: 1. Durch die Verordnung vom 3. Februar 1910 wird § 33 der oberpolizeilichen Vorschriften vom 17. September 1906 (GVBl. S. 729) nicht berührt, wonach der Gebrauch von Huppensignalen für andere Fahrzeuge als Kraftfahrzeuge verboten ist.

2. Der Zweck der an den Kraftfahrzeugen anzubringenden Laternen ist ein doppelter. Einerseits sollen sie im Interesse der allgemeinen Verkehrssicherheit das Nahen des Fahrzeugs und dabei gleichzeitig dessen Abmessungen erkennen lassen; anderseits sollen sie im Interesse des Führers für eine ausreichende Beleuchtung der Fahrbahn sorgen. Soweit diesem Zwecke nicht durch zwei Laternen genügt werden kann — was in der Regel der Fall sein wird —, bedarf es der Anbringung weiterer Laternen. Der Forderung, daß „die seitliche Begrenzung des Fahrzeugs" angezeigt werden muß, wird entsprochen, wenn die Laternen so weit von der Mitte des Fahrzeugs entfernt angebracht sind, als dessen Bauart es gestattet; es ist nicht notwendig, daß sie selbst die äußersten Seitengrenzen des Fahrzeugs bilden.

3. Als Vorrichtungen, die der Vorschrift in Nr. 6 genügen, sind beispielsweise anzusehen:

Schloß zum Feststellen des Schalthebels,
Kette zum Festlegen eines Wagenrades,
herausnehmbarer Kontakt der Zündleitung (bei Verbrennungsmaschinen),
abnehmbarer Griff des Brennstoffleitungsverschlusses,
herausnehmbarer Stromunterbrecher (bei elektrisch betriebenen Fahrzeugen).
(Vollzugsbek.)

c) Zulassung zum Verkehr und Kennzeichnung.

§ 6. Die höhere Verwaltungsbehörde (§ 5 Abs. 1) entscheidet über den Antrag auf Zulassung des Kraftfahrzeugs zum Verkehr auf öffentlichen Wegen und Plätzen. Die Zulassung gilt für das ganze Reich.

Anmerkung: Die für die Zulassung der Kraftfahrzeuge vor dem 1. April 1910 auf Grund landesrechtlicher Vorschriften erteilten Bescheinigungen behalten bis auf weiteres Gültigkeit (§ 39).

§ 7. Vorbehaltlich der Vorschriften in §§ 29, 35 muß jedes auf öffentlichen Wegen und Plätzen verkehrende Kraftfahrzeug das polizeiliche Kennzeichen (§ 8) tragen.

§ 8. Das von der höheren Verwaltungsbehörde zuzuteilende Kennzeichen besteht aus einem (oder mehreren) Buchstaben (oder römischen Ziffern) zur Bezeichnung des Bundesstaats (oder engeren Verwaltungsbezirkes) und aus der Erkennungsnummer, unter der das Fahrzeug in die polizeiliche Liste (§ 6 Abs. 2) eingetragen ist. Die Verteilung der Kennzeichen innerhalb des Reichsgebiets erfolgt nach dem beiliegenden „Plan für die Kennzeichnung der Kraftfahrzeuge". Das Kennzeichen ist an der Vorderseite und an der Rückseite des Fahrzeugs nach außen hin an leicht sichtbarer Stelle anzubringen.

Kraftzweiräder sind von der Führung des hinteren Kennzeichens befreit. Bei ihnen genügt ein beiderseitig beschriebenes Kennzeichen, das an der Vorderseite in der Fahrtrichtung an leicht sichtbarer Stelle anzubringen ist.

Plan für die Kennzeichnung der Kraftfahrzeuge:

1. Preußen: Ziffer **I**, und für die Provinzen die Buchstaben **A, C, D, E, H, K, L, M, P, S, T, X, Y, Z**, mithin: **I A, I C** usw.
2. Bayern: Ziffer **II** und Buchstaben **A, B** usw.
3. Sachsen (Königreich): Die Ziffern **I, II, III, IV, V**
4. Württemberg: Ziffer **III** und Buchstaben **A, B** usw.
5. Baden: **IV B**
6. Hessen: Ziffer **V** und die Buchstaben **O, R, S**
7. Mecklenburg-Schwerin: **M I**
8. Sachsen (Großherzogtum): **S**
9. Mecklenburg-Strelitz: **M II**
10. Oldenburg: **O** und die Ziffern **I, II, III**
11. Braunschweig: **B**
12. Sachsen-Meiningen: **S M**
13. Sachsen-Altenburg: **S A**
14. Sachsen-Coburg-Gotha: **C G**
15. Anhalt: **A**
16. Schwarzburg-Rudolstadt: **S R**
17. Schwarzburg-Sondershausen: **S S**
18. Waldeck: **W**
19. Reuß ältere Linie: **R A**
20. Reuß jüngere Linie: **R J**
21. Schaumburg-Lippe: **S L**
22. Lippe: **L**
23. Lübeck: **H L**
24. Bremen: **H B**
25. Hamburg: **H H**
26. Elsaß-Lothringen: Ziffer **VI** und Buchstaben **A, B** usw.

Anmerkung: 1. Nach dem der Verordnung beigegebenen Plane für die Kennzeichnung der Kraftfahrzeuge besteht das bayerische Kennzeichen aus der römischen Ziffer II in Verbindung mit einem Unterscheidungsbuchstaben. Die Unterscheidungsbuchstaben sind:

A für den Stadtbezirk München,
B „ „ übrigen Regierungsbezirk Oberbayern,
C „ „ Regierungsbezirk Niederbayern,
D „ „ „ der Pfalz,
E „ „ „ der Oberpfalz und von Regensburg,
H „ „ „ Oberfranken,
N „ „ Stadtbezirk Nürnberg,
S „ „ übrigen Regierungsbezirk Mittelfranken,
U „ „ Regierungsbezirk Unterfranken und Aschaffenburg,
[illegible] „ „ „ Schwaben und Neuburg,
sowie
M für die Kraftfahrzeuge der Militärverwaltung,
P „ „ Kraftfahrzeuge der Postverwaltung

2. Bei der K. Polizeidirektion München wird ein Verzeichnis der den bayerischen Distriktsverwaltungsbehörden zugewiesenen Erkennungsnummern geführt. Bei etwaigem Bedarfe haben sich daher die Distriktsverwaltungsbehörden mit der Polizeidirektion ins Benehmen zu setzen.

3. Im Hinblick auf die Sonderkennzeichen der Kraftzweiräder ist es angängig, die gleichen Nummern einerseits für Kraftzweiräder und anderseits für die übrigen Arten von Kraftfahrzeugen auszugeben. (Vollzugsbek.)

§ 9. Die Kennzeichen müssen mit dem Dienststempel der Polizeibehörde versehen sein.

Anmerkung: Nicht allein das hintere, sondern auch das vordere Kennzeichen muß abgestempelt werden. (Vollzugsbek.)

§ 10. Die Kennzeichen dürfen nicht zum Umklappen eingerichtet sein; sie dürfen niemals verdeckt sein und müssen stets in lesbarem Zustand erhalten werden. Der untere Rand des vorderen Kennzeichens darf nicht weniger als 20 Zentimeter, der des hinteren nicht weniger als 45 Zentimeter vom Erdboden entfernt sein.

§ 11. Während der Dunkelheit und bei starkem Nebel ist das hintere Kennzeichen so zu beleuchten, daß es deutlich erkennbar ist. Die Beleuchtungsvorrichtung muß so eingerichtet sein, daß sie das Kennzeichen von keiner Seite verdeckt und weder vom Sitze des Führers noch vom Innern des Wagens aus abgestellt werden kann.

Bei Kraftzweirädern ist das an der Vorderseite angebrachte Kennzeichen während der Dunkelheit und bei starkem Nebel so zu beleuchten, daß es von beiden Seiten deutlich erkennbar ist.

Anmerkung: Die Polizeibehörden haben mit aller Strenge darauf zu achten, daß unzureichende oder vorschriftswidrige Beleuchtungsvorrichtungen nicht zugelassen werden. Als unzureichend müssen insbesondere angesehen werden Beleuchtungsvorrichtungen, deren Lichtquelle nicht ausreicht, das Kennzeichen in seiner ganzen Fläche gleichmäßig hell zu beleuchten, als vorschriftswidrig solche, die das Kennzeichen irgendwie verdecken. Die Beseitigung derartiger Vorrichtungen ist mit allen den Polizeibehörden zur Verfügung stehenden Mitteln durchzusetzen.

Die Polizeibehörden haben ferner darauf zu dringen, daß die Laternen der im Betriebe befindlichen Fahrzeuge stets ausreichend hell brennen. (Vollzugsbek.)

§ 13. Die Anbringung mehrerer verschiedener Kennzeichen ist unzulässig.

Anmerkung: Die Vorschrift im § 13 schließt nicht aus, daß an Kraftfahrzeugen mit besonderem Verwendungszwecke (Droschken, Omnibussen, Postwagen, Geschäftswagen u. dgl.) außer dem polizeilichen Kennzeichen der Verwendungszweck dieser Fahrzeuge durch eine entsprechende Bezeichnung (Wagennummer, Firma usw.) ersichtlich gemacht wird. Unerläßliche Voraussetzung ist jedoch, daß Verwechselungen mit dem polizeilichen Kennzeichen ausgeschlossen bleiben. (Vollzugsbek.)

C. Der Führer des Kraftfahrzeugs.

a) Die Zulassung zum Führen.

§ 14. Personen unter 18 Jahren ist das Führen von Kraftfahrzeugen, insbesondere auch von Krafträdern, nicht gestattet. Ausnahmen können von der höheren Verwaltungsbehörde mit Zustimmung des gesetzlichen Vertreters zugelassen werden.

Den Nachweis der Erlaubnis hat der Führer durch eine Bescheinigung (Führerschein) zu erbringen.

Anmerkung: Im Falle der Bewilligung einer Ausnahme hat die höhere Verwaltungsbehörde einen entsprechenden Vermerk in den Führerschein einzutragen. (Vollzugsbek.)

Die vor dem 1. April 1910 auf Grund landesrechtlicher Vorschriften erteilten Zeugnisse zum Führen von Kraftfahrzeugen behalten bis zum 1. April 1911 Gültigkeit (§ 40).

b) Besondere Pflichten des Führers.

§ 15. Der Führer hat den Führerschein (§ 14), sowie die Bescheinigung über die Zulassung des Kraftfahrzeugs (§ 6) bei der Benutzung des Fahrzeugs auf öffentlichen Wegen und Plätzen bei sich zu führen und auf Verlangen den zuständigen Beamten vorzuzeigen.

Anmerkung: Nach § 63 des Reichsstempelgesetzes vom 15. Juli 1909 (RGBl. S. 833) hat der Führer des Kraftfahrzeugs auch die Erlaubniskarte stets bei sich zu führen. Er ist verpflichtet, sie auf Verlangen den sich durch ihre Dienstkleidung oder sonst ausweisenden Grenz- und Steueraufsichtsbeamten sowie den Aufsichtsbeamten der Polizeiverwaltung zum Nachweise der Erfüllung der Stempelpflicht vorzuzeigen und nötigenfalls die erforderliche Auskunft zu geben. Ein in der Fahrt begriffenes Fahrzeug darf indessen lediglich aus diesem Anlaß außer im Grenzbezirke nicht angehalten werden. (Vollzugsbek.)

§ 16. Der Führer ist verantwortlich, daß das Kraftfahrzeug mit den nach dieser Verordnung vorgeschriebenen Vermerken und polizeilichen Kennzeichen versehen ist, daß das Kennzeichen in vorgeschriebener Weise beleuchtet ist, daß die zulässige Belastung nicht überschritten wird und daß das Fahrzeug sich in verkehrssicherem Zustand (§§ 3, 4) befindet; er hat sich vor der Fahrt von dem Zustand des Fahrzeugs zu überzeugen.

§ 17. Der Führer ist zu besonderer Vorsicht in Leitung und Bedienung seines Fahrzeugs verpflichtet. Er darf von dem Fahrzeug nicht absteigen, solange es in Bewegung ist, und darf sich von ihm nicht entfernen, solange die Maschine oder der Motor läuft; auch muß er, falls er sich von dem Fahrzeug entfernt, die Vorrichtung (§ 4 Abs. 1 Nr. 6) in Wirksamkeit setzen, die verhindern soll, daß ein Unbefugter das Fahrzeug in Betrieb setzt.

Der Führer ist insbesondere verpflichtet, dafür Sorge zu tragen, daß eine nach der Beschaffenheit des Kraftfahrzeugs (§ 3 Abs. 1) vermeidbare Entwickelung von Geräusch, Rauch, Dampf oder üblem Geruch in keinem Falle eintritt.

Das Öffnen etwa vorhandener Auspuffklappen ist verboten.

§ 18. Die Fahrgeschwindigkeit ist jederzeit so einzurichten, daß Unfälle und Verkehrsstörungen vermieden werden und daß der Führer in der Lage bleibt, unter allen Umständen seinen Verpflichtungen Genüge zu leisten.

Innerhalb geschlossener Ortsteile darf die Fahrgeschwindigkeit von 15 Kilometer in der Stunde nicht überschritten werden. Bei Kraftfahrzeugen von mehr als 5,5 Tonnen Gesamtgewicht beträgt die überhaupt zulässige Höchstgeschwindigkeit 12 Kilometer in der Stunde; sie kann — vorbehaltlich der Vorschrift in Satz 1 — bis auf 16 Kilometer gesteigert werden, wenn wenigstens die Triebräder mit Gummi bereift sind. Die höhere Verwaltungsbehörde kann höhere Fahrgeschwindigkeiten zulassen.

Auf unübersichtlichen Wegen, insbesondere nach Eintritt der Dunkelheit oder bei starkem Nebel, bei Einbiegen aus einer Straße in die andere, bei Straßenkreuzungen, bei Straßeneinmündungen, bei scharfen Straßenkrümmungen, bei der Ausfahrt aus Grundstücken, die an öffentlichen Wegen liegen, und bei der Einfahrt in solche Grundstücke, bei der Annäherung an Eisenbahnübergänge in Schienenhöhe, ferner beim Passieren enger Brücken und Tore sowie schmaler oder abschüssiger Wege sowie da, wo die Wirksamkeit der Bremsen durch die Schlüpfrigkeit des Weges in Frage gestellt ist, endlich überall da, wo ein lebhafter Verkehr herrscht, muß langsam und so vorsichtig gefahren werden, daß das Fahrzeug sofort zum Halten gebracht werden kann.

§ 19. Der Führer hat entgegenkommende, zu überholende, in der Fahrtrichtung stehende oder die Fahrtrichtung kreuzende Menschen sowie die Führer von Fuhrwerken, Reiter, Radfahrer, Viehtreiber usw. durch deutlich hörbares Warnungszeichen rechtzeitig auf das Nahen des Kraftfahrzeugs aufmerksam zu machen; auf die Notwendigkeit, das Warnungszeichen abzugeben, ist in besonderem Maße an unübersichtlichen Stellen (§ 18 Abs. 3) zu achten.

Das Abgeben von Warnungszeichen ist sofort einzustellen, wenn Pferde oder andere Tiere dadurch unruhig oder scheu werden.

Innerhalb geschlossener Ortsteile sind Warnungszeichen mit der im § 4 Abs. 1 Nr. 4 vorgeschriebenen Huppe abzugeben. Außerhalb geschlossener Ortsteile kann das Warnungszeichen auch mit einer Fanfarentrompete abgegeben werden; dies Signalinstrument darf auch lose im Kraftfahrzeug mitgeführt und unter Verantwortung des Führers auch durch eine andere im Fahrzeug beförderte Person angewendet werden.

Das Abgeben langgezogener Warnungssignale, die Ähnlichkeit mit Feuersignalen haben, sowie die Verwendung anderer Signalinstrumente ist nicht statthaft.

§ 20. Merkt der Führer, daß ein Pferd oder ein anderes Tier vor dem Kraftfahrzeuge scheut, oder daß sonst durch das Vorbeifahren mit dem Kraftfahrzeuge Menschen oder Tiere in Gefahr gebracht werden, so hat er langsam zu fahren sowie erforderlichenfalls anzuhalten und die Maschine oder den Motor außer Tätigkeit zu setzen.

Auf den Haltruf oder das Haltzeichen eines als solcher kenntlichen Polizeibeamten hat der Führer sofort anzuhalten. Zur Kenntlichmachung eines Polizeibeamten ist auch das Tragen einer Dienstmütze ausreichend.

§ 21. Bei Einbiegen in eine andere Straße ist nach rechts in kurzer Wendung, nach links in weitem Bogen zu fahren. Diese Vorschrift gilt entsprechend für das Durchfahren von scharfen oder unübersichtlichen Wegekrümmungen.

Der Führer hat entgegenkommenden Kraftfahrzeugen, Fuhrwerken, Reitern, Radfahrern, Viehtransporten oder dergleichen rechtzeitig und genügend nach rechts auszuweichen oder, falls dies die Umstände oder die Örtlichkeit nicht gestatten, so lange anzuhalten, bis die Bahn frei ist.

Das Vorbeifahren an eingeholten Kraftfahrzeugen, Fuhrwerken, Reitern, Radfahrern, Viehtransporten oder dergl. hat auf der linken Seite zu erfolgen.

D. Die Benutzung öffentlicher Wege und Plätze.

§ 22. Das Fahren mit Kraftfahrzeugen ist nur auf Fahrwegen gestattet. Auf Radfahrwegen und auf Fußwegen, die für Fahrräder freigegeben sind, ist der Verkehr mit Kraftzweirädern mit besonderer polizeilicher Genehmigung zulässig.

§ 23. Die Polizeibehörden können durch allgemeine polizeiliche Vorschriften oder durch besondere für den einzelnen Fall getroffene polizeiliche Anordnungen, soweit der Zustand der Wege oder die Eigenart des Verkehrs es erfordert, den Verkehr mit Kraftfahrzeugen überhaupt oder mit einzelnen Arten auf bestimmten Wegen, Plätzen und Brücken verbieten oder beschränken. Für Wegestrecken, die dem Durchgangsverkehre dienen, steht diese Befugnis den Landeszentralbehörden zu; sie können die Befugnis auf die höheren Verwaltungsbehörden übertragen.

§ 24. Das Wettfahren und die Veranstaltung von Wettfahrten auf öffentlichen Wegen und Plätzen sind verboten.

E. Das Mitführen von Anhängewagen.

§ 25. Soll von einem polizeilich zugelassenen Kraftfahrzeug ein Anhängewagen mitgeführt werden, so genügt die Anzeige bei der höheren Verwaltungsbehörde (§ 5), sofern den nachstehenden Bedingungen entsprochen wird:

1. der Anhängewagen muß versehen sein:
   a) mit einer sicher wirkenden Bremse;

b) mit einer zuverlässigen, auf die Fahrbahn wirkenden Vorrichtung, die beim Befahren von Steigungen die unbeabsichtigte Rückwärtsbewegung verhindert (Bergstütze);

2. die Radkränze des Anhängewagens dürfen keine Unebenheiten besitzen, die geeignet sind, die Fahrbahn zu beschädigen;
3. die Verbindung der Lenkvorrichtung des Anhängewagens mit dem Kraftfahrzeuge muß so beschaffen sein, daß die Räder des Anhängewagens auch in Krümmungen möglichst auf den Spuren der Räder des Kraftfahrzeugs laufen;
4. zwischen dem Anhängewagen und dem Kraftfahrzeuge muß außer der Hauptkuppelung noch eine Sicherheitskuppelung (Notkuppelung) vorhanden sein.

Das Mitführen von *mehr* als einem Anhängewagen ist nur auf Grund polizeilicher *Erlaubnis* zulässig; das gleiche gilt bezüglich des Mitführens von einem Anhängewagen, sofern den Bedingungen im Abs. 1 Nr. 1 bis 4 nicht genügt ist. In diesen Fällen ist der Erlaubnisschein bei der Fahrt mitzuführen und den Polizeibeamten auf Verlangen vorzuzeigen.

Werden Anhängewagen mitgeführt, so muß das dem Kraftfahrzeuge zugeteilte polizeiliche Kennzeichen (§ 8) an der Rückseite des Schlußwagens angebracht sein.

G. Ausnahmen.

§ 28. Als vorläufig zum Verkehr auf öffentlichen Wegen und Plätzen zugelassen gelten Kraftfahrzeuge während der durch den amtlich anerkannten Sachverständigen vorzunehmenden technischen *Prüfung* (Nr. XI der Anweisung über die Prüfung von Kraftfahrzeugen — Anlage A —). Die Vorschrift im § 15 über die Mitführung der Zulassungsbescheinigung findet in diesen Fällen keine Anwendung.

Während der Prüfungsfahrten haben die Kraftfahrzeuge ein besonderes Kennzeichen (*Probefahrtkennzeichen*) zu führen, auf das die Bestimmungen im § 8 mit der Maßgabe Anwendung finden, daß die Erkennungsnummer aus einer Null (0) mit einer oder mehreren nachfolgenden Ziffern besteht, daß das Kennzeichen in roter Balkenschrift auf weißem, rotgerandetem Grunde herzustellen ist und daß von der festen Anbringung der Kennzeichen abgesehen werden kann. Derartige, mit dem Dienststempel der höheren Verwaltungsbehörde versehene Kennzeichen sind den amtlich anerkannten Sachverständigen (§ 5) zur Verwendung bei diesen Prüfungsfahrten zur Verfügung zu stellen.

§ 29. Von der Verpflichtung zur Führung des Kennzeichens (§ 7) sind befreit:

1. die Kraftfahrzeuge der *Feuerwehren* im Dienst,
2. die zu Zwecken der öffentlichen *Straßenreinigung* dienenden Kraftfahrzeuge.

§ 30. Von der Verpflichtung zur Führung eines gestempelten Kennzeichens sind befreit Kraftfahrzeuge, die auf der Fahrt zur Polizeibehörde zwecks Vorführung des Fahrzeugs und Abstempelung des Kennzeichens (§§ 6 und 9) öffentliche Wege und Plätze benutzen müssen. Als Ersatz für die fehlende Zulassungsbescheinigung und gleichzeitig als Ausweis für diese Fahrt dient die schriftliche Aufforderung der Polizeibehörde, das Fahrzeug vorzuführen.

§ 31. Zuverlässige Fabriken oder Händler, die mit den zum Verkaufe gestellten Fahrzeugen Probefahrten auf öffentlichen Wegen und Plätzen veranstalten wollen, erhalten, sofern sie bei der für den Sitz der Firmen zuständigen höheren Verwaltungsbehörde die Zulassung der Kraftfahrzeuge im Sinne der §§ 5, 6 bewirkt haben, auf Antrag widerruflich an Stelle der Zulassungsbescheinigung nach Muster 2 besondere Bescheinigungen nach Muster 7 und zu wiederkehrender Verwendung bei den einzelnen Kraftfahrzeugen Kennzeichen der im § 28 Abs. 2 bezeichneten Art.

§ 32. Auf die Kraftfahrzeuge der Militärverwaltung und der Postverwaltung finden die Bestimmungen dieser Verordnung mit der Maßgabe Anwendung, daß die Fahrzeuge Warnungszeichen auch mit anderen als den im § 19 Abs. 3 genannten Signalinstrumenten abgeben dürfen und daß eine jederzeitige Untersuchung der Fahrzeuge und ihre Ausschließung durch die höhere Verwaltungsbehörde (§ 26) nicht zulässig ist.

Die Kraftfahrzeuge der Postverwaltung brauchen außerdem nicht mit einer Huppe zum Abgeben von Warnungszeichen (§ 4 Abs. 1 Nr. 4) versehen zu sein. Die für die Fuhrwerke der Postverwaltung nach Reichs- oder Landesgesetzen bestehenden Sonderrechte gelten auch für die Kraftfahrzeuge der Postverwaltung.

§ 34. Für die Kraftfahrzeuge der Feuerwehren im Dienste gelten außer der im § 29 unter Nr. 1 bestimmten Ausnahme folgende Sonderbestimmungen:

Diese Fahrzeuge brauchen nicht mit einer Huppe zum Abgeben von Warnungszeichen versehen zu sein (§ 4 Abs. 1 Nr. 4), dürfen Warnungszeichen auch mit anderen als den im § 19 Abs. 3 genannten Signalinstrumenten abgeben, unterliegen nicht den Vorschriften über die innezuhaltende Fahrgeschwindigkeit (§ 18) und sind befreit von den Vorschriften über das Ausweichen, Anhalten und Vorbeifahren in den im § 21 Abs. 2 und 3 genannten Fällen.

§ 35. Auf die Kraftfahrzeuge der Landesherren und der Mitglieder der landesherrlichen Familien sowie der Mitglieder der Fürstlichen Familie Hohenzollern finden die Vorschriften im § 4 Abs. 1 Nr. 4, § 7 und § 19 Abs. 3 Satz 1 keine Anwendung.

8. Verordnung des Bundesrats über den internationalen Verkehr mit Kraftfahrzeugen. (Reichskanzlerbekanntmachung vom 21. April 1910, RGBl. S. 640.)

A. Allgemeine Vorschriften.

§ 1. Für den internationalen Verkehr mit Kraftfahrzeugen innerhalb des Reichsgebiets gelten die Vorschriften der Verordnung vom 3. Februar 1910 (RGBl. S. 389), soweit nicht nachfolgend ein anderes bestimmt ist.

B. Deutsche Kraftfahrzeuge im internationalen Verkehr.

§ 3. Der Eigentümer eines Kraftfahrzeugs, das gemäß § 6 der Verordnung vom 3. Februar 1910 zum Verkehr auf öffentlichen Wegen und Plätzen im Reichsgebiete zugelassen ist, hat, um die Zulassung des Fahrzeugs zum internationalen Verkehre zu erlangen, die Ausstellung des im Artikel 3 des Internationalen Abkommens über den Verkehr mit Kraftfahrzeugen vom 11. Oktober 1909 (RGBl. 1910 S. 603) vorgesehenen internationalen Fahrausweises zu beantragen.

Anmerkung: Die internationalen Fahrausweise sind vom Zeitpunkte ihrer Ausstellung an ein Jahr gültig.

§ 4. Der Eigentümer eines deutschen Kraftfahrzeugs, der sich im Besitz eines gemäß § 3 ausgestellten internationalen Fahrausweises befindet, ist berechtigt, im Gebiete des Deutschen Reichs neben dem polizeilichen Kennzeichen, unbeschadet der Vorschrift im § 13 der Verordnung vom 3. Februar 1910, ein die deutsche Staatszugehörigkeit des Kraftfahrzeugs anzeigendes Unterscheidungszeichen (Nationalitätszeichen) zu führen, das an der Rückseite des Fahrzeugs an leicht sichtbarer Stelle mittels Schrauben, Nieten oder Nägel zu befestigen und so anzubringen ist, daß es in deutlich erkennbarer Weise beleuchtet werden kann.

Das deutsche Nationalitätszeichen für Kraftwagen und Krafträder besteht aus einem länglich runden Schilde, das auf weißem Grunde in schwarzer Balkenschrift den Buchstaben D trägt.

Anmerkung: Eine amtliche Abstempelung des Nationalitätszeichens ist nicht erforderlich (Vollzugsbek. vom 28. April 1910, MABl. S. 334).

C. Außerdeutsche Kraftfahrzeuge mit einem internationalen Fahrausweis.

§ 5. Auf die aus dem Ausland zu vorübergehendem Aufenthalt in das Reichsgebiet gelangenden außerdeutschen Kraftfahrzeuge und deren Führer finden die Vorschriften in dem § 1 zweiter Halbsatz und den §§ 3 bis 15 der Verordnung vom 3. Februar 1910 keine Anwendung, sofern den Anforderungen in den Artikeln 1 bis 6 des Internationalen Abkommens genügt wird.

Zum Nachweis, daß den Anforderungen des Artikel 1 in Verbindung mit Artikel 6 Nr. 1 und des Artikel 2 des Internationalen

Abkommens genügt ist, dient der internationale Fahrausweis, der gemäß Artikel 3 des Internationalen Abkommens von der zuständigen Stelle des Auslandes ausgestellt ist.

Die mit diesem Ausweis versehenen Kraftfahrzeuge müssen an der Rückseite augenfällig außer einem heimatlichen Kennzeichen mit einer Nummer (der im Fahrausweis angegebenen Erkennungsnummer des Kennzeichens) ein die Staatszugehörigkeit des Kraftfahrzeugs anzeigendes Unterscheidungszeichen (Nationalitätszeichen) tragen.

Während der Dunkelheit sind das Nationalitätszeichen und das heimatliche Kennzeichen so zu beleuchten, daß sie deutlich erkennbar sind (Artikel 5 Abs. 2 des Internationalen Abkommens); der Dunkelheit ist starker Nebel gleich zu achten. Kraftdreiräder und Kraftzweiräder sind von dieser Vorschrift befreit und bedürfen zu ihrer Beleuchtung nur einer einzigen vorn anzubringenden Laterne (Artikel 6 Nr. 2 des Internationalen Abkommens).

Anmerkung: Die Nationalitätszeichen sind für: Deutschland D, Österreich A, Belgien B, Bulgarien BG, Spanien E, Vereinigte Staaten von Amerika US, Frankreich F, Großbritannien GB, Griechenland GR, Ungarn H, Italien I, Montenegro MN, Monaco MC, Niederlande NL, Portugal P, Rußland R, Rumänien RM, Serbien SB, Schweden S, Schweiz CH.

§ 7. Der Führer hat den internationalen Fahrausweis bei der Benutzung des Fahrzeugs auf öffentlichen Wegen und Plätzen bei sich zu führen und auf Verlangen den zuständigen Beamten vorzuzeigen.

D. Außerdeutsche Kraftfahrzeuge ohne einen internationalen Fahrausweis.

§ 10. Für die Zulassung und Kennzeichnung der aus dem Ausland zu vorübergehendem Aufenthalt in das Gebiet des Deutschen Reichs gelangenden außerdeutschen Kraftfahrzeuge und für die Zulassung der Führer solcher Fahrzeuge gelten, wenn ein internationaler Fahrausweis gemäß Artikel 3 des Internationalen Abkommens nicht vorgelegt werden kann, folgende besondere Bestimmungen:

a) Die Vorschriften über die Zulassung von Kraftfahrzeugen zum Verkehr auf öffentlichen Wegen und Plätzen in den §§ 5, 6 der Verordnung vom 3. Februar 1910 finden auf diese Kraftfahrzeuge keine Anwendung, sofern der Führer durch eine Bescheinigung der zuständigen Behörde oder einer hiezu behördlich ermächtigten Stelle des Auslandes nachweisen kann, daß das Fahrzeug den an dem betreffenden Orte gültigen polizeilichen Vorschriften entspricht; Bescheinigungen dieser Art müssen den Namen und Wohnort des Eigentümers, die Firma, die das Fahrgestell hergestellt hat, die Fabriknummer des Fahrgestells, die Art der Kraftquelle, die Anzahl der Pferdestärken der Maschine oder des Motors, das Eigengewicht des Fahrzeugs und die zulässige Belastung (Kilogramm oder Personenzahl einschließlich Führer) angeben und mit dem Anerkennungsvermerk einer deutschen Behörde versehen sein.

b) Die Kraftfahrzeuge müssen an Stelle der durch §§ 8, 11 der Verordnung vom 3. Februar 1910 vorgeschriebenen polizeilichen Kennzeichen ein besonderes länglichrundes, mit dem Dienststempel der Ausgabestelle versehenes Kennzeichen (Muster 5) führen, das nach Maßgabe der besonderen hierüber ergehenden Anordnungen auf den Grenzzollämtern oder den besonders hiefür bestimmten Zoll- und Steuerämtern im Innern ausgegeben wird, sofern für das Kraftfahrzeug eine Erlaubniskarte (Steuerkarte) nicht gelöst ist, ist über die Zuteilung des Kennzeichens eine Bescheinigung nach anliegendem Muster 6 auszustellen. Das Kennzeichen ist an der Rückseite des Fahrzeugs nach außen hin an leicht sichtbarer Stelle fest anzubringen und bei Kraftwagen während der Dunkelheit und bei starkem Nebel so zu beleuchten, daß es deutlich erkennbar ist; die Beleuchtungsvorrichtung darf das Kennzeichen nicht verdecken. Etwa vorhandene ausländische Kennzeichen sind zu entfernen oder zu überdecken.

c) Die durch § 14 der Verordnung vom 3. Februar 1910 vorgeschriebenen Führerscheine können für die Führer außerdeutscher Kraftfahrzeuge durch entsprechende ausländische Zeugnisse ersetzt werden, sofern diese von einer deutschen Behörde mit einem Anerkennungsvermerke versehen sind.

Als „deutsche Behörde", deren Anerkennungsvermerk nach Abs. 1 unter a und c die ausländischen Bescheinigungen und Zeugnisse tragen müssen, gilt der zuständige deutsche Konsul. Sind die Schriftstücke nicht in deutscher Sprache abgefaßt, so muß ihr Inhalt aus dem Anerkennungsvermerk ersichtlich sein.

§ 11. Den Eigentümern außerdeutscher Kraftfahrzeuge kann von der zuständigen höheren Verwaltungsbehörde auf Antrag gestattet werden, das deutsche Kennzeichen zu führen. Die betreffenden Kraftfahrzeuge sind in diesem Falle in polizeilicher Beziehung als deutsche anzusehen und unterliegen demgemäß insbesondere den Vorschriften der §§ 5, 6, 8, 11 der Verordnung vom 3. Februar 1910.

---

9. Wassergesetz für das Königreich Bayern vom 23. März 1907 (GVBl. S. 57).

Privatgewässer.

Art. 17. Der Eigentümer ist nicht befugt, dem auf seinem Grundstück entspringenden oder darauf sich natürlich sammelnden Wasser zum Abfluß auf fremdes Eigentum eine dieses belästigende andere Leitung, als wohin nach der Beschaffenheit des Bodens der natürliche Lauf geht, oder eine belästigende größere als die natürliche Stärke zu geben.

Der Eigentümer des niedriger liegenden Grundstücks ist nicht befugt, den natürlichen Abfluß des Wassers von dem höher liegenden Grundstücke zu dessen Nachteile zu hindern.

Der Eigentümer hat auf seinem Grundstücke die Wegräumung der Hindernisse und Veränderungen, die durch andere Personen oder durch Zufall entstanden sind und dem Abflusse des Wassers zum Nachteile des tiefer gelegenen Grundstücks eine andere Richtung oder eine größere Stärke geben oder die dem natürlichen Abflusse des Wassers auf das niedriger gelegene Grundstück zum Nachteile des höher gelegenen Grundstücks entgegenstehen, dem dadurch benachteiligten Grundstückseigentümer gegen Entschädigung zu gestatten.

Durch Begründung einer Dienstbarkeit können von obigen Bestimmungen abweichende Verhältnisse festgesetzt werden.

Art. 19. Die Zutageförderung oder Ableitung von Grund- und Quellwasser sowie die Änderung am Abfluß eines Sees oder Weihers unterliegen der Erlaubnis der Verwaltungsbehörde. Die Erlaubnis ist nicht erforderlich für die Anlage von Brunnen, welche vorübergehenden Zwecken oder dem eigenen Haus- und Wirtschaftsbedarf einschließlich des Bedarfs für landwirtschaftliche Nebenbetriebe dienen.

Art. 20. Die Vornahme von Grab- oder Bohrarbeiten auf Grundstücken im Bereiche von öffentlich benützten Heilquellen einschließlich der Solquellen ist an die Erlaubnis der Verwaltungsbehörde gebunden. Vor der Erteilung der Erlaubnis ist der Eigentümer der Heilquelle mit seinen Erinnerungen zu hören.

Die Erlaubnis ist zu versagen oder nur unter Bedingungen oder Beschränkungen zu erteilen, wenn und soweit durch die Vornahme der Arbeiten eine Gefährdung des Bestandes oder der Beschaffenheit der Heilquelle zu besorgen ist.

Ergibt sich nach der Erteilung der Erlaubnis, daß durch die Arbeiten der Bestand oder die Beschaffenheit der Heilquelle beeinträchtigt wird, so kann die Verwaltungsbehörde auf Antrag des Eigentümers der Quelle die Einstellung der Arbeiten und die möglichste Wiederherstellung des früheren Zustandes verfügen. Der Eigentümer der Heilquelle hat in diesem Falle dem Unternehmer der Arbeiten die auf die Vornahme und die Einstellung der Arbeiten sowie auf die Wiederherstellung des früheren Zustandes erwachsenen Kosten zu ersetzen.

Die Bezeichnung der öffentlich benützten Heilquellen und ihres Bereichs erfolgt durch die Staatsregierung.

Gemeingebrauch an Gewässern.

Art. 26. In den öffentlichen Gewässern sowie in den Privatflüssen und Bächen ist der Gebrauch des Wassers durch Schöpfen mit Handgefäßen, zum Baden, Waschen, Tränken, Schwemmen sowie zur Eisbahn, soweit es ohne rechtswidrige Benützung fremder Grundstücke geschehen kann, jedem gestattet. Die Ausübung dieses Gebrauchs kann durch polizeiliche Vorschrift geregelt oder beschränkt werden.

Zur Entnahme von Eis, Sand, Kies, Steinen, Schlamm, Erde und Pflanzen aus dem Flußbett öffentlicher Gewässer sowie der im Eigentum des Staates stehenden Privatflüsse und Bäche, ferner zur Goldwäscherei in solchen ist vorbehaltlich besonderer Berechtigungen die Erlaubnis der Verwaltungsbehörde erforderlich. In den übrigen Privatflüssen und Bächen ist hierzu vorbehaltlich besonderer Berechtigungen dritter nur der Eigentümer des Flußbettes befugt, soweit es ohne Nachteil für andere, besonders in bezug auf die Tiefe des Flusses und die Sicherheit der Ufer geschehen kann.

Die Perlfischerei ist, soweit das Recht hierauf nicht dritten zusteht, dem Staate vorbehalten. Die Ausübung unterliegt den polizeilichen Schutzvorschriften.

Schiffahrt, Floßfahrt, Trift.

Art. 30. Die im Staatseigentum stehenden Seen dürfen mit Dampfschiffen oder sonstigen durch eigene Triebkraft bewegten Schiffen nur auf Grund besonderer Erlaubnis befahren werden. Das Befahren mit Schiffen ohne eigene Triebkraft und mit Flößen bemißt sich nach den bestehenden Rechtsverhältnissen. Die Benützung dieser Gewässer mit Schiffen und Flößen kann durch Schiffahrts- und Floßordnungen geregelt werden.

Die zur Erteilung der Erlaubnis zuständige Behörde wird durch Verordnung bestimmt.

Für die Schiffahrt auf dem Bodensee sind die internationalen Vereinbarungen und die hiezu erlassenen Vollzugsvorschriften maßgebend.

Reinhaltung der Gewässer.

Art. 37. Öffentlichen Gewässern, Privatflüssen und Bächen sowie solchen geschlossenen Gewässern, an denen ein anderer mitberechtigt oder in denen ein anderer fischereiberechtigt ist, dürfen Flüssigkeiten oder andere nicht feste Stoffe, die eine schädliche Veränderung der Eigenschaften des Wassers zur Folge haben, nur mit Erlaubnis der Verwaltungsbehörde zugeführt werden. Die Erlaubnis ist auch erforderlich, wenn eine bereits genehmigte Zuführung bezüglich der Art oder Menge der zuzuführenden Flüssigkeit in einer für die Eigenschaften des Gewässers schädlichen Weise geändert wird.

Die Erlaubnis ist in widerruflicher Weise zu erteilen.

Die Erlaubnis ist zu versagen oder an einschränkende Bedingungen zu knüpfen, wenn und soweit durch die Zuführung gesundheitliche oder erhebliche wirtschaftliche Nachteile zu besorgen sind und wenn in letzterem Falle der von der Zuführung zu erwartende Vorteil von geringerer wirtschaftlicher Bedeutung ist als der durch die Zuführung entstehende Nachteil.

Der Unternehmer kann jederzeit von der Verwaltungsbehörde angehalten werden, diejenigen Einrichtungen zu treffen, welche erforderlich sind, um schädliche Einwirkungen der Zuführung auszuschließen oder möglichst einzuschränken, soweit die Einrichtungen mit dem ordnungsmäßigen Betriebe der Anlage vereinbar sind.

Der Unternehmer der Zuführung ist zum Ersatze des Schadens verpflichtet, der anderen an dem Wasser Berechtigten durch die Zuführung entsteht.

Art. 38. Die Einbringung von festen Stoffen, welche die Eigenschaften des Wassers in schädlicher Weise verändern oder auf den Wasserabfluß und Wasserstand nachteilig einwirken, insbesondere das Einwerfen von Schutt, Unrat, Tierleichen sowie das Einlegen von Flachs und Hanf in Gewässer der in Art. 37 Abs. 1 bezeichneten Art ist verboten. Ausnahmen können von der Verwaltungsbehörde in widerruflicher Weise zugelassen werden.

Art. 39. Die in den Artikeln 37, 38 bezeichneten Handlungen können auch bei solchen geschlossenen Gewässern, die nicht zu den in Art. 37 Abs. 1 genannten gehören, durch die Verwaltungsbehörde insoweit untersagt werden, als es das Gemeinwohl erfordert.

Art. 40. Aus Gründen des Gemeinwohls kann dem Besitzer einer bei dem Inkrafttreten dieses Gesetzes bestehenden Anlage, durch deren Betrieb die Eigenschaften eines öffentlichen oder eines Privatgewässers in schädlicher Weise verändert werden (Art. 37 bis 39), die Befugnis zur Zuführung von Flüssigkeiten oder anderen nicht festen Stoffen oder von festen Stoffen, die eine solche Veränderung bewirken, durch die Verwaltungsbehörde entzogen oder beschränkt werden.

Entsteht durch einen solchen Betrieb ein erheblicher Schaden für dritte, denen Rechte an dem Gewässer zustehen, so kann auf Antrag der Geschädigten oder eines von ihnen der Unternehmer durch die Verwaltungsbehörde angehalten werden, Einrichtungen zu treffen, welche die schädliche Einwirkung der Zuführung von Flüssigkeiten oder anderen nicht festen Stoffen oder von festen Stoffen ausschließen oder möglichst einschränken, soweit die Einrichtungen mit dem ordnungsmäßigen Betriebe der Anlage vereinbar sind. Handelt es sich um eine den bestehenden Rechtsverhältnissen entsprechende Anlage, so hat der Antragsteller dem Unternehmer die Kosten der Einrichtung zu ersetzen. Etwaige Schadensersatzansprüche dritter bleiben unberührt.

Besondere Nutzungen ausschließlich der Stauanlagen.

a) An öffentlichen Gewässern.

Art. 42. Jede Art von Wasserbenützung, die sich nicht als Gemeingebrauch darstellt oder die mittels einer besonderen Anlage in oder an öffentlichen Gewässern erfolgt, insbesondere die Errichtung von Triebwerken ohne gespannte Wasserkraft, Wasser-Aus- und -Einleitungen, Schöpfwerken, Bade- oder Waschhäusern u. dergl. und die Abänderung solcher Anlagen unterliegt der Erlaubnis der Verwaltungsbehörde.

b) An Privatflüssen und Bächen.

1. Im Eigentum der Ufereigentümer (Art. 21).

Art. 45. Sofern nicht Lokalverordnungen, Herkommen oder besondere Rechtsverhältnisse eine Ausnahme begründen, darf jeder Ufereigentümer das an seinem Grundstücke vorüberfließende Wasser nur so benützen,

1. daß keine einem anderen schädliche Stauung und keine Überschwemmung, Versumpfung, schädliche Austrocknung oder sonstige Beschädigung fremder Grundstücke und Anlagen verursacht wird und daß nicht zum Nachteil anderer eine nutzlose Verschwendung oder eine willkürlich ungleichmäßige Ausnutzung des Wassers stattfindet,

2. daß dem Wasser, soweit es durch die Benützung nicht verbraucht ist, der Abfluß in das eigentliche Bett des Flusses gegeben wird, bevor dieser das Ufer eines fremden Grundstücks berührt.

Zu einer Abweichung von vorstehenden Bestimmungen kann von der Verwaltungsbehörde die Ermächtigung erteilt werden, im Falle der Ziff. 1 dann, wenn der Nutzen der Anlage den zu befürchtenden Schaden erheblich überwiegt und Entschädigung gewährt wird, im Falle der Ziff. 2 dann, wenn durch die Ableitung des Wassers anderen Beteiligten kein Nachteil zugeht.

Sind die Eigentümer mehrerer aneinandergrenzenden Ufergrundstücke über eine Anlage oder Wasserbenützung einverstanden, so werden diese Grundstücke bei Anwendung der vorstehenden Beschränkungen als ein einziges Grundstück betrachtet.

Gehören die gegenüberliegenden Ufer verschiedenen Eigentümern, so hat jeder das Recht zur gleichheitlichen Benützung des Wassers.

3. Im Eigentum dritter (Art. 24).

Art. 47. Sofern nicht Lokalverordnungen, Herkommen oder besondere Rechtsverhältnisse eine Ausnahme begründen, darf der Eigentümer eines Privatflusses oder Baches (Art. 24) dessen Wasser nur so benützen,

1. daß keine einem anderen schädliche Stauung und keine Überschwemmung, Versumpfung, schädliche Austrocknung oder sonstige Beschädigung fremder Grundstücke und Anlagen verursacht wird und daß nicht zum Nachteil anderer eine nutzlose Verschwendung oder eine willkürlich ungleichmäßige Ausnützung des Wassers stattfindet,

2. daß dem Wasser nicht eine andere Richtung gegeben wird, als wohin der bisherige Lauf geht. Ist jedoch der Eigentümer eines Privatflusses oder Baches zugleich Eigentümer eines Ufergrundstücks oder überläßt er die Benützung des Wassers einem Ufereigentümer, so findet die Bestimmung des Art. 45 Abs. 1 Ziff. 2 Anwendung.

Die Bestimmung des Art. 45 Abs. 2 findet Anwendung.

4. Aufsicht.

Art. 48. Die Benützung aller Privatflüsse und Bäche unterliegt der ständigen Beaufsichtigung durch die Verwaltungsbehörden; diese können aus Gründen des Gemeinwohls, namentlich aus gesundheitspolizeilichen Rücksichten, zur Verhütung von Überschwemmungen oder Versumpfungen, zur Offenhaltung des Verkehrs usf., allgemeine und besondere Anordnungen erlassen.

Vor der Herstellung oder Abänderung bleibender Anlagen an oder in Privatflüssen und Bächen hat der Wasserberechtigte Anzeige an die Verwaltungsbehörde zu erstatten. Diese hat zu untersuchen, ob die beabsichtigte Anlage nicht den in Abs. 1 bezeichneten Anordnungen und Rücksichten zuwiderläuft.

Art. 49. Wenn durch eine erlaubte Wasserbenützung einer Ortschaft der für die häuslichen oder wirtschaftlichen Bedürfnisse ihrer Bewohner oder für die Feuersicherheit unentbehrliche Wasserbedarf entzogen würde, kann die Verwaltungsbehörde die Wasserbenützung in geeigneter Weise beschränken.

Stauanlagen.

Art. 50. Die vorgängige Genehmigung der Verwaltungsbehörde ist erforderlich

1. zur Errichtung von Stauanlagen oder Triebwerken mit gespannter Wasserkraft an öffentlichen Gewässern oder Privatflüssen und Bächen, auch abgesehen von den Fällen des § 16 der Gewerbeordnung;
2. für Änderungen an solchen Anlagen, wenn die Änderung auf den Verbrauch des Wassers, die Wassermenge, die Art des Verbrauchs, das Gefälle oder die Höhe des Oberwassers Einfluß hat;
3. zu jeder Abänderung oder Auswechslung von Hauptteilen bestehender Stau- und Triebwerksanlagen, selbst wenn dadurch die in Ziff. 2 bezeichneten Wirkungen nicht verursacht werden.

Art. 52. Die Beseitigung von Stauanlagen oder Triebwerken mit gespannter Wasserkraft ist nur mit Erlaubnis der Verwaltungsbehörde zulässig. Die Erlaubnis darf nur im Interesse des Gemeinwohls und nur insolange versagt werden, bis die zur Wahrung dieser Interessen erforderlichen Vorkehrungen (Art. 60 Abs. 2) getroffen sind.

Art. 53. Bei jeder Stauanlage und bei jedem Triebwerke mit gespannter Wasserkraft ist nach Anordnung der Verwaltungsbehörde auf Kosten des Unternehmers ein bleibendes Höhenmaß (Eichmarke, Eichpfahl, Pegel) aufzustellen, das auf eine in die Augen fallende Weise die festgesetzte Wasserhöhe und zwar, sofern der Wasserstand auf einer bestimmten Mindesthöhe erhalten werden muß, auch letztere zu bezeichnen hat.

Das gleiche gilt bei den bereits bestehenden Anlagen.

Das Verfahren bei Aufstellung dieser Höhenmaße und deren Beschaffenheit wird durch Ministerialvorschrift bestimmt; darin sind auch jene Fälle zu bezeichnen, in denen von der Aufstellung Umgang genommen werden kann.

Art. 55. Jeder Besitzer einer Stauanlage ist für den Fall, daß und solange der Wasserstand über die festgesetzte Höhe steigt oder zu steigen droht, ohne Anspruch auf Entschädigung verpflichtet, durch Öffnung der Schleusen und der sonstigen zur Senkung des Wasserspiegels bestehenden Vorrichtungen sowie durch Beseitigung von Hindernissen des Wasserablaufs (Treibzeug, Eis, Geschiebe u. dergl.) für die Abführung des Wassers zu sorgen.

Art. 57. Die Vorschriften der Art. 50 bis 56 finden auf Stauanlagen und Triebwerke mit gespannter Wasserkraft an *geschlossenen Gewässern* entsprechende Anwendung.

Ausgleichsverfahren bei Nutzungen an Privatflüssen und Bächen

Art. 65. Wenn wegen Verminderung der Wassermenge oder aus anderen Gründen das vorhandene Wasser für die Bedürfnisse der Berechtigten nicht zureicht und für diese Fälle nicht durch Lokalverordnungen, Herkommen oder besondere Rechtsverhältnisse Vorsorge getroffen ist, hat die Verwaltungsbehörde auf Antrag eines Beteiligten die *Benützung des Wassers* mit möglichster Berücksichtigung der bestehenden Rechtsverhältnisse im *Ausgleichsverfahren* zu regeln.

Art. 66. Insbesondere hat die Verwaltungsbehörde zu untersuchen, ob nicht seitens eines Berechtigten eine nutzlose *Wasserverschwendung* oder eine willkürlich ungleichmäßige Ausnützung des Wassers zum Nachteil anderer Beteiligter stattfindet.

Ist dies bei Stau- und Triebwerksanlagen, Bewässerungs- und sonstigen Wasserbenützungsanlagen der Fall, so sind die Besitzer anzuhalten, ihre Betriebseinrichtungen in der erforderlichen Weise zu ändern und zu unterhalten.

Art. 67. Zur Erzielung eines entsprechenden Ausgleiches kann ferner das einzelnen Berechtigten gehörende Wasser oder ein Teil desselben zeitweise in Anspruch genommen werden, sofern diesen kein erheblicher Nachteil erwächst und den übrigen Beteiligten ein bedeutender Vorteil verschafft wird.

Hierbei hat die Verwaltungsbehörde die Zeiten und die Wassermengen für die Benützung festzusetzen.

Instandhaltung der Gewässer.

Art. 76. Die Verwaltungsbehörde hat für alle öffentlichen Flüsse und für die Privatflüsse und Bäche mit erheblicher Hochwassergefahr (Art. 97), ferner, soweit ein Bedürfnis besteht, auch für sonstige Privatflüsse und Bäche die Grenzen des *Überschwemmungsgebiets* festzusetzen.

Innerhalb dieser Grenzen dürfen ohne Erlaubnis der Verwaltungsbehörde von Privaten, Genossenschaften und Gemeinden, ausschließlich der Kreisgemeinden, weder Anlagen und Bauten errichtet, noch Änderungen daran vorgenommen werden, die auf den Lauf des Wassers oder auf die Höhe des Wasserstandes Einfluß haben können.

Art. 77. Zu allen Uferschutz-, Regulierungs- und Dammbauten, die von Privaten, Genossenschaften und Gemeinden, ausschließlich der Kreisgemeinden, ausgeführt werden, und zu Änderungen solcher Bauten ist, auch abgesehen von den Fällen des Art. 76 Abs. 2, die vorgängige Erlaubnis der Verwaltungsbehörde erforderlich.

Art. 78. Brücken, feststehende Stege und Überfahrtsanstalten über öffentliche Gewässer, über Privatflüsse und Bäche im Eigentum des Staates (Art. 23) und über Privatflüsse und Bäche mit erheblicher Hochwassergefahr (Art. 97), ferner Überführungen (Wasser-, Gas-, Drahtleitungen usw.) über und Unterführungen durch öffentliche Gewässer sowie Privatflüsse und Bäche mit erheblicher Hochwassergefahr dürfen, soweit diese Unternehmungen nicht durch Staatsbehörden zur Ausführung gelangen, nur mit Erlaubnis der Verwaltungsbehörde errichtet oder abgeändert werden.

Auch für sonstige Privatflüsse und Bäche oder Teile von solchen kann die Verwaltungsbehörde anordnen, daß die Errichtung oder Abänderung von Brücken, feststehenden Stegen und Überfahrtsanstalten, soweit diese Unternehmungen nicht durch Staatsbehörden zur Ausführung gelangen, der in Abs. 1 vorgeschriebenen Erlaubnis bedarf.

Art. 85. Die Verwaltungsbehörde ist befugt, soweit für bestimmte Flüsse die Grenzen des Überschwemmungsgebiets festgesetzt sind (Art. 76), innerhalb dieser Grenzen die Freihaltung des Wasserlaufs von Hindernissen (Bäumen, Sträuchern, Ablagerungen, Auffüllungen, Zäunen und ähnlichen Hindernissen), sowie die Auffüllung von Vertiefungen anzuordnen. Die Verpflichtung hierzu obliegt den Eigentümern der Grundstücke.

Auf Hochwasserdämmen ist das Anpflanzen von Bäumen und Sträuchern, sowie die Anbringung von Zäunen und Einfriedungen nur mit Erlaubnis der Verwaltungsbehörde gestattet.

Art. 86. Die Ufereigentümer und bei den im Eigentum dritter stehenden Privatflüssen und Bächen die Eigentümer des Flußbetts sind verpflichtet, sich aller Handlungen in der Nähe der Ufer zu enthalten, welche die Sicherheit und den Schutz der Ufer zu gefährden geeignet sind.

Strafbestimmungen.

Art. 202. An Geld bis zu dreihundert Mark oder mit Haft wird bestraft:

1. wer den Vorschriften der Art. 37, 38, 39 und 40 zuwiderhandelt,
2. wer außer den Fällen der §§ 16 und 147 Ziff. 2 der Gewerbeordnung eine Anlage, zu deren Errichtung, Abänderung oder Beseitigung gemäß Art. 42, 50, 52, 57, 76 Abs. 2, 77 und

78 dieses Gesetzes eine Erlaubnis oder Genehmigung erforderlich ist, ohne eine solche errichtet, abändert, beseitigt oder die darin festgesetzten Bedingungen nicht einhält,

3. wer die von der Verwaltungsbehörde zur Bestimmung der Uferlinie angebrachten Zeichen (Art. 6) oder ein nach Art. 53 aufgestelltes Höhenmaß oder die nach Art. 5 eingebauten Fixpunkte und aufgestellten Flußeinteilungszeichen absichtlich entfernt, abändert oder beschädigt,
4. wer den Vorschriften der Art. 85 und 86 zuwiderhandelt.

Art. 203. An Geld bis einhundertfünfzig Mark oder mit Haft bis zu drei Wochen wird bestraft:

1. wer einer nach Art. 49 verfügten Beschränkung zuwiderhandelt,
2. wer ohne die nach Art. 19 vorgeschriebene Erlaubnis Grund- und Quellwasser zutage fördert oder ableitet oder Änderungen am Abfluß eines Sees oder Weihers vornimmt,
3. wer ohne die nach Art. 20 vorgeschriebene Erlaubnis Grab- oder Bohrarbeiten auf Grundstücken im Bereich öffentlich benützter Heilquellen vornimmt oder die in der Erlaubnis festgesetzten Bedingungen oder Beschränkungen nicht einhält oder wer der nach Art. 20 Abs. 3 erlassenen Verfügung der Verwaltungsbehörde nicht nachkommt,
4. wer ohne die nach Art. 30 vorgeschriebene Erlaubnis oder der erteilten Erlaubnis zuwider die im Staatseigentum stehenden Seen mit Dampfschiffen oder sonstigen durch eigene Triebkraft bewegten Schiffen befährt,
5. wer den Vorschriften des Art. 45 Abs. 1, des Art. 47 Abs. 1, einer nach Art. 45 Abs. 2 oder Art. 47 Abs. 2 erteilten Ermächtigung oder den im Ausgleichsverfahren gemäß Art. 65, 66 und 67 Abs. 2 getroffenen Anordnungen der Behörde zuwiderhandelt,
6. wer ungeachtet einer von der Verwaltungsbehörde an ihn ergangenen Aufforderung die ihm nach Maßgabe der erteilten Erlaubnis obliegende Unterhaltung einer Wasserbenützungsanlage (Art. 59) unterläßt,
7. wer den Vorschriften des Art. 55 zuwiderhandelt,
8. wer unbefugt die Perlfischerei ausübt oder den zu ihrem Schutze erlassenen Vorschriften zuwiderhandelt.

Art. 204. An Geld bis zu fünfzig Mark oder mit Haft bis zu acht Tagen wird bestraft:

1. wer den Vorschriften des Art. 17 Abs. 1, 2 zuwiderhandelt,
2. wer den durch Art. 48 Abs. 2 und Art. 130 vorgeschriebenen Verpflichtungen nicht nachkommt,
3. wer ohne die nach Art. 26 Abs. 2 erforderliche Erlaubnis oder der erteilten Erlaubnis zuwider Eis, Sand, Kies, Steine, Schlamm, Erde und Pflanzen aus dem Flußbett öffentlicher Gewässer oder der im Eigentum des Staates stehenden Privat-

flüsse und Bäche entnimmt oder in solchen die Goldwäscherei ausübt.

Art. 205. Wird auf Grund der Art. 202 bis 204 auf Strafe erkannt, so ist die Verwaltungsbehörde zu ermächtigen, auf Kosten des Verurteilten einen ordnungswidrigen Betrieb einzustellen und die Beseitigung eines ordnungswidrigen Zustandes sowie die Herstellung eines den gesetzlichen Vorschriften oder den gesetzlichen Bedingungen und Auflagen entsprechenden Zustandes herbeizuführen.

Art. 206. Übertretungen von Schiffahrts- und Floßordnungen werden an Geld bis zu einhundertfünfzig Mark oder mit Haft bis zu vier Wochen bestraft.

Soweit zum Vollzug einzelner Bestimmungen des Gesetzes oberpolizeiliche oder distriktspolizeiliche Vorschriften oder Anordnungen der Verwaltungsbehörden erlassen werden, wird deren Übertretung an Geld bis zu hundert Mark oder mit Haft bis zu vierzehn Tagen, soweit ortspolizeiliche Vorschriften und Anordnungen erlassen werden, wird deren Übertretung an Geld bis zu zwanzig Mark oder mit Haft bis zu drei Tagen bestraft.

H. Öffentliche Sittlichkeit.

1. K. Verordnung vom 21. Mai 1897, die Feier der Sonn- und Festtage betreffend. (GVBl. S. 197.)*)

§ 1. Alle öffentlich vorgenommenen oder öffentliches Ärgernis erregenden oder geräuschvollen Arbeiten

a) des Gewerbe-, Handels- und Fabrikbetriebes,
b) der Land- und Forstwirtschaft, der Viehzucht, Berufsgärtnerei und Berufsfischerei

sind an Sonn- und Festtagen ohne Unterschied, ob letztere als Festtage im Sinne der Gewerbeordnung bestimmt sind oder nicht, untersagt.

Dem Verbote unterliegen nicht

1. die Arbeiten im Gewerbe-, Handels- und Fabrikbetriebe, bei welchen auf Grund der Gewerbeordnung für das Deutsche Reich oder der hiezu erlassenen Anordnungen an Sonn- und Festtagen Arbeiter verwendet werden dürfen, und zwar auch an den nicht unter die Gewerbeordnung fallenden Festtagen,
2. die Arbeiten im Verkehrsgewerbe, welche ohne Nachteil nicht aufgeschoben oder unterbrochen werden können,
3. die Arbeiten in Apotheken, Badeanstalten, Gast- und Schankwirtschaftsbetrieben und im Vergnügungsgewerbe (Darbietung

*) Strafbestimmung: § 366 Ziff. 1 RStGB.

von Musikaufführungen, Schaustellungen, theatralischen Vorstellungen oder sonstigen Lustbarkeiten), vorbehaltlich der in §§ 4 und 5 gegenwärtiger Verordnung bezeichneten Beschränkungen,

4. die dringenden, sowie die zur Befriedigung täglicher oder an Sonn- und Festtagen besonders hervortretender Bedürfnisse der Bevölkerung nötigen Arbeiten in der Land- und Forstwirtschaft, Viehzucht, Berufsgärtnerei und Berufsfischerei, die durch ungünstige Witterung gebotenen Erntearbeiten, die Arbeiten der Weinlese, dann die Arbeiten, welche in landwirtschaftlichen Nebenbetrieben, wie Branntweinbrennereien, Molkereien, ohne Nachteil nicht aufgeschoben oder unterbrochen werden können, bei der Berufsfischerei in den mehreren Staaten gemeinsamen Gewässern auch jene Arbeiten, welche den Fischern der anderen Staaten gestattet sind.

Bezüglich der Feier der Sonn- und Festtage im Betriebe der Staatsverkehrsanstalten sind die hierüber von den zuständigen Behörden erlassenen Anordnungen maßgebend.

Der Ministerial-Instanz bleibt vorbehalten, bei erheblichen Veranlassungen bezüglich des Arbeitens in Fabriken für einzelne Festtage Ausnahmen in widerruflicher Weise zu bewilligen.

§ 2. Die offenen Verkaufsstellen sind:

1. am ersten Weihnachtstage,
2. an dem Oster- und Pfingstsonntage,
3. in katholischen Orten am Fronleichnamstage, in protestantischen Orten am Karfreitage

den ganzen Tag über geschlossen zu halten, insoweit nicht nach der Gewerbeordnung und den hiezu erlassenen Anordnungen Ausnahmen gestattet sind; für die unter Ziffer 3 genannten Festtage dürfen in der Regel keine weiteren Ausnahmen als für jene unter Ziffer 1 und 2 zugelassen werden.

Im übrigen bemißt sich das Offenhalten der Verkaufsstellen an den Sonntagen und den unter die Gewerbeordnung fallenden Festtagen ausschließend nach den Bestimmungen der Gewerbeordnung und den hiezu erlassenen Anordnungen.

An den nicht unter die Gewerbeordnung fallenden Festtagen dürfen die Verkaufsstellen während des vormittägigen Pfarrgottesdienstes nicht geöffnet werden. Ausgenommen sind jene Geschäftsbetriebe, welche an den der Gewerbeordnung unterstellten Festtagen einer solchen Beschränkung nicht unterliegen.

Vorstehende Bestimmungen gelten auch hinsichtlich des Öffnens der Marktbuden an den auf einen Sonn- oder Festtag fallenden Messen und Jahrmärkten.

Apotheken dürfen an sämtlichen Sonn- und Festtagen den ganzen Tag über geöffnet sein.

Die Beschränkungen, welchen der Gewerbebetrieb im Umherziehen, sowie der ambulante Gewerbebetrieb im Gemeindebezirke des

Wohnsitzes oder der gewerblichen Niederlassung an den Sonn- und Festtagen nach der Gewerbeordnung und den hiezu erlassenen Anordnungen unterworfen ist, gelten im gleichen Umfange auch für diese Betriebe an den nicht unter die Gewerbeordnung fallenden Festtagen.

§ 3. Die Abhaltung von Getreide- und Viehmärkten, von Treibjagden und öffentlichen Versteigerungen an Sonn- und Festtagen ist verboten.

§ 4. Lärmendes Zechen und Spielen, lärmende Zusammenkünfte und Lustbarkeiten in Wirtschaftslokalitäten, lärmende Unterhaltungen in der Nähe von Kirchen an Sonn- und Festtagen während des vor- und nachmittägigen Pfarrgottesdienstes sind untersagt.

§ 5. Es ist verboten, Scheiben- und Vogelschießen und andere öffentliche Lustbarkeiten, sowie Schau- und Vorstellungen (Art. 32 Abs. 1 Ziffer 1 und 2, Art. 33 Abs. 1 des Polizeistrafgesetzbuches) an Sonn- und Festtagen vor Beendigung des vormittägigen Pfarrgottesdienstes zu veranstalten.

§ 6. Das Austreiben und Hüten des Weideviehes darf an Sonn- und Festtagen zur Zeit des vormittägigen Pfarrgottesdienstes nicht stattfinden.

An Orten, wo bisher eine abweichende Übung bestand, kann dieselbe durch ortspolizeiliche Vorschrift aufrecht erhalten werden.

Auf die Alpenweide findet die vorstehende Bestimmung in Abs. 1 keine Anwendung.

§ 7. Durch ortspolizeiliche Vorschrift können die Stunden, auf welche sich die in § 2 Absatz 3, §§ 4, 5 und 6 Absatz 1 enthaltenen Verbote erstrecken, näher bezeichnet werden.

§ 8. Die Vorschriften der §§ 1—7 mit Ausnahme jener des § 2 Absatz 1 Ziffer 3 finden bezüglich der Sonntage und der den christlichen Konfessionen gemeinschaftlichen Festtage auch in konfessionell gemischten Orten Anwendung.

In Ansehung der besonderen Feiertage eines Religionsteiles sind die Bestimmungen des § 82 der II. Verfassungsbeilage maßgebend.

Insolange in konfessionell gemischten Orten bezüglich der Einstellung der Arbeits- und Gewerbstätigkeit und der Schließung der Ortsläden an den einem Religionsteil eigentümlichen Feiertagen eine Vereinbarung besteht, ist sich hiernach zu richten.

---

2. **K. Verordnung vom 18. Juni 1862, die Abhaltung öffentlicher Tanzmusik betreffend.** (RegBl. S. 1391.)

§ 1. Zur Veranstaltung öffentlicher Tanzmusik ist polizeiliche Erlaubnis erforderlich. Die von geselligen Vereinen und geschlossenen Gesellschaften veranstalteten Tanzunterhaltungen sind an eine polizeiliche Erlaubnis nur dann gebunden, wenn sie sich nach der Art der Veranstaltung oder der gestatteten Teilnahme oder in sonstiger Weise als öffentliche darstellen.

Tanzmusik aus Anlaß von Hochzeiten, wobei die Teilnahme auf die von dem Hochzeitpaare zum Mahle oder Tanze besonders geladenen Personen sich beschränkt, ist als von einer geschlossenen Gesellschaft ausgehend zu betrachten.

§ 2. In der Pfalz erteilen die Erlaubnis die Bezirksämter, beziehungsweise die Bürgermeister.

§ 3. Die Bezirksämter haben für jeden einzelnen Ortspolizeibezirk die Tage, an welchen in sämtlichen oder einzelnen Wirtschaften die Abhaltung öffentlicher Tanzmusik bewilligt werden kann, und die zulässige längste Dauer der letzteren festzusetzen, sowie über die den Unternehmern nach Maßgabe der örtlichen Verhältnisse allenfalls aufzulegenden besonderen Bedingungen Anordnung zu erlassen. Den Ortspolizeibehörden steht sodann innerhalb der von den Bezirksämtern getroffenen Bestimmungen die Bescheidung der angebrachten Gesuche zu.

Wird die Abhaltung einer öffentlichen Tanzmusik für einen vom Bezirksamte nicht festgesetzten Tag oder für eine längere, als von dieser Behörde bestimmte Dauer nachgesucht, so hat die Ortspolizeibehörde das Gesuch mit gutachtlicher Äußerung an das Bezirksamt zur Bescheidung einzusenden.

§ 4. Jede Erlaubnis zur Veranstaltung einer öffentlichen Tanzmusik ist schriftlich auszufertigen.

§ 5. In der schriftlichen Ausfertigung sind die Stunde des Beginnes und der Beendigung der Tanzmusik, sowie die dem Unternehmer allenfalls aufgelegten weiteren Bedingungen genau auszudrücken.

§ 6. Die Abhaltung öffentlicher Tanzmusiken ist unter sagt:

I. an katholischen Orten:

1. vom ersten Sonntage im Advent bis zum Feste der heiligen drei Könige einschließlich, mit Ausnahme des Silvesterabends, und wenn dieser auf einen Freitag fällt, des Neujahrstages an Orten, wo die Abhaltung öffentlicher Tanzmusik an diesem Abende Herkommen ist;
2. vom Aschermittwoch bis zum ersten Sonntage nach Ostern einschließlich;
3. am Christi Himmelfahrtstage und am Pfingstsonntage, sowie an den Vorabenden dieser Tage;
4. in der Oktave des Fronleichnamsfestes mit Ausnahme der einfallenden Kirchweihtage und in der Oktave des Allerseelenfestes, sowie an den Vorabenden dieser beiden Feste und des Allerheiligenfestes;
5. an den Freitagen;
6. a) an den Frauentagen, welche zugleich gebotene Feiertage sind;

b) am Feste der heiligen Apostel Peter und Paul;
c) am Feste Johannes des Täufers;
d) an den Festen der Landes- und Diözesan-Patrone und
e) an den Vorabenden dieser Feste mit Ausnahme der auf diese Tage (a bis e) einfallenden Kirchweihtage und wenn an einem dieser Tage bisher schon die Abhaltung öffentlicher Tanzmusik hergebracht und gestattet war.

Fällt der Vorabend obiger Festtage auf einen Sonntag, so kann an diesem Tage öffentliche Tanzmusik bis zur Polizeistunde, jedoch nicht über die Mitternachtsstunde, zugelassen werden.

II. an protestantischen Orten:

1. vom ersten Sonntage im Advent bis zum ersten Weihnachtstage einschließlich;
2. am Silvesterabende mit der unter Nr. I Ziff. 1 bestimmten Ausnahme;
3. vom Aschermittwoch bis zum Ostersonntag einschließlich;
4. am Christi Himmelfahrtstage, am Pfingstsonntage, an Buß- und Bettagen, am Tage des Ernte- und Reformationsfestes und an den Vorabenden dieser Tage und Feste;
5. an den Freitagen.

An konfessionell gemischten Orten haben die unter Nr. I oder die unter Nr. II aufgeführten Bestimmungen Anwendung zu finden, je nachdem die Mehrzahl der Einwohner der katholischen oder der protestantischen Konfession angehört.

§ 7. Aus Anlaß der Kirchweihfeste darf die polizeiliche Erlaubnis zur Veranstaltung öffentlicher Tanzmusik in der Regel für zwei Tage erteilt werden, ausnahmsweise auch für drei Tage.

§ 9. Der Beginn der öffentlichen Tanzmusik an Sonn- und Feiertagen darf vor der Beendigung des nachmittägigen Gottesdienstes nicht gestattet werden.

Die festgesetzte längste Dauer soll in der Regel die festgestellte Polizeistunde nicht überschreiten; Ausnahmen können jedoch an bestimmten Tagen gestattet werden. Die Verlängerung über die Polizeistunde darf am Fastnachtsdienstage sich niemals über die Mitternachtstunde erstrecken.

---

3. Entschließung des K. Staatsministeriums des Innern vom 13. November 1867, die Abhaltung von Tanzmusiken am Gründonnerstage und Karfreitage betreffend.

Im Einverständnisse mit dem K. Staatsministerium des Innern für Kirchen- und Schulangelegenheiten wird hiermit angeordnet, daß die polizeiliche Bewilligung zur Veranstaltung der im Art. 32 Abs. I Ziff. 1 des Polizeistrafgesetzbuches bezeichneten öffentlichen Lustbarkeiten an dem Karfreitage und an dem Gründonnerstage, wo dieser herkömmlicherweise als Festtag gefeiert wird, im Hinblick auf die Bedeutung dieser Tage für die gesamte Christenheit künftighin im Königreiche nicht erteilt werden darf.

---

4. K. Verordnung vom 3. Juli 1868, die Schau- und Vorstellungen betreffend. (RegBl. S. 1162.)*)

§ 1. Die Veranstaltung von Schau- und Vorstellungen, bei welchen ein höheres wissenschaftliches oder ein Kunstinteresse obwaltet und eigens dazu eingerichtete Lokale in größeren Städten bedingt, kann von den Ortspolizeibehörden bewilligt werden.

§ 2. Die Abhaltung von musikalischen Vorträgen in Wirtschaftslokalitäten durch hiezu berechtigte Musikgesellschaften — welche die Befugnis erlangt haben, in ihrer Eigenschaft als Gesellschaften musikalische Produktionen zu veranstalten — ist an eine polizeiliche Bewilligung nicht gebunden.

§ 3. Die Genehmigung zur Abhaltung von Passionsvorstellungen erfolgt vom Staatsministerium des Innern.**)

Unternehmer von öffentlichen theatralischen Vorstellungen mit Einschluß der sog. Bauerntheater, von Sing- und Spielhallen, Cafés chantants bedürfen einer Erlaubnis der einschlägigen Kreisregierung, Kammer des Innern. Diese Erlaubnis darf umherziehenden Schauspielern nur vorbehaltlich ortspolizeilicher Bewilligung erteilt werden.

Die Bewilligung zur Veranstaltung öffentlicher theatralischer Vorstellungen zu wohltätigen oder sonst gemeinnützigen Zwecken durch Dilettanten wird der Ortspolizei vorbehalten.

§ 4. Wer außer den vorstehend bezeichneten Fällen Schau- und Vorstellungen veranstalten, insbesondere in Wirtschaftslokalitäten oder an anderen öffentlichen Orten gegen Bezahlung Musikstücke oder Gesänge, ferner Deklamationen, Marionettenspiele, Taschenspielerkünste oder ähnliche Kunstfertigkeiten aufführen, sich mit der Veranstaltung von Feuerwerken oder mit Vorstellungen aus dem Gebiete der Kunstreiterei, Gymnastik oder ähnlicher Kunstfertigkeiten befassen, oder Menagerien, Wachsfigurenkabinette, Sammlungen von Kunst- oder Naturmerkwürdigkeiten, Panoramen, Karoussele oder ähnliche Vorrichtungen aufstellen und dafür Eintrittsgeld erheben will, bedarf hiezu eines ortspolizeilichen Erlaubnisscheines.

---

*) Strafbestimmungen: Art. 32 und 33 PStGB. Siehe auch die einschlägigen Bestimmungen der GewO.: §§ 32, 33a, 33b, 33c, 55 Ziff. 4, 60a, 60d Abs. 4, 147 Ziff. 1, 148 Ziff. 5, 7, 7b, 149 Ziff. 3 und Zuständigkeitsverordnung § 15.

**) Vgl. Entschl. d. K. Staatsmin. d. Innern v. 2. Januar 1902 (MABl. S. 31) u. v. 19. Juli 1908 (MABl. S. 371). Kinematographische Vorführungen der Passionsgeschichte können nicht bewilligt werden.

5. K. Verordnung vom 5. Februar 1908, die Polizeistunde betreffend. (GVBl. S. 55).*)

§ 1. Die Polizeistunde wird für die Städte auf 12 Uhr Mitternacht, für die übrigen Gemeinden auf 11 Uhr abends mit der Maßgabe festgesetzt, daß bis 6 Uhr morgens Gäste in Schankstuben und an öffentlichen Vergnügungsorten nicht verweilen dürfen.

Durch ortspolizeiliche Vorschrift kann die Polizeistunde allgemein oder für bestimmte Wirtschaftsgattungen, für den ganzen Gemeindebezirk oder einen Teil desselben, für das ganze Jahr oder für bestimmte Monate, Wochen oder Tage anderweitig geregelt werden.

Eine Regelung, durch welche eine spätere als die in Abs. 1 bestimmte Polizeistunde festgesetzt oder das Verweilen von Gästen vor morgens 6 Uhr gestattet wird, kann nur durch eine fortdauernd geltende Vorschrift (Art. 6 PStGB.) und nur insoweit erfolgen, als es die örtlichen Verhältnisse unbedingt erfordern. Äußerstenfalls darf durch ortspolizeiliche Vorschrift das Verweilen von Gästen bis 2 Uhr nachts und von 4 Uhr morgens an gestattet werden.

§ 2. Die Polizeibehörden können bei besonderem Anlasse auf Ansuchen durch schriftliche Verfügung Abweichungen von der allgemeinen Polizeistunde bewilligen. Den Ortspolizeibehörden steht die Bewilligung nur für eine einzelne Wirtschaft und für einen bestimmten einzelnen Tag zu, den Distriktspolizeibehörden auch für sämtliche Wirtschaften einer Gemeinde, sowie für mehrere Tage; in gleichem Umfange kann die Distriktspolizeibehörde auch die Polizeistunde ganz aufheben.

In Städten mit mehr als 20000 Einwohnern kann die Ortspolizeibehörde — in München die Polizeidirektion nach Einvernahme des Stadtmagistrats — einzelnen Wirtschaften für das ganze Jahr oder für bestimmte Monate eine spätere Polizeistunde bewilligen oder die Polizeistunde ganz aufheben. Solche Bewilligungen dürfen jedoch nur in stets widerruflicher Weise und unter Bedingungen erteilt werden, welche Mißbräuche und Ausschreitungen hintanzuhalten geeignet sind.

Für Wirtschaften, deren Betrieb in bezug auf Ruhe, Ordnung, Sicherheit oder Sittlichkeit wiederholt zu polizeilichen Beanstandungen Anlaß gegeben hat, kann die Distriktspolizeibehörde — in München die Polizeidirektion — eine frühere Polizeistunde bestimmen, als allgemein festgesetzt ist. Die gleiche Maßnahme kann bei dringenden außerordentlichen Veranlassungen von der Distrikts- oder

---

*) Strafbestimmung: § 365 RStGB.

Die Handhabung und Überwachung der Bestimmungen über die Polizeistunde fällt zunächst in den Wirkungskreis der Ortspolizei. Die K. Gendarmerie ist jedoch verpflichtet, derartige Übertretungen, von welchen sie bei Ausübung ihres Dienstes Kenntnis erhält, zur Anzeige zu bringen. Dagegen ist sie innerhalb ihres ordentlichen Dienstes vorbehaltlich besonderer vorübergehender Anordnungen der K. Regierungen, Kammer des Innern, oder der Zivildienstbehörden nicht gehalten, den fraglichen Übertretungen besonders nachzuforschen.

Ortspolizeibehörde für alle Wirtschaften eines bestimmten Gebietes getroffen werden.

§ 3. Am Fastnachtsdienstag ist eine Hinausschiebung der Polizeistunde über Mitternacht ausgeschlossen.

§ 4. Gesellige Vereine und geschlossene Gesellschaften sind von der Einhaltung der festgesetzten Polizeistunde nur dann befreit, wenn sie einen besonderen, mit öffentlichen Wirtschaftsräumen nicht verbundenen Gesellschaftsraum besitzen.

Die Ortspolizeibehörden sind jedoch berechtigt, geselligen Vereinen und geschlossenen Gesellschaften, welche in einem Wirtshause einen von den allgemein zugänglichen Wirtschaftsräumen getrennten und ausschließend für sie bestimmten Gesellschaftsraum haben, eine verlängerte Polizeistunde in widerruflicher Weise zu bewilligen, sofern diese Maßregel nach den örtlichen Verhältnissen mit der Aufrechterhaltung der öffentlichen Ruhe und Ordnung vereinbar ist.

---

6. Gesetz vom 10. Mai 1902, die Zwangserziehung betreffend.

(GVBl. S. 180.)

Art. 2. Die Staatsanwaltschaften, die Polizeibehörden und die Schulbehörden sind verpflichtet, die zu ihrer Kenntnis gelangenden Tatsachen, welche die Zulässigkeit der Zwangserziehung begründen, dem Vormundschaftsgerichte mitzuteilen.

Art. 13. Mit Geldstrafe bis zu einhundertfünfzig Mark oder mit Haft wird bestraft, wer einen zur Zwangserziehung in einer Familie oder in einer Anstalt untergebrachten Minderjährigen unbefugt entfernt oder zur Entfernung verleitet.

Art. 14. Vorstehender Artikel findet auch bei Unterbringung von Minderjährigen auf Grund des § 56 und des § 362 Abs. 3 Satz 2 des Reichsstrafgesetzbuches Anwendung.

---

7. K. Verordnung vom 10. Juli 1867, die Bewilligung zur Veranstaltung öffentlicher Lotterien und Ausspielungen und zur Aufstellung von Glücksbuden an öffentlichen Orten betr. (RegBl. S. 809.)*)

§ 1. Die Bewilligung zu öffentlichen Lotterien oder Ausspielungen beweglicher Sachen oder zur Aufstellung von Glücksbuden an öffentlichen Orten wird erteilt:

1. von der einschlägigen Kreisregierung, Kammer des Innern, wenn der Absatz der Lose sich nur auf den Regierungsbezirk erstreckt;
2. von dem Staatsministerium des Innern, wenn dieser

*) Strafbestimmungen: § 286 und § 360 Ziff. 14 RStGB. Art. 57 und 57a PStGB.

Nach den älteren, in den einzelnen Gebietsteilen geltenden Verordnungen

Absatz auf mehrere oder alle Regierungsbezirke ausgedehnt oder die Bewilligung zu periodisch wiederkehrenden Lotterien oder Ausspielungen nachgesucht wird.

Bei Erteilung der Bewilligung zur Veranstaltung öffentlicher, aus Anlaß von Jahrmärkten, Kirchweihen oder Volksfesten unternommener Lotterien oder Ausspielungen unbedeutender Gegenstände ohne Geldgewinste und gegen geringen Einsatz ist die Zustimmung den betreffenden Ortspolizeibehörden vorzubehalten.

§ 2. Von den Bestimmungen des § 1 sind die in Wirtshäusern veranstalteten Lotterien oder Ausspielungen von Eßwaren ausgenommen, zu welchen die Bewilligung von der Ortspolizeibehörde erteilt wird.

§ 3. Die Allerhöchste Bewilligung ist erforderlich

1. zu öffentlichen Lotterien oder Ausspielungen von unbeweglichen und denselben gleichgeachteten Sachen;
2. zu Lotterieanlehen;
3. zur Zulassung von Lotterien, Lotterieanlehen oder Ausspielungen des Auslandes.

Auf auswärtige Staatsanlehen, sowie auf im Auslande mit Genehmigung der betreffenden Staatsregierung negozierte Privatgeldanlehen, deren Verzinsung und Tilgung mit einer Verlosung und mit Prämien verbunden ist, findet die vorstehende Bestimmung nicht Anwendung, vielmehr ist der An- und Verkauf der Lose solcher auswärtiger Anlehen im Königreiche gestattet, sofern nicht von dem Staatsministerium des Innern bezüglich des Verkehrs mit Losen einzelner solcher Lotterieanlehen Verbote oder beschränkende Bestimmungen erlassen werden.

---

8. Reichsgesetz vom 4. Juli 1905, betr. die Wetten bei öffentlich veranstalteten Pferderennen. (RGBl. S. 595.)

§ 1. Der Betrieb eines Wettunternehmens für öffentlich veranstaltete Pferderennen ist nur mit Erlaubnis der Landes-Zentralbehörde oder der von ihr bezeichneten Behörde zulässig.

Anmerkung: Als Wettunternehmen wird nur der Betrieb des Totalisators zugelassen (Ausführungsbest. des Bundesrats vom 6. April 1906, GVBl. S. 178).

§ 3. Das geschäftsmäßige Vermitteln von Wetten für öffentlich im In- und Auslande veranstaltete Pferderennen ist verboten.

Aufforderungen und Angebote zum Abschluß oder zur Vermittelung solcher Wetten sind verboten, wenn sie öffentlich oder

---

sind als verbotene Glücksspiele benannt: Das Würfeln, Häufeln, Halbzwölf, Trischaken, Färbeln, Landsknecht, die Turm- und Drehspiele, das Trieb-, Retter- und Einsspiel, sowie überhaupt alle Schilderspiele mit Reitern, Drehbrett, blinden oder anderen Paschen, das Riemenstechen, Biribi, Pharao, Bassette, Lanzuenet, Treize, Maccao, Quince, Trente et Quarante, Vingt un, Rouge et Noir und zwar ohne Unterschied ob um Geld oder andere Gegenstände gespielt wird.

durch Verbreitung von Schriften oder anderen Darstellungen erfolgen. Unter dieses Verbot fallen nicht Ankündigungen eines nach diesem Gesetz erlaubten Wettunternehmens.

§ 6. Mit Gefängnis von ein bis zu sechs Monaten oder mit Geldstrafe von fünfhundert bis eintausendfünfhundert Mark wird, sofern nicht nach anderen Gesetzen eine höhere Strafe eintritt, bestraft:

1. wer ein Wettunternehmen für öffentlich veranstaltete Pferderennen ohne die vorgeschriebene Erlaubnis betreibt,
2. wer den Vorschriften des § 3 zuwiderhandelt.

Sind mildernde Umstände vorhanden, so kann auf Gefängnisstrafe bis zu einem Monat oder auf Geldstrafe bis zu fünfhundert Mark erkannt werden.

J. Öffentliche Gefälle.

1. Vereins-Zollgesetz vom 1. Juli 1869/26. September 1869,
(GesBl. S. 1385.)

Verkehr mit dem Vereinsauslande.

§ 3. Die aus dem Vereinsauslande eingehenden Gegenstände sind zollfrei, soweit nicht der Vereinszolltarif einen Eingangszoll festsetzt.

Anmerkung: Vgl. Zolltarifgesetz vom 25. Dezember 1902, RGBl. S. 303 (Strafbestimmungen § 11 Ziff. 4 und § 14).

§ 5. Bei der Ausfuhr gilt ebenfalls die Zollfreiheit als Regel. Die Ausnahmen ergibt der Vereinszolltarif.

§ 6. Von der Durchfuhr werden Abgaben nicht erhoben.

Einrichtungen zur Beaufsichtigung und Erhebung des Zolles.

§ 16. Die Landesgrenzen gegen das Vereinsausland bilden die Zollgrenze oder Zoll-Linie.

Der zunächst innerhalb der Zoll-Linie belegene Raum, dessen Breite nach der Örtlichkeit bestimmt wird, bildet den Grenzbezirk, welcher von dem übrigen Vereinsgebiete durch die besonders zu bezeichnende Binnenlinie getrennt ist.

§ 17. Zollstraßen sind:

a) alle die Grenze gegen das Vereinsausland überschreitenden oder an der Grenze beginnenden, dem öffentlichen Verkehre dienenden Eisenbahnen für den Eisenbahntransport;

c) die aus dem Vereinsauslande in und durch den Grenzbezirk führenden Land- und Wasserstraßen, welche einen erheblichen Warenverkehr mit dem Auslande vermitteln und als solche ausdrücklich zu bezeichnen sind.

Wo die Zollgrenze durch ein schiffbares Wasser gebildet wird, sollen die erforderlichen Landungsplätze bestimmt werden.

§ 18. Zur Sicherung, Feststellung und Erhebung der Ein- und Ausgangszölle werden Zoll- oder Steuerämter, und da, wo die Grenzzollämter nicht nahe genug an der Grenzzollinie liegen, an dieser besondere Ansageposten errichtet.

§ 19. Die Aufsicht über den Waren-Ein- und Ausgang wird längs der Zollgrenze und im Grenzbezirke durch eine uniformierte und bewaffnete Grenzwache geübt, die zum Gebrauche ihrer Waffen nach den darüber bestehenden besonderen Bestimmungen befugt ist.

§ 20. Andere Staatsbeamte, sowie die Kommunalbeamten, namentlich die Polizei- und Forstbediensteten, sind zur Unterstützung der Grenzwache verpflichtet. Sie haben insbesondere Übertretungen der Zollvorschriften, welche bei Ausübung ihres Dienstes zu ihrer Kenntnis kommen, möglichst zu hindern und jedenfalls zur näheren Untersuchung sofort anzuzeigen.

Allgemeine Bestimmungen für Waren-Ein-, Aus- und Durchfuhr.

§ 21. Wer zollpflichtige Waren oder solche Gegenstände mit sich führt, welche zwar zollfrei, aber dergestalt verpackt sind, daß ihre Beschaffenheit nicht sogleich erkannt werden kann, darf über die Zollinie zu Wasser und zu Lande in der Regel nur während der Tageszeit und nur auf einer Zollstraße (§ 17) eintreten, auch Fälle dringender Gefahr oder höherer Gewalt ausgenommen, nur bei einem erlaubten Landungsplatze anlanden.

Als Tageszeit wird angesehen:

in den Monaten Januar und Dezember die Zeit von 7 Uhr morgens bis 6 Uhr abends;

in den Monaten Februar, Oktober und November die Zeit von 6 Uhr morgens bis 6 Uhr abends;

in den Monaten März, April, August und September die Zeit von 5 Uhr morgens bis 8 Uhr abends;

in den Monaten Mai, Juni und Juli die Zeit von 4 Uhr morgens bis 10 Uhr abends.

(Auszug.) Ausgenommen von Einhaltung der Tageszeit sind die Transporte der Eisenbahnen und der gewöhnlichen Fahrposten, dann die Einfuhr von Waren der Reisenden mit Ausschluß der zum Handel bestimmten.

Eine Ausnahme von Einhaltung der Tageszeit und der Zollstraße tritt in besonderen Fällen ein, wenn vor dem Transporte ein Erlaubnisschein der zuständigen Zollbehörde erteilt ist.

Der Weg von der Zoll-Linie bis zum Grenzzollamte muß auf der Zollstraße ohne Abweichung und willkürlichen Aufenthalt und ohne daß die Ladung eine Veränderung erleidet, fortgesetzt werden.

Bei dem Grenz-Zollamt ist die eingegangene Ladung nach Menge und Gattung anzugeben (zu deklarieren), sie unterliegt der zollamtlichen Besichtigung (Revision) und wird auf Grund derselben als zollfrei oder nach Entrichtung des Zolles (Zollquittung) in den freien Verkehr gesetzt oder unter Zollverschluß zum Durchgange oder zum Anweise an ein inneres Zollamt, oder auf Vormerkschein zur Bearbeitung u. dgl. abgefertigt.

Fragliche Begleitpapiere, Vormerkscheine, Zollquittungen und zollamtlich abgestempelte Frachtbriefe dienen den Warenführern zum Ausweise.

§ 124. Hausiergewerbe, zu welchen auch das Halten von Wanderlagern gehört, dürfen im Grenzbezirke nur mit besonderer

Erlaubnis und unter den zum Zwecke des Zollschutzes erforderlichen, von der obersten Landesbehörde anzuordnenden Beschränkungen betrieben werden.

Auf Material- und Spezereiwaren, auf Wein, Branntwein und Liköre, sowie auf Zeuge, ganz oder teilweise aus Baumwolle, Wolle oder Seide, soll sich der Regel nach die Erlaubnis nicht erstrecken. Es können indes von der obersten Landesbehörde für einzelne Grenzstrecken in bezug auf solche Waren, welche dort keinen Gegenstand des Schleichhandels bilden, Ausnahmen zugelassen werden.

Strafbestimmungen:

§ 134. Wer es unternimmt, Gegenstände, deren Ein-, Aus- oder Durchfuhr verboten ist, diesem Verbote zuwider ein-, aus- oder durchzuführen, macht sich einer *Kontrebande* schuldig und hat die Konfiskation der Gegenstände, in bezug auf welche die Kontrebande verübt worden ist, und, insofern nicht in besonderen Gesetzen eine höhere Strafe festgesetzt ist, zugleich eine Geldbuße verwirkt, welche dem doppelten Wert jener Gegenstände, und wenn solcher nicht zehn Taler (30 Mark) beträgt, dieser Summe gleichkommen soll.

§ 135. Wer es unternimmt, die Ein- oder Ausgangsabgaben zu hinterziehen, macht sich einer *Defraudation* schuldig und hat die Konfiskation der Gegenstände, in bezug auf welche die Defraudation verübt worden ist, und zugleich eine dem vierfachen Betrage der vorenthaltenen Abgaben gleichkommende Geldbuße verwirkt. Diese Abgaben sind außerdem zu entrichten.

§ 136. Die Kontrebande, beziehungsweise Zolldefraudation, wird insbesondere dann als *vollbracht* angenommen:

1. a) wenn verbotene Gegenstände von Frachtführern, Spediteuren oder anderen Gewerbetreibenden — von letzteren, insofern die Gegenstände zu ihrem Gewerbe in Bezug stehen — unrichtig oder gar nicht deklariert, oder
   b) von anderen Personen wider besseres Wissen unrichtig deklariert oder verheimlicht werden;
   c) wenn in Fällen der speziellen Deklaration zollpflichtige Gegenstände von den unter a bezeichneten Personen gar nicht oder in zu geringer Menge oder in einer Beschaffenheit, welche eine geringere Abgabe würde begründet haben, deklariert werden;
   d) wenn in anderen Fällen von den unter a bezeichneten Personen Kolli, welche zollpflichtige Gegenstände enthalten, oder dergleichen unverpackte Gegenstände überhaupt nicht deklariert werden;
   e) wenn von anderen als den unter a bezeichneten Personen wider besseres Wissen zollpflichtige Gegenstände unrichtig deklariert oder bei der Revision verschwiegen werden;
2. wenn bei einer Revision ohne vorherige Deklaration verbotene oder zollpflichtige Gegenstände

a) nicht zur Revision gestellt, oder
b) durch getroffene Anstalten verheimlicht werden;
3. wenn beim Eingange mittels der Eisenbahn
a) verbotene oder zollpflichtige Gegenstände in den Personenwagen, oder sonst anderswo als in den Güterwagen, oder
b) andere zollpflichtige Gegenstände, als solche, welche die Angestellten oder Arbeiter der Eisenbahnverwaltung auf der Fahrt selbst zum eigenen Gebrauch oder zu dienstlichen Zwecken nötig haben, auf den Lokomotiven oder in den dazu gehörigen Tendern sich befinden,
c) verbotene oder zollpflichtige Gegenstände vor der Ankunft des Zuges am Grenzzollamte ausgeladen oder ausgeworfen werden;
4. wenn ausgangszollpflichtige Gegenstände ohne vorherige Anmeldung und Entrichtung oder Sicherstellung des Ausgangszolles zur Beförderung nach dem Auslande verladen worden sind;
5. wenn beim Transport verbotener oder zollpflichtiger Gegenstände im Grenzbezirke
a) die Zollstätte, bei welcher dieselben bei dem Ein- oder Ausgange hätten angemeldet oder gestellt werden sollen, ohne solche Anmeldung überschritten oder umgangen,
b) die vorgeschriebene Zollstraße oder der im Zollausweis bezeichnete Weg nicht innegehalten,
c) der Transport ohne Erlaubnis der Behörde außer der gesetzlichen Tageszeit bewirkt wird, oder
d) Gegenstände ohne den vorschriftsmäßigen Zollausweis betroffen werden, oder mit diesem nicht übereinstimmen;
6. wenn über verbotene oder zollpflichtige Gegenstände, welche aus dem Auslande eingehen, vor der Anmeldung und Revision bei der Zollstätte, oder wenn über derartige zur Durchfuhr oder zur Versendung nach einer öffentlichen Niederlage deklarierte oder sonst unter Zollkontrolle befindliche Gegenstände auf dem Transporte eigenmächtig verfügt wird;
7. wenn Gewerbetreibende im Grenzbezirke sich nicht in Gemäßheit der getroffenen Anordnungen über die erfolgte Verzollung oder die zollfreie Abstammung der bezogenen Gegenstände ausweisen können;
8. wenn unverzollte Waren aus einer Niederlage ohne vorschriftsmäßige Deklaration (Abmeldung) entfernt werden;
9. wenn Gewerbetreibende, denen zur Beförderung ihres Gewerbes und unter der Bedingung der Verwendung zu diesem Zwecke der Bezug zollpflichtiger Gegenstände ganz frei oder gegen eine geringere Abgabe verwilligt wurde, dieselben ohne vorherige Nachzahlung der vollen Abgabe anderweit verwenden oder veräußern; oder wenn Personen, denen Waren von der Zollverwaltung unverzollt anvertraut wurden, über dieselben zur Verkürzung der Zollgefälle gegen die Zollgesetze oder Verordnungen verfügen.

2. Reichsgesetz vom 3. Juli 1878, den Spielkartenstempel betreffend. (RGBl. S. 133.)

§ 1. Spielkarten unterliegen einer nach Vorschrift dieses Gesetzes zu erhebenden, zur Reichskasse fließenden Stempelabgabe, welche beträgt:

0,30 Mark für jedes Kartenspiel von 36 oder weniger Blättern,

0,50 Mark für jedes andere Spiel.

Spielkarten, welche unter amtlicher Kontrolle in das Ausland ausgeführt werden, unterliegen der Abgabe nicht.

§ 10. Spielkarten, welche der Vorschrift dieses Gesetzes zuwider mit dem erforderlichen Stempel nicht versehen sind, unterliegen der Einziehung, gleichviel wem sie gehören und ob gegen eine bestimmte Person Anklage erhoben wird.

Wer der Vorschrift dieses Gesetzes zuwider Karten, welche mit dem erforderlichen Stempel nicht versehen sind, feilhält, veräußert, verteilt, erwirbt, damit spielt oder solche wissentlich in Gewahrsam hat, verfällt für jedes Spiel in eine Strafe von dreißig Mark.

Wirte und andere Personen, welche Gäste halten, haben dieselbe Strafe verwirkt, wenn in ihren Wohnungen oder Lokalen mit ungestempelten Karten gespielt und nicht nachgewiesen wird, daß dies ohne ihr Wissen geschehen sei.

---

3. Gesetz vom 16. November 1867, die Erhebung einer Abgabe von Salz betr. (GesBl. S. 217.)*)

§ 11. Wer es unternimmt, dem Staate die Abgabe von inländischem Salze zu entziehen, ist der Übertretung der Salz-Abgabendefraudation schuldig und soll mit der Konfiskation der Gegenstände, in bezug auf welche die Defraudation verübt ist, und mit einer Geldbuße, welche dem vierfachen Betrage der vorenthaltenen Abgabe gleichkommt, mindestens aber 27 Mark beträgt, bestraft werden. Kann die Konfiskation selbst nicht vollzogen werden, so ist auf Erlegung des Wertes der Gegenstände zu erkennen. Daneben ist die Abgabe mit drei Gulden dreißig Kreuzer (sechs Mark) für den Zentner zu entrichten.

Ist die Defraudation durch unerlaubte Gewinnung oder Raffi-

*) Gemäß Bekanntmachung der Staatsministerien des Innern und der Finanzen vom 15. Juni 1880, die Kontrolle des Bezuges und der Verwendung denaturierten Salzes betr. (GVBl. S. 467), haben zur Kontrolle der rechtmäßigen Verwendung denaturierten Salzes sämtliche Polizeibehörden einschließlich der Ortspolizeibehörden mitzuwirken; diese sind daher auch verpflichtet, die zu ihrer Kenntnis gelangenden Zuwiderhandlungen gegen das Gesetz vom 16. November 1867, die Erhebung einer Abgabe von Salz betreffend, zu der nach diesem Gesetz und gegebenen Falles nach § 10 des Reichsgesetzes vom 14. Mai 1879, den Verkehr mit Lebensmitteln, Genußmitteln und Verbrauchsgegenständen betreffend, veranlaßten Bestrafung zu bringen. Über den Absatz von Kalisalzen vgl. Reichsgesetz vom 25. Mai 1910 (RGBl. S. 775).

nierung von Salz verübt, so verfallen auch die dazu benützten Geräte der Konfiskation.

§ 13. Die Defraudation wird als vollbracht angenommen:

6. wenn über das unter Steuerkontrolle oder unter Kontrolle der Verwendung befindliche Salz eigenmächtig verfügt oder das steuerfrei oder gegen Kontrollgebühr abgelassene Salz zu anderen als den gestatteten Zwecken verwendet wird.

§ 20. Befreit von der Salzabgabe ist:

2. das zu landwirtschaftlichen Zwecken, d. h. zur Fütterung des Viehes und zur Düngung bestimmte Salz;
4. das zu allen sonstigen gewerblichen Zwecken bestimmte Salz, jedoch mit Ausnahme des Salzes für solche Gewerbe, welche Nahrungs- und Genußmittel für Menschen bereiten, namentlich auch mit Ausnahme des Salzes für die Herstellung von Tabaksfabrikaten, Mineralwässern und Bädern.

---

4. Gesetz vom 2. Juni 1876/31. Januar 1888, die Erhebung einer Gebühr für das Halten von Hunden betreffend. (GVBl. 1876 S. 353, 1888 S. 73.)*)

Art. 1. Für jeden über 4 Monate alten Hund hat der Besitzer für das Kalenderjahr eine Gebühr an die Staatskasse zu entrichten, welche festgesetzt wird:

1. in Gemeinden von mehr als 15000 Einwohner auf fünfzehn Mark,
2. in Gemeinden von mehr als 1500 Einwohner auf neun Mark,
3. in Gemeinden von mehr als 300 Einwohnern auf sechs Mark,
4. in kleineren Gemeinden auf drei Mark.

Für Weiler, Einöden und einzelnstehende Anwesen beträgt die Gebühr ohne Rücksicht auf den Gemeindeverband drei Mark.

Im Sinne dieses Gesetzes ist eine Einöde oder ein einzelnstehendes Anwesen eine menschliche Wohnung, welche von jedem bewohnten fremden Gebäude über einhundert Meter entfernt ist, — ein Weiler eine zusammen nicht mehr als 300 Einwohner zählende Mehrzahl näher beisammenliegender Anwesen, deren bewohnte Gebäude über einhundert Meter von jeder anderen Gruppe menschlicher Wohnungen entfernt sind. Bei der Bemessung der Entfernung einer Gruppe von der anderen sind Einöden und einzelnstehende Anwesen nicht in Betracht zu ziehen.

Art. 3. Im Monate Januar oder Februar jeden Jahres haben die Besitzer der Gebühr unterliegender Hunde dieselben bei der Ortspolizeibehörde zur Eintragung in das hierüber anzulegende Verzeichnis anzumelden.

Zeit und Ort für diese Anmeldung sind wenigstens vierzehn Tage vorher öffentlich bekannt zu machen.

*) Siehe Nachtrag.

Hunde, welche nach diesem Termine in Besitz genommen werden, sind innerhalb vierzehn Tagen nach der Besitzerlangung, junge Hunde, welche nach jenem Termine in das Alter von vier Monaten eintreten, innerhalb vierzehn Tagen nach diesem Zeitpunkte anzumelden.

Bei Änderung des Wohnsitzes hat die Anmeldung innerhalb vierzehn Tagen nach Einbringung des Hundes in den neuen Wohnort bei der Ortspolizeibehörde dieses letzteren zu erfolgen.

Für einen Hund, welcher von dem Besitzer eines im Laufe des Kalenderjahres nach Entrichtung der Gebühr nachweislich verendeten Hundes zum Ersatze desselben angeschafft wird und für diejenigen Hunde, bezüglich welcher die Verpflichtung zur Anmeldung erst in den Monaten November und Dezember entsteht, wird eine Gebühr bei der Anmeldung nicht erhoben.

Art. 7. Hundebesitzer, welche die ihnen obliegende Anmeldung unterlassen, haben außer der Gebühr den doppelten Betrag derselben für jeden Hund als Strafe zu entrichten. Erfolgt die Anmeldung nicht rechtzeitig, jedoch zu einer Zeit, zu welcher die Unterlassung der Anmeldung bei der zur Strafeinschreitung zunächst zuständigen Behörde noch nicht zur Anzeige gelangt ist, so findet nur eine Ordnungsstrafe bis zu fünfzehn Mark statt.

---

5. Bekanntmachung der K. Staatsministerien des Innern und der Finanzen vom 19. Juni 1876, die Vorschriften behufs der Kontrolle für die Entrichtung der Hundegebühr betr. (GVBl. S. 366.)

§ 1. Jeder der gesetzlichen Gebühr unterliegende Hund muß fortwährend mit dem für denselben erteilten gültigen Hundezeichen versehen sein.

§ 2. Auf Erfordern ist den amtlichen Aufsichtsorganen das Hundezeichen oder die Gebührenquittung vorzuzeigen.

§ 3. Übertretungen gegenwärtiger Vorschriften haben für den beteiligten Hundebesitzer Geldstrafe bis zu fünfzehn Mark zur Folge.

---

6. Reichs-Branntweinsteuergesetz vom 15. Juli 1909. (RGBl. S. 661.)

§ 1. Der im Inlande hergestellte Branntwein unterliegt einer in die Reichskasse fließenden Verbrauchsabgabe.

Branntweinhandel.

§ 107. Die Verwendung von Branntweinschärfen ist untersagt. Die Bestimmungen, die hierüber vom Bundesrate getroffen werden, sind dem Reichstage mitzuteilen.

Unter der Bezeichnung Kornbranntwein darf nur Branntwein feilgehalten werden, der ausschließlich aus Roggen, Weizen, Buchweizen, Hafer oder Gerste hergestellt ist.

§ 108. Der Bundesrat wird ermächtigt:

1. den Kleinhandel mit vergälltem Branntwein abweichend von den Vorschriften des § 33 der Gewerbeordnung zu regeln;
2. zu bestimmen, daß beim Kleinhandel mit vergälltem Branntweine die Alkoholstärke durch Aushang in der Verkaufsstelle ersichtlich gemacht wird.

Anmerkung: S. u. Nr. 7 (S. 151).

§ 109. Vollständig vergällter Branntwein darf im Kleinhandel nur in Behältnissen von 50, 20, 10, 5 und einem Liter Raumgehalte feilgehalten werden, die verschlossen und mit einer Angabe des Alkoholgehalts versehen sind.

Anmerkung: Die zum Feilhalten vollständig vergällten Branntweins vor dem Inkrafttreten dieses Gesetzes (1. Okt. 1909) im Gebrauche befindlichen Gefäße dürfen bis zum 30. September 1912 weiterbenützt werden, sofern sie verschlossen werden können (§ 150).

Essigsäureverbrauchsabgabe.

§ 110. Essigsäure, die im Inland aus Holzessig oder essigsauren Salzen gewonnen ist, unterliegt einer in die Reichskasse fließenden Verbrauchsabgabe, die 0,30 Mark für das Kilogramm wasserfreier Säure beträgt. Die Verbrauchsabgabe ist durch Abfertigung festzustellen und vom Hersteller zu entrichten, sobald die Essigsäure die Erzeugungsstätte verläßt.

§ 111. Wer es unternimmt, dem Reiche die Branntweinverbrauchsabgabe vorzuenthalten, macht sich der Hinterziehung schuldig.

§ 113. Der Hinterziehung wird es gleichgeachtet:

5. wenn jemand Branntwein, von dem er weiß oder den Umständen nach annehmen muß, daß in Beziehung auf ihn eine Hinterziehung verübt worden ist, erwirbt oder in Verkehr bringt.

§ 115. Wer eine Hinterziehung begeht, wird mit einer Geldstrafe in Höhe des vierfachen Betrags der Abgabe, mindestens aber in Höhe von zehn Mark für jeden einzelnen Fall bestraft. Außerdem ist die Abgabe nachzuzahlen.

§ 122. Der Besitzer einer Brennerei, in der alkoholhaltige Dämpfe oder Branntwein unbefugt abgeleitet oder entnommen werden oder die Meßuhr absichtlich gestört ist, wird als solcher mit Geldstrafe von fünfzig bis zu fünfhundert Mark bestraft.

§ 123. Werden in einer Brennerei aus besonderen Anlagen bestehende heimliche Vorrichtungen getroffen, um alkoholhaltige Dämpfe oder Branntwein abzuleiten oder zu entnehmen oder die Meßuhr zu stören, so verfällt der Brennereibesitzer als solcher in eine Geldstrafe von fünfhundert bis zu fünftausend Mark.

§ 124. Wird in einer Brennerei ein amtlicher Verschluß oder einer derjenigen Teile der Brennereigeräte (§ 113 Nr. 3), aus denen alkoholhaltige Dämpfe oder Branntwein abgeleitet oder entnommen werden können, unbefugt verletzt, so trifft den Brennereibesitzer als solchen eine Geldstrafe von fünfundzwanzig bis zu zweihundertfünfzig Mark.

§ 125. Brennereibesitzer, die den Betrieb nicht selbst leiten, können die Übertragung der ihnen gemäß §§ 122 bis 124 obliegenden strafrechtlichen Verantwortlichkeit auf den Betriebsleiter (§ 104) bei der Verwaltungsbehörde beantragen. Falls der Antrag genehmigt wird, geht die strafrechtliche Verantwortlichkeit, unbeschadet der im § 131 vorgesehenen Vertretungsverbindlichkeit des Brennereibesitzers, auf den Betriebsleiter über. Die Genehmigung ist jederzeit widerruflich.

§ 126. Die Strafe in den Fällen der §§ 122 bis 124 tritt nur dann ein, wenn festgestellt ist, daß die Zuwiderhandlung mit Willen oder Wissen des Brennereibesitzers, in den Fällen des § 125 nur dann, wenn festgestellt ist, daß die Zuwiderhandlung mit Willen oder Wissen des Betriebsleiters verübt worden ist.

§ 128. Wer Brenn- oder Wiengeräte anfertigt, erwirbt oder an andere Personen überläßt, ohne der Verwaltungsbehörde die vorgeschriebene Anzeige gemacht zu haben, wird mit einer Geldstrafe von zehn bis zu dreitausend Mark bestraft.

§ 129. Wer den Vorschriften des § 107 oder den vom Bundesrat dazu erlassenen Bestimmungen zuwiderhandelt, wird von der zuständigen Polizeibehörde mit einer Geldstrafe von zehn bis zu zehntausend Markt bestraft.

§ 130. Zuwiderhandlungen gegen die Vorschriften dieses Gesetzes sowie die dazu erlassenen und öffentlich oder den Beteiligten bekanntgemachten Verwaltungsbestimmungen werden, sofern sie nicht nach § 115 ff. mit einer besonderen Strafe bedroht sind, mit einer Ordnungsstrafe von einer bis zu dreihundert Mark geahndet.

§ 141. Wer es unternimmt, dem Reiche die Essigsäureverbrauchsabgabe (§ 110 Abs. 1) vorzuenthalten, macht sich der Hinterziehung schuldig.

§ 142. Der Hinterziehung wird es gleichgeachtet, wenn jemand Essigsäure, von der er weiß oder den Umständen nach annehmen muß, daß in Beziehung auf sie eine Hinterziehung verübt worden ist, erwirbt oder in Verkehr bringt.

§ 143. Wird in den Fällen des § 142 festgestellt, daß eine Vorenthaltung der Abgabe nicht stattgefunden hat oder nicht beabsichtigt worden ist, so tritt nur eine Ordnungsstrafe nach § 130 ein.

Im übrigen finden die Vorschriften in den §§ 115, 118 bis 121, 131, 133 bis 140 Anwendung.

7. Bestimmungen des Bundesrats vom 27. Februar 1896 über den Handel mit denaturiertem Branntwein (MABl. S. 91).

1. Auf den Kleinhandel mit denaturiertem Branntwein findet § 33 der Gewerbeordnung keine Anwendung.

2. Wer mit denaturiertem Branntwein handeln will, hat dies 14 Tage vor Eröffnung des Handels der zuständigen Steuerbehörde und der Ortspolizeibehörde anzumelden. Über die erfolgte Anmeldung erteilt die Steuerbehörde eine Bescheinigung.

4. Wer mit denaturiertem Branntwein handelt, hat in seinem Verkaufslokal an einer in die Augen fallenden Stelle und in deutlicher Schrift eine Bekanntmachung auszuhängen, wonach es verboten ist;

a) denaturierten Branntwein, dessen Stärke weniger als 80 Gewichtsprozente beträgt, zu verkaufen oder feilzuhalten;

b) aus denaturiertem Branntwein das Denaturierungsmittel ganz oder teilweise wieder auszuscheiden, oder dem denaturierten Branntwein Stoffe beizufügen, durch welche die Wirkund des Denaturierungsmittels in bezug auf Geschmack oder Geruch verändert wird, und solchen Branntwein zu verkaufen oder feilzuhalten.

6. Die Beamten der Zoll- und Steuer-, sowie der Polizeiverwaltung sind befugt, in die Räumlichkeiten, in welchen denaturierter Branntwein feilgehalten wird, während der üblichen Geschäftsstunden oder während die Räumlichkeiten dem Verkehre geöffnet sind, einzutreten, den daselbst feilgehaltenen oder verkauften, denaturierten oder undenaturierten Branntwein zu untersuchen und Proben zum Zweck der Untersuchung gegen Empfangsbescheinigung zu entnehmen. Auf Verlangen ist dem Besitzer ein Teil der Probe amtlich verschlossen oder versiegelt zurückzulassen. Für die entnommene Probe ist Entschädigung in Höhe des üblichen Kaufpreises zu leisten.

---

8. Malzaufschlaggesetz vom 18. März 1910 (GVBl. S. 113).

Allgemeine Bestimmungen:

Art. 1. Dem Malzaufschlag unterliegt das zur Bierbereitung innerhalb Bayerns bestimmte, in Bayern geschrotete Malz.

Der Malzaufschlag kann auch von dem zur Bereitung bierähnlicher Getränke bestimmten Malze erhoben werden. Die Herstellung solcher Getränke kann unter Steueraufsicht gestellt werden. Die näheren Bestimmungen werden im Verwaltungsweg erlassen.

Unter Malz wird alles künstlich zum Keimen gebrachte Getreide verstanden.

Art. 2. Zur Bereitung von Bier dürfen andere Stoffe als

Malz (Dörr- oder Luftmalz), Hopfen, Hefe und Wasser nicht verwendet werden.

Zur Bereitung von untergärigem Biere darf nur aus Gerste bereitetes Malz verwendet werden.

Für die Herstellung bierähnlicher Getränke kann die Verwendung von Malzersatzstoffen verboten werden.

Zur Herstellung von Bier oder bierähnlichen Getränken bestimmte Zubereitungen dürfen nicht in den Verkehr gebracht werden.

Der Zusatz von Wasser zum Biere durch Brauer nach Feststellung des Extraktgehalts der Stammwürze im Gärkeller oder durch Bierhändler und Wirte ist untersagt.

Art. 1. Dem Malzaufschlag unterliegt nicht Malz, welches unter Einhaltung der von der Steuerverwaltung erlassenen Vorschriften zu einem anderen Zwecke als zur Bierbereitung geschrotet und verwendet wird.

Werden diese Vorschriften nicht beachtet, so unterliegt das Malz dem Malzaufschlage zu dem höchsten Steuersatze.

Die Verwendung von aufschlagfreiem Malze zur Bierbereitung ist verboten.

Strafbestimmungen.

Art. 51. Wer andere als die nach Art. 2 zulässigen Stoffe zur Bereitung von Bier verwendet oder dem fertigen, zum Absatze bestimmten Biere zusetzt oder solche Stoffe zu verwenden oder zuzusetzen unternimmt, verfällt in eine Geldstrafe von 50 bis 10000 Mark.

Die Strafbestimmungen finden auch auf Zuwiderhandlungen gegen ein nach Artikel 2 Abs. 3 erlassenes Verbot sowie auf die Verbreitung von Zubereitungen der im Artikel 2 Abs. 4 bezeichneten Art Anwendung.

Art. 52. Wer es unternimmt, den Malzaufschlag dem Staate vorzuenthalten oder einen Erlaß oder eine Vergütung des Malzaufschlags in einem Betrage zu erlangen, der nicht oder nur in geringerer Höhe zu beanspruchen war, macht sich der Hinterziehung des Malzaufschlags schuldig.

Art. 53. Die Hinterziehung des Malzaufschlags wird insbesondere dann als vollbracht angenommen:

1. wenn Malz in eine zum Schroten von Malz nicht zugelassene Mühle oder ohne den vorgeschriebenen Malzschein in eine Malzmühle gebracht wird;
2. wenn die Menge des in eine öffentliche Malzmühle gebrachten Malzes die im Malzschein angegebene Menge um mehr als 5 vom Hundert übersteigt;
3. wenn das für einen malzaufschlagfreien Zweck geschrotete Malz zur Bierbereitung verwendet oder an einen Dritten abgegeben wird;
4. wenn bei einem Antrag auf Vergütung oder Erlaß des Malz-

aufschlags die malzaufschlagpflichtige Malzmenge oder die Menge des aus steuerpflichtigem Malze gewonnenen Erzeugnisses zu hoch angegeben oder wenn zur Erlangung einer Vergütung oder eines Erlasses des Malzaufschlags, der nicht oder in geringerem Maße zu beanspruchen war, sonstige wahrheitswidrige Angaben gemacht werden, die geeignet sind, zu einer Verkürzung des Malzaufschlags zu führen;

5. wenn in einer öffentlichen Malzmühle ohne selbsttätige Wägevorrichtung die Verwiegung des Malzes unterlassen wird oder wenn in einer öffentlichen mit einer selbsttätigen Wägevorrichtung versehenen Malzmühle Malz auf einen mit einer selbsttätigen Wägevorrichtung nicht versehenen Mahlgang gebracht wird;
6. wenn in einer öffentlichen Mühle Malz zum Schroten ohne den vorgeschriebenen Malzschein übernommen oder auf dem Malzschein oder in das Mühlbuch ein zu niedriges Gewicht für das geschrotete Malz eingetragen oder der Eintrag auf dem Malzschein oder im Mühlbuch ganz unterlassen wird;
7. wenn eine Malzmühle mit selbsttätiger Wägevorrichtung in ihrer regelmäßigen Tätigkeit derart gestört oder, wenn auf eine derartige Mühle so eingewirkt wird, daß das Gewicht des zum Schroten auf die Mühle gebrachten Malzes vom Zählwerk entweder gar nicht oder zu gering angegeben wird;
8. wenn eine Malzmühle mit selbsttätiger Wägevorrichtung, deren Zählwerk das Gewicht des Malzes nicht oder zu niedrig angibt, zum Schroten von Malz benützt wird, obwohl dieser Umstand bekannt war;
9. wenn ein Bierbrauer durch Erholung oder Benützung eines auf den Namen eines anderen lautenden Malzscheins, durch unrichtige Führung des Mühlbuchs oder durch sonstige unrichtige Angaben bewirkt, daß der von ihm geschuldete Malzaufschlag nach einem niedrigeren als dem der Vorschrift des Gesetzes entsprechenden Satze berechnet wird;
10. wenn ein Bierbrauer Malz für seinen Betrieb durch einen anderen schroten und zu einem niedrigeren als dem für ihn geltenden Satze versteuern läßt oder wenn ein Bierbrauer geschrotetes Malz von einem anderen bezieht, das dieser zu einem niedrigeren als dem für den Bezieher zutreffenden Malzaufschlagsatze versteuert hat;
11. wenn Bier, das unter Inanspruchnahme des ermäßigten Malzaufschlagsatzes von 10 Mark für den Doppelzentner (Artikel 5 Abs. 5) nur für den Hausbedarf bereitet worden ist, an nicht zum Haushalt gehörige Personen gegen Entgelt abgegeben wird.

Art. 54. Wer eine Hinterziehung des Malzaufschlags begeht, hat eine Geldstrafe verwirkt, die dem Vierfachen des vorenthaltenen oder zu Ungebühr beanspruchten Malzaufschlags gleichkommt, mindestens aber 30 Mark beträgt.

Kann der Betrag des vorenthaltenen oder zu Ungebühr beanspruchten Malzaufschlags nicht festgestellt werden, so tritt eine Geldstrafe von 30 bis 10000 Mark ein.

Art. 58. Eine Geldstrafe von 1 Mark bis 300 Mark ist verwirkt, sofern nicht eine Hinterziehung vorliegt:

1. wenn an dem Inhalt eines Malzscheins Änderungen vorgenommen werden, sofern diese Änderungen nicht nach dem Strafgesetzbuche strafbar sind;
2. wenn Malz zur Nachtzeit (Artikel 20)[1] in eine öffentliche Malzmühle gebracht oder von da zurückgebracht wird;
3. wenn Malz in eine andere als die im Malzscheine bezeichnete Malzmühle oder an einem anderen als dem im Malzschein angegebenen Tage in die Malzmühle gebracht wird;
4. wenn im Falle des Artikels 27 Abs. 4[2] die vorgeschriebene Anzeige bei der Steuerbehörde unterlassen wird;
5. wenn Malz auf einer öffentlichen Malzmühle zur Nachtzeit (Artikel 20)[1] zum Schroten angenommen, geschrotet oder verabfolgt wird;
6. wenn Malz in einer öffentlichen Malzmühle mit einem auf eine andere Malzmühle lautenden Malzschein oder an einem anderen als dem im Malzscheine bezeichneten Tage zum Schroten übernommen wird;
7. wenn in einer öffentlichen Malzmühle ohne selbsttätige Wägevorrichtung mit dem Schroten des Malzes begonnen wird, bevor die Verwiegung des Malzes vollständig beendet oder der vorgeschriebene Eintrag auf dem Malzschein und im Mühlbuche vollzogen ist;
8. wenn in einer öffentlichen Malzmühle Malz verbotswidrig aufbewahrt wird;
9. wenn den Vorschriften über die Führung des Mühlbuchs zuwidergehandelt wird;
10. wenn der amtliche Verschluß einer Mühle mit selbsttätiger Wägevorrichtung oder einer Vorrichtung, deren Benützung zum Schroten von Malz verboten ist, eigenmächtig abgenommen oder fahrlässig verletzt wird;
11. wenn eine durch Zufall eingetretene Störung einer selbsttätigen Wägevorrichtung oder eine durch Zufall eingetretene Verletzung des an einer Malzmühle mit selbsttätiger Wägevorrichtung angebrachten amtlichen Verschlusses nicht nach Vorschrift angezeigt wird;
12. wenn zum Besitz einer eigenen Malzmühle oder zum Besitz oder zur Benützung einer sonstigen zum Schroten von Malz geeigneten Vorrichtung die vorgeschriebene Genehmigung der Steuerbehörde nicht eingeholt wird oder wenn die bei der Genehmigung festgesetzten Bedingungen nicht eingehalten werden;
13. wenn die für den gleichzeitigen Betrieb einer öffentlichen

Malzmühle und einer Bierbrauerei geltenden Vorschriften nicht eingehalten werden;

14. wenn in einer Brauerei das Sudbuch nicht nach Vorschrift geführt wird;
15. wenn die Vorschriften über den Verkehr mit geschrotetem Malze (Artikel 43) [3]) nicht eingehalten werden.

Anmerkung: 1. Nachtzeit nach Art. 20 von 8 Uhr abends bis 6 Uhr morgens.

2. Wird Malz ohne gültigen Malzschein in eine öffentliche Malzmühle gebracht, so hat der Müller sogleich Anzeige bei der Steuerbehörde zu erstatten (Art. 27 Abs. 4).

3. Geschrotetes Malz darf nicht in Verkehr gebracht werden. Ausnahmen können von der Steuerbehörde zugelassen werden (Art. 43).

Art. 59. Eine Geldstrafe von 1 Mark bis 300 Mark ist verwirkt:

1. wenn einem zur Wahrnehmung der Steueraufsicht verpflichteten Beamten oder seinen Angehörigen wegen einer auf die Erhebung oder Überwachung des Malzaufschlags bezüglichen amtlichen Handlung oder Unterlassung einer solchen Geschenke oder andere Vorteile angeboten, versprochen oder gewährt werden, sofern nicht der Tatbestand der Bestechung nach § 333 des Reichsstrafgesetzbuchs vorliegt;
2. wenn ein zur Wahrnehmung der Steueraufsicht verpflichteter Beamter durch Handlungen oder Unterlassungen eines anderen an der rechtmäßigen Ausübung seines Amtes in bezug auf den Malzaufschlag behindert wird, sofern nicht der Tatbestand einer nach § 113 des Reichsstrafgesetzbuchs strafbaren Widersetzlichkeit gegeben ist.

Art. 60. Einer Geldstrafe von 1 Mark bis 150 Mark unterliegen Zuwiderhandlungen gegen andere Bestimmungen dieses Gesetzes, sowie gegen die zum Vollzuge dieses Gesetzes erlassenen und öffentlich oder den Beteiligten besonders bekannt gemachten Vorschriften, sofern nicht die Strafe der Malzaufschlaghinterziehung verwirkt ist.

Art. 61. Die Strafbestimmungen der Artikel 51, 58, 59, 60 sind anzuwenden, gleichviel ob die Handlung vorsätzlich oder fahrlässig begangen wurde.

Art. 67. Die Bestrafung der Verfehlungen gegen die Vorschriften über die Erhebung der Übergangsabgabe vom Biere und geschroteten Malze erfolgt nach den Vorschriften über die Bestrafung der Zollhinterziehungen (§§ 135 ff. des Vereinszollgesetzes vom 26. September 1869) und der Zollordnungswidrigkeiten (§ 152 daselbst).

Wer bei einem Gesuch um Vergütung oder Erlaß der Übergangsabgabe die abgabepflichtige Bier- oder Malzmenge wissentlich zu hoch angibt oder wer zur Erlangung einer Vergütung oder eines Erlasses der Abgabe in einem Betrage, der nicht oder nur in geringerer Höhe zu beanspruchen war, sonstige wahrheitswidrige Angaben macht, welche geeignet sind, eine Verkürzung der Übergangsabgabe herbeizuführen, wird nach den Bestimmungen des Malzaufschlaggesetzes bestraft.

Anmerkung: Die Übergangsabgabe wird von dem über die Landesgrenze eingeführten Biere und geschroteten Malze erhoben (Art. 11).

Gemeindlicher Malzaufschlag.

Art. 68. Die in diesem Gesetze für die Erhebung und Sicherung des staatlichen Malzaufschlags geltenden Vorschriften finden auch auf den gemeindlichen Malzaufschlag Anwendung.

Art. 70. Wer es unternimmt, bei der Einfuhr von Bier in einen Gemeindebezirk den gemeindlichen Bieraufschlag zu hinterziehen oder bei der Ausfuhr von Bier aus einem Gemeindebezirk eine Vergütung des gemeindlichen Malz- oder Bieraufschlags zu erlangen, die entweder nicht oder nur in geringerer Höhe zu beanspruchen war, unterliegt einer Geldstrafe, die dem Vierfachen des vorenthaltenen oder zu Ungebühr beanspruchten Aufschlagbetrags gleichkommt, mindestens aber 3 Mark beträgt.

Art. 71. Zuwiderhandlungen gegen die zur Sicherung des gemeindlichen Malz- und Bieraufschlags erlassenen ortspolizeilichen Vorschriften unterliegen einer Geldstrafe von 1 bis 50 ℳ.

Dritter Abschnitt.

Medizinal- und Veterinärwesen.

A. Medizinal- und Veterinärpersonal.

Vorbemerkung.

Vgl. hieher namentlich in bezug auf Titelführung §§ 29 und 147 Ziff. 3 RGewO., sowie Art. 127 PStGB., dann in bezug auf gegenseitige Zulassung der an der Grenze wohnhaften Medizinalpersonen zur Ausübung der Praxis:

Uebereinkunft mit Österreich-Ungarn vom 30. Sept. 1882, RGBl. 1883 S. 39,

Uebereinkunft mit der Schweiz vom 29. Februar 1884, RGBl. S. 45,

und insbesondere bezüglich gegenseitiger Zulassung der in der Nähe der Grenzen wohnhaften Hebammen zur Ausübung der Praxis in den einzelnen Bundesstaaten

Ministerialbekanntmachung vom 20. Juli 1887, GVBl. S. 370 und vom 30. April 1910, GVBl. S. 260.

1. K. Verordnung vom 11. August 1873, die Ausübung der Heilkunde betreffend. (RegBl. S. 1313.)

§ 1. Wer sich in Bayern als Arzt (Wundarzt, Augenarzt, Geburtshelfer und Zahnarzt) niederlassen will, hat von der Wahl seines Wohnortes bei der Distriktspolizeibehörde des letzteren unter Nachweisung seiner Berechtigung gemäß § 29 der Gewerbeordnung vom 21. Juni 1869 bei Beginn seiner Praxis Anzeige zu erstatten.

Ärzte, welche ihren Wohnort verändern wollen, haben der Distriktspolizeibehörde ihres bisherigen Wohnortes hievon Anzeige zu machen.

Ärzte, welche eine Subvention aus Staats-, Kreis-, Distrikts-, Gemeinde- oder Stiftungsmitteln beziehen, haben bei Veränderung ihres Wohnortes über die vorher erfolgte Lösung der durch jene Bezüge für sie begründeten Verpflichtungen sich auszuweisen.

Zuwiderhandlungen gegen obige Vorschriften unterliegen der Strafbestimmung in Art. 128 des Polizeistrafgesetzbuches für Bayern vom 26. Dezember 1871.

---

2. K. Verordnung vom 31. März 1899, die Verhältnisse der Bader betreffend. (GVBl. S. 111.)

§ 1. Zur Führung des Titels „Bader" ist derjenige berechtigt, welcher nach den Bestimmungen der gegenwärtigen Verordnung die Approbation als Bader erlangt hat.

Die nach Maßgabe der Verordnungen vom 21. Juni 1843, vom

15. März 1866, vom 25. Juni 1868 und vom 24. Juni 1884 bereits erworbene Berechtigung zur Führung dieses Titels bleibt in Geltung.

Die unbefugte Führung des Titels „Bader" oder eines ähnlichen Titels, durch welchen der Glaube erweckt wird, der Inhaber desselben sei approbierter Bader, unterliegt der Strafbestimmung des Art. 127 des Polizeistrafgesetzbuches vom 26. Dezember 1871.

§ 2. Die Befugnisse der Bader umfassen:

1. die Unterstützung der Ärzte bei Ausübung der Heilkunde durch chirurgische und andere technische Hilfeleistungen (§ 3);
2. die selbständige Vornahme chirurgischer Verrichtungen (§ 4);
3. die ersten Vorkehrungen in Erkrankungs- und sonstigen Notfällen (§ 5);
4. die Leichenschau nach Maßgabe der hierüber bestehenden besonderen Vorschriften, und
5. die Hilfeleistung bei Leichenöffnungen.

§ 6. a) Wer sich in Bayern als Bader niederlassen will, hat von der Wahl seines Wohnortes bei der Distriktspolizeibehörde des letzteren, unter Nachweisung seiner Berechtigung (§ 1), bei Beginn seiner Tätigkeit Anzeige zu erstatten und sich dem zuständigen Bezirksarzte vorzustellen.

Bader, welche ihren Wohnort verändern, haben außerdem noch der Distriktspolizeibehörde ihres bisherigen Wohnorts hievon Anzeige zu erstatten.

Bader, welche einen Unterhaltsbeitrag aus Staats-, Kreis-, Distrikts-, Gemeinde- oder Stiftungsmitteln beziehen, haben sich bei Veränderung ihres Wohnorts über die vorher erfolgte Lösung der durch jene Bezüge für sie begründeten Verpflichtungen auszuweisen.

Zuwiderhandlungen gegen diese Vorschriften unterliegen den Strafbestimmungen des Art. 128 des Polizeistrafgesetzbuches vom 26. Dezember 1871.

b) Hinsichtlich der Anzeigepflicht der Bader bei ansteckenden Krankheiten kommen die Bestimmungen des Art. 72 des Polizeistrafgesetzbuches und der Verordnung hiezu vom 22. Juli 1891, „die Verpflichtung der Medizinalpersonen zur Anzeige ansteckender Krankheiten unter Menschen betreffend", zur Anwendung.

---

3. K. Verordnung vom 4. Juni 1899, die gewerblichen Verhältnisse der Hebammen betreffend. (GVBl. S. 413.)*)

§ 1. Frauenspersonen, welche in Bayern den Hebammenberuf ausüben wollen, bedürfen des Befähigungszeugnisses einer bayerischen Prüfungsbehörde. Inwieweit aus Rücksichten der Gegenseitigkeit oder auf Grund besonderer Staatsverträge Abweichungen hievon stattfinden, wird jeweils durch das K. Staatsministerium des Innern bekannt gegeben.

*) Strafbestimmungen: § 147 Ziff. 1 RGewO., Art. 128 PStGB.

Die Berechtigung der nach Maßgabe der seither bestehenden Bestimmungen zugelassenen Hebammen bleibt unberührt.

§ 2. Jede Hebamme, welche zur Ausübung ihres Berufes in einer Gemeinde sich niederlassen will, hat die Wahl ihres Wohnortes der für denselben einschlägigen Distriktspolizeibehörde unter Vorlage ihres Prüfungszeugnisses anzuzeigen und dem K. Bezirksarzte sich vorzustellen. Eine Hebamme, welche ihren Wohnort verändern will, hat hievon auch der Distriktspolizeibehörde ihres bisherigen Wohnortes Anzeige zu erstatten.

Hebammen, welche Bezüge aus Staats-, Kreis-, Distrikts-, Gemeinde oder Stiftungsmitteln genießen oder sonst durch Verträge mit öffentlichen Verbänden oder Anstalten gebunden sind, haben vor Veränderung ihres Wohnortes oder Niederlegung ihres Dienstes über die vorgängige Lösung ihrer bestehenden Verpflichtungen Ausweis beizubringen.

---

4. Bekanntmachung des K. Staatsministeriums des Innern vom 9. Juni 1899, Dienstanweisung für die Hebammen betr. (GVBl. S. 416).*)

§ 3. Die Hebammen sind verpflichtet, bei Ausübung ihres Berufes den Weisungen approbierter Ärzte Folge zu leisten, denselben anständig und bescheiden gegenüberzutreten und ihnen über ihre Wahrnehmungen gewissenhaft und ausführlich Auskunft zu erteilen.

§ 7. Unter keinen Umständen dürfen die Hebammen sich mit der Behandlung von Krankheiten überhaupt und von weiblichen Geschlechtskrankheiten insbesondere befassen.

§ 8. 1. Die Hebammen haben solche Beschäftigungen zu meiden, durch welche die Tüchtigkeit zur Ausübung ihres Berufes beeinträchtigt wird.

2. Denselben ist untersagt, die Dienste einer Leichenfrau oder Seelnonne zu versehen. Es ist ihnen ferner verboten, bei ansteckenden Krankheiten, insbesondere bei Diphtherie, Rotlauf, Scharlach, Augenentzündungen der Neugeborenen und allen Wundkrankheiten Wärterinnendienste zu leisten; sind sie aber mit derart Erkrankten in Berührung gekommen, so haben sie nach § 36 ihre Kleider und Gerätschaften sofort zu desinfizieren.

3. Sie sollen sich aus ihrem Bezirke so selten als möglich und, insoferne sie Gemeinde-Hebammen sind, über Nacht nur mit Erlaubnis des Bezirksarztes oder des Bürgermeisters entfernen.

4. Stets sollen sie Vorkehr treffen, daß sie, im Falle man ihrer bedarf, jederzeit sogleich gefunden werden können.

5. Ihre Gerätschaften sollen stets auf das Sauberste gehalten und nebst den Arzneivorräten allezeit zweckmäßig zusammengestellt zum sofortigen Gebrauche bereitstehen; sie müssen daher

---

*) Strafbestimmung: Art. 127 Abs. 2 PStGB.

sofort nach dem Gebrauche wieder in die vorschriftsmäßige Ordnung gebracht werden.

6. Keine Hebamme darf ohne Erlaubnis der Distriktspolizeibehörde eine Schwangere zur Niederkunft bei sich aufnehmen.

§ 9. Die Hebammen sollen allen Frauen, welche ihrer Hilfe bedürfen, ohne Unterschied des Standes und Vermögens bei Tag und bei Nacht ohne Aufschub Beistand leisten. Bei mehrfachen gleichzeitigen Berufungen haben sie sich im allgemeinen nach der Zeit derselben zu richten, sonst aber sich zuerst dorthin zu wenden, wo ihre Hilfe am dringendsten erscheint. Geeignetenfalls werden sie solche Personen, denen sie nicht sofort zu Diensten sein können, an eine andere Hebamme verweisen. Solange eine Gebärende der Hebamme benötigt ist, darf diese sie unter keinem Vorwande verlassen.

§ 16. Eine Hebamme, die ohne obige vorgeschriebene Reinigung der Hände eine Schwangere oder Kreissende innerlich untersucht, begeht eine grobe Fahrlässigkeit und ist im Falle der Erkrankung der Untersuchten dementsprechend strafbar, d. h. wegen fahrlässiger Körperverletzung oder, wenn die Kindbettfiebererkrankung zum Tode führt, wegen fahrlässiger Tötung.

§ 39. Gelangen Vorfälle, welche die Verheimlichung einer Schwangerschaft oder Niederkunft, die Abtreibung oder Tötung der Leibesfrucht einer Schwangeren, die Unterschiebung, Verwechselung oder Aussetzung eines Kindes oder die Verübung eines Kindsmordes vermuten lassen, zur Kenntnis einer Hebamme, so hat dieselbe hievon unverzüglich der betreffenden Ortspolizeibehörde Anzeige zu erstatten. Die Hebamme darf jedoch in solchen Fällen der betreffenden Person ihren Beistand nach Maßgabe dieser Vorschriften nicht verweigern.

§ 42. Zuwiderhandlungen gegen die Dienstanweisung haben, soweit nicht strafrechtliche Verfolgung eintritt oder besondere Strafbestimmungen einschlagen, Bestrafung nach Maßgabe des Artikels 127 Absatz 2, gegebenenfalls Einschreitung nach Artikel 21 und 22 des Polizeistrafgesetzbuches vom 26. Dezember 1871 und je nach Umständen Zurücknahme der Berechtigung zur Ausübung des Hebammendienstes gemäß § 53 Absatz 2 der Reichsgewerbeordnung zur Folge, wenn aus Handlungen oder Unterlassungen einer Hebamme der Mangel derjenigen Eigenschaften klar erhellt, welche bei Erteilung des Prüfungszeugnisses vorausgesetzt wurden.

---

5. K. Verordnung vom 21. Dezember 1908, die Tierärzte betr.

(GVBl. S. 1141.)

§ 1. Tierärzte, die sich zur Ausübung der Praxis niederlassen, sind verpflichtet:

1. alsbald nach der Niederlassung sich bei der Distriktsverwaltungsbehörde und bei dem Bezirkstierarzt des Niederlassungs-

ortes persönlich anzumelden und dabei den Approbationsschein, sowie bei Führung des Doktor- oder eines anderen Titels die Berechtigungsausweise vorzulegen, und

2. den Wechsel des Wohnortes innerhalb des Distriktsverwaltungsbezirkes, die Aufgabe der Praxis oder den Wegzug aus dem Bezirke vor dem Eintritt dieser Veränderungen der Distriktsverwaltungsbehörde und dem Bezirkstierarzt anzuzeigen.

Anmerkung: Strafbestimmung: Art. 128 PolStGB.

B. Nahrungsmittel, Genußmittel und Gebrauchsgegenstände.

1. Reichsgesetz vom 14. Mai 1879, betreffend den Verkehr mit Nahrungsmitteln, Genußmitteln und Gebrauchsgegenständen.

(RGBl. S. 145.)

§ 1. Der Verkehr mit Nahrungs- und Genußmitteln, sowie mit Spielwaren, Tapeten, Farben, Eß-, Trink- und Kochgeschirr und mit Petroleum unterliegt der Beaufsichtigung nach Maßgabe dieses Gesetzes.

§ 2. Die Beamten der Polizei sind befugt, in die Räumlichkeiten, in welchen Gegenstände der in § 1 bezeichneten Art feilgehalten werden, während der üblichen Geschäftsstunden oder während die Räumlichkeiten dem Verkehr geöffnet sind, einzutreten.

Sie sind befugt, von den Gegenständen der in § 1 bezeichneten Art, welche in den angegebenen Räumlichkeiten sich befinden, oder welche an öffentlichen Orten, auf Märkten, Plätzen, Straßen oder im Umherziehen verkauft oder feilgehalten werden, nach ihrer Wahl Proben zum Zwecke der Untersuchung gegen Empfangsbescheinigung zu entnehmen. Auf Verlangen ist dem Besitzer ein Teil der Probe amtlich verschlossen oder versiegelt zurückzulassen. Für die entnommene Probe ist Entschädigung in Höhe des üblichen Kaufpreises zu leisten.

§ 3. Die Beamten der Polizei sind befugt, bei Personen, welche auf Grund der §§ 10, 12, 13 dieses Gesetzes zu einer Freiheitsstrafe verurteilt sind, in den Räumlichkeiten, in welchen Gegenstände der in § 1 bezeichneten Art feilgehalten werden, oder welche zur Aufbewahrung oder Herstellung solcher zum Verkauf bestimmter Gegenstände dienen, während der in § 2 angegebenen Zeit Revisionen vorzunehmen.

Diese Befugnis beginnt mit der Rechtskraft des Urteils und erlischt mit dem Ablaufe von drei Jahren von dem Tage an gerechnet, an welchem die Freiheitsstrafe verbüßt, verjährt oder erlassen ist.

§ 5. Für das Reich können durch Kaiserliche Verordnung mit Zustimmung des Bundesrats zum Schutze der Gesundheit Vorschriften erlassen werden, welche verbieten:

1. bestimmte Arten der Herstellung, Aufbewahrung und Verpackung von Nahrungs- und Genußmitteln, die zum Verkaufe bestimmt sind;
2. das gewerbsmäßige Verkaufen und Feilhalten von Nahrungs- und Genußmitteln von einer bestimmten Beschaffenheit oder unter einer der wirklichen Beschaffenheit nicht entsprechenden Bezeichnung;
3. das Verkaufen und Feilhalten von Tieren, welche an bestimmten Krankheiten leiden, zum Zwecke des Schlachtens, sowie das Verkaufen und Feilhalten des Fleisches von Tieren, welche mit bestimmten Krankheiten behaftet waren;
4. die Verwendung bestimmter Stoffe und Farben zur Herstellung von Bekleidungsgegenständen, Spielwaren, Tapeten, Eß-, Trink- und Kochgeschirr, sowie das gewerbsmäßige Verkaufen und Feilhalten von Gegenständen, welche diesem Verbote zuwider hergestellt sind;
5. das gewerbsmäßige Verkaufen und Feilhalten von Petroleum von einer bestimmten Beschaffenheit.

Anmerkung: Vgl. unten Nr. 2 u. Nr. 9.

§ 6. Für das Reich kann durch Kaiserliche Verordnung mit Zustimmung des Bundesrats das gewerbsmäßige Herstellen, Verkaufen und Feilhalten von Gegenständen, welche zur Fälschung von Nahrungs- oder Genußmitteln bestimmt sind, verboten oder beschränkt werden.

§ 8. Wer den auf Grund der §§ 5, 6 erlassenen Verordnungen zuwiderhandelt, wird mit Geldstrafe bis zu einhundertfünfzig Mark oder mit Haft bestraft.

Landesrechtliche Vorschriften dürfen eine höhere Strafe nicht androhen.

§ 9. Wer den Vorschriften der §§ 2 bis 4 zuwider den Eintritt in die Räumlichkeiten, die Entnahme einer Probe oder die Revision verweigert, wird mit Geldstrafe von fünfzig bis zu einhundertfünfzig Mark oder mit Haft bestraft.

§ 10. Mit Gefängnis bis zu sechs Monaten und mit Geldstrafe bis zu eintausendfünfhundert Mark oder mit einer dieser Strafen wird bestraft:
1. wer zum Zwecke der Täuschung im Handel und Verkehr Nahrungs- oder Genußmittel nachmacht oder verfälscht;
2. wer wissentlich Nahrungs- oder Genußmittel, welche verdorben oder nachgemacht oder verfälscht sind, unter Verschweigung dieses Umstandes verkauft oder unter einer zur Täuschung geeigneten Bezeichnung feilhält.

§ 11. Ist die im § 10 Nr. 2 bezeichnete Handlung aus Fahrlässigkeit begangen worden, so tritt Geldstrafe bis zu einhundertfünfzig Mark oder Haft ein.

§ 12. Mit Gefängnis, neben welchem auf Verlust der bürgerlichen Ehrenrechte erkannt werden kann, wird bestraft:
1. wer vorsätzlich Gegenstände, welche bestimmt sind, anderen als Nahrungs- oder Genußmittel zu dienen, derart herstellt,

daß der Genuß derselben die menschliche Gesundheit zu beschädigen geeignet ist, ingleichen wer wissentlich Gegenstände, deren Genuß die menschliche Gesundheit zu beschädigen geeignet ist, als Nahrungs- oder Genußmittel verkauft, feilhält oder sonst in Verkehr bringt;

2. wer vorsätzlich Bekleidungsgegenstände, Spielwaren, Tapeten, Eß-, Trink- oder Kochgeschirr oder Petroleum derart herstellt, daß der bestimmungsgemäße oder vorauszusehende Gebrauch dieser Gegenstände die menschliche Gesundheit zu beschädigen geeignet ist, ingleichen wer wissentlich solche Gegenstände verkauft, feilhält oder sonst in Verkehr bringt.

Der Versuch ist strafbar.

Ist durch die Handlung eine schwere Körperverletzung oder der Tod eines Menschen verursacht worden, so tritt Zuchthausstrafe bis zu fünf Jahren ein.

§ 13. War in den Fällen des § 12 der Genuß oder Gebrauch des Gegenstandes die menschliche Gesundheit zu zerstören geeignet und war diese Eigenschaft dem Täter bekannt, so tritt Zuchthausstrafe bis zu zehn Jahren, und wenn durch die Handlung der Tod eines Menschen verursacht worden ist, Zuchthausstrafe nicht unter zehn Jahren oder lebenslängliche Zuchthausstrafe ein.

Neben der Strafe kann auf Zulässigkeit von Polizeiaufsicht erkannt werden.

§ 14. Ist eine der in den §§ 12, 13 bezeichneten Handlungen aus Fahrlässigkeit begangen worden, so ist auf Geldstrafe bis zu eintausend Mark oder Gefängnisstrafe bis zu sechs Monaten und, wenn durch die Handlung ein Schaden an der Gesundheit eines Menschen verursacht worden ist, auf Gefängnisstrafe bis zu einem Jahre, wenn aber der Tod eines Menschen verursacht worden ist, auf Gefängnisstrafe von einem Monate bis zu drei Jahren zu erkennen.

§ 15. In den Fällen der §§ 12 bis 14 ist neben der Strafe auf Einziehung der Gegenstände zu erkennen, welche den bezeichneten Vorschriften zuwider hergestellt, verkauft, feilgehalten oder sonst in Verkehr gebracht sind, ohne Unterschied, ob sie dem Verurteilten gehören oder nicht; in den Fällen der §§ 8, 10, 11 kann auf die Einziehung erkannt werden.

Ist in den Fällen der §§ 12 bis 14 die Verfolgung oder die Verurteilung einer bestimmten Person nicht ausführbar, so kann auf die Einziehung selbständig erkannt werden.

---

2. Kaiserl. Verordnung über das gewerbsmäßige Verkaufen und Feilhalten von Petroleum vom 24. Februar 1882. (RGBl. S. 40.)*)

§ 1. Das gewerbsmäßige Verkaufen und Feilhalten von Petroleum, welches, unter einem Barometerstande von 760 Millimetern,

*) Strafbestimmung: § 8 NahrMittelG. Ziff. 1 oben.

schon bei einer Erwärmung auf weniger als 21 Grade des hundertteiligen Thermometers entflammbare Dämpfe entweichen läßt, ist nur in solchen **Gefäßen** gestattet, welche an in die Augen fallender Stelle auf rotem Grunde in deutlichen Buchstaben die nicht verwischbare Inschrift „Feuergefährlich“ tragen.

Wird derartiges Petroleum gewerbsmäßig zur Abgabe in Mengen von weniger als 50 Kilogramm feilgehalten oder in solchen geringeren Mengen verkauft, so muß die Inschrift in gleicher Weise noch die Worte: „Nur mit besonderen Vorsichtsmaßregeln zu Brennzwecken verwendbar“ enthalten.

§ 3. Diese Verordnung findet auf das Verkaufen und Feilhalten von Petroleum in den **Apotheken** zu Heilzwecken nicht Anwendung.

§ 4. Als **Petroleum** im Sinne dieser Verordnung gelten das Rohpetroleum und dessen Destillationsprodukte.

---

3. Reichsgesetz, den Verkehr mit Butter, Käse, Schmalz und deren Ersatzmitteln betr., vom 15. Juni 1897. (RGBl. S. 475.)

§ 1. Die **Geschäftsräume** und sonstigen Verkaufsstellen, einschließlich der Marktstände, in denen Margarine, Margarinekäse oder Kunstspeisefett gewerbsmäßig verkauft oder feilgehalten wird, müssen an in die Augen fallender Stelle die deutliche, nicht verwischbare **Inschrift** „Verkauf von Margarine“, „Verkauf von Margarinekäse“, „Verkauf von Kunstspeisefett“ tragen.

Margarine im Sinne dieses Gesetzes sind diejenigen der Milchbutter oder dem Butterschmalz ähnlichen Zubereitungen, deren Fettgehalt nicht ausschließlich der Milch entstammt.

Margarinekäse im Sinne dieses Gesetzes sind diejenigen käseartigen Zubereitungen, deren Fettgehalt nicht ausschließlich der Milch entstammt.

Kunstspeisefett im Sinne dieses Gesetzes sind diejenigen dem Schweineschmalz ähnlichen Zubereitungen, deren Fettgehalt nicht ausschließlich aus Schweinefett besteht. Ausgenommen sind unverfälschte Fette bestimmter Tier- oder Pflanzenarten, welche unter den ihrem Ursprung entsprechenden Bezeichnungen in den Verkehr gebracht werden.

§ 2. Die **Gefäße** und äußeren Umhüllungen, in welchen Margarine, Margarinekäse oder Kunstspeisefett gewerbsmäßig verkauft oder feilgehalten wird, müssen an in die Augen fallenden Stellen die deutliche, nicht verwischbare Inschrift „Margarine“, „Margarinekäse“, „Kunstspeisefett“ tragen. Die Gefäße müssen außerdem mit einem stets sichtbaren, bandförmigen Streifen von roter Farbe versehen sein, welcher bei Gefäßen bis zu 35 cm Höhe mindestens 2 cm, bei höheren Gefäßen mindestens 5 cm breit sein muß.

Wird Margarine, Margarinekäse oder Kunstspeisefett in ganzen

Gebinden oder Kisten gewerbsmäßig verkauft oder feilgehalten, so hat die Inschrift außerdem den Namen oder die Firma des Fabrikanten, sowie die von dem Fabrikanten zur Kennzeichnung der Beschaffenheit seiner Erzeugnisse angewendeten Zeichen (Fabrikmarke) zu enthalten.

Im gewerbsmäßigen Einzelverkaufe müssen Margarine, Margarinekäse und Kunstspeisefett an den Käufer in einer Umhüllung abgegeben werden, auf welcher die Inschrift „Margarine", „Margarinekäse", „Kunstspeisefett" mit dem Namen oder der Firma des Verkäufers angebracht ist.

Wird Margarine oder Margarinekäse in regelmäßig geformten Stücken gewerbsmäßig verkauft oder feilgehalten, so müssen dieselben von Würfelform sein, auch muß denselben die Inschrift „Margarine", „Margarinekäse" eingepreßt sein.

§ 3. Die Vermischung von Butter oder Butterschmalz mit Margarine oder anderen Speisefetten zum Zweck des Handels mit diesen Mischungen ist verboten.

Unter diese Bestimmung fällt auch die Verwendung von Milch oder Rahm bei der gewerbsmäßigen Herstellung von Margarine, sofern mehr als 100 Gewichtsteile Milch oder eine dementsprechende Menge Rahm auf 100 Gewichtsteile der nicht der Milch entstammenden Fette in Anwendung kommen.

§ 4. In Räumen, woselbst Butter oder Butterschmalz gewerbsmäßig hergestellt, aufbewahrt, verpackt oder feilgehalten wird, ist die Herstellung, Aufbewahrung, Verpackung oder das Feilhalten von Margarine oder Kunstspeisefett verboten. Ebenso ist in Räumen, woselbst Käse gewerbsmäßig hergestellt, aufbewahrt, verpackt oder feilgehalten wird, die Herstellung, Aufbewahrung, Verpackung oder das Feilhalten von Margarinekäse untersagt.

In Orten, welche nach dem endgültigen Ergebnisse der letztmaligen Volkszählung weniger als 5000 Einwohner hatten, findet die Bestimmung des vorstehenden Absatzes auf den Kleinhandel und das Aufbewahren der für den Kleinhandel erforderlichen Bedarfsmengen in öffentlichen Verkaufsstätten, sowie auf das Verpacken der daselbst im Kleinhandel zum Verkauf gelangenden Waren keine Anwendung. Jedoch müssen Margarine, Margarinekäse oder Kunstspeisefett innerhalb der Verkaufsräume in besonderen Vorratsgefäßen und an besonderen Lagerstellen, welche von den zur Aufbewahrung von Butter, Butterschmalz und Käse dienenden Lagerstellen getrennt sind, aufbewahrt werden.

Für Orte, deren Einwohnerzahl erst nach dem endgültigen Ergebnis einer späteren Volkszählung die angegebene Grenze überschreitet, wird der Zeitpunkt, von welchem ab die Vorschrift des zweiten Absatzes nicht mehr Anwendung findet, durch die nach Anordnung der Landeszentralbehörde zuständigen Verwaltungsstellen bestimmt. Mit Genehmigung der Landeszentralbehörde können diese Verwaltungsstellen bestimmen, daß die Vorschrift des zweiten Absatzes von einem bestimmten Zeitpunkte ab ausnahmsweise in einzelnen Orten mit weniger als 5000 Einwohnern nicht Anwendung findet, sofern der unmittelbare räumliche Zusammenhang mit einer Ortschaft von mehr als 5000 Einwohnern ein Bedürfnis hierfür begründet.

Die auf Grund des dritten Absatzes ergehenden Bestimmungen sind mindestens sechs Monate vor dem Eintritt des darin bezeichneten Zeitpunktes öffentlich bekannt zu machen.

§ 5. In öffentlichen Angeboten, sowie in Schlußscheinen, Rechnungen, Frachtbriefen, Konnossementen, Lagerscheinen, Ladescheinen und sonstigen im Handelsverkehr üblichen Schriftstücken, welche sich auf die Lieferung von Margarine, Margarinekäse oder Kunstspeisefett beziehen, müssen die diesem Gesetze entsprechenden Warenbezeichnungen angewendet werden.

§ 6. Margarine und Margarinekäse, welche zu Handelszwecken bestimmt sind, müssen einen die allgemeine Erkennbarkeit der Ware mittels chemischer Untersuchung erleichternden, Beschaffenheit und Farbe derselben nicht schädigenden Zusatz erhalten.

Die näheren Bestimmungen hierüber werden vom Bundesrat erlassen und im RGBl. veröffentlicht.

§ 7. Wer Margarine, Margarinekäse oder Kunstspeisefett gewerbsmäßig herstellen will, hat davon der nach den landesrechtlichen Bestimmungen zuständigen Behörde Anzeige zu erstatten, hiebei auch die für die Herstellung, Aufbewahrung, Verpackung und Feilhaltung der Waren dauernd bestimmten Räume zu bezeichnen und die etwa bestellten Betriebsleiter und Aufsichtspersonen namhaft zu machen.

Für bereits bestehende Betriebe ist eine entsprechende Anzeige binnen zwei Monaten nach Inkrafttreten dieses Gesetzes zu erstatten.

Veränderungen bezüglich der der Anzeigepflicht unterliegenden Räume und Personen sind nach Maßgabe der Bestimmung des Absatzes 1 der zuständigen Behörde binnen drei Tagen anzuzeigen.

§ 8. Die Beamten der Polizei und die von der Polizeibehörde beauftragten Sachverständigen sind befugt, in die Räume, in denen Butter, Margarine, Margarinekäse oder Kunstspeisefett gewerbsmäßig hergestellt wird, jederzeit, in die Räume, in denen Butter, Margarine, Margarinekäse oder Kunstspeisefett aufbewahrt, feilgehalten oder verpackt wird, während der Geschäftszeit einzutreten und daselbst Revisionen vorzunehmen, auch nach ihrer Auswahl Proben zum Zweck der Untersuchung gegen Empfangsbescheinigung zu entnehmen. Auf Verlangen ist ein Teil der Probe amtlich verschlossen oder versiegelt zurückzulassen und für die entnommene Probe eine angemessene Entschädigung zu leisten.

§ 9. Die Unternehmer von Betrieben, in denen Margarine, Margarinekäse oder Kunstspeisefett gewerbsmäßig hergestellt wird, sowie die von ihnen bestellten Betriebsleiter und Aufsichtspersonen sind verpflichtet, der Polizeibehörde oder deren Beauftragten auf

Erfordern Auskunft über das Verfahren bei Herstellung der Erzeugnisse, über den Umfang des Betriebes und über die zur Verarbeitung gelangenden Rohstoffe, insbesondere auch über deren Menge und Herkunft zu erteilen.

§ 10. Die Beauftragten der Polizeibehörde sind, vorbehaltlich der dienstlichen Berichterstattung und der Anzeige von Gesetzwidrigkeiten, verpflichtet, über die Tatsachen und Einrichtungen, welche durch die Überwachung und Kontrolle der Betriebe zu ihrer Kenntnis kommen, Verschwiegenheit zu beobachten und sich der Mitteilung und Nachahmung der von den Betriebsunternehmern geheim gehaltenen, zu ihrer Kenntnis gelangten Betriebseinrichtungen und Betriebsweisen, solange als diese Betriebsgeheimnisse sind, zu enthalten.

Die Beauftragten der Polizeibehörde sind hierauf zu beeidigen.

§ 11. Der Bundesrat ist ermächtigt, das gewerbsmäßige Verkaufen und Feilhalten von Butter, deren Fettgehalt nicht eine bestimmte Grenze erreicht oder deren Wasser- oder Salzgehalt eine bestimmte Grenze überschreitet, zu verbieten.

Anmerkung: Nach Bundesratsbeschluß darf Butter, welche in 100 Gewichtsteilen weniger als 80 Gewichtsteile Fett, oder in ungesalzenem Zustande mehr als 18 Gewichtsteile, in gesalzenem Zustande mehr als 16 Gewichtsteile Wasser enthält, gewerbsmäßig nicht verkauft oder feilgehalten werden (Reichskanzlerbekanntmachung vom 1. März 1902, RGBl. S. 64.).

§ 12. Der Bundesrat ist ermächtigt,

1. nähere, im RGBl. zu veröffentlichende Bestimmungen zur Ausführung der Vorschriften des § 2 zu erlassen,
2. Grundsätze aufzustellen, nach welchen die zur Durchführung dieses Gesetzes, sowie des Gesetzes vom 14. Mai 1879, betreffend den Verkehr mit Nahrungsmitteln, Genußmitteln und Gebrauchsgegenständen (RGBl. S. 145) erforderlichen Untersuchungen von Fetten und Käsen vorzunehmen sind.

§ 13. Die Vorschriften dieses Gesetzes finden auf solche Erzeugnisse der im § 1 bezeichneten Art, welche zum Genusse für Menschen nicht bestimmt sind, keine Anwendung.

§ 14. Mit Gefängnis bis zu sechs Monaten und mit Geldstrafe bis zu eintausendfünfhundert Mark oder mit einer dieser Strafen wird bestraft:

1. wer zum Zweck der Täuschung im Handel und Verkehr eine der nach § 3 unzulässigen Mischungen herstellt;
2. wer in Ausübung eines Gewerbes wissentlich solche Mischungen verkauft, feilhält oder sonst in Verkehr bringt;
3. wer Margarine oder Margarinekäse ohne den nach § 6 erforderlichen Zusatz vorsätzlich herstellt oder wissentlich verkauft, feilhält oder sonst in Verkehr bringt.

Im Wiederholungsfalle tritt Gefängnisstrafe bis zu sechs Monaten ein, neben welcher auf Geldstrafe bis zu eintausendfünfhundert

Mark erkannt werden kann; diese Bestimmung findet nicht Anwendung, wenn seit dem Zeitpunkte, in welchem die für die frühere Zuwiderhandlung erkannte Strafe verbüßt oder erlassen ist, drei Jahre verflossen sind.

§ 15. Mit Geldstrafe bis zu eintausendfünfhundert Mark oder mit Gefängnis bis zu drei Monaten wird bestraft, wer als Beauftragter der Polizeibehörde unbefugt Betriebsgeheimnisse, welche kraft seines Auftrages zu seiner Kenntnis gekommen sind, offenbart, oder geheimgehaltene Betriebseinrichtungen oder Betriebsweisen, von denen er kraft seines Auftrages Kenntnis erlangt hat, nachahmt, solange dieselben noch Betriebsgeheimnisse sind.

Die Verfolgung tritt nur auf Antrag des Betriebsunternehmers ein.

§ 16. Mit Geldstrafe von fünfzig bis zu einhundertfünfzig Mark oder mit Haft wird bestraft:

1. wer den Vorschriften des § 8 zuwider den Eintritt in die Räume, die Entnahme einer Probe oder die Revision verweigert;
2. wer die in Gemäßheit des § 9 von ihm erforderte Auskunft nicht erteilt oder bei der Auskunfterteilung wissentlich unwahre Angaben macht.

§ 17. Mit Geldstrafe bis zu einhundertfünfzig Mark oder mit Haft bis zu vier Wochen wird bestraft:

1. wer den Vorschriften des § 7 zuwiderhandelt;
2. wer bei der nach § 9 von ihm geforderten Auskunfterteilung aus Fahrlässigkeit unwahre Angaben macht.

§ 18. Außer den Fällen der §§ 14 bis 17 werden Zuwiderhandlungen gegen die Vorschriften dieses Gesetzes, sowie gegen die in Gemäßheit der §§ 11 und 12 Ziffer 1 ergehenden Bestimmungen des Bundesrats mit Geldstrafe bis zu einhundertfünfzig Mark oder mit Haft bestraft.

Im Wiederholungsfalle ist auf Geldstrafe bis zu sechshundert Mark, oder auf Haft, oder auf Gefängnis bis zu drei Monaten zu erkennen. Diese Bestimmung findet keine Anwendung, wenn seit dem Zeitpunkte, in welchem die für die frühere Zuwiderhandlung erkannte Strafe verbüßt oder erlassen ist, drei Jahre verflossen sind.

§ 19. In den Fällen der §§ 14 und 18 kann neben der Strafe auf Einziehung der verbotswidrig hergestellten, verkauften, feilgehaltenen oder sonst in Verkehr gebrachten Gegenstände erkannt werden, ohne Unterschied, ob sie dem Verurteilten gehören oder nicht.

Ist die Verfolgung oder Verurteilung einer bestimmten Person nicht ausführbar, so kann auf die Einziehung selbständig erkannt werden.

§ 20. Die Vorschriften des Gesetzes, betreffend den Verkehr mit Nahrungsmitteln, Genußmitteln und Gebrauchsgegenständen, vom 14. Mai 1879 (RGBl. S. 145) bleiben unberührt.

4. Bestimmungen des Bundesrates vom 4. Juli 1897 zur Ausführung des Gesetzes über den Verkehr mit Butter, Käse, Schmalz und deren Ersatzmitteln. (RGBl. S. 591.)

1. Um die Erkennbarkeit von Margarine und Margarinekäse, welche zu Handelszwecken bestimmt sind, zu erleichtern (§ 6 des Gesetzes, betreffend den Verkehr mit Butter, Käse, Schmalz und deren Ersatzmitteln, vom 15. Juni 1897), ist den bei der Fabrikation zur Verwendung kommenden Fetten und Ölen Sesamöl zuzusetzen. In 100 Gewichtsteilen der angewandten Fette und Öle muß die Zusatzmenge bei Margarine mindestens 10 Gewichtsteile, bei Margarinekäse mindestens 5 Gewichtsteile Sesamöl betragen.

Der Zusatz des Sesamöls hat bei dem Vermischen der Fette vor der weiteren Fabrikation zu erfolgen.

2. Das nach Nr. 1 zuzusetzende Sesamöl muß folgende Reaktion zeigen:

Wird ein Gemisch von 0,5 Raumteilen Sesamöl und 99,5 Raumteilen Baumwollsamenöl oder Erdnußöl mit 100 Raumteilen rauchender Salzsäure vom spezifischen Gewicht 1,19 und einigen Tropfen einer zweiprozentigen alkoholischen Lösung von Furfurol geschüttelt, so muß die unter der Ölschicht sich absetzende Salzsäure eine deutliche Rotfärbung annehmen.

Das zu dieser Reaktion dienende Furfurol muß farblos sein.

3. Für die vorgeschriebene Bezeichnung der Gefäße und äußeren Umhüllungen, in welchen Margarine, Margarinekäse oder Kunstspeisefett gewerbsmäßig verkauft oder feilgehalten wird (§ 2 Absatz 1 des Gesetzes), sind die anliegenden Muster mit der Maßgabe zum Vorbilde zu nehmen, daß die Länge der die Inschrift umgebenden Einrahmung nicht mehr als das Siebenfache der Höhe, sowie nicht weniger als 30 Zentimeter und nicht mehr als 50 Zentimeter betragen darf. Bei runden oder länglich-runden Gefäßen, deren Deckel einen größten Durchmesser von weniger als 35 Zentimeter hat, darf die Länge der die Inschrift umgebenden Einrahmung bis auf 15 Zentimeter ermäßigt werden.

4. Der bandförmige Streifen von roter Farbe in einer Breite von mindestens 2 Zentimeter bei Gefäßen bis zu 35 Zentimeter Höhe und in einer Breite von mindestens 5 Zentimeter bei Gefäßen von größerer Höhe (§ 2 Absatz 1 des Gesetzes) ist parallel zur unteren Randfläche und mindestens 3 Zentimeter von dem oberen Rande entfernt anzubringen. Der Streifen muß sich oberhalb der unter Nr. 3 bezeichneten Inschrift befinden und ohne Unterbrechung um das ganze Gefäß gezogen sein. Derselbe darf die Inschrift und deren Umrahmung nicht berühren und auf den das Gefäß umgebenden Reifen oder Leisten nicht angebracht sein.

5. Der Name oder die Firma des Fabrikanten, sowie die Fabrikmarke (§ 2 Abs. 2 des Gesetzes) sind unmittelbar über, unter

oder neben der in Nr. 3 bezeichneten Inschrift anzubringen, ohne daß sie den in Nr. 4 erwähnten roten Streifen berühren.

6. Die Anbringung der Inschriften und der Fabrikmarke (Nr. 3 und 5) erfolgt durch Einbrennen oder Aufmalen. Werden die Inschriften aufgemalt, so sind sie auf weißem oder hellgelbem Untergrunde mit schwarzer Farbe herzustellen. Die Anbringung des roten Streifens (Nr. 4) geschieht durch Aufmalen.

7. Die Inschriften und die Fabrikmarke (Nr. 3 und 5) sind auf den Seitenwänden des Gefäßes an mindestens zwei sich gegenüberliegenden Stellen, falls das Gefäß einen Deckel hat, auch auf der oberen Seite des letzteren, bei Fässern auch auf beiden Böden anzubringen.

8. Für die Bezeichnung der würfelförmigen Stücke (§ 2 Absatz 4 des Gesetzes) sind ebenfalls die anliegenden Muster zum Vorbilde zu nehmen. Es findet jedoch eine Beschränkung hinsichtlich der Größe (Länge und Höhe) der Einrahmung nicht statt. Auch darf das Wort „Margarine" in zwei, das Wort „Margarinekäse" in drei untereinander zu setzende, durch Bindestriche zu verbindende Teile getrennt werden.

9. Auf die beim Einzelverkaufe von Margarine, Margarinekäse und Kunstspeisefett verwendeten Umhüllungen (§ 2 Absatz 3 des Gesetzes) findet die Bestimmung unter Nr. 3 Satz 1 mit der Maßgabe Anwendung, daß die Länge der die Inschrift umgebenden Einrahmung nicht weniger als 15 Zentimeter betragen darf. Der Name oder die Firma des Verkäufers ist unmittelbar über, unter oder neben der Inschrift anzubringen.

MARGARINE

MARGARINEKAESE

KUNST-SPEISEFETT

---

5. Entschließung des K. Staatsministeriums des Innern vom 15. März 1898, Verkehr mit Butter, Käse, Schmalz und deren Ersatzmitteln betreffend. (MABl. S. 171.)

Die Verkaufsstätten für Butter oder Butterschmalz einerseits und für Margarine oder Kunstspeisefett andererseits müssen, falls diese Waren nebeneinander in einem Geschäftsbetriebe feilgehalten werden, derart getrennt sein, daß ein unauffälliges Hinüber- und Herüberschaffen der Ware während des Geschäftsbetriebs verhindert und insbesondere die Möglichkeit, an Stelle von Butter oder Butterschmalz unbemerkt Margarine oder Kunstspeisefett dem kaufenden Publikum zu verabreichen, tunlichst ausgeschlossen wird. Die Entscheidung darüber, in welcher Weise diesen Anforderungen entsprochen wird, kann nur unter Berücksichtigung der besonderen Verhältnisse jedes Einzelfalles und namentlich der Beschaffenheit der dabei in Betracht kommenden Räume erfolgen. Doch werden im allgemeinen folgende Grundsätze zur Richtschnur dienen können.

1. Es ist nicht erforderlich, daß die Räume je einen besonderen Zugang für das Publikum besitzen. Es ist vielmehr zulässig, daß ein gemeinschaftlicher Eingang für die verschiedenen Räume besteht.

2. Wenn auch die Scheidewände nicht aus feuerfestem Material hergestellt zu sein brauchen, so müssen sie immerhin einen so dichten Abschluß bilden, daß jeder unmittelbare Zusammenhang der Räume, soweit er nicht durch Durchgangsöffnungen hergestellt ist, ausgeschlossen wird. Als ausreichend sind beispielsweise zu betrachten abschließende Wände aus Brettern, Glas, Zement- oder Gipsplatten. Dagegen können Lattenverschläge, Vorhänge, weitmaschige Gitterwände, verstellbare Abschlußvorrichtungen nicht als genügend betrachtet werden. Bei offenen Verkaufsständen auf Märkten können jedoch auch Einrichtungen der letzteren Art geduldet werden. Die Scheidewände müssen in der Regel vom Fußboden bis zur Decke reichen und den Raum auch in seiner ganzen Breite oder Tiefe abschließen.

3. Die Verbindung zwischen den abgetrennten Räumen darf mittels einer oder mehrerer Durchgangsöffnungen hergestellt sein. Derartige Öffnungen sind in der Regel mit Türverschluß zu versehen.

Die vorstehenden Grundsätze finden sinngemäße Anwendung auf die Räume zur Aufbewahrung und Verpackung der bezeichneten Waren.

Nach den gleichen Gesichtspunkten ist die Trennung der Geschäftsräume für Käse und Margarinekäse zu beurteilen.

---

6. Reichs-Weingesetz vom 7. April 1909. (RGBl. S. 393.)

§ 1. Wein ist das durch alkoholische Gärung aus dem Safte der frischen Weintraube hergestellte Getränk.

§ 2. Es ist gestattet, Wein aus Erzeugnissen verschiedener Herkunft oder Jahre herzustellen (Verschnitt). Dessertwein (Süd-, Süßwein) darf jedoch zum Verschneiden von weißem Weine anderer Art nicht verwendet werden.

§ 3. Dem aus inländischen Trauben gewonnenen Traubenmost oder Weine, bei Herstellung von Rotwein auch der vollen Traubenmaische, darf Zucker, auch in reinem Wasser gelöst, zugesetzt werden, um einem natürlichen Mangel an Zucker beziehungsweise Alkohol oder einem Übermaß an Säure insoweit abzuhelfen, als es der Beschaffenheit des aus Trauben gleicher Art und Herkunft in guten Jahrgängen ohne Zusatz gewonnenen Erzeugnisses verspricht. Der Zusatz an Zuckerwasser darf jedoch in keinem Falle mehr als ein Fünftel der gesamten Flüssigkeit betragen.

Die Zuckerung darf nur in der Zeit vom Beginne der Weinlese bis zum 31. Dezember des Jahres vorgenommen werden; sie darf in der Zeit vom 1. Oktober bis 31. Dezember bei ungezuckerten Weinen früherer Jahrgänge nachgeholt werden.

Die Zuckerung darf nur innerhalb der am Weinbaue beteiligten Gebiete des Deutschen Reiches vorgenommen werden

Die Absicht, Traubenmaische, Most oder Wein zu zuckern, ist der zuständigen Behörde anzuzeigen.

Auf die Herstellung von Wein zur Schaumweinbereitung in den Schaumweinfabriken finden die Vorschriften der Abs. 2, 3 keine Anwendung.

In allen Fällen darf zur Weinbereitung nur technisch reiner nicht färbender Rüben-, Rohr-, Invert- oder Stärkezucker verwendet werden.

Anmerkung: In Bayern sind folgende Gebiete am Weinbau beteiligt:

1. Der ganze Regierungsbezirk der Pfalz.
2. Von dem Regierungsbezirke Unterfranken:
   die Bezirke der Bezirksämter Gerolzhofen, Hammelburg, Karlstadt, Kitzingen, Ochsenfurt, Schweinfurt, Würzburg, Alzenau, Lohr, Aschaffenburg, Ebern, Haßfurt, Hofheim, Kissingen, Neustadt a. S., Gemünden, Marktheidenfeld, Miltenberg, Obernburg;
   die Bezirke der kreisunmittelbaren Städte Aschaffenburg, Kissingen, Kitzingen, Schweinfurt, Würzburg.
3. Von dem Regierungsbezirke Mittelfranken:
   die Bezirke der Bezirksämter Neustadt a. A., Rothenburg o. T., Scheinfeld, Uffenheim;
   der Bezirk der kreisunmittelbaren Stadt Rothenburg o. T.
4. Von dem Regierungsbezirke Oberfranken:
   die Bezirke der Bezirksämter Bamberg I und II, Forchheim, Staffelstein;
   die Bezirke der kreisunmittelbaren Städte Bamberg und Forchheim.
5. Von dem Regierungsbezirke der Oberpfalz:
   die Bezirke der Bezirksämter Regensburg und Stadtamhof.
6. Von dem Regierungsbezirke Schwaben:
   die Bezirke des Bezirksamtes und der kreisunmittelbaren Stadt Lindau i. B.

(Vollzugs-Bek. des K. Staatsministeriums des Innern vom 14. September 1909/19. April 1910, GVBl. 1909 S. 675, 1910 S. 177.)

§ 4. Unbeschadet der Vorschriften des § 3 dürfen Stoffe irgendwelcher Art dem Weine bei der Kellerbehandlung nur insoweit zugesetzt werden, als diese es erfordert. Der Bundesrat ist ermächtigt, zu bestimmen, welche Stoffe verwendet werden dürfen, und Vorschriften über die Verwendung zu erlassen. Die Kellerbehandlung umfaßt die nach Gewinnung der Trauben auf die Herstellung, Erhaltung und Zurichtung des Weines bis zur Abgabe an den Verbraucher gerichtete Tätigkeit.

Versuche, die mit Genehmigung der zuständigen Behörde angestellt werden, unterliegen diesen Beschränkungen nicht.

Anmerkung: Hiezu Bundesratsbekanntmachung vom 9. Juli 1909 (RGBl. S. 549):

Bei der Kellerbehandlung dürfen unbeschadet der nach § 3 des Gesetzes zulässigen Zuckerung der Traubenmaische, dem Traubenmost oder dem Weine Stoffe irgend welcher Art nur nach Maßgabe der folgenden Bestimmungen zugesetzt werden:

Gestattet ist

A. Allgemein:

1. die Verwendung von frischer, gesunder, flüssiger Weinhefe (Drusen) oder von Reinhefe, um die Gärung einzuleiten oder zu fördern; die Reinhefe darf nur in Traubenmost gezüchtet sein. Der Zusatz der flüssigen Weinhefe darf nicht mehr als zwanzig Raumteile auf eintausend Raumteile der zu vergärenden Flüssigkeit betragen; doch darf diese Hefenmenge zuvor in einem Teile des Mostes oder Weines vermehrt werden; dabei darf der Wein mit einer kleinen Menge Zucker versetzt und von Alkohol befreit werden;
2. die Verwendung von frischer, gesunder, flüssiger Weinhefe (Drusen), um Mängel von Farbe oder Geschmack des Weines zu beseitigen. Der Zusatz darf nicht mehr als einhundertundfünfzig Raumteile auf eintausend Raumteile Wein betragen; ein Zusatz von Zucker ist hierbei nicht zulässig;
3. die Entsäuerung mittels reinen, gefällten kohlensauren Kalkes;
4. das Schwefeln, sofern hierbei nur kleine Mengen von schwefliger Säure oder Schwefelsäure in die Flüssigkeiten gelangen. Gewürzhaltiger Schwefel darf nicht verwendet werden;
5. die Verwendung von reiner gasförmiger oder verdichteter Kohlensäure oder der bei der Gärung von Wein entstehenden Kohlensäure, sofern hierbei nur kleine Mengen des Gases in den Wein gelangen;
6. die Klärung (Schönung) mittels nachgenannter technisch reiner Stoffe:
   a) in Wein gelöster Hausen-, Stör- oder Welsblase,
   b) Gelatine,
   c) Tannin bei gerbstoffarmem Weine bis zur Höchstmenge von 100 Gramm auf 1000 Liter in Verbindung mit den unter a, b genannten Stoffen,
   d) Eiweiß,
   e) Käsestoff (Kaseïn), Milch,
   f) spanischer Erde,
   g) mechanisch wirkender Filterdichtungsstoffe (Asbest, Zellulose u. dergl.);
7. die Vewendung von ausgewaschener Holzkohle und gereinigter Knochenkohle;
8. das Behandeln der Korkstopfen und das Ausspülen der Aufbewahrungsgefäße mit aus Wein gewonnenem Alkohol oder reinem mindestens 90 Raumprozente Alkohol enthaltenden Sprit, wobei jedoch der Alkohol nach der Anwendung wieder tunlichst zu entfernen ist; bei dem Versand in Fässern nach tropischen Gegenden auch der Zusatz von solchem Alkohol bis zu einem Raumteil auf einhundert Raumteile Wein zur Haltbarmachung.

B. Bei ausländischem Dessertwein (Süd-, Süßwein):

9. der Zusatz von kleinen Mengen gebrannten Zuckers (Zuckercouleur);
10. der Zusatz von aus Wein gewonnene Alkohol oder reinem mindestens 90 Raumprozente Alkohol enthaltenen Sprit bis zu der im Ursprungslande gestatteten Alkoholmenge.

C. Bei der Herstellung von Haustrunk (§ 11 des Gesetzes):

11. die Verwendung von Zitronensäure bei der Verarbeitung von getrockneten Weinbeeren außerhalb solcher Betriebe, aus denen Wein gewerbsmäßig in den Verkehr gebracht wird.

   Die Landeszentralbehörde kann die Verwendung von Zitronensäure auch bei der Verarbeitung von Rückständen der Weinbereitung und für Betriebe zulassen, aus denen Wein gewerbsmäßig in den Verkehr gebracht wird.

§ 5. Es ist verboten, gezuckerten Wein unter einer Bezeichnung feilzuhalten oder zu verkaufen, die auf Reinheit des Weines oder auf besondere Sorgfalt bei der Gewinnung der Trauben deutet; auch ist es verboten, in der Benennung anzugeben oder anzudeuten, daß der Wein Wachstum eines bestimmten Weinbergsbesitzers sei.

Wer Wein gewerbsmäßig in Verkehr bringt, ist verpflichtet, dem Abnehmer auf Verlangen vor der Übergabe mitzuteilen, ob der Wein gezuckert ist, und sich beim Erwerbe von Wein die zur Erteilung dieser Auskunft erforderliche Kenntnis zu sichern.

§ 6. Im gewerbsmäßigen Verkehre mit Wein dürfen geographische Bezeichnungen nur zur Kennzeichnung der Herkunft verwendet werden.

Die Vorschriften des § 16 Abs. 2 des Gesetzes zum Schutze der Warenbezeichnungen vom 12. Mai 1894 (RGBl. S. 441) und des § 1 Abs. 3 des Gesetzes zur Bekämpfung des unlauteren Wettbewerbes vom 27. Mai 1896 (RGBl. S. 145) finden auf die Benennung von Wein keine Anwendung. Gestattet bleibt jedoch, die Namen einzelner Gemarkungen oder Weinbergslagen, die mehr als einer Gemarkung angehören, zu benutzen, um gleichartige und gleichwertige Erzeugnisse benachbarter oder nahegelegener Gemarkungen oder Lagen zu bezeichnen.

§ 7. Ein Verschnitt aus Erzeugnissen verschiedener Herkunft darf nur dann nach einem der Anteile allein benannt werden, wenn dieser in der Gesamtmenge überwiegt und die Art bestimmt; dabei findet die Vorschrift des § 6 Abs. 2 Satz 2 Anwendung. Die Angabe einer Weinbergslage ist jedoch, von dem Falle des § 6 Abs. 2 Satz 2 abgesehen, nur dann zulässig, wenn der aus der betreffenden Lage stammende Anteil nicht gezuckert ist.

Es ist verboten, in der Benennung anzugeben oder anzudeuten, daß der Wein Wachstum eines bestimmten Weinbergsbesitzers sei.

Die Beschränkungen der Bezeichnung treffen nicht den Verschnitt durch Vermischung von Trauben oder Traubenmost mit Trauben oder Traubenmost gleichen Wertes derselben oder einer benachbarten Gemarkung und den Ersatz der Abgänge, die sich aus der Pflege des im Fasse lagernden Weines ergeben.

§ 8. Ein Gemisch von Weißwein und Rotwein darf, wenn es als Rotwein in den Verkehr gebracht wird, nur unter einer die Mischung kennzeichnenden Bezeichnung feilgehalten oder verkauft werden.

§ 9. Es ist verboten, Wein nachzumachen.

§ 10. Unter das Verbot des § 9 fällt nicht die Herstellung von dem Weine ähnlichen Getränken aus Fruchtsäften, Pflanzensäften oder Malzauszügen.

Der Bundesrat ist ermächtigt, die Verwendung bestimmter Stoffe bei der Herstellung solcher Getränke zu beschränken oder zu untersagen.

Die im Abs. 1 bezeichneten Getränke dürfen im Verkehr als Wein nur in solchen Wortverbindungen bezeichnet werden, welche die Stoffe kennzeichnen, aus denen sie hergestellt sind.

Anmerkung: Hiezu Bundesratsbekanntmachung vom 9. Juli 1909 (RGBl. S. 549):

Die nachbezeichneten Stoffe:

lösliche Aluminiumsalze (Alaun und dergleichen), Ameisensäure, Baryumverbindungen, Benzoesäure, Borsäure, Eisencyanverbindungen (Blutlaugensalze), Farbstoffe mit Ausnahme von kleinen Mengen gebrannten Zuckers (Zuckercouleur), Fluorverbindungen, Formaldehyd und solche Stoffe, die bei ihrer Verwendung Formaldehyd abgeben, Glyzerin, Kermesbeeren, Magnesiumverbindungen, Oxalsäure, Salizylsäure, unreiner (freien Amylalkohol enthaltender) Sprit, unreiner Stärkezucker, Stärkesirup, Strontiumverbindungen, Wismutverbindungen, Zimtsäure, Zinksalze, Salze und Verbindungen der vorbezeichneten Säuren sowie der schwefligen Säure (Sulfite, Metasulfite und dergleichen)

dürfen bei der Herstellung der im § 10 des Gesetzes bezeichneten dem Weine ähnlichen Getränke, von weinhaltigen Getränken, deren Bezeichnung die Verwendung von Wein andeutet, von Schaumwein oder von Kognak nicht verwendet werden.

§ 11. Auf die Herstellung von Haustrunk aus Traubenmaische, Traubenmost, Rückständen der Weinbereitung oder aus getrockneten Weinbeeren finden die Vorschriften des § 2 Satz 2 und der §§ 3, 9 keine Anwendung.

Die Vorschriften des § 4 finden auf die Herstellung von Haustrunk entsprechende Anwendung.

Wer Wein gewerbsmäßig in Verkehr bringt, ist verpflichtet, der zuständigen Behörde die Herstellung von Haustrunk unter Angabe der herzustellenden Menge und der zur Verarbeitung bestimmten Stoffe anzuzeigen; die Herstellung kann durch Anordnung der zuständigen Behörde beschränkt oder unter besondere Aufsicht gestellt werden.

Die als Haustrunk hergestellten Getränke dürfen nur im eigenen Haushalte des Herstellers verwendet oder ohne besonderen Entgelt an die in seinem Betriebe beschäftigten Personen zum eigenen Verbrauch abgegeben werden. Bei Auflösung des Haushalts oder Aufgabe des Betriebs kann die zuständige Behörde die Veräußerung des etwa vorhandenen Vorrats von Haustrunk gestatten.

Anmerkung: Vgl. K. Verordnung vom 17. Juli 1909, den Vollzug des Weingesetzes betr. (GVBl. S. 435), Vollzugsbek. des K. Staatsministeriums des Innern vom 19. Juli 1909 (GVBl. S. 436 und MABl. S. 605).

§ 12. Die Vorschriften der §§ 2, 4 bis 9 finden auf Traubenmost, die Vorschriften der §§ 4 bis 9 auf Traubenmaische Anwendung.

§ 13. Getränke, die den Vorschriften der §§ 2, 3, 4, 9, 10 zuwider hergestellt oder behandelt worden sind, ferner Traubenmaische, die einen nach den Bestimmungen des § 3 Abs. 1 oder des § 4 nicht zulässigen Zusatz erhalten hat, dürfen, vorbehaltlich der Bestimmungen des § 15, nicht in den Verkehr gebracht werden. Dies gilt auch für ausländische Erzeugnisse, die den Vorschriften des § 3

Abs. 1 und der §§ 4, 9, 10 nicht entsprechen; der Bundesrat ist ermächtigt, hinsichtlich der Vorschriften des § 4 und des § 10 Abs. 2 Ausnahmen für Getränke und Traubenmaische zu bewilligen, die den im Ursprungslande geltenden Vorschriften entsprechend hergestellt sind.

Anmerkung: Hiezu Bundesratsbek. vom 9. Juli 1909 (RGBl. S. 549): Traubenmaische, Traubenmost oder Wein ausländischen Ursprunges, die den Vorschriften des § 4 des Gesetzes nicht entsprechen, werden zum Verkehre zugelassen, wenn sie den für den Verkehr innerhalb des Ursprungslandes geltenden Vorschriften genügen.

Vom Verkehr ausgeschlossen bleiben jedoch:

a) roter Wein, mit Ausnahme von Dessertwein, desgleichen Traubenmost oder Traubenmaische zu rotem Weine, deren Gehalt an Schwefelsäure in einem Liter Flüssigkeit mehr beträgt, als zwei Gramm neutralen schwefelsauren Kaliums entspricht;

b) Traubenmaische, Traubenmost oder Weine, die einen Zusatz von Alkalikarbonaten (Pottasche oder dergleichen), von organischen Säuren oder deren Salzen (Weinsäure, Zitronensäure, Weinstein, neutrales weinsaures Kalium oder dergleichen) oder eines der in den Bestimmungen zu § 10 des Gesetzes genannten Stoffe erhalten haben.

§ 14. Die Einfuhr von Getränken, die nach § 13 vom Verkehr ausgeschlossen sind, ferner von Traubenmaische, die einen nach den Bestimmungen des § 3 Abs. 1 oder des § 4 nicht zulässigen Zusatz erhalten hat, ist verboten.

Der Bundesrat erläßt die Vorschriften zur Sicherung der Einhaltung des Verbots, er ist ermächtigt, die Einfuhr von Traubenmaische, Traubenmost oder Wein zu verbieten, die den am Orte der Herstellung geltenden Vorschriften zuwider hergestellt oder behandelt worden sind.

§ 15. Getränke, die nach § 13 vom Verkehr ausgeschlossen sind, dürfen zur Herstellung von weinhaltigen Getränken, Schaumwein oder Kognak nicht verwendet werden. Zu anderen Zwecken darf die Verwendung nur mit Genehmigung der zuständigen Behörde erfolgen.

§ 16. Der Bundesrat ist ermächtigt, die Verwendung bestimmter Stoffe bei der Herstellung von weinhaltigen Getränken, Schaumwein oder Kognak zu beschränken oder zu untersagen, sowie bezüglich der Herstellung von Schaumwein und Kognak zu bestimmen, welche Stoffe hiebei Verwendung finden dürfen, und Vorschriften über die Verwendung zu erlassen.

§ 17. Schaumwein, der gewerbsmäßig verkauft oder feilgehalten wird, muß eine Bezeichnung tragen, die das Land erkennbar macht, wo er auf Flaschen gefüllt worden ist; bei Schaumwein, dessen Kohlensäuregehalt ganz oder teilweise auf einem Zusatze fertiger Kohlensäure beruht, muß die Bezeichnung die Herstellungsart ersehen lassen. Dem Schaumwein ähnliche Getränke müssen eine Bezeichnung tragen, welche erkennen läßt, welche dem Weine ähnlichen Getränke zu ihrer Herstellung verwendet worden sind. Die näheren Vorschriften trifft der Bundesrat.

Die vom Bundesrate vorgeschriebenen Bezeichnungen sind auch

in die Preislisten und Weinkarten, sowie in die sonstigen im geschäftlichen Verkehr üblichen Angebote mit aufzunehmen.

Anmerkung: Hiezu Bundesratsbek. vom 9. Juli 1909 (RGBl. S. 549):

Schaumwein und ihm ähnliche Getränke, die gewerbsmäßig verkauft oder feilgehalten werden, sind wie folgt, zu kennzeichnen:

a) Bei Schaumwein muß das Land, in dem der Wein auf Flaschen gefüllt ist, in der Weise kenntlich gemacht werden, daß auf den Flaschen die Bezeichnung

In Deutschland auf Flaschen gefüllt,
In Frankreich auf Flaschen gefüllt,
In Luxemburg auf Flaschen gefüllt

usw. angebracht wird; ist der Schaumwein in demjenigen Lande, in welchem er auf Flaschen gefüllt wurde, auch fertiggestellt, so kann an Stelle jener Bezeichnung die Bezeichnung

Deutscher (Französischer, Luxemburgischer usw.) Schaumwein
oder
Deutsches (Französisches, Luxemburgisches usw.) Erzeugnis

treten.

b) Bei Schaumwein, dessen Kohlensäuregehalt ganz oder teilweise auf einem Zusatze fertiger Kohlensäure beruht, sind der unter a vorgeschriebenen Bezeichnung die Worte

Mit Zusatz von Kohlensäure

hinzuzufügen.

c) Bei den dem Schaumwein ähnlichen Getränken sind die zur Herstellung verwendeten, dem Weine ähnlichen Getränke in der Weise kenntlich zu machen, daß auf den Flaschen in Verbindung mit dem Worte Schaumwein eine die benutzte Fruchtart erkennbar machende Bezeichnung, wie Apfel-Schaumwein, Johannisbeer-Schaumwein, angebracht wird.

An Stelle dieser Bezeichnungen können die Worte Frucht-Schaumwein, Obst-Schaumwein, Beeren-Schaumwein treten.

d) Die unter a, b, c, vorgeschriebenen Bezeichnungen müssen in schwarzer Farbe auf weißem Grunde, deutlich und nicht verwischbar auf einem bandförmigen Streifen in lateinischer Schrift aufgedruckt sein. Die Schriftzeichen auf dem Streifen müssen bei Flaschen, welche einen Raumgehalt von 425 oder mehr Kubikzentimeter haben, mindestens 0,5 Zentimeter hoch und so breit sein, daß im Durchschnitte je 10 Buchstaben eine Fläche von mindestens 3,5 Zentimeter Länge einnehmen. Die Inschrift darf, falls sie einen Streifen von mehr als 10 Zentimeter Länge beanspruchen würde, auf zwei Zeilen verteilt werden. Die Worte „Mit Zusatz von Kohlensäure" sind stets auf die zweite Zeile zu setzen. Der Streifen, der eine weitere Inschrift nicht tragen darf, ist an einer in die Augen fallenden Stelle der Flasche, und zwar gegebenenfalls zwischen dem den Flaschenkopf bedeckenden Ueberzug und der die Bezeichnung der Firma enthaltenden Inschrift dauerhaft zu befestigen. Wird der Streifen im Zusammenhange mit dieser oder einer anderen Inschrift hergestellt, so ist er gegen diese mindestens durch einen 1 Millimeter breiten Strich deutlich abzugrenzen.

§ 18. Trinkbranntwein, dessen Alkohol nicht ausschließlich aus Wein gewonnen ist, darf im geschäftlichen Verkehre nicht als Kognak bezeichnet werden.

Trinkbranntwein, der neben Kognak Alkohol anderer Art enthält, darf als Kognakverschnitt bezeichnet werden, wenn mindestens $^1/_{10}$ des Alkohols aus Wein gewonnen ist.

Kognak und Kognakverschnitte müssen in 100 Raumteilen mindestens 38 Raumteile Alkohol enthalten.

Trinkbranntwein, der in Flaschen oder ähnlichen Gefäßen unter der Bezeichnung Kognak gewerbsmäßig verkauft oder feilgehalten wird, muß zugleich eine Bezeichnung tragen, welche das Land erkennbar macht, wo er für den Verbrauch fertiggestellt worden ist. Die näheren Vorschriften trifft der Bundesrat.

Die vom Bundesrate vorgeschriebenen Bezeichnungen sind auch in die Preislisten und Weinkarten, sowie in die sonstigen im geschäftlichen Verkehr üblichen Angebote mit aufzunehmen.

Anmerkung: Hiezu Bundesratsbek. vom 9. Juni 1909 (RGBl. S. 549):

Kognak, der in Flaschen gewerbsmäßig verkauft oder feilgehalten wird, ist nach dem Lande, in dem er fertiggestellt ist, als

Deutscher, Französischer usw. Kognak (Cognac)

zu bezeichnen.

Hat im Ausland hergestellter Kognak in Deutschland lediglich einen Zusatz von destilliertem Wasser erhalten, um unbeschadet der Vorschrift des § 18 Abs. 3 des Gesetzes den Alkoholgehalt auf die übliche Trinkstärke herabzusetzen, so ist er als

Französischer usw. Kognak (Cognac) in Deutschland fertiggestellt

zu bezeichnen.

Die Bezeichnung muß in schwarzer Farbe auf weißem Grunde deutlich und nicht verwischbar auf einem bandförmigen Streifen in lateinischer Schrift aufgedruckt sein. Die Schriftzeichen müssen bei Flaschen, welche einen Raumgehalt von 350 Kubikzentimeter oder mehr haben, mindestens 0,5 Zentimeter hoch und so breit sein, daß im Durchschnitte je 10 Buchstaben eine Fläche von mindestens 3,5 Zentimeter Länge einnehmen. Die Inschrift darf, falls sie einen Streifen von mehr als 10 Zentimeter Länge beanspruchen würde, auf zwei Zeilen verteilt werden. Der Streifen, der eine weitere Inschrift nicht tragen darf, ist an einer in die Augen fallenden Stelle der Flasche und zwar gegebenenfalls zwischen dem den Flaschenkopf bedeckenden Ueberzug und der die Bezeichnung der Firma enthaltenden Inschrift dauerhaft zu befestigen. Wird der Streifen im Zusammenhange mit dieser oder einer anderen Inschrift hergestellt, so ist er gegen diese mindestens durch einen 1 Millimeter breiten Strich deutlich abzugrenzen.

§ 19. Wer Trauben zur Weinbereitung, Traubenmaische, Traubenmost oder Wein gewerbsmäßig in Verkehr bringt oder gewerbsmäßig Wein zu Getränken weiter verarbeitet, ist verpflichtet, Bücher zu führen, aus denen zu ersehen ist:

1. welche Weinbergsflächen er abgeerntet hat, welche Mengen von Traubenmaische, Traubenmost oder Wein er aus eigenem Gewächse gewonnen oder von anderen bezogen und welche Mengen er an andere abgegeben oder welche Geschäfte über solche Stoffe er vermittelt hat;
2. welche Mengen von Zucker oder von anderen für die Kellerbehandlung des Weines (§ 4) oder zur Herstellung von Haustrunk (§ 11) bestimmten Stoffen er bezogen und welchen Gebrauch er von diesen Stoffen zum Zuckern (§ 3) oder zur Herstellung von Haustrunk gemacht hat;
3. welche Mengen der im § 10 bezeichneten dem Weine ähnlichen Getränke er aus eigenem Gewächse gewonnen oder von anderen bezogen und welche Mengen er an andere abgegeben oder welche Geschäfte über solche Stoffe er vermittelt hat.

Die Zeit des Geschäftsabschlusses, die Namen der Lieferanten und, soweit es sich um Abgabe im Fasse oder in Mengen von mehr als einem Hektoliter im einzelnen Falle handelt, auch der Abnehmer, sind in den Büchern einzutragen.

Die Bücher sind nebst den auf die einzutragenden Geschäfte

bezüglichen Geschäftspapieren bis zum Ablaufe von fünf Jahren nach der letzten Eintragung aufzubewahren.

Die näheren Bestimmungen über die Einrichtung und die Führung der Bücher trifft der Bundesrat; er bestimmt, in welcher Weise und innerhalb welcher Frist die bei dem Inkrafttreten dieses Gesetzes vorhandenen Bestände in den Büchern vorzutragen sind.

Anmerkung: Hiezu Bundesratsbek. vom 9. Juli 1909 (RGBl. S. 549) und Vollzugsbek. des K. Staatsministeriums des Innern vom 19. Juli 1909 (GVBl. S. 436).

§ 20. Werden in einem Raume, in dem Wein zum Zwecke des Verkaufs hergestellt oder gelagert wird, in Gefäßen, wie sie zur Herstellung oder Lagerung von Wein verwendet werden, Haustrunk (§ 11) oder andere Getränke als Wein oder Traubenmost verwahrt, so müssen diese Gefäße mit einer deutlichen Bezeichnung des Inhalts an einer in die Augen fallenden Stelle versehen sein.

Bei Flaschenlagerung genügt die Bezeichnung der Stapel.

Personen, die wegen Verfehlungen gegen dieses Gesetz wiederholt oder zu einer Gefängnisstrafe verurteilt worden sind, kann die Verwahrung anderer Stoffe als Wein oder Traubenmost in solchen Räumen durch die zuständige Polizeibehörde untersagt werden.

§ 21. Die Beobachtung der Vorschriften dieses Gesetzes ist durch die mit der Handhabung der Nahrungsmittelpolizei betrauten Behörden*) und Sachverständigen zu überwachen.

Zur Unterstützung dieser Behörden sind für alle Teile des Reichs Sachverständige im Hauptberufe zu bestellen.

§ 22. Die zuständigen Beamten und Sachverständigen (§ 21) sind befugt, außerhalb der Nachtzeit und, falls Tatsachen vorliegen, welche annehmen lassen, daß zur Nachtzeit gearbeitet wird, auch während dieser Zeit, in Räume, in denen Traubenmost, Wein oder dem Weine ähnliche Getränke hergestellt, verarbeitet, feilgehalten oder verpackt werden, und bei gewerbsmäßigem Betrieb auch in die zugehörigen Lager- und Geschäftsräume, ebenso in die Geschäftsräume von Personen, die gewerbsmäßig Geschäfte über Traubenmaische, Traubenmost, Wein, Schaumwein, weinhaltige, dem Weine ähnliche Getränke oder Kognak vermitteln, einzutreten, daselbst Besichtigungen vorzunehmen, geschäftliche Aufzeichnungen, Frachtbriefe und Bücher einzusehen, auch nach ihrer Auswahl Proben zum Zwecke der Untersuchung zu fordern oder selbst zu entnehmen. Über eine Probenahme ist eine Empfangsbescheinigung zu erteilen. Ein Teil der Probe ist amtlich verschlossen oder versiegelt zurückzulassen. Auf Verlangen ist für die entnommene Probe eine angemessene Entschädigung zu leisten.

Die Nachtzeit umfaßt in dem Zeitraume vom 1. April bis 30. September die Stunden von 9 Uhr Abends bis 4 Uhr Morgens und in dem Zeitraume vom 1. Oktober bis 31. März die Stunden von 9 Uhr Abends bis 6 Uhr Morgens.

*) Die Ortspolizeibehörden (Vollzugsbek. vom 19. Juli 1909, MABl. S. 605).

§ 23. Die Inhaber der im § 22 bezeichneten Räume sowie die von ihnen bestellten Betriebsleiter und Aufsichtspersonen sind verpflichtet, den zuständigen Beamten und Sachverständigen auf Erfordern diese Räume zu bezeichnen, sie bei deren Besichtigung zu begleiten oder durch mit dem Betriebe vertraute Personen begleiten zu lassen und ihnen Auskunft über das Verfahren bei Herstellung der Erzeugnisse, über den Umfang des Betriebs, über die zur Verwendung gelangenden Stoffe, insbesondere auch über deren Menge und Herkunft, zu erteilen sowie die geschäftlichen Aufzeichnungen, Frachtbriefe und Bücher vorzulegen. Personen, die gewerbsmäßig Geschäfte über Traubenmaische, Traubenmost, Wein, Schaumwein, weinhaltige oder dem Weine ähnliche Getränke vermitteln, sind verpflichtet, Auskunft über die von ihnen vermittelten Geschäfte zu erteilen sowie die geschäftlichen Aufzeichnungen und Bücher vorzulegen. Die Erteilung von Auskunft kann jedoch verweigert werden, soweit derjenige, von welchem sie verlangt wird, sich selbst oder einem der im § 51 Nr. 1 bis 3 der Strafprozeßordnung bezeichneten Angehörigen die Gefahr strafgerichtlicher Verfolgung zuziehen würde.

§ 24. Die Sachverständigen sind, vorbehaltlich der Anzeige von Gesetzwidrigkeiten, verpflichtet, über die Einrichtungen und Geschäftsverhältnisse, welche durch die Aufsicht zu ihrer Kenntnis kommen, Verschwiegenheit zu beobachten und sich der Mitteilung und Verwertung der Geschäfts- oder Betriebsgeheimnisse zu enthalten. Sie sind hierauf zu beeidigen.

§ 25. Der Vollzug des Gesetzes liegt den Landesregierungen ob.

Der Bundesrat stellt die zur Sicherung der Einheitlichkeit des Vollzugs erforderlichen Grundsätze, insbesondere für die Bestellung von geeigneten Sachverständigen und die Gewährleistung ihrer Unabhängigkeit fest. Er ist ermächtigt, Vorschriften für die jährliche Feststellung der Traubenernte, sowie über Zeitpunkt, Form und Inhalt der nach § 3 Abs. 4 vorgeschriebenen Anzeige zu erlassen.

Die weiter erforderlichen Vorschriften zur Sicherung des Vollzugs werden durch die Landeszentralbehörden oder die von diesen ermächtigten Landesbehörden erlassen.

Die Landeszentralbehörden sind außerdem ermächtigt, im Einvernehmen mit dem Reichskanzler die Grenzen der am Weinbaue beteiligten Gebiete zu bestimmen (§ 3 Abs. 3).

Der Reichskanzler hat die Ausführung des Gesetzes zu überwachen und insbesondere auf Gleichmäßigkeit der Handhabung hinzuwirken.

§ 26. Mit Gefängnis bis zu sechs Monaten und mit Geldstrafe bis zu dreitausend Mark oder mit einer dieser Strafen wird bestraft:

1. wer vorsätzlich den Vorschriften des § 2 Satz 2, des § 3 Abs. 1 bis 3, 5, 6, der §§ 4, 9, des § 11 Abs. 4, der §§ 13, 15 oder den gemäß § 12 für die Herstellung und Behandlung von Traubenmost oder Traubenmaische geltenden Vorschriften

oder den auf Grund des § 4 Abs. 1 Satz 2, des § 10 Abs. 2, des § 11 Abs. 2 oder des § 16 vom Bundesrat erlassenen Vorschriften zuwiderhandelt;

2. wer wissentlich unrichtige Eintragungen in die nach § 19 zu führenden Bücher macht oder die nach Maßgabe des § 23 von ihm geforderte Auskunft wissentlich unrichtig erteilt, desgleichen wer vorsätzlich Bücher oder Geschäftspapiere, welche nach § 19 Abs. 3 aufzubewahren sind, vor Ablauf der dort bestimmten Frist vernichtet oder beiseite schafft;

3. wer Stoffe, deren Verwendung bei der Herstellung, Behandlung oder Verarbeitung von Wein, Schaumwein, weinhaltigen oder weinähnlichen Getränken unzulässig ist, zu diesen Zwecken ankündigt, feilhält, verkauft oder an sich bringt, desgleichen wer einen diesen Zwecken dienenden Verkauf solcher Stoffe vermittelt.

Stellt sich nach den Umständen, insbesondere nach dem Umfange der Verfehlungen oder nach der Beschaffenheit der in Betracht kommenden Stoffe, der Fall als ein schwerer dar, so tritt Gefängnisstrafe bis zu zwei Jahren ein, neben der auf Geldstrafe bis zu zwanzigtausend Mark erkannt werden kann.

Auf die im Abs. 2 vorgesehene Strafe ist auch dann zu erkennen, wenn der Täter zur Zeit der Tat bereits wegen einer der im Abs. 1 mit Strafe bedrohten Handlungen bestraft ist. Diese Bestimmung findet Anwendung, auch wenn die frühere Strafe nur teilweise verbüßt oder ganz oder teilweise erlassen ist, bleibt jedoch ausgeschlossen, wenn seit der Verbüßung oder dem Erlasse der letzten Strafe bis zur Begehung der neuen Straftat drei Jahre verflossen sind.

In den Fällen des Abs. 1 Nr. 1 wird auch der Versuch bestraft.

§ 27. Mit Geldstrafe bis zu eintausendfünfhundert Mark oder mit Gefängnis bis zu drei Monaten wird bestraft, wer den Vorschriften des § 24 zuwider Verschwiegenheit nicht beobachtet, oder der Mitteilung oder Verwertung von Geschäfts- oder Betriebsgeheimnissen sich nicht enthält.

Die Verfolgung tritt nur auf Antrag des Unternehmers ein.

§ 28. Mit Geldstrafe bis zu sechshundert Mark oder mit Haft bis zu sechs Wochen wird bestraft, wer vorsätzlich oder fahrlässig

1. den Vorschriften des § 5 Abs. 1, des § 7 Abs. 2, des § 8, des § 10 Abs. 3 oder des § 18 Abs. 1 zuwiderhandelt;
2. den Vorschriften des § 6 oder des § 7 Abs. 1 zuwider bei der Benennung von Wein eine der Herkunft nicht entsprechende geographische Bezeichnung verwendet;
3. Schaumwein oder Kognak gewerbsmäßig verkauft oder feilhält, ohne daß den Vorschriften des § 17 und des § 18 Abs. 4, 5 genügt ist;
4. außer den Fällen des § 26 Nr. 2 den Vorschriften über die nach § 19 zu führenden Bücher zuwiderhandelt.

§ 29. Der im § 28 bestimmten Strafe unterliegt ferner

1. wer vorsätzlich die nach Maßgabe des § 5 Abs. 2 zu erteilende Auskunft nicht oder unrichtig erteilt;
2. wer vorsätzlich die nach § 3 Abs. 4 und nach § 11 Abs. 3 vorgeschriebenen Anzeigen nicht erstattet oder den auf Grund des § 11 Ab.s 3 erlassenen Anordnungen zuwiderhandelt;
3. wer vorsätzlich es unterläßt, an Gefäßen oder Flaschenstapeln die nach § 20 Abs. 1, 2 vorgeschriebenen Bezeichnungen anzubringen, oder einem auf Grund des § 20 Abs. 3 ergangenen Verbote zuwiderhandelt;
4 wer vorsätzlich den von den Landeszentralbehörden oder den von diesen ermächtigten Landesbehörden auf Grund des § 25 Abs. 3 erlassenen Vorschriften zuwiderhandelt;
5. wer den Vorschriften der §§ 22, 23 zuwider das Betreten oder die Besichtigung von Räumen, die Begleitung der Beamten oder Sachverständigen bei der Besichtigung der Räume, die Vorlegung oder die Durchsicht von Geschäftsbüchern oder -papieren, die Abgabe oder die Entnahme von Proben verweigert, desgleichen wer die von ihm geforderte Auskunft nicht oder aus Fahrlässigkeit unrichtig erteilt;
6. wer eine der im § 26 Abs. 1 Nr. 1 bezeichneten Handlungen aus Fahrlässigkeit begeht.

§ 30. Mit Geldstrafe bis zu einhundertfünfzig Mark oder mit Haft wird bestraft, wer eine der im § 29 Nr. 1 bis 4 bezeichneten Handlungen aus Fahrlässigkeit begeht.

§ 31. In den Fällen des § 26 Abs. 1 Nr. 1 ist neben der Strafe auf Einziehung der Getränke oder Stoffe zu erkennen, welche den dort bezeichneten Vorschriften zuwider hergestellt, eingeführt oder in den Verkehr gebracht worden sind, ohne Unterschied, ob sie dem Verurteilten gehören oder nicht; auch kann die Vernichtung ausgesprochen werden. In den Fällen des § 28 Nr. 1, 2, 3 und des § 29 Nr. 6 kann auf Einziehung oder Vernichtung erkannt werden.

In den Fällen des § 26 Abs. 1 Nr. 3 ist neben der Strafe auf Einziehung oder Vernichtung der Stoffe zu erkennen, die zum Zwecke der Begehung einer nach den Vorschriften dieses Gesetzes strafbaren Handlung bereit gehalten werden.

Die Vorschriften des Abs. 1, 2 finden auch dann Anwendung, wenn die Strafe gemäß § 73 des Strafgesetzbuchs auf Grund eines anderen Gesetzes zu bestimmen ist.

Ist die Verfolgung oder Verurteilung einer bestimmten Person nicht ausführbar, so kann auf die Einziehung selbständig erkannt werden.

§ 32. Die Vorschriften anderer die Herstellung und den Vertrieb von Wein treffender Gesetze, insbesondere des Gesetzes, betreffend den Verkehr mit Nahrungsmitteln, Genußmitteln und Gebrauchsgegenständen, vom 14. Mai 1879 (RGBl. S. 145), des Gesetzes zum Schutze der Warenbezeichnungen vom 12. Mai 1894 (RGBl. S. 441) und des Gesetzes zur Bekämpfung des unlauteren Wettbewerbes vom

27. Mai 1896 (RGBl. S. 145) bleiben unberührt, soweit nicht die Vorschriften dieses Gesetzes entgegenstehen. Die Vorschriften der §§ 16, 17 des Gesetzes vom 14. Mai 1879 finden auch bei Strafverfolgungen auf Grund der Vorschriften dieses Gesetzes Anwendung. Durch die Landesregierungen kann jedoch bestimmt werden, daß die auf Grund dieses Gesetzes auferlegten Geldstrafen in erster Linie zur Deckung der Kosten zu verwenden sind, die durch die Bestellung von Sachverständigen auf Grund des § 21 dieses Gesetzes entstehen. Die Verwendung erfolgt in diesem Falle durch die mit dem Vollzuge des Gesetzes betrauten Landeszentralbehörden, durch welche die etwa verbleibenden Überschüsse auf die nach § 17 des Gesetzes vom 14. Mai 1879 in Betracht kommenden Kassen zu verteilen sind.

§ 33. Der Bundesrat ist ermächtigt, im Großherzogtume Luxemburg gewonnene Erzeugnisse des Weinbaues den inländischen gleichzustellen, falls dort ein diesem Gesetz entsprechendes Weingesetz erlassen wird.

---

7. Oberpolizeiliche Vorschrift vom 15. Juli 1887, den Verkehr mit Milch betreffend. (GVBl. S. 365.)*)

§ 1. Als Milch im Sinne dieser oberpolizeilichen Vorschrift gilt die Kuhmilch.

§ 2. Das Verkaufen und Feilhalten der Milch von Kühen, welche vor weniger als 8 Tagen gekalbt haben (Colostrum, Biestmilch), sowie der Milch von kranken Kühen ist verboten.

Als krank im Sinne des Abs. 1 gelten Kühe, wenn sie an Maul- und Klauenseuche, Milzbrand, Tuberkulose (Perlsucht, Lungensucht), Rauschbrand, Tollwut oder Tollwutverdacht, Gelbsucht, an Krankheiten des Euters, an fauliger Gebärmutterentzündung, an Vergiftung leiden, ferner wenn und solange sie unter Anwendung giftiger oder starkwirkender Mittel in Behandlung stehen.

§ 3. Abgesehen von dem gesetzlichen Verbote des Verkaufes verdorbener, gesundheitsschädlicher oder gefälschter Milch (§§ 10 ff. des Reichsgesetzes, betreffend den Verkehr mit Nahrungsmitteln, Genußmitteln und Gebrauchsgegenständen, vom 14. Mai 1879, dann § 367 Abs. I Ziff. 7 des RStGB.) ist das Verkaufen und Feilhalten von unreiner, schleimiger, übelschmeckender oder übelriechender, roter oder blaufleckiger Milch, desgleichen von Milch, welcher fremdartige Bestandteile, gleichviel zu welchem Zwecke, zugesetzt worden sind, verboten.

§ 4. Abgerahmte Milch (Magermilch), d. i. Milch, welcher nach dem Melken mehr oder weniger Rahm entzogen worden ist, darf auf Märkten, auf der Straße und in Verkaufsläden nur in solchen Gefäßen feilgehalten werden, welche mit der deutlichen in die Augen

*) Strafbestimmung: Art. 74 Abs. I Ziff. 2 und Art. 75 Abs. I PStGB.

fallenden Aufschrift: „Abgerahmte Milch" oder „Magermilch" versehen sind. Die Aufschrift muß in einer Weise angebracht sein, welche deren willkürliche zeitweilige Beseitigung ausschließt.

§ 5. Gefäße aus Kupfer oder Messing dürfen weder zur Aufbewahrung und Versendung noch zum Ausmessen der zum Verkaufe bestimmten Milch benützt werden.

In bezug auf Milchgefäße aus Blei oder bleihaltigen Metalllegierungen sind die Bestimmungen des Reichsgesetzes, betreffend den Verkehr mit blei- und zinkhaltigen Gegenständen, vom 25. Juni 1887 (RGBl. S. 273) maßgebend.

Sämtliche Milchgefäße, desgleichen die Milchverkaufsräume, sind jederzeit reinlich zu halten.

Vorbehaltlich der nach den besonderen örtlichen Verhältnissen etwa veranlaßten ortspolizeilichen Vorschriften (§ 7 Abs. 2) darf zum Verkaufe bestimmte Milch nur in reinlich gehaltenen, gut zu lüftenden Räumen aufgestellt werden. Insbesondere ist die Aufstellung in Räumen verboten, welche als Krankenzimmer im Gebrauche stehen, desgleichen in übelriechenden und in solchen Räumen, woselbst in Zersetzung begriffene Gegenstände aufbewahrt oder feilgehalten werden.

§ 6. Ergibt sich der Verdacht einer Milchfälschung, so ist die Polizeibehörde befugt, in der Stallung, aus welcher die beanstandete Milch stammt, eine Milchbeschau — die sog. Stallprobe — vorzunehmen. Diese Stallprobe besteht darin, daß die Kühe, welche zur Gewinnung verkäuflicher Milch dienten, unter polizeilicher Aufsicht gemolken und aus der hiebei gewonnenen Milch Proben zum Zwecke der Untersuchung und der Vergleichung mit der beanstandeten Milch entnommen werden.

Die Stallprobe soll nur stattfinden, wenn dringender Verdacht der Fälschung besteht und zur Feststellung der letzteren die Vornahme der Stallprobe unerläßlich notwendig ist. Außerdem kann dieselbe auf Antrag des betreffenden Viehbesitzers eintreten.

Der Viehbesitzer ist verpflichtet, die Vornahme der polizeilich angeordneten Stallprobe zu gestatten.

---

8. Reichs-Süßstoffgesetz vom 7. Juli 1902. (RGBl. S. 253.)

§ 1. Süßstoff im Sinne dieses Gesetzes sind alle auf künstlichem Wege gewonnenen Stoffe, welche als Süßmittel dienen können und eine höhere Süßkraft als raffinierter Rohr- oder Rübenzucker, aber nicht entsprechenden Nährwert besitzen.

Anmerkung: Die Behörden und Beamten der Lebensmittelpolizei haben darüber zu wachen, daß eine unzulässige Verwendung von Süßstoff nicht stattfindet (Bundesrats-Ausführungsbest. vom 5. März 1903 § 1, GVBl. S. 101).

§ 2. Soweit nicht in den §§ 3 bis 5 Ausnahmen zugelassen sind, ist es verboten:

a) Süßstoff herzustellen oder Nahrungs- oder Genußmitteln bei deren gewerblicher Herstellung zuzusetzen;

b) Süßstoff oder süßstoffhaltige Nahrungs- oder Genußmittel aus dem Ausland einzuführen;

c) Süßstoff oder süßstoffhaltige Nahrungs- oder Genußmittel feilzuhalten oder zu verkaufen.

§ 3. Nach näherer Bestimmung des Bundesrats ist für die Herstellung oder die Einfuhr von Süßstoff die Ermächtigung einem oder mehreren Gewerbetreibenden zu geben.

Die Ermächtigung ist unter Vorbehalt des jederzeitigen Widerrufs zu erteilen und der Geschäftsbetrieb des Berechtigten unter dauernde amtliche Überwachung zu stellen. Auch hat der Bundesrat in diesem Falle zu bestimmen, daß bei dem Verkaufe des Süßstoffs ein gewisser Preis nicht überschritten werden, sowie ob und unter welchen Bedingungen eine Ausfuhr von Süßstoff in das Ausland erfolgen darf.

Anmerkung: Zur Herstellung von Süßstoff wurde die Saccharinfabrik Aktiengesellschaft vorm. Fahlberg, List & Co. in Salbke-Westerhüsen ermächtigt (Bundesratsbek. § 2).

§ 4. Die Abgabe des gemäß § 3 hergestellten oder eingeführten Süßstoffs im Inland ist nur an Apotheken und an solche Personen gestattet, welche die amtliche Erlaubnis zum Bezuge von Süßstoff besitzen.

Diese Erlaubnis ist nur zu erteilen:

a) an Personen, welche den Süßstoff zu wissenschaftlichen Zwecken verwenden wollen;

b) an Gewerbetreibende zum Zwecke der Herstellung von bestimmten Waren, für welche die Zusetzung von Süßstoff aus einem die Verwendung von Zucker ausschließenden Grunde erforderlich ist;

c) an Leiter von Kranken-, Kur-, Pflege- und ähnlichen Anstalten zur Verwendung für die in der Anstalt befindlichen Personen;

d) an die Inhaber von Gast- und Speisewirtschaften in Kurorten, deren Besuchern der Genuß mit Zucker versüßter Lebensmittel ärztlicherseits untersagt zu werden pflegt, zur Verwendung für die im Orte befindlichen Personen.

Die Erlaubnis ist ferner nur unter Vorbehalt jederzeitigen Widerrufs und nur dann zu erteilen, wenn die Verwendung des Süßstoffs zu den angegebenen Zwecken ausreichend überwacht werden kann.

Anmerkung: Ueber die amtlichen Bezugsscheine und die Bestellzettel vgl. Bundesratsbek. §§ 6—9.

§ 5. Die Apotheken dürfen Süßstoff außer an Personen, welche eine amtliche Erlaubnis (§ 4) besitzen, nur unter den vom Bundesrate festzustellenden Bedingungen abgeben.

Die im § 4 Abs. 2 zu b benannten Bezugsberechtigten dürfen den Süßstoff nur zur Herstellung der in der amtlichen Erlaubnis bezeichneten Waren verwenden und letztere nur an solche Abnehmer abgeben, welche derart zubereitete Waren ausdrücklich verlangen. Der Bundesrat kann bestimmen, daß diese Waren unter bestimmten Bezeichnungen und in bestimmten Verpackungen feilgehalten und abgegeben werden müssen.

Die zu c und d genannten Bezugsberechtigten dürfen Süßstoff oder unter Verwendung von Süßstoff hergestellte Nahrungs- oder Genußmittel nur innerhalb der Anstalt (zu c) oder des Ortes (zu d) abgeben.

Anmerkung: Bundesratsbek. vom 17. Dezember 1908 (GVBl. S. 1271) und vom 5. März 1903 §§ 10—18 (GVBl. S. 101), insbes. § 16 Abs. 3:

Die unter Verwendung von Süßstoff hergestellten Nahrungs- oder Genußmittel dürfen zum Wiederverkaufe nur an Apotheken, im übrigen nur an solche Abnehmer, welche derart zubereitete Waren ausdrücklich verlangen, und nur in äußeren Umhüllungen oder Gefäßen abgegeben werden, welche an in die Augen fallender Stelle die deutliche, nicht verwischbare Inschrift

„Mit künstlichem Süßstoffe zubereitet. Wiederverkauf außerhalb der Apotheken gesetzlich verboten.“

tragen.

§ 7. Wer der Vorschrift des § 2 vorsätzlich zuwiderhandelt, wird, soweit nicht die Bestimmungen des Vereinszollgesetzes Platz greifen, mit Gefängnis bis zu sechs Monaten und mit Geldstrafe bis zu eintausendfünfhundert Mark oder mit einer dieser Strafen bestraft.

Ist die Handlung aus Fahrlässigkeit begangen worden, so tritt Geldstrafe bis zu einhundertfünfzig Mark oder Haft ein.

§ 8. Der Strafe des § 7 Abs. 1 unterliegen auch Diejenigen, in deren Besitz oder Gewahrsam Süßstoff in Mengen von mehr als 50 Gramm vorgefunden wird, sofern sie nicht den Nachweis erbringen, daß sie den Süßstoff nach Inkrafttreten dieses Gesetzes von einer zur Abgabe befugten Person bezogen haben.

Ist in solchen Fällen den Umständen nach anzunehmen, daß der vorgefundene Süßstoff nicht verbotswidrig hergestellt oder eingeführt worden ist, so tritt statt der Strafe des § 7 Abs. 1 diejenige des Abs. 2 daselbst ein.

§ 9. In den Fällen des § 7 und § 8 ist neben der Strafe auf Einziehung der Gegenstände zu erkennen, mit Bezug auf welche die Zuwiderhandlung begangen worden ist.

Ist die Verfolgung oder Verurteilung einer bestimmten Person nicht ausführbar, so kann auf die Einziehung selbständig erkannt werden.

§ 10. Zuwiderhandlungen gegen die auf Grund dieses Gesetzes erlassenen und öffentlich oder den Beteiligten besonders bekannt gemachten Verwaltungsvorschriften werden mit einer Ordnungsstrafe von einer bis zu dreihundert Mark geahndet.

---

9. Kaiserliche Verordnung vom 14. Juli 1908, den Verkehr mit Essigsäure betr. (RGBl. S. 475.)

§ 1. Rohe und gereinigte Essigsäure (auch Essigessenz), die in 100 Gewichtsteilen mehr als 15 Gewichtsteile reine Säure ent-

---

*) Strafbestimmung: § 8 des Gesetzes vom 14. Mai 1879 betr. den Verkehr mit Nahrungsmittel, Genußmittel und Gebrauchsgegenständen.

hält, darf in Mengen unter 2 Liter nur in Flaschen nachstehender Art und Bezeichnung gewerbsmäßig feilgehalten oder verkauft werden:

1. Die Flaschen müssen aus weißem oder halbweißem Glase gefertigt, länglich rund geformt und an einer Breitseite in der Längsrichtung gerippt sein.
2. Die Flaschen müssen mit einem Sicherheitsstopfen versehen sein, der bei wagerechter Haltung der gefüllten Flasche innerhalb einer Minute nicht mehr als 50 Kubikzentimeter des Flascheninhalts ausfließen läßt. Der Sicherheitsstopfen muß derart im Flaschenhalse befestigt sein, daß er ohne Zerbrechen der Flasche nicht entfernt werden kann.
3. An der nicht gerippten Seite der Flasche muß eine Aufschrift vorhanden sein, die in deutlich lesbarer Weise
   a) die Art des Inhalts einschließlich seiner Stärke an reiner Essigsäure angibt,
   b) die Firma des Fabrikanten des Inhalts bezeichnet,
   c) in besonderer, für die sonstige Aufschrift nicht verwendeter Farbe die Warnung
      „Vorsicht! Unverdünnt lebensgefährlich"
      getrennt von der sonstigen Aufschrift enthält,
   d) eine Anweisung für den Gebrauch des Inhalts der Flasche bei der Verwendung zu Speisezwecken erteilt.

   Weitere Aufschriften dürfen auf der Flasche nicht vorhanden sein.

§ 2. Die Vorschriften des § 1 finden keine Anwendung auf das Feilhalten und den Verkauf von Essigsäure in Apotheken, soweit es zu Heil- oder wissenschaftlichen Zwecken erfolgt.

§ 3. Das Feilhalten und der Verkauf von Essigsäure der im § 1 bezeichneten Art unter der Bezeichnung „Essig" ist verboten.

---

10. Reichsgesetz vom 3. Juni 1900 betr. die Schlachtvieh- und Fleischbeschau. (RGBl. S. 547.)

§ 1. Rindvieh, Schweine, Schafe, Ziegen, Pferde und Hunde, deren Fleisch zum Genusse für Menschen verwendet werden soll, unterliegen vor und nach der Schlachtung einer amtlichen Untersuchung. Durch Beschluß des Bundesrats kann die Untersuchungspflicht auf anderes Schlachtvieh ausgedehnt werden.

Bei Notschlachtungen darf die Untersuchung vor der Schlachtung unterbleiben.

Der Fall der Notschlachtung liegt dann vor, wenn zu befürchten steht, daß das Tier bis zur Ankunft des zuständigen Beschauers verenden oder das Fleisch durch Verschlimmerung des krankhaften Zustandes wesentlich an Wert verlieren werde oder wenn das Tier infolge eines Unglücksfalls sofort getötet werden muß.

Anmerkung: Der amtlichen Untersuchung vor und nach der Schlachtung unterliegen auch Esel, Maultiere und Maulesel (Reichskanzlerbek. vom 10. Juli 1902, RGBl. S. 242). Anmeldepflicht des Schlachtenden (§§ 1 und 2 der Ausführungsbest. A des Bundesrates vom 30. Mai 1902, GVBl. S. 298).

§ 2. Bei Schlachttieren, deren Fleisch ausschließlich im eigenen Haushalte des Besitzers verwendet werden soll, darf, sofern sie keine Merkmale einer die Genußtauglichkeit des Fleisches ausschließenden Erkrankung zeigen, die Untersuchung vor der Schlachtung und, sofern sich solche Merkmale auch bei der Schlachtung nicht ergeben, auch die Untersuchung nach der Schlachtung unterbleiben.

Eine gewerbsmäßige Verwendung von Fleisch, bei welchem auf Grund des Abs. 1 die Untersuchung unterbleibt, ist verboten.

Als eigener Haushalt im Sinne des Abs. 1 ist der Haushalt der Kasernen, Krankenhäuser, Erziehungsanstalten, Speiseanstalten, Gefangenanstalten, Armenhäuser und ähnlicher Anstalten sowie der Haushalt der Schlächter, Fleischhändler, Gast-, Schank- und Speisewirte nicht anzusehen.

§ 3. Die Landesregierungen sind befugt, für Gegenden und Zeiten, in denen eine übertragbare Tierkrankheit herrscht, die Untersuchung aller der Seuche ausgesetzten Schlachttiere anzuordnen.

§ 4. Fleisch im Sinne dieses Gesetzes sind Teile von warmblütigen Tieren, frisch oder zubereitet, sofern sie sich zum Genusse für Menschen eignen. Als Teile gelten auch die aus warmblütigen Tieren hergestellten Fette und Würste, andere Erzeugnisse nur insoweit, als der Bundesrat dies anordnet.

§ 5. Zur Vornahme der Untersuchungen sind Beschaubezirke zu bilden; für jeden derselben ist mindestens ein Beschauer sowie ein Stellvertreter zu bestellen.

Die Bildung der Beschaubezirke und die Bestellung der Beschauer erfolgt durch die Landesbehörden. Für die in den Armeekonservenfabriken vorzunehmenden Untersuchungen können seitens der Militärverwaltung besondere Beschauer bestellt werden.

Zu Beschauern sind approbierte Tierärzte oder andere Personen, welche genügende Kenntnisse nachgewiesen haben, zu bestellen.

Anmerkung: Vgl. §§ 2—5 der Ausf.-Best. A v. 30. Mai 1902.

§ 6. Ergibt sich bei den Untersuchungen das Vorhandensein oder der Verdacht einer Krankheit, für welche die Anzeigepflicht besteht, so ist nach Maßgabe der hierüber geltenden Vorschriften zu verfahren.

§ 7. Ergibt die Untersuchung des lebenden Tieres keinen Grund zur Beanstandung der Schlachtung, so hat der Beschauer sie unter Anordnung der etwa zu beobachtenden besonderen Vorsichtsmaßregeln zu genehmigen.

Die Schlachtung des zur Untersuchung gestellten Tieres darf nicht vor der Erteilung der Genehmigung und nur unter Einhaltung der angeordneten besonderen Vorsichtsmaßregeln stattfinden.

Erfolgt die Schlachtung nicht spätestens zwei Tage nach Erteilung der Genehmigung, so ist sie nur nach erneuter Untersuchung und Genehmigung zulässig.

Anmerkung: Über die Schlachtviehbeschau vgl. §§ 6—16 der Ausf.-Best. A v. 30. Mai 1902.

§ 8. Ergibt die Untersuchung nach der Schlachtung, daß kein Grund zur Beanstandung des Fleisches vorliegt, so hat der Beschauer es als tauglich zum Genusse für Menschen zu erklären.

Vor der Untersuchung dürfen Teile eines geschlachteten Tieres nicht beseitigt werden.

Anmerkung: Über die Fleischbeschau vgl. §§ 17—48 der Ausf.-Best. A v. 30. Mai 1902.

§ 9. Ergibt die Untersuchung, daß das Fleisch zum Genusse für Menschen untauglich ist, so hat der Beschauer es vorläufig zu beschlagnahmen, den Besitzer hiervon zu benachrichtigen und der Polizeibehörde sofort Anzeige zu erstatten.

Fleisch, dessen Untauglichkeit sich bei der Untersuchung ergeben hat, darf als Nahrungs- oder Genußmittel für Menschen nicht in Verkehr gebracht werden.

Die Verwendung des Fleisches zu anderen Zwecken kann von der Polizeibehörde zugelassen werden, soweit gesundheitliche Bedenken nicht entgegenstehen. Die Polizeibehörde bestimmt, welche Sicherungsmaßregeln gegen eine Verwendung des Fleisches zum Genusse für Menschen zu treffen sind.

Das Fleisch darf nicht vor der polizeilichen Zulassung und nur unter Einhaltung der von der Polizeibehörde angeordneten Sicherungsmaßregeln in Verkehr gebracht werden.

Das Fleisch ist von der Polizeibehörde in unschädlicher Weise zu beseitigen, soweit seine Verwendung zu anderen Zwecken (Abs. 3) nicht zugelassen wird.

§ 10. Ergibt die Untersuchung, daß das Fleisch zum Genusse für Menschen nur bedingt tauglich ist, so hat der Beschauer es vorläufig zu beschlagnahmen, den Besitzer hiervon zu benachrichtigen und der Polizeibehörde sofort Anzeige zu erstatten. Die Polizeibehörde bestimmt, unter welchen Sicherungsmaßregeln das Fleisch zum Genusse für Menschen brauchbar gemacht werden kann.

Fleisch, das bei der Untersuchung als nur bedingt tauglich erkannt worden ist, darf als Nahrungs- und Genußmittel für Menschen nicht in Verkehr gebracht werden, bevor es unter den von der Polizeibehörde angeordneten Sicherungsmaßregeln zum Genusse für Menschen brauchbar gemacht worden ist.

Insoweit eine solche Brauchbarmachung unterbleibt, finden die Vorschriften des § 9 Abs. 3 bis 5 entsprechende Anwendung.

§ 11. Der Vertrieb des zum Genusse für Menschen brauchbar gemachten Fleisches (§ 10 Abs. 1) darf nur unter einer diese Beschaffenheit erkennbar machenden Bezeichnung erfolgen.

Fleischhändlern, Gast-, Schank- und Speisewirten ist der Vertrieb und die Verwendung solchen Fleisches nur mit Genehmigung der Polizeibehörde gestattet; die Genehmigung ist jederzeit widerruflich. An die vorbezeichneten Gewerbetreibenden darf derartiges Fleisch nur abgegeben werden, soweit ihnen eine solche Genehmigung erteilt worden ist. In den Geschäftsräumen dieser Personen muß an einer in die Augen fallenden Stelle durch deutlichen Anschlag besonders erkennbar gemacht werden, daß Fleisch der im Abs. 1 bezeichneten Beschaffenheit zum Vertrieb oder zur Verwendung kommt.

Fleischhändler dürfen das Fleisch nicht in Räumen feilhalten oder verkaufen, in welchen taugliches Fleisch (§ 8) feilgehalten oder verkauft wird.

§ 12. Die Einfuhr von Fleisch in luftdicht verschlossenen Büchsen oder ähnlichen Gefäßen, von Würsten und sonstigen Gemengen aus zerkleinertem Fleische in das Zollinland ist verboten.

Anmerkung: Verboten ist auch die Einfuhr von Hundefleisch sowie von zubereitetem Fleische, das von Pferden, Eseln, Maultieren, Mauleseln oder anderen Tieren des Einhufergeschlechts herrührt (Reichskanzlerbek. v. 10. Juli 1902, RGBl. S. 242), ferner von mit gesundheitsschädlichen Stoffen behandeltem Fleische (§ 5 der Ausführ.-Best. D vom 22. Februar und 4. Juli 1908, GVBl. S. 136, 361).

§ 16. Die Vorschriften des § 8 Abs. 1 und der §§ 9 bis 11 gelten auch für das in das Zollinland eingehende Fleisch. An Stelle der unschädlichen Beseitigung des Fleisches oder an Stelle der polizeilicherseits anzuordnenden Sicherungsmaßregeln kann jedoch, insoweit gesundheitliche Bedenken nicht entgegenstehen, die Wiederausfuhr des Fleisches unter entsprechenden Vorsichtsmaßnahmen zugelassen werden.

Anmerkung: Vgl. die Ausf.-Best. D v. 22. Februar 1908 (GVBl. S. 136).

§ 17. Fleisch, welches zwar nicht für den menschlichen Genuß bestimmt ist, aber dazu verwendet werden kann, darf zur Einfuhr ohne Untersuchung zugelassen werden, nachdem es zum Genusse für Menschen unbrauchbar gemacht ist.

§ 18. Bei Pferden muß die Untersuchung (§ 1) durch approbierte Tierärzte vorgenommen werden.

Der Vertrieb von Pferdefleisch sowie die Einfuhr solchen Fleisches in das Zollinland darf nur unter einer Bezeichnung erfolgen, welche in deutscher Sprache das Fleisch als Pferdefleisch erkennbar macht.

Fleischhändlern, Gast-, Schank- und Speisewirten ist der Vertrieb und die Verwendung von Pferdefleisch nur mit Genehmigung der Polizeibehörde gestattet; die Genehmigung ist jederzeit widerruflich. An die vorbezeichneten Gewerbetreibenden darf Pferdefleisch nur abgegeben werden, soweit ihnen eine solche Genehmigung erteilt worden ist. In den Geschäftsräumen dieser Personen muß an einer in die Augen fallenden Stelle durch deutlichen Anschlag besonders erkennbar gemacht werden, daß Pferdefleisch zum Vertrieb oder zur Verwendung kommt.

Fleischhändler dürfen Pferdefleisch nicht in Räumen feilhalten oder verkaufen, in welchen Fleisch von anderen Tieren feilgehalten oder verkauft wird.

Der Bundesrat ist ermächtigt, anzuordnen, daß die vorstehenden Vorschriften auf Esel, Maulesel, Hunde und sonstige, seltener zur Schlachtung gelangende Tiere entsprechende Anwendung finden.

§ 19. Der Beschauer hat das Ergebnis der Untersuchung an dem Fleische kenntlich zu machen. Das aus dem Ausland eingeführte Fleisch ist außerdem als solches kenntlich zu machen.

Der Bundesrat bestimmt die Art der Kennzeichnung.

Anmerkung: Vgl. § 43 der Ausführ.-Best. A v. 30. Mai 1902.

§ 20. Fleisch, welches innerhalb des Reichs der amtlichen Untersuchung nach Maßgabe der §§ 8 bis 16 unterlegen hat, darf einer abermaligen amtlichen Untersuchung nur zu dem Zwecke unterworfen werden, um festzustellen, ob das Fleisch inzwischen verdorben ist oder sonst eine gesundheitsschädliche Veränderung seiner Beschaffenheit erlitten hat.

Landesrechtliche Vorschriften, nach denen für Gemeinden mit öffentlichen Schlachthäusern der Vertrieb frischen Fleisches Beschränkungen, insbesondere dem Beschauzwang innerhalb der Gemeinde unterworfen werden kann, bleiben mit der Maßgabe unberührt, daß ihre Anwendbarkeit nicht von der Herkunft des Fleisches abhängig gemacht werden darf.

§ 21. Bei der gewerbsmäßigen Zubereitung von Fleisch dürfen Stoffe oder Arten des Verfahrens, welche der Ware eine gesundheitsschädliche Beschaffenheit zu verleihen vermögen, nicht angewendet werden. Es ist verboten, derartig zubereitetes Fleisch aus dem Ausland einzuführen, feilzuhalten, zu verkaufen oder sonst in den Verkehr zu bringen.

Der Bundesrat bestimmt die Stoffe und die Arten des Verfahrens, auf welche diese Vorschriften Anwendung finden.

Der Bundesrat ordnet an, inwieweit die Vorschriften des Abs. 1 auch auf bestimmte Stoffe und Arten des Verfahrens Anwendung finden, welche eine gesundheitsschädliche oder minderwertige Beschaffenheit der Ware zu verdecken geeignet sind.

Anmerkung: Vgl. Reichskanzlerbek. v. 18. Februar 1902 (RGBl. S. 48).

§ 26. Mit Gefängnis bis zu sechs Monaten und mit Geldstrafe bis zu eintausendfünfhundert Mark oder mit einer dieser Strafen wird bestraft:

1. wer wissentlich den Vorschriften des § 9 Abs. 2, 4, des § 10 Abs. 2, 3, des § 12 Abs. 1 oder des § 21 Abs. 1, 2 oder einem auf Grund des § 21 Abs. 3 ergangenen Verbote zuwiderhandelt;
2. wer wissentlich Fleisch, das den Vorschriften des § 12 Abs. 1 zuwider eingeführt oder auf Grund des § 17 zum Genusse für Menschen unbrauchbar gemacht worden ist, als Nahrungs- oder Genußmittel für Menschen in Verkehr bringt;
3. wer Kennzeichen der im § 19 vorgesehenen Art fälschlich anbringt oder verfälscht, oder wer wissentlich Fleisch, an welchem

die Kennzeichen fälschlich angebracht, verfälscht oder beseitigt worden sind, feilhält oder verkauft.

§ 27. Mit Geldstrafe bis zu einhundertfünfzig Mark oder mit Haft wird bestraft:

1. wer eine der im § 26 Nr. 1 und 2 bezeichneten Handlungen aus Fahrlässigkeit begeht;
2. wer eine Schlachtung vornimmt, bevor das Tier der in diesem Gesetze vorgeschriebenen oder einer auf Grund des § 1 Abs. 1 Satz 2, des § 3, des § 18 Abs. 5 oder des § 24 angeordneten Untersuchung unterworfen worden ist;
3. wer Fleisch in Verkehr bringt, bevor es der in diesem Gesetze vorgeschriebenen oder einer auf Grund des § 1 Abs. 1 Satz 2, des § 3, des § 14 Abs. 1, des § 18 Abs. 5 oder des § 24 angeordneten Untersuchung unterworfen worden ist;
4. wer den Vorschriften des § 2 Abs. 2, des § 7 Abs. 2, 3, des § 8 Abs. 2, des § 11, des § 12 Abs. 2, des § 13 Abs. 2 oder des § 18 Abs. 2 bis 4, imgleichen wer den auf Grund des § 15 oder des § 18 Abs. 5 erlassenen Anordnungen oder den auf Grund des § 24 ergehenden landesrechtlichen Vorschriften über den Vertrieb und die Verwendung von Fleisch zuwiderhandelt.

§ 28. In den Fällen des § 26 Nr. 1 und 2 und des § 27 Nr. 1 ist neben der Strafe auf die Einziehung des Fleisches zu erkennen. In den Fällen des § 26 Nr. 3 und des § 27 Nr. 2 bis 4 kann neben der Strafe auf die Einziehung des Fleisches oder des Tieres erkannt werden. Für die Einziehung ist es ohne Bedeutung, ob der Gegenstand dem Verurteilten gehört oder nicht.

Ist die Verfolgung oder Verurteilung einer bestimmten Person nicht ausführbar, so kann auf die Einziehung selbständig erkannt werden.

§ 29. Die Vorschriften des Gesetzes, betreffend den Verkehr mit Nahrungsmitteln, Genußmitteln und Gebrauchsgegenständen, vom 14. Mai 1879 (Reichs-Gesetzblatt S. 145) bleiben unberührt. Die Vorschriften des § 16 des bezeichneten Gesetzes finden auch auf Zuwiderhandlungen gegen die Vorschriften des gegenwärtigen Gesetzes Anwendung.

Schlußbemerkung.

In Bezug auf den Verkehr mit Nahrungsmitteln, Genußmitteln und Gebrauchsgegenständen sind noch zu erwähnen:

a) Reichsgesetz vom 25. Juni 1887, betreffend den Verkehr mit blei- und zinkhaltigen Gegenständen, RGBl. S. 273,
b) Reichsgesetz vom 5. Juli 1887, betreffend die Verwendung gesundheitsschädlicher Farben bei der Herstellung von Nahrungsmitteln, Genußmitteln und Gebrauchsgegenständen RGBl. S. 277,
c) Kaiserl. Verordnung vom 1. Februar 1891, betreffend das

Verbot von Maschinen zur Herstellung künstlicher Kaffeebohnen, RGBl S. 11,

d) Oberpolizeiliche Vorschriften vom 6. Juni 1863, 17. Juni 1877 und 10. Juli 1881, gesundheitspolizeiliche Vorschriften in Bezug auf Gegenstände des menschlichen Gebrauches betreffend, Reg.=Bl. 1863 S. 809, GVBl. 1877 S. 371, 1881 S. 823, f. Oberpolizeiliche Vorschriften vom 25. Juni 1892 in Bezug auf die Beschau der mit Erscheinungen von Tuberkulose (Perlsucht, Lungensucht) behafteten Rinder und Schweine, GVBl. S. 277.

C. Arzneien und Gifte.

Vorbemerkung:

Strafbestimmungen § 367 Ziff. 3 und 5 RStGB.

1. K. Verordnung vom 29. Dezember 1900 / 18. Juni 1907, die Zubereitung und Feilhaltung der Arzneien in den Apotheken betreffend.

(GVBl. 1900 S. 1225, 1907 S. 497.)

§ 17. 1. Die Apotheker haben sich alles Ordinierens unbedingt zu enthalten.

§ 24. Der Apothekenvorstand oder ein Apothekergehilfe muß in der Regel von 6 Uhr morgens bis 9 Uhr abends, an Sonn= und Feiertagen bis 2 Uhr nachmittags in der Apotheke und außer diesen Stunden doch in deren Nähe sein, so daß er von Arzneisuchenden durch ein Glockenzeichen herbeigerufen werden kann.

§ 24a. Für Orte mit mehreren Apotheken kann angeordnet werden, daß an Sonn= und Feiertagen oder während bestimmter Stunden dieser Tage abwechselnd ein Teil der Apotheken zu schließen sei.

§ 30. Ärzte, denen die Führung einer Handapotheke, dann jenen größeren Anstalten (Krankenhäuser, Erziehungsinstitute, Strafanstalten usw.), denen die Führung einer Hausapotheke bewilligt ist, haben den bei der Bewilligung auferlegten Bedingungen zu entsprechen.

Inhaber von Handapotheken dürfen Arzneien nur an Kranke, die in ihrer Behandlung stehen, Inhaber einer Hausapotheke nur an jenen Kreis von Personen, für welche sie bewilligt ist, verabreichen.

§ 35. Das zur Führung einer Handapotheke nicht berechtigte ärztliche Personal darf bei Ausübung der Praxis nach Maßgabe seiner Ordinationsbefugnisse die in Notfällen gebotenen oder von dem Arzte selbst örtlich zu applizierenden Arzneien abgeben beziehungsweise anwenden. Letztere sind jedoch aus einer Apotheke zu beziehen.

Die Tierärzte sind befugt, die bei Ausübung der Tierheilkunde notwendigen Arzneien nach Maßgabe ihrer Ordinationsbefugnisse abzugeben, unterliegen jedoch bezüglich der Aufstellung und Aufbewahrung ihrer Arzneien und der zu den Arzneien erforderlichen Gerätschaften denselben Bestimmungen wie die Besitzer ärztlicher Handapotheken.

Für das niederärztliche Personal (Bader, Hebammen) gelten die dazu erlassenen besonderen Bestimmungen.

---

2. K. Verordnung vom 15. März 1901, den Verkehr mit Arzneimitteln außerhalb der Apotheken betreffend. (GVBl. S. 157.)

§ 1. Wer Arzneimittel, welche dem freien Verkehr überlassen und zur Heilung oder Verhütung von Krankheiten der Menschen oder Tiere bestimmt sind, gewerbsmäßig feilhält oder verkauft, hat der Distriktspolizeibehörde, in München der K. Polizeidirektion, Anzeige zu erstatten.

In der Anzeige sind die Räume, in welchen die Arzneimittel aufbewahrt und feilgehalten oder verkauft werden, zu bezeichnen.

Jeder spätere Wechsel sowie jede etwaige Zuziehung anderer Räume zur Benützung im Gewerbebetriebe ist gleichfalls den genannten Behörden anzuzeigen.

Dieselben haben ein Verzeichnis der in ihrem Bezirke befindlichen Arzneiwarenhändler zu führen.

§ 9. Titel und Bezeichnungen, welche zu der Annahme führen können, daß es sich um einen Apothekerbetrieb handle, dürfen im Geschäftsbetriebe nicht gebraucht werden.

§ 12. Auf Großhandelsgeschäfte, welche Arzneimittel nur an Wiederverkäufer oder an staatliche Untersuchungs- und Lehranstalten abgeben, finden vorstehende Bestimmungen — unbeschadet dessen, was über den Verkehr mit Giften bestimmt ist — keine Anwendung.

Anmerkung: Den Verkehr mit Arzneimitteln regeln die Kaiserl. Verordnung vom 22. Oktober 1901 (RGBl. S. 380 mit Nachträgen RGBl. 1903 S. 281; 1907 S. 418, 774; 1908 S. 146), den Verkehr mit Geheimmitteln und ähnlichen Arzneimitteln die K. Verordnung vom 26. Juli 1907 (GVBl. S. 593; öffentliche Ankündigung oder Anpreisung verboten!).

---

3. K. Verordnung vom 16. Juni 1895, den Verkehr mit Giften betreffend. (GVBl. S. 267 mit Abänderungen GVBl. 1901 S. 469, 1908 S. 297).

§ 1. Der gewerbsmäßige Handel mit Giften unterliegt den Bestimmungen der §§ 2 bis 18.

§ 2. Vorräte von Giften müssen übersichtlich geordnet, von anderen Waren getrennt, und dürfen weder über noch unmittelbar neben Nahrungs- oder Genußmitteln aufbewahrt werden.

§ 3. Vorräte von Giften, mit Ausnahme der auf abgeschlossenen Giftböden verwahrten giftigen Pflanzen und Pflanzenteile (Wurzeln, Kräuter usw.), müssen sich in dichten, festen Gefäßen befinden, welche mit festen, gut schließenden Deckeln oder Stöpseln versehen sind.

Außerhalb der Vorratsgefäße darf Gift, unbeschadet der Ausnahmebestimmung im Abs. 1, sich nicht befinden.

§ 4. Die Vorratsgefäße müssen mit der Aufschrift „Gift", sowie mit der Angabe des Inhalts deutlich und dauerhaft bezeichnet sein.

§ 10. Gifte dürfen nur von dem Geschäftsinhaber oder den von ihm hiermit Beauftragten abgegeben werden.

§ 11. Über die Abgabe der Gifte der Abteilungen 1 und 2*) sind in einem mit fortlaufenden Seitenzahlen versehenen Giftbuche die daselbst vorgesehenen Eintragungen zu bewirken. Die Eintragungen müssen sogleich nach Verabfolgung der Waren von dem Verabfolgenden selbst, und zwar immer in unmittelbarem Anschluß an die nächst vorhergehende Eintragung ausgeführt werden. Das Giftbuch ist zehn Jahre lang nach der letzten Eintragung aufzubewahren.

Die vorstehenden Bestimmungen finden nicht Anwendung auf die Abgabe der Gifte, welche von Großhändlern an Wiederverkäufer, an technische Gewerbetreibende oder an staatliche Untersuchungs- oder Lehranstalten abgegeben werden, sofern über die Abgabe dergestalt Buch geführt wird, daß der Verbleib der Gifte nachgewiesen werden kann.

§ 12. Gift darf nur an solche Personen abgegeben werden, welche als zuverlässig bekannt sind und das Gift zu einem erlaubten gewerblichen, wirtschaftlichen, wissenschaftlichen oder künstlerischen Zwecke benutzen wollen. Sofern der Abgebende von dem Vorhandensein dieser Voraussetzungen sichere Kenntnis nicht hat, darf er Gift nur gegen Erlaubnisschein abgeben.

Die Erlaubnisscheine werden von der Ortspolizeibehörde nach Prüfung der Sachlage ausgestellt. Dieselben werden in der Regel nur für eine bestimmte Menge, ausnahmsweise auch für den Bezug einzelner Gifte während eines, ein Jahr nicht übersteigenden Zeitraumes gegeben. Der Erlaubnisschein verliert mit dem Ablaufe des vierzehnten Tages nach dem Ausstellungstage seine Gültigkeit, sofern auf demselben etwas Anderes nicht vermerkt ist.

An Kinder unter 14 Jahren dürfen Gifte nicht ausgehändigt werden.

§ 13. Die in Abteilung 1 und 2 bezeichneten Gifte*) dürfen nur gegen schriftliche Empfangsbescheinigung (Giftschein) des Erwerbers verabfolgt werden. Wird das Gift durch einen Beauftragten

*) Es handelt sich hier um die heftigeren Gifte, welche in dem der Verordnung beigefügten, hier jedoch nicht abgedruckten Verzeichnisse unter Abteilung 1 und 2 namentlich aufgeführt sind.

abgeholt, so hat der Abgebende (§ 10) auch von diesem sich den Empfang bescheinigen zu lassen.

Die Bescheinigungen sind mit den entsprechenden Nummern des Giftbuchs zu versehen und zehn Jahre lang aufzubewahren.

Die Empfangsbestätigung desjenigen, welchem das Gift ausgehändigt wird, darf in einer Spalte des Giftbuchs abgegeben werden.

Im Falle des § 11 Abs. 2 ist die Ausstellung eines Giftscheines nicht erforderlich.

§ 15. Es ist verboten, Gifte in Trink- oder Kochgefäßen oder in solchen Flaschen oder Krügen abzugeben, deren Form oder Bezeichnung die Gefahr einer Verwechslung des Inhalts mit Nahrungs- oder Genußmitteln herbeizuführen geeignet ist.

§ 16. Auf die Abgabe von Giften als Heilmittel in Apotheken finden die Vorschriften der §§ 11 bis 14 nicht Anwendung.

§ 17. Auf gebrauchsfertige Öl-, Harz- oder Lackfarben, soweit sie nicht Arsenfarben sind, finden die Vorschriften der §§ 2 bis 14 nicht Anwendung. Das Gleiche gilt für andere giftige Farben, welche in Form von Stiften, Pasten oder Steinen oder in geschlossenen Tuben zum unmittelbaren Gebrauch fertig gestellt sind, sofern auf jedem einzelnen Stück oder auf dessen Umhüllung entweder das Wort „Gift" beziehungsweise „Vorsicht" und der Name der Farbe oder eine das darin enthaltene Gift erkennbar machende Bezeichnung deutlich angebracht ist.

§ 18. Bei der Abgabe der unter Verwendung von Gift hergestellten Mittel gegen schädliche Tiere (sogenannte Ungeziefermittel) ist jeder Packung eine Belehrung über die mit einem unvorsichtigen Gebrauche verknüpften Gefahren beizufügen. Der Wortlaut der Belehrung kann von der Distriktspolizeibehörde im Benehmen mit dem K. Bezirksarzte vorgeschrieben werden.

Arsenhaltiges Fliegenpapier darf nur mit einer Abkochung von Quassiaholz oder Lösung von Quassiaextrakt zubereitet in viereckigen Blättern von 12 : 12 cm, deren jedes nicht mehr als 0,01 g arsenige Säure enthält und auf beiden Seiten mit drei Kreuzen, der Abbildung eines Totenkopfes und der Aufschrift „Gift" in schwarzer Farbe deutlich und dauerhaft versehen ist, feilgehalten oder abgegeben werden. Die Abgabe darf nur in einem dichten Umschlag erfolgen, auf welchem in schwarzer Farbe deutlich und dauerhaft die Inschriften „Gift" und „Arsenhaltiges Fliegenpapier" und im Kleinhandel außerdem der Name des abgebenden Geschäftes angebracht ist.

Andere arsenhaltige Ungeziefermittel dürfen nur mit einer in Wasser leicht löslichen grünen Farbe vermischt feilgehalten oder abgegeben werden; sie dürfen nur gegen Erlaubnisschein (§ 12) verabfolgt werden.

Strychninhaltige Ungeziefermittel dürfen nur in Form von vergiftetem Getreide, welches in tausend Gewichtsteilen höchstens fünf Gewichtsteile salpetersaures Strychnin enthält und dauerhaft dunkelrot gefärbt ist, feilgehalten oder abgegeben werden.

Vorstehende Beschränkungen können durch die Distriktspolizeibehörde zeitweilig außer Wirksamkeit gesetzt werden, wenn und soweit es sich darum handelt, unter polizeilicher Aufsicht außerordentliche Maßnahmen zur Vertilgung von schädlichen Tieren, z. B. Feldmäusen, zu treffen.

§ 19. Personen, welche gewerbsmäßig schädliche Tiere vertilgen (Kammerjäger), müssen ihre Vorräte von Giften und gifthaltigen Ungeziefermitteln unter Beachtung der Vorschriften in den §§ 2, 3, 4, 7 und, soweit sie die Vorräte nicht bei Ausübung ihres Gewerbes mit sich führen, in verschlossenen Räumen, welche nur ihnen und ihren Beauftragten zugänglich sind, aufbewahren. Sie dürfen die Gifte und die Mittel an andere nicht überlassen.

§ 21. Die Befugnis zur Zubereitung und Abgabe von Giften der Abteilungen 1 und 2 des Verzeichnisses erfordert eine besondere Genehmigung; diese Genehmigung ist zu erteilen, wenn der Nachsuchende über seine Zuverlässigkeit in bezug auf den beabsichtigten Betrieb sich ausgewiesen hat.

Anmerkung: Es handelt sich hier um die heftigeren Gifte, welche in dem der Verordnung beigefügten, hier jedoch nicht abgedruckten Verzeichnisse unter Abteilung 1 und 2 namentlich aufgeführt sind.

§ 22. Von der Bestimmung des § 21 sind ausgenommen:

1. Inhaber von Apotheken einschließlich der Hand- und Hausapotheken, sowie die Ärzte und Tierärzte nach Maßgabe der besonderen für ihre Befugnisse bestehenden Bestimmungen;
2. die Besitzer von Berg- und Hüttenwerken, welche Gifte durch den Betrieb dieser Werke als Haupt- oder Nebenprodukte gewinnen;
3. die Besitzer von chemischen Fabriken, sowie von solchen Fabriken und Gewerben, bei deren Betrieb sich Gifte als Nebennutzung ergeben;
4. Personen, welche mit der Vertilgung von Ungeziefer, sowie von Ratten und Mäusen sich gewerbsmäßig befassen, in bezug auf die Gifte, die bei der Zubereitung der zu ihrem Geschäfte erforderlichen und zugelassenen Mittel in Verwendung kommen;
5. Personen, welche mit dem Einsammeln giftiger Kräuter, Samen und Wurzeln, sowie der Kanthariden sich gewerbsmäßig befassen;
6. die K. Agrikulturbotanische Anstalt in München für die zur Bekämpfung von Pflanzenschädlingen dienenden gifthaltigen Mittel;

§ 23. Jeder, der Handel mit Giften treiben will, hat, wenn er nicht konzessionierter Apotheker ist oder nach Maßgabe der §§ 21 und 22 ohnehin einer Genehmigung bedarf, von seinem Vorhaben der Ortspolizeibehörde seines Wohnorts Anzeige zu machen. Die Ortspolizeibehörde hat über die erfolgte Anzeige eine Bescheinigung auszustellen.

§ 24. Die Zubereitung, sowie die Verarbeitung von Giften der Abteilungen 1 und 2 des Verzeichnisses*) darf nur in hiezu geeigneten, von den Wohnungsräumen abgesonderten und für Unberufene unzugänglichen Lokalitäten und unter Anwendung der zur Verhütung von Unglücksfällen und Mißbrauch notwendigen Vorsichtsmaßregeln stattfinden.

Nach beendigter Arbeit sind diese Lokalitäten jedesmal sorgfältig zu verschließen. Die zur Zubereitung und Verarbeitung von Giften dienenden Gerätschaften, Löffel, Wagen, Siebe, Trichter usw. sind sorgfältig aufzubewahren, überdies mit der Bezeichnung „Gift" zu versehen und zu anderen Zwecken nicht zu verwenden.

Besondere Vorschriften für bestimmte Gewerbe- und Fabriksbetriebe in bezug auf den Umgang mit Giften bleiben hiebei unberührt.

§ 25. Die Beförderung von Giften der Abteilungen 1 und 2 des Verzeichnisses*) hat in hiezu tauglicher, haltbarer, sorgfältig angelegter und hinreichend fester Verpackung, welche ein jedes Durchdringen oder Zerstreuen des Inhaltes vollkommen ausschließt, zu geschehen. Der Behälter oder die Umhüllung muß mit der deutlichen Aufschrift des Namens des Giftes und mit dem in die Augen fallenden Beisatze „Gift" versehen und versiegelt sein. Die Verladung zum Transporte muß abgesondert von Verzehrungsgegenständen und so geschehen, daß der Behälter von außen nicht verletzt wird.

Auf die zufolge ärztlicher Ordination in Arzneiform gebrachten Gifte finden obige Vorschriften keine Anwendung.

Soweit über die Beförderung von Giften im Eisenbahn-, Post- und Schiffahrtsverkehre besondere Vorschriften bestehen, bleiben diese unberührt.

§ 26. Abgesehen von dem gewerblichen Verkehre hat jeder, der sonst in den Besitz von Giften gelangt, dieselben in einer gegen Mißbrauch und Unglücksfälle sichernden Weise sorgfältigst zu verwahren.

D. Krankheiten, Leichen- und Begräbnispolizei.

1. Reichs-Impfgesetz vom 8. April 1874. (RGBl. S. 31.)

§ 1. Der Impfung mit Schutzpocken soll unterzogen werden:

1. jedes Kind vor dem Ablaufe des auf sein Geburtsjahr folgenden Kalenderjahres, sofern es nicht nach ärztlichem Zeugnis (§ 10) die natürlichen Blattern überstanden hat;
2. jeder Zögling einer öffentlichen Lehranstalt oder einer Privatschule, mit Ausnahme der Sonntags- und Abendschulen, innerhalb des Jahres, in welchem der Zögling das 12. Lebensjahr

*) Es handelt sich hier um die heftigeren Gifte, welche in dem der Verordnung beigefügten, hier jedoch nicht abgedruckten Verzeichnisse unter Abteilung 1 und 2 namentlich aufgeführt sind.

zurücklegt, sofern er nicht nach ärztlichem Zeugnis in den letzten 5 Jahren die natürlichen Blattern überstanden hat oder mit Erfolg geimpft worden ist.

§ 5. Jeder Impfling muß frühestens am sechsten, spätestens am achten Tage nach der Impfung dem impfenden Arzte vorgestellt werden.

§ 7. Für jeden Impfbezirk wird vor Beginn der Impfzeit eine Liste der nach § 1 Ziffer 1 der Impfung unterliegenden Kinder von der zuständigen Behörde aufgestellt. Über die auf Grund des § 1 Ziffer 2 zur Impfung gelangenden Kinder haben die Vorsteher der betreffenden Lehranstalten eine Liste anzufertigen.

Die Impfärzte vermerken in den Listen, ob die Impfung mit oder ohne Erfolg vollzogen, oder ob und weshalb sie ganz oder vorläufig unterblieben ist.

Nach dem Schlusse des Kalenderjahres sind die Listen der Behörde einzureichen.

Die Einrichtung der Listen wird durch den Bundesrat festgestellt.

§ 8. Außer den Impfärzten sind ausschließlich Ärzte befugt, Impfungen vorzunehmen.

Sie haben über die ausgeführten Impfungen in der im § 7 vorgeschriebenen Form Listen zu führen und dieselben am Jahresschluß der zuständigen Behörde vorzulegen.

§ 12. Eltern, Pflegeeltern und Vormünder sind gehalten, auf amtliches Erfordern mittels der vorgeschriebenen Bescheinigungen (§ 10) den Nachweis zu führen, daß die Impfung ihrer Kinder und Pflegebefohlenen erfolgt oder aus einem gesetzlichen Grunde unterblieben ist.

§ 13. Die Vorsteher derjenigen Schulanstalten, deren Zöglinge dem Impfzwange unterliegen (§ 1 Ziffer 2), haben bei der Aufnahme von Schülern durch Einfordern der vorgeschriebenen Bescheinigungen festzustellen, ob die gesetzliche Impfung erfolgt ist.

Sie haben dafür zu sorgen, daß Zöglinge, welche während des Besuches der Anstalt nach § 1 Ziffer 2 impfpflichtig werden, dieser Verpflichtung genügen.

Ist eine Impfung ohne gesetzlichen Grund unterblieben, so haben sie auf deren Nachholung zu dringen.

Sie sind verpflichtet, vier Wochen vor Schluß des Schuljahres der zuständigen Behörde ein Verzeichnis derjenigen Schüler vorzulegen, für welche der Nachweis der Impfung nicht erbracht ist.

§ 14. Eltern, Pflegeeltern und Vormünder, welche den nach § 12 ihnen obliegenden Nachweis zu führen unterlassen, werden mit einer Geldstrafe bis zu zwanzig Mark bestraft.

Eltern, Pflegeeltern und Vormünder, deren Kinder und Pflegebefohlene ohne gesetzlichen Grund und trotz erfolgter amtlicher Aufforderung der Impfung oder der ihr folgenden Gestellung (§ 5) entzogen geblieben sind, werden mit Geldstrafe bis zu fünfzig Mark oder mit Haft bis zu drei Tagen bestraft.

§ 15. Ärzte und Schulvorsteher, welche den durch § 8 Absatz 2, § 7 und durch § 13 ihnen auferlegten Verpflichtungen nicht nachkommen, werden mit Geldstrafe bis zu einhundert Mark bestraft.

§ 16. Wer unbefugter Weise (§ 8) Impfungen vornimmt, wird mit Geldstrafe bis zu einhundertfünfzig Mark oder mit Haft bis zu vierzehn Tagen bestraft.

§ 17. Wer bei der Ausführung einer Impfung fahrlässig handelt, wird mit Geldstrafe bis zu fünfhundert Mark oder mit Gefängnisstrafe bis zu drei Monaten bestraft, sofern nicht nach dem Strafgesetzbuch eine härtere Strafe eintritt.

2. Reichsgesetz vom 30. Juni 1900, betreffend die Bekämpfung gemeingefährlicher Krankheiten. (RGBl. S. 306.)

§ 1. Jede Erkrankung und jeder Todesfall an
Aussatz (Lepra), Cholera (asiatischer), Fleckfieber (Flecktyphus), Gelbfieber, Pest (orientalischer Beulenpest), Pocken (Blattern),
sowie jeder Fall, welcher den Verdacht einer dieser Krankheiten erweckt, ist der für den Aufenthaltsort des Erkrankten oder den Sterbeort zuständigen Polizeibehörde unverzüglich anzuzeigen.

Wechselt der Erkrankte den Aufenthaltsort, so ist dies unverzüglich bei der Polizeibehörde des bisherigen und des neuen Aufenthaltsortes zur Anzeige zu bringen.

§ 2. Zur Anzeige sind verpflichtet:

1. der zugezogene Arzt;
2. der Haushaltungsvorstand;
3. jede sonst mit der Behandlung oder Pflege des Erkrankten beschäftigte Person;
4. derjenige, in dessen Wohnung oder Behausung der Erkrankungs- oder Todesfall sich ereignet hat;
5. der Leichenschauer.

Die Verpflichtung der unter Nr. 2 bis 5 genannten Personen tritt nur dann ein, wenn ein früher genannter Verpflichteter nicht vorhanden ist.

§ 3. Für Krankheits- und Todesfälle, welche sich in öffentlichen Kranken-, Entbindungs-, Pflege-, Gefangenen- und ähnlichen Anstalten ereignen, ist der Vorsteher der Anstalt oder die von der zuständigen Stelle damit beauftragte Person ausschließlich zur Erstattung der Anzeige verpflichtet.

Auf Schiffen oder Flößen gilt als der zur Erstattung der Anzeige verpflichtete Haushaltungsvorstand der Schiffer oder Floßführer oder deren Stellvertreter. Der Bundesrat ist ermächtigt, Bestimmungen darüber zu erlassen, an wen bei Krankheits- und Todesfällen, welche auf Schiffen oder Flößen vorkommen, die Anzeige zu erstatten ist.

§ 4. Die Anzeige kann mündlich oder schriftlich erstattet werden. Die Polizeibehörden haben auf Verlangen Meldekarten für schriftliche Anzeigen unentgeltlich zu verabfolgen.

§ 5. Landesrechtliche Bestimmungen, welche eine weitergehende Anzeigepflicht begründen, werden durch dieses Gesetz nicht berührt.

Durch Beschluß des Bundesrats können die Vorschriften über die Anzeigepflicht (§§ 1 bis 4) auf andere als die im § 1 Abs. 1 genannten übertragbaren Krankheiten ausgedehnt werden.

Anmerkung: Die Vorschriften über die Anzeigepflicht sind auf die Erkrankungen und Todesfälle an Milzbrand, sowie auf alle Erkrankungen und Todesfälle ausgedehnt worden, die den Verdacht dieser Krankheit erwecken. (Reichskanzlerbek. vom 28. September 1909, R‿Bl S. 933)

§ 44. Mit Gefängnis bis zu drei Jahren wird bestraft

1. wer wissentlich bewegliche Gegenstände, für welche eine Desinfektion polizeilich angeordnet war, vor Ausführung der angeordneten Desinfektion in Gebrauch nimmt, an Andere überläßt oder sonst in Verkehr bringt;
2. wer wissentlich Kleidungsstücke, Leibwäsche, Bettzeug oder sonstige bewegliche Gegenstände, welche von Personen, die an einer gemeingefährlichen Krankheit litten, während der Erkrankung gebraucht oder bei deren Behandlung oder Pflege benutzt worden sind, in Gebrauch nimmt, an Andere überläßt oder sonst in Verkehr bringt, bevor sie den auf Grund des § 22 vom Bundesrate beschlossenen Bestimmungen entsprechend desinfiziert worden sind;
3. wer wissentlich Fahrzeuge oder sonstige Gerätschaften, welche zur Beförderung von Kranken oder Verstorbenen der in Nr. 2 bezeichneten Art gedient haben, vor Ausführung der polizeilich angeordneten Desinfektion benutzt oder Anderen zur Benutzung überläßt.

Sind mildernde Umstände vorhanden, so kann auf Geldstrafe bis zu eintausendfünfhundert Mark erkannt werden.

§ 45. Mit Geldstrafe von zehn bis einhundertfünfzig Mark oder mit Haft nicht unter einer Woche wird bestraft:

1. wer die ihm nach den §§ 2, 3 oder nach den auf Grund des § 5 vom Bundesrate beschlossenen Vorschriften obliegende Anzeige unterläßt oder länger als vierundzwanzig Stunden, nachdem er von der anzuzeigenden Tatsache Kenntnis erhalten hat, verzögert. Die Strafverfolgung tritt nicht ein, wenn die Anzeige, obwohl nicht von dem zunächst Verpflichteten, doch rechtzeitig gemacht worden ist.

3. K. Verordnung vom 22. Juli 1891, die Verpflichtung der Medizinalpersonen zur Anzeige ansteckender Krankheiten unter Menschen betreffend. (GVBl. S. 229.)*)

§ 1. Ärzte, Wundärzte (Chirurgen) und Bader haben von jedem bei Ausübung ihres Berufes zu ihrer Kenntnis gelangenden Auftreten nachstehender Krankheiten, nämlich: Blattern (Variolen und Varioloiden), Cerebrospinalmeningitis, Cholera, Dysenterie, Puerperalfieber, Typhus abdominalis und Typhus recurrens, Milzbrand, Rotzkrankheit, Trichinose und Wut, Anzeige zu erstatten.

Bei allen übrigen kontagiösen oder epidemischen Krankheiten, wie insbesondere bei Diphtherie, Scharlach, Masern, Keuchhusten, ägyptische Augenentzündung, Influenza, sind die unter Abs. 1 bezeichneten Medizinalpersonen ebenfalls zur Anzeige verpflichtet, wenn eine derartige Krankheit in größerer Verbreitung oder in besonderer Heftigkeit auftritt.

Hebammen haben über jede in ihrem Berufe wahrgenommene Erkrankung an Puerperalfieber Anzeige zu machen.

Die Anzeigen nach vorstehenden drei Absätzen haben innerhalb längstens 24 Stunden nach erlangter Kenntnis von der bezüglichen Krankheit an jene Distriktspolizeibehörde, in deren Bezirk die Krankheit auftritt, in den Fällen des Abs. 1 aber auch zugleich an die einschlägige Ortspolizeibehörde zu erfolgen.

§ 2. Etwaige weitere Anordnungen, welche auf Grund des Art. 67 Abs. II des Polizeistrafgesetzbuches über die Anzeige einer kontagiösen oder epidemischen Krankheit bestehen oder durch die zuständige Behörde ergehen, werden von der gegenwärtigen Verordnung nicht berührt.

Die Anzeigepflicht der Militärärzte über das Auftreten von Infektionskrankheiten in Militärgebäuden ist den besonderen Vorschriften vorbehalten

---

4. Oberpolizeiliche Vorschriften über die Leichenschau und die Zeit der Beerdigung vom 20. November 1885. (GVBl. S. 655.)**)

§ 1. Jede menschliche Leiche ist vor der Beerdigung nach Maßgabe der folgenden Bestimmungen der Leichenschau zu unterstellen.

Die Leichen neugeborener Kinder unterliegen der Leichenschau nur dann, wenn die Frucht nach zurückgelegtem siebenten Monate der Schwangerschaft von der Mutter getrennt wurde.

§ 8. Jeder Todesfall ist alsbald, oder wenn der Tod zur Nachtzeit und nicht gewaltsam erfolgte, spätestens am folgenden Morgen dem Leichenschauer anzuzeigen.

---

*) Strafbestimmung: Art. 72 PStGB. Hinsichtlich der in § 1 des Reichsgesetzes vom 30. Juni 1900 (s. o. Nr. 2) genannten Krankheiten ist vorstehende Verordnung durch das Reichsgesetz ersetzt.

**) Strafbestimmung: Art. 61 Ziff. 3 PStGB.

Zur Anzeige verpflichtet ist das Familienhaupt und, wenn solches nicht vorhanden oder an der Anzeige behindert ist, derjenige, in dessen Wohnung oder Behausung der Todesfall sich ereignet hat.

Bis zur Ankunft des Leichenschauers ist die Leiche in unveränderter Lage, mit unverhülltem Gesichte und frei von beengenden Kleidern zu belassen.

Den von dem Leichenschauer zur Wiederbelebung eines mutmaßlichen Scheintoten allenfalls getroffenen Anordnungen ist pünktliche Folge zu leisten.

---

5. **Bekanntmachung des K. Staatsministeriums des Innern vom 7. Februar 1888, die Beförderung von Leichen betreffend.** (GVBl. S. 123.)*)

§ 1. Die Verbringung einer Leiche vom Sterbeorte nach einem anderen als dem ordnungsmäßigen Orte der Beerdigung darf nur auf Grund einer von der zuständigen Behörde nach anliegendem Formular ausgestellten schriftlichen Bewilligung (Leichenpaß) erfolgen.

Zuständig zur Ausstellung des Leichenpasses ist in Bayern, vorbehaltlich der unten folgenden Bestimmung in § 10 Abs. 2, die Distriktspolizeibehörde bzw. der exponierte Bezirksamtsassessor, in deren Bezirk der Sterbeort liegt.

Bei Leichentransporten, welche aus einem anderen deutschen Bundesstaate kommen, ist ein Leichenpaß derjenigen Behörde erforderlich, welche nach den dortigen Bestimmungen zur Ausstellung zuständig ist.

Für Leichentransporte, welche aus dem Auslande kommen, kann, soweit nicht Vereinbarungen über die Anerkennung der von ausländischen Behörden ausgestellten Leichenpässe bestehen, die Ausstellung des Leichenpasses durch diejenige zur Ausstellung von Leichenpässen befugte inländische (deutsche) Behörde erfolgen, in deren Bezirk der Transport im Reichsgebiete beginnt. Auch können die Konsuln und diplomatischen Vertreter des Reiches vom Reichskanzler zur Ausstellung der Leichenpässe ermächtigt werden.

Die hiernach zur Ausstellung der Leichenpässe zuständigen Behörden werden vom Reichskanzler öffentlich bekannt gegeben werden.

§ 7. Die vorstehenden Bestimmungen haben sinngemäße Anwendung zu finden, wenn bereits beerdigte Leichen wieder ausgegraben und an einen anderen Ort überführt werden sollen. Die Ausstellung des Leichenpasses steht in solchen Fällen derjenigen Behörde (Distriktspolizeibehörde, exponierter Bezirksamtsassessor) zu, in deren Bezirk der seitherige Bestattungsort liegt.

§ 11. Bei Ausstellung von Leichenpässen für Leichentransporte nach dem Auslande sind außer den vorstehenden Bestimmungen auch

*) Strafbestimmung: Art. 61 Ziff. 1 PStGB.

die von dem Deutschen Reiche mit ausländischen Regierungen hinsichtlich der Leichentransporte abgeschlossenen Vereinbarungen, deren Bekanntmachung vorbehalten bleibt, zu beachten. Soll der Transport einer Leiche in oder durch das Gebiet eines Staates erfolgen, mit welchem ein Übereinkommen dieser Art nicht abgeschlossen ist, so darf der Leichenpaß nur unter der Voraussetzung erteilt werden, daß derjenige, welcher um die Erlaubnis zur Verbringung der Leiche ins Ausland nachsucht, die Zustimmung der betreffenden Regierung, in oder durch deren Gebiet der Transport stattfinden soll, sofort übergibt.

---

6. Bekanntmachung der K. Staatsministerien der Justiz und des Innern vom 3. Oktober 1879, das Verfahren und die Zuständigkeit bei Auffindung von Leichen betreffend. (MABl. S. 537.)

I. Bei Auffindung einer Leiche hat die Ortspolizeibehörde ungesäumt für die Bewachung oder sichere Unterbringung des Leichnams Sorge zu tragen und darauf Bedacht zu nehmen, daß die vorhandenen Spuren, welche zur Erforschung der Todesursache dienen können, ungeändert erhalten bleiben. Gleichzeitig hat die Ortspolizeibehörde von der stattgefundenen Auffindung unter Darlegung der in Erfahrung gebrachten Umstände nach Maßgabe der nachstehenden Bestimmungen an die zuständige Behörde schriftliche Anzeige zu erstatten.

II. Diese Anzeige ist:

1. wenn der Leichnam eines Unbekannten gefunden wird oder Anhaltspunkte dafür vorliegen, daß der Verlebte eines nicht natürlichen Todes gestorben ist, sei es, daß der Tod durch eine strafbare Handlung eines Dritten oder durch Selbstmord oder sonst durch äußere Einwirkung herbeigeführt wurde, an den Staatsanwalt am Landgerichte, oder wenn die Anzeige erheblich schneller an den Sitz des Amtsgerichtes gelangen kann, an den Amtsrichter des Bezirkes;
2. wenn der Leichnam einer bekannten Person gefunden wird und kein Zweifel darüber besteht, daß dieselbe eines natürlichen Todes gestorben sei, an die Distriktspolizeibehörde zu übersenden.

---

7. K. Verordnung vom 14. Oktober 1862, die Errichtung und Benützung von Grüften und sonstigen Begräbnisstätten außer den öffentlichen Kirchhöfen betreffend. (RegBl. S. 2311.)*)

§ 1. Die Errichtung von neuen Grüften innerhalb der Klöster- oder Institutsmauern seitens der Mönchs- und Nonnenklöster, dann der Institute der englischen Fräulein und die Anlegung neuer Fa-

*) Strafbestimmung: Art. 61 Ziff. 2 PStGB.

milien-Grüfte in Kirchen ist von der Genehmigung des Staatsministeriums des Innern für Kirchen- und Schul-Angelegenheiten abhängig.

§ 2. Die Anlegung von Grüften, welche nicht unter den § 1 fallen, sowie die Herstellung anderweitiger besonderer Begräbnisstätten und die Benützung bereits vorhandener Familiengrüfte in Kirchen darf vorbehaltlich der für die Pfalz geltenden Bestimmungen nur mit Genehmigung der einschlägigen Kreisregierung, K. d. J., erfolgen.

§ 3. Eine polizeiliche Bewilligung ist nicht erforderlich:

1. zur Bestattung der Erzbischöfe und Bischöfe in ihren Kathedralen oder den dazu gehörigen Grüften oder Kreuzgängen;
2. zur Bestattung von Mitgliedern der sämtlichen im Königreiche befindlichen Mönchs- und Nonnenklöster, dann der Institute der Englischen Fräulein in den bereits vorhandenen Kloster- beziehungsweise Instituts-Grüften oder auf den innerhalb der Kloster- oder Instituts-Mauern hergestellten Begräbnisstätten.

E. Viehseuchen.

1. Reichs-Viehseuchengesetz vom 26. Juni 1909. (RGBl. S. 519.)*)

§ 1. Das nachstehende Gesetz regelt das Verfahren zur Bekämpfung übertragbarer Viehseuchen, mit Ausnahme der Rinderpest.

Vieh im Sinne dieses Gesetzes sind alle nutzbaren Haustiere einschließlich der Hunde, der Katzen und des Geflügels.

Schlachtvieh im Sinne dieses Gesetzes ist Vieh, von dem anzunehmen ist, daß es behufs Verwendung des Fleisches zum Genusse für Menschen alsbald geschlachtet werden soll.

Als verdächtige Tiere gelten im Sinne dieses Gesetzes:

Tiere, an denen sich Erscheinungen zeigen, die den Ausbruch einer übertragbaren Seuche befürchten lassen (der Seuche verdächtige Tiere);

Tiere, an denen sich solche Erscheinungen zwar nicht zeigen, rücksichtlich deren jedoch die Vermutung vorliegt, daß sie den Ansteckungsstoff aufgenommen haben (der Ansteckung verdächtige Tiere).

I. Abwehr der Einschleppung aus dem Auslande.

§ 6. Die Einfuhr von Tieren, die an einer übertragbaren Seuche leiden, und von verdächtigen Tieren (§ 1 Abs. 4) sowie von Er-

*) Der Zeitpunkt des Inkrafttretens dieses Gesetzes ist noch nicht bestimmt. Vorläufig gilt noch das Gesetz vom 23. Juni 1880/1. Mai 1894, betr. die Abwehr und Unterdrückung von Viehseuchen (RGBl. 1894 S. 409).

zeugnissen solcher Tiere ist verboten. Dasselbe gilt für die Kadaver und Teile von Tieren, die an einer übertragbaren Seuche gefallen sind oder zur Zeit des Todes an einer solchen gelitten haben oder seuchenverdächtig gewesen sind, endlich für Gegenstände jeder Art, von denen nach den Umständen des Falles anzunehmen ist, daß sie Träger des Ansteckungsstoffs sind.

§ 7. Zum Schutze gegen die Gefahr der Einschleppung von übertragbaren Seuchen der Haustiere aus dem Auslande kann die Einfuhr lebender oder toter Tiere, tierischer Erzeugnisse oder Rohstoffe sowie von Gegenständen, die Träger des Ansteckungsstoffs sein können, allgemein oder für bestimmte Grenzstrecken verboten oder beschränkt werden.

Zu demselben Zwecke kann der Verkehr mit Tieren im Grenzbezirke solchen Bestimmungen unterworfen werden, die geeignet sind, im Falle der Einschleppung einer Weiterverbreitung der Seuche vorzubeugen. Die Bestimmungen sind, soweit erforderlich, auch auf tierische Erzeugnisse und Rohstoffe sowie auf solche Gegenstände auszudehnen, die Träger von Ansteckungsstoffen sein können. Auch kann für die Grenzbezirke eine Revision des vorhandenen Viehbestandes und eine regelmäßige Kontrolle über den Ab- und Zugang von Vieh angeordnet werden.

Die nach Abs. 2 zulässigen Bestimmungen können nur getroffen werden, wenn und solange gegenüber dem angrenzenden Ausland Einfuhrverbote oder Beschränkungen gemäß Abs. 1 angeordnet sind.

II. Bekämpfung von Viehseuchen im Inlande.

1. Allgemeine Vorschriften.

a) Anzeigepflicht.

§ 9. Bricht eine Seuche aus, auf die sich die Anzeigepflicht erstreckt (§ 10), oder zeigen sich Erscheinungen, die den Ausbruch einer solchen Seuche befürchten lassen, so hat der Besitzer des betroffenen Viehes unverzüglich der Polizeibehörde oder einer anderen von der Landesregierung zu bezeichnenden Stelle Anzeige zu machen, auch die kranken und verdächtigen Tiere von Orten, an denen die Gefahr der Ansteckung fremder Tiere besteht, fernzuhalten.

Die gleichen Pflichten hat, wer in Vertretung des Besitzers der Wirtschaft vorsteht, wer mit der Aufsicht über Vieh an Stelle des Besitzers beauftragt ist, wer als Hirt, Schäfer, Schweizer, Senne entweder Vieh von mehreren Besitzern oder solches Vieh eines Besitzers, das sich seit mehr als vierundzwanzig Stunden außerhalb der Feldmark des Wirtschaftsbetriebs des Besitzers befindet, in Obhut hat, ferner für die auf dem Transporte befindlichen Tiere deren Begleiter und für die in fremdem Gewahrsam befindlichen Tiere der Besitzer der betreffenden Gehöfte, Stallungen, Koppeln oder Weideflächen.

Zur unverzüglichen Anzeige sind auch die Tierärzte und alle Personen verpflichtet, die sich mit der Ausübung der Tierheilkunde oder gewerbsmäßig mit der Kastration von Tieren beschäftigen, ingleichen die Fleischbeschauer einschließlich der Trichinenschauer, ferner die Personen, die das Schlächtergewerbe betreiben sowie solche, die sich gewerbsmäßig mit der Bearbeitung, Verwertung oder Beseitigung geschlachteter, getöteter oder verendeter Tiere oder tierischer Bestandteile beschäftigen, wenn sie, bevor ein polizeiliches Einschreiten stattgefunden hat, von dem Ausbruch einer der Anzeigepflicht unterliegenden Seuche (§ 10) oder von Erscheinungen, die den Ausbruch einer solchen Seuche befürchten lassen, Kenntnis erhalten.

§ 10. Seuchen, auf die sich die Anzeigepflicht erstreckt, sind:

1. Milzbrand, Rauschbrand, Wild- und Rinderseuche;
2. Tollwut;
3. Rotz;
4. Maul- und Klauenseuche;
5. Lungenseuche des Rindviehs;
6. Pockenseuche der Schafe;
7. Beschälseuche der Pferde, Bläschenausschlag der Pferde und des Rindviehs;
8. Räude der Einhufer und der Schafe;
9. Schweineseuche, sofern sie mit erheblichen Störungen des Allgemeinbefindens der erkrankten Tiere verbunden ist, und Schweinepest;
10. Rotlauf der Schweine einschließlich des Nesselfiebers (Backsteinblattern);
11. Geflügelcholera und Hühnerpest;
12. äußerlich erkennbare Tuberkulose des Rindviehs, sofern sie sich in der Lunge in vorgeschrittenem Zustande befindet oder Euter, Gebärmutter oder Darm ergriffen hat.

Der Reichskanzler ist befugt, die Anzeigepflicht auch für andere Seuchen einzuführen und für einzelne Seuchen widerruflich aufzuheben.

b) Ermittlung der Seuchenausbrüche.

§ 11. Ist eine Anzeige erfolgt (§§ 9, 10) oder der Ausbruch einer Seuche oder der Verdacht eines Seuchenausbruchs sonst zur Kenntnis der Polizeibehörde gelangt, so hat diese sofort den beamteten Tierarzt zuzuziehen (vgl. jedoch § 14) und inzwischen dafür zu sorgen, daß die kranken und, abgesehen von der Tuberkulose (§ 10 Abs. 1 Nr. 12), auch die verdächtigen Tiere mit Tieren aus anderen Ställen nicht in Berührung kommen. Der beamtete Tierarzt hat die Art, den Stand und die Ursachen der Krankheit zu ermitteln und sein Gutachten darüber abzugeben, ob durch den Befund der Ausbruch der Seuche festgestellt oder der Verdacht eines Seuchenausbruchs begründet ist und welche besonderen Maßregeln zur Bekämpfung der Seuche erforderlich erscheinen.

In eiligen Fällen kann der beamtete Tierarzt schon vor polizeilichem Einschreiten die sofortige vorläufige Einsperrung und Absonderung der erkrankten und verdächtigen Tiere, nötigenfalls auch deren

Bewachung sowie nach Vorschrift der Landesregierungen sonstige dringliche Maßnahmen zur Verhütung der Weiterverbreitung der Seuche anordnen. Die getroffenen vorläufigen Anordnungen sind dem Besitzer der Tiere oder dessen Vertreter entweder zu Protokoll oder durch schriftliche Verfügung zu eröffnen, auch ist davon der Polizeibehörde unverzüglich Anzeige zu machen.

Auf Ersuchen des beamteten Tierarztes hat der Vorsteher des Seuchenorts für die vorläufige Bewachung der erkrankten und verdächtigen Tiere sowie für die Durchführung der dringlichen Maßregeln zu sorgen.

§ 16. Alle Viehmärkte sowie die Viehhöfe und Schlachthöfe einschließlich der öffentlichen *Schlachthäuser* sind durch beamtete Tierärzte zu beaufsichtigen.

Jahr- und Wochenmärkte, auf denen Vieh nur in geringem Umfange gehandelt wird, können von den Landesregierungen ausnahmsweise von der Beaufsichtigung befreit werden.

Die Beaufsichtigung kann auf die zu Handelszwecken oder zum öffentlichen Verkaufe zusammengebrachten Viehbestände, auf die zu Zuchtzwecken öffentlich aufgestellten männlichen Zuchttiere, auf öffentliche Tierschauen, auf die durch obrigkeitliche Anordnung veranlaßten Zusammenziehungen von Vieh, auf private Schlachthäuser und Gastställe, auf Ställe und Betriebe von Viehhändlern und Abdeckern sowie auf gewerbliche Viehmästereien ausgedehnt werden.

c) Schutzmaßregeln gegen Seuchengefahr.

§ 17 (zählt die Maßnahmen auf, die zum Schutze gegen die *ständige Gefährdung* der Viehbestände durch Viehseuchen angeordnet werden können).

§§ 18—30 (enthalten die Maßregeln, die zum Schutze gegen eine *besondere* Seuchengefahr angeordnet werden können).

2. Besondere Vorschriften für einzelne Seuchen.

§ 31. Bei den nachbenannten Seuchen greifen folgende besonderen Vorschriften mit der Maßgabe Platz, daß außerdem alle nach den sonstigen Vorschriften dieses Gesetzes zulässigen Maßregeln angeordnet werden können.

a) Milzbrand, Rauschbrand, Wild- und Rinderseuche.

§ 32. Tiere, die an Milzbrand oder Rauschbrand erkrankt oder einer dieser Seuchen verdächtig sind, dürfen nicht geschlachtet werden.

§ 33. Die Vornahme blutiger Operationen an Tieren, die an Milzbrand oder Rauschbrand erkrankt oder einer dieser Seuchen verdächtig sind, ist nur approbierten Tierärzten gestattet.

Eine Öffnung des Kadavers darf ohne polizeiliche Erlaubnis nur von approbierten Tierärzten vorgenommen werden.

§ 34. Die Kadaver gefallener oder getöteter Tiere, die mit Milzbrand oder Rauschbrand behaftet waren oder bei denen der Verdacht einer dieser Seuchen vorliegt, müssen sofort nach Anweisung des beamteten Tierarztes unschädlich beseitigt werden. Bis dahin ist für eine Aufbewahrung Sorge zu tragen, durch die eine Verschleppung von Krankheitskeimen nach Möglichkeit vermieden wird.

Das Abhäuten der Kadaver ist verboten. Jedoch kann das Abhäuten von Rauschbrandkadavern unter ausreichenden Vorsichtsmaßregeln gestattet werden.

Die gleichen Vorschriften finden beim Ausbruche des Milzbrandes oder Rauschbrandes unter Wildständen auf das gefallene oder getötete Wild Anwendung.

§ 35. Die Vorschriften der §§ 32 bis 34 können auf die Wild- und Rinderseuche ausgedehnt werden.

b) Tollwut.

§ 36. Hunde oder sonstige Haustiere, die der Seuche verdächtig sind, müssen von dem Besitzer oder demjenigen, unter dessen Aufsicht sie stehen, sofort getötet oder bis zu polizeilichem Einschreiten in einem sicheren Behältnis eingesperrt werden.

§ 37. Vor polizeilichem Einschreiten dürfen bei wutkranken oder der Seuche verdächtigen Tieren keinerlei Heilversuche angestellt werden.

§ 38. Das Schlachten wutkranker oder der Seuche verdächtiger Tiere und jeder Verkauf oder Verbrauch einzelner Teile, der Milch oder sonstiger Erzeugnisse solcher Tiere sind verboten.

§ 39. Für Tiere, bei denen die Tollwut festgestellt ist, ist die sofortige Tötung polizeilich anzuordnen, für Hunde und Katzen auch dann, wenn das tierärztliche Gutachten nur auf Verdacht der Seuche lautet. Wenn ein der Seuche verdächtiger Hund oder eine der Seuche verdächtige Katze einen Menschen gebissen hat, so kann das Tier eingesperrt und bis zur Bestätigung oder Beseitigung des Verdachts polizeilich beobachtet werden.

Für Hunde und Katzen, von denen anzunehmen ist, daß sie mit wutkranken Tieren oder der Seuche verdächtigen Hunden oder Katzen (Abs. 1) in Berührung gekommen sind, ist gleichfalls die sofortige Tötung polizeilich anzuordnen. Andere Tiere sind unter der gleichen Voraussetzung sofort der polizeilichen Beobachtung zu unterstellen. Auch kann für Hunde statt der Tötung ausnahmsweise eine mindestens dreimonatige Einsperrung gestattet werden, falls sie nach dem Ermessen der Polizeibehörde mit genügender Sicherheit durchzuführen ist, und der Besitzer des Hundes die daraus und aus der polizeilichen Überwachung erwachsenden Lasten trägt.

§ 40. Ist ein wutkranker oder der Seuche verdächtiger Hund frei umhergelaufen, so muß für die Dauer der Gefahr die Festlegung aller in dem gefährdeten Bezirke vorhandenen Hunde polizeilich angeordnet werden. Der Festlegung ist das Führen der mit einem sicheren

Maulkorbe versehenen Hunde an der Leine gleich zu erachten. Auch kann für mindergefährdete Bezirksteile zugelassen werden, daß die Hunde entweder ohne Maulkorb an der Leine geführt werden oder mit Maulkorb unter gewissenhafter Überwachung frei laufen dürfen. Es kann angeordnet werden, daß Hunde, die diesen Vorschriften zuwider umherlaufend betroffen werden, sofort zu töten sind.

§ 41. Die Kadaver der gefallenen oder getöteten wutkranken oder der Seuche verdächtigen Tiere müssen sofort unschädlich beseitigt werden.

Das Abhäuten solcher Kadaver ist verboten

c) Rotz.

§ 42. Sobald der Rotz bei Tieren festgestellt ist, muß deren unverzügliche Tötung angeordnet werden.

§ 43. Verdächtige Tiere unterliegen der Absonderung und polizeilichen Beobachtung mit den nach Lage des Falles erforderlichen Verkehrs- und Nutzungsbeschränkungen oder der Sperre (§§ 19 bis 22).

Das Schlachten rotzkranker oder der Seuche verdächtiger Tiere ist verboten.

§ 44. Die Tötung verdächtiger Tiere muß von der Polizeibehörde angeordnet werden,

wenn von dem beamteten Tierarzte der Ausbruch der Rotzkrankheit auf Grund der vorliegenden Anzeichen für wahrscheinlich erklärt wird oder

wenn durch anderweite, den Vorschriften dieses Gesetzes entsprechende Maßregeln ein wirksamer Schutz gegen die Verbreitung der Seuche nach Lage des Falles nicht erzielt werden kann;

sie darf außerdem angeordnet werden,

wenn die beschleunigte Unterdrückung der Seuche im öffentlichen Interesse erforderlich ist.

§ 45. Die Kadaver gefallener oder getöteter rotzkranker oder der Seuche verdächtiger Tiere müssen sofort nach Anweisung des beamteten Tierarztes unschädlich beseitigt werden. Bis dahin ist für eine Aufbewahrung Sorge zu tragen, durch die eine Verschleppung von Krankheitskeimen nach Möglichkeit vermieden wird.

Das Abhäuten solcher Kadaver ist verboten.

d) Maul- und Klauenseuche.

§ 47. Für einen verseuchten Ort oder einen bestimmten gefährdeten Bezirk kann der Verkehr von Personen auch in Räumlichkeiten (Gehöft, Stall, Standort, Hofraum, Weidefläche, Viehausstellung, Marktplatz usw.), in denen sich für die Seuche empfängliche Tiere befinden, beschränkt oder insoweit ausgeschlossen werden, als er nicht zur Wartung und Pflege des Viehes sowie zur Einbringung der Ernte erforderlich ist.

Innerhalb eines gefährdeten Bezirkes dürfen, unbeschadet der nach den allgemeinen Vorschriften zulässigen Beschränkungen des Verkehrs mit Tieren, öffentliche Wege vorübergehend gegen den Verkehr auch von Personen gesperrt werden, wenn dadurch die Benutzung von Tieren, die einer Sperre (§ 22) unterliegen, zur Feldarbeit oder der Auftrieb solcher Tiere auf die Weide ermöglicht oder erleichtert wird.

§ 48. Das Weggeben roher Milch aus Sammelmolkereien und die sonstige Verwertung solcher Milch können in Zeiten der Seuchengefahr und für deren Dauer verboten werden.

Ist der Ausbruch der Maul- und Klauenseuche festgestellt, so muß das Weggeben von Milch aus dem Seuchengehöft an die Bedingung der vorherigen Erhitzung bis zu einem bestimmten Wärmegrad und für eine bestimmte Zeitdauer geknüpft werden. Kann eine wirksame Erhitzung nicht gewährleistet werden, so ist das Weggeben von Milch aus dem Seuchengehöfte zu verbieten. Für die Abgabe von Milch an Sammelmolkereien, in denen eine wirksame Erhitzung der gesamten Milch gewährleistet ist, können Ausnahmen zugelassen werden.

Für Gehöfte, in denen die Seuche nicht herrscht, die jedoch in einem Sperrgebiete (§ 22) liegen, können die nach Abs. 2 zulässigen Anordnungen getroffen werden.

e) Lungenseuche des Rindviehs.

§ 50. Die Vorschrift des § 47 Abs. 2 findet sinngemäße Anwendung.

§ 51. Die Polizeibehörde hat die Tötung der nach dem Gutachten des beamteten Tierarztes an der Lungenseuche erkrankten Tiere anzuordnen und kann auch die Tötung verdächtiger Tiere anordnen.

Außer in dem Falle polizeilicher Anordnung darf eine Lungenseuche-Impfung nicht vorgenommen werden.

f) Pockenseuche der Schafe.

§ 52. Die Vorschrift des § 47 Abs. 2 findet sinngemäße Anwendung.

§ 53. Ist die Pockenseuche in einer Schafherde festgestellt, so muß die Impfung aller zur Zeit noch seuchenfreien Stücke der Herde angeordnet werden.

Auf den Antrag des Besitzers der Herde oder seines Vertreters kann für die Vornahme der Impfung eine Frist gewährt werden, wenn nach dem Gutachten des beamteten Tierarztes die sofortige Impfung nicht zweckmäßig ist.

Auch kann auf den Antrag des Besitzers oder seines Vertreters von der Anwendung der Impfung ganz Abstand genommen werden, sofern die Abschlachtung der noch seuchenfreien Stücke der Herde innerhalb 10 Tagen nach Feststellung des Seuchenausbruchs gesichert ist.

§ 54. Gewinnt die Seuche eine größere Ausdehnung oder ist nach den örtlichen Verhältnissen die Gefahr einer Verschleppung der

Seuche in die benachbarten Schafherden nicht auszuschließen, so kann die Impfung der von der Seuche bedrohten Herden und aller in demselben Orte befindlichen Schafe polizeilich angeordnet werden.

§ 55. Die geimpften Schafe sind rücksichtlich der polizeilichen Schutzmaßregeln den pockenkranken gleich zu behandeln.

§ 56. Außer in dem Falle polizeilicher Anordnung (§§ 53, 54) darf eine Pockenimpfung der Schafe nicht vorgenommen werden.

g) Beschälseuche der Pferde und Bläschenausschlag der Pferde und des Rindes.

§ 57. Pferde, die an der Beschälseuche, und Pferde oder Rindviehstücke, die an dem Bläschenausschlage der Geschlechtsteile leiden, sowie Tiere der genannten Arten, die einer dieser Seuchen oder der Ansteckung verdächtig sind, dürfen so lange nicht zur Begattung zugelassen werden, als nicht durch den beamteten Tierarzt die vollständige Heilung und Unverdächtigkeit der Tiere festgestellt ist.

§ 58. Tritt die Beschälseuche in einem Bezirk in größerer Ausdehnung auf, so kann die Zulassung der Pferde zur Begattung für die Dauer der Gefahr allgemein von einer vorgängigen Untersuchung durch den beamteten Tierarzt abhängig gemacht werden.

h) Räude der Einhufer und der Schafe.

§ 59. Wird die Räude bei Einhufern (sarcoptes- oder dermatocoptes-Räude) oder Schafen (dermatocoptes-Räude) festgestellt, so kann der Besitzer angehalten werden, die räudekranken und verdächtigen Tiere und die Schafherden, in denen die Räude herrscht, sofort dem Heilverfahren eines approbierten Tierarztes zu unterwerfen, sofern er nicht die Tötung der Tiere vorzieht.

Bei Schafherden, in denen die Räude herrscht, soll die Auswahl des Heilverfahrens dem Besitzer auf dessen Verlangen zunächst überlassen werden. Wird durch das vom Besitzer gewählte Heilverfahren die Räude nicht binnen drei Monaten nach ihrer Feststellung getilgt, so kann die Polizeibehörde die Anwendung eines bestimmten Heilverfahrens vorschreiben.

i) Rotlauf der Schweine einschließlich des Nesselfiebers (Backsteinblattern).

§ 60. Gewinnt der Rotlauf der Schweine eine größere Ausdehnung, so kann die Impfung der gefährdeten Schweinebestände eines Gehöfts, einer Ortschaft oder eines größeren Bezirkes angeordnet werden.

Den Landesregierungen bleibt die Bestimmung überlassen, ob und unter welchen Bedingungen eine Schutzimpfung in anderen Fällen polizeilich angeordnet werden darf.

k) Tuberkulose des Rindviehs (§ 10 Abs. 1 Nr. 12).

§ 61. Die Tötung von Tieren, bei denen das Vorhandensein der Tuberkulose im Sinne des § 10 Abs. 1 Nr. 12 festgestellt oder in hohem Grade wahrscheinlich ist, kann polizeilich angeordnet werden.

Wird die Tötung nicht angeordnet oder wird sie aufgeschoben, so sind gegen die Weiterverbreitung der Krankheit Schutzmaßregeln zu erlassen (§§ 19, 20, 27); insbesondere ist die Kennzeichnung der Tiere anzuordnen.

Die Milch von Kühen, bei denen das Vorhandensein der Tuberkulose im Sinne des § 10 Abs. 1 Nr. 12 festgestellt oder in hohem Grade wahrscheinlich ist, darf nicht weggegeben oder verwertet werden, bevor sie bis zu einem bestimmten Wärmegrad und für eine bestimmte Zeitdauer erhitzt worden ist.

Die Milch der mit Eutertuberkulose behafteten Kühe darf auch nach dem Erhitzen weder als Nahrungsmittel für Menschen weggegeben noch zur Herstellung von Molkereierzeugnissen verwendet werden.

3. Besondere Vorschriften für Viehhöfe und Schlachthöfe einschließlich öffentlicher Schlachthäuser.

§ 62. Auf die Viehhöfe und Schlachthöfe einschließlich der öffentlichen Schlachthäusern und auf das daselbst aufgestellte Vieh finden die vorstehenden Bestimmungen dieses Gesetzes mit den Änderungen Anwendung, die sich aus den nachfolgenden besonderen Vorschriften ergeben.

§ 63. Wird unter dem daselbst aufgestellten Vieh der Ausbruch einer übertragbaren Seuche ermittelt oder zeigen sich bei solchem Vieh Erscheinungen, die nach dem Gutachten des beamteten Tierarztes den Ausbruch einer solchen Seuche befürchten lassen, so sind die erkrankten und alle verdächtigen Tiere sofort in polizeiliche Verwahrung zu nehmen und von jeder Berührung mit den übrigen auszuschließen.

§ 64. Nach Feststellung des Seuchenausbruchs können Viehhöfe und Schlachthöfe einschließlich der öffentlichen Schlachthäuser ganz oder teilweise für die Dauer der Seuchengefahr gegen den Abtrieb der für die Seuche empfänglichen Tiere gesperrt werden.

§ 65. Soweit Schlachtvieh in Frage kommt und die Art der Krankheit es gestattet (vgl. §§ 32, 35, 38, 43 Abs. 2), kann der Besitzer der erkrankten oder verdächtigen Tiere oder sein Vertreter angehalten werden, die sofortige Schlachtung unter Aufsicht des beamteten Tierarztes in den dazu bestimmten Räumen vorzunehmen.

Die Schlachtung kann in dringenden Fällen auch ohne vorherige Benachrichtigung des Besitzers oder seines Vertreters vorgenommen und auf alles andere in der betreffenden Räumlichkeit vorhandene, für die Seuche empfängliche Schlachtvieh ausgedehnt werden. Den Besitzern der so geschlachteten Tiere ist unverzüglich von der Schlachtung Mitteilung zu machen.

III. Strafvorschriften.

§ 74. Mit Gefängnis bis zu zwei Jahren oder mit Geldstrafe von fünfzehn bis zu dreitausend Mark wird bestraft:

1. wer vorsätzlich den Vorschriften der §§ 6, 32 bis 34, 36 bis 38, 41, des § 43 Abs. 2, des § 45, des § 51 Abs. 2, der §§ 56, 57, des § 61 Abs. 3, 4 zuwiderhandelt;
2. wer vorsätzlich den Vorschriften der §§ 9, 10 zuwider die ihm obliegende Anzeige unterläßt oder länger als vierundzwanzig Stunden, nachdem er von der anzuzeigenden Tatsache Kenntnis erhalten hat, verzögert oder es unterläßt, die kranken und die verdächtigen Tiere von Orten, an denen die Gefahr der Ansteckung fremder Tiere besteht, fernzuhalten; die Strafverfolgung wegen unterlassener oder verzögerter Anzeige tritt nicht ein, wenn die Anzeige von einem anderen Verpflichteten rechtzeitig gemacht worden ist;
3. wer vorsätzlich den auf Grund des § 7 Abs. 1, des § 11 Abs. 1, 2, der §§ 19 bis 23, 26 bis 28, 35, 39, 40, des § 43 Abs. 1, der §§ 47, 48, 58, 59, des § 61 Abs. 2, der §§ 63, 64, 78 von der zuständigen Behörde oder dem beamteten Tierarzte getroffenen Anordnungen zuwiderhandelt;
4. wer vorsätzlich die gemäß § 17 Nr. 4, § 61 Abs. 2 angebrachten Kennzeichen unbefugterweise beseitigt oder verändert;
5. wer vorsätzlich Kadaver, die auf polizeiliche Anordnung vergraben sind, oder Teile von solchen unbefugterweise ausgräbt oder wer vorsätzlich Kadaver, die auf polizeiliche Anordnung vergraben waren, oder Teile von solchen unbefugterweise an andere überläßt oder an sich bringt.

Neben der Gefängnisstrafe kann auf Geldstrafe bis zu eintausendfünfhundert Mark erkannt werden.

§ 75. Mit Geldstrafe von zehn bis einhundertfünfzig Mark oder mit Haft nicht unter einer Woche wird bestraft, wer den im § 74 Abs. 1 Nr. 1, 2 bezeichneten Vorschriften aus Fahrlässigkeit zuwiderhandelt.

Eine Bestrafung wegen fahrlässiger Verzögerung der in den §§ 9, 10 vorgeschriebenen Anzeige findet nur statt, wenn die Anzeige länger als vierundzwanzig Stunden nach erhaltener Kenntnis von der anzuzeigenden Tatsache verzögert worden ist. Die Strafverfolgung wegen fahrlässiger Unterlassung oder Verzögerung der Anzeige tritt nicht ein, wenn die Anzeige von einem anderen Verpflichteten rechtzeitig gemacht worden ist.

§ 76. Mit Geldstrafe bis zu einhundertfünfzig Mark oder mit Haft wird bestraft:

1. wer außer den Fällen des § 74 Abs. 1 Nr. 3 den auf Grund dieses Gesetzes getroffenen Anordnungen zuwiderhandelt;
2. wer eine der im § 74 Abs. 1 Nr. 4, 5 bezeichneten Handlungen aus Fahrlässigkeit begeht.

§ 77. Im Falle der Zuwiderhandlung gegen die Vorschriften des § 6 oder gegen die auf Grund des § 7 Abs. 1 getroffenen Anordnungen ist neben der Strafe auf die Einziehung der verbotswidrig eingeführten Tiere, Kadaver und Teile von Tieren, tierischen Erzeugnisse und Rohstoffe sowie der Gegenstände, die Träger des Ansteckungsstoffs sein können, zu erkennen, ohne Unterschied, ob sie dem Verurteilten gehören oder nicht.

Ist die Verfolgung oder Verurteilung einer bestimmten Person nicht ausführbar, so kann auf die Einziehung selbständig erkannt werden.

---

2. Reichsgesetz vom 21. Mai 1878, betreffend Zuwiderhandlungen gegen die zur Abwehr der Rinderpest erlassenen Vieheinfuhrverbote.

(RGBl. S. 95.)

§ 1. Wer den auf Grund des Gesetzes vom 7. April 1869 (Bundes-Gesetzbl. S. 105) zur Verhütung der Einschleppung der Rinderpest erlassenen Beschränkungen oder Verboten der Einfuhr lebender Wiederkäuer vorsätzlich zuwiderhandelt, wird mit Gefängnis von einem Monat bis zu zwei Jahren bestraft.

Der Versuch ist strafbar.

§ 2. Wird die Zuwiderhandlung in der Absicht begangen, sich oder einem Anderen einen Vermögensvorteil zu verschaffen oder einem Anderen Schaden zuzufügen, so tritt Zuchthausstrafe bis zu fünf Jahren oder Gefängnis nicht unter sechs Monaten ein.

§ 3. Wer den im § 1 bezeichneten Beschränkungen oder Verboten aus Fahrlässigkeit zuwiderhandelt, wird mit Geldstrafe bis zu sechshundert Mark oder mit Gefängnis bis zu drei Monaten bestraft.

Bei Personen, welche nicht weiter als fünfzehn Kilometer von der Grenze entfernt ihren Wohnsitz oder gewöhnlichen Aufenthalt haben, ingleichen bei Personen, welche mit den durch die Beschränkungen oder Verbote betroffenen Tieren gewerbsmäßig Handel treiben, insbesondere Fleischern und Viehhändlern, sowie den Gehilfen dieser Personen, ist die Unkenntnis dieser Beschränkungen oder Verbote als durch Fahrlässigkeit verschuldet anzunehmen, wenn sie nicht den Nachweis führen, daß sie ohne ihr Verschulden durch besondere Umstände verhindert waren, von denselben Kenntnis zu erlangen.

§ 4. Ist infolge der Zuwiderhandlung Vieh von der Seuche ergriffen worden, so ist

in dem Falle des § 1 auf Gefängnis nicht unter drei Monaten,

in dem Falle des § 2 auf Zuchthaus bis zu zehn Jahren oder Gefängnis nicht unter einem Jahre,

in dem Falle des § 3 auf Geldstrafe bis zu zweitausend Mark oder auf Gefängnis bis zu einem Jahre,

zu erkennen.

---

3. Bekanntmachung des K. Staatsministeriums des Innern, Maßregeln gegen die Maul- und Klauenseuche betreffend, vom 14. Februar 1890.
(GVBl. S. 101.)*)

Bei dem Handel mit Schweinen im Umherziehen müssen die Führer oder Treiber der Schweine mit einem tierärztlichen Zeugnisse über den seuchefreien Zustand der Tiere versehen sein.

Der Ausstellung des Zeugnisses hat eine gründliche Untersuchung jedes einzelnen Tieres vorauszugehen.

Im Zeugnisse müssen Zahl und Rasse, sowie annähernd das Alter der Tiere angegeben und muß ausdrücklich bemerkt sein, daß die vorgeschriebene Untersuchung stattgefunden hat.

Das Zeugnis, welches auf Verlangen den polizeilichen Organen vorzuzeigen ist, hat nur eine Gültigkeit von 5 Tagen und muß nach Ablauf dieser Frist erneuert werden.

---

4. Bekanntmachung des K. Staatsministeriums des Innern vom 3. November 1896, Maßregeln gegen Verbreitung der Maul- und Klauenseuche durch wandernde Schafherden betreffend. (GVBl. S. 623.)

§ 1. Als wandernde Schafherde (Wanderschafherde) gilt jede Herde, welche zum Zwecke des Weidegangs nach einem entfernteren Standorte von Gemeinde zu Gemeinde durchgetrieben wird.

Die Tiere einer Wanderschafherde müssen mit einem von dem Besitzer zu wählenden, deutlich sichtbaren, gleichmäßigen Zeichen versehen sein, so daß sich daraus die Zugehörigkeit eines jeden Tieres zur bezüglichen Herde unzweifelhaft erkennen läßt.

Eine solche Wanderherde hat der Besitzer vor Verlassen ihres regelmäßigen Standortes durch einen approbierten Tierarzt untersuchen zu lassen. Der Tierazt hat, falls die Herde frei von Räude und Maul- und Klauenseuche befunden wird, einen Gesundheitsschein auszustellen.

§ 2. Auf Grund des Gesundheitsscheines (§ 1 Abs. 3) ist von der Ortspolizeibehörde des Abgangsortes die Ausstellung eines Wanderscheines zu betätigen.

Wenn bei der tierärztlichen Untersuchung (§ 1 Abs. 3) auch nur ein Schaf seuchekrank befunden wurde, so ist die Herde als verseucht anzusehen und darf für sie ein Wanderschein nicht ausgestellt werden.

§ 3. Liegt der Abgangsort der Schafherde nicht in Bayern, so hat der Führer beim Überschreiten der Landesgrenze in der zuerst betretenen bayerischen Gemeinde die gemäß §§ 1 und 2 erforderliche Untersuchung und Bescheinigung zu erwirken.

---

*) Strafbestimmung: § 328 RStGB.

Im Falle des § 2 Abs. 2 ist die Weiterbeförderung zu verbieten und nach den bestehenden seuchenpolizeilichen Vorschriften zu verfahren.

§ 4. Ohne Wanderschein (§ 2 Abs. 1) darf die Wanderung nicht stattfinden. Ist unterwegs eine Abweichung von dem in dem Wanderscheine angegebenen Wege geboten, so hat der Führer zuvor bei der Ortspolizeibehörde des jeweiligen Aufenthaltes die Berichtigung des Wanderscheines zu erwirken.

Ortschaften, in denen die Maul- und Klauenseuche herrscht, dürfen bei der Wanderung nicht berührt werden.

§ 5. Jede während der Wanderung vorkommende Veränderung im Bestande der Wanderherde, mit Ausschluß des Zugangs an Lämmern während der Lammzeit, ist binnen drei Tagen der Ortspolizeibehörde des jeweiligen Aufenthaltes unter Vorlegung des Wanderscheines von dem Führer anzuzeigen. Die Ortspolizeibehörde hat jeden Abgang auf dem Wanderscheine zu vermerken, für den Zugang jedoch unter Beobachtung der in den §§ 1 und 2 vorgeschriebenen Bestimmungen einen besonderen Wanderschein auszustellen.

§ 6. Gesundheitszeugnis und Wanderschein sind auf amtliches Verlangen vorzuzeigen. Ein Führer, welcher ohne Gesundheitszeugnis und Wanderschein betroffen wird, ist polizeilich anzuhalten und sind die Schafe so lange unter Aufsicht im Stall oder an einem sonstigen abgesonderten Standort zu halten, bis die fehlenden Schriftstücke beigebracht sind.

§ 7. Die Dauer der Gültigkeit der Gesundheitszeugnisse beträgt acht Tage. Läuft diese Frist während der Wanderung ab, so muß, damit die Zeugnisse weitere acht Tage gelten, die Herde von einem approbierten Tierarzte neuerdings untersucht werden und ist von diesem der Befund auf dem Zeugnisse zu vermerken.

§ 8. Ist das Ziel der Wanderung erreicht, so hat der Führer oder der Schafbesitzer sofort der Ortspolizeibehörde des neuen Standortes Anzeige hievon zu erstatten.

Sobald die Ortspolizeibehörde durch die vorgeschriebene Anzeige oder auf anderem Wege von dem Eintriebe der Wanderschafherde in die Feldmark Kenntnis erlangt, hat dieselbe unverzüglich die Untersuchung der Herde durch einen approbierten Tierarzt zu veranlassen.

Wird durch den Befund des Tierarztes der Ausbruch der Maul- und Klauenseuche oder der Räude, oder der Verdacht eines solchen Seuchenausbruches festgestellt, so ist nach den bestehenden Vorschriften zu verfahren.

§ 9. Für Schafherden, welche nicht unter die Wanderherden im Sinne des § 1 fallen, und von Gemeinde zu Gemeinde nach anderen Plätzen, z. B. auf Märkte, an Verladeorte, zu einem neuen Besitzer getrieben werden, ist ein Wanderschein von der Ortspolizeibehörde des seitherigen Standortes zu erholen und bis zum Bestimmungsorte mitzuführen.

Für solche Herden ist die Beibringung eines Gesundheitszeugnisses (§ 1 Abs. 3) nur dann vorgeschrieben, wenn in dem Gemeindebezirk des Standortes der Herde oder in den angrenzenden Gemeinden der Ausbruch der Maul- und Klauenseuche festgestellt und amtlich bekannt gemacht ist.

§ 11. Vorstehende Bestimmungen, durch welche die besonderen Vorschriften bezüglich der Einfuhr von Schafen aus Italien, Österreich-Ungarn und der Schweiz unberührt bleiben, treten mit dem 1. Dezember 1896 in Wirksamkeit.

Zuwiderhandlungen unterliegen der Strafbestimmung des § 66 Abs. 4 des Reichs-Viehseuchengesetzes vom 1. Mai 1894 bzw. des § 328 des Strafgesetzbuches für das Deutsche Reich.

Schlußbemerkung.

In bezug auf die Bekämpfung der Viehseuchen sind noch zu erwähnen:

a) Bekanntmachung des K. Staatsministeriums des Innern vom 4. September 1903, Maßregeln gegen die Geflügelcholera und die Hühnerpest betr. (GVBl. S. 467).

b) Bekanntmachung des K. Staatsministeriums des Innern vom 16. Februar/6. Dezember 1905, Maßregeln gegen den Rotlauf der Schweine, die Schweineseuche und die Schweinepest betr. (GVBl. S. 47, 687),

c) Bekanntmachung des K. Staatsministeriums des Innern vom 25. September 1908, die Bekämpfung der Pferdeinfluenza betr. (GVBl. S. 913).

Zuwiderhandlungen gegen diese Vorschriften unterliegen der Strafbestimmung des § 66 des Viehseuchengesetzes vom 1. Mai 1894 und des § 328 des RStGB.

Vierter Abschnitt.

Erwerbswesen.

A. Landwirtschaft.

1. Reichsgesetz vom 6. Juli 1904 betr. die Bekämpfung der Reblaus. (RGBl. S. 261.)

§ 2. Den zuständigen Behörden liegt ob, durch geeignete Maßregeln der Verbreitung der Reblaus vorzubeugen und festgestellte Verseuchungen schleunig und gründlich auszurotten und zu unterdrücken.

§ 3. Die am Weinbau beteiligten Gebiete des Reichs werden in Weinbaubezirke eingeteilt.

Als Weinbau gilt der Anbau von Reben zum Zwecke der Gewinnung von Wein.

Es ist verboten, bewurzelte Reben oder Blindreben über die Grenzen eines Weinbaubezirkes zu versenden, einzuführen oder auszuführen.

Die Durchfuhr von bewurzelten Reben, welche weder aus einem Weinbaubezirke stammen, noch zur Einfuhr in einen solchen bestimmt sind, unterliegt dem Verbote des Abs. 3 nicht, kann jedoch Beschränkungen unterworfen werden.

Anmerkung: Über die bayerischen Weinbaubezirke vgl. Reichskanzlerbek. vom 21. Februar 1910, RGBl. S. 463 (5 pfälzische und 3 fränkische Weinbaubezirke, der oberpfälzische und der Weinbaubezirk Lindau).

§ 4. Der zur Nutzung eines mit Reben bestandenen Grundstücks Berechtigte ist verpflichtet, der Ortspolizeibehörde unverzüglich alle verdächtigen Erscheinungen anzuzeigen, welche auf das Auftreten der Reblaus auf seinem oder einem benachbarten Grundstück oder innerhalb des Gemeindebezirkes oder selbständigen Gutsbezirkes, welchem sein Grundstück angehört, schließen lassen. Zu der Anzeige sind auch Weinbergsaufseher sowie die mit dem Vollzuge dieses Gesetzes betrauten Personen hinsichtlich der Bezirke verpflichtet, auf welche sich ihre Tätigkeit erstreckt.

Die Anzeigepflicht entsteht nicht, wenn von anderer Seite bereits Anzeige erstattet worden ist.

§ 5. Wer mit Reben oder Rebteilen Handel treibt, ist verpflichtet, Bücher zu führen, aus welchen die Herkunft, die Abgabe und der Versand der Reben oder Rebteile zu ersehen ist, und der höheren Verwaltungsbehörde auf Verlangen unter Vorlage dieser Bücher über die bezeichneten Punkte Auskunft zu geben. Die Bücher sind bis zum Ablaufe von 10 Jahren, von dem Tage der darin vorgenommenen letzten Eintragung an gerechnet, aufzubewahren.

§ 9. Mit Gefängnis nicht unter einem Monat und mit Geldstrafe bis zu eintausend Mark wird bestraft, wer vorsätzlich die Reblaus auf einem Grundstücke verbreitet.

Der Versuch ist strafbar.

§ 10. Mit Gefängnis bis zu einem Jahre und mit Geldstrafe bis zu eintausend Mark oder mit einer dieser Strafen wird bestraft:

1. wer vorsätzlich dem Verbote des § 3 zuwider Reben über die Grenzen eines Weinbaubezirkes versendet, einführt oder ausführt;
2. wer vorsätzlich den nach Maßgabe des § 2 oder des § 3 Abs. 4 erlassenen Anordnungen oder den zum Schutze gegen die Reblaus für die Ein- und Ausfuhr über die Grenzen des Reichs erlassenen Vorschriften zuwiderhandelt;
3. wer wissentlich unrichtige Eintragungen in die nach § 5 zu führenden Bücher macht oder die nach Maßgabe des § 5 von ihm geforderte Auskunft wissentlich unrichtig erteilt.

§ 11. Mit Geldstrafe bis zu dreihundert Mark oder mit Haft wird bestraft:

1. wer eine der im § 9 oder im § 10 Nr. 1, 2 bezeichneten Handlungen fahrlässig begeht;
2. wer außer dem Falle des § 10 Nr. 3 den Vorschriften über die nach § 5 zu führenden Bücher zuwiderhandelt;
3. wer die nach Maßgabe des § 5 von ihm geforderte Auskunft verweigert oder aus Fahrlässigkeit unrichtig erteilt.

§ 12. Mit Geldstrafe bis zu einhundertfünfzig Mark oder mit Haft wird bestraft, wer der ihm nach § 4 obliegenden Anzeigepflicht nicht genügt.

---

2. Bekanntmachung des K. Staatsministeriums des Innern vom 27. Mai 1906, betr. die Ausführung des Reichsgesetzes vom 6. Juli 1904 über die Bekämpfung der Reblaus. (GVBl. S. 198.)

I. Neuanlage von Rebpflanzungen.

§ 1. Jeder Eigentümer, Pächter oder sonstige Nutzungsberechtigte eines in einem Weinbaubezirke gelegenen Grundstückes, welcher beabsichtigt, auf diesem Reben (auch Zierreben) zu pflanzen oder zur Erzielung von Wurzelreben Blindholz einzusetzen, hat der Ortspolizeibehörde derjenigen Gemeinde, in welcher das Grundstück liegt, gleichviel ob dieses bereits mit Reben bepflanzt war oder nicht, und ohne Rücksicht auf den Umfang der Anpflanzung, vor Beginn der Pflanzarbeit schriftlich oder zu Protokoll Anzeige zu erstatten nud hiebei anzugeben:

1. die genaue Bezeichnung des Grundstückes sowie
2. die Menge und Art (Wurzel- oder Blindreben, Fechser usw.), dann die Bezugsquelle des Pflanzmaterials.

Die Anzeigen gelten für das Kalenderjahr und sind zu erneuern, wenn in dem Anmelde-Jahre die Pflanzung nicht oder nicht vollständig ausgeführt worden ist oder wenn in einem der folgenden Jahre die bei der ersten Anlage ausgebliebenen Reben ersetzt werden sollen.

Die Anzeige ist nicht erforderlich, wenn lediglich kleine Nachbesserungen (Ausstufungen) mit selbstgezogenen Reben erfolgen.

II. Anbau sogenannter reblausfester Reben.

§ 3. Jeder Anbau (Anpflanzung und Vermehrung) aller in Amerika heimischen Reben oder von Kreuzungserzeugnissen solcher Reben untereinander oder mit anderen Rebarten ist, abgesehen von den nach § 2 Abs. 4 des Gesetzes betreffend die Bekämpfung der Reblaus vom 6. Juli 1904 genehmigten Versuchen, in allen Weinbaubezirken untersagt.

§ 4. Rebschulen, in welchen Reben zum Verkaufe gezogen werden und Handelsgärtnereien mit Pflanzungen einheimischer Rebarten dürfen sogenannte reblausfeste Reben (§ 3) nicht führen. Die bestehenden Pflanzungen dieser Reben sind innerhalb dreier Monate nach Veröffentlichung dieser Bekanntmachung zu beseitigen.

§ 5. Die Abgabe von bewurzelten Reben und von Blindreben aus bereits bestehenden Anpflanzungen sogenannter reblausfester Reben (§ 3) ist verboten.

Die K. Kreisregierung, Kammer des Innern kann Ausnahmen zulassen.

§ 6. Die bestehenden Anpflanzungen sogenannter reblausfester Reben (§ 3) sind zum Zwecke der Beaufsichtigung von den Eigentümern, Pächtern oder sonstigen Nutzungsberechtigten innerhalb dreier Monate nach Veröffentlichung dieser Bekanntmachung bei der Ortspolizeibehörde derjenigen Gemeinde, in welcher das Grundstück liegt, anzuzeigen.

§ 7. Die Distriktsverwaltungsbehörde hat sogenannte reblausfeste Reben, welche entgegen diesen Bestimmungen angepflanzt, in Rebschulen oder Handelsgärtnereien belassen oder dorthin abgegeben worden sind, in der Regel vernichten zu lassen.

III. Marktverkehr.

§ 8. Das Verkaufen und Feilbieten von Wurzel- und Blindreben auf allen Märkten ist verboten.

---

3. Oberpolizeiliche Vorschriften des K. Staatsministeriums des Innern vom 21. Mai 1908, die Bekämpfung von schädlichen Tieren, insbesondere von Feldmäusen betreffend. (GVBl. S. 298.)*)

1. Gesuche um Verwendung von mit Strychnin oder anderen giftigen Stoffen versetztem Getreide, Brot u. dgl. zur Bekämpfung von schädlichen Tieren, insbesondere von Feldmäusen, sind bei der Ortspolizeibehörde anzubringen und von dieser der Distriktspolizeibehörde vorzulegen.

---

*) Strafbestimmung: Art. 120 Abs. 1 Ziff. 2 PolStGB.

2. Die Distriktspolizeibehörde hat bei der Genehmigung des Gesuchs diejenigen Anordnungen zu treffen, welche einerseits die tunlichste Wirksamkeit der Maßregel gewährleisten, anderseits aber die Gefahr für Leben und Gesundheit möglichst einzuschränken geeignet sind. Insbesondere ist dafür zu sorgen, daß die beabsichtigte Maßregel vorher in der Gemeinde entsprechend bekannt gemacht wird.

3. Die gifthaltigen Mittel sind entweder aus Apotheken oder von der Agrikulturbotanischen Anstalt in München zu beziehen.

4. Die Verwendung der gifthaltigen Mittel hat unter Aufsicht der Ortspolizeibehörde durch zuverlässige erwachsene Personen und [illegible] tunlichst gleichzeitig in der ganzen Gemeindeflur zu geschehen.

5. Das freie Auslegen und Ausstreuen der gifthaltigen Mittel ist verboten. Das Giftgetreide ist vielmehr mittels sogenannter Legröhren in die einzelnen Mäuselöcher oder sonstigen Aufenthaltsorte der zu bekämpfenden Schädlinge einzuführen.

6. Unverwendet gebliebene gifthaltige Mittel sind unter der Aufsicht der Ortspolizeibehörde vernichten zu lassen.

---

4. Gesetz, die Flurbereinigung betreffend, vom 29. Mai 1886 in der Fassung vom 30. Juli 1899. (GVBl. 1899 S. 507.)

Art. 46. Wer geometrische Signale oder Aussteckungspfähle oder Sicherungssteine, welche zur Ausführung einer Flurbereinigung durch den Flurbereinigungsausschuß oder den beauftragten Geometer aufgestellt wurden, beschädigt oder ohne Genehmigung des Vorsitzenden des Ausschusses beziehungsweise des Geometers vom Platze entfernt, wird an Geld bis zu einhundertfünfzig Mark oder mit Haft bestraft.

---

5. Gesetz vom 30. Juni 1900, die Abmarkung der Grundstücke betr. (GVBl. S. 553.)

Art. 28. Mit Geld bis zu hundertfünfzig Mark oder mit Haft wird, soferne nicht nach den bestehenden gesetzlichen Bestimmungen eine höhere Strafe verwirkt ist, bestraft:

1. wer unbefugt ein Abmarkungsgeschäft vornimmt,
2. wer unbefugt Grenzzeichen, Aussteckungspfähle und andere Merkmale, welche zum Zwecke der Abmarkung von den zuständigen Behörden oder Personen angebracht worden sind, wegnimmt, vernichtet, unkenntlich macht, beschädigt oder verrückt.

---

6. Gesetz, vom 13. August 1910 über die Haltung und Körung der Bullen, Eber, Ziegenböcke und Schafböcke. (GVBl. S. 609.)*)

Art. 9. Bullen und Eber dürfen zur Paarung nur verwendet werden, soweit sie nach näherer Vorschrift der Art. 10 bis 12 als zuchttauglich anerkannt (angekört) sind.

*) Dieses Gesetz tritt am 1. Januar 1912 an die Stelle des Gesetzes vom 5. April 1888, die Haltung und Körung der Zuchtstiere betr. (GVBl. S. 235).

Auf den Probesprung findet die Vorschrift des Abs. I keine Anwendung.

In Notfällen dürfen männliche Zuchttiere, deren Körung beim Vorsitzenden des Körausschusses bereits beantragt ist, bis zur Vornahme der Körung ausnahmsweise zur Paarung verwendet werden.

Nicht angekörte zuchtfähige männliche Tiere dürfen mit zuchtfähigen weiblichen Tieren der gleichen Gattung nicht gemeinsam geweidet oder auf Tummelplätze gebracht werden.

Die Körung für eine Züchtervereinigung mit staatlich anerkannter Körordnung kann durch das Staatsministerium des Innern der Körung nach Abs. I gleichgestellt werden.

Art. 12. Für jedes angekörte männliche Zuchttier wird ein Körschein ausgefertigt.

Der Körschein hat nur für den darin bezeichneten örtlichen Bezirk, im Falle des Art. 5 Abs. I nur für den Tierbestand des Besitzers und nur bis zur nächstjährigen Hauptkörung Geltung. Ausnahmsweise darf mit Genehmigung des Vorsitzenden des Körausschusses ein angekörtes Zuchttier auch zur Bedeckung von weiblichen Tieren eines nicht im Körscheine bezeichneten Bezirkes oder Bestandes verwendet werden.

Der Körschein kann vom Körausschusse zurückgenommen werden, wenn sich das angekörte Tier als zuchtuntauglich erweist.

Art. 17. Das Staatsministerium des Innern ist ermächtigt, die zum Vollzuge dieses Gesetzes erforderlichen Vorschriften zu erlassen.

Art. 18. Zuwiderhandlungen gegen die Vorschriften des Art. 9 unterliegen einer Geldstrafe bis zu 100 Mark.

Zuwiderhandlungen gegen die Vollzugsvorschriften (Art. 17) können einer Geldstrafe bis zu 30 Mark unterstellt werden.

---

7. Gesetz, die Körordnung betreffend, vom 26. März 1881. (GVBl. S. 166.)

Art. 1. Ein in Privatbesitz befindlicher Hengst darf zur Bedeckung von Stuten, welche dem Hengstbesitzer nicht gehören, nur dann verwendet werden, wenn er vorher durch den Körausschuß untersucht und durch ein Zeugnis desselben (Körschein) als zur Zucht tauglich anerkannt worden ist.

Art. 4. Alle übrigen Bestimmungen in bezug auf die Körung, die Deckzeit, die Deckplätze und die Führung des Deckregisters werden im Verordnungswege erlassen.

Art. 5. Wer einen Hengst den Vorschriften des Art. 1 zuwider verwendet oder verwenden läßt, wird wegen Übertretung mit einer Geldstrafe bis zu neunzig Mark bestraft.

Übertretungen der nach Art. 4 zu erlassenden Verordnungen unterliegen einer Geldstrafe bis zu dreißig Mark.

---

8. K. Verordnung vom 8. Juni 1890, das Gestütswesen betreffend. (GVBl. S. 425.)

§ 50. Die Deckzeit dauert vom 1. Februar bis 15. Juli. Außer der Deckzeit ist das Belegen verboten.

§ 51. Nach Artikel 111 Absatz II des Polizeistrafgesetzbuches ist es untersagt, innerhalb einer Ortschaft das Belegen von Pferden auf öffentlichen Plätzen oder Straßen vornehmen zu lassen.

Außerdem obliegt es sowohl den Hengst- wie den Stutenbesitzern, die Deckungen nur in geschlossenen Räumen, welche mit einer den Anblick des Beschälbetriebes verhindernden Umfassung versehen sind, vornehmen zu lassen.

§ 55. Das Umherziehen mit Zuchthengsten zur Deckung von Stuten (der Gauritt) wird hiemit auf Grund des § 56 b Abs. 3 der deutschen Gewerbeordnung untersagt.

§ 56. Ausnahmsweise kann Hengstbesitzern auf Ansuchen der Gauritt in bestimmt bezeichneten Bezirken gestattet werden, wenn dies dort wegen Mangels oder zu großer Entfernung von Beschälstationen oder Beschälplatten als notwendig erscheint und der Hengst für das Stutenmaterial des betreffenden Deckbezirkes passend befunden wird.

§ 58. Wird der Wandergewerbeschein ausgestellt, so ist derselbe auf die Deckzeit (1. Februar bis 15. Juli) des betreffenden Kalenderjahres zu beschränken und hat die Bezeichnung des zu benützenden angekörten Hengstes sowie des Bezirkes, für welchen der Gauritt gestattet wird, zu enthalten.

§ 59. Wenn Hengste im Gauritt verwendet werden, so müssen die Hengstführer die Körscheine stets bei sich haben und auf Verlangen den beteiligten Stutenbesitzern und den zur Kontrolle berechtigten Personen vorzeigen. Berechtigt zur Kontrolle sind außer den Polizeiorganen auch sämtliche Gestütsbeamte und Gestütsaufseher.

§ 63. Wer den Gauritt den vorstehenden Vorschriften zuwider betreibt, unterliegt den einschlägigen Strafbestimmungen der Gewerbeordnung.

---

9. Gesetz vom 6. März 1902, das Ersatzgeld und das Pfändungsrecht und die Verfolgung von Ersatzansprüchen aus Feldpolizeiübertretungen betr. (Feldschadengesetz.) (GVBl. S. 99.)

1. Abschnitt: Ersatzgeld.

Art. 1. Treten Haustiere, die einer der im Artikel 2 bezeichneten Arten angehören, auf bestellte fremde Äcker vor der Beendigung der Ernte, auf fremde Wiesen während ihrer Hegezeit oder in fremde Gärten, Weinberge oder Baumschulen über, so ist derjenige, welcher die Tiere hält, zur Zahlung von Ersatzgeld verpflichtet, ohne daß es eines Nachweises des Schadens bedarf.

Treten sonst Haustiere dieser Arten in fremde Grundstücke über, so ist Ersatzgeld zu zahlen, wenn ein Schaden erweislich ist.

Die Verpflichtung, Ersatzgeld zu zahlen, tritt im Falle des Abs. 1 nicht ein, wenn die Möglichkeit einer Beschädigung des Grundstücks oder der getrennten, aber nicht abgeernteten Erzeugnisse ausgeschlossen war.

Als fremde Grundstücke sind die Grundstücke anzusehen, die derjenige, welcher die Tiere hält, für seine Haustiere zu benutzen nicht berechtigt ist. Als Übertritt gilt auch das Reiten und das Fahren.

Art. 2. Das Ersatzgeld beträgt bei Pferden, Eseln, Mauleseln, Maultieren, Rindvieh und Schweinen 25 Pf. für das Stück, bei Jungvieh einer dieser Arten, das weniger als ein Jahr alt ist, sowie bei Ziegen und Schafen 15 Pf. für das Stück, bei Federvieh, das über 3 Wochen alt ist, 5 Pf. für das Stück.

Ist gleichzeitig eine Mehrzahl von Tieren übergetreten, so darf der Gesamtbetrag der zu entrichtenden Ersatzgelder bei Federvieh 10 Mark, bei anderen Tieren 20 Mark nicht übersteigen.

Art. 3. Sind Tiere, die von verschiedenen Personen gehalten werden, zu einer Herde vereinigt, so haften im Falle des Übertritts der Herde diejenigen, welche die Tiere halten, als Gesamtschuldner.

Art. 4. Verlangt der Verletzte das Ersatzgeld, so ist die Geltendmachung eines weiteren Schadens ausgeschlossen.

3. Abschnitt: Verfolgung von Ersatzansprüchen aus Feldpolizeiübertretungen.

Art. 13. In dem strafgerichtlichen Verfahren wegen Zuwiderhandlungen gegen die Vorschriften des § 368 Nr. 9 und des § 370 Nr. 1, 2 des Strafgesetzbuchs oder des Art. 112, des Art. 113 Ziff. 2, 3 und der Art. 114 bis 121 des Polizeistrafgesetzbuchs kann auch die Verpflichtung zum Ersatze des durch die Zuwiderhandlung verursachten Schadens, in den Fällen der Art. 1 bis 3 die Verpflichtung zur Zahlung von Ersatzgeld festgestellt werden.

Art. 14. Hat der Verletzte nicht erklärt, daß er sich die Verfolgung seines Anspruchs vorbehalte, so ist auf Antrag der Staatsanwaltschaft mit der Verurteilung zur Strafe in dem Urteil oder dem Strafbefehl auch die Verpflichtung des Verurteilten und der nach den §§ 831, 832 des Bürgerlichen Gesetzbuchs oder nach Art. 122 Abs. 2 des Polizeistrafgesetzbuchs verantwortlichen Personen zum Schadensersatz oder zur Zahlung von Ersatzgeld festzustellen.

---

10. Reichsgesetz vom 8. Februar 1909, betr. die Preisfeststellung beim Markthandel mit Schlachtvieh (RGBl. 269.)

§ 1. Die Landeszentralbehörden sind befugt, für Schlachtviehmärkte zum Zwecke der Feststellung von Preis und Gewicht der Tiere Vorschriften zu erlassen und Einrichtungen anzuordnen.

Die hierdurch entstehenden Kosten fallen dem Unternehmer des Marktes zur Last; der § 68 der Gewerbeordnung findet Anwendung.

Vorschriften, durch welche bei Feststellung von Preisen nach Schlachtgewicht verboten wird, dürfen, sofern diese Feststellungen auf tatsächlichen Unterlagen und nicht lediglich auf Schätzungen beruhen, auf Grund dieses Gesetzes nicht erlassen werden.

Schriftstücke, deren Ausstellung auf Grund des Abs. 1 angeordnet ist, sind stempelfrei.

§ 2. Die Landeszentralbehörden sind befugt, für Orte, an denen eine Regelung auf Grund des § 1 getroffen ist, und für deren Umgebung marktähnliche Veranstaltungen für Vieh zu untersagen und den Handel mit Vieh außerhalb des Marktplatzes während des Markttages sowie an dem voraufgehenden und dem nachfolgenden Tage zu verbieten.

§ 3. Wer den auf Grund der §§ 1 und 2 erlassenen Vorschriften*) zuwiderhandelt, wird mit Geldstrafe bis zu einhundertfünfzig Mark und im Unvermögensfalle mit Haft bis zu vier Wochen bestraft.

B. Forstwirtschaft.

1. Forstgesetz vom 28. März 1852 / 17. Juni 1896 (GVBl. 1896 S. 325) mit Abänderung vom 26. Februar 1908. (GVBl. S. 87.)

Dritte Abteilung: Forstpolizeiliche Bestimmungen.

Art. 34. Gänzliche oder teilweise Rodungen (Ausstockungen) sind erlaubt, wenn

1. die auszustockende Fläche zu einer besseren Benützung, insbesondere für Feld-, Garten-, Wein- oder Wiesenbau, unzweifelhaft geeignet,
2. das Fortbestehen des Waldes nicht zum Schutze gegen Naturereignisse notwendig ist, und
3. die Forstberechtigten in die Rodung eingewilligt haben.

Art. 35. Schutzwaldungen, deren Rodung nach Art. 34 Ziff. 2 unzulässig ist, sind die Waldungen:

1. auf Bergkuppen und Höhenzügen, an steilen Bergwänden, Gehängen und sogenannten Leiten;
2. auf Steingerölle des Hochgebirges, auf Hochlagen der Alpen und in allen Örtlichkeiten, wo die Bewaldung zur Verhütung von Bergstürzen und Lawinen dient, oder wo durch die Entfernung des Waldes den Sturmwinden Eingang verschafft würde;
3. in Ortslagen, wo von dem Bestehen des Waldes die Verhütung von Sandschollen oder die Erhaltung der Quellen oder Flußufer abhängig ist.

---

*) Vgl. Oberpolizeiliche Vorschriften vom 14. August 1910, die Preisfeststellungsordnung für die städtischen Schlachtviehhöfe zu München, Nürnberg, Fürth, Augsburg und Würzburg betr. (GVBl. S. 557).

Art. 36. Das Vorhaben der Rodung ist dem Forstamte anzuzeigen, welches von dem Sachverhalte sogleich Kenntnis zu nehmen und den Befund, unter Beifügung des geeigneten Antrages, an die Forstpolizeibehörde zur weiteren Behandlung und Beschlußfassung zu übersenden hat.

Art. 37. Wer eine Waldung ausgerodet hat, ist verpflichtet, den gerodeten Boden der im Art. 34 Ziff. 1 erwähnten Benützung zuzuwenden.

Zur Ausführung der hienach erforderlichen Kulturen hat die Forstpolizeibehörde sogleich bei Genehmigung der Rodung eine angemessene Frist zu bestimmen.

Art. 39. In Schutzwaldungen ist der kahle Abtrieb oder eine diesem in der Wirkung gleichkommende Lichthauung nur mit forstpolizeilicher Genehmigung und unter den bei Erteilung derselben festgesetzten Bedingungen zulässig.

Die Genehmigung kann an die Einhaltung von Bedingungen zum Schutze der Gebäude, Ortsfluren und angrenzenden Waldungen geknüpft werden.

Art. 41. Die der Holzzucht zugewendeten Grundstücke müssen stets in Holzbestand erhalten, und dürfen nicht abgeschwendet werden.

Unter Abschwendung soll jede den Wald ganz oder auf einem Teile seiner Fläche verwüstende, sein Fortbestehen unmittelbar gefährdende Handlung verstanden werden.

Art. 42. Waldblößen, welche nach der Verkündung des gegenwärtigen Gesetzes entstehen und kulturfähig sind, müssen aufgeforstet, und wo nach erfolgtem Holzschlage die natürliche Wiederbestockung unvollständig bleibt, muß nachgeholfen werden.

Art. 42a. Wenn ein gewerbsmäßiger Händler mit ländlichen Grundstücken im eigenen Namen oder als Vertreter eines anderen ein Waldgrundstück erwirbt oder veräußert, so hat er hievon binnen acht Tagen nach dem Abschlusse des Vertrags der Distriktsverwaltungsbehörde, in deren Bezirk das Waldgrundstück gelegen ist, Anzeige zu erstatten.

Art. 42b. Wenn ein gewerbsmäßiger Händler mit ländlichen Grundstücken im eigenen Namen oder als Vertreter eines anderen ein Waldgrundstück erworben oder veräußert hat und der Güterhändler oder derjenige, für welchen er es erworben, oder derjenige, an welchen er es veräußert hat, den Wald ganz oder teilweise abholzen oder eine der Abholzung in der Wirkung gleichkommende Lichthauung vornehmen will, so ist zur Abholzung oder Lichthauung forstpolizeiliche Genehmigung erforderlich.

Art. 42c. Die Vorschriften der Art. 42a und 42b finden auch Anwendung, wenn ein gewerbsmäßiger Händler mit ländlichen Grundstücken lediglich den Holzbestand eines Waldgrundstücks erwirbt oder veräußert.

Art. 43. Die Weide in den Waldungen darf nur unter der Aufsicht eines Hirten oder Hüters ausgeübt werden.

Junghölzer, Schläge und Holzanflüge sind mit dem Eintreiben von Weidvieh insolange zu verschonen, bis die Beweidung ohne Schaden für den Nachwuchs geschehen kann.

Bei Fehmel- (plänterweisem) Waldbetriebe ist von der Forstpolizeibehörde die höchste Zahl des einzutreibenden Weideviehes zu bestimmen.

Die Weide nach Sonnen-Untergang und vor Sonnen-Aufgang (Nacht-Weide) ist verboten.

Art. 44. Die Alpenweide richtet sich nach den bestehenden Rechtsverhältnissen und Alpenordnungen.

Gleiches gilt hinsichtlich der Weide in jenen Waldungen, wo derartige Rechtsverhältnisse und Ordnungen bestehen.

Hinsichtlich der Erweiterung von Alpen-Ängern und Lichtungen kommen die Bestimmungen der Art. 34 bis 36 zur Anwendung.

Art. 45. Das Feuermachen in den Waldungen oder in einer Nähe derselben von 300 bayerischen Schuhen (87,6 m) darf nur unter Beobachtung der zur Verhütung von Waldbränden nötigen Vorsichtsmaßregeln geschehen.

Bei besonders trockener Witterung kann das Feuermachen von der Forstpolizeibehörde gänzlich verboten werden.

Wer Feuer anzündet, ist verbunden, dasselbe, ehe er sich entfernt, vollständig auszulöschen.

Die Vorschrift des Abs. 1 findet auch auf das Verkohlen von Holz Anwendung.

Art. 46. Zeigen sich Spuren schädlicher Insekten, so sind die Vertilgungs- und Sicherheitsmaßregeln, welche die Forstpolizeibehörde auf Antrag des Forstamts anzuordnen hat, unweigerlich zu befolgen.

Vierte Abteilung: Forstpolizeiübertretungen und Forstfrevel.

I. Allgemeine Bestimmungen.

Art. 48. Zuwiderhandlungen gegen die forstpolizeilichen Bestimmungen des gegenwärtigen Gesetzes, welche von dem Waldbesitzer oder von Personen, deren Handlungen derselbe nach Art. 69 zu vertreten hat, in seinem eigenen Walde begangen werden, sind als Forstpolizeiübertretungen nach Maßgabe der Art. 75 bis 78 zu bestrafen.

Art. 49. Alle durch das gegenwärtige Gesetz in den Art. 79 bis 105 bezeichneten Entwendungen, Beschädigungen, Zuwiderhandlungen gegen die forstpolizeilichen Bestimmungen und andere Gefährden, welche in fremdem Walde begangen werden, sind, ohne Rücksicht auf den Wert des entwendeten Gegenstandes und den Betrag des verursachten Schadens, als Forstfrevel zu betrachten, und nach Maßgabe obiger Artikel zu bestrafen.

Die Bestimmung des Absatzes 1 gilt insbesondere auch von Handlungen der bezeichneten Art, welche ein Forstberechtigter durch Überschreitung seiner Berechtigung oder bei Ausübung derselben begeht.

Wenn die Bewirtschaftung und wirtschaftliche Ausnützung eines Waldes ausschließlich dritten Personen zusteht, sind auch Handlungen der in den Art. 79—105 bezeichneten Art, welche der Eigentümer des Grund und Bodens unter Verletzung jenes Rechtes vornimmt, als Forstfrevel nach den Bestimmungen der erwähnten Artikel zu bestrafen.

Art. 50. Die Forstpolizeiübertretungen, die Forstfrevel, sowie die auf Forstfrevel bezüglichen Zuwiderhandlungen gegen § 361 Ziff. 9 des Strafgesetzbuches für das Deutsche Reich bilden die Forstrügesachen.

Art. 59. Bei Forstfreveln ist es, vorbehaltlich der in den einzelnen Artikeln bezeichneten besonderen Strafschärfungsgründe, als allgemeiner Schärfungsgrund anzusehen:

1. wenn der Frevel vor Sonnen-Aufgang oder nach Sonnen-Untergang,
2. wenn er an Sonn- oder gesetzlichen Feiertagen,
3. wenn er mit Unkenntlichmachung des Frevlers verübt wird;
4. wenn der Frevler Feuerwaffen mit sich führt;
5. wenn der Frevler sich der Säge statt der Axt bedient, oder stehendes Holz ausgräbt;
6. wenn der von den im Art. 115 Nr. 1—3 erwähnten Personen zum Stehenbleiben aufgeforderte Frevler sich gleichwohl entfernt;
7. wenn der Frevler die Angabe des Namens oder Wohnortes verweigert, oder hierüber eine falsche Angabe macht;
8. wenn der Frevler mit vorsorglichem Beschlage belegte Gegenstände hinwegnimmt;
9. wenn der betroffene Frevler den angefangenen Frevel trotz der Warnung fortsetzt;
10. wenn der Frevler zur Zeit, da er den Frevel verübt, als Holzhauer, Holzsetzer, Köhler, Kulturarbeiter, oder mit einer sonstigen Waldarbeit, oder auch in Ausübung einer Forstberechtigung im Walde beschäftigt war;
11. wenn eine Entwendung in Verbindung mit dem Aushauen des Waldhammerzeichens, Waldeisens oder eines vom Käufer am stehenden Stamme angebrachten Zeichens begangen wird;
12. wenn der Forstfrevler rückfällig ist; der Rückfall gilt jedoch nur dann als allgemeiner Strafschärfungsgrund, wenn derjenige, welcher schon wegen irgend eines Forstfrevels zu einer Strafe verurteilt wurde, binnen Jahresfrist seit dieser Verurteilung einen abermaligen oder mehrere Forstfrevel von was immer für einer Art begeht;
13. wenn der Frevel in der Absicht verübt wird, um die Wald-

erzeugnisse in Natur oder verarbeitet ganz oder teilweise zu veräußern; diese Absicht wird gesetzlich vermutet, wenn nach Beschaffenheit der entwendeten Walderzeugnisse und der persönlichen oder häuslichen Verhältnisse des Frevlers jene Gegenstände nicht wohl zur eigenen Verwendung bestimmt sein konnten.

§ 61. Ist Jemand im Walde oder in dessen Nähe durch einen Unfall oder durch ein Naturereignis erweislich in die Notwendigkeit versetzt, eine durch das gegenwärtige Gesetz mit Strafe bedrohte Handlung zu begehen, so ist er zwar zum Ersatze des Wertes und des Schadens verpflichtet, unterliegt jedoch keiner Bestrafung, wenn er den Vorfall innerhalb 24 Stunden einer der im Art. 115 bezeichneten Personen oder dem Waldbesitzer anzeigt.

Art. 69. Als zivilverantwortlich sind außer dem Forstfrevler vorzuladen und als haftbar für Geldstrafe, Wert- und Schadenersatz, dann für die Kosten — vorbehaltlich des Rückgriffes, wo ein solcher statt hat, mit zu verurteilen:

1. die Ehemänner wegen der Frevel ihrer bei ihnen wohnenden Ehefrauen;
2. die Väter und nach ihrem Tode die Mütter wegen der Frevel ihrer bei ihnen wohnenden und noch unverheirateten Kinder (leibliche Kinder, Stief-, Adoptiv- und Pflegekinder);
3. die Vormünder und Kuratoren, sowie überhaupt Diejenigen, welchen Minderjährige in Pflege gegeben sind, wegen der Frevel der bei ihnen wohnenden Pflegebefohlenen;
4. die Dienstherrschaften wegen der Frevel ihrer bei ihnen wohnenden Dienstboten;
5. die Lehrmeister und Gewerbsleute wegen der Frevel ihrer Zöglinge, Gesellen und Gehilfen, solange diese Personen unter ihrer Aufsicht stehen;
6. die Geschäftsgeber wegen der Frevel ihrer Arbeiter und Geschäftsträger, wenn der Frevel in oder bei der Ausführung der aufgetragenen oder anvertrauten Verrichtungen geschah;
7. die Dienstherrschaften wegen der Frevel der aufgestellten Hirten oder Hüter, insoferne der Frevel bei deren Dienstverrichtung geschah.

Wenn die in den vorhergehenden Bestimmungen als zivilverantwortlich erklärten Personen beweisen, daß sie nicht imstande waren, den Frevel zu verhindern, so sind sie von jeder Haftung frei.

Von der Haftung für die erkannten Geldstrafen sind die als zivilverantwortlich erklärten Personen frei, wenn sie aus Anlaß des betreffenden Frevels selbst auf Grund des § 361 Ziff. 9 des Strafgesetzbuches bestraft werden.

Art. 70. Hinsichtlich der Forstpolizeiübertretungen hat der Waldbesitzer — vorbehaltlich des Rückgriffes, wo ein solcher statt hat, — die Handlungen der im Art. 69 genannten Personen in der Art zu vertreten, daß ihn allein die Strafe, sowie der Schadenersatz und die Kosten treffen, ausgenommen, wenn er beweist, daß die Übertretung ohne sein Vorwissen geschah, in welchem Falle die Übertreter allein nach Maßgabe der einschlägigen Strafbestimmungen wider den Forstfrevel zu bestrafen sind, und allein für den Schadenersatz, sowie für die Kosten haften.

Art. 72. Die Strafbarkeit der Forstpolizeiübertretungen und Forstfrevel erlischt durch Verjährung, wenn vor Ablauf eines Jahres, vom Tage der Begehung an gerechnet, ein erstrichterliches Endurteil nicht erfolgt.

II. Forstpolizeiübertretungen.

Art. 75. Wer ohne forstpolizeiliche Genehmigung eine Rodung oder eine Erweiterung von Alpenängern oder Alpenlichtungen oder in einem Schutzwalde einen Kahlhieb oder eine diesem in der Wirkung gleichkommende Lichthauung unternimmt, oder wer den bei Erteilung der forstpolizeilichen Genehmigung gemäß Art. 39 festgesetzten Bedingungen, oder wer dem Verbote der Abschwendung zuwiderhandelt, oder wer ohne die nach dem Art. 42b oder Art. 42c erforderliche Genehmigung mit der Abholzung oder einer der Abholzung in der Wirkung gleichkommenden Lichthauung beginnt oder bei der Abholzung oder Lichthauung den auferlegten Bedingungen zuwiderhandelt, wird mit einer Geldstrafe belegt, welche mit zweihundert Mark bis dreitausend Mark für das Hektar der in Betracht kommenden Waldfläche zu bemessen ist. Beträgt die Waldfläche weniger als fünf Ar, so darf auf eine geringere Strafe als zehn Mark nicht erkannt werden.

Die Bestimmungen in Abs. 1 gelten gleichmäßig gegenüber demjenigen, welchem die Holzgewinnung an dem betreffenden Waldteil überlassen wurde, auch wenn er nicht als Waldbesitzer im Sinne des Art. 48 zu erachten ist.

Art. 76. Wer die im Art. 37 angeordneten Kulturen innerhalb der von der Forstpolizeibehörde bestimmten Frist auszuführen unterläßt, verfällt in eine Geldstrafe von neun bis hundertachtzig Mark.

Art. 76a. Wer die im Art. 42a oder 42c vorgeschriebene Anzeige unterläßt, verfällt in eine Geldstrafe bis zu einhundertfünfzig Mark.

Art. 77. Wer es unterläßt, innerhalb der von der Forstpolizeibehörde vorgesetzten Frist die kulturfähigen Waldblößen aufzuforsten, oder da, wo nach erfolgtem Holzschlage die natürliche Wiederbestockung unvollständig bleibt, nachzuhelfen, ebenso, wer den auf Art. 46 gestützten Anordnungen der Forstpolizeibehörde über die Vertilgungs- und Sicherheitsmaßregeln gegen schädliche Insekten nicht Folge leistet, wird mit einer Geldstrafe von einer Mark achtzig Pfennig bis neunzig Mark bestraft.

Einer Strafe von neunzig Pfennig bis fünfundvierzig Mark unterliegt derjenige, welcher den Vorschriften der Art. 43, 44 Abs. 1

und 2, dann Art. 45 oder den darauf gestützten Anordnungen der Forstpolizeibehörde über die Weide, über das Anmachen oder Auslöschen von Feuer oder über das Holzverkohlen zuwiderhandelt.

III. Forstfrevel.

Art. 79. Die Entwendung von gefälltem, aber noch nicht zum Verkaufe oder Verbrauche zugerichtetem Holze, oder von stehendem grünen Holze wird neben dem Ersatze des Wertes und eines Dritteiles desselben für Schaden mit einer der Summe beider Beträge gleichkommenden Geldstrafe belegt.

Für Weißstangen, Hopfenstangen, Bohnenstangen, Erbsenreiser, Bindweiden, Besenreiser, Flußweiden, Flechtgerten oder Korbweiden soll, wenn die Entwendung an stehendem grünen Holze stattfand, außer der im Abs. 1 bestimmten Geldstrafe der Ersatz des Wertes und dessen voller Betrag für Schaden zuerkannt werden.

Waren Samenbäume, Hegenreiser, grüne Laubholzstöcke in Niederwaldungen oder stehende grüne Eichen, Eschen, Ahorne, Ulmen oder Lärchen unter vierzig Jahren Gegenstand der Entwendung, so besteht die Geldstrafe in dem doppelten Werte, und nebstdem ist auf Ersatz des Wertes und auf einen demselben gleichkommenden Betrag für Schaden zu erkennen.

Art. 80. Die Entwendung von solchen liegendem Holze, welches der Wind oder ein sonstiges Naturereignis zur Erde niedergeworfen hat, und welches noch nicht verarbeitet ist, ebenso die Entwendung von völlig abgestorbenen noch stehenden Stämmen oder Ästen wird neben dem Ersatze des Wertes mit einer demselben gleichkommenden Geldstrafe belegt.

Art. 81. Die Entwendung an aufgearbeitetem, zum Verkaufe oder Verbrauche bereits zugerichtetem Holze, auch wenn es sich noch im Walde befindet, — ebenso die Entwendung des an die Floßbäche oder Abladeplätze verbrachten Holzes, oder des Holzes, welches eben getriftet wird, ist nach den allgemeinen gesetzlichen Bestimmungen über den Diebstahl zu bestrafen.

Art. 82. Ist die Entwendung an Holzpflänzlingen von was immer für einer Art in natürlichen Besamungen unter zehn Jahren begangen worden, so ist der Wert, wenn derselbe nicht mehr beträgt, mit 1 ½ Pfennig für jede Pflanze zu ersetzen, und ebensoviel als Schadenersatz zuzuerkennen.

Diese Ansätze werden verdoppelt, wenn die Entwendung in künstlichen Ansaaten oder Pflanzungen unter zehn Jahren geschehen ist.

In dem einen, wie in dem anderen Falle soll die Geldstrafe dem doppelten Betrage des Wertes gleich sein.

Art. 83. Wer zur Gewinnung von Lohrinde stehende Stämme schält, und sich die Rinde zueignet, wird mit einer Geldstrafe belegt, welche dem Werte des geschälten Holzes und der Rinde gleich ist. Derselbe Betrag wird als Ersatz des Schadens und nebstbei der Wert der Rinde zuerkannt.

Wer liegende Stämme schält, und sich die Rinde zueignet, unterliegt außer dem Ersatze des Wertes der Lohrinde einer diesem Betrage gleichen Geldstrafe.

Wer bereits geschälte Lohrinde entwendet, wird nach Art. 81 behandelt.

Art. 84. Wer unbefugter Weise oder in den hiezu nicht angewiesenen Waldorten dürres oder angefaultes zur Erde liegendes Holz, oder Stockholz holt, wird, neben dem Ersatze des Wertes, mit einer demselben gleichen Geldstrafe belegt.

Ist das Stockholz aus jungen oder frischbesamten Schlägen geholt worden, so wird neben der bezeichneten Strafe und neben dem Ersatze des Wertes ein Schadensersatz von einem Dritteile des Wertes zuerkannt.

Art. 85. Wer unbefugter Weise oder in den hiezu nicht angewiesenen Waldorten grünes oder trockenes Laub, Nadeln oder Moos holt, wird neben dem Ersatze des Wertes und eines Dritteiles desselben für Schaden, mit einer dem Werte gleichen Geldstrafe belegt.

Besteht der Gegenstand dieser unerlaubten Zueignung in Gras oder anderem Streuwerke, als: Heide, Sumpfmoos, Heidelbeerstauden, Besenpfriemen, Farrenkräutern und dergleichen, so tritt dieselbe Strafe nebst Werterſatz ein, — der Schadenersatz von einem Dritteile weiter aber nur dann, wenn der Frevel in jungen, in Schonung befindlichen oder in verhängten haubaren Waldungen geschah.

Wurden die in den Abs. 1 und 2 erwähnten Frevel unter Anwendung von Hau- oder Schneidewerkzeugen, eisernen Rechen oder Steigeisen verübt, so soll außer der Strafe und dem Werterſatze auch der Schadenersatz in dem vollen Betrage des Wertes zuerkannt werden.

Art. 86. Die Entwendung von Eicheln, Bücheln oder anderen Waldsamen wird neben dem Ersatze des Wertes mit einer dem Werte gleichkommenden Geldstrafe belegt.

Wenn der Same abgeschlagen, abgerissen oder zusammengekehrt wurde, oder die Entwendung in eingehegten Orten geschah, so soll überdies auf Schadenersatz in dem einfachen bis zu dem doppelten Betrage des Wertes erkannt werden.

Art. 87. Wer unbefugter Weise, oder in den hiezu nicht angewiesenen Waldorten pechelt, verfällt, neben dem Ersatze des Wertes in eine dem doppelten Werte des Harzes gleichkommende Geldstrafe, und ist überdies zum Ersatze des Schadens nach dem einfachen Werte des entwendeten Harzes zu verurteilen.

Das Anreißen neuer oder die Vergrößerung alter Lacken (Pechrisse) wird nach Art. 95 bestraft.

Art. 88. Derjenige, welcher unbefugt Vieh im Walde hütet oder weiden läßt, erleidet, vorbehaltlich des Rückgriffes gegen den Hirten oder Hüter, je nach Beschaffenheit des Frevels, folgende Strafen:

für ein Pferd, ein Stück Rindvieh, einen Esel oder eine

Ziege sechzig Pfennig, für dergleichen junges Vieh unter einem Jahre oder für ein Schaf die Hälfte, für ein Schwein in der Mastzeit fünfundvierzig Pfennig und außer der Mastzeit dreißig Pfennig.

Hatte die Weide in verhängten Orten statt, so beträgt die Strafe das Doppelte, jedoch darf sie den Betrag von fünfundvierzig Mark nicht übersteigen.

Das Weiden von Gänsen in verhängten Orten wird mit einer Strafe von drei Pfennig für jedes Stück belegt; jedoch darf die Strafe in keinem Falle den Betrag von drei Mark sechzig Pfennig überschreiten.

Art. 89. Die Bestimmungen des Art. 88 finden auch alsdann Anwendung, wenn die Weide entweder:

1. ohne Aufsicht eines Hirten oder Hüters (Art. 43 Abs. 1); oder
2. zur Nachtzeit (Art. 43 Abs. 4); oder
3. bei plänterweisem Waldbetriebe mit einer die festgesetzte höchste Anzahl des einzutreibenden Weideviehes überschreitenden Menge (Art. 43 Abs. 3); oder
4. den im Art. 44 Abs. 1 und 2 erwähnten Ordnungen zuwider ausgeübt wird.

In dem unter Ziffer 3 bezeichneten Falle kömmt jedoch die Vorschrift des Art. 88 Abs. 1 nur hinsichtlich der überzähligen Stücke zur Anwendung.

Art. 90. Mit einer Geldstrafe von fünfundvierzig bis neunzig Pfennig wird bestraft, wer Leseholz oder Stockholz, Gras- oder Streuwerk, welches ihm zu beziehen erlaubt ist, außer der dafür festgesetzten Zeit aus den angewiesenen Waldorten holt.

Geschieht dies mittels eines bespannten Fuhrwerkes, so trifft ihn eine Geldstrafe von neunzig Pfennig bis neun Mark.

Gleicher Strafe unterliegt, wer bei dem Leseholz- oder Streusammeln eiserne Rechen, Hacken, Hau- oder Schneide-Werkzeuge anwendet, sowie derjenige, welcher den ihm ausgestellten Leseholz-, Gras- oder Streuzettel, oder das betreffende Zeichen einem Andern zur Benützung überläßt.

Art. 91. Mit einer Geldstrafe von neunzig Pfennig bis neun Mark wird bestraft, wer anderes Holz als Lese- oder Stockholz, obgleich zum Bezuge befugt, außer den hiezu festgesetzten Tagen aus dem Walde holt, ebenso wer erkauftes oder angewiesenes Holz nicht innerhalb der hiefür festgesetzten Zeit abführt, oder ohne Abfuhrzettel oder Zeichen aus dem Walde bringt.

Art. 92. Mit einer Geldstrafe von neunzig Pfennig bis neun Mark wird, neben dem Ersatze des etwa verursachten Schadens oder neben der auf Kosten des Täters zu bewirkenden Wiederherstellung des früheren Zustandes, bestraft:

1. das Fahren außer den erlaubten Waldwegen oder den in den Schlägen angewiesenen Holzabfuhrwegen, — das unerlaubte Holzschleifen oder Holzstürzen, — das unbefugte Betreten künst-

licher Ansaaten oder Pflanzungen unter sechs Jahren und besonders das Betreten derselben mit Pferden oder anderem Viehe;

2. das Abreißen oder Beschädigen, das Hinwegnehmen oder Zerstören eines Hege- oder Wehrzeichens oder einer Einfriedigung, welche nicht zugleich Grenzzeichen ist;
3. die Beschädigung oder sonstige Veränderung von Grenzzeichen oder irgendeiner anderen Grenzeinfriedigung aus Fahrlässigkeit.

Art. 93. Die Strafbestimmungen des Art. 92 finden auch Anwendung:

1. gegen diejenigen, welche einen Schlagstock, Schlagstein, Kultur- oder Bestandspfahl, Signale, Stations- oder Distanzmarken, oder Wegweiser umhauen, auswerfen, einen Entwässerungs-, Hege- oder Wehrgraben zuwerfen oder sonst beschädigen oder zerstören;
2. gegen diejenigen, welche das Zeichen des Waldhammers an stehendem oder gefälltem Holze oder an frischen Stöcken in den Jahresschlägen aushauen, oder die Nummern, Namen oder Zeichen auf einem abgegebenen oder zur Abgabe bestimmten Gegenstande ändern, auslöschen oder in anderer Weise vertilgen;
3. gegen diejenigen, welche in Waldungen unbefugt Wasser einleiten;
4. gegen diejenigen, welche zur Nachtzeit Holz hauen oder verarbeiten, oder ohne Erlaubnis oder außerhalb der angewiesenen Plätze Bau- oder Nutzholz im Walde beschlagen oder verarbeiten, — außerhalb der angewiesenen Plätze Kohlen oder Kienruß brennen, Pech aussieden, Teer schwelen, Schneid- oder andere Gruben, Holzlager, Zimmerplätze u. dergl. anlegen; — die zu solchen Unternehmungen getroffenen Vor- und Einrichtungen, Öfen u. dergl. sollen auf Kosten des Schuldigen niedergerissen oder zugeworfen werden;
5. gegen Hut- und Weideberechtigte, welche ihr Vieh nicht in ganzen Herden, wo solche bestehen oder gebildet werden können, sondern einzeln in die ihnen angewiesenen Walddistrikte eintreiben;
6. gegen Holz- oder Rottmeister, Holzhauer, Köhlermeister, Kohlenbrenner, Fuhrleute, Flößer und andere Waldarbeiter, welche bei Ausführung eines Holzhiebes, bei der Köhlerei, bei der Holzverbringung oder bei anderen Waldarbeiten den erteilten besonderen Vorschriften zuwiderhandeln.

Art. 94. Einer Geldstrafe von neunzig Pfennig bis fünfundvierzig Mark unterliegen, neben dem etwa eintretenden Schadenersatze oder der auf Kosten des Täters zu bewirkenden Wiederherstellung des früheren Zustandes:

1. diejenigen, welche aus Trift- oder Floßbächen während des Triftens oder Flößens, ohne dazu berechtigt zu sein, ihr Eigen-

tum bewässern, ebenso diejenigen, welche aus solchen Bächen mittels unbefugt angelegter Gräben wässern, oder welche die Ufer oder Dämme dieser Bäche auf irgendeine Weise beschädigen;

2. diejenigen, welche sich irgendeine Zuwiderhandlung gegen Bach-, Trift- oder Floßordnungen zu Schulden kommen lassen;
3. diejenigen, welche in den Waldungen oder an Trift- oder Floßbächen bestehende Brücken, Stege, Leit-, Zieh- oder Schlittwege, Holz- oder Wasser-Riesen, Wasserstuben oder Klausen, Schleusen, Holzrechen oder andere Holzbring- oder Triftanstalten beschädigen;
4. die Besitzer von Säg- oder Schneidmühlen, welche Sägblöcke ohne das Zeichen des Waldhammers oder ein anderes Zeichen des Waldbesitzers annehmen;
5. diejenigen, welche unbefugt Erde, Erz, Ton, Mergel, Gips, Lehm, Kies, Steine, Rasen oder andere Bodenbestandteile hinwegnehmen oder darnach graben, oder Steine oder Schutt in die Waldungen führen, oder Torf stechen.

Art. 95. Gleichfalls einer Geldstrafe von neunzig Pfennig bis fünfundvierzig Mark unterliegen Beschädigungen an grünem stehenden Holze durch An- oder Abhauen, Sägen, Schneiden oder Reißen, Abschälen, Ringeln, Anspänen, Anbohren, Abästen, Entgipfeln, Kienholzaushauen, Öffnen neuer oder Aufreißen und Erweitern alter Harzrisse, An- oder Abhauen von Wurzeln oder auf irgendeine andere Weise.

Der Ersatz des Schadens soll nach dem Werte der beschädigten Stangen oder Stämme ausgesprochen werden, und zwar von dem vollen Betrage dieses Wertes bis zu dem zwanzigsten Teile herab, je nachdem die Stangen oder Stämme mehr oder weniger in ihrem Wachstume gestört oder ganz zugrunde gerichtet wurden.

Ist mit der Beschädigung eine Entwendung verbunden, so ist außerdem auf die durch die letztere verwirkte Strafe und auf den Ersatz des Wertes des entwendeten Gegenstandes zu erkennen.

Geschah die Beschädigung an Holzpflanzen in natürlichen Besamungen oder in künstlichen Ansaaten oder Pflanzungen unter zehn Jahren, so sind, außer der wegen dieser Beschädigung auszusprechenden Strafe von neunzig Pfennig bis fünfundvierzig Mark, die Bestimmungen des Art. 82 über den Ersatz des Schadens, und wenn mit der Beschädigung eine Entwendung verbunden ist, für diese auch in Ansehung der Strafe und des Wertersatzes anzuwenden.

Wer aber solche junge Holzpflanzen oder anderes stehendes grünes oder gefälltes Holz, um dieses für seine Bestimmung ganz oder teilweise untauglich zu machen, aus Mutwillen oder Bosheit beschädigt, wird außer dem Schadenersatze anstatt mit Geldstrafe durch Haft gestraft.

Art. 96. Mit einer Geldstrafe von neunzig Pfennig bis fünfundvierzig Mark werden, neben dem Ersatze des etwa verursachten Schadens, diejenigen bestraft, welche den Bestimmungen des Art. 45

oder den darauf gestützten Anordnungen der Forstpolizeibehörde über das Anmachen oder Auslöschen von Feuer oder über das Verkohlen von Holz zuwiderhandeln.

Ist das Feuer angemacht worden, um Bäume anzubrennen, oder um unerlaubter Weise Holz, Laub oder anderes Streuwerk zur Gewinnung von Asche zu verbrennen, so soll der Frevler, außer dem Schadenersatze und außer dem Ersatze des Wertes bei unbefugter Zueignung, anstatt der Geldstrafe zu Haft nicht unter sechs Tagen verurteilt werden.

Art. 97. Wer Holz- oder sonstige Walderzeugnisse, in deren Besitz er zu seinem Bedarfe infolge Berechtigung, Verteilung oder Vergünstigung gekommen ist, ohne Genehmigung der Forstpolizeibehörde veräußert, unterliegt einer Geldstrafe von fünfzig Pfennig bis zum vollen Betrage des Wertes der veräußerten Gegenstände.

Diese Bestimmung findet auf die in ein jährliches Maß umgewandelten Forstberechtigungen keine Anwendung.

Art. 98. Die im vorhergehenden Artikel auf die Veräußerung gesetzten Strafen treffen ebenso den Käufer oder sonstigen Erwerber von Holz oder anderen Walderzeugnissen der bezeichneten Art, wenn aus den Umständen die Überzeugung begründet wird, der Käufer oder sonstige Erwerber habe bei der Erwerbung gewußt, daß die Veräußerung jener Gegenstände nicht erlaubt war.

Art. 99. Wer Holz oder andere Walderzeugnisse, welche er durch Frevel erlangte, veräußert, unterliegt — unbeschadet der Strafe, welche er durch den Frevel selbst verwirkte — einer Geldstrafe, welche dem doppelten Werte der veräußerten Gegenstände gleich ist, und in keinem Falle weniger als eine Mark achtzig Pfennig betragen darf.

Art. 100. Der Käufer oder sonstige Erwerber solcher Walderzeugnisse, von welchen er wußte oder nach Beschaffenheit der Umstände wissen konnte, daß sie durch Frevel erlangt wurden, wird mit einer dem doppelten Werte jener Gegenstände gleichen Geldstrafe belegt, welche in keinem Falle weniger als eine Mark achtzig Pfennig betragen darf.

Art. 106. Wenn in einem Bezirke die Verübung von Forstfreveln durch Entwendung in außergewöhnlicher Weise überhand nimmt, so kann durch königliche Verordnung für einen bestimmten Zeitraum verfügt werden, daß sowohl innerhalb derjenigen Bezirke, in welchen die Forstfrevel vorfallen, als auch innerhalb derjenigen, in welchen die gefrevelten Gegenstände verkauft zu werden pflegen, jeder Verkäufer von Walderzeugnissen mit einem von dem Gemeindevorstande seines Wohn- oder Aufenthaltsortes ausgestellten, auf fünf Tage gültigen und bei dem Verkaufe an die Ortspolizeibehörde abzuliefernden Zeugnisse über den rechtmäßigen Erwerb der nach Art und Größe, Zahl oder Maß bestimmten Verkaufsgegenstände versehen sein müsse.

Eine solche Anordnung ist durch das Gesetz- und Verordnungsblatt, durch das betreffende Kreis-Amtsblatt und auf sonstige geeignete

Art in den betreffenden Bezirken, sowie in deren Nachbarschaft allgemein bekannt zu machen.

Art. 107. Wer innerhalb der bestimmten Bezirke Walderzeugnisse ohne das durch Art. 106 vorgeschriebene Zeugnis, oder mit einem durch Zeitablauf wirkungslos gewordenen Zeugnisse verkauft oder zum Verkaufe anbietet, ist von dem Amtsgerichte zu einer Geldstrafe von einer Mark achtzig Pfennig bis neun Mark zu verurteilen, vorbehaltlich der weiteren Bestrafung wegen Forstfrevels, wenn sich ergibt, daß die verkauften oder feilgebotenen Walderzeugnisse gefrevelt wurden.

Die bezeichneten Walderzeugnisse selbst sind bis auf weitere Verfügung des Amtsgerichtes mit vorsorglichem Beschlage zu belegen, und von dem dem Betretungsorte zunächst wohnenden Gemeindevorstande in Verwahrung zu nehmen.

Hiebei finden die allgemeinen Bestimmungen über Forstpolizeiübertretungen und Forstfrevel Abteilung IV des gegenwärtigen Gesetzes Anwendung.

Fünfte Abteilung: Zuständigkeit und Verfahren.

Art. 109. Insoweit nicht das gegenwärtige Gesetz besondere Bestimmungen enthält, wird die Forstpolizei ausgeübt:

1. in erster Instanz durch die Distriktspolizeibehörden und in den Bezirken jener größeren Städte, welche einer Kreisregierung unmittelbar untergeordnet sind, durch den Magistrat (*Forstpolizeibehörden*);
2. in zweiter und letzter Instanz durch die Kreisregierungen, Kammer des Innern (*Forstpolizeistellen*).

Art. 115. Hilfspersonen zur Handhabung der Forstpolizei sind:

1. alle im niederen Forstdienste überhaupt oder zum Forstschutze insbesondere aufgestellten Diener des Staates, der Gemeinden, Stiftungen, Körperschaften und Privatpersonen;
2. das gemeindliche Polizeipersonal mit Inbegriff der Flurwächter;
3. die *Gendarmen*.

Art. 116. Über sämtliche Forstrügesachen (Art. 50) verhandeln und entscheiden die *Amtsgerichte* ohne Zuziehung von Schöffen.

Art. 119. Die im Art. 115 genannten Personen sind zugleich Hilfspersonen der Forststrafgerichtsbarkeit.

Art. 122. Die von den königlichen Forstämtern hiezu beauftragten und von dem Amtsgerichte bekannt zu gebenden Forstdiener (Art. 115 Ziff. 1) haben ein *Forstrügeverzeichnis* zu führen, und in dasselbe täglich die entdeckten Forstfrevel mit eigener Hand einzutragen.

Art. 126. Werden Forstrügesachen von Hilfspersonen der Forststrafgerichtsbarkeit, welche kein Forstrügeverzeichnis zu führen haben, entdeckt, so sind die hierauf bezüglichen Anzeigen den im Art. 122

erwähnten Forstdienern entweder sogleich oder, wenn deren Wohnort entfernt ist, längstens innerhalb acht Tagen mündlich oder schriftlich zu erstatten.

Der Forstdiener hat den Inhalt der Anzeige in das Rügeverzeichnis (Art. 122) einzutragen, bzw. über dieselbe ein Anzeigeprotokoll (Art. 125) zu errichten und die ihm zugekommene schriftliche Anzeige dem Rügeverzeichnisse oder dem Anzeigeprotokolle beizulegen.

Art. 127. Wenn das in Art. 115 Ziff. 1 bis 3 bezeichnete Hilfspersonal eine ihm unbekannte Person oder einen im Deutschen Reiche nicht begüterten Ausländer auf frischer Tat betritt, so ist dasselbe befugt, den Betretenen vor den zunächst wohnenden Gemeindevorstand zu führen.

Dieselbe Befugnis steht dem bezeichneten Hilfspersonale hinsichtlich derjenigen bekannten Angehörigen des Deutschen Reiches oder im Reiche begüterten Ausländer zu, welche der geschehenen Aufforderung ungeachtet, von der Fortsetzung der Übertretung oder des Frevels nicht abstehen, und sich nicht auf der Stelle aus dem Walde entfernen.

Art. 131. Wenn es die Beurkundung einer Übertretung oder eines Frevels, sowie wenn es die Verhinderung der Fortsetzung derselben erfordert, so ist das im Art. 115 erwähnte Hilfspersonal befugt, die zu Schaden gehenden Tiere hinwegzuführen, sowie die Werkzeuge, Fuhrwerke und Gespanne hinwegzunehmen, welche von den auf frischer Tat betretenen Personen zum Behufe der Übertretung oder des Frevels mitgeführt werden.

Art. 132. Für die Aufbewahrung der nach Art. 131 mit vorsorglichem Beschlage belegten Tiere, Fuhrwerke und Gespanne hat der dem Betretungsorte zunächst wohnende Gemeindevorstand unter Aufsicht des Amtsgerichtes, zu dessen Bezirk die Gemeinde gehört, zu sorgen.

Art. 138. Aus dem Forste entwendete Gegenstände können von dem im Art. 115 erwähnten Hilfspersonale bis an den Ort ihrer Verwahrung verfolgt und mit vorsorglichem Beschlage belegt werden.

Eine Nachsuchung nach entwendeten Gegenständen in Wohnungen, Gebäuden und angrenzenden geschlossenen Hofräumen darf jedoch nur in Begleitung eines Polizeibeamten oder Mitgliedes der Gemeindeverwaltung vorgenommen werden.

Ist der Ort der Nachsuchung über eine Stunde von dem Wohnsitze des nächsten Polizeibeamten oder Mitgliedes der Gemeindeverwaltung entfernt, so genügt die Beiziehung eines Forstbediensteten, Gendarmen oder Flurwächters.

Zur Nachsuchung sind, wenn tunlich, die Hausgenossen beizuziehen.

Art. 139. Polizeibeamte und Mitglieder der Gemeindeverwaltung, sowie die im Art. 138 Abs. 3 bezeichneten Personen dürfen sich der sofortigen Begleitung nicht entschlagen, wenn sie dazu von dem zur Nachsuchung Berechtigten unter Angabe der zu verfolgenden Gegenstände, sowie der etwaigen Verdachtsgründe aufgefordert werden.

Art. 140. Von dem begleitenden Polizeibeamten oder Gemeindeverwaltungsmitgliede, bzw. von den im Art. 138 Abs. 3 genannten Personen wird die Öffnung der Türen verfügt, wenn dieselbe von den Bewohnern verweigert worden ist.

Art. 141. Glaubt der Nachsuchende die entwendeten Gegenstände entdeckt zu haben, so hat er ein besonderes Protokoll zu errichten und in demselben vorzutragen:

1. die nach Art. 139 geschehene Zuziehung einer der im Art. 138 Abs. 2 und 3 bezeichneten Personen;
2. das Ergebnis der Nachsuchung;
3. die Erklärungen des Beteiligten;
4. die etwaigen Bemerkungen der übrigen bei der Nachsuchung gegenwärtigen Personen.

Das hienach errichtete Protokoll ist dem Forstrügeverzeichnisse beilegen.

---

2. Revidiertes Forststrafgesetz für die Pfalz vom 18. August 1879 / 17. Juni 1896, (GVBl. 1879 S. 1417, 1896 S. 286.) mit Abänderung vom 9. Juni 1899 (Art. 138 Ausf.-G. z. BGB., GVBl. Beil. zu Nr. 28 S. 36).

Erster Abschnitt: Von den Forstfreveln.

I. Allgemeine Bestimmungen über Forstfrevel und Strafen.

Art. 1. Jede durch das gegenwärtige Gesetz mit Strafe bedrohte Entwendung, Beschädigung oder Gefährde, ist als *Forstfrevel* zu betrachten.

Die Forstpolizeiübertretungen, die Forstfrevel, sowie die auf Forstfrevel bezüglichen Zuwiderhandlungen gegen § 361 Ziff. 9 des Strafgesetzbuches für das Deutsche Reich bilden die *Forstrügesachen*.

Art. 9. Berechtigte, welche durch Überschreitung ihrer Berechtigung oder bei Ausübung derselben den Bestimmungen der Forstgesetze zuwiderhandeln, sind gleich den Nichtberechtigten strafbar und ersatzpflichtig.

Art. 10. Folgende Umstände sollen außer den in den einzelnen Artikeln vorkommenden besonderen Erschwerungsgründen, als allgemeine *Erschwerungsgründe* beim Forstfrevel gelten:

1. wenn der Frevler nach Sonnenuntergang oder vor Sonnenaufgang den Frevel im Walde verübte;
2. wenn der Frevel an Sonn- oder gesetzlichen Feiertagen begangen wird;
3. wenn er mit Unkenntlichmachung des Frevlers begangen wird;
4. wenn der Frevler sich der Säge statt der Axt bedient, oder stehendes Holz ausgräbt;
5. wenn der vom Forstdiener nicht erkannte Frevler, obwohl an-

gerufen und zum Stehenbleiben aufgefordert, sich gleichwohl entfernt;

6. wenn der Frevler die Angabe des Namens und Wohnortes verweigert, oder eine falsche Angabe macht;
7. wenn gepfändete Gegenstände demjenigen, welcher sie gepfändet hat, ohne Gewaltanwendung hinweggenommen werden, um sie den Folgen der Pfändung zu entziehen;
8. wenn der beim Frevel betroffene Frevler den angefangenen Frevel fortsetzt, trotz der Warnung des Forstdieners;
9. wenn der Forstfrevler rückfällig wird. Der Rückfall gilt jedoch nur dann als allgemeiner Erschwerungsgrund, wenn derjenige, welcher schon wegen irgendeines Forstfrevels zu einer Strafe verurteilt wurde, binnen Jahresfrist seit dieser Verurteilung einen abermaligen oder mehrere Forstfrevel von was für immer einer Art begeht;
10. als weiterer allgemeiner Erschwerungsgrund beim Forstfrevel soll auch der Umstand gelten, wenn der Frevel in der Absicht verübt wurde, um die auf solche Art gewonnenen Waldprodukte in Natur oder verarbeitet, ganz oder teilweise, zu verkaufen oder zu veräußern.

    Diese Absicht wird gesetzlich vermutet, wenn nach Beschaffenheit der entwendeten Waldprodukte und der persönlichen oder häuslichen Verhältnisse des Frevlers jene Gegenstände nicht wohl zur eigenen Verwendung dienen können.

Art. 13. Als zivilverantwortlich sind außer dem Forstfrevler vorzuladen und als haftbar für Geldstrafe, Wert- und Schadensersatz, dann für die Kosten — vorbehaltlich des Rückgriffes, wo ein solcher statt hat, — mit zu verurteilen:

1. die Ehemänner wegen der Frevel ihrer bei ihnen wohnenden Ehefrauen;
2. die Väter und nach ihrem Tode die Mütter wegen der Frevel ihrer bei ihnen wohnenden und noch unverheirateten Kinder (leibliche Kinder, Stief-, Adoptiv- und Pflegekinder);
3. die Vormünder und Pfleger sowie überhaupt diejenigen, welchen Minderjährige in Pflege gegeben sind, wegen der Frevel der bei ihnen wohnenden Pflegebefohlenen;
4. die Dienstherrschaften wegen der Frevel ihrer bei ihnen wohnenden Dienstboten;
5. die Lehrmeister und Gewerbsleute wegen der Frevel ihrer Zöglinge, Gesellen und Gehilfen, solange diese Personen unter ihrer Aufsicht stehen;
6. die Geschäftsgeber wegen der Frevel ihrer Arbeiter und Geschäftsträger, wenn der Frevel in oder bei der Ausführung der aufgetragenen oder anvertrauten Verrichtungen geschah.

Diese dritten Personen sind von der Haftung für die Geldstrafe frei, wenn sie aus Anlaß des bestehenden Frevels selbst auf Grund des § 361 Ziff. 9 des Reichsstrafgesetzbuches bestraft werden, und von jeder Zivilverantwortlichkeit dann, wenn sie dartun, daß sie den Frevel nicht hindern konnten.

Art. 16. Die öffentliche Klage wegen Forstfrevels verjährt und zwar:

1. wenn der Täter unbekannt bleibt, binnen Jahresfrist vom Tage des begangenen Frevels an;
2. wenn der Täter bei der Tat oder binnen Jahresfrist entdeckt, und im Forstregister oder Protokoll richtig bezeichnet wurde, binnen drei Monaten vom Tage seines konstatierten Bekanntseins.

Diese Verjährungsfristen werden durch Ladung oder Zustellung eines Strafbefehls, gegen Personen, welche nicht Angehörige des Deutschen Reiches sind, auch durch einen Vorführungsbefehl unterbrochen; von hier an läuft einjährige Verjährungsfrist, die durch weitere gerichtliche Akte unterbrochen werden kann und sich nur durch ein in Rechtskraft übergegangenes oder in letzter Instanz gesprochenes Urteil oder durch Ablauf von zwei Jahren seit dem Tage der Ladung, des Strafbefehls oder des Vorführungsbefehls schließt.

II. Von den einzelnen Forstfreveln und ihrer Bestrafung.

Art. 18. Die Entwendung an gefälltem, aber noch nicht zum Verkaufe oder Verbrauche zugerichtetem Holze, oder an stehendem grünen Holze, wird belegt mit einer Geldstrafe, die dem ebenfalls zuzuerkennenden Ersatze des Wertes und eines Dritteils desselben für Schaden gleich ist. — Für Samenbäume und Hegreiser, Reifstangen, Hopfenstangen, Bohnenstangen, Erbsenreiser, Bindweiden, Besenreiser, Flechtgerten und Korbweiden soll, wenn die Entwendung an stehendem grünen Holze stattfand, statt jenes Dritteils der volle Betrag des Wertes für Schaden zuerkannt werden.

Waren grüne Laubholzstöcke in Niederwaldungen, oder stehende grüne Eichen, Eschen, Ahorne, Ulmen oder Kastanien unter 40 Jahren Gegenstand der Entwendung, so besteht die Geldstrafe in dem doppelten Werte und nebstdem ist auf Ersatz des Wertes und auf einen demselben gleichkommenden Betrag für Schaden zu erkennen.

Ist die Entwendung an Holzpflänzlingen jeder Art in natürlichen Besamungen unter 10 Jahren begangen worden, so wird der Ersatz des Wertes, wenn dieser nicht ein höherer ist, mit drei Pfennig für jede Pflanze, und ebensoviel als Schadenersatz zuerkannt.

Diese Ansätze werden verdoppelt, wenn die Entwendung in künstlichen Ansaaten oder Pflanzungen von demselben Alter geschehen ist. In dem einen und dem andern Falle soll die Geldstrafe dem doppelten Betrage des Wertes gleich sein.

Art. 19. Die Entwendung an solchem liegenden Holze, welches der Wind oder ein sonstiges Naturereignis zu Erde gebracht hat und welches noch nicht verarbeitet ist, sowie die Entwendung an abgestorbenen noch stehenden Stämmen oder Ästen, wird belegt mit einer Geldstrafe, die dem zuzuerkennenden Ersatz des Wertes gleich ist.

Art. 20. Wer stehende Stämme schält und sich die Rinde zueignet, wird belegt mit einer Geldstrafe, die dem Werte des geschälten Holzes und der Rinde gleich ist; in demselben Betrage wird die Entschädigung zuerkannt.

Wer liegende Stämme schält und sich die Rinde zueignet, unterliegt einer Geldstrafe, die dem Werte der Lohrinde gleich ist und hat den Ersatz des Wertes zu leisten.

Art. 21. Ist die Holzentwendung in Verbindung mit dem Aushauen des Waldhammerzeichens oder Waldeisens, sei es jenes der Forstbehörde, einer Gemeinde, öffentlichen Anstalt oder eines Privaten, begangen worden, so liegt hierin ein Erschwerungs-Grund.

Art. 22. Wer unbefugter Weise oder in den hiezu nicht angewiesenen Waldorten dürres oder angefaultes, zur Erde liegendes Holz oder Stockholz holt, wird nebst dem Ersatz des Wertes mit einer ihm gleichen Geldstrafe belegt.

Ist das Stockhalz aus jungen oder frischbesamten Schlägen geholt worden, so wird nebst dem Ersatze des Wertes ein Schadenersatz von einem Dritteile des Wertes zuerkannt.

Art. 23. Wer unbefugter Weise oder in den hiezu nicht angewiesenen Waldorten grünes oder trockenes Laub oder Nadeln holt, wird, nebst dem Ersatze des Wertes und eines Dritteils desselben für Schaden, mit einer dem Werte gleichen Geldstrafe belegt.

Besteht der Gegenstand dieser unerlaubten Zueignung in Gras und Streuwerk, als Heide, Moos, Besenpfriemen, Farrenkräutern usw., so tritt dieselbe Strafe nebst Werterſatz ein, der Schadenersatz von einem Dritteil weiter aber nur dann, wenn der Frevel in jungen in Schonung befindlichen oder in verhängten haubaren Waldungen geschah.

Geschehen die hier erwähnten Frevel mit Hilfe von Hau- oder Schneidewerkzeugen, mittelst eiserner Rechen oder Steigeisen, so soll außer dem Werterſatze der Schadenersatz im vollen Betrage des Wertes zuerkannt werden.

Art. 24. Die Entwendung von Eicheln, Bücheln oder anderem Waldsamen wird neben dem Ersatze des Wertes mit einer dem Werte gleichkommenden Geldstrafe belegt.

Wenn der Samen abgeschlagen, abgerissen oder zusammengekehrt worden oder die Entwendung in eingehegten Orten geschehen ist, soll überdies auf Schadenersatz in dem Betrage des Wertes und nicht über das Doppelte desselben gesprochen werden.

Art. 26. Derjenige, welcher unbefugt Vieh im Walde hütet oder weiden läßt, erleidet je nach Beschaffenheit des Frevels folgende Strafen:

für ein Pferd, ein Stück Rindvieh, einen Esel oder eine Ziege sechzig Pfennig, für dergleichen junges Vieh unter einem Jahre, oder für ein Schaf die Hälfte; für ein Schwein in der Mastzeit fünfundvierzig Pfennig und außer der Mastzeit dreißig Pfennig.

Hatte die Weide in verhängten Orten statt, so sind obige Beträge doppelt anzusetzen als einfache Strafe.

Das Weiden von Gänsen in verhängten Orten wird mit einer Strafe von drei Pfennig für jedes Stück belegt, jedoch darf die Strafe in keinem Falle den Betrag von drei Mark sechzig Pfennig übersteigen.

Außer der Strafe ist auch auf Entschädigung und zwar nicht unter der Hälfte des einfachen Strafbetrages zu erkennen.

Diese Bestimmung ist auch auf Diejenigen anwendbar, deren Vieh ohne Hirten oder Hüter im Walde weidend betroffen wird.

Das auf der Weide betretene Vieh kann sequestriert werden.

Art. 27. Die Bestimmungen des obigen Artikel 10 über Zivilverantwortlichkeit finden auch gegen die Viehbesitzer wegen der von ihrem Hirten oder Hüter mit dem, demselben zur Hut anvertrauten Vieh begangenen Weidefrevel Anwendung, vorbehaltlich ihres etwaigen Rückgriffs gegen den Hirten oder Hüter.

Art. 28. Mit fünfundvierzig bis neunzig Pfennig wird bestraft, wer Leseholz und Stockholz, Gras oder Streuwerk, das ihm zu beziehen erlaubt ist, außer der dafür festgesetzten Zeit aus den angewiesenen Waldorten holt.

Geschieht dies mittelst eines Fuhrwerkes, oder werden beim Leseholz oder Streuwerkholen eiserne Rechen, Hacken oder Hau- und Schneidwerkzeuge angewendet, oder läßt sich jemand, damit versehen, im Walde betreten, oder ist der ausgestellte Leseholz-, Gras- oder Streuzettel, oder das betreffende Zeichen einem andern überlassen worden, so tritt, und zwar im Falle dieser Überlassung gegen den überlassenden Teil, eine Strafe von neunzig Pfennig bis zu neun Mark ein.

Art. 29. Mit neunzig Pfennig bis zu neun Mark wird bestraft, wer anderes Holz außer dem Lese- und Stockholz, obgleich zum Bezuge befugt, außer den hiezu festgesetzten Tagen aus dem Walde holt, oder wer erkauftes oder angewiesenes Holz nicht innerhalb der hiezu festgesetzten Zeit abführt, oder ohne Passierschein (Abfuhrzettel) aus dem Walde bringt.

Art. 30. Einer Geldstrafe von neunzig Pfennig bis zu neun Mark neben dem etwa eintretenden Schadenersatze oder der auf Kosten des Täters zu bewirkenden Herstellung in den vorigen Stand, unterliegen folgende Handlungen in fremden Waldungen:

1. Das Fahren außer den erlaubten Waldwegen oder den angewiesenen Holzabfuhrwegen in den Schlägen, dann das unerlaubte Holzschleifen oder Holzstürzen; dann das unbefugte Betreten künstlicher Ansaaten oder Pflanzungen unter sechs Jahren, besonders das Betreten mit Pferden oder anderem Vieh;
2. das Abreißen oder Beschädigen, das Hinwegnehmen oder Zerstören eines Heg- oder Wehrzeichens oder einer Einfriedung, die nicht zugleich Grenzzeichen ist;
3. die Beschädigung oder sonstige Veränderung von Grenzzei-

chen oder irgend einer anderen Grenzbefriedung aus Fahrlässigkeit.

Art. 31. Ebenso wird gegen Diejenigen verfahren, welche in fremden Waldungen:

1. einen Schlagstock, Schlagstein, Kultur- oder Bestandpfahl, Signale, Stations- oder Distanzmarken, oder Wegweiser umgehauen, ausgeworfen, einen Entwässerungs-, Heg- oder Wehrgraben zugeworfen oder sonst beschädigt oder zerstört haben;
2. welche das Zeichen des Waldhammers an stehendem oder gefälltem Holze, dann an frischen Stöcken in den Jahresschlägen aushauen, oder die Nummern, Namen oder Zeichen auf einem gegebenen oder zur Abgabe bestimmten Gegenstande geändert, ausgelöscht oder vertilgt haben;
3. welche in fremde Waldungen Wasser unberechtigt einleiten;
4. welche zur Nachtzeit Holz hauen oder verarbeiten, ohne Erlaubnis oder außer den angewiesenen Plätzen Bau- oder Nutzholz im Walde beschlagen oder verarbeiten, außer den angewiesenen Plätzen Kohlen brennen, Harz scharren, alte Harzrisse auffrischen, Harz brennen, Teer schwellen, Pech sammeln oder aussieden, Schneid- oder andere Gruben, Holzlagen, Zimmerplätze anlegen.

   Die zu solchen Unternehmungen getroffenen Vor- und Einrichtungen, Öfen u. dgl. sollen auf Kosten des Schuldigen niedergerissen oder zugeworfen werden.
5. Hut- und Weideberechtigte, welche ihr Vieh nicht in ganzen Herden, wo sich solche bilden können, sondern einzeln in die ihnen angewiesenen Walddistrikte eintreiben; endlich
6. Holz- und Rottmeister, Holzhauer, Köhlermeister, Kohlenbrenner, Fuhrleute, Flößer und andere Waldarbeiter, welche bei Ausführung eines Holzhiebes, bei der Köhlerei, der Holzverbringung oder anderen Waldarbeiten den erteilten besonderen Vorschriften entgegenhandeln.

Art. 32. Mit neunzig Pfennig bis zu fünfundvierzig Mark werden neben dem etwa eintretenden Schadenersatze oder der auf Kosten des Täters zu bewirkenden Herstellung in den vorigen Stand diejenigen bestraft, welche in den Waldungen bestehende Brücken, Stege, Leit-, Zieh- und Schlittwege, Holzriesen, Wasserstuben, Wöge und Klausen, Schleusen, Holzrechen und andere Holzbring- und Triftanstalten auf irgend eine Weise beschädigen.

Art. 33. Derselben Strafe von neunzig Pfennig bis zu fünfundvierzig Mark unterliegen Beschädigungen am grünen stehenden Holze durch An- oder Abhauen, Sägen, Schneiden oder Reißen, Abschälen, Ringeln, Anspänen, Anbohren, Abästen, Entgipfeln, Kienholz-Aushauen, neue Harzrisse, Wurzel An- und Abhauen, oder wie immer sonst.

Als Ersatz des Schadens soll der zwanzigste Teil des Wertes bis zum vollen Betrage des Wertes der beschädigten Stangen oder

Stämme zuerkannt werden, je nachdem diese mehr oder weniger in ihrem Wachstum gestört sind, oder ganz zugrunde gehen müssen. Ist mit der Beschädigung eine Entwendung verbunden, so ist nebstdem auf die durch letztere verwirkte Strafe und auf Ersatz des Wertes des entwendeten Gegenstandes zu erkennen.

Haben die Beschädigungen an Holzpflanzen in natürlichen Besamungen oder in künstlichen Ansaaten und Pflanzungen unter 10 Jahren stattgehabt, so sind außer der, wegen dieser Beschädigung zu erkennenden Strafe von neunzig Pfennig bis fünfundvierzig Mark, die Bestimmungen des letzten Absatzes des obigen Art. 18 wegen Ersatz des Schadens, und wenn mit der Beschädigung eine Entwendung verbunden ist, für diese auch wegen der Strafe und dem Ersatze des Wertes anzuwenden.

Wer aber solche junge Holzpflanzen oder anderes stehendes grünes Holz, oder gefälltes Holz, um dieses zu seiner Bestimmung ganz oder teilweise untauglich zu machen, aus Mutwille oder Bosheit beschädigt, wird neben dem zuzuerkennenden Schadenersatze statt der Geldstrafe mit Haft von 1 bis 30 Tagen bestraft.

Art. 34. Gleicher Strafe, wie im Art. 32 festgesetzt ist, unterliegen:

1. Holzberechtigte, welche das Holz nicht auf vorschriftsmäßige Weise fällen, oder welche das ihnen angewiesene Forstrecht, Bau- oder Nutzholz zu einem andern Behufe, als wozu sie berechtigt sind, oder nicht innerhalb zwei Jahren nach der Anweisung zu der Bestimmung, wozu es ihnen abgegeben ist, oder wozu es ihnen gebührt, verwenden, vorbehaltlich des Nachweises in dem letzteren Falle, daß ihnen die Verwendung in der gesetzten Zeit unmöglich gewesen;
2. Besitzer von Säg- oder Schneidemühlen, welche Sägblöcke ohne das Zeichen des Waldhammers annehmen.

Art. 35. Wer unbefugt Erde, Erz, Ton, Mergel, Gips, Lehm oder Kies, Steine oder Rasen aus Waldungen hinwegnimmt, oder darnach gräbt, oder Steine, oder Schutt in die Waldungen führt, oder Torf sticht, soll nach Art. 32 behandelt werden.

Art. 36. Dieselbe Strafe von neunzig Pfennig bis fünfundvierzig Mark kommt, neben dem Ersatze des etwaigen Schadens, in Anwendung:

1. gegen denjenigen, der in einer Entfernung von 100 Meter von einem Walde bei trockenem Wetter, oder in einer Entfernung von 500 Meter auf einem an den Wald stoßenden Torfmoorboden Feuer anmacht;
2. gegen denjenigen, der ohne eingeholte ausdrückliche Erlaubnis, oder an andern als den in der erteilten Erlaubnis dazu bezeichneten Stellen in den Waldungen oder in den Torfmooren, welche zu einem Waldgrunde gehören, Feuer angemacht, oder das mit oder ohne Erlaubnis angemachte Feuer unausgelöscht verlassen hat.

Ist das Feuer im Walde angemacht worden, um Bäume anzubrennen, oder unerlaubter Weise Holz, Laub- oder Streuwerk zur Gewinnung von Asche zu verbrennen, so ist der Frevler außer dem gegen ihn zu erkennenden Schadenersatze, und außer dem Ersatze des Wertes im Falle unbefugter Zueignung, statt der Geldbuße in eine Haftstrafe von sechs Tagen bis zu einem Monat zu verurteilen, auch wenn durch das Feuer keine weitere Gefährde entstanden ist.

Art. 37. Keinerlei Gebäude darf isoliert in dem Umfange von Waldungen oder in einer Entfernung von weniger als 500 Meter von der Grenze derselben ohne vorgängige Genehmigung errichtet werden, bei Strafe des Niederreißens. Die Entschließungen auf Gesuche dieser Art sollen innerhalb drei Monaten vom Einlauf derselben an erfolgen, und gegenteiligen Falles die Errichtung gestattet sein. Dergleichen schon bestehende Gebäude unterliegen übrigens der Einreißung nicht; auch können sie ohne Genehmigung repariert, wieder aufgebaut und erweitert werden.

Art. 38. Niemanden, welcher isolierte Gebäude innerhalb des oben festgesetzten Bereiches gegenwärtig bewohnt, oder dem nach vorstehendem Artikel die Errichtung von Gebäuden gestattet werden wird, ist es ohne besondere, von der Kreisregierung zu erholende Ermächtigung erlaubt, in den besagten Gebäuden Werkstätten zum Zurichten oder Verarbeiten von Holz, Holzhöfe oder Magazine zum Holzhandel anzulegen, bei Strafe von fünfundvierzig Mark neben Konfiszierung des Holzes.

Die erteilte Ermächtigung kann, wenn sie zu einer Holzentwendung mißbraucht wird, von der Kreisregierung wieder aufgehoben werden.

Art. 39. 1. Wer Holz oder sonstige Forstprodukte, in deren Besitz er zu seinem Bedarf vermittelst Berechtigung oder Vergabung aus Gemeindewaldungen, oder sonst durch Vergünstigung kam, verkauft oder auf andere Weise veräußert, unterliegt einer Geldstrafe von fünfzig Pfennig bis zum vollen Betrage des Wertes der verkauften oder veräußerten Gegenstände.

Nur solchen Berechtigten, welchen die Mittel abgehen, das Forstrechtholz in der festgesetzten Räumungszeit aus dem Walde zu bringen, kann die Forstbehörde auf schriftlichen Antrag des Bürgermeisters ausnahmsweise und nach genauer Erwägung der Umstände gestatten, einen gewissen Teil davon, und ehe das übrige seiner Bestimmung folgt, zur Bestreitung der Transportkosten zu veräußern.

2. Wer Holz oder andere Forstprodukte, die er durch Frevel erlangte, verkauft oder überhaupt veräußert, unterliegt, unbeschadet der Strafe, welche er durch den Frevel selbst verwirkte, einer Geldstrafe, die dem doppelten Werte der verkauften oder sonst veräußerten Gegenstände gleich ist, und nicht weniger als eine Mark achtzig Pfennig betragen darf, insoferne er nicht schon wegen des Frevels selbst nach obigem Art. 10 Ziff. 10 mit einer höheren als der gewöhnlichen Strafe belegt worden ist.

3. Die auf den Verkauf oder die sonstige Veräußerung gesetzten Strafen treffen den Käufer oder Erwerber von Holz oder Forstprodukten der ad 1 bezeichneten Art, zu deren Veräußerung keine Erlaubnis erwirkt war, sowie auch den Käufer von Holz oder Forstprodukten der ad 2 bezeichneten Art, insoferne die Verhältnisse und Umstände die rechtliche Überzeugung begründen, derselbe habe bei der Erwerbung gewußt, daß diese Gegenstände mittelst auf Bedarf beschränkter Berechtigung, Vergabung oder Vergünstigung, oder mittelst Frevel in den Besitz des Veräußerers gekommen waren.

Nicht nur die Forstbeamten, sondern auch alle sonstigen Polizeibeamten und die Gendarmerie haben die Übertretungen dieses Artikels auf gesetzliche Art zu konstatieren und der Forststrafbehörde zur weiteren geeigneten Einschreitung anzuzeigen.

Art. 42. In allen Fällen und Punkten, für welche im gegenwärtigen Abschnitte nicht besondere Bestimmung getroffen ist, kommen die Vorschriften des Strafgesetzbuches fortan in Anwendung, insbesondere über den Diebstahl bereits verarbeiteten Holzes oder bereits geschälter Lohrinde im Walde oder außerhalb desselben, über Zuwerfen von Grenzgräben, Zerstörung, Wegschaffen, Verrückung von Grenzsteinen, Grenzbäumen oder anderen Grenzzeichen, Feuerlegung in Wäldern, Feuermachen, wodurch ein Waldbrand entstand, Unterlassung schuldiger Hilfeleistung, dann über falsche Angaben, Unterschleife, Erpressungen und Mißbrauch der Amtsgewalt von Seiten der Beamten, Agenten oder Angestellten im Forstdienste, sowie über Beleidigung, Beschimpfung, Mißhandlung, Bedrohung und Bestechung derselben und Widerstand gegen dieselben.

Zweiter Abschnitt: Verfahren.

Art. 43. Hilfspersonen der Forststrafgerichtsbarkeit sind:

1. alle im niederen Forstdienste überhaupt oder zum Forstschutze insbesondere aufgestellten Diener des Staates, der Gemeinden, Stiftungen, Körperschaften und Privatpersonen;
2. das gemeindliche Polizeipersonal mit Inbegriff der Flurwächter;
3. die Gendarmen.

Art. 51. Die Forstdiener sollen alle ihnen unbekannten Personen und alle im Deutschen Reiche nicht begüterten Ausländer, welche beim Frevel auf frischer Tat betreten werden, anhalten und vor den nächsten Bürgermeister oder Amtsrichter zur Feststellung der Person oder weiteren Behandlung führen.

Art. 52. Die Forstdiener sind befugt, sich der Tiere, der Fuhrwerke und des Gespanns, so die Frevler, die sie auf frischer Tat betreten, bei sich führen, zu bemächtigen und diese Gegenstände mit Sequester zu belegen.

Sie sind ebenfalls befugt, die aus dem Forste entwendeten Gegenstände bis an die Orte zu verfolgen, wo sie hingebracht wurden, um sie gleichfalls mit Sequester zu belegen.

Den Forstdienern ist jedoch streng untersagt, Wohnungen, Gebäude und angrenzende geschlossene Hofräume zu betreten, ohne Begleitung des Bürgermeisters oder Adjunkten, oder des Polizeikommissärs, oder bei ihrer Abwesenheit oder Verhinderung ohne Begleitung eines Mitgliedes des Gemeinderates.

Diese Beamten dürfen sich nicht weigern, die Forstdiener auf erhaltene Einladung und spezielle Angabe der Gegenstände, die sie verfolgen, und der etwaigen Verdachtsgründe sogleich zu begleiten.

Art. 53. Wenn bei vorzunehmenden Haussuchungen die Türen verschlossen sind, oder ihre Öffnung verweigert wird, so sollen die Namens der Polizei assistierenden Personen sie öffnen lassen.

Art. 54. Wenn der Forstdiener bei solchen Nachsuchungen den entwendeten Gegenstand entdeckt zu haben glaubt, so soll er ein desfallsiges Protokoll errichten, enthaltend:

1. die Requisition an den polizeilichen Assistenten und die dabei gemachte Erklärung über den Gegenstand der Nachforschung und über die Verdachtsgründe;
2. das Ergebnis der Nachsuchung und die Gründe, auf welchen die Meinung des Forstdieners über die Identität des gefundenen Gegenstandes mit dem entwendeten beruhet;
3. die Erklärungen des Beschuldigten, des Besitzers und derjenigen Personen, auf die sich etwa von ihrer Seite berufen wurde, insoferne diese Individuen auf ergangene Einladung erschienen und Erklärungen machten;
4. die Bemerkungen und Ansichten, die etwa der polizeiliche Assistent äußern zu müssen glaubt.

Das Protokoll wird von diesem Assistenten und vom Forstdiener unterzeichnet, sowie von den beteiligten Personen und Deklaranten, die unterzeichnen können und wollen.

Art. 55. Für Aufbewahrung und Erhaltung der Tiere, Fuhrwerke, Gespanne und sonstiger Gegenstände, die nach Art. 26 und 52 sequestriert werden, ist unter Aufsicht des Amtsgerichts, dem binnen 24 Stunden Kenntnis von der Sequestration gegeben werden muß, Sorge zu tragen.

C. Jagd, Fischerei und Bergbau.

1. Gesetz vom 30. März 1850 / 18. August 1879, die Ausübung der Jagd betreffend, (GesBl. 1850 S. 118, 1879 S. 789), mit Abänderung vom 9. Juni 1899 (Art. 143 Ausf.-Ges. z. BGB., Beil. zu Nr. 28 S. 39).

Art. 1. Im Grundeigentume liegt die Berechtigung zur Jagd auf eigenem Grund und Boden.

Art. 1 a. Dem Jagdrecht unterliegen die wilden Säugetiere und Vögel, deren Fleisch, Pelzwerk oder Gefieder verwertet zu werden pflegt oder die als Raubtiere diesem Wilde nachstellen. Die Tiergattungen, welche zu dem jagdbaren Wilde gehören, können durch Königliche Verordnung bestimmt werden.

Das ausschließliche Recht des Jagdberechtigten erstreckt sich auf die verendeten Tiere sowie auf die Eier des Federwildes.

Diese Vorschriften gelten auch für die Pfalz.

Art. 2. Die Ausübung des Jagdrechtes durch den Grundeigentümer selbst ist nur zulässig:

1. auf allen unmittelbar an die Behausung stoßenden Hofräumen und Hausgärten, sobald sie durch irgend eine Umfriedung begrenzt oder sonst vollständig abgeschlossen sind.
2. auf allen und jeden Grundstücken, welche mit einer Mauer, einer zusammenhängenden Hecke oder mit einer dichten Einzäunung und mit verschließbaren Türen versehen sind, — worunter die gewöhnlichen, zunächst nur die Abwehr oder den Einschluß des Weideviehes bezweckenden Feldzäune nicht begriffen;
3. auf einem zusammenhängenden Grundbesitze von mindestens 240 bayer. Tagwerken im Flachlande und 400 Tagwerken im Hochgebirge;
4. auf Seen und Fischteichen von mindestens 50 Tagwerken.

Straßen und Wege sowie Flüsse und Bäche unterbrechen nicht die Kontinuität des Jagdbezirkes.

Art. 3. Sind von einem solchen Gutskomplexe ein oder mehrere Grundstücke, welche nicht unter die Bestimmung des Art. 2 fallen und auch nicht zusammenhängend 240 bzw. 400 Tagwerke betragen, vollständig umschlossen, so steht dem Eigentümer des ersteren auch die Jagdbefugnis auf diesen Grundstücken (Inklaven) gegen Entschädigung der Eigentümer zu.

Art. 4. In allen übrigen Fällen übt die politische Gemeinde namens der Grundeigentümer innerhalb ihres Bezirkes das Jagdrecht durch Verpachtung aus.

Art. 5. Die Gesamtflur jeder politischen Gemeinde bildet einen selbständigen Jagdbezirk.

Jeder Gemeinde bleibt unbenommen, sich mit anderen politischen Gemeinden zu einem gemeinschaftlichen Jagdbezirke zu vereinen. Gemeinden, deren Flur 480 bayer. Tagwerke oder mehr umfaßt, können mehrere, die Zahl von 6 nicht überschreitende, wenigstens 240 Tagwerke haltende Jagdbezirke bilden.

Art. 7. Die Verpachtung geschieht durch die Gemeindeverwaltung und zwar in der Regel auf dem Wege der öffentlichen Versteigerung an den Meistbietenden.

Das Ergebnis unterliegt in Städten und Märkten mit magistratischer Verfassung der Genehmigung des Magistrates und der Gemeindebevollmächtigten, in den übrigen Gemeinden der Genehmigung der Gesamtgemeinde.

Art. 10. Für einen Jagdbezirk können nicht mehr als drei Pächter zugelassen werden.

Den zur Ausübung der Jagd berechtigten Grundeigentümern sowohl als den Jagdpächtern ist erlaubt, für die Jagdausübung eigene gelernte Jäger aufzustellen.

Den genannten Grundeigentümern, Pächtern und Jägern ist weiter gestattet, Personen, welche eine Jagdkarte besitzen, mit auf die Jagd zu nehmen.

Art. 11. Die Gemeinden sind ausnahmsweise befugt, die Jagd in Selbstverwaltung durch höchstens drei jagdkartenfähige Gemeindeglieder auszuüben:

1. wenn die Gemeinde als solche Eigentümerin eines zusammenhängenden Grundbesitzes von mindestens 240, beziehungsweise 400 Tagwerken ist;
2. wenn die von ihr versuchte Verpachtung entweder gar kein Resultat gewährt oder
3. wenn kein Pachtgebot erfolgt, welches den von der Gemeinde-Verwaltung bestimmten Aufwurfspreis erreicht.

Art. 13. Bei Ausübung der Jagd sind die feld-, forst-, jagd- und sicherheitspolizeilichen Vorschriften einzuhalten.

Der Jagdausübende hat neben der polizeilichen Strafe (Art. 23) jeden durch das Betreten noch nicht abgeräumter Felder und unabgelesener Weinberge, sowie jeden an kultivierten Waldungen oder anderweitig angerichteten Schaden zu ersetzen.

Art. 14. Niemand darf ohne eine von der zuständigen Behörde auf seine Person ausgestellte und nur für diese gültige Jagdkarte jagen.

Art. 15. Die Jagdkarten werden von der Distrikts-Polizeibehörde gegen eine Gebühr von 15 Mark ausgestellt.

Den für den Jagd- und Forstschutz Angestellten oder Verpflichteten sind lediglich zum Zwecke dieses Schutzes auf ihren Aufsichtsbezirk beschränkte, zur Jagdausübung jedoch nicht berechtigende eigene Karten unentgeltlich auszustellen.

Art. 16. Die Jagdkarten werden auf die Dauer je eines Kalenderjahres ausgestellt und gelten für das ganze Land.

Art. 23. An Geld bis zu fünfundvierzig Mark ist zu bestrafen:

1. wer von der ihm zustehenden Befugnis zur Jagdausübung Gebrauch macht, bevor er eine Jagdkarte gelöst hat, oder nachdem die Zeit ihrer Gültigkeit abgelaufen ist;
2. wer zwar eine gültige, auf seinen Namen lautende Jagdkarte besitzt, dieselbe aber bei Ausübung der Jagd nicht bei sich führt;
3. wer seine eigene Jagdkarte einem anderen zum Gebrauche überläßt;
4. wer den polizeilichen Vollzugsbeamten oder Dienern die Vor-

zeigung der Jagdkarte oder bei sich ergebenden Anständen deren Abgabe verweigert;

5. wer bei Ausübung der Jagd sich gegen im Verordnungswege erlassene jagdpolizeiliche Vorschriften verfehlt;
6. wer in einem fremden Jagdbezirke mit Genehmigung des Jagdberechtigten, jedoch ohne dessen Begleitung oder ohne eine schriftliche Erlaubnis desselben bei sich zu führen, jagt.

Jeder, der auf Grund vorstehender Bestimmungen unter Ziff. 1 und 3 bestraft wird, soll außer der gesetzlichen Strafe zur Zahlung einer dem Preise der Jagdkarte gleichkommenden Summe verurteilt werden.

Die Bestimmungen in Abs. 1 und 2 sind auch in der Pfalz anwendbar.

---

2. K. Verordnung vom 11. Juli 1900 / 19. Oktober 1908, die jagdbaren Tiere betreffend. (GVBl. 1900 S. 693, 1908 S. 965.)

§ 1. Folgende Tiere werden für jagdbar erklärt:

A. Haarwild.

1. Rotwild, 2. Damwild, 3. Rehwild, 4. Gemswild. 5. Schwarzwild, 6. der gemeine Hase und der Alpenhase, 7. das wilde Kaninchen, 8. das Murmeltier, 9. der Biber, 10. der Fuchs, 11. die Wildkatze und die verwilderte Hauskatze, 12. der Dachs, 13. der Fischotter, 14. der Sumpfotter (Nörz), 15. die Marder, 16. der Iltis, 17. die Wiesel.

B. Federwild.

1. Auerwild, 2. Birkwild, 3. Rackelwild, 4. das Haselhuhn, 5. das Schneehuhn, 6. das Steinhuhn, 7. das Feldhuhn, 8. die Wachtel, 9. die Fasanen, 10. das wilde Truthuhn, 11. das Steppenhuhn, 12. die Wildtauben (Ringel-, Hohl- und Turteltaube), 13. der Krammetsvogel (Wachholder-Drossel), 14. die Waldschnepfe und die Bekassinen, 15. der Kiebitz, 16. der Brachvogel (Moosgrille), 17. die Trappen, 18. der Kranich, 19. die Reiher, darunter die Rohrdommel, 20. alle übrigen Sumpfvögel sowie Wasser- und Rohrhühner mit Ausnahme der Störche, 21. die wilden Schwäne, 22. die Wildgänse, 23. die Wildenten, 24. die Säger, 25. die Möwen mit Ausnahme der Lachmöwe und die Seeschwalben, 26. der Kormoran (Scharbe), 27. die Taucher, 28. der Uhu, 29. die Adler mit Ausnahme der Schrei- und Seeadler, 30. die Falken mit Ausnahme des Turmfalken, 31. der Habicht und der Sperber, 32. die Weihen, 33. die Geier.

§ 2. Die Staatsministerien der Justiz, des Innern und der Finanzen werden ermächtigt, weitere Tiergattungen, welche der Begriffsbestimmung in Art. 1a des Jagdgesetzes vom 30. März 1850 entsprechen und durch Einwanderung oder künstliche Einbürgerung in das Gebiet des Königreichs gelangt sind oder gelangen werden, für jagdbar zu erklären.

§ 3. Diese Verordnung gilt auch für die Pfalz.

3. K. Verordnung vom 6. Juni 1909, die Ausübung und Behandlung der Jagd und den Verkehr mit Wildbret betr. (GVBl. S. 409.)

§ 1. Die Jagden sollen pfleglich behandelt und in ihrer nachhaltigen Benützung durch den Jagdbetrieb nicht gefährdet werden.

Der Wildstand darf jedoch in keinem Jagdbezirke eine der Land- oder Forstwirtschaft schädliche Ausdehnung gewinnen.

§ 2. Wer die Jagd ausübt, hat die festgesetzte Hege und Hegezeit zu beachten.

Diese wird für die einzelnen Wildarten in nachstehender Weise bestimmt:

A. Haarwild.

Für Hirsche vom 16. Oktober mit 30. Juni,
für Alt- und Schmaltiere vom 1. Januar mit 15. September,
für Wildkälber vom 1. Januar mit 31. Oktober,
für Damhirsche vom 1. November mit 30. Juni,
für Damtiere vom 1. Januar mit 30. September,
für Gemswild vom 1. Dezember mit 31. Juli,
für Rehböcke vom 1. Januar mit 31. Mai,
für Hasen vom 16. Januar mit 30. September,
für Dachse vom 1. Dezember mit 31. Mai,
für Murmeltiere vom 1. November mit 15. August.

B. Federwild.

Für Fasanen vom 1. März mit 15. September,
für Auer- und Birkhähne vom 1. Januar mit 31. Juli, jedoch mit Ausnahme der Balzzeit,
für Hasel-, Schnee- und Steinhühner vom 1. Januar mit 31. Juli,
für Feldhühner und Wachteln vom 1. Dezember mit 19. August,
für Wildenten vom 1. März mit 30. Juni,
für Waldschnepfen und Bekassinen vom 16. April, — im Hochgebirge vom 1. Mai — mit 30. Juni,
für das auf den Mösern brütende Federwild und für Wildtauben vom 1. April mit 31. Mai,
für Wachholderdrosseln (Krametsvögel) vom 1. März mit 30. September.

§ 3. Die Jagd auf Rehgeißen, Gems- und Rehkitze, dann auf Auer- und Birkhennen ist, vorbehaltlich der Bestimmungen in den §§ 4 und 5, zu jeder Zeit verboten.

Gems- und Rehkitze gelten als solche bis zum Ablauf der Hegezeit für das betreffende männliche Wild in dem auf die Geburt folgenden Jahre.

§ 4. Auf Antrag des Jagdausübungsberechtigten kann die Distriktspolizeibehörde aus Rücksichten der Landeskultur oder der Jagdpflege den Abschuß von Rehgeißen, Rehkitzen, dann von Auer- und Birkhennen, sowie von Rot- und Damwild während der Hegezeit gestatten.

Vor der Bescheidung solcher Gesuche ist das Gutachten des K. Forstamtes einzuholen und bei verpachteten Jagden der Verpächter zu hören.

Auf Verlangen der Beteiligten hat die Distriktspolizeibehörde auch andere, von ihr zu bestimmende Sachverständige einzuvernehmen.

Im Falle der Genehmigung des Gesuchs ist die Schußzeit, welche für Rehgeißen, Rehkitzen, Auer- und Birkhennen, in der Regel nicht in die Hegezeit für das betreffende männliche Wild zu verlegen ist, ferner die Stückzahl und die Erlegungsart — z. B. Ausschluß der Erlegung auf Treibjagden — festzusetzen.

Die Erlaubnisscheine sind nach Anlage [illegible] auszufertigen (vergl. § 9).

§ 5. Abgesehen von vorstehenden Bestimmungen ist, wenn sich in einem Jagdbezirke ein der Land- oder Forstwirtschaft nachteiliger übermäßiger Wildstand ergibt, der Jagdausübungsberechtigte auf Anordnung der Distriktspolizeibehörde verpflichtet, den Wildstand in der Zeit und in dem Umfange, wie es von dieser Behörde vorgeschrieben wird, abzumindern.

Das Gleiche gilt auch beim Auftreten von Wildseuchen, sowie bei Überhandnahme von Raubtieren und Eichhörnchen.

Die Bestimmungen des § 4 Abs. 2 mit 5 finden sinngemäße Anwendung.

§ 6. Bei Ausübung der Jagd dürfen die noch ungeräumten Felder und unabgelesenen Weinberge nicht betreten werden.

Das Verbot erstreckt sich, vorbehaltlich des Ersatzes des allenfalls angerichteten Schadens, nicht auf das Betreten der Gras- und Kleeflächen, sowie der Wintersaat-, Kartoffel-, Kraut- und Rübenfelder.

§ 7. Das Ausheben der Eier und der Nestbrut des Federnutzwildes ist auch dem Jagdberechtigten untersagt. Eine Ausnahme kann dem Jagdausübungsberechtigten oder mit dessen Zustimmung einem Dritten von der Distriktspolizeibehörde zu wissenschaftlichen oder Lehrzwecken oder zum Zwecke der Fortpflanzung einzelner Federnutzwildarten bewilligt werden.

Das Ausheben von Fasanen- und Hühnergelegen zur künstlichen Ausbrütung und Aufzucht ist dem Jagdausübungsberechtigten gestattet.

§ 8. Vom Beginne des 15. Tages der für eine Wildart festgesetzten Hegezeit bis zu deren Ablauf ist es verboten, derartiges Wild lebend oder tot, in ganzen Stücken oder zerlegt, aber nicht zum Genusse fertig zubereitet, zu versenden, zum Verkaufe umherzutragen oder auszustellen oder feilzubieten, zu veräußern, zu erwerben oder die Veräußerung von solchem Wilde zu vermitteln.

Dieses Verbot gilt für Rehgeißen, Gems- und Rehkitzen, vorbehaltlich der Bestimmung in § 9 Ziffer 3, für das ganze Jahr.

Die Frist nach Absatz 1 kann von der Distriktspolizeibehörde auf weitere 14 Tage verlängert werden, wenn am Schlusse der Schußzeit beim Gesuchsteller noch ein größerer Vorrat von Wildbret vorhanden ist.

§ 9. Die Vorschrift des § 8 Abs. 1 findet keine Anwendung:

1. auf Wildbret aus Kühlhäusern, welche nach den von den K. Staatsministerien des Königlichen Hauses und des Äußern und des Innern zu erlassenden Bestimmungen betrieben werden;
2. auf lebendes Wild, welches zum Zwecke der Blutauffrischung oder der Einführung einer Wildart mit Erlaubnis der für den Empfangsort zuständigen Distriktspolizeibehörde angekauft und versendet wird;
3. auf Wild, welches mit Erlaubnis oder auf Anordnung der Distriktspolizeibehörde (§§ 4 und 5) erlegt, oder im Strafverfahren in Beschlag genommen oder eingezogen worden ist.

Das mit Erlaubnis oder auf Anordnung der Distriktspolizeibehörde erlegte Rot-, Dam- und Rehwild muß mit dem als Begleitschein dienenden Erlaubnisscheine dieser Behörde versehen sein, wenn es in ganzen Stücken oder zerlegt versendet oder sonstwie in den Verkehr gebracht wird.

Zu diesem Zwecke werden die Erlaubnisscheine (§ 4 Abs. 5 und § 5 Abs. 3) dem Jagdausübungsberechtigten in so viel Ausfertigungen, mit fortlaufenden Nummern versehen, zugestellt, als Wildstücke zum Abschuß genehmigt werden.

§ 10. Es ist verboten, Rehwild vor der Zerlegung (Zerwirkung) so zuzurichten, daß das Geschlecht nicht mehr ohne weiteres zu erkennen ist, oder so zugerichtetes Rehwild zu versenden, zum Verkaufe umherzutragen oder auszustellen oder feilzubieten, zu veräußern, zu erwerben, oder die Veräußerung von so zugerichtetem Rehwilde zu vermitteln.

§ 11. Die Vorschriften der §§ 1—10 finden auf Wild, welches in eingefriedigten Wildgärten (Wildparken, Fasanerien) erlegt oder gefangen ist, keine Anwendung.

Das in solchen Wildgärten während der allgemeinen Hegezeit (§§ 3 und 4) erlegte oder gefangene Wild muß mit einem vom Jagdausübungsberechtigten oder dessen Vertreter ausgestellten Ursprungszeugnisse versehen sein, wenn es in ganzen Stücken oder zerlegt versendet oder sonstwie in den Verkehr gebracht wird.

§ 12. Das Abhalten von Treibjagden bei Mondschein, dann in den Waldungen während der Monate April, Mai und Juni, ferner an Orten, die von der Distriktspolizeibehörde aus Gründen der öffentlichen Sicherheit als ungeeignet bezeichnet worden sind, ist verboten.

Behufs Abminderung von Schwarzwild (§ 5) können Treibjagden auch während der Monate April, Mai und Juni durch die Distriktspolizeibehörde gestattet oder angeordnet werden.

§ 13. Zum Jagdbetriebe dürfen keine Fang- und Fallgruben, keine Schlingen und keine vergifteten Köder verwendet werden.

§ 14. Zur Jagd auf Edel-, Dam- und Gemswild ist nur der Gebrauch mit Kugel geladener Gewehre gestattet.

§ 15. Beim Tragen und bei Benützung der Jagdgewehre ist zur Verhütung von Unglücksfällen die jeweils gebotene Vorsicht anzuwenden.

Insbesondere wird angeordnet:

1. Werden bei der Jagdausübung öffentliche Plätze, Straßen und Wege begegnen, so sind die Gewehre zu entladen oder zu versichern, oder mit aufwärts gerichteter Mündung zu tragen.
2. Bei Treibjagden ist es untersagt, mit angeschlagenem Gewehr die Schützen- oder Treiberlinie zu durchfahren und bei Annäherung der Treiber, bei Kesseltreiben nach gegebenem Zeichen in den Bogen zu schießen. Nach Beendigung eines jeden Triebs sind die Gewehre zu entladen oder zu versichern.

§ 16. In den Jagdrevieren aufsichtslos umherstreifende Hunde, dann Hauskatzen, welche in der Zeit vom 1. März bis 31. August in einer Entfernung von mindestens 200 m von den nächsten bewohnten Anwesen oder in öffentlichen Parken oder Anlagen umherstreifend betroffen werden, dürfen von dem Jagdausübungsberechtigten oder dem von ihm aufgestellten Jagdaufseher getötet werden.

§ 18. Übertretungen der Vorschriften in den §§ 2—5, 8—15 werden mit Geldstrafe bis zu 45 Mark, Übertretungen der Vorschriften in den §§ 6 und 7 nach § 368 Ziffer 9 und 11 des Strafgesetzbuches für das Deutsche Reich mit Geldstrafe bis zu 60 Mark oder mit Haft bis zu 14 Tagen bestraft.

---

4. Bekanntmachung der K. Staatsministerien des Innern und der Finanzen vom 7. Dezember 1882, die Jagdkarten des Forstpersonals betreffend. (MABl. S. 380.)

Vom Jahre 1883 an gelangen im ganzen Umfange des Königreiches gebührenfreie „Jagdkarten zum Betriebe von Ärarial-Regie-Jagden" nach folgenden Bestimmungen zur Einführung:

1. Die Ausstellung dieser Jagdkarten, für welche die Formulare zum Unterschiede von den übrigen Jagd-Karten-Formularen unter Benützung weißer Kartons hergestellt werden, erfolgt durch die Distriktspolizei-Behörden auf Grund der Bedarfsanmeldungen der K. Forstämter, und zwar je für ein Kalenderjahr.

6. Die Jagdkarte zum Betriebe von Ärarial-Regie- und Leibgehegsjagden darf keiner anderen Person zum Gebrauche über-

lassen werden und bleibt auf die Jagddienstverrichtungen in den Ärarial-Regie- bzw. Leibgehegs-Jagdbezirken beschränkt. Der Inhaber derselben ist, wenn er außerhalb der genannten Jagden jagen will, bei Vermeidung der gesetzlichen Strafe verbunden, eine gewöhnliche (gebührenpflichtige) Jagdkarte zu lösen.

Ebenso besteht selbstverständlich auch für den Inhaber einer gebührenfreien Jagdkarte die Verpflichtung, dieselbe bei der Ausübung der Jagd bei sich zu führen und den polizeilichen Vollzugsbeamten oder Dienern vorzuzeigen oder bei sich ergebenden Anständen abzugeben.

---

5. Reichs-Vogelschutzgesetz vom 30. Mai 1908. (RGBl. S. 317.)

§ 1. Das Zerstören und das Ausheben von Nestern oder Brutstätten der Vögel, das Zerstören und Ausnehmen von Eiern, das Ausnehmen und Töten von Jungen ist verboten.

Desgleichen ist der Ankauf, der Verkauf, die An- und Verkaufsvermittelung, das Feilbieten, die Ein-, Aus- und Durchfuhr und der Transport der Nester, Eier und Brut der in Europa einheimischen Vogelarten untersagt.

Dem Eigentümer und dem Nutzungsberechtigten und deren Beauftragten steht jedoch frei, Nester, welche Vögel in oder an Wohnhäusern oder anderen Gebäuden und im Innern von Hofräumen gebaut haben, zu zerstören.

Auch findet das Verbot keine Anwendung auf das Einsammeln, den Ankauf, Verkauf, die An- und Verkaufsvermittelung, das Feilbieten, die Ein-, Aus- und Durchfuhr und den Transport der Eier von Möwen und Kiebitzen, soweit es nicht durch Landesgesetz oder durch landespolizeiliche Anordnung auf die Eier dieser Vögel für bestimmte Orte oder für bestimmte Zeiten ausgedehnt wird.

§ 2. Verboten ist ferner:

a) jede Art des Fangens von Vögeln, solange der Boden mit Schnee bedeckt ist;

b) das Fangen von Vögeln mittels Leimes und Schlingen;

c) das Fangen und die Erlegung von Vögeln zur Nachtzeit mit Netzen oder Waffen; als Nachtzeit gilt der Zeitraum, welcher eine Stunde nach Sonnenuntergang beginnt und eine Stunde vor Sonnenaufgang endet;

d) das Fangen von Vögeln mit Anwendung von Körnern oder anderen Futterstoffen, denen betäubende oder giftige Bestandteile beigemischt sind, oder unter Anwendung geblendeter Lockvögel;

e) das Fangen von Vögeln mittels Fallkäfigen und Fallkästen, Reusen, großer Schlag- und Zugnetze, sowie mittels beweglicher und tragbarer, auf dem Boden oder quer über das Feld, das Niederholz, das Rohr oder den Weg gespannter Netze.

Der Bundesrat ist ermächtigt, auch bestimmte andere Arten des Fangens, sowie das Fangen mit Vorkehrungen, welche eine Massenvertilgung von Vögeln ermöglichen, zu verbieten.

§ 3. In der Zeit vom 1. März bis zum 1. Oktober ist das Fangen und die Erlegung von Vögeln sowie der Ankauf, der Verkauf und das Feilbieten, die Vermittelung eines hiernach verbotenen An- und Verkaufs, die Ein-, Aus- und Durchfuhr von lebenden sowie toten Vögeln der in Europa einheimischen Arten überhaupt, ebenso der Transport solcher Vögel zu Handelszwecken untersagt.

Dieses Verbot erstreckt sich für Meisen, Kleiber und Baumläufer auf das ganze Jahr.

Der Bundesrat ist ermächtigt, das Fangen und die Erlegung bestimmter Vogelarten sowie das Feilbieten und den Verkauf derselben auch außerhalb des im Abs. 1 bestimmten Zeitraums allgemein oder für gewisse Zeiten oder Bezirke zu untersagen.

§ 4. Dem Fangen im Sinne dieses Gesetzes wird jedes Nachstellen zum Zwecke des Fangens oder Tötens von Vögeln, insbesondere das Aufstellen von Netzen, Schlingen, Leimruten oder anderen Fangvorrichtungen gleichgeachtet.

§ 5. Vögel, welche dem jagdbaren Feder- und Haarwild und dessen Brut und Jungen sowie Fischen und deren Brut nachstellen, dürfen nach Maßgabe der landesgesetzlichen Bestimmungen über Jagd und Fischerei von den Jagd- oder Fischereiberechtigten und deren Beauftragten getötet werden.

Wenn Vögel in Weinbergen, Gärten, bestellten Feldern, Baumpflanzungen, Saatkämpen und Schonungen Schaden anrichten, können die von den Landesregierungen bezeichneten Behörden den Eigentümern und Nutzungsberechtigten der Grundstücke und deren Beauftragten oder öffentlichen Schutzbeamten (Forst- und Feldhütern, Flurschützen usw.), soweit dies zur Abwendung dieses Schadens notwendig ist, das Töten solcher Vögel mit Feuerwaffen innerhalb der betroffenen Örtlichkeiten auch während der im § 3 Abs. 1 bezeichneten Frist gestatten. Das Feilbieten und der Verkauf der auf Grund solcher Erlaubnis erlegten Vögel sind unzulässig.

Ebenso können die im Abs. 2 bezeichneten Behörden einzelne Ausnahmen von den Bestimmungen in §§ 1 bis 3 dieses Gesetzes zu wissenschaftlichen oder Lehrzwecken, zur Wiederbevölkerung mit einzelnen Vogelarten, sowie für Stubenvögel für eine bestimmte Zeit und für bestimmte Örtlichkeiten bewilligen.

Der Bundesrat bestimmt die näheren Voraussetzungen, unter welchen die im Abs. 2 und 3 bezeichneten Ausnahmen statthaft sein sollen.

Von der Vorschrift unter § 2a kann der Bundesrat für bestimmte Bezirke eine allgemeine Ausnahme gestatten.

§ 6. Zuwiderhandlungen gegen die Bestimmungen dieses Gesetzes oder gegen die von dem Bundesrat auf Grund derselben erlassenen Anordnungen werden mit Geldstrafe bis zu einhundertundfünfzig Mark oder mit Haft bestraft.

Der gleichen Strafe unterliegt, wer es unterläßt, Kinder oder andere unter seiner Gewalt stehende Personen, welche seiner Aufsicht untergeben sind und zu seiner Hausgenossenschaft gehören, von der Übertretung dieser Vorschriften abzuhalten.

§ 7. Neben der Geldstrafe oder der Haft kann auf die Einziehung der verbotswidrig in Besitz genommenen, feilgebotenen oder verkauften Vögel, Nester, Eier, sowie auf Einziehung der Werkzeuge erkannt werden, welche zum Fangen oder Töten der Vögel, zum Zerstören oder Ausheben der Nester, Brutstätten oder Eier gebraucht oder bestimmt waren, ohne Unterschied, ob die einzuziehenden Gegenstände dem Verurteilten gehören oder nicht.

Ist die Verfolgung oder Verurteilung einer bestimmten Person nicht ausführbar, so können die im vorstehenden Absatze bezeichneten Maßnahmen selbständig erkannt werden.

§ 8. Die Bestimmungen dieses Gesetzes finden keine Anwendung

a) auf das im Privateigentume befindliche Federvieh;

b) auf die nach Maßgabe der Landesgesetze jagdbaren Vögel;

c) auf die im nachstehenden Verzeichnis aufgeführten Vogelarten:
Tagraubvögel mit Ausnahme der Turmfalken, Schreiadler, Seeadler, Bussarde und Gabelweihen (rote Milane),
Uhus,
Würger (Neuntöter),
Sperlinge (Haus- und Feldsperlinge),
Rabenartige Vögel (Rabenkrähen, Nebelkrähen, Saatkrähen, Elstern, Eichelhäher),
Wildtauben (Ringeltauben, Hohltauben, Turteltauben),
Wasserhühner (Rohr- und Bleßhühner),
Reiher (eigentliche Reiher, Nachtreiher oder Rohrdommeln),
Säger (Sägetaucher, Tauchergänse),
alle nicht im Binnenlande brütenden Möwen,
Kormorane,
Taucher (Eistaucher und Haubentaucher),

jedoch gilt auch für die vorstehend unter a, b, c bezeichneten Vögel das Verbot des Fangens mittels Schlingen.

§ 9. Die landesrechtlichen Bestimmungen, welche zum Schutze der Vögel weitergehende Verbote enthalten, bleiben unberührt. Die auf Grund derselben zu erkennenden Strafen dürfen jedoch den Höchstbetrag der in diesem Gesetz angedrohten Strafen nicht übersteigen.

---

6. K. Verordnung vom 19. Oktober 1908, den Schutz von Vögeln betreffend. (GVBl. S. 965.)

§ 1. Das Fangen und die Erlegung der in der Anlage I angeführten Vögel, sowie der Ankauf, der Verkauf und das Feilbieten, die Vermittlung eines hiernach verbotenen An- und Verkaufs, die Ein-, Aus- und Durchfuhr von solchen Vögeln in totem Zustande ist auch außerhalb der in § 3 Abs. 1 des Vogelschutzgesetzes vom 30. Mai 1908 festgesetzten Schonzeit (1. März bis zum 1. Oktober), sohin während des ganzen Jahres, verboten.

Den An- und Verkauf und die Vermittlung eines solchen, das Feilbieten, die Ein-, Aus- und Durchfuhr ist hinsichtlich der in Anlage II aufgeführten Vögel auch in lebendem Zustande während des Jahres untersagt.

§ 3. In den Fällen des § 5 Abs. 3 des Vogelschutzgesetzes dürfen Ausnahmebewilligungen nur an ohne Zweifel gut beleumundete Personen erteilt werden. Bei Zulassung solcher Ausnahmen ist ein Erlaubnisschein auszufertigen, welcher zu enthalten hat:

1. den Namen und die genaue Personalbeschreibung des zur Führung des Scheines Berechtigten;
2. den Inhalt der Bewilligung, dann die Örtlichkeit und Zeitdauer, auf welche sich dieselbe erstreckt;
3. den Vorbehalt jederzeitigen Widerrufs der erteilten Bewilligung;
4. alle sonstigen Bedingungen, unter welchen die Ausnahmebewilligung gewährt wurde;
5. das Verbot des Überlassens des Erlaubnisscheines an andere Personen.

Diesen Erlaubnisschein hat der zu seiner Führung Berechtigte bei Ausübung seiner Befugnisse stets bei sich zu tragen und dem Polizei-, Forst- und Jagdschutz-, dann dem Feldschutz-Personale auf Verlangen vorzuzeigen.

Anlage I.

Ammern,
Bachstelzen,
Blau- und Braunkehlchen,
Braunellen,
Drosseln mit Ausnahme der Krametsvögel,
Eulen mit Ausnahme des Uhu,
Finken (d. s. alle Finkenarten, insbesondere Buchfink, Gimpel, Hänfling, Grünfink, Stieglitz, Zeisig mit Ausnahme der Bergfinken, sog. Böhemer und des Sperlings),
Fliegenschnapper,
Gartenrotschwanz,
Goldamsel (Pirol),
Goldhähnchen,
Grasmücken,
Gartenlaubsänger, Teich- und Sumpfrohrsänger,
Hausrotschwanz,
Lerchen,
Kuckuck,

Mandelkrähen (Blauracken),
Nachtigallen,
Nachtschwalben,
Pieper,
Rotkehlchen,
Schwalben,
Segler,
Schwarzkehlchen,
Schwarzplättchen,
Spechte,
Sprosser,
Stare,
Steinschmätzer,
Störche,
Wendehälse,
Wiedehopfe,
Zaunkönige.

Anlage II.

Blau- und Braunkehlchen,
Garten- und Hausrotschwanz,
Grasmücken,
Nachtigallen,
Rotkehlchen,
Schwarzkehlchen,
Zaunkönige.

---

7. Fischereigesetz für das Königreich Bayern vom 15. August 1908 (GVBl. S. 527).

Allgemeines.

Art. 1. Das Fischereirecht gibt die Befugnis, in einem Gewässer Fische, Krebse und andere nutzbare Wassertiere, soweit sie nicht Gegenstand des Jagdrechtes sind, zu hegen und sich anzueignen.

Wo in diesem Gesetze der Ausdruck: „Fische" gebraucht ist, sind darunter die im Abs. 1 bezeichneten Tiere begriffen.

Welche Tiergattungen außer den Fischen und Krebsen Gegenstand des Fischereirechtes sind, wird durch Königliche Verordnung bestimmt.

Frösche dürfen in Gewässern, die zur Fischerei benützt werden, nur von den zur Ausübung der Fischerei Berechtigten und von Personen gefangen werden, welche von dem Fischereiberechtigten die schriftliche Bewilligung hiezu erhalten haben. Wer den Froschfang ausübt, ohne sich in Begleitung des Fischereiberechtigten zu befinden, hat den schriftlichen Ausweis über die Bewilligung des Fischereiberechtigten bei sich zu führen.

Bezüglich der Perlenfischerei bewendet es bei den Vorschriften des Art. 26 Abs. 3 des Wassergesetzes.

Anmerkung: Außer den Fischen und Krebsen sind Gegenstand des Fischereirechts die Schildkröten (K. Verordnung vom 18. März 1909, GVBl. S. 245).

Art. 2. Geschlossene Gewässer im Sinne des Gesetzes sind:

1. alle künstlich angelegten Fischteiche und Fischbehälter, mögen sie mit einem natürlichen Gewässer in Verbindung stehen oder nicht;
2. die lediglich zum Zwecke der Fischzucht oder Fischhaltung künst-

lich hergestellten und ständig abgesperrten Rinnsale, solange sie ausschließlich diesem Zwecke dienen;

3. mit Ausnahme der Altwässer alle anderen Gewässer, denen es an einer für den Wechsel der Fische geeigneten regelmäßigen Verbindung mit einem anderen natürlichen Gewässer fehlt.

Ob ein geschlossenes Gewässer vorliegt entscheidet die Verwaltungsbehörde.

Fischereiberechtigung.

Art. 6. Tritt ein Fischwasser über seine Ufer aus, so ist der im Fischwasser Fischereiberechtigte befugt, auf dem überfluteten Grundstücke zu fischen. Den durch die Ausübung der Fischerei allenfalls angerichteten Schaden hat der Fischereiberechtigte zu ersetzen.

Vorkehrungen, welche den Zweck haben, die Rückkehr des Wassers und der Fische in das Wasserbett zu hindern, dürfen nicht angebracht werden.

Bleiben nach dem Rücktritte des Wassers auf den Grundstücken in Gräben und anderen Vertiefungen, welche nicht in fortdauernder Verbindung mit dem Fischwasser stehen, Fische zurück, so ist der Fischereiberechtigte berechtigt, sie sich längstens innerhalb einer Woche anzueignen; für den hiebei dem Grundbesitzer verursachten Schaden haftet der Fischereiberechtigte. Nach dem Ablaufe der Frist darf der Grundeigentümer die Fische sich aneignen.

Die Verwaltungsbehörde kann auf Antrag dem Fischereiberechtigten erlauben, auf geringwertigen, im Überflutungsbereich eines Fischwassers gelegenen Grundstücken gegen Entschädigung des Grundeigentümers Gräben anzulegen und zu unterhalten, um den Fischen das Zurückgehen in das Fischwasser zu ermöglichen.

Pachtverträge, Erlaubnisscheine.

Art. 35. Der Fischereiberechtigte oder mit dessen Einwilligung der Fischereipächter oder der Vorstand einer Fischereigenossenschaft kann nur mit Genehmigung der Verwaltungsbehörde Erlaubnisscheine zur Ausübung der Fischerei ausstellen. Die Genehmigung darf nur erteilt werden, wenn hieraus Nachteile für das Fischwasser und für die mit ihm zusammenhängenden Fischwasser nicht entstehen. Die Erlaubnisscheine bedürfen der Beglaubigung durch die Ortspolizeibehörde und sind auf bestimmte Zeit, welche den Zeitraum von drei Jahren nicht überschreiten darf, auszustellen; die Beglaubigung erfolgt kostenfrei. Die Verwaltungsbehörde kann die Höchstzahl und den Inhalt der Erlaubnisscheine festsetzen.

Diese Vorschriften finden auf geschlossene Gewässer im Sinne des Art. 2 Abs. 1 Nr. 1 keine Anwendung.

Fischerkarten und Ausweise.

Art. 64. Wer Fische oder Krebse fängt, muß im Besitze einer auf seine Person ausgestellten Fischerkarte sein, welche er mit sich zu führen und auf Verlangen dem Polizei- und Aufsichtspersonal vorzuweisen hat.

Die Fischerkarten werden durch die Verwaltungsbehörde des Wohnsitzes oder des Aufenthaltsorts in der vom K. Staatsministerium des Innern bestimmten Form auf die Dauer von höchstens einem Kalenderjahr ausgestellt und gelten für das ganze Königreich.

Zur Ausübung des Fischfangs in einem geschlossenen Gewässer der im Art. 2 Abs. 1 Nr. 1 bezeichneten Art ist eine Fischerkarte nicht erforderlich.

Art. 65. Einer Fischerkarte bedürfen nicht:

1. das Hilfspersonal des Inhabers einer Fischerkarte beim Fischen in Anwesenheit des Inhabers und
2. nicht selbständige Familienangehörige eines Fischereiberechtigten beim Fischen in Anwesenheit des Fischereiberechtigten oder seines Vertreters.

Art. 68. Wer Fische oder Krebse fängt, ohne selbst der Fischereiberechtigte zu sein oder sich in Begleitung desselben zu befinden, hat neben der Fischerkarte noch einen schriftlichen Ausweis über die Berechtigung zur Ausübung der Fischerei bei sich zu führen.

Wer andere dem Fischereirecht unterliegende Wassertiere fängt, ohne selbst der Fischereiberechtigte zu sein oder sich in Begleitung desselben zu befinden, hat die schriftliche Bewilligung des Fischereiberechtigten bei sich zu führen.

Anmerkung: Vgl. Min.-Entsch. vom 15. Juni 1909 (MABl. S. 469).

Bezeichnung der zum Fischen ausliegenden Fischerzeuge.

Art. 69. Die ohne Beisein des Fischers zum Fischfang in nicht geschlossenen Gewässern ausliegenden Fischerzeuge müssen mit einem Kennzeichen versehen sein, durch welches die Person des Fischers ermittelt werden kann. Die Art der Kennzeichnung wird durch distriktspolizeiliche Vorschrift bestimmt, soweit nicht für Mitglieder von Genossenschaften in der Satzung der Genossenschaft eine Bestimmung darüber getroffen ist.

Allgemeine Schutzvorschriften.

Art. 72. Die Bestimmungen über die Zeit und Art des Fischfangs, über besondere Fangbeschränkungen sowie über Markt- und Verkehrsverbote für Fische, über Fangarten, Fanggeräte und Fangvorrichtungen, sowie über das Einlassen von Enten in Fischwasser werden durch oberpolizeiliche Vorschrift erlassen.

Art. 73. Es ist verboten, den in den Gewässern befindlichen Fischlaich ohne Genehmigung der Verwaltungsbehörde wegzunehmen, zu zerstören oder zu beschädigen. In geschlossenen Gewässern im Sinne des Art. 2 Abs. 1 Nr. 1 darf der Fischereiberechtigte den Fischlaich auch ohne Genehmigung der Verwaltungsbehörde wegnehmen, zerstören oder beschädigen.

Art. 74. Es ist verboten, ohne Genehmigung der Verwaltungsbehörde in einem nicht geschlossenen Gewässer Vorrichtungen zu dem Zwecke anzulegen, um den freien Zug der Fische zu verhindern oder zu beeinträchtigen.

Art. 77. Es ist verboten, außer in Notfällen Fischwasser zu einer anderen als zu der durch die Ortspolizeibehörde bestimmten Zeit oder über das durch ortspolizeiliche Vorschrift oder in Ermangelung einer solchen Regelung durch das Bedürfnis bestimmte Maß hinaus abzuzapfen oder ablaufen zu lassen.

Bei der Benützung zu landwirtschaftlichen, teichwirtschaftlichen, gewerblichen oder industriellen Zwecken darf einem Fischwasser, in welchem ein anderer fischereiberechtigt ist, unbeschadet bestehender besonderer Rechte, nicht so viel Wasser entzogen werden, daß hiedurch die Fische zugrunde gehen.

Der zur Ableitung des Wassers Berechtigte hat, falls es sich nicht um einen Notfall oder um eine zu bestimmter Zeit wiederkehrende Ableitung handelt, dem Fischereiberechtigten den Beginn und die voraussichtliche Dauer der Ableitung so rechtzeitig anzuzeigen, daß der Fischereiberechtigte seine Interessen wahren kann.

Streitigkeiten zwischen dem zur Ableitung des Wassers Berechtigten und dem Fischereiberechtigten über das Maß und die Zeit der Ableitung werden, insoweit es sich nicht um besondere, auf Privatrechtstiteln beruhende Rechte handelt, durch die Verwaltungsbehörde unter entsprechender Anwendung der Art. 65 bis 72 des Wassergesetzes über das Ausgleichsverfahren entschieden.

Art. 78. Das Schlämmen von Fischwassern, die Räumung von Binsen, Schilfgewächsen und anderen Wasserpflanzen und das Abmähen von Wassergräsern an den Rinnsalen ist ohne Erlaubnis der Verwaltungsbehörde nur in den Monaten Juli, August und September und in Bewässerungs- und Entwässerungsgräben auch in den Monaten Oktober und November zulässig.

Auf geschlossene Gewässer der im Art. 2 Abs. 1 Nr. 1, 2 bezeichneten Art findet diese Vorschrift keine Anwendung.

Laichschonstätten.

Art. 81. In den Laichschonstätten ist während der von der Verwaltungsbehörde bestimmten Zeit verboten

1. jede Art des Fangens von Fischen und von anderen Wassertieren;
2. jede anderweitige, mit einer Störung des Fortpflanzungsgeschäftes der Fische oder mit einer Gefährdung des Laiches oder der Brut der Fische verbundene Tätigkeit, wie insbesondere die Räumung des Bettes, die Entnahme von Wasserpflanzen, von Sand, Kies, Steinen und von Schlamm, das Befahren mit Fahrzeugen, die Vornahme von Uferbauten und das Fällen von Uferholz;
3. das Einlassen zahmer Enten, Gänse und Schwäne.

Die Verwaltungsbehörde ist befugt, ausnahmsweise den Fang von Raubfischen und anderen Schädlingen in den Laichschonstätten und, falls es zum ungehinderten Abfluß des Wassers oder für Zwecke des Uferschutzes oder der Landeskultur oder im besonderen wirtschaftlichen Interesse einzelner Beteiligter erforderlich ist, Ausnahmen von dem Verbote nach Abs. 1 Nr. 2 zuzulassen.

Die Arbeiten der staatlichen Behörden unterliegen nicht diesem Verbote.

Winterlager der Fische.

Art. 84. Es ist verboten, in nicht geschlossenen Gewässern an Stellen, welche von der Verwaltungsbehörde als Winterlager der Fische erklärt und als solche durch Zeichen kenntlich gemacht sind, die Eisdecke zu entfernen oder Schlamm, Sand, Kies, Steine oder Wasserpflanzen zu entnehmen.

Schädliche Tiere.

Art. 85. Dem Fischereiberechtigten ist gestattet, Fischotter (Lutra vulgaris), Reiher (Ardea cinerea L. und Ardetta minuta, Gray), Fischadler (Pandion haliaëtus, Cuvier), Möwen d. h. die Arten der Gattungen Lestris und Larus mit Ausnahme der Lachmöwen (Larus ridibundus, Linné) und Eisvögel (Alcedo ispida L.) innerhalb seines Fischwassers und in einer Entfernung von höchstens 3 m vom Ufer des Fischwassers zu fangen oder ohne Anwendung von Schußwaffen, von Giftstoffen oder von Sprengstoffen zu erlegen. Die gleiche Befugnis steht dem in einem geschlossenen Gewässer der im Art. 2 Abs. 1 Nr. 1, 2 bezeichneten Art Fischereiberechtigten hinsichtlich der Wasseramsel (Cinclus aquaticus, Brehm) zu. Schlingen sowie andere Eisen als Ottereisen oder Pfahleisen dürfen nicht verwendet werden; Ottereisen dürfen nur unter Wasser gelegt werden; Pfahleisen müssen in einer Höhe von mindestens 0,5 m über dem Wasserspiegel oder dem Erdboden aufgestellt werden.

Über den Ort der Aufstellung von Schlageisen zum Otterfange hat der Fischereiberechtigte dem Jagdberechtigten 24 Stunden vor ihrer Legung Mitteilung zu machen.

Der Fischereiberechtigte hat die gefangenen oder getöteten jagdbaren Tiere an den Jagdberechtigten innerhalb 24 Stunden nach ihrer Erbeutung abzuliefern. Dem Fischereiberechtigten ist erlaubt, die zur Erlangung einer Entlohnung allenfalls erforderlichen Körperteile der Tiere vor der Ablieferung sich anzueignen.

Der Jagdberechtigte kann verlangen, daß die Mitteilung und die Ablieferung an den von ihm aufgestellten Vertreter erfolgen.

Der Fischereiberechtigte ist für jeglichen Schaden, der durch die Schlageisen jemandem zugeht, ersatzpflichtig.

Wenn die im Abs. 1 bezeichneten Tiere in einer den Interessen der Fischerei schädlichen Weise überhandnehmen und der Jagdberechtigte trotz Aufforderung der Verwaltungsbehörde innerhalb einer bestimmten Frist die geforderte Abminderung nicht herbeigeführt hat, so kann die Verwaltungsbehörde nach Benehmen mit dem K. Forstamte auf Antrag und auf Kosten der Fischereiberechtigten das Abschießen der Tiere sowie die Zerstörung der Nester (Horste) der Vögel samt den Eiern und der Brut anordnen und über die erlegten Tiere verfügen.

Aufsicht.

Art. 86. Die Fischereiberechtigten, Fischereigenossenschaften und Gemeinden können volljährige und unbescholtene Personen als Fischereiaufseher aufstellen. Dieselben werden auf Antrag durch die Verwaltungsbehörde des Wohnsitzes oder des Aufenthaltsorts eidlich verpflichtet, sofern gegen die Zuverlässigkeit keine Bedenken bestehen. Über die Verpflichtung wird eine Bestätigung ausgefertigt, welche der Fischereiaufseher im Dienste als Ausweis bei sich zu tragen hat.

Die verpflichteten Fischereiaufseher sind in bezug auf ihren Wirkungskreis in Gegenständen des Fischereischutzes den öffentlichen Bediensteten gleich zu achten. Sie sind innerhalb dieses Wirkungskreises Hilfsbeamte der Staatsanwaltschaft.

Strafbestimmungen.

Art. 100. Mit Geld bis zu 150 Mark oder mit Haft wird, soferne nicht nach den bestehenden gesetzlichen Bestimmungen eine höhere Strafe verwirkt ist, bestraft:

1. wer unbefugt Fischwege (Art. 75 Abs. 1, 2), Schutzvorrichtungen bei Triebwerken (Art. 76), Schutzrechen, -Gitter u. dgl. an Gräben (Art. 79) beseitigt oder beschädigt;
2. wer den Vorschriften des Art. 74 zuwiderhandelt;
3. wer unbefugt Zeichen, welche zum Zwecke der Abmarkung der Grenzen von Fischereirechten von den zuständigen Behörden oder Personen angebracht worden sind, wegnimmt, vernichtet, unkenntlich macht, beschädigt oder verrückt.

Art. 101. Mit Geldstrafe bis zu 60 Mark oder mit Haft bis zu 14 Tagen wird, soferne nicht nach den bestehenden gesetzlichen Bestimmungen eine höhere Strafe verwirkt ist, bestraft:

1. wer entgegen dem Art. 6 Abs. 2 Vorkehrungen anbringt, welche den Zweck haben, die Rückkehr des Wassers und der Fische in das Wasserbett zu hindern;
2. wer die nach Art. 6 Abs. 4 angelegten Gräben unbefugt beschädigt;
3. wer einen Erlaubnisschein unbefugt ausstellt oder die für die Ausstellung von der Verwaltungsbehörde festgesetzten Bedingungen nicht beachtet (Art. 35);
4. wer den bestehenden Fischereiordnungen und den auf Grund des Art. 72 erlassenen oberpolizeilichen Vorschriften zuwiderhandelt;
5. wer einen Fischweg ohne Genehmigung der Verwaltungsbehörde anlegt oder den über die Benützung und die Offenhaltung eines Fischwegs erlassenen Vorschriften zuwiderhandelt (Art. 75 Abs. 5);
6. wer den Vorschriften des Art. 77 Abs. 1, 2 zuwiderhandelt oder eine der in Art. 77 Abs. 3 und Art. 85 Abs. 2 vorgeschriebenen Anzeigen unterläßt;
7. wer den Vorschriften des Art. 1 Abs. 4, Art. 73, 81 Abs. 1, Art. 84 zuwiderhandelt;
8. wer unbefugt oder entgegen dem Art. 78 ohne Erlaubnis Fischwasser schlämmt oder aus denselben Binsen, Schilfgewächse oder

andere Wasserpflanzen räumt oder Wassergräser an den Rinnsalen abmäht.

Art. 102. Im Falle rechtskräftiger Verurteilung nach Art. 6 Abs. 2 mit Art. 101 Nr. 1, dann nach Art. 74 mit Art. 100 Nr. 2 und nach Art. 75 Abs. 5 mit Art. 101 Nr. 5 ist die Verwaltungsbehörde zu ermächtigen, auf Kosten des Verurteilten die Beseitigung des ordnungswidrigen Zustandes herbeizuführen.

Art. 103. An Geld bis zu 60 Mark oder mit Haft bis zu 14 Tagen wird bestraft:

1. wer, ohne in dem betreffenden Gewässer zum Fischen befugt zu sein, nicht verpackte und nicht als Fracht- oder Passagiergut zu befördernde Fischereigerätschaften irgendwelcher Art in und an Schiffen, Flößen und anderen Wasserfahrzeugen mitführt oder solche Geräte in Badeanstalten oder Mühlen hält oder deren Mitführen oder Halten durch seine zur Ausübung der Fischerei nicht befugten Angehörigen, Bediensteten, Lehrlinge, Arbeiter u. dgl. duldet;
2. wer außerhalb der öffentlichen Wege in der Nähe von Fischwassern Fischereigeräte irgendwelcher Art in nicht verpacktem Zustande mit sich führt, ohne in dem Gewässer zur Fischereiausübung befugt zu sein oder in Begleitung des Fischereiberechtigten oder seines Stellvertreters sich zu befinden;
3. wer verbotene Fischgeräte unbefugt besitzt oder mit sich führt;
4. wer auf Aufforderung des Polizei- oder Aufsichtspersonals (Art. 86) sich weigert, verbotene Fanggeräte oder verbotswidrig gefangene Fische herauszugeben.

Art. 104. An Geld bis zu 30 Mark oder mit Haft bis zu einer Woche wird bestraft:

1. wer von der ihm zustehenden Befugnis zur Fischerei Gebrauch macht, bevor für ihn eine Fischkarte gelöst ist oder nachdem die Zeit ihrer Gültigkeit abgelaufen ist;
2. wer seine Fischkarte einem anderen zum Gebrauche überläßt;
3. wer der Vorschrift des Art. 68 oder des Art. 69 zuwiderhandelt.

Der ohne Fischerkarte Betroffene ist unabhängig von der Bestrafung zur Nachzahlung der Gebühr des Art. 67 Abs. 1 verpflichtet.

Im Falle einer Bestrafung nach Abs. 1 Ziff. 2 ist die erteilte Karte von der Verwaltungsbehörde, welche sie ausgestellt hat, für ungültig zu erklären und einzuziehen.

Art. 105. An Geld bis zu 15 Mark wird bestraft:

1. wer zwar eine gültige, auf seinen Namen lautende Fischerkarte besitzt, dieselbe aber bei Ausübung der Fischerei nicht bei sich führt;
2. wer den Polizei- und Aufsichtsorganen die Vorzeigung der Fischerkarte oder des Ausweises nach Art. 1 Abs. 4, Art. 35 und 68 und bei sich ergebenden Anständen die Abgabe dieser Papiere verweigert;

3. wer den Vorschriften des Art. 33 hinsichtlich der Hinterlegung einer Ausfertigung des Pachtvertrages zuwiderhandelt.

Art. 106. Die bei der verbotenen Art der Ausübung des Fischfanges gebrauchten Geräte, dann Fische, welche entgegen den Vorschriften über Fangbeschränkungen gefangen wurden oder welche entgegen den fischereipolizeilichen Vorschriften gekauft, verkauft, feilgehalten oder sonst in den Verkehr gebracht werden, unterliegen der Einziehung, ohne Unterschied, ob die Geräte oder Fische dem Verurteilten gehören oder nicht.

In den Fällen des Art. 103 Nr. 1 bis 3 und des Art. 104 Nr. 3 kann die Einziehung der Geräte und Fischzeuge erkannt werden.

Ist die Verfolgung oder Verurteilung einer bestimmten Person nicht ausführbar, so kann die Einziehung selbständig erkannt werden.

Art. 107. Wer zur Begehung einer strafbaren Zuwiderhandlung gegen die zum Schutze der Fischerei erlassenen Vorschriften sich seiner Angehörigen, Dienstboten, Lehrlinge oder Arbeiter bedient, haftet, wenn sie nicht zahlungsfähig sind, neben der von ihm selbst verwirkten Strafe, für die von ihnen zu erlegenden Geldstrafen, Kosten und sonstigen Ersatzleistungen.

Die Haftung ist im Strafurteile auszusprechen.

---

8. Bekanntmachung des K. Staatsministeriums des Innern vom 23. März 1909, die Landesfischereiordnung betr. (GVBl. S. 294.)

§ 1. Für die nachgenannten Fischarten werden folgende Schonzeiten festgesetzt:

1. vom 1. März bis 30. April für Äsche (Asch, Thymallus vulgaris Nils.);
2. vom 16. März bis 30. April für Huchen (Rotfisch, Salmo hucho L.);
3. vom 1. April bis 15. Mai für Schill (Amaul, Sandbarsch, Zander, Lucioperca sandra L.);
4. vom 1. Mai bis 15. Juni für Barbe (Barbus fluviatilis Agass);
5. vom 1. Oktober bis 15. Januar für Forelle (Bach-, Fluß-, Steinforelle, Trutta fario L.);
6. vom 1. Oktober bis 31. Dezember für Seeforelle (Rheinanke, Illanke, Seelachs, Lachsforelle, Grundforelle, Trutta lacustris L.);
7. vom 1. Oktober bis 31. Dezember für Bachsaibling (Salmo fontinalis Mitch.);
8. vom 16. Oktober bis 31. Dezember für Lachs (Rheinsalm Trutta salar L.);
9. vom 1. November bis 31. Dezember für alle Renkenarten (Felchen, Maränen, Coregonus) mit Ausnahme des Kilches;

10. vom 1. November bis 31. Dezember für Saibling (Seesaibling, Ritter, Salmo salvelinus L.).

Wenn in einem oder mehreren Bezirken die natürliche Laichperiode für Forellen, Bachsaiblinge, Lachse, Äschen und Huchen sich regelmäßig über den in Ziffer 1, 2, 5, 7 und 8 bezeichneten Zeitpunkt hinaus erstreckt oder früher beginnt, so kann für diese Bezirke von der Regierung, Kammer des Innern, die Schonzeit für Forellen und Bachsaiblinge bis 15. September vorverlegt oder bis spätestens 1. März verlängert und die Schonzeit für Lachse bis spätestens 15. Januar, für Äschen und Huchen bis spätestens 15. Mai verlängert werden.

Die vorgeschriebenen Anfangs- und Endtage sind in die Schonzeit mit eingeschlossen.

Die Regierungen, Kammern des Innern, sind ermächtigt, für ihren Regierungsbezirk oder für einzelne bestimmte Gewässer oder Teile derselben auch für Regenbogenforelle (Salmo irideus Gibb.), Hecht (Esox lucius L.), Rutte (Lota vulgaris C.), Forellenbarsch (Micropterus salmoides Lac.), Barsch (Flußbarsch, Perca fluviatilis L.), Schied (Aspius rapax Ag.), Karpfen (Cyprinus carpio L.), Schleie (Tinca vulgaris Cuv.), Brachsen (Abramis brama L.), Aitel (Alten, Dickkopf, Schuppfisch, Döbel, Diebel, Dübling, Squalius cephalus L.), Hasel (Rüßling, Squalius leuciscus L.), Nersling (Aland, Idus melanotus Heck.), Frauen-Nersling (Leuciscus virgo Heck.) und Frauenfisch (Leuciscus meidingeri Heck.), sowie für Nase (Chondrostoma nasus L.) eine Schonzeit festzusetzen, welche jedoch die Dauer von zwei Monaten des Jahres nicht überschreiten darf.

Werden edlere Fische, welche in einem Gewässer bisher nicht einheimisch waren, oder schnellwüchsige Rassen als Ersatz für verkümmerte Fische in Gewässer neu eingesetzt, so kann mit Zustimmung des Fischereiberechtigten oder, falls mehrere Berechtigte vorhanden sind, der Mehrheit derselben für das betreffende Fischwasser, sowie für etwaige damit zusammenhängende andere Gewässer oder Wasserstrecken durch die Regierung, Kammer des Innern, auf eine bestimmte Zeitdauer unbedingte Schonung für Fische solcher Art angeordnet werden.

§ 2. Für die nachbenannten Fischarten werden folgende Mindestmaße (Brittelmaße) und zwar für die ganze Länge des Fisches von der Kopfspitze bis zum Schwanzende (Schwanzspitzen) festgesetzt:

55 cm für Huchen (Salmo hucho L.);
50 cm für Lachs (Salm, Trutta salar L.);
50 cm für Seeforelle (Trutta lacustris L.);
40 cm für Schill (Amaul, Zander, Lucioperca sandra L.);
40 cm für Hecht (Esox lucius L.);
40 cm für Aal (Anguilla fluviatilis Flemm.);
30 cm für Große Maräne (Peipusseemaräne, Coregonus maraena Bl.);
30 cm für Äsche (Thymallus vulgaris Nils.);
28 cm für Barbe (Barbus fluviatilis Agass.);

25 cm für Saibling (Seesaibling, Ritter, Salmo salvelinus L.);
24 cm für Forelle (Bach-, Fluß-, Steinforelle, Trutta fario L.);
24 cm für Regenbogenforelle (Salmo irideus, Gibb.);
24 cm für Bachsaibling (Salmo fontinalis Mitch.);
22 cm für alle Renken (Felchen, Maränen, Coregonus) mit Ausnahme der großen Maräne und des Kilches.

Die Regierungen, Kammern des Innern, sind ermächtigt, für einzelne Bäche oder Flußstrecken, in welchen nachgewiesenermaßen die Forelle (Steinforelle) im allgemeinen nicht wesentlich über 10 cm groß wird, das Mindestmaß für Forellen (Trutta fario) bis zu 10 cm herabzusetzen.

Die Regierungen können ferner für die im § 1 Abs. 4 bezeichneten Fischarten in dem dort vorgesehenen räumlichen Umfange Mindestmaße bestimmen, soweit solche Maße nicht schon in Abs. 1 festgesetzt sind.

§ 3. Auf Fische darf, solange sie der Schonzeit unterliegen oder das festgesetzte Mindestmaß noch nicht erreicht haben, ein Fang nicht unternommen werden.

Werden solche Fische bei erlaubtem Fange unabsichtlich mitgefangen, so sind sie in dasselbe Gewässer unverzüglich wieder frei einzusetzen.

§ 4. Während der Schonzeit, ausschließlich der ersten drei Tage derselben, dürfen Fische, für welche eine Schonzeit festgesetzt ist, weder zu Markt gebracht, noch sonstwie feilgehalten oder veräußert oder zu solchem Zwecke versendet werden, gleichviel wann, wo und von wem sie gefangen wurden.

Fische unter dem festgesetzten Mindestmaß dürfen weder zu Markt gebracht, noch sonstwie feilgehalten oder veräußert oder zu solchem Zwecke versendet werden, gleichviel wann, wo und von wem sie gefangen wurden.

Diese Verbote erstrecken sich insbesondere auch auf das Feilhalten und den Verkauf von rohen oder zubereiteten Fischen solcher Art in Gasthäusern, Wirtschaften, Garküchen, Delikatessenhandlungen und ähnlichen Gewerbslokalen, sowie auf das Auflegen von Speisekarten mit Preisangaben für derlei Fische.

Macht die Regierung, Kammer des Innern, von der in § 1 Abs. 4 und 5 erteilten Ermächtigung Gebrauch, so soll sie zugleich den Bezirk bezeichnen, in welchem während der festgesetzten Schonzeit die Bestimmungen der vorstehenden Absätze 1 und 3 Anwendung zu finden haben.

Das öffentliche Feilhalten von Setzlingen unter dem Mindestmaße auf Märkten und in Verkaufslokalen ist verboten.

§ 5. Die Regierung, Kammer des Innern, kann in widerruflicher Weise gestatten, daß in Seen einzelne Fischarten auch während der festgesetzten Schonzeit oder innerhalb eines bestimmten Zeitraumes der Schonzeit gefangen werden dürfen, wenn diese Fischarten aus örtlichen oder sonstigen natürlichen Gründen zu anderer Zeit nicht gefangen werden können. Die Fangerlaubnis kann hiebei auf die Anwendung bestimmter Fanggeräte und Fangarten oder auf bestimmte Fangplätze beschränkt werden.

Bezüglich solcher Fische, welche für den Bestand oder die Vermehrung wertvollerer Fischarten nachteilig sind, kann die Distriktsverwaltungsbehörde einzelnen Fischereiberechtigten für bestimmte Gewässer und für eine bestimmte Zeitdauer den Fang auch während der Schonzeit und unter dem Mindestmaße gestatten, wenn festgestellt ist, daß eine weitere Vermehrung der fraglichen Fischart in dem Gewässer aus jenem Gesichtspunkte bedenklich sein würde.

Die Distriktsverwaltungsbehörde kann einzelnen Personen in widerruflicher Weise gestatten, zu wissenschaftlichen Zwecken aus bestimmten Gewässern eine angemessene Zahl von Fischen auch während der Schonzeit und unter dem Mindestmaße zu fangen oder fangen zu lassen.

Die gleiche Erlaubnis kann auch zum Zwecke der Gewinnung und Erbrütung von Fischeiern hinsichtlich hierzu dienlicher Fischarten, namentlich von Edelfischen (Salmoniden), für einzelne offene Gewässer und für eine begrenzte Zeitdauer, sowie für eine wenigstens beiläufig festzusetzende Menge von Fischen oder zu befruchtenden Eiern unter der Bedingung erteilt werden, daß eine von der Distriktsverwaltungsbehörde festzusetzende Zahl von Brut oder Jährlingen dem Wasser zurückgegeben wird, aus dem die Fische entnommen wurden.

Die Erlaubnis zum Fange untermaßiger Setzlinge aus offenen Gewässern zum Zwecke der Besetzung anderer Gewässer oder der Streckung und Mast kann von der Distriktsverwaltungsbehörde in widerruflicher Weise für eine im voraus festzusetzende Anzahl von Fischen und für eine begrenzte Zeitdauer erteilt werden. Hiedurch darf die dauernde Ertragsfähigkeit des Gewässers nicht beeinträchtigt werden. Diese Erlaubnis kann nicht auf die für die betreffenden Fische vorgeschriebene Schonzeit erstreckt werden und ist zu versagen, wenn sich bei Vorhandensein mehrerer Berechtigter die Mehrheit gegen die Erlaubniserteilung ausspricht.

Die Distriktsverwaltungsbehörde kann in widerruflicher Weise gestatten, daß in Gewässern, die sich für Salmoniden besonders eignen, Hechte unter dem Mindestmaß gefangen werden.

§ 6. Es ist gestattet in den Verkehr zu bringen:

1. Forellen aus Gewässern, für welche nach § 2 Abs. 2 das Mindestmaß auf 18 cm herabgesetzt wurde (Steinforellen), wenn sie dieses Mindestmaß erreicht haben, dann
2. Fische, deren Fang gemäß § 5 Abs. 1, 2 und 6 erlaubt wurde.

In den Fällen der Nummer 1 und 2 muß jedoch nachgewiesen werden, daß die Fische aus diesen Gewässern stammen und von wem sie bezogen worden sind.

Die Distriktsverwaltungsbehörde kann Fischzüchtern widerruflich gestatten, Fische, welche erweislich zur künstlichen Fischzucht gedient haben, ausnahmsweise auch während der Schonzeit unter Nachweis des Ursprungs in den Verkehr zu bringen.

Setzlinge unter dem Mindestmaße, welche zum Zwecke der Besetzung anderer Gewässer, der Streckung oder Mast mit Erlaubnis der Distriktsverwaltungsbehörde offenen Gewässern entnommen wurden, dürfen verkauft und versendet werden; das öffentliche Feilhalten derselben auf Märkten und in Verkaufslokalen bleibt jedoch verboten.

Die Bestimmungen in § 4 Abs. 1 und 3 beziehen sich nicht auf die im Auslande gefangenen Zander und Lachse. Der Verkauf dieser Fische während der Schonzeit ist jedoch nur unter dem Nachweis zulässig, daß sie aus dem Auslande stammen und von wem sie bezogen worden sind.

§ 7. Fische, welche in Teichen oder in anderen gemäß Art. 2 des Fischereigesetzes vom 15. August 1908 als geschlossen zu erachtenden Gewässern gezüchtet wurden oder herangewachsen sind, dürfen während der in § 1 für Fische der gleichen Art festgesetzten Schonzeit gefangen und in den Verkehr gebracht werden, wenn sie das für ihre Art festgesetzte Mindestmaß erreicht haben; jedoch muß nachgewiesen werden, daß die Fische aus diesen Gewässern stammen und von wem sie bezogen worden sind.

Regenbogenforellen und Bachsaiblinge, welche in Teichen oder in anderen gemäß Art. 2 des Fischereigesetzes als geschlossen zu erachtenden Gewässern gezüchtet werden, können zu jeder Zeit auch unter dem Mindestmaße, jedoch nicht unter 20 cm Länge gefangen und in den Verkehr gebracht werden, wenn der in Abs. 1 bezeichnete Nachweis erbracht wird.

Die Vorschriften über Mindestmaße finden keine Anwendung auf den Fang, die Veräußerung und Versendung von Fischbrut und Setzlingen aus Teichen oder aus anderen gemäß Art. 2 des Fischereigesetzes als geschlossen zu erachtenden Gewässern, wenn die Fische zur Besetzung anderer Gewässer, zur Streckung oder Mast verwendet werden.

Auf die Abfischung von Teichen, in welchen Fische nur vorübergehend gehalten werden, finden die bezüglich der Schonzeit erlassenen Verbote keine Anwendung, wenn infolge unabwendbarer Naturereignisse oder sonstigen Notstandes das sofortige Abfischen des Teiches geboten erscheint. Gleiches gilt in einem solchen Falle gegenüber dem Fischereiberechtigten von dem Verbote, die Fangergebnisse in den Verkehr zu bringen, wenn die sofortige Veräußerung zur Abwendung erheblichen Schadens notwendig ist.

§ 8. Der Fang weiblicher Krebse ist verboten; männliche Krebse dürfen nicht unter 10 cm Länge (von der Kopfspitze bis zum Schwanzende — Schwanzspitzen —) gefangen werden.

§ 9. Fanggeräte jeder Art und Benennung, insbesondere Netze, Geflechte, Körbe, Reusen, sowie Fanggeräte aus Holzstäben oder Latten dürfen in nicht geschlossenen Gewässern nicht angewendet werden, wenn deren Öffnungen (bei Maschen in nassem Zustande) sowohl in ihrer Höhe als in ihrer Breite nicht wenigstens $2^1/_2$ cm messen.

Im Rheine und dessen Zuflüssen müssen beim Salmenfange die vorgenannten Fangvorrichtungen, sowie die Seitenteile (Flügel) der großen Zugnetze (Seegen, Zegen) und Fuicken (Bügelreusen) Öffnungen von 6 cm, das Innere der Seegen, Reusen und Fuicken von 4 cm in Höhe und Breite haben.

Für den Fang der Kilche (Kropffelchen) ist die Verwendung von Netzen mit einer Maschenweite von 2,2 cm zulässig und für den Fang von Aalen ist der Gebrauch von besonderen Fanggeräten, welche ausschließlich für den Aalfang bestimmt sind, mit einer Weite der Öffnungen von mindestens 1,5 cm in Höhe und Breite gestattet.

Bei der Überwachung der Fanggeräte ist eine Abweichung von $^1/_{10}$ bei einzelnen Maschen nicht zu beanstanden.

Die gemäß des § 5 Abs. 2, 3, 5 und 6 begründeten ausnahmsweisen Fangbefugnisse schließen auch die Erlaubnis in sich, die zu jenen Zwecken erforderlichen Fanggeräte ohne Beschränkung der Höhe und Breite ihrer Öffnungen hiebei zu gebrauchen.

Die Regierungen, Kammern des Innern, können Abweichungen von der Vorschrift in Abs. 1, namentlich eine Verengerung der Maschenweite bestimmen, wenn und soweit dies die örtlichen Verhältnisse erfordern.

Zum Zwecke des Fanges von Futter- und Köderfischen ist der Gebrauch von Fanggeräten mit geringerer Maschenweite gestattet; doch wird dadurch an den Bestimmungen über Schonzeit und Mindestmaße nichts geändert. An bestimmten Orten kann die Anwendung solcher Fanggeräte auch bei dem Fange von sog. Backfischen, d. h. von Grundeln, Lauben, Ellritzen, Koppen, kleinen Rotaugen u. dgl., welche weder ein Mindestmaß noch eine Schonzeit haben und dem menschlichen Genusse dienen sollen, von der Distriktsverwaltungsbehörde in widerruflicher Weise gestattet werden. Bei wahrgenommenem Mißbrauche dieser Befugnisse können sie von der Distriktsverwaltungsbehörde entzogen werden.

Verboten ist:

1. die Anwendung schädlicher und explodierender Stoffe (insbesondere von giftigen Ködern oder von Mitteln zur Betäubung oder Vernichtung der Fische, von Sprengpatronen oder anderen dergleichen Sprengmitteln), sowie der Gebrauch von Fackeln oder sonstigen Beleuchtungsmitteln beim Fischen und Krebsen;
2. die Anwendung menschlicher Tätigkeit während der Nachtzeit zum Zwecke des Fischfanges mit Ausnahme des infolge unabwendbarer Naturereignisse oder sonstigen Notstandes etwa gebotenen sofortigen Abfischens;
3. das Tollkeulen der Fische unter dem Eise;
4. die Anwendung grober Werkzeuge beim Fischen oder von Mitteln zur Verwundung der Fische, namentlich das Erschlagen mit Prügeln, die Anwendung von Schußwaffen, von Leg- oder Schlageisen, Speeren und Fischgabeln (Harpunen, Gern), Reiß-

angeln und Schlingen, sowie von Netzfallen, sofern sie nicht eine genügende Größe haben, um schwere Verletzungen der Fische zu vermeiden;

5. die Anlegung neuer, namentlich mit Mühlen oder sonstigen Wasserwerken verbundener sog. Selbstfänge.

Für den Salmenfang (Lachsfang) im Rheine können von den Distriktsverwaltungsbehörden einzelnen Fischereiberechtigten Ausnahmen von dem Verbote unter Abs. 8 Nr. 2 durch Ausstellung besonderer Erlaubnisscheine widerruflich bewilligt werden.

Von den Bestimmungen unter Abs. 8 Nr. 1, 2 und 4 können die Distriktsverwaltungsbehörden für einzelne Gewässer oder Bestandteile von solchen nach Maßgabe des wirtschaftlichen Bedürfnisses und der örtlichen Verhältnisse in widerruflicher Weise Ausnahmen bewilligen.

Die Anwendung von Legangeln kann für bestimmte Gewässer oder einzelne Teile derselben durch Anordnung der Regierung, Kammer des Innern, verboten oder beschränkt werden, wenn dieses Fangmittel

1. zu Verfehlungen gegen die Schonvorschriften benützt worden ist, oder
2. in dem betreffenden Bezirke in einem die Interessen des Fischschutzes und der Fischerei überhaupt bedrohenden Umfange zu Mißbräuchen geführt hat.

Die Regierungen, Kammern des Innern, können für ihren Regierungsbezirk oder für einzelne bestimmte Gewässer oder Teile derselben auch die Anwendung anderweiter als der nach den vorstehenden Bestimmungen schon verbotenen Fangarten, Fanggeräte und Fangvorrichtungen im Interesse der Fischhege verbieten.

§ 11. Das Einlassen von Enten in die Fischwasser während der Schonzeit der darin vorherrschenden Fischarten ist verboten.

Die Distriktsverwaltungsbehörden können auf Antrag des Fischereiberechtigten weitere Beschränkungen des Einlassens von Enten, namentlich in räumlicher Beziehung, nach Bedürfnis verfügen.

Anmerkung: Das Feldschadengesetz vom 6. März 1902 (GVBl. S. 99) enthält folgende Vorschriften zum Schutze der Fischwasser:

„Art. 19. Dringen Enten in fremdes fließendes Fischwasser während der Schonzeit der darin hauptsächlich vorkommenden Fischarten oder in fremde Fischteiche ein, so ist derjenige, welcher die Enten hält, zur Zahlung von Ersatzgeld verpflichtet.

Die Verpflichtung tritt nicht ein, wenn die Möglichkeit einer Beschädigung der Fische oder der Fischbrut ausgeschlossen war.

Als fremdes Fischwasser ist das Fischwasser anzusehen, in das derjenige, welcher die Enten hält, sie einzulassen nicht berechtigt ist.

Die Art. 2 bis 18 dieses Gesetzes finden entsprechende Anwendung; dabei tritt an die Stelle des im Art. 13 bezeichneten strafgerichtlichen Verfahrens das strafgerichtliche Verfahren wegen Zuwiderhandlungen gegen die im Art. 126 Abs. 1 Nr. 1 des Polizeistrafgesetzbuchs vorbehaltenen Vorschriften der Fischereiordnungen.“

(An die Stelle des im Art. 13 des Feldschadengesetzes bezeichneten Strafverfahrens tritt jetzt das Strafverfahren wegen Zuwiderhandlungen gegen die in Art. 72 des Fischereigesetzes vorbehaltenen oberpolizeilichen Vorschriften; vgl. Art. 111 Abs. 1 und 101 Nr. 4 Fischereiges., § 11 Landesfischereiordnung.)

9. Oberbergpolizeiliche Vorschriften des K. Staatsministeriums des Innern vom 30. Juli 1900. (GVBl. S. 843.)

§. 146. Der Eintritt in die Bergwerke und Aufbereitungsanlagen, in die Schachtgebäude sowie in alle Räumlichkeiten über oder unter Tags, in denen Maschinen, Dampfkessel oder andere Betriebsvorrichtungen aufgestellt sind, ist außer den bei den betreffenden Betriebszweigen beschäftigten Personen, den Werksbeamten und den Organen der Bergbehörde nur den mit amtlichen Fahrscheinen versehenen Personen sowie denjenigen gestattet, welche von der Betriebsleitung hiezu die Erlaubnis erhalten haben.

Solchen Personen muß bei der Besichtigung der Anlagen in der Grube wie über Tag ein sachkundiger Führer mitgegeben werden.

Das Betreten der Werkplätze, der Anlagen sowie der Betriebsgeleise, der Böschungen, Berg- und Aschenhalden durch Unbefugte ist verboten. Das Verbot ist durch Warnungstafeln ersichtlich zu machen.

Wenn der Bergwerksbesitzer bestimmten Personen das Betreten der Berghalden zum Zwecke des Aufsammelns von Kohlen, Braschen und sonstigen Abfällen gestatten will, so ist er verpflichtet, die Beschäftigung jener Personen zu überwachen und die hiezu angewiesene Aufsichtsperson mit der erforderlichen Instruktion zu versehen.

§ 147. Zuwiderhandlungen gegen die vorstehenden Bestimmungen werden gemäß Art. 231 Abs. 1 und 2 des Berggesetzes mit Geldstrafe bis zu dreihundert Mark und im Unvermögensfalle mit Haft bestraft.

D. Gewerbe, Handel und Verkehr.

1. Reichsgewerbeordnung in der Fassung vom 26. Juli 1900 (RGBl. S. 871) mit den Änderungen vom 14. Oktober 1905 (RGBl. S. 759), 7. Januar 1907 (RGBl. S. 3), 30. Mai, 29. Juni und 28. Dezember 1908 (RGBl. S. 356, 473, 667), 2. Juni 1910 (Stellenvermittlergesetz, RGBl. S. 860).

Titel I.

Allgemeine Bestimmungen.

§ 1. Der Betrieb eines Gewerbes ist jedermann gestattet, soweit nicht durch dieses Gesetz Ausnahmen oder Beschränkungen vorgeschrieben oder zugelassen sind.

Wer gegenwärtig zum Betrieb eines Gewerbes berechtigt ist, kann von demselben nicht deshalb ausgeschlossen werden, weil er den Erfordernissen dieses Gesetzes nicht genügt.

§ 5. In den Beschränkungen des Betriebs einzelner Gewerbe, welche auf den Zoll-, Steuer- und Postgesetzen beruhen, wird durch das gegenwärtige Gesetz nichts geändert.

§ 6. Das gegenwärtige Gesetz findet keine Anwendung auf die Fischerei, die Errichtung und Verlegung von Apotheken, die Erziehung von Kindern gegen Entgelt, das Unterrichtswesen, die advokatorische und Notariats-Praxis, den Gewerbebetrieb der Auswanderungsunternehmer und Auswanderungsagenten, der Versicherungsunternehmer und der Eisenbahnunternehmungen, die Befugnis zum Halten öffentlicher Fähren und die Rechtsverhältnisse der Schiffsmannschaften auf den Seeschiffen. — Auf das Bergwesen, die Ausübung der Heilkunde, den Verkauf von Arzneimitteln, den Vertrieb von Lotterielosen und die Viehzucht findet das gegenwärtige Gesetz nur insoweit Anwendung, als dasselbe ausdrückliche Bestimmungen darüber enthält.

Durch Kaiserliche Verordnung wird bestimmt, welche Apothekerwaren dem freien Verkehre zu überlassen sind.

Titel II.

Stehender Gewerbebetrieb.

I. Allgemeine Erfordernisse.

§ 14. Wer den selbständigen Betrieb eines stehenden Gewerbes anfängt, muß der für den Ort, wo solches geschieht, nach den Landesgesetzen zuständigen Behörde gleichzeitig Anzeige davon machen. Diese Anzeige liegt auch demjenigen ob, welcher zum Betrieb eines Gewerbes im Umherziehen (Titel III) befugt ist.

Außerdem hat, wer Versicherungen für eine Mobiliar- oder Immobiliar-Feuerversicherungsanstalt als Agent oder Unteragent vermitteln will, bei Übernahme der Agentur, und derjenige, welcher dieses Geschäft wieder aufgibt, oder welchem die Versicherungsanstalt den Auftrag wieder entzieht, innerhalb der nächsten acht Tage der zuständigen Behörde seines Wohnorts davon Anzeige zu machen. Buch- und Steindrucker, Buch- und Kunsthändler, Antiquare, Leihbibliothekare, Inhaber von Lesekabinetten, Verkäufer von Druckschriften, Zeitungen und Bildern haben bei der Eröffnung ihres Gewerbebetriebs das Lokal desselben sowie jeden späteren Wechsel des letzteren spätestens am Tage seines Eintritts der zuständigen Behörde ihres Wohnorts anzugeben.

§ 15. Die Behörde bescheinigt innerhalb dreier Tage den Empfang der Anzeige.

Die Fortsetzung des Betriebs kann polizeilich verhindert werden, wenn ein Gewerbe, zu dessen Beginn eine besondere Genehmigung erforderlich ist, ohne diese Genehmigung begonnen wird.

§ 15a. Gewerbetreibende, die einen offenen Laden haben oder Gast- oder Schankwirtschaft betreiben, sind verpflichtet, ihren Familiennamen mit mindestens einem ausgeschriebenen Vornamen an der Außenseite oder am Eingange des Ladens oder der Wirtschaft in deutlich lesbarer Schrift anzubringen.

Kaufleute, die eine Handelsfirma führen, haben zugleich die Firma in der bezeichneten Weise an dem Laden oder der Wirtschaft anzubringen; ist aus der Firma der Familienname des Geschäftsinhabers mit dem ausgeschriebenen Vornamen zu ersehen, so genügt die Anbringung der Firma.

Auf offene Handelsgesellschaften, Kommanditgesellschaften und Kommanditgesellschaften auf Aktien finden diese Vorschriften mit der Maßgabe Anwendung, daß für die Namen der persönlich haftenden Gesellschafter gilt, was in Betreff der Namen der Gewerbetreibenden bestimmt ist.

Sind mehr als zwei Beteiligte vorhanden, deren Namen hiernach in der Aufschrift anzugeben wären, so genügt es, wenn die Namen von zweien mit einem das Vorhandensein weiterer Beteiligter andeutenden Zusatz aufgenommen werden. Die Polizeibehörde kann im einzelnen Falle die Angabe der Namen aller Beteiligten anordnen.

II. Erfordernis besonderer Genehmigung.

1. Anlagen, welche einer besonderen Genehmigung bedürfen.

§ 16. Zur Errichtung von Anlagen, welche durch die örtliche Lage oder die Beschaffenheit der Betriebsstätte für die Besitzer oder Bewohner der benachbarten Grundstücke oder für das Publikum überhaupt erhebliche Nachteile, Gefahren oder Belästigungen herbeiführen können, ist die Genehmigung der nach den Landesgesetzen zuständigen Behörde erforderlich:

Es gehören dahin:

Schießpulverfabriken, Anlagen zur Feuerwerkerei und zur Bereitung von Zündstoffen aller Art, Gasbereitungs- und Gasbewahrungsanstalten, Anstalten zur Destillation von Erdöl, Anlagen zur Bereitung von Braunkohlenteer, Steinkohlenteer und Koaks, sofern sie außerhalb der Gewinnungsorte des Materials errichtet werden, Glas- und Rußhütten, Kalk-, Ziegel- und Gipsöfen, Anlagen zur Gewinnung roher Metalle, Röstöfen, Metallgießereien, sofern sie nicht bloß Tiegelgießereien sind, Hammerwerke, chemische Fabriken aller Art, Schnellbleichen, Firnissiedereien, Stärkefabriken mit Ausnahme der Fabriken zur Bereitung von Kartoffelstärke, Stärkesyrupsfabriken, Wachstuch-, Darmsaiten-, Dachpappen- und Dachfilzfabriken, Leim-, Tran- und Seifensiedereien, Knochenbrennereien, Knochendarren, Knochenkochereien und Knochenbleichen, Zubereitungsanstalten für Tierhaare, Talgschmelzen, Schlächtereien, Gerbereien, Abdeckereien, Poudretten- und Düngpulverfabriken, Stauanlagen für Wassertriebwerke (§ 23), Hopfen-Schwefeldörren, Asphaltkochereien und Pechsiedereien, soweit sie außerhalb der Gewinnungsorte des Materials errichtet werden, Strohpapierstoffabriken, Darmzubereitungsanstalten, Fabriken, in welchen Dampfkessel oder andere Blechgefäße durch Vernieten hergestellt werden, Kalifabriken und Anstalten zum Imprägnieren von Holz mit erhitzten Teerölen, Kunstwollefabriken, Anlagen für Herstellung von Zelluloid und Dégrasfabriken, die Fabriken, in welchen Röhren aus Blech durch Vernieten hergestellt werden, sowie die Anlagen zur Erbauung eiserner Schiffe, zur Herstellung eiserner Brücken oder sonstiger eiserner Baukonstruktionen, die Anlagen zur Destillation oder zur Verarbeitung von Teer und von Teerwasser, die Anlagen, in welchen aus Holz oder ähnlichem Fasermaterial auf chemischem Wege Papierstoff hergestellt wird (Zellulosefabriken), die Anlagen, in welchen Albuminpapier hergestellt wird, die Anstalten zum Trocknen und Einsalzen ungegerbter Tierfelle sowie die Verbleiungs-, Verzinnungs- und Verzinkungsanstalten, die Anlagen zur Herstellung von Gußstahlkugeln mittels Kugelschrotmühlen (Kugelfräsmaschinen), die Anlagen zur Herstellung von Zündschnüren und von elektrischen Zündern.

Das vorstehende Verzeichnis kann je nach Eintritt oder Wegfall der im Eingange gedachten Voraussetzung, durch Beschluß des Bundesrats, vorbehaltlich der Genehmigung des nächstfolgenden Reichstags, abgeändert werden.

§ 24. Zur Anlegung von Dampfkesseln, dieselben mögen zum Maschinenbetriebe bestimmt sein oder nicht, ist die Genehmigung der nach den Landesgesetzen zuständigen Behörde erforderlich. Dem Gesuche sind die zur Erläuterung erforderlichen Zeichnungen und Beschreibungen beizufügen.

Die Behörde hat die Zulässigkeit der Anlage nach den bestehenden bau-, feuer- und gesundheitspolizeilichen Vorschriften sowie nach denjenigen allgemeinen polizeilichen Bestimmungen zu prüfen, welche von dem Bundesrat über die Anlegung von Dampfkesseln erlassen werden. Sie hat nach dem Befunde die Genehmigung entweder zu versagen oder unbedingt zu erteilen, oder endlich bei Erteilung derselben die erforderlichen Vorkehrungen und Einrichtungen vorzuschreiben.

Bevor der Kessel in Betrieb genommen wird, ist zu untersuchen, ob die Ausführung den Bestimmungen der erteilten Genehmigung entspricht. Wer vor dem Empfange der hierüber auszufertigenden Bescheinigung den Betrieb beginnt, hat die im § 147 angedrohte Strafe verwirkt.

Die vorstehenden Bestimmungen gelten auch für bewegliche Dampfkessel.

Für den Rekurs und das Verfahren über denselben gelten die Vorschriften der §§ 20 und 21.

§ 25. Die Genehmigung zu einer der in den §§ 16 und 24 bezeichneten Anlagen bleibt solange in Kraft, als keine Änderung in der Lage oder Beschaffenheit der Betriebsstätte vorgenommen wird, und bedarf unter dieser Voraussetzung auch dann, wenn die Anlage an einen neuen Erwerber übergeht, einer Erneuerung nicht. Sobald aber eine Veränderung der Betriebsstätte vorgenommen wird, ist dazu die Genehmigung der zuständigen Behörde nach Maßgabe der §§ 17 bis 23 einschließlich beziehungsweise des § 24 notwendig. Eine gleiche Genehmigung ist erforderlich bei wesentlichen Veränderungen in dem Betrieb einer der im § 16 genannten Anlagen. Die zuständige Behörde kann jedoch auf Antrag des Unternehmers von der Bekanntmachung (§ 17) Abstand nehmen, wenn sie die Überzeugung gewinnt, daß die beabsichtigte Veränderung für die Besitzer oder Bewohner benachbarter Grundstücke oder das Publikum überhaupt neue oder größere Nachteile, Gefahren oder Belästigungen, als mit der vorhandenen Anlage verbunden sind, nicht herbeiführen werde.

Diese Bestimmungen finden auch auf gewerbliche Anlagen (§§ 16 und 24) Anwendung, welche bereits vor Erlaß dieses Gesetzes bestanden haben.

§ 27. Die Errichtung oder Verlegung solcher Anlagen, deren Betrieb mit ungewöhnlichem Geräusche verbunden ist, muß, sofern sie nicht schon nach den Vorschriften der §§ 16 bis 25 der Genehmigung bedarf, der Ortspolizeibehörde angezeigt werden. Letztere hat, wenn in der Nähe der gewählten Betriebsstätte Kirchen, Schulen oder andere öffentliche Gebäude, Krankenhäuser oder Heilanstalten vorhanden sind, deren bestimmungsmäßige Benutzung durch den Gewerbebetrieb auf dieser Stelle eine erhebliche Störung erleiden würde, die Entscheidung der höheren Verwaltungsbehörde darüber einzuholen, ob die Ausübung des Gewerbes an der gewählten Betriebsstätte zu untersagen oder nur unter Bedingungen zu gestatten sei.

2. Gewerbetreibende, welche einer besonderen Genehmigung bedürfen.

§ 29. Einer Approbation, welche auf Grund eines Nachweises der Befähigung erteilt wird, bedürfen Apotheker und diejenigen Personen, welche sich als Ärzte (Wundärzte, Augenärzte, Geburtshelfer, Zahnärzte und Tierärzte) oder mit gleichbedeutenden Titeln bezeichnen oder seitens des Staates oder einer Gemeinde als solche anerkannt oder mit amtlichen Funktionen betraut werden sollen. Es darf die Approbation jedoch von der vorherigen akademischen Doktorpromotion nicht abhängig gemacht werden.

Der Bundesrat bezeichnet mit Rücksicht auf das vorhandene Bedürfnis in verschiedenen Teilen des Reichs die Behörden, welche für das ganze Reich gültige Approbationen zu erteilen befugt sind, und erläßt die Vorschriften über den Nachweis der Befähigung. Die Namen der Approbierten werden von der Behörde, welche die Approbation erteilt, in den vom Bundesrate zu bestimmenden amtlichen Blättern veröffentlicht.

Personen, welche eine solche Approbation erlangt haben, sind innerhalb des Reichs in der Wahl des Ortes, wo sie ihr Gewerbe betreiben wollen, vorbehaltlich der Bestimmungen über die Errichtung und Verlegung von Apotheken (§ 6), nicht beschränkt.

Dem Bundesrate bleibt vorbehalten, zu bestimmen, unter welchen Voraussetzungen Personen wegen wissenschaftlich erprobter Leistungen von der vorgeschriebenen Prüfung ausnahmsweise zu entbinden sind.

Personen, welche vor Verkündigung dieses Gesetzes in einem Bundesstaate die Berechtigung zum Gewerbebetriebe als Ärzte, Wundärzte, Zahnärzte, Geburtshelfer, Apotheker oder Tierärzte bereits erlangt haben, gelten als für das ganze Reich approbiert.

§ 30. Unternehmer von Privat-Kranken-, Privat-Entbindungs- und Privat-Irrenanstalten bedürfen einer Konzession der höheren Verwaltungsbehörde. Die Konzession ist nur dann zu versagen:

a) wenn Tatsachen vorliegen, welche die Unzuverlässigkeit des Unternehmers in Beziehung auf die Leitung oder Verwaltung der Anstalt dartun;

b) wenn nach den von dem Unternehmer einzureichenden Beschreibungen und Plänen die baulichen und sonstigen technischen Einrichtungen der Anstalt den gesundheitspolizeilichen Anforderungen nicht entsprechen;

c) wenn die Anstalt nur in einem Teile eines auch von anderen Personen bewohnten Gebäudes untergebracht werden soll und durch ihren Betrieb für die Mitbewohner dieses Gebäudes erhebliche Nachteile oder Gefahren hervorrufen kann;

d) wenn die Anstalt zur Aufnahme von Personen mit ansteckenden Krankheiten oder von Geisteskranken bestimmt ist und durch ihre örtliche Lage für die Besitzer oder Bewohner der benachbarten Grundstücke erhebliche Nachteile oder Gefahren hervorrufen kann.

Vor Erteilung der Konzession sind über die Fragen zu c und d die Ortspolizei- und die Gemeindebehörden zu hören.

Hebammen bedürfen eines Prüfungszeugnisses der nach den Landesgesetzen zuständigen Behörde.

§ 30a. Der Betrieb des Hufbeschlaggewerbes kann durch die Landesgesetzgebung von der Beibringung eines Prüfungszeugnisses abhängig gemacht werden. Das erteilte Prüfungszeugnis gilt für den ganzen Umfang des Reichs.

§ 32. Schauspielunternehmer bedürfen zum Betrieb ihres Gewerbes der Erlaubnis. Dieselbe gilt nur für das bei Erteilung der Erlaubnis bezeichnete Unternehmen. Zum Betrieb eines anderen oder eines wesentlich veränderten Unternehmens bedarf es einer neuen Erlaubnis.

Die Erlaubnis ist zu versagen, wenn der Nachsuchende den Besitz der zu dem Unternehmen nötigen Mittel nicht nachzuweisen vermag oder wenn die Behörde auf Grund von Tatsachen die Überzeugung gewinnt, daß derselbe die zu dem beabsichtigten Gewerbebetrieb erforderliche Zuverlässigkeit insbesondere in sittlicher, artistischer und finanzieller Hinsicht nicht besitzt.

§ 33. Wer Gastwirtschaft, Schankwirtschaft oder Kleinhandel mit Branntwein oder Spiritus betreiben will, bedarf dazu der Erlaubnis.

Diese Erlaubnis ist nur dann zu versagen:

1. wenn gegen den Nachsuchenden Tatsachen vorliegen, welche die Annahme rechtfertigen, daß er das Gewerbe zur Förderung der Völlerei, des verbotenen Spieles, der Hehlerei oder der Unsittlichkeit mißbrauchen werde;

2. wenn das zum Betriebe des Gewerbes bestimmte Lokal wegen seiner Beschaffenheit oder Lage den polizeilichen Anforderungen nicht genügt.

Die Landesregierungen sind befugt, außerdem zu bestimmen, daß

a) die Erlaubnis zum Ausschänken von Branntwein oder zum Kleinhandel mit Branntwein oder Spiritus allgemein,
b) die Erlaubnis zum Betriebe der Gastwirtschaft oder zum Ausschänken von Wein, Bier oder anderen, nicht unter a fallenden, geistigen Getränken in Ortschaften mit weniger als 15000 Einwohnern, sowie in solchen Ortschaften mit einer größeren Einwohnerzahl, für welche dies durch Ortsstatut (§ 142) festgesetzt wird,

von dem Nachweis eines vorhandenen Bedürfnisses abhängig sein solle.

Vor Erteilung der Erlaubnis ist die Ortspolizei- und die Gemeindebehörde gutachtlich zu hören.

Die vorstehenden Bestimmungen finden auf Vereine, welche den gemeinschaftlichen Einkauf von Lebens- und Wirtschaftsbedürfnissen im Großen und deren Absatz im Kleinen zum ausschließlichen oder hauptsächlichen Zwecke haben, einschließlich der bereits bestehenden, auch dann Anwendung, wenn der Betrieb auf den Kreis der Mitglieder beschränkt ist.

Die Landesregierungen können anordnen, daß die vorstehenden Bestimmungen, mit Ausnahme derjenigen im Abs. 3 unter b, auch auf andere Vereine, einschließlich der bereits bestehenden, selbst dann Anwendung finden, wenn der Betrieb auf den Kreis der Mitglieder beschränkt ist.

Anmerkung: Die Erlaubnis zum Betriebe der Gastwirtschaft, Schankwirtschaft und des Kleinhandels mit Branntwein oder Spiritus wird von der Distriktsverwaltungsbehörde, in München vom Magistrat erteilt.

Als Kleinhandel ist der Verkauf in Quantitäten unter zwei Liter anzusehen. Der Verkauf solcher Arten von Branntwein oder Likör, deren Vertrieb nach feststehendem Geschäftsgebrauch in versiegelten oder verkapselten und außerdem etikettierten Flaschen stattfindet, gilt nicht als Kleinhandel, wenn die Abgabe in Quantitäten von mindestens einem halben Liter erfolgt (§ 12 der K. Vollzugs-Verordnung vom 29. März 1892, GVBl. S. 66).

§ 33 a. Wer gewerbsmäßig Singspiele, Gesangs- und deklamatorische Vorträge, Schaustellungen von Personen oder theatralische Vorstellungen, ohne daß ein höheres Interesse der Kunst oder Wissenschaft dabei obwaltet, in seinen Wirtschafts- oder sonstigen Räumen öffentlich veranstalten oder zu deren öffentlicher Veranstaltung seine Räume benutzen lassen will, bedarf zum Betriebe dieses Gewerbes der Erlaubnis ohne Rücksicht auf die etwa bereits erwirkte Erlaubnis zum Betriebe des Gewerbes als Schauspielunternehmer.

Die Erlaubnis ist nur dann zu versagen:

1. wenn gegen den Nachsuchenden Tatsachen vorliegen, welche die Annahme rechtfertigen, daß die beabsichtigten Veranstaltungen den Gesetzen oder guten Sitten zuwiderlaufen werden;
2. wenn das zum Betriebe des Gewerbes bestimmte Lokal wegen

seiner Beschaffenheit oder Lage den polizeilichen Anforderungen nicht genügt;

3. wenn der den Verhältnissen des Gemeindebezirks entsprechenden Anzahl von Personen die Erlaubnis bereits erteilt ist.

Aus den unter Ziffer 1 angeführten Gründen kann die Erlaubnis zurückgenommen und Personen, welche vor dem Inkrafttreten dieses Gesetzes den Gewerbebetrieb begonnen haben, derselbe untersagt werden.

§ 33 b. Wer gewerbsmäßig Musikaufführungen, Schaustellungen oder sonstige Lustbarkeiten, ohne daß ein höheres Interesse der Kunst oder Wissenschaft dabei obwaltet, von Haus zu Haus oder auf öffentlichen Wegen, Straßen, Plätzen darbieten will, bedarf der vorgängigen Erlaubnis der Ortspolizeibehörde.

§ 33 c. Die Abhaltung von Tanzlustbarkeiten richtet sich nach den landesrechtlichen Bestimmungen.

§ 34. Wer das Geschäft eines Pfandleihers oder Pfandvermittlers betreiben will, bedarf dazu der Erlaubnis. Diese ist zu versagen, wenn Tatsachen vorliegen, welche die Unzuverlässigkeit des Nachsuchenden in bezug auf den beabsichtigten Gewerbebetrieb dartun. Die Landesregierungen sind befugt, außerdem zu bestimmen, daß in Ortschaften, für welche dies durch Ortsstatut (§ 142) festgesetzt wird, die Erlaubnis zum Betriebe des Pfandleihgewerbes von dem Nachweis eines vorhandenen Bedürfnisses abhängig sein solle.

Als Pfandleihgewerbe gilt auch der gewerbsmäßige Ankauf beweglicher Sachen mit Gewährung des Rückkaufsrechts.

Die Landesgesetze können vorschreiben, daß zum Handel mit Giften und zum Betriebe des Lotsengewerbes besondere Genehmigung erforderlich ist, imgleichen, daß das Gewerbe der Markscheider nur von Personen betrieben werden darf, welche als solche geprüft und konzessioniert sind.

§ 35. Die Erteilung von Tanz-, Turn- und Schwimmunterricht als Gewerbe, sowie der Betrieb von Badeanstalten ist zu untersagen, wenn Tatsachen vorliegen, welche die Unzuverlässigkeit des Gewerbtreibenden in bezug auf diesen Gewerbebetrieb dartun.

Unter derselben Voraussetzung sind zu untersagen: der Handel mit lebenden Vögeln, der Trödelhandel (Handel mit gebrauchten Kleidern, gebrauchten Betten oder gebrauchter Wäsche, Kleinhandel mit altem Metallgeräte, mit Metallbruch oder dergleichen) sowie der Kleinhandel mit Garnabfällen oder Dräumen von Seide, Wolle, Baumwolle oder Leinen, der Handel mit Dynamit oder anderen Sprengstoffen und der Handel mit Losen von Lotterien und Ausspielungen, oder mit Bezugs- und Anteilsscheinen auf solche Lose.

Dasselbe gilt von der gewerbsmäßigen Besorgung fremder Rechtsangelegenheiten und bei Behörden wahrzunehmender Geschäfte, insbesondere der Abfassung der darauf bezüglichen schriftlichen Aufsätze, von der gewerbsmäßigen Auskunfterteilung über Vermögensverhältnisse oder persönliche Angelegenheiten, von dem gewerbsmäßigen Betriebe der Viehverstellung (Viehpacht), des Viehhandels und des Handels mit ländlichen Grundstücken, von dem Geschäfte der gewerbsmäßigen Vermittelungsagenten für Immobiliarverträge, Darlehen und Heiraten sowie vom Geschäfte eines Auktionators. Denjenigen, welche gewerbsmäßig das Geschäft eines Auktionators betreiben, ist es verboten, Immobilien zu versteigern, wenn sie nicht von den dazu befugten Staats- oder Kommunalbehörden oder Korporationen als solche angestellt sind (§ 36).

Der Handel mit Drogen und chemischen Präparaten, welche zu Heilzwecken dienen, ist zu untersagen, wenn die Handhabung des Gewerbebetriebs Leben und Gesundheit von Menschen gefährdet. Der Kleinhandel mit Bier kann untersagt werden, wenn der Gewerbetreibende wiederholt wegen Zuwiderhandlungen gegen die Vorschriften des § 33 bestraft ist.

Der Betrieb des Gewerbes als Bauunternehmer und Bauleiter sowie der Betrieb einzelner Zweige des Baugewerbes ist zu untersagen, wenn Tatsachen vorliegen, welche die Unzuverlässigkeit des Gewerbtreibenden in bezug auf diesen Gewerbebetrieb dartun. Der Untersagung muß nach näherer Bestimmung der Landes-Zentralbehörde die Anhörung von Sachverständigen vorangehen, welche zur Abgabe von Gutachten dieser Art nach Bedarf im voraus von der höheren Verwaltungsbehörde ernannt sind. Soweit es sich um die Begutachtung für handwerksmäßige Gewerbebetriebe handelt, erfolgt die Ernennung nach Anhörung der Handwerkskammer (§ 103) des Bezirkes.

Ist die Untersagung erfolgt, so kann die Landes-Zentralbehörde oder eine andere von ihr zu bestimmende Behörde die Wiederaufnahme des Gewerbebetriebs gestatten, sofern seit der Untersagung mindestens ein Jahr verflossen ist.

Personen, welche die in diesem Paragraphen bezeichneten Gewerbe beginnen, haben bei Eröffnung ihres Gewerbebetriebes der zuständigen Behörde hiervon Anzeige zu machen.

§ 35 a. Mangel an theoretischer Vorbildung kann als eine Tatsache im Sinne des § 35 Abs. 5 gegenüber Bauunternehmern, Bauleitern oder Personen, die einzelne Zweige des Baugewerbes betreiben, nicht geltend gemacht werden, wenn sie das Zeugnis über die Ablegung einer Prüfung für den höheren oder mittleren bautechnischen Staatsdienst oder das Prüfungs- oder Reifezeugnis einer staatlichen oder von der zuständigen Landesbehörde gleichgestellten baugewerklichen Fachschule besitzen oder wenn sie Diplomingenieure sind.

Mangel an theoretischer oder praktischer Vorbildung kann als eine Tatsache im Sinne des § 35 Abs. 5 nicht geltend gemacht werden gegenüber Bauunternehmern und Bauleitern, wenn sie gemäß

§ 133 die Meisterprüfung im Maurer-, Zimmerer- oder Steinmetzgewerbe bestanden haben, sowie gegenüber Personen, die einzelne Zweige des Baugewerbes betreiben, wenn sie gemäß § 133 die Meisterprüfung in dem von ihnen ausgeübten Gewerbe bestanden haben.

Die Landes-Zentralbehörden sind befugt, zu bestimmen, welche Prüfungen und Zeugnisse den im Abs. 1 bezeichneten gleichzustellen sind.

§ 36. Das Gewerbe der Feldmesser, Auktionatoren, Bücherrevisoren, derjenigen, welche den Feingehalt edler Metalle, oder die Beschaffenheit, Menge oder richtige Verpackung von Waren irgend einer Art feststellen, der Güterbestätiger, Schaffer, Wäger, Messer, Bracker, Schauer, Stauer usw. darf zwar frei betrieben werden, es bleiben jedoch die verfassungsmäßig dazu befugten Staats- oder Kommunalbehörden oder Korporationen auch ferner berechtigt, Personen, welche diese Gewerbe betreiben wollen, auf die Beobachtung der bestehenden Vorschriften zu beeidigen und öffentlich anzustellen.

Die Bestimmungen der Gesetze, welche den Handlungen der genannten Gewerbetreibenden eine besondere Glaubwürdigkeit beilegen oder an diese Handlungen besondere rechtliche Wirkungen knüpfen, sind nur auf die von den verfassungsmäßig dazu befugten Staats- oder Kommunalbehörden oder Korporationen angestellten Personen zu beziehen.

§ 37. Der Regelung durch die Ortspolizeibehörde unterliegt die Unterhaltung des öffentlichen Verkehrs innerhalb der Orte durch Wagen aller Art, Gondeln, Sänften, Pferde und andere Transportmittel sowie das Gewerbe derjenigen Personen, welche auf öffentlichen Straßen oder Plätzen ihre Dienste anbieten.

§ 38. Die Zentralbehörden sind befugt, über den Umfang der Befugnisse und Verpflichtungen sowie über den Geschäftsbetrieb der Pfandleiher, Pfandvermittler und Auktionatoren, soweit darüber die Landesgesetze nicht Bestimmungen treffen, Vorschriften zu erlassen.

Die in dieser Beziehung hinsichtlich der Pfandleiher bestehenden landesgesetzlichen Bestimmungen finden auf den im § 34 Abs. 2 bezeichneten Geschäftsbetrieb Anwendung. Soweit es sich um diesen Geschäftsbetrieb handelt, gilt die Zahlung des Kaufpreises als Hingabe des Darlehens, der Unterschied zwischen dem Kaufpreis und dem verabredeten Rückkaufspreis als bedungene Vergütung für das Darlehen und die Übergabe der Sache als Verpfändung derselben für das Darlehen.

Die Zentralbehörden sind ferner befugt, Vorschriften darüber zu erlassen, in welcher Weise die im § 35 Abs. 2, 3 verzeichneten Gewerbetreibenden ihre Bücher zu führen und welcher polizeilichen Kontrolle über den Umfang und die Art ihres Geschäftsbetriebs sie sich zu unterwerfen haben.

§ 39. Die Landesgesetze können die Einrichtung von Kehrbezirken für Schornsteinfeger gestatten. Jedoch ist, wo Kehrbezirke bestehen oder eingerichtet werden, die höhere Verwaltungsbehörde, soweit nicht Privatrechte entgegenstehen, befugt, die Kehrbezirke aufzuheben oder zu verändern, ohne daß deshalb den Bezirksschornsteinfegern ein Widerspruchsrecht oder ein Anspruch auf Entschädigung zusteht.

III. Umfang, Ausübung und Verlust der Gewerbebefugnisse.

§ 41. Die Befugnis zum selbständigen Betrieb eines stehenden Gewerbes begreift das Recht in sich, in beliebiger Zahl Gesellen, Gehilfen, Arbeiter jeder Art und, soweit die Vorschriften des gegenwärtigen Gesetzes nicht entgegenstehen, Lehrlinge anzunehmen. In der Wahl des Arbeits- und Hilfspersonals finden keine anderen Beschränkungen statt, als die durch das gegenwärtige Gesetz festgestellten.

In betreff der Berechtigung der Apotheker, Gehilfen und Lehrlinge anzunehmen, bewendet es bei den Bestimmungen der Landesgesetze.

§ 41 a. Soweit nach den Bestimmungen der §§ 105 b bis 105 h Gehilfen, Lehrlinge und Arbeiter im Handelsgewerbe an Sonn- und Festtagen nicht beschäftigt werden dürfen, darf in offenen Verkaufsstellen ein Gewerbebetrieb an diesen Tagen nicht stattfinden. Diese Bestimmung findet auf den Geschäftsbetrieb von Konsum- und anderen Vereinen entsprechende Anwendung.

Weitergehenden landesgesetzlichen Beschränkungen des Gewerbebetriebs an Sonn- und Festtagen steht diese Bestimmung nicht entgegen.

§ 41 b. Auf Antrag von mindestens zwei Dritteln der beteiligten Gewerbetreibenden kann für eine Gemeinde oder mehrere örtlich zusammenhängende Gemeinden durch die höhere Verwaltungsbehörde vorgeschrieben werden, daß an Sonn- und Festtagen in bestimmten Gewerben, deren vollständige oder teilweise Ausübung zur Befriedigung täglicher oder an diesen Tagen besonders hervortretender Bedürfnisse der Bevölkerung erforderlich ist, ein Betrieb nur insoweit stattfinden darf, als Ausnahmen von den im § 105 b Abs. 1 getroffenen Bestimmungen zugelassen sind.

Der Bundesrat ist befugt, Bestimmungen darüber zu erlassen, welche Gewerbetreibende als beteiligt anzusehen sind und in welchem Verfahren die erforderliche Zahl von Gewerbetreibenden festzustellen ist.

§ 42. Wer zum selbständigen Betriebe eines stehenden Gewerbes befugt ist, darf dasselbe innerhalb und unbeschadet der Bestimmungen des dritten Titels auch außerhalb des Gemeindebezirkes seiner gewerblichen Niederlassung ausüben.

Eine gewerbliche Niederlassung gilt nicht als vorhanden, wenn der Gewerbetreibende im Inland ein zu dauerndem Gebrauch eingerichtetes, beständig oder doch in regelmäßiger Wiederkehr von ihm benutztes Lokal für den Betrieb seines Gewerbes nicht besitzt.

§ 42 a. Gegenstände, welche von dem Ankauf oder Feilbieten im Umherziehen ausgeschlossen sind, dürfen auch innerhalb des Gemeindebezirkes des Wohnorts oder der gewerblichen Niederlassung von Haus zu Haus oder auf öffentlichen Wegen, Straßen, Plätzen oder an anderen öffentlichen Orten nicht feilgeboten oder zum Wiederverkauf angekauft werden, mit Ausnahme von Bier und Wein in Fässern und Flaschen und vorbehaltlich des nach § 33 erlaubten Gewerbebetriebs.

Die zuständige Landesregierung ist befugt, soweit ein Bedürfnis dazu obwaltet, anzuordnen, daß und inwiefern weitere Ausnahmen von diesem Verbote stattfinden sollen.

Das Feilbieten geistiger Getränke kann von der Ortspolizeibehörde im Falle besonderen Bedürfnisses vorübergehend gestattet werden.

§ 42 b. Durch die höhere Verwaltungsbehörde nach Anhörung der Gemeindebehörde oder durch Beschluß der Gemeindebehörde mit Genehmigung der höheren Verwaltungsbehörde kann für einzelne Gemeinden bestimmt werden, daß Personen, welche in dem Gemeindebezirk einen Wohnsitz oder eine gewerbliche Niederlassung besitzen und welche innerhalb des Gemeindebezirkes auf öffentlichen Wegen, Straßen, Plätzen oder an anderen öffentlichen Orten, oder ohne vorgängige Bestellung von Haus zu Haus

1. Waren feilbieten, oder
2. Waren bei anderen Personen als bei Kaufleuten oder solchen Personen, welche die Waren produzieren, oder an anderen Orten als in offenen Verkaufsstellen zum Wiederverkauf ankaufen, oder Warenbestellungen bei Personen, in deren Gewerbebetriebe Waren der angebotenen Art keine Verwendung finden, aufsuchen, oder
3. gewerbliche Leistungen, hinsichtlich deren dies nicht Landesgebrauch ist, anbieten wollen,

der Erlaubnis bedürfen. Diese Bestimmung kann auf einzelne Teile des Gemeindebezirkes sowie auf gewisse Gattungen von Waren und Leistungen beschränkt werden.

Auf die Erteilung, Versagung und Zurücknahme der Erlaubnis finden die Vorschriften der §§ 57 bis 58 und des § 63 Abs. 1, und auf die Ausübung des Gewerbebetriebs die Vorschriften der §§ 60 b, 60 c, des § 60 d Abs. 1, 2 und des § 63 Abs. 2 entsprechende Anwendung.

In betreff der im § 59 Ziffer 1 und 2 bezeichneten Erzeugnisse und Waren, auch wenn dieselben nicht zu den selbstgewonnenen oder selbstverfertigten gehören, ferner in betreff der Druckschriften, anderen Schriften und Bildwerke, insoweit der Gewerbebetrieb hiermit von Haus zu Haus stattfindet, sowie in betreff der vom Bundesrat in Gemäßheit des § 44 Abs. 2 gestatteten Ausnahmen darf der betreffende Gewerbebetrieb in dem Gemeindebezirke des Wohnsitzes oder der gewerblichen Niederlassung von einer Erlaubnis nicht abhängig gemacht werden. In betreff der im § 59 Ziffer 1 und 2 bezeichneten Erzeugnisse und Waren kann jedoch der Gewerbebetrieb unter den im § 57 Ziffer 1 bis 4 erwähnten Voraussetzungen untersagt sowie nach Maßgabe des § 60 b Abs. 2 und des § 60 c Abs. 2 beschränkt und gemäß § 60 b Abs. 3 verboten werden. Auf die Untersagung dieses Gewerbebetriebs finden die Vorschriften des § 63 Abs. 1, auf die Beschränkung desselben die Vorschriften des § 63 Abs. 2 entsprechende Anwendung.

Die höhere Verwaltungsbehörde ist befugt, die vom Bundesrate gemäß § 56 d getroffenen Bestimmungen auf diejenigen Ausländer entsprechend anzuwenden, welche innerhalb des Gemeindebezirkes ihres Wohnortes oder ihrer gewerblichen Niederlassung auf öffentlichen Wegen, Straßen, Plätzen oder an anderen öffentlichen Orten oder ohne vorgängige Bestellung von Haus zu Haus eins der unter Ziffer 1 bis 3 bezeichneten Gewerbe betreiben wollen.

Kinder unter vierzehn Jahren dürfen, auch wenn eine Bestimmung nach Abs. 1 nicht getroffen ist, auf öffentlichen Wegen, Straßen, Plätzen oder an öffentlichen Orten oder ohne vorgängige Bestellung von Haus zu Haus Gegenstände nicht feilbieten. In Orten, wo ein derartiges Feilbieten durch Kinder herkömmlich ist, darf die Ortspolizeibehörde ein solches für bestimmte Zeitabschnitte, welche in einem Kalenderjahre zusammen vier Wochen nicht überschreiten dürfen, gestatten.

§ 43. Wer gewerbsmäßig Druckschriften oder andere Schriften oder Bildwerke auf öffentlichen Wegen, Straßen, Plätzen oder an anderen öffentlichen Orten ausrufen, verkaufen, verteilen, anheften oder anschlagen will, bedarf dazu einer Erlaubnis der Ortspolizeibehörde und hat den über diese Erlaubnis auszustellenden, auf seinen Namen lautenden Legitimationsschein bei sich zu führen.

Auf die Erteilung und Versagung der Erlaubnis finden die Vorschriften des § 57 Ziffer 1, 2, 4, der §§ 57 a, 57 b Ziffer 1 und 2 und des § 63 Abs. 1 entsprechende Anwendung. Auf das bloße Anheften und Anschlagen findet der Versagungsgrund der abschreckenden Entstellung keine Anwendung.

Zur Verteilung von Stimmzetteln und Druckschriften zu Wahlzwecken bei der Wahl zu gesetzgebenden Körperschaften ist eine polizeiliche Erlaubnis in der Zeit von der amtlichen Bekanntmachung des Wahltags bis zur Beendigung des Wahlakts nicht erforderlich.

Dasselbe gilt auch bezüglich der nichtgewerbsmäßigen Verteilung von Stimmzetteln und Druckschriften zu Wahlzwecken.

In geschlossenen Räumen ist zur nichtgewerbsmäßigen Verteilung von Druckschriften oder anderen Schriften oder Bildwerken eine Erlaubnis nicht erforderlich.

An die Stelle des im § 5 Abs. 1 des Preßgesetzes vom 7. Mai 1874 angezogenen § 57 der Gewerbeordnung treten die Bestimmungen des § 57 Ziffer 1, 2, 4, der §§ 57a, 57b Ziffer 1 und 2 des gegenwärtigen Gesetzes.

§ 44. Wer ein stehendes Gewerbe betreibt, ist befugt, auch außerhalb des Gemeindebezirkes seiner gewerblichen Niederlassung persönlich oder durch in seinem Dienst stehende Reisende für die Zwecke seines Gewerbebetriebs Waren aufzukaufen und Bestellungen auf Waren zu suchen. Diese Vorschrift gilt auch für Handlungsagenten, die ein stehendes Gewerbe betreiben, in Ansehung der Befugnis, als Vermittler oder Vertreter des Geschäftsherrn den Ankauf von Waren vorzunehmen oder Bestellungen auf Waren zu suchen.

Die aufgekauften Waren dürfen nur behufs deren Beförderung nach dem Bestimmungsorte mitgeführt werden; von den Waren, auf welche Bestellungen gesucht werden, dürfen nur Proben und Muster mitgeführt werden, soweit nicht der Bundesrat für bestimmte Waren, welche im Verhältnisse zu ihrem Umfang einen hohen Wert haben und übungsgemäß an die Wiederverkäufer im Stücke abgesetzt werden, zum Zwecke des Absatzes an Personen, welche damit Handel treiben, Ausnahmen zuläßt.

Das Aufkaufen darf ferner nur bei Kaufleuten oder solchen Personen, welche die Waren produzieren, oder in offenen Verkaufsstellen erfolgen. Imgleichen darf das Aufsuchen von Bestellungen auf Waren, mit Ausnahme von Druckschriften, anderen Schriften und Bildwerken und, soweit nicht der Bundesrat noch für andere Waren oder Gegenden oder Gruppen von Gewerbetreibenden Ausnahmen zuläßt, ohne vorgängige ausdrückliche Aufforderung nur bei Kaufleuten in deren Geschäftsräumen, oder bei solchen Personen geschehen, in deren Geschäftsbetriebe Waren der angebotenen Art Verwendung finden.

Hinsichtlich des Aufsuchens von Bestellungen auf Druckschriften, andere Schriften und Bildwerke finden die Vorschriften des § 56 Abs. 3 entsprechende Anwendung.

§ 44a. Wer in Gemäßheit des § 44 Warenbestellungen aufsucht oder Waren aufkauft, bedarf hierzu einer Legitimationskarte, welche auf den Antrag des Inhabers des stehenden Gewerbebetriebes von der für dessen Niederlassungsort zuständigen Verwaltungsbehörde für die Dauer des Kalenderjahrs und den Umfang des Reichs ausgestellt wird. Die Legitimationskarte enthält den Namen des Inhabers derselben, den Namen der Person oder der Firma, in deren Diensten er handelt, und die nähere Bezeichnung des Gewerbebetriebes.

Der Inhaber der Legitimationskarte ist verpflichtet, dieselbe während der Ausübung des Gewerbebetriebes bei sich zu führen, auf Erfordern der zuständigen Behörden oder Beamten vorzuzeigen und, sofern er hierzu nicht imstande ist, auf deren Geheiß den Betrieb bis zur Herbeischaffung der Legitimationskarte einzustellen.

Die Legitimationskarte ist zu versagen, wenn bei demjenigen, für welchen sie beantragt wird, eine der im § 57 Ziffer 1 bis 4 bezeichneten Voraussetzungen zutrifft, außerdem darf sie nur dann versagt werden, wenn die im § 57 b Ziffer 2 bezeichnete Voraussetzung vorliegt.

Die Legitimationskarte kann durch die Behörde, welche sie ausgestellt hat, zurückgenommen werden, wenn sich ergibt, daß eine der im § 57 Ziffer 1 bis 4 bezeichneten Voraussetzungen zur Zeit der Erteilung derselben vorhanden gewesen, der Behörde aber unbekannt geblieben, oder nach Erteilung derselben eingetreten ist, oder wenn bei dem Geschäftsbetriebe die im § 44 gezogenen Schranken überschritten werden.

Wegen des Verfahrens gelten die Vorschriften des § 63 Abs. 1.

Einer Legitimationskarte bedürfen diejenigen Gewerbetreibenden nicht, welche durch die in den Zollvereins- oder Handelsverträgen vorgesehene Gewerbelegitimationskarte bereits legitimiert sind. In betreff dieser Gewerbetreibenden finden die vorstehenden Bestimmungen über die Verpflichtung zum Mitführen der Legitimationskarte, über die Folgen der Nichterfüllung dieser Verpflichtung sowie über die Versagung und Zurücknahme der Karte entsprechende Anwendung.

§ 45. Die Befugnisse zum stehenden Gewerbebetriebe können durch Stellvertreter ausgeübt werden; diese müssen jedoch den für das in Rede stehende Gewerbe insbesondere vorgeschriebenen Erfordernissen genügen.

§ 46. Nach dem Tode eines Gewerbetreibenden darf das Gewerbe für Rechnung der Witwe während des Witwenstandes, oder, wenn minderjährige Erben vorhanden sind, für deren Rechnung durch einen nach § 45 qualifizierten Stellvertreter betrieben werden, insofern die über den Betrieb einzelner Gewerbe bestehenden besonderen Vorschriften nicht ein anderes anordnen. Dasselbe gilt während der Dauer einer Kuratel oder Nachlaßregulierung.

§ 47. Inwiefern für die nach den §§ 34 und 36 konzessionierten oder angestellten Personen eine Stellvertretung zulässig ist, hat in jedem einzelnen Falle die Behörde zu bestimmen, welcher die Konzessionierung oder Anstellung zusteht.

Dasselbe gilt in Beziehung auf diejenigen Schornsteinfeger, denen ein Kehrbezirk zugewiesen ist (§ 39).

§ 49. Bei Erteilung der Genehmigung zu einer Anlage der in den §§ 16 und 24 bezeichneten Arten, imgleichen zur Anlegung von Privat-Kranken-, Privat-Entbindungs- und Privat-Irrenanstalten, zu Schauspielunternehmungen sowie zum Betriebe der im § 33 gedachten Gewerbe kann von der genehmigenden Behörde den

Umständen nach eine Frist festgesetzt werden, binnen welcher die Anlage oder das Unternehmen bei Vermeidung des Erlöschens der Genehmigung begonnen und ausgeführt und der Gewerbebetrieb angefangen werden muß. Ist eine solche Frist nicht bestimmt, so erlischt die erteilte Genehmigung, wenn der Inhaber nach Empfang derselben ein ganzes Jahr verstreichen läßt, ohne davon Gebrauch zu machen.

Eine Verlängerung der Frist kann von der Behörde bewilligt werden, sobald erhebliche Gründe nicht entgegenstehen.

Hat der Inhaber einer solchen Genehmigung seinen Gewerbebetrieb während eines Zeitraums von drei Jahren eingestellt, ohne eine Fristung nachgesucht und erhalten zu haben, so erlischt dieselbe.

Für die im § 16 aufgeführten Anlagen darf die nachgesuchte Fristung so lange nicht versagt werden, als wegen einer durch Erbfall oder Konkurserklärung entstandenen Ungewißheit über das Eigentum an einer Anlage oder, infolge höherer Gewalt, der Betrieb entweder gar nicht oder nur mit erheblichem Nachteile für den Inhaber oder Eigentümer der Anlage stattfinden kann.

Das Verfahren für die Fristung ist dasselbe wie für die Genehmigung neuer Anlagen.

§ 53. Die in dem § 29 bezeichneten Approbationen können von der Verwaltungsbehörde nur dann zurückgenommen werden, wenn die Unrichtigkeit der Nachweise dargetan wird, auf Grund deren solche erteilt worden sind, oder wenn dem Inhaber der Approbation die bürgerlichen Ehrenrechte aberkannt sind, im letzteren Falle jedoch nur für die Dauer des Ehrenverlustes.

Außer aus diesen Gründen können die in den §§ 30, 30 a, 32, 33, 34 und 36 bezeichneten Genehmigungen und Bestallungen in gleicher Weise zurückgenommen werden, wenn aus Handlungen oder Unterlassungen des Inhabers der Mangel derjenigen Eigenschaften, welche bei der Erteilung der Genehmigung oder Bestallung nach der Vorschrift dieses Gesetzes vorausgesetzt werden mußten, klar erhellt. Inwiefern durch die Handlungen oder Unterlassungen eine Strafe verwirkt ist, bleibt der richterlichen Entscheidung vorbehalten.

Pfandleihern, welche vor dem Inkrafttreten des Gesetzes vom 23. Juli 1879 (Reichs-Gesetzbl. S. 267) den Gewerbebetrieb begonnen haben, sowie Pfandvermittlern, welche vor dem 1. Oktober 1900 den Gewerbebetrieb begonnen haben, kann derselbe untersagt werden, wenn Tatsachen vorliegen, welche die Unzuverlässigkeit des Gewerbetreibenden in bezug auf den Gewerbebetrieb dartun. Ist die Untersagung erfolgt, so kann die Landes-Zentralbehörde oder eine andere von ihr zu bestimmende Behörde die Wiederaufnahme des Gewerbebetriebs gestatten, sofern seit der Untersagung mindestens ein Jahr verflossen ist.

§ 53 a. Die unteren Verwaltungsbehörden können bei solchen Bauten, zu deren sachgemäßer Ausführung nach dem Ermessen der

Behörde ein höherer Grad praktischer Erfahrung oder technischer Vorbildung erforderlich ist, im Einzelfalle die Ausführung oder Leitung des Baues durch bestimmte Personen untersagen, wenn Tatsachen vorliegen, aus denen sich ergibt, daß diese Personen wegen Unzuverlässigkeit zur Ausführung oder Leitung des beabsichtigten Baues ungeeignet sind.

Landesrechtliche Vorschriften, welche den Baupolizeibehörden weitergehende Befugnisse einräumen, bleiben unberührt.

Titel III.

Gewerbebetrieb im Umherziehen.

§ 55. Wer außerhalb des Gemeindebezirkes seines Wohnorts oder der durch besondere Anordnung der höheren Verwaltungsbehörde dem Gemeindebezirke des Wohnorts gleichgestellten nächsten Umgebung desselben ohne Begründung einer gewerblichen Niederlassung und ohne vorgängige Bestellung in eigener Person:

1. Waren feilbieten,
2. Warenbestellungen aufsuchen oder Waren bei anderen Personen als bei Kaufleuten, oder an anderen Orten als in offenen Verkaufsstellen zum Wiederverkauf ankaufen,
3. gewerbliche Leistungen anbieten,
4. Musikaufführungen, Schaustellungen, theatralische Vorstellungen oder sonstige Lustbarkeiten, ohne daß ein höheres Interesse der Kunst oder der Wissenschaft dabei obwaltet, darbieten will,

bedarf eines Wandergewerbescheins, soweit nicht für die in Ziffer 2 bezeichneten Fälle in Gemäßheit des § 44a eine Legitimationskarte genügt.

In dem Falle der Ziffer 4 ist auch für den Marktverkehr (§ 64) ein Wandergewerbeschein erforderlich.

§ 55a. An Sonn- und Festtagen (§ 105a Abs. 2) ist der Gewerbebetrieb im Umherziehen, soweit er unter § 55 Abs. 1 Ziffer 1 bis 3 fällt, sowie der Gewerbebetrieb der im § 42b bezeichneten Personen verboten.

Ausnahmen können von der unteren Verwaltungsbehörde zugelassen werden. Der Bundesrat ist ermächtigt, über die Voraussetzungen und Bedingungen, unter denen Ausnahmen zugelassen werden dürfen, Bestimmungen zu erlassen.

§ 56. Beschränkungen, vermöge deren gewisse Waren von dem Feilhalten im stehenden Gewerbebetriebe ganz oder teilweise ausgeschlossen sind, gelten auch für deren Feilbieten im Umherziehen.

Ausgeschlossen vom Ankauf oder Feilbieten im Umherziehen sind:

1. geistige Getränke, soweit nicht das Feilbieten derselben von der Ortspolizeibehörde im Falle besonderen Bedürfnisses vorübergehend gestattet ist;

2. gebrauchte Kleider, gebrauchte Wäsche, gebrauchte Betten und gebrauchte Bettstücke, insbesondere Bettfedern, Menschenhaare, Garnabfälle, Enden und Dräumen von Seide, Wolle, Leinen oder Baumwolle;
3. Gold- und Silberwaren, Bruchgold und Bruchsilber sowie Taschenuhren;
4. Spielkarten;
5. Staats- und sonstige Wertpapiere, Lotterielose, Bezugs- und Anteilsscheine auf Wertpapiere und Lotterielose;
6. explosive Stoffe, insbesondere Feuerwerkskörper, Schießpulver und Dynamit;
7. solche mineralische und andere Oele, welche leicht entzündlich sind, insbesondere Petroleum, sowie Spiritus;
8. Stoß-, Hieb- und Schußwaffen;
9. Gifte und gifthaltige Waren, Arznei- und Geheimmittel sowie Bruchbänder;
10. Bäume aller Art, Sträucher, Schnitt-, Wurzel-Reben, Futtermittel und Sämereien, mit Ausnahme von Gemüse- und Blumensamen;
11. Schmucksachen, Bijouterien, Brillen und optische Instrumente.
Ausgeschlossen vom Feilbieten und Aufsuchen von Bestellungen im Umherziehen sind ferner:
12. Druckschriften, andere Schriften und Bildwerke, insofern sie in sittlicher oder religiöser Beziehung Ärgernis zu geben geeignet sind, oder mittelst Zusicherung von Prämien oder Gewinnen vertrieben werden, oder in Lieferungen erscheinen, wenn nicht der Gesamtpreis auf jeder einzelnen Lieferung an einer in die Augen fallenden Stelle bestimmt verzeichnet ist.

Wer Druckschriften, andere Schriften oder Bildwerke im Umherziehen feilbieten will, hat ein Verzeichnis derselben der zuständigen Verwaltungsbehörde seines Wohnorts zur Genehmigung vorzulegen. Die Genehmigung ist nur zu versagen, soweit das Verzeichnis Druckschriften, andere Schriften oder Bildwerke der vorbezeichneten Art enthält. Der Gewerbetreibende darf nur die in dem genehmigten Verzeichnis enthaltenen Druckschriften, anderen Schriften oder Bildwerke bei sich führen, und ist verpflichtet, das Verzeichnis während der Ausübung des Gewerbebetriebs bei sich zu führen, auf Erfordern der zuständigen Behörden oder Beamten vorzuzeigen und, sofern er hiezu nicht imstande ist, auf deren Geheiß den Betrieb bis zur Herbeischaffung des Verzeichnisses einzustellen.

§ 56 a. Ausgeschlossen vom Gewerbebetrieb im Umherziehen sind ferner:
1. die Ausübung der Heilkunde, insoweit der Ausübende für dieselbe nicht approbiert ist;
2. das Aufsuchen sowie die Vermittlung von Darlehensgeschäften und von Rückkaufsgeschäften ohne vorgängige Bestellung, ferner

das Aufsuchen von Bestellungen auf Staats- und sonstige Wertpapiere, Lotterielose und Bezugs- und Anteilsscheine auf Wertpapiere und Lotterielose;

3. das Aufsuchen von Bestellungen auf Branntwein und Spiritus bei Personen, in deren Gewerbebetriebe dieselben keine Verwendung finden;

4. das Feilbieten von Waren sowie das Aufsuchen von Bestellungen auf Waren, wenn solche gegen Teilzahlungen unter dem Vorbehalte veräußert werden, daß der Veräußerer wegen Nichterfüllung der dem Erwerber obliegenden Verpflichtungen von dem Vertrage zurücktreten kann (§§ 1 und 6 des Gesetzes, betreffend die Abzahlungsgeschäfte, vom 16. Mai 1894).

§ 56 b. Der Bundesrat ist befugt, soweit ein Bedürfnis obwaltet, anzuordnen, daß und inwiefern der Ankauf oder das Feilbieten von einzelnen der im § 56 Abs. 2 ausgeschlossenen Waren im Umherziehen gestattet sein soll. Die gleiche Befugnis steht den Landesregierungen für ihr Gebiet oder Teile desselben hinsichtlich der im § 56 Abs. 2 Ziffer 10 bezeichneten Gegenstände zu.

Aus Gründen der öffentlichen Sicherheit sowie zur Abwehr oder Unterdrückung von Seuchen kann durch Beschluß des Bundesrats und in dringenden Fällen durch Anordnung des Reichskanzlers nach Einvernehmen mit dem Ausschusse des Bundesrats für Handel und Verkehr für den Umfang des Reichs oder für Teile desselben bestimmt werden, daß und inwiefern außer den in den §§ 56 und 56a aufgeführten Gegenständen und Leistungen auch noch andere Gegenstände und Leistungen auf bestimmte Dauer von dem Gewerbebetriebe im Umherziehen ausgeschlossen sein sollen. Die Anordnung ist dem Reichstage sofort, oder, wenn derselbe nicht versammelt ist, bei seinem nächsten Zusammentritte mitzuteilen. Dieselbe ist außer Kraft zu setzen, wenn der Reichstag die Zustimmung nicht erteilt.

Durch die Landesregierungen kann das Umherziehen mit Zuchthengsten zur Deckung von Stuten untersagt werden. Desgleichen kann zur Abwehr oder Unterdrückung von Seuchen der Handel mit Rindvieh, Schweinen, Schafen, Ziegen oder Geflügel im Umherziehen Beschränkungen unterworfen oder auf bestimmte Dauer untersagt werden.

§ 56 c. Das Feilbieten von Waren im Umherziehen in der Art, daß dieselben versteigert werden oder im Wege des Glückspiels oder der Ausspielung (Lotterie) abgesetzt werden, ist nicht gestattet. Ausnahmen von diesem Verbote dürfen von der zuständigen Behörde zugelassen werden, hinsichtlich der Wanderversteigerungen jedoch nur bei Waren, welche dem raschen Verderben ausgesetzt sind.

Öffentliche Ankündigungen des Gewerbebetriebs dürfen nur unter dem Namen des Gewerbetreibenden mit Hinzufügung seines Wohnorts erlassen werden. Wird für den Gewerbebetrieb eine Verkaufsstelle benutzt, so muß an derselben in einer für jedermann erkennbaren Weise ein den Namen und Wohnort des Gewerbetreibenden angebender Aushang angebracht werden. Dies gilt insbesondere von den Wanderlagern.

§ 56 d. Ausländern kann der Gewerbebetrieb im Umherziehen gestattet werden. Der Bundesrat ist befugt, die deshalb nötigen Bestimmungen zu treffen.

§ 57. Der Wandergewerbeschein ist zu versagen:

1. wenn der Nachsuchende mit einer abschreckenden oder ansteckenden Krankheit behaftet oder in einer abschreckenden Weise entstellt ist;
2. wenn er unter Polizeiaufsicht steht;
3. wenn er wegen strafbarer Handlungen aus Gewinnsucht, gegen das Eigentum, gegen die Sittlichkeit, wegen vorsätzlicher Angriffe auf das Leben und die Gesundheit der Menschen, wegen Land- oder Hausfriedensbruchs, wegen Widerstandes gegen die Staatsgewalt, wegen vorsätzlicher Brandstiftung, wegen Zuwiderhandlungen gegen Verbote oder Sicherungsmaßregeln, betreffend Einführung oder Verbreitung ansteckender Krankheiten oder Viehseuchen, zu einer Freiheitsstrafe von mindestens drei Monaten verurteilt ist, und seit Verbüßung der Strafe drei Jahre noch nicht verflossen sind;
4. wenn er wegen gewohnheitsmäßiger Arbeitsscheu, Bettelei, Landstreicherei, Trunksucht übel berüchtigt ist;
5. in dem Falle des § 55 Ziffer 4, sobald der den Verhältnissen des Verwaltungsbezirkes der zuständigen Verwaltungsbehörde entsprechenden Anzahl von Personen Wandergewerbescheine erteilt oder ausgedehnt sind (§ 60 Abs. 2).

§ 57 a. Der Wandergewerbeschein ist in der Regel zu versagen:

1. wenn der Nachsuchende das fünfundzwanzigste Lebensjahr noch nicht vollendet hat.

   Im Falle der Ziffer 1 ist dem Nachsuchenden der Wandergewerbeschein zu erteilen, wenn er der Ernährer einer Familie ist und bereits vier Jahre im Wandergewerbe tätig gewesen ist;
2. wenn er blind, taub oder stumm ist, oder an Geistesschwäche leidet.

§ 57 b. Der Wandergewerbeschein darf außerdem nur dann versagt werden:

1. wenn der Nachsuchende im Inland einen festen Wohnsitz nicht hat;
2. wenn er wegen strafbarer Handlungen aus Gewinnsucht, gegen das Eigentum, gegen die Sittlichkeit, wegen vorsätzlicher Angriffe auf das Leben und die Gesundheit der Menschen, wegen Hausfriedensbruchs, wegen Widerstandes gegen die Staatsgewalt, wegen vorsätzlicher Brandstiftung, wegen Zuwiderhandlungen gegen Verbote oder Sicherungsmaßregeln, betreffend Einführung oder Verbreitung ansteckender Krankheiten oder Vieh-

seuchen, zu einer Freiheitsstrafe von mindestens einer Woche verurteilt ist, und seit der Verbüßung der Strafe fünf Jahre noch nicht verflossen sind;

3. wenn er wegen Verletzung der auf den Gewerbebetrieb im Umherziehen bezüglichen Vorschriften im Laufe der letzten drei Jahre wiederholt bestraft ist;
4. wenn er ein oder mehrere Kinder besitzt, für deren Unterhalt und, sofern sie im schulpflichtigen Alter stehen, für deren Unterricht nicht genügend gesorgt ist.

§ 58. Der Wandergewerbeschein kann zurückgenommen werden, wenn sich ergibt, daß eine der im § 57 Ziffer 1 bis 4, § 57a oder § 57b bezeichneten Voraussetzungen entweder zur Zeit der Erteilung desselben bereits vorhanden gewesen, der Behörde aber unbekannt geblieben, oder erst nach Erteilung des Scheins eingetreten ist.

§ 59. Eines Wandergewerbescheins bedarf nicht:

1. wer selbstgewonnene oder rohe Erzeugnisse der Land- und Forstwirtschaft, des Garten- und Obstbaues, der Geflügel- und Bienenzucht sowie selbstgewonnene Erzeugnisse der Jagd und Fischerei feilbietet;
2. wer in der Umgegend seines Wohnorts bis zu 15 Kilometer Entfernung von demselben selbstverfertigte Waren, welche zu den Gegenständen des Wochenmarktverkehrs gehören, feilbietet oder gewerbliche Leistungen, hinsichtlich deren dies Landesgebrauch ist, anbietet;
3. wer selbstgewonnene Erzeugnisse oder selbstverfertigte Waren, hinsichtlich deren dies Landesgebrauch ist, zu Wasser anfährt und von dem Fahrzeuge aus feilbietet;
4. wer bei öffentlichen Festen, Truppenzusammenziehungen oder anderen außergewöhnlichen Gelegenheiten mit Erlaubnis der Ortspolizeibehörde die von derselben zu bestimmenden Waren feilbietet.

Die Landesregierungen können in weiterem Umfange den Gewerbebetrieb im Umherziehen mit Gegenständen des gemeinen Verbrauchs ohne Wandergewerbeschein innerhalb ihres Gebietes gestatten.

Anmerkung: **Molkereiinhaber dürfen Butter und flüssige Molkereierzeugnisse in der Umgegend ihres Wohnortes bis zu 15 km Entfernung ohne Wandergewerbeschein feilbieten oder feilbieten lassen (Min.-Bek. vom 9. April 1910, MABl. S. 284).**

§ 59a. In den Fällen des § 59 Ziffer 1 bis 3 kann der Gewerbebetrieb untersagt werden, wenn die Voraussetzungen des § 57 Ziffer 1 bis 4 vorliegen.

§ 60. Der Wandergewerbeschein wird für die Dauer des Kalenderjahres erteilt, er berechtigt den Inhaber, in dem ganzen Gebiete des Reichs das bezeichnete Gewerbe nach Entrichtung der darauf haftenden Landessteuern zu betreiben. Soweit nach § 56 Ziffer 1 das Feilbieten von geistigen Getränken im Falle besonderen Bedürfnisses vorübergehend gestattet wird, ist die räumliche und zeitliche Beschränkung dieser Erlaubnis im Wandergewerbeschein anzugeben.

Ein Wandergewerbeschein für den Betrieb der im § 55 Ziffer 4 bezeichneten Gewerbe gewährt die Befugnis zum Gewerbebetrieb in einem anderen als dem Bezirke derjenigen Verwaltungsbehörde, welche ihn ausgestellt hat, nur dann, wenn er auf den anderen Bezirk von dessen Verwaltungsbehörde ausgedehnt ist. Sowohl die Ausstellung als auch die Ausdehnung eines derartigen Wandergewerbescheins kann für eine kürzere Dauer, als das Kalenderjahr, oder für bestimmte Tage während des Kalenderjahrs erfolgen. Die Ausdehnung ist zu versagen, sobald für die den Verhältnissen des Bezirkes entsprechende Anzahl von Personen Wandergewerbescheine bereits ausgestellt oder ausgedehnt sind.

Die Verwaltungsbehörde kann die von ihr bewilligte Ausdehnung nach Maßgabe des § 58 zurücknehmen.

Der Wandergewerbeschein enthält die Personalbeschreibung des Inhabers und die nähere Bezeichnung des Geschäftsbetriebs. Das Formular der Wandergewerbescheine bestimmt der Bundesrat.

§ 60 a. Wer die im § 55 Ziffer 4 bezeichneten Gewerbe an einem Orte von Haus zu Haus oder auf öffentlichen Wegen, Straßen, Plätzen oder an anderen öffentlichen Orten ausüben will, bedarf der vorgängigen Erlaubnis der Ortspolizeibehörde.

§ 60 b. Minderjährigen Personen kann in dem Wandergewerbescheine die Beschränkung auferlegt werden, daß sie das Gewerbe nicht nach Sonnenuntergang, und minderjährigen Personen weiblichen Geschlechts kann außerdem die Beschränkung auferlegt werden, daß sie dasselbe nur auf öffentlichen Wegen, Straßen und Plätzen, nicht aber von Haus zu Haus betreiben dürfen.

Desgleichen kann von der Ortspolizeibehörde minderjährigen Personen verboten werden, daß sie innerhalb des Polizeibezirkes die im § 59 Ziffer 1 und 2 aufgeführten Gegenstände nach Sonnenuntergang, und minderjährigen Personen weiblichen Geschlechts, daß sie dieselben Gegenstände von Haus zu Haus feilbieten.

Das Feilbieten der im § 59 Ziffer 1 und 2 bezeichneten Gegenstände durch Kinder unter vierzehn Jahren kann von der Ortspolizeibehörde verboten werden.

§ 60 c. Der Inhaber eines Wandergewerbescheins ist verpflichtet, diesen während der Ausübung des Gewerbebetriebs bei sich zu führen, auf Erfordern der zuständigen Behörden oder Beamten vorzuzeigen und, sofern er hierzu nicht imstande ist, auf deren Geheiß den Betrieb bis zur Herbeischaffung des Wandergewerbescheins einzustellen. Auf gleiches Erfordern hat er die von ihm geführten Waren vorzulegen.

Zum Zwecke des Gewerbebetriebs ist ohne vorgängige Erlaubnis der Eintritt in fremde Wohnungen sowie zur Nachtzeit das Betreten fremder Häuser und Gehöfte nicht gestattet.

Denselben Bestimmungen (Abs. 2) unterliegt das Feilbieten der im § 59 Ziffer 1 und 2 aufgeführten Gegenstände.

§ 60 d. Der Wandergewerbeschein darf einem anderen nicht zur Benutzung überlassen werden.

Wer für einen anderen ein Gewerbe im Umherziehen zu betreiben beabsichtigt, unterliegt für seine Person den Bestimmungen dieses Gesetzes.

Wenn mehrere Personen die im § 55 Ziffer 4 bezeichneten Gewerbe in Gemeinschaft mit einander zu betreiben beabsichtigen, so kann auf ihren Antrag ein gemeinsamer Wandergewerbeschein für die Gesellschaft als solche ausgestellt werden, in welchem jedes einzelne Mitglied aufzuführen ist. Werden für die einzelnen Mitglieder besondere Wandergewerbescheine ausgestellt, so kann in die letzteren ein Vermerk aufgenommen werden, nach welchem dem Inhaber der Gewerbebetrieb nur im Verbande einer bestimmten Gesellschaft, oder einer Gesellschaft überhaupt, gestattet sein soll.

Umherziehenden Schauspielergesellschaften wird der Wandergewerbeschein nur dann erteilt, wenn der Unternehmer die im § 32 vorgeschriebene Erlaubnis besitzt. In dem Wandergewerbescheine für den Unternehmer einer Schauspielergesellschaft ist ausdrücklich zu vermerken, daß der Gewerbetreibende als Unternehmer auftreten will.

§ 61. Die Erteilung des Wandergewerbescheins erfolgt durch die für den Wohnort oder Aufenthaltsort des Nachsuchenden zuständige höhere Verwaltungsbehörde. Die Verwaltungsbehörde des Aufenthaltsorts kann den Nachsuchenden an die Behörde seines Wohnorts verweisen.

In dem Falle des § 55 Ziffer 4 erfolgt die Erteilung des Wandergewerbescheins durch die höhere Verwaltungsbehörde, in deren Bezirke das Gewerbe betrieben werden soll.

Die Zurücknahme des Wandergewerbescheins erfolgt durch die für den Wohnort oder Aufenthaltsort des Inhabers zuständige höhere Verwaltungsbehörde.

§ 62. Wer beim Gewerbebetrieb im Umherziehen andere Personen von Ort zu Ort mit sich führen will, bedarf der Erlaubnis derjenigen Behörde, welche den Wandergewerbeschein erteilt hat, oder in deren Bezirke sich der Nachsuchende befindet. Die Erlaubnis wird in dem Wandergewerbeschein unter näherer Bezeichnung dieser Personen vermerkt.

Die Erlaubnis ist zu versagen, insoweit bei ihnen eine der im § 57 bezeichneten Voraussetzungen zutrifft; außerdem darf dieselbe nur dann versagt werden, insoweit eine der im § 57 a und § 57 b bezeichneten Voraussetzungen vorliegt. Die Zurücknahme der Erlaubnis erfolgt nach Maßgabe des § 58 durch eine für deren Erteilung zuständige Behörde.

Die Mitführung von Kindern unter vierzehn Jahren zu gewerblichen Zwecken ist verboten.

Die Erlaubnis zur Mitführung von Kindern, welche schulpflichtig sind, ist zu versagen und die bereits erteilte Erlaubnis zurückzunehmen, wenn nicht für einen ausreichenden Unterricht der Kinder gesorgt ist.

Die Erlaubnis zur Mitführung von Kindern unter vierzehn Jahren kann versagt und von der für die Erteilung derselben zuständigen Behörde zurückgenommen werden. Dasselbe gilt von der Erlaubnis zur Mitführung von Personen anderen Geschlechts mit Ausnahme der Ehegatten und der über vierzehn Jahre alten eigenen Kinder und Enkel.

Titel IV.

Marktverkehr.

§ 64. Der Besuch der Messen, Jahr- und Wochenmärkte, sowie der Kauf und Verkauf auf denselben steht einem jeden mit gleichen Befugnissen frei.

Wo jedoch nach der bisherigen Ortsgewohnheit gewisse Handwerkerwaren, welche nicht zu den im § 66 bezeichneten Gegenständen gehören, nur von Bewohnern des Marktorts auf dem Wochenmarkte verkauft werden durften, kann die höhere Verwaltungsbehörde auf Antrag der Gemeindebehörde den einheimischen Verkäufern die Fortsetzung des herkömmlichen Wochenmarktverkehrs mit jenen Handwerkerwaren gestatten, ohne auswärtige Verkäufer derselben Waren auf dem Wochenmarkte zuzulassen.

Beschränkungen des Marktverkehrs der Ausländer als Erwiderung der im Auslande gegen Reichsangehörige angeordneten Beschränkungen bleiben dem Bundesrate vorbehalten.

§ 65. Die Zahl, Zeit und Dauer der Messen, Jahr- und Wochenmärkte wird von der zuständigen Verwaltungsbehörde festgesetzt.

Dem Marktberechtigten steht gegen eine solche Anordnung kein Widerspruch zu; ein Entschädigungsanspruch gebührt demselben nur dann, wenn durch die Anordnung die Zahl der bis dahin abgehaltenen Märkte vermindert wird, und eine größere Zahl ausdrücklich und unwiderruflich verliehen war. Gemeinden, welche einen Entschädigungsanspruch geltend machen wollen, müssen nachweisen, daß ihr Recht auf einen speziellen lästigen Titel sich gründet.

§ 66. Gegenstände des Wochenmarktverkehrs sind:

1. rohe Naturerzeugnisse mit Ausschluß des größeren Viehes;
2. Fabrikate, deren Erzeugung mit der Land- und Forstwirtschaft, dem Garten- und Obstbau oder der Fischerei in unmittelbarer Verbindung steht, oder zu den Nebenbeschäftigungen der Landleute der Gegend gehört, oder durch Tagelöhnerarbeit bewirkt wird, mit Ausschluß der geistigen Getränke;
3. frische Lebensmittel aller Art.

Die zuständige Verwaltungsbehörde ist auf Antrag der Gemeindebehörde befugt, zu bestimmen, welche Gegenstände außerdem nach Ortsgewohnheit und Bedürfnis in ihrem Bezirk überhaupt, oder an gewissen Orten zu den Wochenmarktartikeln gehören.

§ 67. Auf Jahrmärkten dürfen außer den im § 66 benannten Gegenständen Verzehrungsgegenstände und Fabrikate aller Art feilgehalten werden.

Zum Verkaufe von geistigen Getränken zum Genuß auf der Stelle bedarf es jedoch der Genehmigung der Ortspolizeibehörde.

§ 68. Der Marktverkehr darf in keinem Falle mit anderen als solchen Abgaben belastet werden, welche eine Vergütung für den überlassenen Raum und den Gebrauch von Buden und Gerätschaften bilden. In den Bestimmungen darüber, ob und in welchem Umfange Abgaben dieser Art erhoben werden dürfen, wird durch gegenwärtiges Gesetz nichts geändert. Ein Unterschied zwischen Einheimischen und Fremden bezüglich der Zahlung der Abgaben darf nicht stattfinden.

§ 69. In den Grenzen der Bestimmungen der §§ 65 bis 68 kann die Ortspolizeibehörde im Einverständnisse mit der Gemeindebehörde die Marktordnung nach dem örtlichen Bedürfnisse festsetzen, namentlich auch für das Feilbieten von gleichartigen Gegenständen den Platz, und für das Feilbieten im Umhertragen, mit oder ohne Ausruf, die Tageszeit und die Gattung der Waren bestimmen.

§ 70. In betreff der Märkte, welche bei besonderen Gelegenheiten oder für bestimmte Gattungen von Gegenständen gehalten werden, bewendet es bei den bestehenden Anordnungen.

Erweiterungen dieses Marktverkehrs können von der zuständigen Behörde mit Zustimmung der Gemeindebehörde angeordnet werden.

§ 71. Beschränkungen des Verkehrs mit den zu Messen und Märkten gebrachten, aber unverkauft gebliebenen Gegenständen werden hierdurch aufgehoben. Der Einzelverkauf solcher Gegenstände außer der Marktzeit ist jedoch nur unter denselben Bedingungen zulässig, unter welchen derselbe statthaft sein würde, wenn die Gegenstände nicht auf den Markt gebracht wären.

Titel V.

Taxen.

§ 72. Polizeiliche Taxen sollen, soweit nicht ein anderes nachstehend angeordnet worden, künftig nicht vorgeschrieben werden; da, wo sie gegenwärtig bestehen, sind sie in einer von der Ortspolizeibehörde zu bestimmenden, höchstens einjährigen Frist aufzuheben.

§ 73. Die Bäcker und die Verkäufer von Backwaren können durch die Ortspolizeibehörde angehalten werden, die Preise und das Gewicht ihrer verschiedenen Backwaren für gewisse von derselben zu bestimmende Zeiträume durch einen von außen sichtbaren Anschlag am Verkaufslokale zur Kenntnis des Publikums zu bringen.

Dieser Anschlag ist kostenfrei mit dem polizeilichen Stempel zu versehen und täglich während der Verkaufszeit auszuhängen.

§ 74. Wo der Verkauf von Backwaren nur nach den von den Bäckern und Verkäufern an ihren Verkaufslokalen angeschlagenen Preisen erlaubt ist, kann die Ortspolizeibehörde die Bäcker und Verkäufer zugleich anhalten, im Verkaufslokal eine Wage mit den ererforderlichen geeichten Gewichten aufzustellen und die Benutzung derselben zum Nachwiegen der verkauften Backwaren zu gestatten.

§ 75. Die Gastwirte können durch die Ortspolizeibehörde angehalten werden, das Verzeichnis der von ihnen gestellten Preise einzureichen und in den Gastzimmern anzuschlagen. Diese Preise dürfen zwar jederzeit abgeändert werden, bleiben aber solange in Kraft, bis die Abänderung der Polizeibehörde angezeigt und das abgeänderte Verzeichnis in den Gastzimmern angeschlagen ist. Auf Beschwerden Reisender wegen Überschreitung der verzeichneten Preise steht der Ortspolizeibehörde eine vorläufige Entscheidung vorbehaltlich des Rechtswegs zu.

§ 76. Die Ortspolizeibehörde ist in Übereinstimmung mit der Gemeindebehörde befugt, für Lohnbediente und andere Personen, welche auf öffentlichen Straßen und Plätzen oder in Wirtshäusern ihre Dienste anbieten (§ 37), sowie für die Benutzung von Wagen, Pferden, Sänften, Gondeln und anderen Transportmitteln, welche öffentlich zum Gebrauch aufgestellt sind, Taxen festzusetzen.

§ 77. Ebenso können für Schornsteinfeger, wenn ihnen Bezirke ausschließlich zugewiesen sind, von der Ortspolizeibehörde, im Einverständnisse mit der Gemeindebehörde, oder, wenn der zugewiesene Bezirk mehr als eine Ortschaft umfaßt, von der unteren Verwaltungsbehörde Taxen aufgestellt werden.

§ 78. Hinsichtlich der Taxen für solche gewerbetreibende Personen, welche nach den Bestimmungen im § 36 von den Behörden zu beeidigen und anzustellen sind, wird durch das gegenwärtige Gesetz nichts geändert. Die nach § 36 zuständigen Behörden sind befugt, für diese Personen auch da Taxen einzuführen, wo dergleichen bisher nicht bestanden.

§ 79. Die in den §§ 73 bis 78 genannten Gewerbetreibenden sind berechtigt, die festgestellten Preise und Taxen zu ermäßigen.

§ 80. Die Taxen für die Apotheker können durch die Zentralbehörden festgesetzt werden, Ermäßigungen derselben durch freie Vereinbarungen sind jedoch zulässig.

Die Bezahlung der approbierten Ärzte usw. (§ 29 Abs. 1) bleibt der Vereinbarung überlassen. Als Norm für streitige Fälle im Mangel einer Vereinbarung können jedoch für dieselben Taxen von den Zentralbehörden festgesetzt werden.

Titel VI.

Innungen, Innungsausschüsse, Handwerkskammern, Innungsverbände.

III. Handwerkskammern.

§ 103 e. Der Handwerkskammer liegt insbesondere ob:

1. die nähere Regelung des Lehrlingswesens;

2. die Durchführung der für das Lehrlingswesen geltenden Vorschriften zu überwachen;
3. die Staats- und Gemeindebehörden in der Förderung des Handwerkes durch tatsächliche Mitteilungen und Erstattung von Gutachten über Fragen zu unterstützen, welche die Verhältnisse des Handwerkes berühren;
4. Wünsche und Anträge, welche die Verhältnisse des Handwerkes berühren, zu beraten und den Behörden vorzulegen sowie Jahresberichte über ihre die Verhältnisse des Handwerkes betreffenden Wahrnehmungen zu erstatten;
5. die Bildung von Prüfungsausschüssen zur Abnahme der Gesellenprüfung (§ 131 Abs. 2);
6. die Bildung von Ausschüssen zur Entscheidung über Beanstandungen von Beschlüssen der Prüfungsausschüsse (§ 132).

Die Handwerkskammer soll in allen wichtigen, die Gesamtinteressen des Handwerks oder die Interessen einzelner Zweige desselben berührenden Angelegenheiten gehört werden.

Sie ist befugt, Veranstaltungen zur Förderung der gewerblichen, technischen und sittlichen Ausbildung der Meister, Gesellen (Gehilfen) und Lehrlinge zu treffen sowie Fachschulen zu errichten und zu unterstützen.

Titel VII.

Gewerbliche Arbeiter (Gesellen, Gehilfen, Lehrlinge, Betriebsbeamte, Werkmeister, Techniker, Fabrikarbeiter).

I. Allgemeine Verhältnisse.

§ 105. Die Festsetzung der Verhältnisse zwischen den selbständigen Gewerbetreibenden und den gewerblichen Arbeitern ist, vorbehaltlich der durch Reichsgesetz begründeten Beschränkungen, Gegenstand freier Übereinkunft.

§ 105 a. Zum Arbeiten an Sonn- und Festtagen können die Gewerbetreibenden die Arbeiter nicht verpflichten. Arbeiten, welche nach den Bestimmungen dieses Gesetzes auch an Sonn- und Festtagen vorgenommen werden dürfen, fallen unter die vorstehende Bestimmung nicht.

Welche Tage als Festtage gelten, bestimmen unter Berücksichtigung der örtlichen und konfessionellen Verhältnisse die Landesregierungen.

§ 105 b. Im Betriebe von Bergwerken, Salinen, Aufbereitungsanstalten, Brüchen und Gruben, von Hüttenwerken, Fabriken und Werkstätten, von Zimmerplätzen und anderen Bauhöfen, von Werften und Ziegeleien sowie bei Bauten aller Art dürfen Arbeiter an Sonn- und Festtagen nicht beschäftigt werden. Die den Arbeitern zu gewährende Ruhe hat mindestens für jeden Sonn- und Festtag vierundzwanzig, für zwei auf einander folgende Sonn- und Festtage sechsunddreißig, für das Weihnachts-, Oster- und Pfingstfest achtundvierzig Stunden zu dauern. Die Ruhezeit ist von zwölf Uhr

Nachts zu rechnen und muß bei zwei auf einander folgenden Sonn- und Festtagen bis sechs Uhr abends des zweiten Tages dauern. In Betrieben mit regelmäßiger Tag- und Nachtschicht kann die Ruhezeit frühestens um sechs Uhr abends des vorhergehenden Werktags, spätestens um sechs Uhr morgens des Sonn- oder Festtags beginnen, wenn für die auf den Beginn der Ruhezeit folgenden vierundzwanzig Stunden der Betrieb ruht.

Im Handelsgewerbe dürfen Gehilfen, Lehrlinge und Arbeiter am ersten Weihnachts-, Oster- und Pfingsttag überhaupt nicht, im übrigen an Sonn- und Festtagen nicht länger als fünf Stunden beschäftigt werden. Durch statutarische Bestimmung einer Gemeinde oder eines weiteren Kommunalverbandes (§ 142) kann diese Beschäftigung für alle oder einzelne Zweige des Handelsgewerbes auf kürzere Zeit eingeschränkt oder ganz untersagt werden. Für die letzten vier Wochen vor Weihnachten sowie für einzelne Sonn- und Festtage, an welchen örtliche Verhältnisse einen erweiterten Geschäftsverkehr erforderlich machen, kann die Polizeibehörde eine Vermehrung der Stunden, während welcher die Beschäftigung stattfinden darf, bis auf zehn Stunden zulassen. Die Stunden, während welcher die Beschäftigung stattfinden darf, werden unter Berücksichtigung der für den öffentlichen Gottesdienst bestimmten Zeit, sofern die Beschäftigungszeit durch statutarische Bestimmungen eingeschränkt worden ist, durch letztere, im übrigen von der Polizeibehörde festgestellt. Die Feststellung kann für verschiedene Zweige des Handelsgewerbes verschieden erfolgen.

Die Bestimmungen des Abs. 2 finden auf die Beschäftigung von Gehilfen, Lehrlingen und Arbeitern im Geschäftsbetriebe von Konsum- und anderen Vereinen entsprechende Anwendung.

§ 105 c. Die Bestimmungen des § 105b finden keine Anwendung:

1. auf Arbeiten, welche in Notfällen oder im öffentlichen Interesse unverzüglich vorgenommen werden müssen;
2. für einen Sonntag auf Arbeiten zur Durchführung einer gesetzlich vorgeschriebenen Inventur;
3. auf die Bewachung der Betriebsanlagen, auf Arbeiten zur Reinigung und Instandhaltung, durch welche der regelmäßige Fortgang des eigenen oder eines fremden Betriebs bedingt ist, sowie auf Arbeiten, von welchen die Wiederaufnahme des vollen werktätigen Betriebs abhängig ist, sofern nicht diese Arbeiten an Werktagen vorgenommen werden können;
4. auf Arbeiten, welche zur Verhütung des Verderbens von Rohstoffen oder des Mißlingens von Arbeitserzeugnissen erforderlich sind, sofern nicht diese Arbeiten an Werktagen vorgenommen werden können;
5. auf die Beaufsichtigung des Betriebs, soweit er nach Ziffer 1 bis 4 an Sonn- und Festtagen stattfindet.

Gewerbetreibende, welche Arbeiter an Sonn- und Festtagen mit Arbeiten der unter Ziffer 1 bis 5 erwähnten Art beschäftigen, sind verpflichtet, ein Verzeichnis anzulegen, in welches für jeden einzelnen Sonn- und Festtag die Zahl der beschäftigten Arbeiter, die Dauer ihrer Beschäftigung sowie die Art der vorgenommenen Arbeiten einzutragen sind. Das Verzeichnis ist auf Erfordern der Ortspolizeibehörde sowie dem im § 139 b bezeichneten Beamten jederzeit zur Einsicht vorzulegen.

Bei den unter Ziffer 3 und 4 bezeichneten Arbeiten, sofern dieselben länger als drei Stunden dauern, oder die Arbeiter am Besuche des Gottesdienstes hindern, sind die Gewerbetreibenden verpflichtet, jeden Arbeiter entweder an jedem dritten Sonntage volle sechsunddreißig Stunden, oder an jedem zweiten Sonntage mindestens in der Zeit von sechs Uhr morgens bis sechs Uhr abends von der Arbeit frei zu lassen.

Ausnahmen von den Vorschriften des vorstehenden Absatzes darf die untere Verwaltungsbehörde gestatten, wenn die Arbeiter am Besuche des sonntäglichen Gottesdienstes nicht gehindert werden und ihnen an Stelle des Sonntags eine vierundzwanzigstündige Ruhezeit an einem Wochentage gewährt wird.

§ 105 d. Für bestimmte Gewerbe, insbesondere für Betriebe, in denen Arbeiten vorkommen, welche ihrer Natur nach eine Unterbrechung oder einen Aufschub nicht gestatten, sowie für Betriebe, welche ihrer Natur nach auf bestimmte Jahreszeiten beschränkt sind, oder welche in gewissen Zeiten des Jahres zu einer außergewöhnlich verstärkten Tätigkeit genötigt sind, können durch Beschluß des Bundesrats Ausnahmen von der Bestimmung des § 105 b Abs. 1 zugelassen werden.

Die Regelung der an Sonn- und Festtagen in diesen Betrieben gestatteten Arbeiten und der Bedingungen, unter welchen sie gestattet sind, erfolgt für alle Betriebe derselben Art gleichmäßig und unter Berücksichtigung der Bestimmung des § 105 c Abs. 3.

Die vom Bundesrate getroffenen Bestimmungen sind durch das Reichs-Gesetzblatt zu veröffentlichen und dem Reichstage bei seinem nächsten Zusammentritte zur Kenntnisnahme vorzulegen.

§ 105 e. Für Gewerbe, deren vollständige oder teilweise Ausübung an Sonn- und Festtagen zur Befriedigung täglicher oder an diesen Tagen besonders hervortretender Bedürfnisse der Bevölkerung erforderlich ist, sowie für Betriebe, welche ausschließlich oder vorwiegend mit durch Wind oder unregelmäßige Wasserkraft bewegten Triebwerken arbeiten, können durch Verfügung der höheren Verwaltungsbehörde Ausnahmen von den im § 105 b getroffenen Bestimmungen zugelassen werden. Die Regelung dieser Ausnahmen hat unter Berücksichtigung der Bestimmungen des § 105 c Abs. 3 zu erfolgen.

Der Bundesrat trifft über die Voraussetzungen und Bedingungen der Zulassung von Ausnahmen nähere Bestimmungen; dieselben sind dem Reichstage bei seinem nächsten Zusammentritte zur Kenntnisnahme mitzuteilen.

Das Verfahren auf Anträge wegen Zulassung von Ausnahmen für Betriebe, welche ausschließlich oder vorwiegend mit durch Wind oder unregelmäßige Wasserkraft bewegten Triebwerken arbeiten, unterliegt den Vorschriften der §§ 20 und 21.

§ 105 f. Wenn zur Verhütung eines unverhältnismäßigen Schadens ein nicht vorherzusehendes Bedürfnis der Beschäftigung von Arbeitern an Sonn- und Festtagen eintritt, so können durch die untere Verwaltungsbehörde Ausnahmen von der Bestimmung des § 105 b Abs. 1 für bestimmte Zeit zugelassen werden.

Die Verfügung der unteren Verwaltungsbehörde ist schriftlich zu erlassen und muß von dem Unternehmer auf Erfordern dem für die Revision zuständigen Beamten an der Betriebsstelle zur Einsicht vorgelegt werden. Eine Abschrift der Verfügung ist innerhalb der Betriebsstätte an einer den Arbeitern leicht zugänglichen Stelle auszuhängen.

Die untere Verwaltungsbehörde hat über die von ihr gestatteten Ausnahmen ein Verzeichnis zu führen, in welchem die Betriebsstätte, die gestatteten Arbeiten, die Zahl der in dem Betriebe beschäftigten und der an den betreffenden Sonn- und Festtagen tätig gewesenen Arbeiter, die Dauer ihrer Beschäftigung sowie die Dauer und die Gründe der Erlaubnis einzutragen sind.

§ 105 g. Das Verbot der Beschäftigung von Arbeitern an Sonn- und Festtagen kann durch Kaiserliche Verordnung mit Zustimmung des Bundesrats auf andere Gewerbe ausgedehnt werden. Diese Verordnungen sind dem Reichstage bei seinem nächsten Zusammentritte zur Kenntnisnahme vorzulegen. Auf die von dem Verbote zuzulassenden Ausnahmen finden die Bestimmungen der §§ 105 c bis 105 f entsprechende Anwendung.

§ 105 h. Die Bestimmungen der §§ 105 a bis 105 g stehen weitergehenden landesgesetzlichen Beschränkungen der Arbeit an Sonn- und Festtagen nicht entgegen.

Den Landes-Zentralbehörden bleibt vorbehalten, für einzelne Festtage, welche nicht auf einen Sonntag fallen, Abweichungen von der Vorschrift des § 105 b Abs. 1 zu gestatten. Auf das Weihnachts-, Neujahrs-, Oster-, Himmelfahrts- und Pfingstfest findet diese Bestimmung keine Anwendung.

§ 105 i. Der § 105 a Abs. 1 und die §§ 105 b bis 105 g finden auf Gast- und Schankwirtschaftsgewerbe, Musikaufführungen, Schaustellungen, theatralische Vorstellungen oder sonstige Lustbarkeiten sowie auf Verkehrsgewerbe keine Anwendung.

Die Gewerbetreibenden können die Arbeiter in diesen Gewerben nur zu solchen Arbeiten an Sonn- und Festtagen verpflichten, welche nach der Natur des Gewerbebetriebes einen Aufschub oder eine Unterbrechung nicht gestatten.

§ 106. Gewerbetreibende, welchen die bürgerlichen Ehrenrechte aberkannt sind, dürfen, solange ihnen diese Rechte entzogen bleiben, mit der Anleitung von Arbeitern unter achtzehn Jahren sich nicht befassen.

Die Entlassung der dem vorstehenden Verbote zuwider beschäftigten Arbeiter kann polizeilich erzwungen werden.

§ 107. Minderjährige Personen dürfen, soweit reichsgesetzlich nicht ein anderes zugelassen ist, als Arbeiter nur beschäftigt werden, wenn sie mit einem Arbeitsbuche versehen sind. Bei der Annahme solcher Arbeiter hat der Arbeitgeber das Arbeitsbuch einzufordern. Er ist verpflichtet, dasselbe zu verwahren, auf amtliches Verlangen vorzulegen und nach rechtmäßiger Lösung des Arbeitsverhältnisses wieder auszuhändigen. Die Aushändigung erfolgt an den gesetzlichen Vertreter, sofern dieser es verlangt, oder der Arbeiter das sechzehnte Lebensjahr noch nicht vollendet hat, anderenfalls an den Arbeiter selbst. Mit Genehmigung der Gemeindebehörde des im § 108 bezeichneten Ortes kann die Aushändigung des Arbeitsbuchs auch an die zur gesetzlichen Vertretung nicht berechtigte Mutter oder einen sonstigen Angehörigen oder unmittelbar an den Arbeiter erfolgen.

Auf Kinder, welche zum Besuche der Volksschule verpflichtet sind, finden vorstehende Bestimmungen keine Anwendung.

§ 110. Das Arbeitsbuch (§ 108) muß den Namen des Arbeiters, Ort, Jahr und Tag seiner Geburt, Namen und letzten Wohnort seines gesetzlichen Vertreters und die Unterschrift des Arbeiters enthalten. Die Ausstellung erfolgt unter dem Siegel und der Unterschrift der Behörde. Letztere hat über die von ihr ausgestellten Arbeitsbücher ein Verzeichnis zu führen.

Die Einrichtung der Arbeitsbücher wird durch den Reichskanzler bestimmt.

§ 111. Bei dem Eintritte des Arbeiters in das Arbeitsverhältnis hat der Arbeitgeber an der dafür bestimmten Stelle des Arbeitsbuchs die Zeit des Eintritts und die Art der Beschäftigung, am Ende des Arbeitsverhältnisses die Zeit des Austritts und, wenn die Beschäftigung Änderungen erfahren hat, die Art der letzten Beschäftigung des Arbeiters einzutragen.

Die Eintragungen sind mit Tinte zu bewirken und von dem Arbeitgeber oder dem dazu bevollmächtigten Betriebsleiter zu unterzeichnen.

Die Eintragungen dürfen nicht mit einem Merkmale versehen sein, welches den Inhaber des Arbeitsbuchs günstig oder nachteilig zu kennzeichnen bezweckt.

Die Eintragung eines Urteils über die Führung oder die Leistungen des Arbeiters und sonstige durch dieses Gesetz nicht vorgesehene Eintragungen oder Vermerke in oder an dem Arbeitsbuche sind unzulässig.

§ 113. Beim Abgange können die Arbeiter ein Zeugnis über die Art und Dauer ihrer Beschäftigung fordern.

Dieses Zeugnis ist auf Verlangen der Arbeiter auch auf ihre Führung und ihre Leistungen auszudehnen.

Den Arbeitgebern ist untersagt, die Zeugnisse mit Merkmalen zu versehen, welche den Zweck haben, den Arbeiter in einer aus dem Wortlaute des Zeugnisses nicht ersichtlichen Weise zu kennzeichnen.

Ist der Arbeiter minderjährig, so kann das Zeugnis von dem gesetzlichen Vertreter gefordert werden. Dieser kann verlangen, daß das Zeugnis an ihn, nicht an den Minderjährigen ausgehändigt werde. Mit Genehmigung der Gemeindebehörde des im § 108 bezeichneten Ortes kann auch gegen den Willen des gesetzlichen Vertreters die Aushändigung unmittelbar an den Arbeiter erfolgen.

§ 114a. Für bestimmte Gewerbe kann der Bundesrat Lohnbücher oder Arbeitszettel vorschreiben. In diese sind von dem Arbeitgeber oder dem dazu Bevollmächtigten einzutragen:

1. Art und Umfang der übertragenen Arbeit, bei Akkordarbeit die Stückzahl;
2. die Lohnsätze;
3. die Bedingungen für die Lieferung von Werkzeugen und Stoffen zu den übertragenen Arbeiten.

Der Bundesrat kann bestimmen, daß in die Lohnbücher oder Arbeitszettel auch die Bedingungen für die Gewährung von Kost und Wohnung einzutragen sind, sofern Kost oder Wohnung als Lohn oder Teil des Lohnes gewährt werden sollen.

Auf die Eintragungen finden die Vorschriften des § 111 Abs. 2 bis 4 entsprechende Anwendung.

Das Lohnbuch oder der Arbeitszettel ist von dem Arbeitgeber auf seine Kosten zu beschaffen und dem Arbeiter nach Vollziehung der vorgeschriebenen Eintragungen vor oder bei der Übergabe der Arbeit kostenfrei auszuhändigen.

Die Lohnbücher sind mit einem Abdrucke der Bestimmungen der §§ 115 bis 119a Abs. 1 und des § 119b zu versehen. Im übrigen wird die Einrichtung der Lohnbücher durch den Reichskanzler bestimmt.

Auf die von dem Bundesrate getroffenen Anordnungen findet die Bestimmung im § 120e Abs. 4 Anwendung.

§ 115. Die Gewerbetreibenden sind verpflichtet, die Löhne ihrer Arbeiter in Reichswährung zu berechnen und bar auszuzahlen.

Sie dürfen den Arbeitern keine Waren kreditieren. Doch ist es gestattet, den Arbeitern Lebensmittel für den Betrag der Anschaffungskosten, Wohnung und Landnutzung gegen die ortsüblichen Miet- und Pachtpreise, Feuerung, Beleuchtung, regelmäßige Beköstigung, Arzneien und ärztliche Hilfe sowie Werkzeuge und Stoffe zu den ihnen übertragenen Arbeiten für den Betrag der durchschnittlichen Selbstkosten unter Anrechnung bei der Lohnzahlung zu verabfolgen. Zu einem höheren Preise ist die Verabfolgung von Werkzeugen und Stoffen für Akkordarbeiten zulässig, wenn derselbe den ortsüblichen nicht übersteigt und im voraus vereinbart ist.

§ 115 a. Lohn- und Abschlagszahlungen dürfen in Gast- und Schankwirtschaften oder Verkaufsstellen nicht ohne Genehmigung der unteren Verwaltungsbehörde erfolgen; sie dürfen an Dritte nicht erfolgen auf Grund von Rechtsgeschäften oder Urkunden über Rechtsgeschäfte, welche nach § 2 des Gesetzes, betreffend die Beschlagnahme des Arbeits- oder Dienstlohns, vom 21. Juni 1869 (Bundes-Gesetzbl. S. 242) rechtlich unwirksam sind.

§ 119. Den Gewerbetreibenden im Sinne der §§ 115 bis 118 sind gleichzuachten deren Familienglieder, Gehilfen, Beauftragte, Geschäftsführer, Aufseher und Faktoren sowie andere Gewerbetreibende, bei deren Geschäft eine der hier erwähnten Personen unmittelbar oder mittelbar beteiligt ist.

§ 119 a. Lohneinbehaltungen, welche von Gewerbeunternehmern zur Sicherung des Ersatzes eines ihnen aus der widerrechtlichen Auflösung des Arbeitsverhältnisses erwachsenden Schadens oder einer für diesen Fall verabredeten Strafe ausbedungen werden, dürfen bei den einzelnen Lohnzahlungen ein Viertel des fälligen Lohnes, im Gesamtbetrage den Betrag eines durchschnittlichen Wochenlohns nicht übersteigen.

Durch statutarische Bestimmung einer Gemeinde oder eines weiteren Kommunalverbandes (§ 142) kann für alle Gewerbebetriebe oder gewisse Arten derselben festgesetzt werden:

1. daß Lohn- und Abschlagszahlungen in festen Fristen erfolgen müssen, welche nicht länger als einen Monat und nicht kürzer als eine Woche sein dürfen;
2. daß der von minderjährigen Arbeitern verdiente Lohn an die Eltern oder Vormünder und nur mit deren Bescheinigung über den Empfang der letzten Lohnzahlung unmittelbar an die Minderjährigen gezahlt wird;
3. daß die Gewerbetreibenden den Eltern oder Vormündern innerhalb gewisser Fristen Mitteilung von den an minderjährige Arbeiter gezahlten Lohnbeträgen zu machen haben.

§ 119 b. Unter den in §§ 114 a bis 119 a bezeichneten Arbeitern werden auch diejenigen Personen verstanden, welche für bestimmte Gewerbetreibende außerhalb der Arbeitsstätten der letzteren mit der Anfertigung gewerblicher Erzeugnisse beschäftigt sind, und zwar auch dann, wenn sie die Roh- und Hilfsstoffe selbst beschaffen.

§ 120. Die Gewerbeunternehmer sind verpflichtet, ihren Arbeitern unter achtzehn Jahren, welche eine von der Gemeindebehörde oder vom Staate als Fortbildungsschule anerkannte Unterrichtsanstalt besuchen, hierzu die erforderlichen Falles von der zuständigen Behörde festzusetzende Zeit zu gewähren. Am Sonntage darf der Unterricht nur stattfinden, wenn die Unterrichtsstunden so gelegt werden, daß die Schüler nicht gehindert werden, den Hauptgottesdienst oder einen mit Genehmigung der kirchlichen Behörden für sie eingerichteten besonderen Gottesdienst ihrer Konfession zu besuchen. Ausnahmen von dieser Bestimmung kann die Zentralbehörde für bestehende Fortbildungsschulen, zu deren Besuche keine Verpflichtung besteht, bis zum 1. Oktober 1894 gestatten.

Als Fortbildungsschulen im Sinne dieser Bestimmung gelten auch Anstalten, in welchen Unterricht in weiblichen Hand- und Hausarbeiten erteilt wird.

Durch statutarische Bestimmung einer Gemeinde oder eines weiteren Kommunalverbandes (§ 142) kann für männliche Arbeiter unter achtzehn Jahren sowie für weibliche Handlungsgehilfen und Lehrlinge unter achtzehn Jahren die Verpflichtung zum Besuche einer Fortbildungsschule, soweit diese Verpflichtung nicht landesgesetzlich besteht, begründet werden. Auf demselben Wege können die zur Durchführung dieser Verpflichtung erforderlichen Bestimmungen getroffen werden. Insbesondere können durch statutarische Bestimmung die zur Sicherung eines regelmäßigen Schulbesuchs den Schulpflichtigen sowie deren Eltern, Vormündern und Arbeitgebern obliegenden Verpflichtungen bestimmt und diejenigen Vorschriften erlassen werden, durch welche die Ordnung in der Fortbildungsschule und ein gebührliches Verhalten der Schüler gesichert wird. Von der durch statutarische Bestimmung begründeten Verpflichtung zum Besuch einer Fortbildungsschule sind diejenigen befreit, welche eine Innungs- oder andere Fortbildungs- oder Fachschule besuchen, sofern der Unterricht dieser Schule von der höheren Verwaltungsbehörde als ein ausreichender Ersatz des allgemeinen Fortbildungsschulunterrichts anerkannt wird.

§ 120 a. Die Gewerbeunternehmer sind verpflichtet, die Arbeitsräume, Betriebsvorrichtungen, Maschinen und Gerätschaften so einzurichten und zu unterhalten und den Betrieb so zu regeln, daß die Arbeiter gegen Gefahren für Leben und Gesundheit so weit geschützt sind, wie es die Natur des Betriebs gestattet.

Insbesondere ist für genügendes Licht, ausreichenden Luftraum und Luftwechsel, Beseitigung des bei dem Betrieb entstehenden Staubes, der dabei entwickelten Dünste und Gase sowie der dabei entstehenden Abfälle Sorge zu tragen.

Ebenso sind diejenigen Vorrichtungen herzustellen, welche zum Schutze der Arbeiter gegen gefährliche Berührungen mit Maschinen oder Maschinenteilen oder gegen andere in der Natur der Betriebsstätte oder des Betriebs liegende Gefahren, namentlich auch gegen die Gefahren, welche aus Fabrikbränden erwachsen können, erforderlich sind.

Endlich sind diejenigen Vorschriften über die Ordnung des Betriebs und das Verhalten der Arbeiter zu erlassen, welche zur Sicherung eines gefahrlosen Betriebs erforderlich sind.

§ 120 b. Die Gewerbeunternehmer sind verpflichtet, diejenigen Einrichtungen zu treffen und zu unterhalten und diejenigen Vorschriften über das Verhalten der Arbeiter im Betriebe zu erlassen, welche erforderlich sind, um die Aufrechterhaltung der guten Sitten und des Anstandes zu sichern.

Insbesondere muß, soweit es die Natur des Betriebs zuläßt, bei der Arbeit die Trennung der Geschlechter durchgeführt werden, sofern nicht die Aufrechterhaltung der guten Sitten und des Anstandes durch die Einrichtung des Betriebs ohnehin gesichert ist.

In Anlagen, deren Betrieb es mit sich bringt, daß die Arbeiter sich umkleiden und nach der Arbeit sich reinigen, müssen ausreichende, nach Geschlechtern getrennte Ankleide- und Waschräume vorhanden sein.

Die Bedürfnisanstalten müssen so eingerichtet sein, daß sie für die Zahl der Arbeiter ausreichen, daß den Anforderungen der Gesundheitspflege entsprochen wird und daß ihre Benutzung ohne Verletzung von Sitte und Anstand erfolgen kann.

§ 120 c. Gewerbeunternehmer, welche Arbeiter unter achtzehn Jahren beschäftigen, sind verpflichtet, bei der Einrichtung der Betriebsstätte und bei der Regelung des Betriebs diejenigen besonderen Rücksichten auf Gesundheit und Sittlichkeit zu nehmen, welche durch das Alter dieser Arbeiter geboten sind.

§ 120 d. Die zuständigen Polizeibehörden sind befugt, im Wege der Verfügung für einzelne Anlagen die Ausführung derjenigen Maßnahmen anzuordnen, welche zur Durchführung der in §§ 120 a bis 102 c enthaltenen Grundsätze erforderlich und nach der Beschaffenheit der Anlage ausführbar erscheinen. Sie können anordnen, daß den Arbeitern zur Einnahme von Mahlzeiten außerhalb der Arbeitsräume angemessene, in der kalten Jahreszeit geheizte Räume unentgeltlich zur Verfügung gestellt werden.

Soweit die angeordneten Maßregeln nicht die Beseitigung einer dringenden, das Leben oder die Gesundheit bedrohenden Gefahr bezwecken, muß für die Ausführung eine angemessene Frist gelassen werden.

Den bei Erlaß dieses Gesetzes bereits bestehenden Anlagen gegenüber können, solange nicht eine Erweiterung oder ein Umbau eintritt, nur Anforderungen gestellt werden, welche zur Beseitigung erheblicher, das Leben, die Gesundheit oder die Sittlichkeit der Arbeiter gefährdender Mißstände erforderlich oder ohne unverhältnismäßige Aufwendungen ausführbar erscheinen.

Gegen die Verfügung der Polizeibehörde steht dem Gewerbeunternehmer binnen zwei Wochen die Beschwerde an die höhere Verwaltungsbehörde zu. Gegen die Entscheidung der höheren Verwaltungsbehörde ist binnen vier Wochen die Beschwerde an die Zentralbehörde zulässig; diese entscheidet endgültig. Widerspricht die Verfügung den von der zuständigen Berufsgenossenschaft erlassenen Vorschriften zur Verhütung von Unfällen, so ist zur Einlegung der vorstehend bezeichneten Rechtsmittel binnen der dem Gewerbeunternehmer zustehenden Frist auch der Vorstand der Berufsgenossenschaft befugt.

§ 120 e. Durch Beschluß des Bundesrats können Vorschriften darüber erlassen werden, welchen Anforderungen in bestimmten Arten von Anlagen zur Durchführung der in den §§ 120 a bis 120 c enthaltenen Grundsätze zu genügen ist.

Soweit solche Vorschriften durch Beschluß des Bundesrats nicht erlassen sind, können dieselben durch Anordnung der Landes-Zentralbehörden oder durch Polizeiverordnungen der zum Erlasse solcher berechtigten Behörden erlassen werden. Vor dem Erlasse solcher Anordnungen und Polizeiverordnungen ist den Vorständen der beteiligten Berufsgenossenschaften oder Berufsgenossenschafts-Sektionen Gelegenheit zu einer gutachtlichen Äußerung zu geben. Auf diese finden die Bestimmungen des § 113 Abs. 2, 4 und des § 115 Abs. 4 Satz 1 des Gewerbe-Unfallversicherungsgesetzes (Reichs-Gesetzbl. 1900 S. 573, 585) Anwendung.

Durch Beschluß des Bundesrats können für solche Gewerbe, in welchen durch übermäßige Dauer der täglichen Arbeitszeit die Gesundheit der Arbeiter gefährdet wird, Dauer, Beginn und Ende der zulässigen täglichen Arbeitszeit und der zu gewährenden Pausen vorgeschrieben und die zur Durchführung dieser Vorschriften erforderlichen Anordnungen erlassen werden.

Die durch Beschluß des Bundesrats erlassenen Vorschriften sind durch das Reichs-Gesetzblatt zu veröffentlichen und dem Reichstage bei seinem nächsten Zusammentritte zur Kenntnisnahme vorzulegen.

III. Lehrlingsverhältnisse.

A. Allgemeine Bestimmungen.

§ 126. Die Befugnis zum Halten oder zur Anleitung von Lehrlingen steht Personen, welche sich nicht im Besitze der bürgerlichen Ehrenrechte befinden, nicht zu.

§ 126 a. Die Befugnis zum Halten und zur Anleitung von Lehrlingen kann solchen Personen ganz oder auf Zeit entzogen werden, welche sich wiederholt grober Pflichtverletzungen gegen die ihnen anvertrauten Lehrlinge schuldig gemacht haben, oder gegen welche Tatsachen vorliegen, die sie in sittlicher Beziehung zum Halten oder zur Anleitung von Lehrlingen ungeeignet erscheinen lassen.

Die Befugnis zur Anleitung von Lehrlingen kann ferner solchen Personen entzogen werden, welche wegen geistiger oder körperlicher Gebrechen zur sachgemäßen Anleitung eines Lehrlinges nicht geeignet sind.

Die Entziehung erfolgt durch Verfügung der unteren Verwaltungsbehörde; gegen die Verfügung findet der Rekurs statt. Wegen des Verfahrens und der Behörden gelten die Vorschriften der §§ 20 und 21, soweit nicht landesgesetzlich das Verfahren in streitigen Verwaltungssachen Platz greift.

Durch die höhere Verwaltungsbehörde kann die entzogene Befugnis nach Ablauf eines Jahres wieder eingeräumt werden.

§ 126 b. Der Lehrvertrag ist binnen vier Wochen nach Beginn der Lehre schriftlich abzuschließen. Derselbe muß enthalten:

1. die Bezeichnung des Gewerbes oder des Zweiges der gewerblichen Tätigkeit, in welchem die Ausbildung erfolgen soll;
2. die Angabe der Dauer der Lehrzeit;
3. die Angabe der gegenseitigen Leistungen;
4. die gesetzlichen und sonstigen Voraussetzungen, unter welchen die einseitige Auflösung des Vertrags zulässig ist.

Der Lehrvertrag ist von dem Gewerbetreibenden oder seinem Stellvertreter, dem Lehrling und dem gesetzlichen Vertreter des Lehrlinges zu unterschreiben und in einem Exemplare dem gesetzlichen Vertreter des Lehrlinges auszuhändigen. Der Lehrherr ist verpflichtet, der Ortspolizeibehörde auf Erfordern den Lehrvertrag einzureichen.

Auf Lehrlinge in staatlich anerkannten Lehrwerkstätten finden diese Bestimmungen keine Anwendung. Das gleiche gilt für Lehrverhältnisse zwischen Eltern und Kindern, falls der Handwerkskammer das Bestehen des Lehrverhältnisses, der Tag seines Beginns, das Gewerbe oder der Zweig der gewerblichen Tätigkeit, in welchem die Ausbildung erfolgen soll, und die Dauer der Lehrzeit schriftlich angezeigt wird.

Der Lehrvertrag ist kosten- und stempelfrei.

§ 127 a. Der Lehrling ist der väterlichen Zucht des Lehrherrn unterworfen und dem Lehrherrn sowie demjenigen, welcher an Stelle des Lehrherrn die Ausbildung zu leiten hat, zur Folgsamkeit und Treue, zu Fleiß und anständigem Betragen verpflichtet.

Uebermäßige und unanständige Züchtigungen sowie jede die Gesundheit des Lehrlinges gefährdende Behandlung ist verboten.

§ 127 c. Bei Beendigung des Lehrverhältnisses hat der Lehrherr dem Lehrling unter Angabe des Gewerbes, in welchem der Lehrling unterwiesen worden ist, über die Dauer der Lehrzeit und die während derselben erworbenen Kenntnisse und Fertigkeiten sowie über sein Betragen ein Zeugnis auszustellen, welches von der Gemeindebehörde kosten- und stempelfrei zu beglaubigen ist.

An Stelle dieser Zeugnisse treten, wo Innungen oder andere Vertretungen der Gewerbetreibenden bestehen, die von diesen ausgestellten Lehrbriefe.

§ 127 d. Verläßt der Lehrling in einem durch das Gesetz nicht vorgesehenen Falle ohne Zustimmung des Lehrherrn die Lehre, so kann letzterer den Anspruch auf Rückkehr des Lehrlinges nur geltend machen, wenn der Lehrvertrag schriftlich geschlossen ist. Die Polizeibehörde kann in diesem Falle auf Antrag des Lehrherrn den Lehrling anhalten, so lange in der Lehre zu verbleiben, als durch gerichtliches Urteil das Lehrverhältnis nicht für aufgelöst erklärt ist, oder dem Lehrlinge durch einstweilige Verfügung eines Gerichts gestattet ist, der Lehre fern zu bleiben. Der Antrag ist nur zulässig, wenn er binnen einer Woche nach dem Austritte des Lehrlinges gestellt ist.

Im Falle unbegründeter Weigerung der Rückkehr hat die Polizeibehörde den Lehrling zwangsweise zurückführen zu lassen oder durch Androhung von Geldstrafe bis zu fünfzig Mark oder Haft bis zu fünf Tagen zur Rückkehr anzuhalten.

§ 128. Wenn der Lehrherr eine im Mißverhältnisse zu dem Umfang oder der Art seines Gewerbebetriebs stehende Zahl von Lehrlingen hält und dadurch die Ausbildung der Lehrlinge gefährdet erscheint, so kann dem Lehrherrn von der unteren Verwaltungsbehörde die Entlassung eines entsprechenden Teiles der Lehrlinge auferlegt und die Annahme von Lehrlingen über eine bestimmte Zahl hinaus untersagt werden. Die Bestimmungen des § 126a Abs. 3 finden hierbei entsprechende Anwendung.

Unbeschadet der vorstehenden Bestimmung können durch Beschluß des Bundesrats für einzelne Gewerbszweige Vorschriften über die höchste Zahl der Lehrlinge erlassen werden, welche in Betrieben dieser Gewerbszweige gehalten werden darf. Soweit solche Vorschriften nicht erlassen sind, können sie durch Anordnung der Landes-Zentralbehörde erlassen werden.

B. Besondere Bestimmungen für Handwerker.

§ 129.*) In Handwerksbetrieben steht die Befugnis zur Anleitung von Lehrlingen nur denjenigen Personen zu, welche das vierundzwanzigste Lebensjahr vollendet und eine Meisterprüfung (§ 133) bestanden haben. Haben solche Personen die Meisterprüfung nicht für dasjenige Gewerbe oder denjenigen Zweig des Gewerbes bestanden, in welchem die Anleitung der Lehrlinge erfolgen soll, so haben sie die Befugnis dann, wenn sie in diesem Gewerbe oder Gewerbszweige

entweder die Lehrzeit (§ 130a) zurückgelegt und die Gesellenprüfung bestanden haben,

---

*) 1. Vgl. Artikel 7 des Gesetzes, betr. Abänderung der Gewerbeordnung, vom 26. Juli 1897 (RGBl. S. 663):

Gewerbetreibende, welche bei Erlaß des Gesetzes Lehrlinge halten, sind berechtigt, diese Lehrlinge auszulehren.

Auf Personen, welche beim Inkrafttreten dieser Bestimmungen das siebzehnte Lebensjahr vollendet haben, findet § 129 Abs. 1 mit der Maßgabe Anwendung, daß denselben die Befugnis zur Anleitung von Lehrlingen auch dann zusteht, wenn sie nur eine zweijährige Lehrzeit zurückgelegt haben.

Die untere Verwaltungsbehörde ist befugt, Personen, welche den Voraussetzungen des Abs. 2 nicht entsprechen, die Befugnis zur Anleitung von Lehrlingen zu verleihen.

Die Landes-Zentralbehörde kann für einzelne Gewerbe oder Zweige eines Gewerbes bestimmen, daß den im Abs. 2 bezeichneten Personen die Befugnis zur Anleitung von Lehrlingen auch dann zusteht, wenn sie eine kürzere als zweijährige Lehrzeit zurückgelegt haben.

2. Vgl. ferner Artikel II des Gesetzes, betr. Abänderung der Gewerbeordnung, vom 30. Mai 1908 (RGBl. S. 359):

Personen, welche beim Inkrafttreten dieses Gesetzes nach den bis dahin geltenden Bestimmungen zur Anleitung von Lehrlingen im Handwerke befugt sind, dürfen die zu diesem Zeitpunkte bereits in das Lehrverhältnis eingetretenen Lehrlinge auslehren. Die weitere Befugnis zur Anleitung von Lehrlingen ist ihnen oder fünf Jahre hindurch persönlich das Handwerk selbständig ausgeübt haben oder während einer gleich langen Zeit als Werkmeister oder in ähnlicher Stellung tätig gewesen sind.

Die höhere Verwaltungsbehörde kann Personen, welche diesen Anforderungen nicht entsprechen, die Befugnis zur Anleitung von Lehrlingen widerruflich verleihen. Vor der Entscheidung über die Erteilung der Befugnis oder den Widerruf ist die Handwerkskammer und, wenn die Person einer Innung angehört oder an ihrem Wohnorte für ihren Gewerbszweig eine Innung besteht, außerdem die Innung zu hören.

In Handwerksbetrieben, welche nach dem Tode des Gewerbetreibenden für Rechnung der Witwe oder minderjähriger Erben fortgesetzt werden, sind bis zum Ablauf eines Jahres nach dem Tode des Lehrherrn als Vertreter (§ 127 Abs. 1) zur Anleitung von Lehrlingen auch Personen befugt, welche eine Meisterprüfung nicht bestanden haben, sofern sie im übrigen den Anforderungen des Abs. 1 Satz 2 entsprechen. Die untere Verwaltungsbehörde kann solchen Personen als Vertretern des Lehrherrn auch in anderen Fällen bis zur Dauer eines Jahres die Befugnis zur Anleitung von Lehrlingen erteilen. Die hiernach zulässige Dauer der Vertretung kann von der höheren Verwaltungsbehörde nach Anhörung der Handwerkskammer entsprechend dem Bedürfnisse des einzelnen Falles verlängert werden.

Die Unterweisung des Lehrlinges in einzelnen technischen Handgriffen und Fertigkeiten durch einen Gesellen fällt nicht unter die im Abs. 1 vorgesehenen Bestimmungen.

Die Zurücklegung der Lehrzeit kann auch in einem dem Gewerbe angehörenden Großbetrieb erfolgen und durch den Besuch einer staatlichen, staatlich unterstützten oder vom Staate anerkannten Lehrwerkstätte oder sonstigen gewerblichen Unterrichtsanstalt ersetzt werden. Vor der Anerkennung einer sonstigen gewerblichen Unterrichtsanstalt soll der zuständigen Handwerkskammer Gelegenheit gegeben werden, sich gutachtlich zu äußern.

Die Landes-Zentralbehörden können den Prüfungszeugnissen von Lehrwerkstätten, gewerblichen Unterrichtsanstalten oder von Prüfungsbehörden, welche vom Staate für einzelne Gewerbe oder zum

---

auf ihren Antrag von der unteren Verwaltungsbehörde zu verleihen, wenn sie beim Inkrafttreten dieses Gesetzes mindestens fünf Jahre hindurch mit der Befugnis zur Anleitung von Lehrlingen in ihrem Gewerbe tätig gewesen sind. Im anderen Falle kann sie ihnen von der unteren Verwaltungsbehörde verliehen werden.

Während der ersten fünf Jahre nach dem Inkrafttreten dieses Gesetzes darf die Zulassung zur Meisterprüfung von dem Bestehen der Gesellenprüfung (§ 133 Abs. 3) nicht abhängig gemacht werden. Für Personen, die beim Inkrafttreten dieses Gesetzes zur Anleitung von Lehrlingen befugt sind, gilt das Gleiche auch nach Ablauf dieser fünf Jahre.

Die beim Inkrafttreten dieses Gesetzes schon erworbene Befugnis zur Führung des Meistertitels in Verbindung mit der Bezeichnung eines Handwerks bleibt unberührt.

Dieses Gesetz tritt am 1. Oktober 1908 in Kraft.

Nachweise der Befähigung zur Anstellung in staatlichen Betrieben eingesetzt sind, die Wirkung der Verleihung der im Abs. 1 bezeichneten Befugnis für bestimmte Gewerbszweige beilegen. Der Eintritt dieser Wirkung ist davon abhängig zu machen, daß der Besitzer des Prüfungszeugnisses in dem Gewerbe oder in dem Zweige des Gewerbes, in welchem die Anleitung der Lehrlinge erfolgen soll, eine bestimmte, auf nicht mehr als drei Jahre festzusetzende Zeit hindurch persönlich tätig gewesen ist.

Der Bundesrat ist befugt, für einzelne Gewerbe nach Anhörung der Handwerkskammer Ausnahmen von den Bestimmungen im Abs. 1 zuzulassen.

§ 129 a. Wer für einen gesondert betriebenen Zweig eines Gewerbes den Voraussetzungen des § 129 entspricht, ist berechtigt, auch in den übrigen Zweigen dieses Gewerbes Lehrlinge anzuleiten.

Wer für ein Gewerbe den Voraussetzungen des § 129 entspricht, ist berechtigt, auch in den diesem verwandten Gewerben Lehrlinge anzuleiten. Welche Gewerbe als verwandte Gewerbe im Sinne dieser Bestimmung anzusehen sind, bestimmt die Handwerkskammer.

Dem Unternehmer eines Betriebs, in welchem mehrere Gewerbe vereinigt sind, kann die untere Verwaltungsbehörde nach Anhörung der Handwerkskammer die Befugnis erteilen, in allen zu dem Betriebe vereinigten Gewerben oder in mehreren dieser Gewerbe Lehrlinge anzuleiten, wenn er für eines der Gewerbe den Voraussetzungen des § 129 entspricht. Zu Arbeiten in denjenigen Gewerben seines Betriebs, für welche er zur Anleitung von Lehrlingen nicht befugt ist, darf er die Lehrlinge nur insoweit heranziehen, als es dem Zwecke der Ausbildung in ihrem Gewerbe nicht widerspricht.

IIIa. Meistertitel.

§ 133.*) Den Meistertitel in Verbindung mit der Bezeichnung eines Handwerkes dürfen nur Handwerker führen, welche für dieses Handwerk die Meisterprüfung bestanden und das vierundzwanzigste Lebensjahr zurückgelegt haben.

Die Befugnis zur Führung des Meistertitels in Verbindung mit einer anderen Bezeichnung, die auf eine Tätigkeit im Baugewerbe hinweist, insbesondere des Titels Baumeister und Baugewerksmeister, wird durch den Bundesrat geregelt. Bis zum Inkrafttreten des Bundesratsbeschlusses darf ein solcher Titel nur dann geführt werden, wenn die Landesregierung über die Befugnis zu seiner Führung Vorschriften erlassen hat, und nur von denjenigen Personen, welche diesen Vorschriften entsprechen. Der Bundesrat kann

---

*) Vgl. Artikel 8 des Gesetzes, betr. die Abänderung der Gewerbeordnung, vom 26. Juli 1897 (RGBl. S. 663):

„Wer beim Inkrafttreten dieser Bestimmungen persönlich ein Handwerk selbständig ausübt, ist befugt, den Meistertitel (§ 133) zu führen, wenn er in diesem Gewerbe die Befugnis zur Anleitung von Lehrlingen besitzt."

Vgl. ferner Art. II des Gesetzes betr. Abänderung der Gewerbeordnung, vom 30. Mai 1908 (abgedruckt auf S. 312).

ferner Vorschriften über die Führung des Meistertitels in Verbindung mit sonstigen Bezeichnungen erlassen, die auf eine Tätigkeit im Handwerke hinweisen.

Zur Meisterprüfung (Abs. 1) sind in der Regel nur solche Personen zuzulassen, welche eine Gesellenprüfung bestanden haben und in dem Gewerbe, für welches sie die Meisterprüfung ablegen wollen, mindestens drei Jahre als Geselle (Gehilfe) tätig gewesen, oder welche nach § 129 Abs. 6 zur Anleitung von Lehrlingen in diesem Gewerbe befugt sind. Die Abnahme der Prüfung erfolgt durch Prüfungskommissionen, welche aus einem Vorsitzenden und vier Beisitzern bestehen.

Die Entscheidung der Prüfungskommission, welche die Zulassung der Meisterprüfung (Abs. 1) ablehnt, kann binnen zwei Wochen durch Beschwerde bei der höheren Verwaltungsbehörde angefochten werden. Diese hat, bevor sie der Beschwerde stattgibt, die Handwerkskammer zu hören.

Die Errichtung der Prüfungskommissionen erfolgt nach Anhörung der Handwerkskammer durch Verfügung der höheren Verwaltungsbehörde, welche auch die Mitglieder ernennt; die Ernennung erfolgt auf drei Jahre.

Die Prüfung hat den Nachweis der Befähigung zur selbständigen Ausführung und Kostenberechnung der gewöhnlichen Arbeiten des Gewerbes sowie der zu dem selbständigen Betriebe desselben sonst notwendigen Kenntnisse, insbesondere auch der Buch- und Rechnungsführung, zu erbringen.

Das Verfahren vor der Prüfungskommission, der Gang der Prüfung und die Höhe der Prüfungsgebühren werden durch eine von der Handwerkskammer mit Genehmigung der Landes-Zentralbehörde zu erlassende Prüfungsordnung geregelt.

Die Kosten der Prüfungskommissionen fallen der Handwerkskammer zur Last, welcher die Prüfungsgebühren zufließen.

Die Prüfungszeugnisse sind kosten- und stempelfrei.

Der Meisterprüfung im Sinne der vorstehenden Bestimmungen können von der Landes-Zentralbehörde die Prüfungen bei Lehrwerkstätten, gewerblichen Unterrichtsanstalten oder bei Prüfungsbehörden, welche vom Staate für einzelne Gewerbe oder zum Nachweise der Befähigung zur Anstellung in staatlichen Betrieben eingesetzt sind, gleichgestellt werden, sofern bei denselben mindestens die gleichen Anforderungen gestellt werden wie bei den im Abs. 1 vorgesehenen Prüfungen.

IV. Besondere Bestimmungen für Betriebe, in denen in der Regel mindestens zehn Arbeiter beschäftigt werden.

A. Bestimmungen für Betriebe, in denen in der Regel mindestens zwanzig Arbeiter beschäftigt werden.

§ 133 h. Auf Betriebe, in denen in der Regel mindestens zwanzig Arbeiter beschäftigt werden, finden die nachfolgenden Bestimmungen der §§ 134 bis 134h Anwendung. Dies gilt für Betriebe, in denen regelmäßig zu gewissen Zeiten des Jahres ein vermehrtes Arbeitsbedürfnis eintritt, schon dann, wenn zu diesen Zeiten mindestens zwanzig Arbeiter beschäftigt werden.

§ 134. Den Unternehmern ist untersagt, für den Fall der rechtswidrigen Auflösung des Arbeitsverhältnisses durch den Arbeiter die Verwirkung des rückständigen Lohnes über den Betrag des durchschnittlichen Wochenlohns hinaus auszubedingen. Auf die Arbeitgeber und Arbeiter in solchen Betrieben finden die Bestimmungen des § 124 b keine Anwendung.

In Fabriken, für welche besondere Bestimmungen auf Grund des § 114 a Abs. 1 nicht erlassen sind, ist auf Kosten des Arbeitgebers für jeden minderjährigen Arbeiter ein Lohnzahlungsbuch einzurichten. In das Lohnzahlungsbuch ist bei jeder Lohnzahlung der Betrag des verdienten Lohnes einzutragen; es ist bei der Lohnzahlung dem Minderjährigen oder seinem gesetzlichen Vertreter auszuhändigen und von dem Empfänger vor der nächsten Lohnzahlung zurückzureichen. Auf das Lohnzahlungsbuch finden die Bestimmungen des § 110 Satz 1 und des § 111 Abs. 2 bis 4 Anwendung.

§ 134 a. Für jeden Betrieb ist innerhalb vier Wochen nach Inkrafttreten dieses Gesetzes oder nach der Eröffnung des Betriebs eine Arbeitsordnung zu erlassen. Für die einzelnen Abteilungen des Betriebs oder für die einzelnen Gruppen der Arbeiter können besondere Arbeitsordnungen erlassen werden. Der Erlaß erfolgt durch Aushang (§ 134 e Abs. 2).

Die Arbeitsordnung muß den Zeitpunkt, mit welchem sie in Wirksamkeit treten soll, angeben und von demjenigen, welcher sie erläßt, unter Angabe des Datums unterzeichnet sein.

Abänderungen ihres Inhalts können nur durch den Erlaß von Nachträgen oder in der Weise erfolgen, daß an Stelle der bestehenden eine neue Arbeitsordnung erlassen wird.

Die Arbeitsordnungen und Nachträge zu denselben treten frühestens zwei Wochen nach ihrem Erlaß in Geltung.

§ 134 b. Die Arbeitsordnung muß Bestimmungen enthalten:

1. über Anfang und Ende der regelmäßigen täglichen Arbeitszeit sowie der für die erwachsenen Arbeiter vorgesehenen Pausen;
2. über Zeit und Art der Abrechnung und Lohnzahlung mit der Maßgabe, daß die regelmäßige Lohnzahlung nicht am Sonntage stattfinden darf. Ausnahmen können von der unteren Verwaltungsbehörde zugelassen werden;
3. sofern es nicht bei den gesetzlichen Bestimmungen bewenden soll, über die Frist der zulässigen Aufkündigung sowie über die Gründe, aus welchen die Entlassung und der Austritt aus der Arbeit ohne Aufkündigung erfolgen darf;
4. sofern Strafen vorgesehen werden, über die Art und Höhe derselben, über die Art ihrer Festsetzung und, wenn sie in Geld bestehen, über deren Einziehung und über den Zweck, für welchen sie verwendet werden sollen;

5. sofern die Verwirkung von Lohnbeträgen nach Maßgabe der Bestimmung des § 134 Abs. 1 durch Arbeitsordnung oder Arbeitsvertrag ausbedungen wird, über die Verwendung der verwirkten Beträge.

Strafbestimmungen, welche das Ehrgefühl oder die guten Sitten verletzen, dürfen in die Arbeitsordnung nicht aufgenommen werden. Geldstrafen dürfen die Hälfte des durchschnittlichen Tagesarbeitsverdienstes nicht übersteigen; jedoch können Tätlichkeiten gegen Mitarbeiter, erhebliche Verstöße gegen die guten Sitten sowie gegen die zur Aufrechterhaltung der Ordnung des Betriebs, zur Sicherung eines gefahrlosen Betriebs oder zur Durchführung der Bestimmungen der Gewerbeordnung erlassenen Vorschriften mit Geldstrafen bis zum vollen Betrage des durchschnittlichen Tagesarbeitsverdienstes belegt werden. Alle Strafgelder müssen zum Besten der Arbeiter des Betriebs verwendet werden. Das Recht des Arbeitgebers, Schadensersatz zu fordern, wird durch diese Bestimmung nicht berührt.

Dem Betriebsinhaber bleibt überlassen, neben den im Abs. 1 unter 1 bis 5 bezeichneten, noch weitere die Ordnung des Betriebs und das Verhalten der Arbeiter im Betriebe betreffende Bestimmungen in die Arbeitsordnung aufzunehmen. Mit Zustimmung eines ständigen Arbeiterausschusses können in die Arbeitsordnung Vorschriften über das Verhalten der Arbeiter bei Benutzung der zu ihrem Besten getroffenen, mit dem Betriebe verbundenen Einrichtungen, sowie Vorschriften über das Verhalten der minderjährigen Arbeiter außerhalb des Betriebs aufgenommen werden.

§ 134 c. Der Inhalt der Arbeitsordnung ist, soweit er den Gesetzen nicht zuwiderläuft, für die Arbeitgeber und Arbeiter rechtsverbindlich.

Andere als die in der Arbeitsordnung oder in den §§ 123 und 124 vorgesehenen Gründe der Entlassung und des Austritts aus der Arbeit dürfen im Arbeitsvertrage nicht vereinbart werden. Andere als die in der Arbeitsordnung vorgesehenen Strafen dürfen über den Arbeiter nicht verhängt werden. Die Strafen müssen ohne Verzug festgesetzt und dem Arbeiter zur Kenntnis gebracht werden.

Die verhängten Geldstrafen sind in ein Verzeichnis einzutragen, welches den Namen des Bestraften, den Tag der Bestrafung sowie den Grund und die Höhe der Strafe ergeben und auf Erfordern dem im § 139 b bezeichneten Beamten jederzeit zur Einsicht vorgelegt werden muß.

§ 134 e. Die Arbeitsordnung sowie jeder Nachtrag zu derselben ist unter Mitteilung der seitens der Arbeiter geäußerten Bedenken, soweit die Äußerungen schriftlich oder zu Protokoll erfolgt sind, binnen drei Tagen nach dem Erlaß in zwei Ausfertigungen unter Beifügung der Erklärung, daß und in welcher Weise der Vorschrift des § 134 d genügt ist, der unteren Verwaltungsbehörde einzureichen.

Die Arbeitsordnung ist an geeigneter, allen beteiligten Arbeitern zugänglicher Stelle auszuhängen. Der Aushang muß stets in lesbarem Zustande erhalten werden. Die Arbeitsordnung ist jedem Arbeiter bei seinem Eintritt in die Beschäftigung zu behändigen.

§ 134 f. Arbeitsordnungen und Nachträge zu denselben, welche nicht vorschriftsmäßig erlassen sind, oder deren Inhalt den gesetzlichen Bestimmungen zuwiderläuft, sind auf Anordnung der unteren Verwaltungsbehörde durch gesetzmäßige Arbeitsordnungen zu ersetzen oder den gesetzlichen Vorschriften entsprechend abzuändern.

Gegen diese Anordnung findet binnen zwei Wochen die Beschwerde an die höhere Verwaltungsbehörde statt.

§ 134 g. Arbeitsordnungen, welche vor dem Inkrafttreten dieses Gesetzes erlassen worden sind, unterliegen den Bestimmungen der §§ 134a bis 134 c, 134 e Abs. 2 und des § 134 f und sind binnen vier Wochen der unteren Verwaltungsbehörde in zwei Ausfertigungen einzureichen. Auf spätere Abänderungen dieser Arbeitsordnungen und auf die seit dem 1. Januar 1891 erstmalig erlassenen Arbeitsordnungen finden die §§ 134d und 134e Abs. 1 Anwendung.

B. Bestimmungen für alle Betriebe, in denen in der Regel mindestens zehn Arbeiter beschäftigt werden.

§ 134 i. Auf Betriebe, in denen in der Regel mindestens zehn Arbeiter beschäftigt werden, finden, unbeschadet des § 133h, die nachfolgenden Bestimmungen der §§ 135 bis 139aa Anwendung. Dies gilt für Betriebe, in denen regelmäßig zu gewissen Zeiten des Jahres ein vermehrtes Arbeitsbedürfnis eintritt, schon dann, wenn zu diesen Zeiten mindestens zehn Arbeiter beschäftigt werden.

§ 135. Kinder unter dreizehn Jahren dürfen nicht beschäftigt werden. Kinder über dreizehn Jahre dürfen nur beschäftigt werden, wenn sie nicht mehr zum Besuche der Volksschule verpflichtet sind.

Die Beschäftigung von Kindern unter vierzehn Jahren darf die Dauer von sechs Stunden täglich nicht überschreiten.

Junge Leute zwischen vierzehn und sechzehn Jahren dürfen nicht länger als zehn Stunden täglich beschäftigt werden.

§ 136. Die Arbeitsstunden der jugendlichen Arbeiter (§ 135) dürfen nicht vor sechs Uhr morgens beginnen und nicht über acht Uhr abends dauern. Zwischen den Arbeitsstunden müssen an jedem Arbeitstage regelmäßige Pausen gewährt werden. Für jugendliche Arbeiter, welche nur sechs Stunden täglich beschäftigt werden, muß die Pause mindestens eine halbe Stunde betragen. Den übrigen jugendlichen Arbeitern muß mindestens mittags eine einstündige sowie vormittags und nachmittags je eine halbstündige Pause gewährt werden. Eine Vor- und Nachmittagspause braucht nicht gewährt zu werden, sofern die jugendlichen Arbeiter täglich nicht länger als acht Stunden beschäftigt werden, und die Dauer ihrer durch eine Pause nicht unterbrochenen Arbeitszeit am Vor- und Nachmittage je vier Stunden nicht übersteigt.

Während der Pausen darf den jugendlichen Arbeitern eine Beschäftigung im Betrieb überhaupt nicht und der Aufenthalt in den Arbeitsräumen nur dann gestattet werden, wenn in denselben diejenigen Teile des Betriebs, in welchen jugendliche Arbeiter beschäftigt sind, für die Zeit der Pausen völlig eingestellt werden oder wenn der Aufenthalt im Freien nicht tunlich und andere geeignete Aufenthaltsräume ohne unverhältnismäßige Schwierigkeiten nicht beschafft werden können.

Nach Beendigung der täglichen Arbeitszeit ist den jugendlichen Arbeitern eine ununterbrochene Ruhezeit von mindestens elf Stunden zu gewähren.

An Sonn- und Festtagen sowie während der von dem ordentlichen Seelsorger für den Katechumenen- und Konfirmanden-, Beicht- und Kommunionunterricht bestimmten Stunden dürfen jugendliche Arbeiter nicht beschäftigt werden.

§ 137. Arbeiterinnen dürfen nicht in der Nachtzeit von acht Uhr abends bis sechs Uhr morgens und am Sonnabend sowie an Vorabenden der Festtage nicht nach fünf Uhr nachmittags beschäftigt werden.

Die Beschäftigung von Arbeiterinnen darf die Dauer von zehn Stunden täglich, an den Vorabenden der Sonn- und Festtage von acht Stunden, nicht überschreiten.

Zwischen den Arbeitsstunden muß den Arbeiterinnen eine mindestens einstündige Mittagspause gewährt werden.

Nach Beendigung der täglichen Arbeitszeit ist den Arbeiterinnen eine ununterbrochene Ruhezeit von mindestens elf Stunden zu gewähren.

Arbeiterinnen, welche ein Hauswesen zu besorgen haben, sind auf ihren Antrag eine halbe Stunde vor der Mittagspause zu entlassen, sofern diese nicht mindestens ein und eine halbe Stunde beträgt.

Arbeiterinnen dürfen vor und nach ihrer Niederkunft im ganzen während acht Wochen nicht beschäftigt werden. Ihr Wiedereintritt ist an den Ausweis geknüpft, daß seit ihrer Niederkunft wenigstens sechs Wochen verflossen sind.

Arbeiterinnen dürfen nicht in Kokereien und nicht zum Transporte von Materialien bei Bauten aller Art verwendet werden.

Anmerkung: Abs. 7 tritt erst am 1. April 1912 in Kraft.

§ 137 a. Arbeiterinnen und jugendlichen Arbeitern darf für die Tage, an welchen sie in dem Betriebe die gesetzlich zulässige Arbeitszeit hindurch beschäftigt waren, Arbeit zur Verrichtung außerhalb des Betriebs vom Arbeitgeber überhaupt nicht übertragen oder für Rechnung Dritter überwiesen werden.

Für die Tage, an welchen die Arbeiterinnen oder jugendlichen Arbeiter in dem Betriebe kürzere Zeit beschäftigt waren, ist diese Übertragung oder Überweisung nur in dem Umfange zulässig, in welchem Durchschnittsarbeiter ihrer Art die Arbeit voraussichtlich in dem Betriebe während des Restes der gesetzlich zulässigen Arbeitszeit würden herstellen können, und für Sonn- und Festtage überhaupt nicht.

Bei Zuwiderhandlungen gegen die Bestimmungen des Abs. 2 kann die zuständige Polizeibehörde auf Antrag oder nach Anhörung des zuständigen Gewerbeaufsichtsbeamten (§ 139b) im Wege der Verfügung für einzelne Betriebe die Übertragung oder Überweisung solcher Arbeit entsprechend den Bestimmungen des Abs. 2 beschränken oder von besonderen Bedingungen abhängig machen. Vor Erlaß solcher Verfügungen hat der Gewerbeaufsichtsbeamte beteiligten Arbeitgebern und Arbeitern, wo ständige Arbeiterausschüsse (§ 134h) bestehen, diesen Gelegenheit zu geben, sich zu äußern.

Gegen die Verfügung der Polizeibehörde steht dem Gewerbeunternehmer binnen zwei Wochen die Beschwerde an die höhere Verwaltungsbehörde zu. Gegen die Entscheidung der höheren Verwaltungsbehörde ist binnen vier Wochen die Beschwerde an die Zentralbehörde zulässig; diese entscheidet endgültig.

§ 138. Sollen Arbeiterinnen oder jugendliche Arbeiter beschäftigt werden, so hat der Arbeitgeber vor dem Beginne der Beschäftigung der Ortspolizeibehörde eine schriftliche Anzeige zu machen. In der Anzeige sind der Betrieb, die Wochentage, an welchen die Beschäftigung stattfinden soll, Beginn und Ende der Arbeitszeit und der Pausen sowie die Art der Beschäftigung anzugeben. Eine Änderung hierin darf, abgesehen von Verschiebungen, welche durch Ersetzung behinderter Arbeiter für einzelne Arbeitsschichten notwendig werden, nicht erfolgen, bevor eine entsprechende weitere Anzeige der Behörde gemacht ist.

In jedem Betriebe hat der Arbeitgeber dafür zu sorgen, daß in denjenigen Räumen, in welchen jugendliche Arbeiter beschäftigt werden, an einer in die Augen fallenden Stelle ein Verzeichnis der jugendlichen Arbeiter unter Angabe ihrer Arbeitstage sowie des Beginns und Endes ihrer Arbeitszeit und der Pausen ausgehängt ist. Ebenso hat er dafür zu sorgen, daß in den betreffenden Räumen eine Tafel ausgehängt ist, welche in der von der Zentralbehörde zu bestimmenden Fassung und in deutlicher Schrift einen Auszug aus den Bestimmungen über die Beschäftigung der Arbeiterinnen und jugendlichen Arbeiter enthält.

§ 138a. Wegen außergewöhnlicher Häufung der Arbeit kann auf Antrag des Arbeitgebers die untere Verwaltungsbehörde auf die Dauer von zwei Wochen die Beschäftigung von Arbeiterinnen über sechzehn Jahre bis neun Uhr abends an den Wochentagen außer Sonnabend unter der Voraussetzung gestatten, daß die tägliche Arbeitszeit zwölf Stunden nicht überschreitet und die zu gewährende ununterbrochene Ruhezeit nicht weniger als zehn Stunden beträgt. Innerhalb eines Kalenderjahrs darf die Erlaubnis einem Arbeitgeber für seinen Betrieb oder für eine Abteilung seines Betriebs für mehr als vierzig Tage nicht erteilt werden.

Für eine zwei Wochen übersteigende Dauer kann die gleiche Erlaubnis nur von der höheren Verwaltungsbehörde und auch von dieser für mehr als vierzig Tage, jedoch nicht für mehr als fünfzig Tage im Jahre nur dann erteilt werden, wenn die Arbeitszeit für den Betrieb oder die betreffende Abteilung des Betriebs so geregelt wird, daß die tägliche Dauer im Durchschnitte der Betriebstage des Jahres die regelmäßige gesetzliche Arbeitszeit nicht überschreitet.

Der Antrag ist schriftlich zu stellen und muß den Grund, aus welchem die Erlaubnis beantragt wird, die Zahl der in Betracht kommenden Arbeiterinnen, das Maß der längeren Beschäftigung sowie den Zeitraum angeben, für welchen dieselbe stattfinden soll. Der Bescheid der unteren Verwaltungsbehörde auf den Antrag ist binnen drei Tagen schriftlich zu erteilen. Gegen die Versagung der Erlaubnis steht die Beschwerde an die vorgesetzte Behörde zu.

Die untere Verwaltungsbehörde hat über die Fälle, in welchen die Erlaubnis erteilt worden ist, ein Verzeichnis zu führen, in welches der Name des Arbeitgebers und die für den schriftlichen Antrag vorgeschriebenen Angaben einzutragen sind.

Die untere Verwaltungsbehörde kann die Beschäftigung von Arbeiterinnen über sechzehn Jahre, welche kein Hauswesen zu besorgen haben und eine Fortbildungsschule nicht besuchen, bei den im § 105c Abs. 1 unter Ziff. 3 und 4 bezeichneten Arbeiten an Sonnabenden und Vorabenden von Festtagen nachmittags nach fünf Uhr, jedoch nicht über acht Uhr abends hinaus, unter der Voraussetzung gestatten, daß diese Arbeiterinnen am folgenden Sonn- oder Festtage arbeitsfrei bleiben. Die Erlaubnis ist schriftlich zu erteilen. Eine Abschrift derselben ist in denjenigen Räumen, in welchen die Arbeiterinnen beschäftigt werden, an einer in die Augen fallenden Stelle auszuhängen.

§ 139. Wenn Naturereignisse oder Unglücksfälle den regelmäßigen Betrieb einer Anlage unterbrochen haben, so können Ausnahmen von den im § 135 Abs. 2, 3, in § 136, § 137 Abs. 1 bis 4 vorgesehenen Beschränkungen auf die Dauer von vier Wochen durch die höhere Verwaltungsbehörde, auf längere Zeit durch den Reichskanzler zugelassen werden. In dringenden Fällen solcher Art sowie zur Verhütung von Unglücksfällen kann die untere Verwaltungsbehörde, jedoch höchstens auf die Dauer von vierzehn Tagen, solche Ausnahmen gestatten.

Wenn die Natur des Betriebs oder Rücksichten auf die Arbeiter in einzelnen Anlagen es erwünscht erscheinen lassen, daß die Arbeitszeit der Arbeiterinnen oder jugendlichen Arbeiter in einer anderen als der durch § 136 Abs. 1, 2, 4, § 137 Abs. 1, 3 vorgesehenen Weise geregelt wird, so kann auf besonderen Antrag eine anderweite Regelung hinsichtlich der Pausen durch die höhere Verwaltungsbehörde, im übrigen durch den Reichskanzler gestattet werden. Jedoch dürfen in solchen Fällen die jugendlichen Arbeiter nicht länger als sechs Stunden beschäftigt werden, wenn zwischen den Arbeitsstunden nicht Pausen von zusammen mindestens einstündiger Dauer gewährt werden.

Die auf Grund vorstehender Bestimmungen zu treffenden Verfügungen müssen schriftlich erlassen werden. Vor Erlaß von Verfügungen auf Grund des Abs. 2 ist den Arbeitern und, wo ständige Arbeiterausschüsse auf Grund reichsgesetzlicher oder landesgesetzlicher Vorschriften bestehen, diesen Gelegenheit zu geben, sich gutachtlich zu äußern.

§ 139 a. Der Bundesrat ist ermächtigt:

1. die Verwendung von Arbeiterinnen sowie von jugendlichen Arbeitern für gewisse Gewerbezweige, die mit besonderen Gefahren für Gesundheit oder Sittlichkeit verbunden sind, gänzlich zu untersagen oder von besonderen Bedingungen abhängig zu machen;
2. für Anlagen, die mit ununterbrochenem Feuer betrieben werden oder die sonst durch die Art des Betriebs auf eine regelmäßige Tag- und Nachtarbeit angewiesen sind, sowie für solche Anlagen, deren Betrieb eine Einteilung in regelmäßige Arbeitsschichten von gleicher Dauer nicht gestattet oder seiner Natur nach auf bestimmte Jahreszeiten beschränkt ist, Ausnahmen von den in § 135 Abs. 2, 3, § 137 Abs. 1 bis 3 vorgesehenen Bestimmungen zuzulassen, soweit § 136 Abs. 3 in Betracht kommt, jedoch nur für männliche jugendliche Arbeiter;
3. für gewisse Gewerbezweige, soweit die Natur des Betriebs oder die Rücksicht auf die Arbeiter es erwünscht erscheinen lassen, die Abkürzung oder den Wegfall der für jugendliche Arbeiter vorgeschriebenen Pausen zu gestatten;
4. für Gewerbezweige, in denen regelmäßig zu gewissen Zeiten des Jahres ein vermehrtes Arbeitsbedürfnis eintritt, auf höchstens vierzig Tage im Kalenderjahr Ausnahmen von den Bestimmungen des § 137 Abs. 1, 2, 4 mit der Maßgabe zuzulassen, daß die tägliche Arbeitszeit zwölf Stunden, an Sonnabenden acht Stunden nicht überschreitet und die zu gewährende ununterbrochene Ruhezeit nicht weniger als zehn Stunden beträgt. In der ununterbrochenen Ruhezeit müssen die Stunden zwischen zehn Uhr abends und fünf Uhr morgens liegen;
5. für Gewerbezweige, in denen die Verrichtung der Nachtarbeit zur Verhütung des Verderbens von Rohstoffen oder des Mißlingens von Arbeitserzeugnissen dringend erforderlich erscheint, Ausnahmen von den Bestimmungen des § 137 Abs. 1 bis 4 mit der Maßgabe zuzulassen, daß die ununterbrochene Ruhezeit an höchstens sechzig Tagen im Kalenderjahre bis auf achteinhalb Stunden täglich herabgesetzt werden darf.

In den Fällen zu 2 darf die Dauer der wöchentlichen Arbeitszeit für Kinder sechsunddreißig Stunden, für junge Leute sechzig, für Arbeiterinnen achtundfünfzig Stunden nicht überschreiten. Die Nachtarbeit darf in vierundzwanzig Stunden die Dauer von zehn Stunden nicht überschreiten und muß in jeder Schicht durch eine oder mehrere Pausen in der Gesamtdauer von mindestens einer Stunde unterbrochen sein. Die Tagschichten und Nachtschichten müssen wöchentlich wechseln.

In den Fällen zu 3 dürfen die jugendlichen Arbeiter nicht länger als sechs Stunden beschäftigt werden, wenn zwischen den Arbeitsstunden nicht eine oder mehrere Pausen von zusammen mindestens einstündiger Dauer gewährt werden.

In den Fällen zu 4 darf die Erlaubnis zur Überarbeit für mehr als vierzig Tage, jedoch nicht für mehr als fünfzig Tage dann erteilt werden, wenn die Arbeitszeit in der Weise geregelt wird, daß ihre tägliche Dauer im Durchschnitte der Betriebstage des Jahres die regelmäßige gesetzliche Arbeitszeit nicht überschreitet.

Die durch Beschluß des Bundesrats getroffenen Bestimmungen sind zeitlich zu begrenzen und können auch für bestimmte Bezirke erlassen werden. Sie sind durch das Reichs-Gesetzblatt zu veröffentlichen und dem Reichstage bei seinem nächsten Zusammentritte zur Kenntnisnahme vorzulegen.

§ 139 aa. Auf die Arbeiter in den unter Abschnitt IV fallenden Betrieben finden im übrigen die Bestimmungen der §§ 121 bis 125 oder, wenn sie als Lehrlinge anzusehen sind, die Bestimmungen der §§ 126 bis 128 Anwendung.

V. Aufsicht.

§ 139 b. Die Aufsicht über die Ausführung der Bestimmungen der §§ 105a, 105b Abs. 1, der §§ 105c bis 105h, 120a bis 120e, 133g bis 139 aa ist ausschließlich oder neben den ordentlichen Polizeibehörden besonderen von den Landesregierungen zu ernennenden Beamten zu übertragen. Denselben stehen bei Ausübung dieser Aufsicht alle amtlichen Befugnisse der Ortspolizeibehörden, insbesondere das Recht zur jederzeitigen Revision der Anlagen zu. Sie sind vorbehaltlich der Anzeige von Gesetzwidrigkeiten, zur Geheimhaltung der amtlich zu ihrer Kenntnis gelangenden Geschäfts- und Betriebsverhältnisse der ihrer Revision unterliegenden Anlagen zu verpflichten.

Die Ordnung der Zuständigkeitsverhältnisse zwischen diesen Beamten und den ordentlichen Polizeibehörden bleibt der verfassungsmäßigen Regelung in den einzelnen Bundesstaaten vorbehalten.

Die erwähnten Beamten haben Jahresberichte über ihre amtliche Tätigkeit zu erstatten. Diese Jahresberichte oder Auszüge aus denselben sind dem Bundesrat und dem Reichstage vorzulegen.

Die auf Grund der Bestimmungen der §§ 105a bis 105h, 120a bis 120e, 133g bis 139aa auszuführenden amtlichen Revisionen müssen die Arbeitgeber zu jeder Zeit, namentlich auch in der Nacht, während des Betriebs gestatten.

Die Arbeitgeber sind ferner verpflichtet, den genannten Beamten oder der Polizeibehörde diejenigen statistischen Mitteilungen über die Verhältnisse ihrer Arbeiter zu machen, welche vom Bundesrat oder von der Landes-Zentralbehörde unter Festsetzung der dabei zu beobachtenden Fristen und Formen vorgeschrieben werden.

VI. Gehilfen, Lehrlinge und Arbeiter in offenen Verkaufsstellen.

§ 139 c. In offenen Verkaufsstellen und den dazu gehörenden Schreibstuben (Kontore) und Lagerräumen ist den Gehilfen, Lehrlingen und Arbeitern nach Beendigung der täglichen Arbeitszeit eine ununterbrochene Ruhezeit von mindestens zehn Stunden zu gewähren.

In Gemeinden, welche nach der jeweilig letzten Volkszählung mehr als zwanzigtausend Einwohner haben, muß die Ruhezeit in offenen Verkaufsstellen, in denen zwei oder mehr Gehilfen und Lehrlinge beschäftigt werden, für diese mindestens elf Stunden betragen; für kleinere Ortschaften kann diese Ruhezeit durch Ortsstatut vorgeschrieben werden.

Innerhalb der Arbeitszeit muß den Gehilfen, Lehrlingen und Arbeitern eine angemessene Mittagspause gewährt werden. Für Gehilfen, Lehrlinge und Arbeiter, die ihre Hauptmahlzeit außerhalb des die Verkaufsstelle enthaltenden Gebäudes einnehmen, muß diese Pause mindestens ein und eine halbe Stunde betragen.

§ 139 d. Die Bestimmungen des § 139 c finden keine Anwendung

1. auf Arbeiten, die zur Verhütung des Verderbens von Waren unverzüglich vorgenommen werden müssen,
2. für die Aufnahme der gesetzlich vorgeschriebenen Inventur sowie bei Neueinrichtungen und Umzügen,
3. außerdem an jährlich höchstens dreißig von der Ortspolizeibehörde allgemein oder für einzelne Geschäftszweige zu bestimmenden Tagen.

§ 139 e. Von neun Uhr abends bis fünf Uhr morgens müssen offene Verkaufsstellen für den geschäftlichen Verkehr geschlossen sein. Die beim Ladenschluß im Laden schon anwesenden Kunden dürfen noch bedient werden.

Über neun Uhr abends dürfen Verkaufsstellen für den geschäftlichen Verkehr geöffnet sein

1. für unvorhergesehene Notfälle,
2. an höchstens vierzig von der Ortspolizeibehörde zu bestimmenden Tagen, jedoch bis spätestens zehn Uhr abends,
3. nach näherer Bestimmung der höheren Verwaltungsbehörde in Städten, welche nach der jeweilig letzten Volkszählung weniger als zweitausend Einwohner haben, sowie in ländlichen Gemeinden, sofern in denselben der Geschäftsverkehr sich vornehmlich auf einzelne Tage der Woche oder auf einzelne Stunden des Tages beschränkt.

Die Bestimmungen der §§ 139 c und 139 d werden durch die vorstehenden Bestimmungen nicht berührt.

Während der Zeit, wo die Verkaufsstellen geschlossen sein müssen, ist das Feilbieten von Waren auf öffentlichen Wegen, Straßen, Plätzen oder an anderen öffentlichen Orten oder ohne vorherige Bestellung von Haus zu Haus im stehenden Gewerbebetriebe (§ 42 b Abs. 1 Ziff. 1) sowie im Gewerbebetrieb im Umherziehen (§ 55 Abs. 1 Ziff. 1) verboten. Ausnahmen können von der Ortspolizeibehörde zugelassen werden. Die Bestimmung des § 55 a Abs. 2 Satz 2 findet Anwendung.

§ 139 f. Auf Antrag von mindestens zwei Dritteln der beteiligten Geschäftsinhaber kann für eine Gemeinde oder mehrere örtlich unmittelbar zusammenhängende Gemeinden durch Anordnung der höheren Verwaltungsbehörde nach Anhörung der Gemeindebehörden für alle oder einzelne Geschäftszweige angeordnet werden, daß die offenen Verkaufsstellen während bestimmter Zeiträume oder während des ganzen Jahres auch in der Zeit zwischen acht und neun Uhr abends und zwischen fünf und sieben Uhr morgens für den geschäftlichen Verkehr geschlossen sein müssen. Die Bestimmungen der §§ 139 c und 139 d werden hierdurch nicht berührt.

Auf Antrag von mindestens einem Drittel der beteiligten Geschäftsinhaber hat die höhere Verwaltungsbehörde die beteiligten Geschäftsinhaber durch ortsübliche Bekanntmachung oder besondere Mitteilung zu einer Äußerung für oder gegen die Einführung des Ladenschlusses im Sinne des vorstehenden Absatzes aufzufordern. Erklären sich zwei Drittel der Abstimmenden für die Einführung, so kann die höhere Verwaltungsbehörde die entsprechende Anordnung treffen.

Der Bundesrat ist befugt, Bestimmungen darüber zu erlassen, in welchem Verfahren die erforderliche Zahl von Geschäftsinhabern festzustellen ist.

Während der Zeit, wo Verkaufsstellen auf Grund des Abs. 1 geschlossen sein müssen, ist der Verkauf von Waren der in diesen Verkaufsstellen geführten Art sowie das Feilbieten von solchen Waren auf öffentlichen Wegen, Straßen, Plätzen oder an anderen öffentlichen Orten oder ohne vorherige Bestellung von Haus zu Haus im stehenden Gewerbebetrieb (§ 42 b Abs. 1 Ziff. 1) sowie im Gewerbebetrieb im Umherziehen (§ 55 Abs. 1 Ziff. 1) verboten. Ausnahmen können von der Ortspolizeibehörde zugelassen werden. Die Bestimmung des § 55 a Abs. 2 Satz 2 findet Anwendung.

§ 139 g. Die Polizeibehörden sind befugt, im Wege der Verfügung für einzelne offene Verkaufsstellen diejenigen Maßnahmen anzuordnen, welche zur Durchführung der im § 62 Abs. 1 des Handelsgesetzbuchs enthaltenen Grundsätze in Ansehung der Einrichtung und Unterhaltung der Geschäftsräume und der für den Geschäftsbetrieb bestimmten Vorrichtungen und Gerätschaften sowie in Ansehung der Regelung des Geschäftsbetriebs erforderlich und nach der Beschaffenheit der Anlage ausführbar erscheinen.

Die Bestimmungen im § 120d Abs. 2 bis 4 finden entsprechende Anwendung.

§ 139 h. Durch Beschluß des Bundesrats können Vorschriften darüber erlassen werden, welchen Anforderungen die Laden-, Arbeits- und Lagerräume und deren Einrichtung sowie die Maschinen und Gerätschaften zum Zwecke der Durchführung der im § 62 Abs. 1 des Handelsgesetzbuchs enthaltenen Grundsätze zu genügen haben. Die Bestimmung im § 120e Abs. 4 findet Anwendung.

Soweit solche Vorschriften durch Beschluß des Bundesrats nicht erlassen sind, können sie durch Anordnung der im § 120e Abs. 2 bezeichneten Behörden erlassen werden.

§ 139 i. Die durch § 76 Abs. 4 des Handelsgesetzbuchs sowie durch § 120 Abs. 1 begründete Verpflichtung des Geschäftsinhabers findet an Orten, wo eine vom Staate oder der Gemeindebehörde anerkannte Fachschule besteht, hinsichtlich des Besuchs dieser Schule entsprechende Anwendung.

Der Geschäftsinhaber hat die Gehilfen und Lehrlinge unter achtzehn Jahren zum Besuche der Fortbildungs- und Fachschule anzuhalten und den Schulbesuch zu überwachen.

§ 139 k. Für jede offene Verkaufsstelle, in welcher in der Regel mindestens zwanzig Gehilfen und Lehrlinge beschäftigt werden, ist innerhalb vier Wochen nach Inkrafttreten dieses Gesetzes oder nach der Eröffnung des Betriebs eine Arbeitsordnung zu erlassen.

Auf die Arbeitsordnung finden die Vorschriften der §§ 134a, 134b Abs. 1 Ziff. 1 bis 4, Abs. 2, Abs. 3 Satz 1, des § 134c Abs. 1, Abs. 2 Satz 2 und 3, des § 134d Abs. 1 und der §§ 134e, 134f entsprechende Anwendung.

Andere als die in der Arbeitsordnung oder in den §§ 71 und 72 des Handelsgesetzbuchs vorgesehenen Gründe der Entlassung und des Austritts aus der Arbeit dürfen im Arbeitsvertrage nicht vereinbart werden.

Die verhängten Geldstrafen sind in ein Verzeichnis einzutragen, welches den Namen des Bestraften, den Tag der Bestrafung sowie den Grund und die Höhe der Strafe ergeben und auf Erfordern der Ortspolizeibehörde jederzeit zur Einsicht vorgelegt werden muß.

Auf Arbeitsordnungen, welche vor dem Inkrafttreten dieses Gesetzes erlassen worden sind, finden die Bestimmungen der §§ 134a, 134b Abs. 1 Ziff. 1 bis 4, Abs. 2, Abs. 3 Satz 1, des § 134c Abs. 1, Abs. 2 Satz 2 und 3, des § 134e Abs. 2 und des § 134f entsprechende Anwendung. Dieselben sind binnen vier Wochen der unteren Verwaltungsbehörde in zwei Ausfertigungen einzureichen. Auf spätere Abänderungen dieser Arbeitsordnungen und auf die seit dem 1. Oktober 1899 erstmalig erlassenen Arbeitsordnungen finden der § 134d Abs. 1 und der § 134e Abs. 1 entsprechende Anwendung.

§ 139 l. Auf das Halten von Lehrlingen in offenen Verkaufsstellen sowie in anderen Betrieben des Handelsgewerbes findet die Bestimmung des § 128 Anwendung.

§ 139 m. Die Bestimmungen der §§ 139c bis 139i finden auf den Geschäftsbetrieb der Konsum- und anderer Vereine entsprechende Anwendung.

Titel X.

Strafbestimmungen.

§ 143. Die Berechtigung zum Gewerbebetriebe kann, abgesehen von den in den Reichsgesetzen vorgesehenen Fällen ihrer Entziehung, weder durch richterliche, noch administrative Entscheidung entzogen werden.

Ausnahmen von diesem Grundsatze, welche durch die Steuergesetze begründet sind, bleiben so lange aufrechterhalten, als diese Steuergesetze in Kraft bleiben.

Die Bestimmungen der Landesgesetze, nach welchen die Befugnis zur Herausgabe von Druckschriften und zum Vertriebe derselben innerhalb des Reichsgebiets im Verwaltungsweg entzogen werden darf, werden hierdurch aufgehoben.

§ 144. Inwiefern, abgesehen von den Vorschriften über die Entziehung des Gewerbebetriebs (§ 143), Zuwiderhandlungen der Gewerbetreibenden gegen ihre Berufspflichten außer den in diesem Gesetz erwähnten Fällen einer Strafe unterliegen, ist nach den darüber bestehenden Gesetzen zu beurteilen.

Jedoch werden aufgehoben die für Medizinalpersonen bestehenden besonderen Bestimmungen, welche ihnen unter Androhung von Strafen einen Zwang zu ärztlicher Hilfe auferlegen.

§ 144 a. Personen, welche den Bestimmungen der §§ 126, 126a und 129 entgegen Lehrlinge halten, anleiten oder anleiten lassen, können von der Ortspolizeibehörde durch Zwangsstrafen zur Entlassung der Lehrlinge angehalten werden.

In gleicher Weise kann die Entlassung derjenigen Lehrlinge, welche den auf Grund des § 81a Ziff. 3, des § 128 Abs. 2 und des § 130 erlassenen Vorschriften entgegen angenommen sind, verfügt werden.

§ 145. Für das Mindestmaß der Strafen, das Verhältnis von Geldstrafe zur Freiheitsstrafe sowie für die Verjährung der in den §§ 145 a, 146 und 153 verzeichneten Vergehen sind die Bestimmungen des Strafgesetzbuchs für das Deutsche Reich maßgebend.

Die übrigen in diesem Titel mit Strafe bedrohten Handlungen verjähren binnen drei Monaten, von dem Tage an gerechnet, an welchem sie begangen sind.

§ 145 a. Die in den Fällen der §§ 16, 24 und 25 gemäß § 21 Ziff. 1 zugezogenen Sachverständigen werden bestraft:

1. wenn sie unbefugt Betriebsgeheimnisse offenbaren, welche durch das Verfahren zu ihrer Kenntnis gelangt sind, mit Geldstrafe bis zu eintausendfünfhundert Mark oder mit Gefängnis bis zu drei Monaten;

2. wenn sie absichtlich zum Nachteile der Betriebsunternehmer Betriebsgeheimnisse, welche durch das Verfahren zu ihrer Kenntnis gelangt sind, offenbaren oder geheim gehaltene Betriebseinrichtungen oder Betriebsweisen, welche durch das Verfahren zu ihrer Kenntnis gelangt sind, so lange als diese Betriebsgeheimnisse sind, nachahmen, mit Gefängnis, neben welchem auf Verlust der bürgerlichen Ehrenrechte erkannt werden kann. Tun sie dies, um sich oder einem anderen einen Vermögensvorteil zu verschaffen, so kann neben der Gefängnisstrafe auf Geldstrafe bis zu dreitausend Mark erkannt werden.

Im Falle der Ziff. 1 tritt die Verfolgung nur auf Antrag des Betriebsunternehmers ein.

§ 146. Mit Geldstrafe bis zu zweitausend Mark und im Unvermögensfalle mit Gefängnis bis zu sechs Monaten werden bestraft:

1. Gewerbetreibende, welche dem § 115 zuwiderhandeln;
2. Gewerbetreibende, welche den §§ 135 bis 137, § 137a Abs. 1, § 139c oder den auf Grund der §§ 139, 139a getroffenen Verfügungen zuwiderhandeln;
3. Gewerbetreibende, welche dem § 111 Abs. 3, § 113 Abs. 3 oder dem § 114a Abs. 3, soweit daselbst die Bestimmungen des § 111 Abs. 3 für anwendbar erklärt worden sind, zuwiderhandeln;
4. wer dem § 56 Ziffer 6 zuwiderhandelt.

Die Geldstrafen fließen der im § 116 bezeichneten Kasse zu.

Der § 75 des Gerichtsverfassungsgesetzes findet Anwendung.

§ 146a. Mit Geldstrafe bis zu sechshundert Mark, im Unvermögensfalle mit Haft wird bestraft, wer den §§ 105b bis 105g oder den auf Grund derselben erlassenen Anordnungen zuwider Arbeitern an Sonn- und Festtagen Beschäftigung gibt oder den §§ 41a, 55a 139e, 139f Abs. 4 oder den auf Grund des § 105b Abs. 2 erlassenen statutarischen Bestimmungen oder den auf Grund des § 41b oder des § 139f Abs. 1 getroffenen Anordnungen zuwiderhandelt.

§ 147. Mit Geldstrafe bis zu dreihundert Mark und im Unvermögensfalle mit Haft wird bestraft:

1. wer den selbständigen Betrieb eines stehenden Gewerbes, zu dessen Beginn eine besondere polizeiliche Genehmigung (Konzession, Approbation, Bestallung) erforderlich ist, ohne die vorschriftsmäßige Genehmigung unternimmt oder fortsetzt, oder von den in der Genehmigung festgesetzten Bedingungen abweicht;
2. wer eine gewerbliche Anlage, zu der mit Rücksicht auf die Lage oder Beschaffenheit der Betriebsstätte oder des Lokals eine besondere Genehmigung erforderlich ist (§§ 16 und 24), ohne diese Genehmigung errichtet, oder die wesentlichen Bedingungen, unter welchen die Genehmigung erteilt worden, nicht

innehält, oder ohne neue Genehmigung eine wesentliche Veränderung der Betriebsstätte oder eine Verlegung des Lokals oder eine wesentliche Veränderung in dem Betriebe der Anlage vornimmt;

3. wer, ohne hierzu approbiert zu sein, sich als Arzt (Wundarzt, Augenarzt, Geburtshelfer, Zahnarzt, Tierarzt) bezeichnet oder sich einen ähnlichen Titel beilegt, durch den der Glauben erweckt wird, der Inhaber desselben sei eine geprüfte Medizinalperson;
4. wer den auf Grund der §§ 120d, 137a Abs. 3, 139g endgültig erlassenen Verfügungen oder den auf Grund der §§ 120e, 139h erlassenen Vorschriften zuwiderhandelt;
5. wer eine gewerbliche Anlage betreibt oder eine offene Verkaufsstelle hält, für welche eine Arbeitsordnung (§§ 134a, 139k) nicht besteht, oder wer der endgültigen Anordnung der Behörde wegen Ersetzung oder Abänderung der Arbeitsordnung nicht nachkommt.

Enthält die Handlung zugleich eine Zuwiderhandlung gegen die Steuergesetze, so soll nicht außerdem noch auf eine Steuerstrafe erkannt werden, es ist aber darauf bei Zumessung der Strafe Rücksicht zu nehmen.

In dem Falle zu 2 kann die Polizeibehörde die Wegschaffung der Anlage oder die Herstellung des den Bedingungen entsprechenden Zustandes derselben anordnen.

In dem Falle zu 4 kann die Polizeibehörde bis zur Herstellung des der Verfügung oder der Vorschrift entsprechenden Zustandes die Einstellung des Betriebs, soweit derselbe durch die Verfügung oder die Vorschrift getroffen wird, anordnen, falls dessen Fortsetzung erhebliche Nachteile oder Gefahren herbeizuführen geeignet sein würde.

§ 148. Mit Geldstrafe bis zu einhundertfünfzig Mark und im Unvermögensfalle mit Haft bis zu vier Wochen wird bestraft:

1. wer außer den im § 147 vorgesehenen Fällen ein stehendes Gewerbe beginnt, ohne dasselbe vorschriftsmäßig anzuzeigen;
2. wer die im § 14 erforderte An- oder Abmeldung einer übernommenen Feuerversicherungsagentur unterläßt;
3. wer die im § 14 erforderten Anzeigen über das Betriebslokal unterläßt;
4. wer der nach § 35 gegen ihn ergangenen Untersagung eines Gewerbebetriebs zuwiderhandelt, oder die im § 35 vorgeschriebene Anzeige unterläßt;

4a. wer außer den Fällen des § 360 Nr. 12, § 367 Nr. 16 des Strafgesetzbuchs den auf Grund des § 38 erlassenen Vorschriften zuwiderhandelt;

5. wer dem § 33b oder außer den im § 149 Ziff. 1 vorgesehenen Fällen den §§ 42a bis 44a zuwiderhandelt, oder seine Legitimationskarte (§ 44a) oder seinen Wandergewerbeschein (§ 55) einem anderen zur Benutzung überläßt;

6. wer zum Zwecke der Erlangung einer Legitimationskarte, eines Wandergewerbescheins oder der im § 62 vorgesehenen Erlaubnis in bezug auf seine Person, oder die Personen, die er mit sich zu führen beabsichtigt, wissentlich unrichtige Angaben macht;

7. wer ein Gewerbe im Umherziehen ohne den gesetzlich erforderlichen Wandergewerbeschein, imgleichen wer eines der im § 59 Ziff. 1 bis 3 bezeichneten Gewerbe der nach § 59a ergangenen Untersagung zuwider betreibt;

7 a. wer dem § 56 Abs. 1, Abs. 2 Ziff. 1 bis 5, 7 bis 11, Abs. 3, den §§ 56a oder 56b zuwiderhandelt;

7 b. wer den Vorschriften der §§ 56c, 60a, 60b Abs. 2, 3 oder des § 60c Abs. 2, 3 zuwiderhandelt;

7 c. wer einer ihm in Gemäßheit des § 60 Abs. 1, § 60b Abs. 1 oder des § 60d Abs. 3 in dem Wandergewerbeschein auferlegten Beschränkung zuwiderhandelt;

7 d. wer bei dem Gewerbebetrieb im Umherziehen Kinder unter vierzehn Jahren zu gewerblichen Zwecken mit sich führt oder zu dem nach § 42 b Abs. 5 verbotenen Gewerbebetriebe Kinder unter vierzehn Jahren anleitet oder ausschickt;

7 e. ein Ausländer, welcher bei dem Gewerbebetrieb im Umherziehen den in Gemäßheit des § 56d vom Bundesrate getroffenen Bestimmungen zuwiderhandelt;

8. wer bei dem Betriebe seines Gewerbes die durch die Obrigkeit oder durch Anzeige bei derselben festgelegten Taxen überschreitet oder es unterläßt, das gemäß § 75 vorgeschriebene Verzeichnis einzureichen;

9. wer die gesetzlichen Pflichten gegen die ihm anvertrauten Lehrlinge verletzt;

9 a. wer den §§ 126 und 126a zuwider Lehrlinge hält, anleitet oder anleiten läßt;

9 b. wer dem § 129 oder den auf Grund der §§ 128 und 130 erlassenen Vorschriften zuwider Lehrlinge hält, anleitet oder anleiten läßt;

9 c. wer unbefugt den Meistertitel führt;

10. wer wissentlich der Bestimmung im § 127e Abs. 2 zuwider einen Lehrling beschäftigt;

11. wer der Bestimmung des § 134c Abs. 2 zuwider gegen Arbeiter Strafen verhängt, welche in der Arbeitsordnung nicht vorgesehen sind oder den gesetzlich zulässigen Betrag übersteigen, oder wer Strafgelder oder die im § 134b Ziffer 5 bezeichneten Beträge in einer in der Arbeitsordnung nicht vorgesehenen Weise verwendet;

12. wer es unterläßt, der durch § 134e Abs. 1, §§ 134g, 139k Abs. 5 für ihn begründeten Verpflichtung zur Einreichung der Arbeitsordnung, ihrer Abänderungen und Nachträge nachzukommen;

13. wer dem § 115a oder den auf Grund des § 119a erlassenen statutarischen Bestimmungen zuwiderhandelt;
14. wer den Vorschriften des § 15a zuwiderhandelt.

In allen diesen Fällen bleibt die Strafe ausgeschlossen, wenn die strafbare Handlung zugleich eine Zuwiderhandlung gegen die Steuergesetze enthält.

§ 149. Mit Geldstrafe bis zu dreißig Mark und im Unvermögensfalle mit Haft bis zu acht Tagen wird bestraft:

1. wer den im § 42b vorgesehenen Erlaubnisschein oder den im § 43 vorgesehenen Legitimationsschein während der Ausübung des Gewerbebetriebs nicht bei sich führt, oder den Bestimmungen des § 44a Abs. 2 zuwiderhandelt;
2. wer bei dem Gewerbebetrieb im Umherziehen dem letzten Absatze des § 56 oder dem § 60c Abs. 1 zuwiderhandelt;
3. wer ein Gewerbe im Umherziehen, für welches ihm ein auf einen bestimmten Bezirk lautender Wandergewerbeschein erteilt ist, unbefugt in einem anderen Bezirke betreibt;
4. wer ein Gewerbe im Umherziehen mit anderen Warengattungen oder unter Darbietung anderer Leistungen betreibt, als sein Wandergewerbeschein angibt;
5. wer bei dem Gewerbebetrieb im Umherziehen unbefugt Personen mit sich führt, oder einen Gewerbetreibenden, zu welchem er nicht in dem Verhältnis eines Ehegatten, Kindes oder Enkels steht, unbefugt begleitet;
6. wer den polizeilichen Anordnungen wegen des Marktverkehrs zuwiderhandelt;
7. wer es unterläßt, den durch § 105c Abs. 2, § 134e Abs. 2, §§ 138, 138a Abs. 5, § 139b für ihn begründeten Verpflichtungen nachzukommen;

7a. wer es unterläßt, gemäß §§ 75 das Verzeichnis anzuschlagen.

In allen diesen Fällen bleibt die Strafe ausgeschlossen, wenn die strafbare Handlung zugleich eine Zuwiderhandlung gegen die Steuergesetze enthält.

§ 150. Mit Geldstrafe bis zu zwanzig Mark und im Unvermögensfalle mit Haft bis zu drei Tagen für jeden Fall der Verletzung des Gesetzes wird bestraft:

1. wer den Bestimmungen der §§ 106 bis 112 zuwider einen Arbeiter in Beschäftigung nimmt oder behält;
2. wer außer dem im § 146 Ziff. 3 vorgesehenen Falle den Bestimmungen dieses Gesetzes in Ansehung der Arbeitsbücher, Lohnbücher oder Arbeitszettel zuwiderhandelt;
3. wer vorsätzlich ein auf seinen Namen ausgestelltes Arbeitsbuch unbrauchbar macht oder vernichtet;
4. wer den Bestimmungen des § 120 Abs. 1, des § 139i oder einer auf Grund des § 120 Abs. 3 erlassenen statutarischen Bestimmung zuwiderhandelt;

4a. der Lehrherr, welcher den Lehrvertrag nicht ordnungsmäßig abschließt (§ 103e Abs. 1 Ziff. 1 und § 126b);

5. wer es unterläßt, den durch § 134c Abs. 3, § 139k Abs. 4 für ihn begründeten Verpflichtungen nachzukommen.

Landesgesetzliche Vorschriften gegen die Verletzung der Schulpflicht, nach welchen eine höhere Strafe eintritt, werden durch die Bestimmung unter Ziff. 4 nicht berührt.

§ 151. Sind bei der Ausübung des Gewerbes polizeiliche Vorschriften von Personen übertreten worden, welche der Gewerbetreibende zur Leitung des Betriebs oder eines Teiles desselben oder zur Beaufsichtigung bestellt hatte, so trifft die Strafe diese letzteren. Der Gewerbetreibende ist neben denselben strafbar, wenn die Übertretung mit seinem Vorwissen begangen ist oder wenn er bei der nach den Verhältnissen möglichen eigenen Beaufsichtigung des Betriebs, oder bei der Auswahl oder der Beaufsichtigung der Betriebsleiter oder Aufsichtspersonen es an der erforderlichen Sorgfalt hat fehlen lassen.

Ist an eine solche Übertretung der Verlust der Konzession, Approbation oder Bestallung geknüpft, so findet derselbe auch als Folge der von dem Stellvertreter begangenen Übertretung statt, wenn diese mit Vorwissen des verfügungsfähigen Vertretenen begangen worden. Ist dies nicht der Fall, so ist der Vertretene bei Verlust der Konzession, Approbation usw. verpflichtet, den Stellvertreter zu entlassen.

§ 152. Alle Verbote und Strafbestimmungen gegen Gewerbetreibende, gewerbliche Gehilfen, Gesellen oder Fabrikarbeiter wegen Verabredungen und Vereinigungen zum Behufe der Erlangung günstiger Lohn- und Arbeitsbedingungen, insbesondere mittels Einstellung der Arbeit oder Entlassung der Arbeiter, werden aufgehoben.

Jedem Teilnehmer steht der Rücktritt von solchen Vereinigungen und Verabredungen frei, und es findet aus letzteren weder Klage noch Einrede statt.

§ 153. Wer andere durch Anwendung körperlichen Zwanges, durch Drohungen, durch Ehrverletzung oder durch Verrufserklärung bestimmt oder zu bestimmen versucht, an solchen Verabredungen (§ 152) teilzunehmen, oder ihnen Folge zu leisten, oder andere durch gleiche Mittel hindert oder zu hindern versucht, von solchen Verabredungen zurückzutreten, wird mit Gefängnis bis zu drei Monaten bestraft, sofern nach dem allgemeinen Strafgesetze nicht eine härtere Strafe eintritt.

Schlußbestimmungen.

§ 154. Von den Bestimmungen im Titel VII finden keine Anwendung:

1. die Bestimmungen der §§ 105 bis 139m auf Gehilfen und Lehrlinge in Apotheken;
2. die Bestimmungen der §§ 105, 106 bis 119b sowie, vor-

behaltlich des § 139 g Abs. 1 und der §§ 139 h, 139 l, 139 m, die Bestimmungen der §§ 120 a bis 139 aa auf Handlungsgehilfen und -Lehrlinge;

3. die Bestimmungen der §§ 133 g bis 139 a auf Arbeiter in Apotheken und auf diejenigen Arbeiter in Handelsgeschäften, welche nicht in einem zu dem Handelsgeschäfte gehörigen Betriebe mit der Herstellung oder Bearbeitung von Waren beschäftigt sind, auf Heilanstalten und Genesungsheime, auf Musikaufführungen, Schaustellungen, theatralische Vorstellungen oder sonstige Lustbarkeiten;
4. die Bestimmungen der §§ 135 bis 139 a auf Gärtnereien, auf das Gast- und Schankwirtsgewerbe sowie auf das Verkehrsgewerbe;
5. die Bestimmungen des § 135 Abs. 2, 3, §§ 136, 138 auf männliche jugendliche Arbeiter, die in Bäckereien und solchen Konditoreien, in welchen neben den Konditorwaren auch Bäckerwaren hergestellt werden, unmittelbar bei der Herstellung von Waren beschäftigt sind. Ausgenommen bleiben Betriebe, die in regelmäßigen Tag- und Nachtschichten arbeiten;
6. das Verbot der Beschäftigung von Arbeiterinnen am Sonnabend sowie an Vorabenden der Festtage nach fünf Uhr nachmittags auf Arbeiterinnen in Badeanstalten.

Die Bestimmungen der §§ 133 g, 135 bis 139 b finden auf Arbeitgeber und Arbeiter in Hüttenwerken, in Zimmerplätzen und anderen Bauhöfen, in Werften sowie in Werkstätten der Tabakindustrie auch dann entsprechende Anwendung, wenn in ihnen in der Regel weniger als zehn Arbeiter beschäftigt werden; auf Arbeitgeber und Arbeiter in Ziegeleien und über Tage betriebenen Brüchen und Gruben finden die Bestimmungen auch dann entsprechende Anwendung, wenn in diesen Betrieben in der Regel mindestens fünf Arbeiter beschäftigt werden.

Die Bestimmungen der §§ 135 bis 139 b finden auf Arbeitgeber und Arbeiter in Werkstätten, in welchen durch elementare Kraft (Dampf, Wind, Wasser, Gas, Luft, Elektrizität usw.) bewegte Triebwerke nicht bloß vorübergehend zur Verwendung kommen, auch wenn in ihnen in der Regel weniger als zehn Arbeiter beschäftigt werden, mit der Maßgabe entsprechende Anwendung, daß der Bundesrat für gewisse Arten von Betrieben Ausnahmen von den im § 135 Abs. 2, 3, § 136, § 137 Abs. 1 bis 4, § 138 vorgesehenen Bestimmungen nachlassen kann.

Auf andere Werkstätten, in denen in der Regel weniger als zehn Arbeiter beschäftigt werden, und auf Bauten, bei denen in der Regel weniger als zehn Arbeiter beschäftigt werden, können die Bestimmungen der §§ 135 bis 139 b durch Beschluß des Bundesrats ganz oder teilweise ausgedehnt werden.

Die Bestimmungen des Bundesrats können auch für bestimmte Bezirke erlassen werden. Sie sind durch das Reichs-Gesetzblatt zu veröffentlichen und dem Reichstage bei seinem nächsten Zusammentritte zur Kenntnisnahme vorzulegen.

§ 154 a. Die Bestimmungen der §§ 115 bis 119 a, 135 bis 139 b, 152 und 153 finden auf die Besitzer und Arbeiter von Bergwerken, Salinen, Aufbereitungsanstalten und unterirdisch betriebenen Brüchen oder Gruben entsprechende Anwendung, und zwar auch für den Fall, daß in ihnen in der Regel weniger als zehn Arbeiter beschäftigt werden.

Arbeiterinnen dürfen in Anlagen der vorbezeichneten Art nicht unter Tage beschäftigt werden. Die Beschäftigung von Arbeiterinnen bei der Förderung, mit Ausnahme der Aufbereitung (Separation, Wäsche), bei dem Transport und der Verladung ist auch über Tage verboten. Zuwiderhandlungen unterliegen der Strafbestimmung des § 146.

Anmerkung: Abs. 2 Satz 2 tritt erst am 1. April 1912 mit der Maßgabe in Kraft, daß die an diesem Tage beschäftigten Arbeiterinnen bis spätestens zum 1. April 1915 weiter beschäftigt werden dürfen.

§ 155. Wo in diesem Gesetz auf die Landesgesetze verwiesen ist, sind unter den letzteren auch die verfassungs- oder gesetzmäßig erlassenen Verordnungen verstanden.

Welche Behörden in jedem Bundesstaat unter der Bezeichnung: höhere Verwaltungsbehörde, untere Verwaltungsbehörde, Gemeindebehörde, Ortsbehörde, Unterbehörde, Polizeibehörde, Ortspolizeibehörde und welche Verbände unter der Bezeichnung weitere Kommunalverbände zu verstehen sind, wird von der Zentralbehörde des Bundesstaats bekannt gemacht.

Für die unter Reichs- und Staatsverwaltung stehenden Betriebe können die den Polizeibehörden, unteren und höheren Verwaltungsbehörden durch § 105 b Abs. 2, § 105 c Abs. 1, §§ 105 e, 105 f, 115 a, 120 d, 134 e bis 134 g, 138 Abs. 1, §§ 138 a, 139, 139 b übertragenen Befugnisse und Obliegenheiten auf die der Verwaltung dieser Betriebe vorgesetzten Dienstbehörden übertragen werden.

Anmerkungen.

1. Aus dem Gebiete der Gewerbegesetzgebung sind für den Dienst der Sicherheitsorgane am wichtigsten die Bestimmungen über den Gewerbebetrieb im Umherziehen. Diese Bestimmungen sind übersichtlich zusammengestellt im Amtsblatt des K. Staatsministeriums des Innern Nr. 7 vom 2. März 1898, abgedruckt im ersten Nachtrag zur vorigen Auflage der „Sammlung" unter Nr. 5 (S. 8).

Einschlägig sind hier:

a) Gesetz vom 10. März 1879 / 20. Dezember 1897, betr. die Besteuerung des Gewerbebetriebes im Umherziehen. (GVBl. 1897 S. 424).

b) Bekanntmachung vom 16. März 1879, den Vollzug des Gesetzes vom 10. März 1879 über die Besteuerung des Gewerbebetriebes im Umherziehen betr. (GVBl. S. 171), und vom 23. Dezember 1897 (GVBl. S. 423).

c) Bekanntmachung vom 25. Oktober 1879, die Behandlung der Straffälle bei Zuwiderhandlungen gegen das Gesetz über die Besteuerung des Gewerbebetriebes im Umherziehen betr. (GVBl. S. 1467).

d) K. Verordnung vom 29. März 1892 / 29. September 1900, den Vollzug der Reichsgewerbeordnung betr. (GVBl. 1892 S. 61, 1900 S. 1157).

e) Bekanntmachung, betr. Ausführungsbestimmungen zur Gewerbeordnung vom 27. November 1896. (GVBl. S. 646).
f) Bekanntmachung vom 13. Februar 1897, betr. Gestattung des Feilbietens von Obstbäumen im Umherziehen. (RGBl. S. 18; MABl. 1904 S. 73).
g) Bekanntmachung vom 11. Juli 1905, betr. Gewerbebetrieb im Umherziehen. (MABl. S. 310).
h) Bekanntmachung vom 9. Juli 1909, betr. Gewerbebetrieb im Umherziehen und Detailreisen. (MABl. S. 561).
i) Bekanntmachung vom 1. Juni 1910, betr. Detailreisen und Hausieren in Amtsräumen. (MABl. S. 386).

2. Im Uebrigen ist die Beaufsichtigung des Gewerbebetriebes in erster Reihe der Zuständigkeit der K. Gewerberäte und der Ortspolizeibehörden vorbehalten. Die Sicherheitsorgane haben im Benehmen mit diesen an der Aufrechthaltung der gesetzlichen Autorität mitzuwirken. Dies gilt insbesondere hinsichtlich der Bestimmungen über die Sonntagsruhe, die Beschäftigung von Arbeiterinnen und jugendlichen Personen und die Nachtarbeit.

3. Bekanntmachungen, betreffend die Beschäftigung von Arbeiterinnen und jugendlichen Arbeitern:
a) In Glashütten, Glasschleifereien und Glasbeizereien sowie Sandbläsereien vom 5. März 1902 (RGBl. S. 65);
b) In Rohrzuckerfabriken, Zuckerraffinerien und Melasseentzuckerungsanstalten vom 5. März 1902 (RGBl. S. 72);
c) In Walz- und Hammerwerken vom 27. Mai 1902 / 6. Juli 1906 (RGBl. 1902 S. 170, 1906 S. 853);
d) In Ziegeleien vom 15. November 1903 (RGBl. S. 286);
e) In Betrieben zur Herstellung von Gemüse- oder Obstkonserven sowie von Gemüse- oder Obstpräserven vom 25. November 1909 (RGBl. S. 965);
f) In Betrieben zur Herstellung von Fischkonserven vom 25. November 1909 (RGBl. S. 966);
g) In Anlagen, die zur Herstellung von Zichorie dienen, vom 25. November 1909 (RGBl. S. 968);
h) Bei der Bearbeitung von Faserstoffen, Tierhaaren, Abfällen oder Lumpen vom 8. Dezember 1909 (RGBl. S. 969);
i) In Werkstätten mit Motorbetrieb vom 7. Dezember 1909 (MABl. S. 1042);
k) In Meiereien (Molkereien) und Betrieben zur Sterilisierung von Milch vom 4. Juni 1910 (RGBl. S. 868);
l) Vgl. ferner die Bekanntmachungen unter Nr. 5 sowie die Oberpolizeilichen Vorschriften des K. Staatsministeriums des K. Hauses und des Aeußern vom 2. Mai 1909 zum Schutz der Arbeiter in chemischen Wäschereien, in denen Benzin und ähnliche leicht entzündliche Reinigungsmittel verwendet werden (GVBl. S. 369).

4. Anweisung zur Ausführung der Reichsgesetze, betreffend Abänderung der Gewerbeordnung vom 1. Juni 1891 und vom 28. Dezember 1908 (MABl. 1909 S. 994).
A) Arbeitsbücher und Arbeitszeugnisse.
B) Lohnzahlung.
C) Polizeiliche Verfügungen auf Grund der §§ 120d und 147 Absatz 4.
D) Arbeits-Ordnungen.
E) Beschäftigung von Arbeiterinnen und jugendlichen Arbeitern.
F) Ausnahmen von den gesetzlichen Bestimmungen für einzelne Betriebe.
G) Aufsicht über die Ausführung der Bestimmungen über die Arbeitsbücher und die Beschäftigung der Arbeiterinnen und der jugendlichen Arbeiter.
H) Statutarische Bestimmungen.
J) Schlußbestimmungen.

5. Bekanntmachungen, betreffend die Einrichtung und den Betrieb von:
a) Bäckereien und Konditoreien vom 4. März 1896 (RGBl. S. 55, GVBl. S. 169, MABl. S. 180);
b) Buchdruckereien und Schriftgießereien vom 31. Juli 1897, 9. Juli 1907 und 22. Dezember 1908 (RGBl. 1897 S. 614; 1907 S. 405; 1908 S. 654);

c) Getreidemühlen vom 26. April 1899 / 15. November 1903 (RGBl. 1899 S. 273; 1903 S. 287);

d) Zinkhütten vom 6. Februar 1900 / 8. Dezember 1909 (RGBl. 1900 S. 32; 1909 S. 971);

e) gewerblichen Anlagen zur Vulkanisierung von Gummiwaren vom 1. März 1902 (RGBl. S. 59);

f) Roßhaarspinnereien, Haar- und Borstenzurichtereien sowie Bürsten- und Pinselmachereien vom 22. Oktober 1902 (RGBl. S. 269);

g) Anlagen zur Herstellung von Präservativs, Sicherheitspessarien, Suspensorien u. dgl. vom 30. Januar / 1. April 1903 (RGBl. S. 3, 123);

h) Anlagen zur Herstellung von Bleifarben und anderen Bleiprodukten vom 26. Mai 1903 (RGBl. S. 225);

i) Bleihütten vom 16. Juni 1905 (RGBl. S. 545);

k) Anlagen zur Herstellung elektrischer Akkumulatoren aus Blei oder Bleiverbindungen vom 6. Mai 1908 (RGBl. S. 172);

l) Betrieben, in denen Maler-, Anstreicher-, Tüncher-, Weißbinder- oder Lackiererarbeiten ausgeführt werden, vom 27. Juni 1905 (RGBl. S. 555);

m) zur Anfertigung von Zigarren bestimmten Anlagen vom 17. Februar 1907 (RGBl. S. 34);

n) Anlagen zur Herstellung von Alkalichromaten vom 16. Mai 1907 (RGBl. S. 233);

o) Anlagen der Großeisenindustrie vom 19. Dezember 1908 (RGBl. S. 650; GVBl. 1909 S. 237);

p) Steinbrüchen und Steinhauereien (Steinmetzbetrieben) vom 31. Mai / 8. Dezember 1909 (RGBl. S. 471, 971);

q) gewerblichen Anlagen, in denen Thomasschlacke gemahlen oder Thomasschlackenmehl gelagert wird, vom 3. Juli / 17. Dezember 1909 (RGBl S. 543, 978).

6. Bekanntmachung vom 5. Februar 1895, betr. Ausnahmen von dem Verbote der Sonntagsarbeit im Gewerbebetriebe, mit Nachträgen (RGBl. 1895 S. 12, 449; 1896 S. 104, 177, 191, 744; 1897 S. 773; 1898 S. 1185; 1899 S. 271, 373; 1901 S. 117; 1906 S. 475);

Ministerialentschließung vom 14. März 1895, die Sonntagsruhe in industriellen, Handwerks- und Bergbaubetrieben betr. (MABl. S. 107); vgl. auch unten Nr. 9.

7. Sonstige das Gewerbewesen betreffende wichtigere Vorschriften:

a) Bekanntmachung, betr. die Einrichtung von Sitzgelegenheiten für Angestellte in offenen Verkaufsläden vom 28. November 1900 (RGBl. S. 1033);

b) Kaiserliche Verordnung vom 31. Mai 1897 / 17. Februar 1907, betr. die Ausdehnung der §§ 135—139, 139 b der Gewerbeordnung auf die Werkstätten der Kleider- und Wäschekonfektion (RGBl. 1897 S. 459, 1904 S. 62; MABl. 1905 S. 511; Lohnbücher RGBl. 1902 S. 295);

Kaiserliche Verordnung vom 21. Februar 1907, betr. die Ausdehnung der §§ 135—139 b der Gewerbeordnung auf Werkstätten der Tabakindustrie (RGBl. S. 65);

c) Bekanntmachung vom 23. Januar 1902, betr. die Beschäftigung von Gehilfen und Lehrlingen in Gast- und in Schankwirtschaften (RGBl. S. 33);

Ministerialentschließung vom 30. Dezember 1909, betr. das Wirtschaftsgewerbe (MABl. 1910 S. 1);

d) Ministerialentschließung vom 25. November 1905, wandernde Gewerbegehilfen betr. (MABl. S. 569).

2. Reichsgesetz vom 30. März 1903 betr. Kinderarbeit in gewerblichen Betrieben (Kinderschutzgesetz) (RGBl. S. 113).*)

I. Einleitende Bestimmungen.

§ 1. Auf die Beschäftigung von Kindern in Betrieben, welche als gewerbliche im Sinne der Gewerbeordnung anzusehen sind, finden neben den bestehenden reichsrechtlichen Vorschriften die folgenden Bestimmungen Anwendung, und zwar auf die Beschäftigung fremder Kinder die §§ 4 bis 11, auf die Beschäftigung eigener Kinder die §§ 12 bis 17.

§ 2. Als Kinder im Sinne dieses Gesetzes gelten Knaben und Mädchen unter dreizehn Jahren sowie solche Knaben und Mädchen über dreizehn Jahre, welche noch zum Besuche der Volksschule verpflichtet sind.

§ 3. Im Sinne dieses Gesetzes gelten als eigene Kinder:

1. Kinder, die mit demjenigen, welcher sie beschäftigt, oder mit dessen Ehegatten bis zum dritten Grade verwandt sind,
2. Kinder, die von demjenigen, welcher sie beschäftigt, oder dessen Ehegatten an Kindes Statt angenommen oder bevormundet sind,
3. Kinder, die demjenigen, welcher sie zugleich mit Kindern der unter 1 oder 2 bezeichneten Art beschäftigt, zur gesetzlichen Zwangserziehung (Fürsorgeerziehung) überwiesen sind,

sofern die Kinder zu dem Hausstande desjenigen gehören, welcher sie beschäftigt.

Kinder, welche hiernach nicht als eigene Kinder anzusehen sind, gelten als fremde Kinder.

Die Vorschriften über die Beschäftigung eigener Kinder gelten auch für die Beschäftigung von Kindern, welche in der Wohnung oder Werkstätte einer Person, zu der sie in einem der im Abs. 1 bezeichneten Verhältnisse stehen und zu deren Hausstande sie gehören, für Dritte beschäftigt werden.

II. Beschäftigung fremder Kinder.

§ 4. Bei Bauten aller Art, im Betriebe derjenigen Ziegeleien und über Tage betriebenen Brüche und Gruben, auf welche die Bestimmungen der §§ 134 bis 139 b der Gewerbeordnung keine Anwendung finden, und der in dem anliegenden Verzeichnis aufgeführten Werkstätten, sowie beim Steinklopfen, im Schornsteinfegergewerbe, in dem mit dem Speditionsgeschäfte verbundenen Fuhrwerksbetriebe, beim Mischen und Mahlen von Farben, beim Arbeiten in Kellereien dürfen Kinder nicht beschäftigt werden.

Der Bundesrat ist ermächtigt, weitere ungeeignete Beschäftigungen zu untersagen und das Verzeichnis abzuändern. Die beschlossenen Abänderungen sind durch das Reichs-Gesetzblatt zu ver-

*) Vollzugsbek. des K. Staatsministeriums des Innern vom 20. Dezember 1903 (GVBl. S. 681).

öffentlichen und dem Reichstage sofort oder, wenn derselbe nicht versammelt ist, bei seinem nächsten Zusammentritte zur Kenntnisnahme vorzulegen.

Anmerkung: Die Beschäftigung von Kindern bei der Reinigung von Dampfkesseln ist verboten (Bek. vom 1. Juli 1907, RGBl. S. 404).

§ 5. Im Betriebe von Werkstätten (§ 18), in denen die Beschäftigung von Kindern nicht nach § 4 verboten ist, im Handelsgewerbe (§ 105 b Abs. 2, 3 der Gewerbeordnung) und in Verkehrsgewerben (§ 105i Abs. 1 a. a. O.) dürfen Kinder unter zwölf Jahren nicht beschäftigt werden.

Die Beschäftigung von Kindern über zwölf Jahre darf nicht in der Zeit zwischen acht Uhr abends und acht Uhr morgens und nicht vor dem Vormittagsunterrichte stattfinden. Sie darf nicht länger als drei Stunden und während der von der zuständigen Behörde bestimmten Schulferien nicht länger als vier Stunden täglich dauern. Um Mittag ist den Kindern eine mindestens zweistündige Pause zu gewähren. Am Nachmittage darf die Beschäftigung erst eine Stunde nach beendetem Unterrichte beginnen.

§ 6. Bei öffentlichen theatralischen Vorstellungen und anderen öffentlichen Schaustellungen dürfen Kinder nicht beschäftigt werden.

Bei solchen Vorstellungen und Schaustellungen, bei denen ein höheres Interesse der Kunst oder Wissenschaft obwaltet, kann die untere Verwaltungsbehörde nach Anhörung der Schulaufsichtsbehörde Ausnahmen zulassen.

§ 7. Im Betriebe von Gast- und von Schankwirtschaften dürfen Kinder unter zwölf Jahren überhaupt nicht und Mädchen (§ 2) nicht bei der Bedienung der Gäste beschäftigt werden. Im übrigen finden auf die Beschäftigung von Kindern über zwölf Jahre die Bestimmungen des § 5 Abs. 2 Anwendung.

§ 8. Auf die Beschäftigung von Kindern beim Austragen von Waren und bei sonstigen Botengängen in den in §§ 4 bis 7 bezeichneten und in anderen gewerblichen Betrieben finden die Bestimmungen des § 5 entsprechende Anwendung.

Für die ersten zwei Jahre nach dem Inkrafttreten dieses Gesetzes kann die untere Verwaltungsbehörde nach Anhörung der Schulaufsichtsbehörde für ihren Bezirk oder Teile desselben allgemein oder für einzelne Gewerbszweige gestatten, daß die Beschäftigung von Kindern über zwölf Jahre bereits von sechseinhalb Uhr morgens an und vor dem Vormittagsunterrichte stattfindet; jedoch darf sie vor dem Vormittagsunterrichte nicht länger als eine Stunde dauern.

§ 9. An Sonn- und Festtagen (§ 105 a Abs. 2 der Gewerbeordnung) dürfen Kinder, vorbehaltlich der Bestimmungen in Abs. 2, 3, nicht beschäftigt werden.

Für die öffentlichen theatralischen Vorstellungen und sonstigen öffentlichen Schaustellungen bewendet es auch an Sonn- und Festtagen bei den Bestimmungen des § 6.

Für das Austragen von Waren sowie für sonstige Botengänge bewendet es bei den Bestimmungen des § 8. Jedoch darf an Sonn- und Festtagen die Beschäftigung die Dauer von zwei Stunden nicht überschreiten und sich nicht über ein Uhr nachmittags erstrecken; auch darf sie nicht in der letzten halben Stunde vor Beginn des Hauptgottesdienstes und nicht während desselben stattfinden.

§ 10. Sollen Kinder beschäftigt werden, so hat der Arbeitgeber vor dem Beginne der Beschäftigung der Ortspolizeibehörde eine schriftliche Anzeige zu machen. In der Anzeige sind die Betriebsstätte des Arbeitgebers sowie die Art des Betriebs anzugeben.

Die Bestimmung des Abs. 1 findet keine Anwendung auf eine bloß gelegentliche Beschäftigung mit einzelnen Dienstleistungen.

§ 11. Die Beschäftigung eines Kindes ist nicht gestattet, wenn dem Arbeitgeber nicht zuvor für dasselbe eine Arbeitskarte eingehändigt ist. Diese Bestimmung findet keine Anwendung auf eine bloß gelegentliche Beschäftigung mit einzelnen Dienstleistungen.

Die Arbeitskarten werden auf Antrag oder mit Zustimmung des gesetzlichen Vertreters durch die Ortspolizeibehörde desjenigen Ortes, an welchem das Kind zuletzt seinen dauernden Aufenthaltsort gehabt hat, kosten- und stempelfrei ausgestellt; ist die Erklärung des gesetzlichen Vertreters nicht zu beschaffen, so kann die Gemeindebehörde die Zustimmung ergänzen. Die Karten haben den Namen, Tag und Jahr der Geburt des Kindes sowie den Namen, Stand und letzten Wohnort des gesetzlichen Vertreters zu enthalten.

Der Arbeitgeber hat die Arbeitskarte zu verwahren, auf amtliches Verlangen vorzulegen und nach rechtmäßiger Lösung des Arbeitsverhältnisses dem gesetzlichen Vertreter wieder auszuhändigen. Ist die Wohnung des gesetzlichen Vertreters nicht zu ermitteln, so erfolgt die Aushändigung der Arbeitskarte an die im Abs. 2 bezeichnete Ortspolizeibehörde.

Die Bestimmungen des § 4 des Gewerbegerichtsgesetzes vom 29. September 1901 (Reichs-Gesetzbl. S. 353) über die Zuständigkeit der Gewerbegerichte für Streitigkeiten hinsichtlich der Arbeitsbücher finden entsprechende Anwendung.

III. Beschäftigung eigener Kinder.

§ 12. In Betrieben, in denen gemäß den Bestimmungen des § 4 fremde Kinder nicht beschäftigt werden dürfen, sowie in Werkstätten, in welchen durch elementare Kraft (Dampf, Wind, Wasser, Gas, Luft, Elektrizität usw.) bewegte Triebwerke nicht bloß vorübergehend zur Verwendung kommen, ist auch die Beschäftigung eigener Kinder untersagt.

§ 13. Im Betriebe von Werkstätten, in denen die Beschäftigung von Kindern nicht nach § 12 verboten ist, im Handelsgewerbe und in Verkehrsgewerben dürfen eigene Kinder unter zehn Jahren überhaupt nicht, eigene Kinder über zehn Jahre nicht in der Zeit zwischen acht Uhr abends und acht Uhr morgens und nicht vor dem Vormittagsunterrichte beschäftigt werden. Um Mittag ist den Kindern eine mindestens zweistündige Pause zu gewähren. Am Nachmittage darf die Beschäftigung erst eine Stunde nach beendetem Unterrichte beginnen.

Eigene Kinder unter zwölf Jahren dürfen in der Wohnung oder Werkstätte einer Person, zu der sie in einem der im § 3 Abs. 1 bezeichneten Verhältnisse stehen, für Dritte nicht beschäftigt werden.

An Sonn- und Festtagen dürfen auch eigene Kinder im Betriebe von Werkstätten und im Handelsgewerbe sowie im Verkehrsgewerbe nicht beschäftigt werden.

§ 15. Auf die Beschäftigung eigener Kinder bei öffentlichen theatralischen Vorstellungen und anderen öffentlichen Schaustellungen finden die Bestimmungen des § 6 Anwendung.

§ 16. Im Betriebe von Gast- und von Schankwirtschaften dürfen Kinder unter zwölf Jahren überhaupt nicht, und Mädchen (§ 2) nicht bei der Bedienung der Gäste beschäftigt werden. Die untere Verwaltungsbehörde ist befugt, nach Anhörung der Schulaufsichtsbehörde in Orten, welche nach der jeweilig letzten Volkszählung weniger als zwanzigtausend Einwohner haben, für Betriebe, in welchen in der Regel ausschließlich zur Familie des Arbeitgebers gehörige Personen beschäftigt werden, Ausnahmen zuzulassen. Im übrigen finden auf die Beschäftigung von eigenen Kindern die Bestimmungen des § 13 Abs. 1 Anwendung.

§ 17. Auf die Beschäftigung beim Austragen von Zeitungen, Milch und Backwaren finden die Bestimmungen im § 8, § 9 Abs. 3 dann Anwendung, wenn die Kinder für Dritte beschäftigt werden.

Im übrigen ist die Beschäftigung von eigenen Kindern beim Austragen von Waren und bei sonstigen Botengängen gestattet. Durch Polizeiverordnungen der zum Erlasse solcher berechtigten Behörden kann die Beschäftigung beschränkt werden.

IV. Gemeinsame Bestimmungen.

§ 18. Als Werkstätten gelten neben den Werkstätten im Sinne des § 105 b Abs. 1 der Gewerbeordnung auch Räume, die zum Schlafen, Wohnen oder Kochen dienen, wenn darin gewerbliche Arbeit verrichtet wird, sowie im Freien gelegene gewerbliche Arbeitsstellen.

§ 20. Die zuständigen Polizeibehörden können im Wege der Verfügung eine nach den vorstehenden Bestimmungen zulässige Beschäftigung, sofern dabei erhebliche Mißstände zu tage getreten sind, auf Antrag oder nach Anhörung der Schulaufsichtsbehörde für einzelne Kinder einschränken oder untersagen sowie, wenn für das Kind eine Arbeitskarte erteilt ist (§ 11), diese entziehen und die Erteilung einer neuen Arbeitskarte verweigern.

Die zuständigen Polizeibehörden sind ferner befugt, zur Beseitigung erheblicher, die Sittlichkeit gefährdender Mißstände im Wege der Verfügung für einzelne Gast- oder Schankwirtschaften die Beschäftigung von Kindern weiter einzuschränken oder zu untersagen.

§ 21. Insoweit nicht durch Bundesratsbeschluß oder durch die Landesregierungen die Aufsicht anderweitig geregelt ist, finden die Bestimmungen des § 139 b der Gewerbeordnung Anwendung.

In Privatwohnungen, in denen ausschließlich eigene Kinder beschäftigt werden, dürfen Revisionen während der Nachtzeit nur stattfinden, wenn Tatsachen vorliegen, welche den Verdacht der Nachtbeschäftigung dieser Kinder begründen.

V. Strafbestimmungen.

§ 23. Mit Geldstrafe bis zu zweitausend Mark wird bestraft, wer den §§ 4 bis 8 zuwiderhandelt.

Im Falle gewohnheitsmäßiger Zuwiderhandlung kann auf Gefängnisstrafe bis zu sechs Monaten erkannt werden.

Der § 75 des Gerichtsverfassungsgesetzes findet Anwendung.

§ 24. Mit Geldstrafe bis zu sechshundert Mark wird bestraft:

1. wer dem § 9 zuwider Kindern an Sonn- und Festtagen Beschäftigung gibt;
2. wer den auf Grund des § 20 hinsichtlich der Beschäftigung fremder Kinder endgültig ergangenen Verfügungen zuwiderhandelt.

Im Falle gewohnheitsmäßiger Zuwiderhandlung kann auf Haft erkannt werden.

§ 25. Mit Geldstrafe bis zu einhundertfünfzig Mark wird bestraft:

1. wer den §§ 12 bis 16, § 17 Abs. 1 zuwiderhandelt;
2. wer den auf Grund des § 20 hinsichtlich der Beschäftigung eigener Kinder endgültig ergangenen Verfügungen oder den auf Grund des § 17 Abs. 2 erlassenen Vorschriften zuwiderhandelt.

Im Falle gewohnheitsmäßiger Zuwiderhandlung kann auf Haft erkannt werden.

§ 26. Mit Geldstrafe bis zu dreißig Mark werden Arbeitgeber bestraft, welche es unterlassen, den durch § 10 für sie begründeten Verpflichtungen nachzukommen.

§ 27. Mit Geldstrafe bis zu zwanzig Mark wird bestraft:

1. wer entgegen der Bestimmung des § 11 Abs. 1 ein Kind in Beschäftigung nimmt oder behält;
2. wer der Bestimmung des § 11 Abs. 3 in Ansehung der Arbeitskarten zuwiderhandelt.

§ 28. Die Strafverfolgung der im § 24 bezeichneten Vergehen verjährt binnen drei Monaten.

§ 29. Die Bestimmungen des § 151 der Gewerbeordnung finden Anwendung.

---

3. Bekanntmachung des K. Staatsministeriums des Innern vom 16. Februar 1878, das Geschäft der Trödler betreffend.

(GVBl. S. 86.)*)

1. Jeder Trödler ist zur ordnungsmäßigen Führung eines Geschäftsbuches verpflichtet.

2. Das Geschäftsbuch muß dauerhaft gebunden, im Rücken mit einem starken Faden durchzogen und mit fortlaufenden Seitenzahlen versehen sein.

Das Buch muß, bevor es in Gebrauch kommt, der Distriktspolizeibehörde des Wohnortes des Trödlers, in München der K. Polizeidirektion, vorgelegt werden. Findet diese den Einband und die Seitenzahl in Ordnung, so genehmigt sie die Verwendung des Buchs, indem sie zugleich auf der ersten Seite desselben die Anzahl der Seiten des Buches bemerkt und die beiden Enden des Fadens mittelst amtlichen Siegels befestigt.

Das Herausnehmen oder Zusammenkleben von Blättern, sowie das Einheften neuer Blätter ist untersagt.

3. Jedes abgeschlossene Geschäft ist in das Buch deutlich, vollständig und wahrheitsgetreu einzutragen.

Der Eintrag muß in tabellarischer Form jedenfalls folgende Rubriken enthalten:

a) die fortlaufende Nummer des Geschäftes;
b) eine möglichst genaue Bezeichnung des Gegenstandes, beziehungsweise der Gegenstände;
c) Zeit (Tag und Monat) des abgeschlossenen Geschäfts;
d) Vor- und Zuname, Stand und Wohnort des Verkäufers oder gegebenen Falls desjenigen, welcher die Sache in Tausch oder kommissionsweise zum Verkauf gegeben hat;
e) den Kaufpreis des Gegenstandes;
f) eine Rubrik für Bemerkungen, in welcher z. B. bei Gegenständen, die in Kommission gegeben oder eingetauscht sind, eine darauf bezügliche Notiz zu machen ist.

Die Beifügung weiterer Rubriken bleibt dem Geschäftstreibenden überlassen.

Jede Seite des Buchs muß das Jahr enthalten, in welchem der Eintrag in die betreffende Seite erfolgte.

4. Jeder von einem Trödler in seinem Geschäftsbetriebe erworbene Gegenstand muß mit einer der betreffenden Nummer des

---

*) Strafbestimmung: § 148 Ziff. 4a der Reichs-Gewerbe-Ordnung.

Geschäftsbuchs (Ziffer 3 Abs. 2 lit. a) entsprechenden Nummer versehen sein.

5. Die Einträge in das Buch müssen gut leserlich, in deutscher Sprache und mit Tinte geschrieben sein. Der ursprüngliche Inhalt derselben darf nicht durchstrichen oder auf andere Weise unleserlich gemacht, es darf nicht radiert und es dürfen keine solchen Änderungen vorgenommen werden, deren Beschaffenheit es ungewiß läßt, ob sie bei der ursprünglichen Eintragung oder erst später gemacht worden sind.

7. Die von einem Trödler in seinem Geschäftsbetriebe erworbenen Gegenstände dürfen nur in leicht zugänglichen, hellen oder leicht erhellbaren Räumen aufbewahrt werden.

Die Wahl sowie die Veränderung des Aufbewahrungs- und Geschäftslokals sind von dem Trödler der Distriktspolizeibehörde anzuzeigen

8. Der Trödler hat die ihm von Behörden oder von Privaten zukommenden schriftlichen Mitteilungen über verlorene oder dem Besitzer entfremdete Gegenstände, nach der Zeitfolge geordnet, ein Jahr lang aufzubewahren.

Gehen demselben solche Benachrichtigungen seitens der Behörde durch Zirkular zu, so hat er die Kenntnisnahme auf dem Zirkular mit Beifügung des Datums zu bescheinigen. Außerdem hat er in den Fällen, in welchen dies von der Behörde ausdrücklich verlangt wird, den Inhalt solcher Zirkularschreiben in ein besonderes Vormerkbuch einzutragen.

Den Polizeibediensteten sind auf Verlangen die gesammelten Benachrichtigungen und das Vormerkbuch zur Einsicht vorzulegen.

9. Erlangt ein Trödler beim Betriebe seines Geschäftes Kenntnis von einer strafbaren Handlung oder geben ihm die Umstände Grund zu der Vermutung, daß eine solche begangen worden sei, so hat er hievon der Polizeibehörde oder den Aufsichts- und Sicherheits-Organen sofort Anzeige zu erstatten und gegebenen Falles, wenn tunlich, die bezüglichen Gegenstände anzuhalten. Dies gilt namentlich in allen jenen Fällen, in welchen der Trödler gemäß Ziff. 8 oder durch öffentliche Bekanntmachung Kenntnis erhalten hat, daß der Gegenstand dem Besitzer entfremdet worden oder verloren gegangen ist.

10. Die Trödler sind verpflichtet, das Polizei-Personal jederzeit in ihre Geschäfts- und Lagerräume einzulassen und denselben die Bücher und die aufbewahrten Gegenstände vorzuzeigen.

---

4. Reichs-Stellenvermittlergesetz vom 2. Juni 1910. (RGBl. S. 860.)

§ 1. Stellenvermittler im Sinne dieses Gesetzes ist, wer gewerbsmäßig

1. die Vermittlung eines Vertrags über eine Stelle betreibt,

2. Gelegenheit zur Erlangung einer Stelle nachweist und sich zu diesem Zwecke mit Arbeitgebern oder Arbeitnehmern in besondere Beziehungen setzt.

§ 2. Wer das Gewerbe eines Stellenvermittlers betreiben will, bedarf dazu einer Erlaubnis der von der Landeszentralbehörde bezeichneten Behörde.

Die Erlaubnis ist zu versagen, wenn

1. Tatsachen vorliegen, welche die Unzuverlässigkeit des Nachsuchenden in bezug auf den beabsichtigten Gewerbebetrieb oder auf seine persönlichen Verhältnisse dartun,
2. ein Bedürfnis nach Stellenvermittlern nicht vorliegt. Ein Bedürfnis ist insbesondere nicht anzuerkennen, soweit für den Ort oder den wirtschaftlichen Bezirk ein öffentlicher gemeinnütziger Arbeitsnachweis in ausreichendem Umfang besteht.

Bei Erteilung der Erlaubnis sind die Berufe zu bezeichnen, in denen die Vermittlung von Stellen stattfinden darf.

§ 3. Wer das Gewerbe eines Stellenvermittlers betreibt, darf Gastwirtschaft, Schankwirtschaft, Kleinhandel mit geistigen Getränken, gewerbsmäßige Vermietung von Wohn- oder Schlafstellen, Handel mit Kleidungs-, Gebrauchs-, Genuß- oder Verzehrungsgegenständen oder mit Lotterielosen, das Barbier- oder das Friseurgewerbe, das Geschäft eines Geldwechslers, Pfandleihers oder Pfandvermittlers weder selbst noch durch andere betreiben.

Der Stellenvermittler darf mit anderen Gewerbetreibenden der im Abs. 1 bezeichneten Art nicht so in Geschäftsverbindung treten, daß er sich für die Ausübung seiner Tätigkeit von ihnen Vergütungen irgendwelcher Art gewähren oder versprechen läßt. Diese Vorschrift gilt nicht, wenn die Tätigkeit des Stellenvermittlers für den eigenen Betrieb des Gewerbetreibenden in Anspruch genommen wird.

Wer das Gewerbe eines Stellenvermittlers betreibt, darf diese Tätigkeit nicht zu Anpreisungen für andere eigene oder fremde Gewerbebetriebe benutzen.

Der Stellenvermittler darf den Stellensuchenden nicht verpflichten oder anhalten, aus seinem oder einem von ihm bezeichneten Gewerbebetrieb oder Handelsgeschäfte Waren zu entnehmen.

Der Stellenvermittler darf zu dem Arbeitgeber in keinem Dienst- oder Abhängigkeitsverhältnisse stehen.

§ 4. Verträge, durch die sich ein Arbeitnehmer oder Arbeitgeber verpflichtet oder verpflichtet hat, sich auch in späteren Fällen der Mitwirkung eines bestimmten gewerbsmäßigen Stellenvermittlers zu bedienen, sind nichtig.

§ 5. Für die den Stellenvermittlern zukommenden Gebühren werden von der Landeszentralbehörde oder den von ihr bezeichneten Behörden nach Anhören des Trägers des öffentlichen Arbeitsnachweises, von Vertretern der Stellenvermittler, der Arbeitgeber und Arbeitnehmer Taxen festgesetzt.

Eine Gebühr darf nur erhoben werden, wenn der Vertrag infolge der Tätigkeit des Vermittlers zustande kommt. Haben beide Teile diese Tätigkeit in Anspruch genommen, so ist die Gebühr von dem Arbeitgeber und dem Arbeitnehmer je zur Hälfte zu zahlen; eine entgegenstehende Vereinbarung zuungunsten des Arbeitnehmers ist nichtig.

Neben den Gebühren dürfen Vergütungen anderer Art nicht erhoben werden. Die Erstattung barer Auslagen darf nur insoweit gefordert werden, als sie auf Verlangen und nach Vereinbarung mit dem Auftraggeber verwendet und als notwendig hinreichend nachgewiesen sind.

Die Stellenvermittler sind verpflichtet, dem Stellensuchenden vor Abschluß des Vermittlungsgeschäfts die für ihn zur Anwendung kommende Taxe mitzuteilen. Die Taxe ist in den Geschäftsräumen an einer in die Augen fallenden Stelle anzuschlagen.

Die Vorschriften des Abs. 2 gelten nicht für die Herausgabe von Stellen- und Vakanzenlisten.

§ 6. Die Stellenvermittler dürfen Dienstbücher (Gesindebücher), Arbeitsbücher, Zeugnisse, Ausweispapiere und sonstige Gegenstände, die aus Anlaß der Stellenvermittlung in ihren Besitz gelangt sind, gegen den Willen des Eigentümers nicht zurückbehalten, insbesondere an solchen Gegenständen ein Zurückbehaltungs- oder Pfandrecht nicht ausüben.

§ 7. Stellenvermittler, welche für weibliche Personen Stellen im Ausland vermitteln, haben der für ihren Gewerbebetrieb zuständigen Polizeibehörde ein Verzeichnis der Namen dieser Personen und der ihnen vermittelten Stellen nach näherer Anordnung regelmäßig vorzulegen.

§ 8. Die Landeszentralbehörde kann weitere Bestimmungen über den Umfang der Befugnisse und Verpflichtungen sowie über den Geschäftsbetrieb der Stellenvermittler erlassen.

Anmerkung: Bisher galten die Min.-Bek. vom 29. Mai 1901, den Umfang der Befugnisse und Verpflichtungen, sowie den Geschäftsbetrieb der Gesindevermieter und Stellenvermittler betr. (GVBl. S. 435), ferner vom 3. Oktober 1909, Stellenvermittelung für Bühnenangehörige betr. (GVBl. S. 668).

§ 9. Die Erlaubnis zum Gewerbebetriebe des Stellenvermittlers ist zurückzunehmen, wenn sich aus Handlungen oder Unterlassungen des Stellenvermittlers dessen Unzuverlässigkeit in bezug auf den Gewerbebetrieb oder seine persönlichen Verhältnisse ergibt.

Unter der gleichen Voraussetzung ist der Gewerbebetrieb Stellenvermittlern, die ihn vor dem 1. Oktober 1900 begonnen haben, zu untersagen. Die Untersagung wirkt für das ganze Gebiet des Reichs.

Die Unzuverlässigkeit ist stets anzunehmen, wenn der Stellenvermittler wiederholt bestraft ist, weil er die festgesetzte Gebührentaxe überschritten oder sich außer den taxmäßigen Gebühren Vergütungen anderer Art von dem Arbeitnehmer oder dem Arbeitgeber hat gewähren oder versprechen lassen, oder weil er dem Verbote der § 3, § 12 Abs. 1 Ziffer 5 zuwider gehandelt hat. Der Träger des öffentlichen Arbeitsnachweises ist berechtigt, selbständig Antrag auf Entziehung der Erlaubnis zu stellen.

§ 12. Mit Geldstrafe bis zu sechshundert Mark oder mit Haft wird bestraft ein Stellenvermittler, der

1. den Gewerbebetrieb ohne die vorgeschriebene Erlaubnis unternimmt oder fortsetzt,
2. einen nach § 3 Abs. 1 ihm verbotenen Gewerbebetrieb unternimmt oder fortsetzt, oder der sich von Gewerbetreibenden der dort bezeichneten Art für die Ausübung seiner Tätigkeit verbotene Vergütungen irgendwelcher Art gewähren oder versprechen läßt,
3. seine Tätigkeit zu Anpreisungen für eigene oder fremde Gewerbebetriebe benutzt, oder den Stellensuchenden verpflichtet oder anhält, aus seinem oder einem von ihm bezeichneten Gewerbebetrieb oder Handelsgeschäfte Waren zu entnehmen,
4. die amtlich festgesetzte Taxe überschreitet, oder sich außer den taxmäßigen Gebühren Vergütungen anderer Art von dem Arbeitnehmer oder dem Arbeitgeber gewähren oder versprechen läßt (§ 5 Abs. 1 bis 3),
5. es unternimmt, einen Arbeitnehmer zum Bruche eines eingegangenen Arbeitsvertrags zu verleiten.

Die gleiche Strafe trifft Gewerbetreibende der im § 3 Abs. 1 bezeichneten Art, die es unternehmen, einen Stellenvermittler durch Gewährung oder Versprechung von Vergütungen irgendwelcher Art zu einer den Interessen des Arbeitnehmers widerstreitenden Ausübung der Vermittlertätigkeit zu bestimmen.

War der Täter wegen der im Abs. 1, 2 bezeichneten Zuwiderhandlungen rechtskräftig verurteilt worden und begeht er innerhalb fünf Jahren wiederum eine solche Zuwiderhandlung, so wird er mit Geldstrafe von einhundert bis sechshundert Mark oder mit Haft bestraft.

§ 13. Mit Geldstrafe bis zu einhundertfünfzig Mark oder mit Haft wird bestraft:

1. ein Stellenvermittler, der den Vorschriften des § 5 Abs. 4, der §§ 6, 7 oder den im § 8 bezeichneten Bestimmungen zuwiderhandelt,

§ 14. Auf den Gewerbebetrieb des Stellenvermittlers finden die Vorschriften der Gewerbeordnung insoweit Anwendung, als nicht in diesem Gesetze besondere Bestimmungen getroffen sind.

§ 15. Die Landeszentralbehörde kann bestimmen, inwieweit die Vorschriften der §§ 3, 5 auf nicht gewerbsmäßig betriebene Stellen- oder Arbeitsnachweise anzuwenden sind, und weitere Bestimmungen über den Umfang der Befugnisse und Verpflichtungen sowie über den Betrieb dieser Nachweise erlassen.

§ 16. Mit Geldstrafe bis zu einhundertfünfzig Mark oder mit Haft werden Leiter oder Angestellte eines nicht gewerbsmäßigen Stellen- oder Arbeitsnachweises bestraft, welche den auf Grund des § 15 getroffenen Bestimmungen zuwiderhandeln.

§ 17. Sind innerhalb zweier Jahre wiederholt Leiter oder Angestellte eines nicht gewerbsmäßigen Stellen- oder Arbeitsnachweises wegen Übertretung nach § 16 rechtskräftig verurteilt, so können die Landeszentralbehörde oder die von ihr bezeichneten Behörden den Betrieb untersagen. § 10 gilt entsprechend.

§ 18. Wer den Betrieb nach der Untersagung fortsetzt oder ohne Erlaubnis der untersagenden Behörde wieder aufnimmt, wird mit Geldstrafe bis zu sechshundert Mark oder mit Haft bestraft.

---

5. Bekanntmachung des K. Staatsministeriums des K. Hauses und des Äußern vom 5. November 1906 / 12. Februar 1910, das Pfandleihgewerbe betr. (GVBl. 1906 S. 799, 1910 S. 76).

§ 1. Die Erlaubnis zum Betriebe des Geschäftes eines Pfandleihers wird von der Distriktspolizeibehörde erteilt.

Diese Behörde entscheidet auch über die Zurücknahme der Erlaubnis und die Untersagung des Gewerbebetriebes.

In Ortschaften, für welche dies durch Ortsstatut (§ 142 der Gewerbeordnung) festgesetzt wird, darf die Erlaubnis zum Betriebe des Pfandleihgewerbes nur dann erteilt werden, wenn ein Bedürfnis hiefür vorhanden und nachgewiesen ist.

> § 15 der K. Allerhöchsten Verordnung vom 29. März 1892 (Gesetz- und Verordnungsblatt S. 61) in der Fassung der Ziffer 3 der Verordnung vom 29. September 1900 (Gesetz- und Verordnungsblatt S. 1157).

Die in dieser Bekanntmachung der Distriktspolizeibehörde zugewiesenen Aufgaben obliegen in München der Polizeidirektion.

§ 2. Der Pfandleiher darf einen Leihzins nur bis zu 1% des Darlehensbetrages für die Zeit von einem Monat oder bis zu 12% für das Jahr nehmen. Er kann ausbedingen, daß an Zinsen mindestens der Betrag für 2 Monate gezahlt werde, und ist berechtigt, in jedem Falle wenigstens 10 Pfennige zu fordern.

Bei Berechnung der Zinsen darf der angefangene Monat als voll berechnet und der bei dem Gesamtbetrage der Zinsen sich ergebende Bruchpfennig auf einen vollen Pfennig abgerundet werden.

Die Erhebung anderweitiger Gebühren, dann das Vorausnehmen von Zinsen ist untersagt.

§ 3. Dem Pfandleiher ist verboten:

1. mit jugendlichen Personen Pfandleihgeschäfte abzuschließen und von solchen Pfänder entgegenzunehmen, wenn ihm nicht

die Einwilligung eines Elternteiles oder des Vormundes vorgelegt wird;

2. neue Waren gleicher Gattung in größeren Mengen, dann ganze Warenposten und Partiewaren zum Pfande zu nehmen;
3. das Pfand ohne Zustimmung des Verpfänders zu benützen, an Dritte zu überlassen oder weiter zu verpfänden;
4. Kleider, Leinen und Betten als Pfand zu nehmen, welche ekelhaft beschmutzt oder von jemand benützt sind, der an einer ansteckenden Krankheit leidet;
5. Pfänder von einem Pfandvermittler anzunehmen, wenn ihm nicht letzterer gleichzeitig einen Auszug aus seinem Geschäfts- (Pfand-) Buch über den zu verpfändenden Gegenstand übergibt, der den richtigen Abschluß des Geschäfts durch den Pfandvermittler ersehen läßt.

§ 4. Der Pfandleiher ist verpflichtet, die Pfandsachen während der Dauer des Pfandvertrages in besonderen Lagerräumen aufzubewahren, welche hell und trocken, gut zu lüften und gut verschließbar sein müssen.

Die Wahl sowie jede Veränderung der Geschäftsräume ist unter genauer Bezeichnung der einzelnen Räume der Distriktspolizeibehörde anzuzeigen.

Jedes Pfandstück ist mit einer der Eintragung im Pfandbuch entsprechenden Nummer zu versehen. Wenn mehrere Sachen gleichzeitig verpfändet werden, kann die Nummer an der gemeinschaftlichen Umhüllung oder Befestigung angebracht werden.

Die Pfänder müssen so geordnet sein, daß sie jederzeit leicht aufgefunden werden können.

§ 5. Der Pfandleiher muß die verpfändeten Gegenstände in einem dem tatsächlichen Geschäftsumfang entsprechenden Betrag gegen Feuersgefahr und Einbruchdiebstahl versichern.

§ 7. Der Verkauf des Pfandes ist im Wege öffentlicher Versteigerung zu bewirken. (§§ 1235 Abs. 1, 383 Abs. 3 BGB.)

Die Versteigerung darf nicht vor Ablauf eines Monats nach dem Verfall des Pfandes erfolgen und muß in der Gemeinde stattfinden, in welcher das Pfandleihgewerbe zur Zeit des Geschäftsabschlusses betrieben worden ist.

§ 13. Der Pfandleiher ist verpflichtet,

a) ein Pfandbuch für Juwelen, Gold- und Silbersachen,
b) ein Pfandbuch für die sonstigen Pfänder

nach dem beigefügten Muster ordnungsmäßig zu führen und in den Geschäftsräumen aufzubewahren.

Die beiden Pfandbücher, welche dauerhaft gebunden und mit fortlaufenden Seitenzahlen versehen sein müssen, sind vor dem Gebrauch der Distriktspolizeibehörde vorzulegen.

Findet diese die Bücher in Ordnung, so genehmigt sie ihre Verwendung unter Beidruck des Amtssiegels, indem sie zugleich auf dem ersten Blatt die Zahl der Seiten vermerkt.

Das Herausnehmen oder Zusammenkleben von Blättern sowie das Einheften neuer Blätter ist untersagt.

Die Einträge in die Pfändbücher müssen gut leserlich, in deutscher Sprache und mit Tinte geschrieben sein; sie dürfen nicht durch Ausschaben oder in sonstiger Weise unleserlich gemacht werden.

Pfandbücher, die nicht mehr benützt werden, sind unter Angabe des Datums abzuschließen und der Distriktspolizeibehörde vorzulegen, welche sie nach Bestätigung des Abschlusses zur Aufbewahrung an den Pfandleiher zurückzugeben hat.

Nach dem Abschluß dürfen weitere Einträge nicht gemacht werden.

Pfandbücher dürfen nur mit Genehmigung der Distriktspolizeibehörde ganz oder teilweise vernichtet werden.

Die Bestimmungen in den drei letzten Absätzen gelten auch für den Fall der Einstellung des Geschäftsbetriebes, jedoch mit der Maßgabe, daß die Pfandbücher der Distriktspolizeibehörde ausgehändigt werden können.

§ 14. Jedes abgeschlossene Geschäft muß sofort in das betreffende Pfandbuch in fortlaufender Reihenfolge, deutlich, vollständig und wahrheitsgetreu eingetragen werden. Der Gebrauch von Decknamen der Verpfänder unter Weglassung der Wohnungsbezeichnung ist zulässig; ausgenommen hievon sind jugendliche Verpfänder.

§ 15. Der Pfandleiher hat alle einlaufenden Geschäftsbriefe sowie Abdrücke oder Abschriften der auslaufenden Geschäftsbriefe, dann Empfangsbestätigungen, Postscheine und sonstige Geschäftsbelege drei Jahre lang aufzubewahren.

In besonderen Fällen kann er die Schriftstücke an die Distriktspolizeibehörde mit deren Genehmigung aushändigen.

Alle schriftlichen Mitteilungen über gestohlene, verlorene oder sonst abhanden gekommene Gegenstände muß der Pfandleiher nach der Zeitfolge ordnen und ein Jahr lang aufbewahren.

§ 16. Dem Verpfänder hat der Pfandleiher über das abgeschlossene Geschäft eine mit seiner Unterschrift versehene Bescheinigung (Pfandschein) auszustellen, die mit dem Eintrag im Pfandbuch übereinstimmen muß.

Auf dem Pfandschein müssen die §§ 2, 6—8, 11 und 16 dieser Bekanntmachung wörtlich enthalten sein.

Den Pfandleihern ist untersagt, Pfandscheine anzukaufen, zu belehnen oder damit Handel zu treiben.

§ 17. Bei Verlängerung des Pfandvertrags ist ein neuer Pfandschein auszufertigen und im Pfandbuch ein neuer Eintrag zu machen.

§ 18. Wenn der Pfandleiher bei dem Betriebe seines Geschäftes Kenntnis von strafbaren Handlungen erhält oder nach den Umständen Grund zu der Vermutung hat, daß eine solche begangen worden sei, hat er der Polizeibehörde oder den Aufsichts- und Sicherheitsbeamten sofort Anzeige zu erstatten und, wenn möglich, die Personen und Gegenstände einzuhalten.

§ 19. Der Pfandleiher ist verpflichtet, den Beamten der Polizeibehörde jederzeit Zutritt in seine Geschäfts- und Lagerräume zu gestatten, ihnen die Pfandgegenstände, Geschäftsbücher, Versicherungsurkunden und sonstigen Geschäftspapiere vorzuzeigen und jede auf den Geschäftsbetrieb bezügliche Auskunft wahrheitsgemäß zu erteilen.

Zur Kontrolle des Vollzuges der Bestimmung in § 4 Abs. 3 der Bekanntmachung vom 14. Januar 1909, das Pfandvermittlungsgewerbe betr. (GVBl. S. 9) in der Fassung der Ziff. III der Bekanntmachung vom 12. Februar 1910 (GVBl. S. 76) hat der Pfandleiher ein Verzeichnis der Pfandscheine über diejenigen verfallenen Pfänder, die durch einen Pfandvermittler versetzt wurden, unter Angabe der Nummer und des Datums des Pfandscheines binnen 4 Tagen nach dem Verfall des Pfandes an die Ortspolizeibehörde des Geschäftssitzes des Pfandvermittlers einzusenden.

§ 20. In dem für den Kundenverkehr bestimmten Geschäftsraum muß der Pfandleiher an einer in die Augen fallenden Stelle die gegenwärtigen Vorschriften im großen, deutlichen Druck aushängen.

§ 21. Zuwiderhandlungen gegen diese Vorschriften unterliegen den in § 148 Ziff. 4a der Gewerbeordnung und § 360 Ziff. 12 des Strafgesetzbuches bestimmten Strafen.

§ 22. Die Bestimmungen dieser Bekanntmachung finden auch auf die in § 34 Abs. 2 der Gewerbeordnung bezeichneten Rückkaufsgeschäfte entsprechende Anwendung.

---

6. Bekanntmachung des K. Staatsministeriums des K. Hauses und des Äußern vom 14. Januar 1909 / 12. Februar 1910, das Pfandvermittelungsgewerbe betr. (GVBl. 1909 S. 9, 1910 S. 76).

§ 1. Die Erlaubnis zum Betriebe des Geschäftes eines Pfandvermittlers wird von der Distriktspolizeibehörde erteilt.

Diese Behörde entscheidet auch über die Zurücknahme der Erlaubnis und die Untersagung des Gewerbebetriebes.

§ 15 der K. Allerhöchsten Verordnung vom 29. März 1892 (GVBl. S. 61) in der Fassung der Ziffer 3 der Verordnung vom 29. September 1900 (GVBl. S. 1157).

Die in dieser Bekanntmachung der Distriktspolizeibehörde zugewiesenen Aufgaben obliegen in München der Polizeidirektion.

§ 2. Der Pfandvermittler hat, soweit nichts anderes vereinbart ist, die ihm erteilten Aufträge zur Pfandversetzung spätestens am nächstfolgenden Werktage, die sonstigen Aufträge möglichst bald und jedenfalls rechtzeitig zu erledigen.

Die Distriktspolizeibehörde kann nach Maßgabe der örtlichen Verhältnisse für den Vollzug der Aufträge zur Pfandversetzung eine längere Frist bestimmen.

§ 3. Dem Verpfänder hat der Pfandvermittler mit seiner Unterschrift und mit Datum versehene Bescheinigungen auszustellen:

1. über den Empfang eines Pfandgegenstandes nach Inhalt der Spalten 1—7 des Pfandbuches (§ 10 mit Anlage Muster 1);
2. über den Empfang eines zum Zweck der Erneuerung übergebenen Pfandscheines nach Inhalt der Spalten 3, 4, 8—11, 15 des Pfandbuches;
3. über den Empfang eines zum Zweck der Pfandeinlösung übergebenen Pfandscheines nach Inhalt der Spalten 3, 4, 8—12, 17, 18 des Pfandbuches.

Der Pfandvermittler hat die Bescheinigungen nach Vollzug des ihm erteilten Auftrages von dem Verpfänder zurückzuverlangen und Zug um Zug dem Verpfänder den Pfandgegenstand oder den Pfandschein zurückzugeben.

§ 4. Der Pfandvermittler hat die vom Verpfänder nicht abgeholten Pfandscheine bei der Ortspolizeibehörde, Gelder (Pfand- und Mehrerlösbeträge), Wertpapiere und Kostbarkeiten bei dem Amtsgericht oder, sofern die Besorgung des gerichtlichen Hinterlegungswesens der K. Bank übertragen ist, bei dieser 14 Tage nach Empfang zu hinterlegen.

Der Verpfänder kann jedoch dem Pfandvermittler eine schriftliche Vollmacht ausstellen, wonach letzterer befugt ist, den mit Nummer und Datum genau bezeichneten Pfandschein zum Zwecke der späteren Aushändigung an den Verpfänder, der Umschreibung des Pfandscheines oder der Einlösung des noch nicht verfallenen Pfandes aufzubewahren oder, wenn der Pfandschein bei der Ortspolizeibehörde bereits hinterlegt ist, bei dieser in Empfang zu nehmen. Die Bevollmächtigung ist in Spalte 22 des Pfandbuches vorzumerken.

Ist ein Pfand verfallen, so muß der Pfandvermittler den Pfandschein sofort am Tage nach dem Verfall des Pfandes an die Ortspolizeibehörde einliefern.

§ 6. Dem Pfandvermittler ist verboten:

1. von jugendlichen Personen Pfandgegenstände entgegenzunehmen, wenn ihm nicht die Einwilligung eines Elternteiles oder des Vormundes vorgelegt wird;
2. neue Waren gleicher Gattung in größeren Mengen, dann ganze Warenposten und Partiewaren anzunehmen;
3. Kleider, Leinen und Betten entgegenzunehmen, welche ekelhaft beschmutzt oder von jemand benützt sind, der an einer ansteckenden Krankheit leidet;
4. Pfandgegenstände zu benützen, an Dritte zum Erwerb oder zur Benützung zu überlassen oder an jemand anders als an Leihanstalten oder Pfandleihgeschäfte zu verpfänden;

5. Pfandscheine oder Zwischenbescheinigungen (§ 3) anzukaufen, zu belehnen oder damit Handel zu treiben;

6. für die Gewährung von Vorschüssen auf die Versatzsumme irgend welche Vergütung zu verlangen oder anzunehmen, dann von der Rückerstattung von Vorschüssen die Aushändigung des Pfandes oder des Pfandscheines abhängig zu machen;

7. dritten Personen über ihre Geschäfte mit Verpfändern Mitteilung zu machen;

8. Trödelhandel zu betreiben.

§ 7. Die Wahl sowie jede Veränderung der Geschäftsräume ist vom Pfandvermittler unter genauer Bezeichnung der einzelnen Räume der Distriktspolizeibehörde anzuzeigen.

§ 8. Der Pfandvermittler muß die Pfandgegenstände in einem dem tatsächlichen Geschäftsumfang entsprechenden Betrag gegen Feuersgefahr und Einbruchdiebstahl versichern.

§ 10. Der Pfandvermittler ist verpflichtet, ein Pfandbuch und ein Mehrerlösbuch nach den beigefügten Mustern 1 und 2 ordnungsmäßig zu führen und in den Geschäftsräumen aufzubewahren.

Die Bücher, welche dauerhaft gebunden und mit fortlaufenden Seitenzahlen versehen sein müssen, sind vor dem Gebrauch der Distriktspolizeibehörde vorzulegen.

Findet diese die Bücher in Ordnung, so genehmigt sie ihre Verwendung unter Beidruck des Amtssiegels, indem sie zugleich auf dem ersten Blatt die Zahl der Seiten vermerkt.

Das Herausnehmen oder Zusammenkleben von Blättern sowie das Einheften neuer Blätter ist untersagt.

Die Einträge in die Bücher müssen gut leserlich, in deutscher Sprache und mit Tinte geschrieben sein; sie dürfen nicht durch Ausschaben oder in sonstiger Weise unleserlich gemacht werden.

Bücher, die nicht mehr benützt werden, sind unter Angabe des Datums abzuschließen und der Distriktspolizeibehörde vorzulegen, welche sie nach Bestätigung des Abschlusses zur Aufbewahrung an den Pfandvermittler zurückzugeben hat.

Nach dem Abschluß dürfen weitere Einträge nicht gemacht werden.

Die Bücher dürfen nur mit Genehmigung der Distriktspolizeibehörde ganz oder teilweise vernichtet werden.

Die Bestimmungen in den drei letzten Absätzen gelten auch für den Fall der Einstellung des Geschäftsbetriebes, jedoch mit der Maßgabe, daß die Bücher der Distriktspolizeibehörde ausgehändigt werden können.

§ 11. Jedes abgeschlossene Geschäft muß sofort in das Pfand- oder Mehrerlösbuch in fortlaufender Reihenfolge deutlich, vollständig und wahrheitsgetreu eingetragen werden. An den Pfandleiher hat der Pfandvermittler gleichzeitig mit der Aushändigung eines Pfandes einen Auszug aus dem Pfandbuch nach Inhalt der Spalten 1—4 zu übergeben. Der Gebrauch von Decknamen der Verpfänder unter Weglassung der Wohnungsbezeichnung ist zulässig; ausgenommen hievon sind jugendliche Verpfänder.

Dem Verpfänder ist auf Verlangen ein vollständiger Auszug aus dem Pfand- und Mehrerlösbuch zu übergeben.

Sämtliche Buchauszüge sind nach dem vorgeschriebenen Muster zu fertigen und vom Pfandvermittler mit Datum und Unterschrift zu versehen.

§ 12. Der Pfandvermittler hat alle einlaufenden Geschäftsbriefe sowie Abdrücke oder Abschriften der auslaufenden Geschäftsbriefe, dann Empfangsbestätigungen, Postscheine und sonstige Geschäftsbelege 3 Jahre lang aufzubewahren.

In besonderen Fällen kann er die Schriftstücke an die Distriktspolizeibehörde mit deren Genehmigung aushändigen.

Alle schriftlichen Mitteilungen über gestohlene, verlorene oder sonst abhanden gekommene Gegenstände muß der Pfandvermittler nach der Zeitfolge ordnen und 1 Jahr lang aufbewahren.

§ 13. Wenn der Pfandvermittler bei dem Betriebe seines Geschäftes Kenntnis von strafbaren Handlungen erhält oder nach den Umständen Grund zu der Vermutung hat, daß eine solche begangen worden sei, hat er der Polizeibehörde oder den Aufsichts- und Sicherheitsbeamten sofort Anzeige zu erstatten und, wenn möglich, die Personen und Gegenstände einzuhalten.

§ 14. Der Pfandvermittler ist verpflichtet, den Beamten der Polizeibehörde jederzeit Zutritt in seine Geschäftsräume zu gestatten, ihnen die Pfandgegenstände, Geschäftsbücher, Versicherungsurkunden und sonstigen Geschäftspapiere vorzuzeigen und jede auf den Geschäftsbetrieb bezügliche Auskunft wahrheitsgemäß zu erteilen.

§ 15. In dem für den Kundenverkehr bestimmten Geschäftsraum muß der Pfandvermittler an einer in die Augen fallenden Stelle die gegenwärtigen Vorschriften sowie den von der Distriktspolizeibehörde festgesetzten Gebührentarif im großen deutlichen Druck aushängen.

§ 16. Zuwiderhandlungen gegen diese Vorschriften, welche am 1. März 1909 in Kraft treten, unterliegen den in § 148 Ziff. 4 a der Gewerbeordnung bestimmten Strafen.

---

7. Bekanntmachung des K. Staatsministeriums des Innern vom 18. Dezember 1883, betreffend die in § 35 Abs. 3 der Reichsgewerbeordnung aufgeführten Gewerbebetriebe. (GVBl. S. 495.)*)

Auf Grund des § 38 Abs. 2 der Reichs-Gewerbeordnung werden nachstehende Vorschriften erlassen:

I. Für diejenigen Personen, welche sich mit der gewerbsmäßigen Besorgung fremder Rechtsangelegenheiten und bei Behörden wahrzunehmenden Geschäften, insbesondere der gewerbsmäßigen Abfassung der darauf bezüglichen schriftlichen Aufsätze, mit dem Geschäfte der gewerbsmäßigen Vermittlungsagenten für Immobiliarverträge, Darlehen und Heiraten, sowie mit dem Geschäfte eines Auktionators befassen:

1. Die bezeichneten Gewerbetreibenden sind verpflichtet, ihre sämtlichen Geschäftsbücher und Akten in guter Ordnung zu halten. Die Einträge in den verschiedenen Geschäftsbüchern und die Akten oder einzelnen Schriftstücke müssen gegenseitige Verweisungen auf die betreffenden Nummern oder Folien ꝛc. der sonstigen einschlägigen Bücher ꝛc. enthalten.

2. Die einlaufenden Geschäftsbriefe, sowie Kopieen der auslaufenden Geschäftsbriefe, desgleichen Quittungen, Postscheine ꝛc. sind geordnet mindestens fünf Jahre lang aufzubewahren.

3. Jeder der bezeichneten Gewerbetreibenden hat ein jährlich abzuschließendes Geschäftsregister zu führen. In dieses Geschäftsregister ist jeder einzelne Fall, in welchem die Tätigkeit des Gewerbetreibenden in Anspruch genommen wird, wahrheitsgetreu einzutragen.

4. Die Geschäftsregister müssen im Geschäftslokale aufbewahrt und dürfen nicht ohne Genehmigung der zuständigen Distriktspolizeibehörde vernichtet werden.

5. Gelder, Wertpapiere, Pretiosen, Urkunden und andere wichtige Schriftstücke, Pläne oder Zeichnungen usw., welche dem bezeichneten Gewerbetreibenden von ihren Auftraggebern oder für dieselbe eingehändigt werden, sind, soferne nicht die sofortige Wiederhinausgabe zu erfolgen hat, in besonderen Umschlägen oder Packeten, welche mit dem Namen des Auftraggebers und der betreffenden Nummer des Geschäftsregisters zu versehen sind, wohlgeordnet und vor Beschädigung gesichert aufzubewahren.

6. Die Wahl, sowie jeder Wechsel des Geschäftslokales sind der Distriktspolizeibehörde, in München der K. Polizeidirektion, binnen drei Tagen anzuzeigen.

7. Die bezeichneten Gewerbetreibenden sind verpflichtet, die Beamten und Vollzugsorgane der Polizeibehörden jederzeit in die Lokalitäten, welche sie zum Geschäftsbetriebe benützen, einzulassen, denselben auf Verlangen das Geschäftsregister, sowie alle sonstigen

---

*) Strafbestimmung § 148 Ziff. 4a der RGewO.

Bücher, Akten und Schriftstücke, dann die hinterlegten Gelder, Urkunden 2c. vorzuzeigen und jeden verlangten Aufschluß über den Geschäftsbetrieb zu erteilen.

---

8. Bekanntmachung des K. Staatsministeriums des Innern vom 20. Oktober 1900, den Geschäftsbetrieb der Auktionatoren betreffend.

(GVBl. S. 1182.)*)

1. Die Auktionatoren dürfen lediglich fremde Waren und zwar nur auf Grund eines schriftlichen Auftrages versteigern, welcher den Vor- und Zunamen (die etwaige Firma und Namen der Firmeninhaber), den Wohnort und die Wohnung des Auftraggebers, die Herkunft, Art, Menge und den Wert der Waren sowie die allenfallsigen besonderen Bedingungen für die Versteigerung zu enthalten hat.

Der Auftrag muß auch, falls der Auftraggeber nicht selbst nachweislich der Eigentümer der Waren ist, den letzteren ersehen lassen und den Nachweis enthalten, daß und in welcher Weise der Eigentümer dem Auftraggeber das Verfügungsrecht über die Waren eingeräumt hat.

Der Auftrag ist als Beilage zum Geschäftsregister aufzubewahren und bei Visitationen vorzulegen.

2. Die Auktionatoren dürfen bei ihren Versteigerungen weder in eigener Person noch durch Dritte Waren ersteigern.

3. Die Versteigerung von Lebens- und Genußmitteln sowie von neuen (ungebrauchten) Waren ist nur mit schriftlicher Genehmigung der Ortspolizeibehörde zulässig. Die Genehmigung, welche in München für Lebens- und Genußmittel dem Magistrate, für sonstige Waren der K. Polizeidirektion zusteht, darf unter sorgfältiger Berücksichtigung der Bedürfnisse des Publikums nur für solche Lebens- und Genußmittel erteilt werden, welche auf den Wochen- (Viktualien-) Märkten verkauft zu werden pflegen (sog. marktgängige Waren) und völlig unverdorben und unverfälscht sind. Bei sonstigen Waren darf die Genehmigung zur Versteigerung nur dann erfolgen, wenn ganz besondere dies rechtfertigende Verhältnisse vorliegen und nachgewiesen sind, so bei Versteigerung von Gegenständen aus einem Konkurse, einem Nachlasse, bei den ortsüblichen Versteigerungen von Waren im Großen (Wein-, Obst-Auktionen), dann bei der herkömmlichen Art der Versteigerung von Gegenständen der bildenden Kunst, von Antiquitäten, Münzen, ganzen Kunstsammlungen, wobei jedoch jede Umgehung der Bestimmungen des § 56c Abs. 1 der Gewerbeordnung ausgeschlossen bleiben muß.

Die auf Grund gesetzlicher Bestimmungen vorzunehmenden öffentlichen Versteigerungen, bei welchen nur öffentlich angestellte

---

*) Strafbestimmungen: § 367 Nr. 16 RStGB., § 148 Ziff. 4a RGewO.

Versteigerer in Frage kommen (vgl. § 383 Abs. 3 des Bürgerlichen Gesetzbuches), fallen selbstverständlich nicht unter vorstehende Vorschriften.

4. Im Geschäftsregister (Ziff. 3 der Bekanntmachung vom 18. Dezember 1883) ist unter lit. d—h über die Art und Menge der Waren sowie deren Herkunft und Wert unter genauer Angabe der Firma, bzw. des Namens, Standes, Wohnortes und der Wohnung des Auftraggebers und eventuell Eigentümers (vgl. Ziff. 1) Vortrag zu machen; in lit. f ist zu bemerken, welcher Erlös einschließlich eines etwa nach den Verkaufsbedingungen erhobenen Aufschlags für die Waren erzielt, dann wann und in welcher Höhe der Erlös an den Auftraggeber ausgehändigt wurde.

5. Die Fabrikbezeichnung der Waren (Firmenzeichen, Schutzmarken usw.) darf nicht entfernt oder unkenntlich gemacht werden.

6. Von jeder Versteigerung hat der Auktionator mindestens drei Tage vorher der Ortspolizeibehörde, in München bei Lebens- und Genußmitteln dem Magistrate, bei den übrigen Waren der K. Polizeidirektion unter Angabe der Versteigerungsgebühren und Vorlage eines genauen Verzeichnisses der zur Versteigerung gelangenden Waren (Art, Menge, Herkunft, ob neu oder gebraucht) Anzeige zu erstatten und bei Lebens- und Genußmitteln sowie bei neuen Waren die Genehmigung nachzusuchen (Ziff. 3).

Das Verzeichnis hat auch den Namen des Auftraggebers zu enthalten und ist am Versteigerungstage im Auktionslokal, wo nötig mit der ortspolizeilichen Genehmigung allgemein sichtbar anzuschlagen.

Die Vornahme der Versteigerung vor Ablauf der dreitägigen Frist kann in dringenden Fällen von der Ortspolizeibehörde gestattet werden. Insbesondere ist, wenn es sich um Gegenstände oder Waren handelt, welche Schaden leiden oder welche, wie Fische und Obst, dem Verderben ausgesetzt sein würden, nach eventueller vorgängiger Feststellung der Reinheit und Unverdorbenheit von Lebens- und Genußmitteln beim Vorhandensein der sonstigen Voraussetzungen (Ziff. 3) die Genehmigung beschleunigt zu erteilen.

In München hat der Magistrat die erfolgte Genehmigung zur Versteigerung von Lebens- und Genußmitteln der K. Polizeidirektion unverweilt mitzuteilen.

7. Die Versteigerung neuer und alter Waren im gleichen Lokale an demselben Tage ist unstatthaft. Der freihändige Verkauf von Waren im Auktionslokal ist während der Versteigerung unzulässig.

8. Jedes unlautere Geschäftsgebahren bei der Versteigerung, so trügerisches Anpreisen der Waren, die Verleitung zum Überbieten durch das Aufstellen von Personen, die nur zum Schein mitbieten, das Verabreichen von Spirituosen 2c., ist unstatthaft. Unzulässig sind ferner Verabredungen, welche die Beteiligung steigerungslustiger Personen zu verhindern suchen, um nach deren

Ausscheiden die zu versteigernden Waren weit unter ihrem Werte zu erwerben (sog. Kippemachen). Denselben ist seitens der Auktionatoren tunlichst entgegenzutreten.

Das Vorschußgeben à conto des Versteigerungserlöses ist untersagt.

9. Die von den Auktionatoren gewerbsmäßig benützten Räume, in denen öffentliche Versteigerungen stattfinden, müssen jenen hygienischen, bau- und feuerpolizeilichen Anforderungen entsprechen, welche an öffentliche Lokale mit einem größeren Menschenverkehre zu stellen sind.

10. Die Auktionatoren sind verpflichtet, den Beamten und Sachverständigen der Polizeibehörden jeder Zeit die Entnahme von Proben aus den zur Versteigerung kommenden Waren behufs Feststellung der Beschaffenheit und des Wertes derselben zu gestatten und jeden verlangten Aufschluß zu erteilen.

Die oberpolizeilichen Vorschriften über den Geschäftsbetrieb der Auktionatoren müssen in einer für jedermann sichtbaren und lesbaren Weise und zwar im Druck unmittelbar neben den Eingängen bzw. Ausgängen im Versteigerungslokal angebracht sein. Die Versteigerungsbedingungen sind vor der Versteigerung vom Versteigerer laut und deutlich zu verlesen und in deutlicher Schrift und an einer Stelle, wo sie leicht zugänglich und gut lesbar sind, anzuschlagen.

Zuschläge zum Strichschilling dürfen nur bei den im Kunsthandel üblichen Versteigerungen erhoben werden und muß deren Höhe ausdrücklich in den Versteigerungsbedingungen erwähnt werden.

---

9. Bekanntmachung des K. Staatsministeriums des Innern vom 30. April 1895, den Vollzug des § 105 a Abs. 2 der Gewerbeordnung betreffend (GVBl. S. 253).*)

Die Festtage, auf welche die Vorschriften der Gewerbeordnung Anwendung zu finden haben, sind nach § 105 a Abs. 2 von den Landesregierungen unter Berücksichtigung der örtlichen und konfessionellen Verhältnisse zu bestimmen.

Demgemäß werden als Festtage im Sinne des § 105 a Abs. 2 der Gewerbeordnung neben den regelmäßig auf den Sonntag fallenden Festtagen bestimmt:

1. der erste Weihnachtstag,
2. der Stephanstag, zweiter Weihnachtstag,
3. das Neujahrsfest,
4. der Ostermontag,
5. das Fest Christi Himmelfahrt,
6. der Pfingstmontag,

*) Zum letzten Absatze vgl. die oben S. 133 abgedruckte K. Verordnung vom 21. Mai 1897, die Feier der Sonn- und Festage betreffend; ferner Anmerkung 6 zur Gewerbeordnung oben S. 336.

sodann folgende Festtage für jene Orte, an welchen dieselben den örtlichen und konfessionellen Verhältnissen entsprechend nach Maßgabe der in Bayern bestehenden Vorschriften zu feiern sind:

7. das Fest der hl. 3 Könige, Erscheinungsfest,
8. der Karfreitag,
9. das Fronleichnamsfest,
10. das Fest Mariä Himmelfahrt,
11. das Fest Allerheiligen.

Im übrigen bleiben die landesrechtlichen Bestimmungen über die Feier der Sonn- und Festtage für alle Sonn- und Festtage und zwar sowohl für die oben unter Ziffer 1 mit 11 aufgeführten, als auch für die sonst in Bayern bestehenden Festtage, an deren Bestand nichts geändert wird, in Geltung.

---

10. Bekanntmachung des K. Staatsministeriums des Innern vom 17. Oktober 1894, oberpolizeiliche Vorschrift über öffentliche Versteigerungen betreffend. (GVBl. S. 588.)*)

§ 1. Es ist verboten, vor oder bei öffentlichen Versteigerungen den aus Anlaß derselben anwesenden Personen unentgeltlich oder unter Preisermäßigung geistige Getränke zu verabfolgen.

Das Verbot erstreckt sich auch auf die sogenannten Vorversteigerungen.

---

11. Handelsgesetzbuch vom 10. Mai 1897 (RGBl. S. 219).

§ 62. Der Prinzipal ist verpflichtet, die Geschäftsräume und die für den Geschäftsbetrieb bestimmten Vorrichtungen und Gerätschaften so einzurichten und zu unterhalten, auch den Geschäftsbetrieb und die Arbeitszeit so zu regeln, daß der Handlungsgehilfe gegen eine Gefährdung seiner Gesundheit, soweit die Natur des Betriebs es gestattet, geschützt und die Aufrechterhaltung der guten Sitten und des Anstandes gesichert ist.

Ist der Handlungsgehilfe in die häusliche Gemeinschaft aufgenommen, so hat der Prinzipal in Ansehung des Wohn- und Schlafraums, der Verpflegung, sowie der Arbeits- und Erholungszeit diejenigen Einrichtungen und Anordnungen zu treffen, welche mit Rücksicht auf die Gesundheit, die Sittlichkeit und die Religion des Handlungsgehilfen erforderlich sind.

§ 76. Die Vorschriften der §§ 60 bis 63, 74, 75 finden auch auf Handlungslehrlinge Anwendung.

Der Lehrherr ist verpflichtet, dafür zu sorgen, daß der Lehrling in den bei dem Betriebe des Geschäfts vorkommenden kaufmännischen Arbeiten unterwiesen wird; er hat die Ausbildung des

*) Strafbestimmung: § 367 Ziff. 16 RStGB.

Lehrlinges entweder selbst oder durch einen geeigneten, ausdrücklich dazu bestimmten Vertreter zu leiten. Die Unterweisung hat in der durch den Zweck der Ausbildung gebotenen Reihenfolge und Ausdehnung zu geschehen.

Der Lehrherr darf dem Lehrlinge die zu seiner Ausbildung erforderliche Zeit und Gelegenheit durch Verwendung zu anderen Dienstleistungen nicht entziehen; auch hat er ihm die zum Besuche des Gottesdienstes an Sonntagen und Festtagen erforderliche Zeit und Gelegenheit zu gewähren. Er hat den Lehrling zur Arbeitsamkeit und zu guten Sitten anzuhalten.

§ 81. Personen, die nicht im Besitze der bürgerlichen Ehrenrechte sind, dürfen Handlungslehrlinge weder halten noch sich mit der Anleitung von Handlungslehrlingen befassen. Der Lehrherr darf solche Personen zur Anleitung von Handlungslehrlehrlingen nicht verwenden.

Die Entlassung von Handlungslehrlingen, welche diesem Verbote zuwider beschäftigt werden, kann von der Polizeibehörde erzwungen werden.

§ 82. Wer die ihm nach § 62 Abs. 1, 2 oder nach § 76 Abs. 2, 3 dem Lehrlinge gegenüber obliegenden Pflichten in einer dessen Gesundheit, Sittlichkeit oder Ausbildung gefährdenden Weise verletzt, wird mit Geldstrafe bis zu einhundertfünfzig Mark bestraft.

Die gleiche Strafe trifft denjenigen, welcher entgegen der Vorschrift des § 81 Handlungslehrlinge hält, ausbildet oder ausbilden läßt.

§ 103. Handelsmäkler, die den Vorschriften über die Führung und Aufbewahrung des Tagebuchs zuwiderhandeln, werden mit Geldstrafe bis zu eintausend Mark bestraft.

---

12. Gesetz vom 13. August 1910 über die Güterzertrümmerung. (GVBl. S. 627.)

Art. 2. Der Güterhändler hat der Distriktsverwaltungsbehörde, in deren Bezirke die verkauften Grundstücke liegen, binnen 3 Tagen nach dem Abschlusse des Vertrags von diesem Anzeige zu erstatten. Liegen die verkauften Grundstücke in den Bezirken mehrerer Distriktsverwaltungsbehörden, so ist die Anzeige an die Distirktsverwaltungsbehörde zu erstatten, in deren Bezirke der Betriebssitz oder, wenn ein solcher nicht vorhanden ist, die größere Fläche der Grundstücke liegt.

Die Anzeige hat den Namen, Beruf und Wohnort des Verkäufers, die Plannummern, den Flächeninhalt und die Steuergemeinde der Grundstücke, den Kaufpreis und die Zahlungsbedingungen sowie die Belastung des Anwesens mit Bodenzinsen zu enthalten. Der Anzeige wird durch Vorlage einer Abschrift des Vertrags genügt.

Art. 7. Wenn ein Güterhändler bei der Zertrümmerung geschlossen bewirtschafteter landwirtschaftlicher Grundstücke im eigenen Namen oder als Vertreter eines anderen eines der Grundstücke veräußert, das noch nicht abgemarkt ist, so ist er verpflichtet, das Grundstück vor der Beurkundung des Vertrags abmarken zu lassen. Wenn der Eigentümer der Grundstücke das Grundstück auf Rechnung des Güterhändlers veräußert, so trifft diese Verpflichtung den Eigentümer.

Die Kosten der Abmarkung einschließlich jener für die Einmessung der Grenzzeichen hat derjenige zu tragen, dem nach Abs. I die Abmarkungspflicht obliegt. Ist dies nicht der Güterhändler, so haftet dieser neben dem Abmarkungspflichtigen als Gesamtschuldner.

Die Verpflichtung zur Abmarkung tritt nicht ein, soweit das Grundstück an ein Grundstück des Erwerbers angrenzt.

Die Distriktsverwaltungsbehörde (Art. 2) kann Ausnahmen von der Vorschrift des Abs. I zulassen.

Art. 8. Wer die im Art. 2 vorgeschriebene Anzeige vorsätzlich unterläßt oder unrichtig erstattet, wird mit Haft, in leichteren Fällen an Geld bis zu 1000 Mk. gestraft.

Wer die Anzeige aus Fahrlässigkeit unterläßt oder unrichtig erstattet, wird an Geld bis zu 200 Mk. gestraft.

Art. 9. Wer entgegen der Vorschrift des Art. 7 ein Grundstück veräußert, ohne daß es abgemarkt worden ist, wird an Geld bis zu 150 Mk. gestraft.

Anmerkung: Vorstehende Vorschriften werden erläutert und ergänzt durch die auf Grund des Art. 17 des Ges. über die Güterzertrümmerung (GG.) und der §§ 35, 38 der Gewerbeordnung erlassene Bekanntmachung der K. Staatsministerien der Justiz, des Innern und der Finanzen vom 24. August 1910, den gewerbsmäßigen Handel mit ländlichen Grundstücken betr. (GVBl. S. 633):

§ 1. Wer den Handel mit landwirtschaftlichen oder der Privatwaldwirtschaft dienenden Grundstücken gewerbsmäßig betreibt (Güterhändler), hat der Distriktsverwaltungsbehörde den Ankauf geschlossen bewirtschafteter landwirtschaftlicher oder forstwirtschaftlicher Grundstücke binnen 3 Tagen nach dem Abschlusse des Vertrages anzuzeigen. (GG. Art. 2.)

Als geschlossen bewirtschaftete Grundstücke gelten Anwesen oder Grundstücke von mindestens 5 ha Flächeninhalt, die innerhalb der letzten drei Jahre vor der Veräußerung zusammen bewirtschaftet worden sind. (GG. Art. 10.)

Die Anzeige ist ohne Rücksicht darauf zu machen, ob die Grundstücke zum Zwecke der Zertrümmerung erworben werden oder nicht. Sie muß ferner auch dann erstattet werden, wenn die Grundstücke von dem Güterhändler nicht im ganzen, sondern einzeln erworben worden sind. (GG. Art. 12 Abs. I).

Der Güterhändler hat die Anzeige auch dann zu erstatten, wenn er die Grundstücke nicht für sich, sondern als Vertreter eines andern kauft. (GG. Art. 1 Abs. III.) Werden die Grundstücke von einem Dritten, jedoch für Rechnung eines Güterhändlers gekauft, so hat die Anzeige der Dritte zu erstatten; werden sie von einem Güterhändler und einem Dritten gekauft, so obliegt die Anzeige sowohl dem Dritten als auch dem Güterhändler, die Anzeige des einen befreit den andern. (GG. Art. 12 Abs. II.)

Die Anzeige ist nicht erforderlich, wenn der Güterhändler das Anwesen oder die Grundstücke von einem Verwandten oder Verschwägerten bis zum dritten Grad oder als Erbe oder Vermächtnisnehmer aus einem Nachlaß erworben hat. (GG. Art. 13.)

§ 2. Wenn der Güterhändler eine Zertrümmerung durchzuführen beabsichtigt, so hat er noch vor der Einleitung des Geschäfts der Distriktsverwaltungsbehörde Anzeige zu erstatten.

Die Anzeige ist ohne Rücksicht auf den Flächeninhalt der Grundstücke und ohne Rücksicht darauf erforderlich, ob der Güterhändler die Grundstücke durch Kauf, Tausch oder ein anderes Rechtsgeschäft erworben hat.

Der Güterhändler hat die Anzeige auch dann zu erstatten, wenn die Grundstücke zwar im Namen des bisherigen Eigentümers aber auf Rechnung des Güterhändlers oder von dem Güterhändler und einem Dritten gemeinschaftlich veräußert werden.

§ 7. Der Güterhändler hat ferner die Erwerbung oder Veräußerung eines Waldgrundstücks binnen 8 Tagen nach dem Abschlusse des Vertrages der Distriktsverwaltungsbehörde anzuzeigen, in deren Bezirke das Waldgrundstück liegt.

Die Anzeige hat zu enthalten:

1. Die Plannummer, den Flächeninhalt, die Steuergemeinde und den Namen des Waldgrundstücks,
2. den Namen, Beruf und Wohnort des Veräußerers und des Erwerbers des Waldgrundstücks,
3. die Angabe, ob das Grundstück mit dem Holz auf dem Stamme oder ohne dieses veräußert worden ist.

Die Anzeige ist auch dann zu erstatten, wenn der Güterhändler das Waldgrundstück nicht im eigenen Namen sondern als Vertreter eines andern, oder wenn er lediglich den Holzbestand eines Waldgrundstücks erwirbt oder veräußert.

Die Vorschriften der Abs. I—III gelten nicht nur für das rechtsrheinische Bayern (Art. 42a, 42c des Gesetzes vom 26. Februar 1908, betreffend die Abänderung des Forstgesetzes), sondern auch für die Pfalz. Für das rechtsrheinische Bayern bewendet es im übrigen bei den Vorschriften der Bekanntmachung vom 4. April 1908, den Vollzug des Gesetzes vom 26. Februar 1908 über die Abänderung des Forstgesetzes betreffend. (GVBl. S. 256).

§ 8. Die im § 7 bezeichnete Anzeige ist gesondert neben den im § 1 und im § 2 vorgeschriebenen Anzeigen zu erstatten.

§ 9. Der Güterhändler hat vor der Durchführung einer Zertrümmerung dem Rentamte Anzeige zu erstatten, in dessen Bezirk der Gutskomplex liegt. (Art. 19 des Gesetzes vom 2. Februar 1898 über die Fortsetzung der Grundentlastung). Die Vollzugsbekanntmachung vom 5. Februar 1898 (Fin.Min.Bl. S. 31, A.Bl. d. St.M. d. Innern S. 67) zu diesem Gesetze bleibt unberührt.

§ 12. Jeder Güterhändler, der einen Vertrag über Erwerbung oder Veräußerung in Bayern gelegener ländlicher Grundstücke abschließt, hat ein Geschäftsbuch zu führen. Das Geschäftsbuch muß dauerhaft gebunden, am Rücken mit einem starken Faden durchzogen und mit fortlaufenden Seitenzahlen versehen sein.

Das Geschäftsbuch darf erst in Benützung genommen werden, nachdem die Distriktsverwaltungsbehörde auf die erste Seite einen Vermerk über die Anzahl der Seiten gemacht und die Enden des Fadens durch Siegel verbunden hat.

Die Einträge in das Geschäftsbuch müssen gut leserlich, in deutscher Sprache und mit Tinte geschrieben sein. Ohne Erlaubnis der Distriktsverwaltungsbehörde darf das Geschäftsbuch weder ganz noch teilweise vernichtet werden.

§ 13. Jedes Geschäft, das über den Erwerb oder die Veräußerung landwirtschaftlicher oder der Privatwaldwirtschaft dienender in Bayern gelegener Grundstücke abgeschlossen wird, muß in das Geschäftsbuch deutlich, vollständig und wahrheitsgetreu eingetragen werden.

§ 14. Die Vorschriften der §§ 12, 13 finden auch Anwendung, wenn die Grundstücke zwar im Namen des bisherigen Eigentümers, aber auf Rechnung des Güterhändlers veräußert werden, ferner wenn der Güterhändler als Vertreter eines andern handelt oder wenn die Grundstücke von einem Dritten jedoch für Rechnung des Güterhändlers oder von einem Güterhändler und einem Dritten gemeinsam erworben oder veräußert werden.

§ 16. Der Güterhändler ist verpflichtet, der Distriktsverwaltungsbehörde behufs Prüfung der Geschäftsführung Zutritt in die Geschäftsräume zu gestatten, die Geschäftsbücher vorzulegen und jede auf den Geschäftsbetrieb bezügliche Auskunft wahrheitsgetreu zu erteilen.

§ 29. Wer die im § 1 vorgeschriebene Anzeige vorsätzlich unterläßt oder unrichtig erstattet, wird mit Haft, in leichteren Fällen an Geld bis zu 1000 Mk. gestraft; wer die Anzeige aus Fahrlässigkeit unterläßt, oder unrichtig erstattet, wird an Geld bis zu 200 Mk. gestraft (GG. Art. 8).

Wer die im § 7 vorgeschriebene Anzeige unterläßt, verfällt im rechtsrheinischen Bayern in eine Geldstrafe bis zu 150 Mark (Art. 76a des Forstgesetzes).

Wer die im § 9 bezeichnete Anzeige unterläßt, verfällt in eine Geldstrafe, welche dem ein- bis dreifachen Betrage der Ablösungsschuldigkeit gleichkommt (Art. 19 Abs. II Satz 2 des Gesetzes vom 2. Februar 1898).

Im übrigen werden Zuwiderhandlungen gegen die Vorschriften der §§ 2, 3, 4, 6, 7, 8, 10, 13, 14, 16 dieser Bekanntmachung nach § 148 Ziff. 4a der Gewerbeordnung mit Geld bis zu 150 Mark und im Unvermögensfalle mit Haft bis zu 4 Wochen gestraft.

§ 32. Bezüglich der gewerbsmäßigen Vermittlungsagenten von Verträgen über ländliche Grundstücke verbleibt es bei den Vorschriften der Bekanntmachung vom 18. Dezember 1883, die in § 35 Abs. 3 der Gewerbeordnung aufgeführten Betriebe betreffend (GVBl. S. 495, s. oben S. 354).

---

13. K. Verordnung vom 6. Juni 1862, den Verkauf geschwefelten Hopfens betreffend. (RegBl. S. 1200.)

Wer geschwefelten Hopfen unvermischt oder mit ungeschwefeltem Hopfen vermischt, verkauft, hat diese Beschaffenheit der Ware dem Käufer ausdrücklich anzugeben, oder dieselbe durch das Zeichen

auf jeder Verpackung des Hopfens allgemein erkennbar zu machen.

Anmerkung. Strafbestimmung: Art. 136 PStGB.

---

14. Gesetz vom 1. März 1884, den Betrieb des Hufbeschlaggewerbes betreffend. (GVBl. S. 79.)

Der Betrieb des Hufbeschlaggewerbes ist von der Beibringung eines Prüfungszeugnisses abhängig.

Die Vorschriften über die Erteilung des Prüfungszeugnisses werden durch Verordnung festgesetzt.

Anmerkung: K. Verordnung, die Prüfung der Hufschmiede betreffend, vom 1. März 1884 / 23. November 1905 (GVBl. 1884 S. 80, 1905 S. 681).

---

15. Reichsgesetz gegen den unlauteren Wettbewerb vom 7. Juni 1909. (RGBl. S. 499.)

§ 2. Unter Waren im Sinne dieses Gesetzes sind auch landwirtschaftliche Erzeugnisse, unter gewerblichen Leistungen und Interessen auch landwirtschaftliche zu verstehen.

§ 4. Wer in der Absicht, den Anschein eines besonders günstigen Angebots hervorzurufen, in öffentlichen Bekanntmachungen oder in Mitteilungen, die für einen größeren Kreis von Personen bestimmt sind, über geschäftliche Verhältnisse, insbesondere über die Beschaffenheit, den Ursprung, die Herstellungsart oder die Preisbemessung von Waren oder gewerblichen Leistungen, über die Art des Bezugs oder die Bezugsquelle von Waren, über den Besitz von Auszeichnungen, über den Anlaß oder den Zweck des Verkaufs oder über die Menge der Vorräte wissentlich unwahre und zur Irreführung geeignete Angaben macht, wird mit Gefängnis bis zu einem Jahre und mit Geldstrafe bis zu fünftausend Mark oder mit einer dieser Strafen bestraft.

Werden die im Abs. 1 bezeichneten unrichtigen Angaben in einem geschäftlichen Betriebe von einem Angestellten oder Beauftragten gemacht, so ist der Inhaber oder Leiter des Betriebs neben dem Angestellten oder Beauftragten strafbar, wenn die Handlung mit seinem Wissen geschah.

§ 5. Die Verwendung von Namen, die im geschäftlichen Verkehre zur Benennung gewisser Waren oder gewerblicher Leistungen dienen, ohne deren Herkunft bezeichnen zu sollen, fällt nicht unter die Vorschriften der §§ 3, 4.

Im Sinne der Vorschriften der §§ 3, 4 sind den dort bezeichneten Angaben bildliche Darstellungen und sonstige Veranstaltungen gleich zu achten, die darauf berechnet und geeignet sind, solche Angaben zu ersetzen.

§ 6. Wird in öffentlichen Bekanntmachungen oder in Mitteilungen, die für einen größeren Kreis von Personen bestimmt sind, der Verkauf von Waren angekündigt, die aus einer Konkursmasse stammen, aber nicht mehr zum Bestande der Konkursmasse gehören, so ist dabei jede Bezugnahme auf die Herkunft der Waren aus einer Konkursmasse verboten.

Zuwiderhandlungen gegen diese Vorschrift werden mit Geldstrafe bis zu einhundertfünfzig Mark oder mit Haft bestraft.

§ 7. Wer in öffentlichen Bekanntmachungen oder in Mitteilungen, die für einen größeren Kreis von Personen bestimmt sind, den Verkauf von Waren unter der Bezeichnung eines Ausverkaufs ankündigt, ist gehalten, in der Ankündigung den Grund anzugeben, der zu dem Ausverkauf Anlaß gegeben hat.

Durch die höhere Verwaltungsbehörde kann nach Anhörung der zuständigen gesetzlichen Gewerbe- und Handelsvertretungen für die Ankündigung bestimmter Arten von Ausverkäufen angeordnet werden, daß zuvor bei der von ihr zu bezeichnenden Stelle Anzeige über den Grund des Ausverkaufs und den Zeitpunkt seines Beginns zu erstatten sowie ein Verzeichnis der auszuverkaufenden Waren einzureichen ist. Die Einsicht der Verzeichnisse ist jedem gestattet.

§ 8. Mit Gefängnis bis zu einem Jahre und mit Geldstrafe bis zu fünftausend Mark oder mit einer dieser Strafen wird bestraft, wer im Falle der Ankündigung eines Ausverkaufs Waren zum Verkaufe stellt, die nur für den Zweck des Ausverkaufs herbeigeschafft worden sind (sogenanntes Vorschieben oder Nachschieben von Waren).

§ 9. Der Ankündigung eines Ausverkaufs im Sinne des § 7 Abs. 2 und des § 8 steht jede sonstige Ankündigung gleich, welche den Verkauf von Waren wegen Beendigung des Geschäftsbetriebs, Aufgabe einer einzelnen Warengattung oder Räumung eines bestimmten Warenvorrats aus dem vorhandenen Bestande betrifft.

Auf Saison- und Inventurausverkäufe, die in der Ankündigung als solche bezeichnet worden und im ordentlichen Geschäftsverkehr üblich sind, finden die Vorschriften der §§ 7 und 8 keine Anwendung. Über Zahl, Zeit und Dauer der üblichen Saison- und Inventurausverkäufe kann die höhere Verwaltungsbehörde nach Anhörung der zuständigen gesetzlichen Gewerbe- und Handelsvertretungen Bestimmungen treffen.

§ 10. Mit Geldstrafe bis zu einhundertfünfzig Mark oder mit Haft wird bestraft:

1. wer der Vorschrift des § 7 Abs. 1 zuwider es unterläßt, in der Ankündigung eines Ausverkaufs den Grund anzugeben, der zu dem Ausverkauf Anlaß gegeben hat;
2. wer den auf Grund des § 7 Abs. 2 erlassenen Anordnungen zuwiderhandelt oder bei Befolgung dieser Anordnungen unrichtige Angaben macht;
3. wer den von der höheren Verwaltungsbehörde auf Grund des § 9 Abs. 2 Satz 2 getroffenen Bestimmungen zuwiderhandelt.

§ 11. Durch Beschluß des Bundesrats kann festgesetzt werden, daß bestimmte Waren im Einzelverkehre nur in vorgeschriebenen Einheiten der Zahl, des Maßes oder des Gewichts oder mit einer auf der Ware oder ihrer Aufmachung anzubringenden Angabe über Zahl, Maß, Gewicht, über den Ort der Erzeugung oder den Ort der Herkunft der Ware gewerbsmäßig verkauft oder feilgehalten werden dürfen.

Für den Einzelverkehr mit Bier in Flaschen oder Krügen kann die Angabe des Inhalts unter Festsetzung angemessener Fehlergrenzen vorgeschrieben werden.

Die durch Beschluß des Bundesrats getroffenen Bestimmungen sind durch das Reichs-Gesetzblatt zu veröffentlichen und dem Reichstage sogleich oder bei seinem nächsten Zusammentritte vorzulegen.

Zuwiderhandlungen gegen die Bestimmungen des Bundesrats werden mit Geldstrafe bis zu einhundertfünfzig Mark oder mit Haft bestraft.

Anmerkung: Auf Grund des § 5 Abs. 1 des Wettbewerbsgesetzes vom 27. Mai 1896 wurden Bestimmungen für den Kleinhandel mit Garn (RGBl. 1900 S. 1014; 1902 S. 278; MABl. 1903 S. 206) sowie für den Kleinhandel mit Kerzen (RGBl. 1901 S. 494) erlassen.

§ 12. Mit Gefängnis bis zu einem Jahre und mit Geldstrafe bis zu fünftausend Mark oder mit einer dieser Strafen wird, soweit nicht nach anderen Bestimmungen eine schwerere Strafe verwirkt wird, bestraft, wer im geschäftlichen Verkehre zu Zwecken des Wettbewerbes dem Angestellten oder Beauftragten eines geschäftlichen Betriebs Geschenke oder andere Vorteile anbietet, verspricht oder gewährt, um durch unlauteres Verhalten des Angestellten oder Beauftragten bei dem Bezuge von Waren oder gewerblichen Leistungen eine Bevorzugung für sich oder einen Dritten zu erlangen.

Die gleiche Strafe trifft den Angestellten oder Beauftragten eines geschäftlichen Betriebs, der im geschäftlichen Verkehre Geschenke oder andere Vorteile fordert, sich versprechen läßt oder annimmt, damit er durch unlauteres Verhalten einem anderen bei dem Bezuge von Waren oder gewerblichen Leistungen im Wettbewerb eine Bevorzugung verschaffe.

Im Urteil ist zu erklären, daß das Empfangene oder sein Wert dem Staate verfallen sei.

§ 15. Wer wider besseres Wissen über das Erwerbsgeschäft eines anderen, über die Person des Inhabers oder Leiters des Geschäfts, über die Waren oder gewerblichen Leistungen eines anderen Tatsachen der Wahrheit zuwider behauptet oder verbreitet, die geeignet sind, den Betrieb des Geschäfts zu schädigen, wird mit Gefängnis bis zu einem Jahre und mit Geldstrafe bis zu fünftausend Mark oder mit einer dieser Strafen bestraft.

Werden die im Abs. 1 bezeichneten Tatsachen in einem geschäftlichen Betriebe von einem Angestellten oder Beauftragten behauptet oder verbreitet, so ist der Inhaber des Betriebs neben dem Angestellten oder Beauftragten strafbar, wenn die Handlung mit seinem Wissen geschah.

§ 17. Mit Gefängnis bis zu einem Jahre und mit Geldstrafe bis zu fünftausend Mark oder mit einer dieser Strafen wird bestraft, wer als Angestellter, Arbeiter oder Lehrling eines Geschäftsbetriebs Geschäfts- oder Betriebsgeheimnisse, die ihm vermöge des Dienstverhältnisses anvertraut oder sonst zugänglich geworden sind, während der Geltungsdauer des Dienstverhältnisses unbefugt an andere zu Zwecken des Wettbewerbes oder in der Absicht, dem Inhaber des Geschäftsbetriebs Schaden zuzufügen, mitteilt.

Gleiche Strafe trifft denjenigen, welcher Geschäfts- oder Betriebsgeheimnisse, deren Kenntnis er durch eine der im Abs. 1 bezeichneten Mitteilungen oder durch eine gegen das Gesetz oder die guten Sitten verstoßende eigene Handlung erlangt hat, zu Zwecken des Wettbewerbes unbefugt verwertet oder an andere mitteilt.

§ 18. Mit Gefängnis bis zu einem Jahre und mit Geldstrafe bis zu fünftausend Mark oder mit einer dieser Strafen wird bestraft, wer die ihm im geschäftlichen Verkehr anvertrauten Vorlagen oder Vorschriften technischer Art, insbesondere Zeichnungen, Modelle, Schablonen, Schnitte, Rezepte, zu Zwecken des Wettbewerbes unbefugt verwertet oder an andere mitteilt.

§ 20. Wer zu Zwecken des Wettbewerbes es unternimmt, einen anderen zu einer Zuwiderhandlung gegen die Vorschriften des § 17 Abs. 1, § 18 zu bestimmen, wird mit Gefängnis bis zu neun Monaten und mit Geldstrafe bis zu zweitausend Mark oder mit einer dieser Strafen bestraft.

§ 22. Die Strafverfolgung tritt mit Ausnahme der in den §§ 6, 10, 11 bezeichneten Fälle nur auf Antrag ein. In den Fällen der §§ 4, 8, 12 hat das Recht, den Strafantrag zu stellen, jeder der im § 13 Abs. 1 bezeichneten Gewerbetreibenden und Verbände.

Die Zurücknahme des Antrags ist zulässig.

Strafbare Handlungen, deren Verfolgung nur auf Antrag eintritt, können von den zum Strafantrage Berechtigten im Wege der Privatklage verfolgt werden, ohne daß es einer vorgängigen Anrufung der Staatsanwaltschaft bedarf. Die öffentliche Klage wird von der Staatsanwaltschaft nur dann erhoben, wenn dies im öffentlichen Interesse liegt.

Geschieht die Verfolgung im Wege der Privatklage, so sind die Schöffengerichte zuständig.

§ 26. Neben einer nach Maßgabe dieses Gesetzes verhängten Strafe kann auf Verlangen des Verletzten auf eine an ihn zu erlegende Buße bis zum Betrage von zehntausend Mark erkannt werden. Für diese Buße haften die dazu Verurteilten als Gesamtschuldner. Eine erkannte Buße schließt die Geltendmachung eines weiteren Entschädigungsanspruchs aus.

---

16. Reichs-Maß- und Gewichtsordnung vom 30. Mai 1908. (RGBl. S. 349.)*)

§ 6. Zum Messen und Wägen im öffentlichen Verkehre, sofern dadurch der Umfang von Leistungen bestimmt werden soll, dürfen nur geeichte Maße, Gewichte und Wagen angewendet und bereit gehalten werden. Zum öffentlichen Verkehre gehört der Handelsverkehr auch dann, wenn er nicht in offenen Verkaufsstellen stattfindet.

Auch zur Ermittelung des Arbeitslohns in fabrikmäßigen Betrieben dürfen nur geeichte Maße, Gewichte und Wagen angewendet und bereit gehalten werden.

Den Maßen stehen im Sinne dieses Gesetzes gleich die zur Raummessung bestimmten Meßwerkzeuge für Flüssigkeiten und für trockene Gegenstände.

Unberührt bleiben die Vorschriften über die Eichung der zu steueramtlichen Zwecken bestimmten Geräte.

---

*) Der Zeitpunkt des Inkrafttretens ist noch nicht bestimmt. Mit dem Inkrafttreten tritt § 369 Abs. 1 Nr. 2 und Abs. 2 des RStGB. außer Kraft.

Durch Beschluß des Bundesrats kann für bestimmte Arten von Betrieben sowie für den Verkehr bestimmter Arten von Waren, insbesondere für den Verkehr nach und von dem Auslande, die Anwendung und Bereithaltung solcher nicht nach den inländischen Vorschriften geeichter Meßgeräte zugelassen werden, welche auf einem anderen als dem metrischen System beruhen.

§ 7. Soweit Förderwagen und Fördergefäße im Bergwerksbetriebe zur Ermittelung des Arbeitslohns dienen, bedürfen sie der Neueichung.

§ 8. Für den Verkauf weingeistiger Flüssigkeiten nach Stärkegraden dürfen nur geeichte Thermo-Alkoholometer, für die entgeltliche Abgabe von Gas nur geeichte Gasmesser angewendet und bereit gehalten werden.

§ 9. Wein, Obstwein und Bier dürfen bei faßweisem Verkaufe dem Käufer nur in solchen Fässern überliefert werden, welche auf ihren Raumgehalt geeicht sind.

Eine Ausnahme findet bezüglich desjenigen ausländischen Weines, Obstweines und Bieres statt, dessen Weiterverkauf in den Originalgebinden erfolgt.

Ebenso findet eine Ausnahme bezüglich desjenigen ausländischen Weines statt, dessen Weiterverkauf in ausländischen, für den betreffenden Wein im Ursprungslande gebräuchlichen Gebinden und dessen Berechnung nicht nach Litern, sondern nach der Bezeichnung des Gebindes (Oxhoft, Pipe, Both usw.) erfolgt, auch wenn Umfüllungen des Weines stattgefunden haben.

§ 10. Die Eichung besteht in der vorschriftsmäßigen Prüfung und Stempelung der Meßgeräte durch die zuständige Behörde; sie ist entweder Neueichung oder Nacheichung.

§ 11. Die dem eichpflichtigen Verkehre dienenden Meßgeräte sind innerhalb bestimmter Fristen zur Nacheichung zu bringen. Die Fristen, innerhalb deren die Nacheichung vorzunehmen und zu wiederholen ist, betragen bei

a) den Längenmaßen, den Flüssigkeitsmaßen, den Meßwerkzeugen für Flüssigkeiten, den Hohlmaßen und Meßwerkzeugen für trockene Gegenstände, den Gewichten, den Wagen für eine größte zulässige Last bis ausschließlich 3000 Kilogramm sowie den Fässern für Bier zwei Jahre,

b) den Wagen für eine größte zulässige Last von 3000 Kilogramm und darüber, den festfundamentierten Wagen und den Fässern für Wein und Obstwein drei Jahre.

Die Frist beginnt mit dem Ablaufe desjenigen Kalenderjahrs, in welchem die letzte Eichung vorgenommen worden ist. Bei Fässern, in denen Wein gelagert ist, endet die Nacheichungsfrist nicht, bevor das Faß entleert worden ist.

Gasmesser sind von der Nacheichung ausgenommen.

§ 22. Wer in Ausübung eines Gewerbes den Vorschriften der §§ 6 bis 9, 11, 13 dieses Gesetzes, den auf Grund des § 12 dieses Gesetzes erlassenen Anordnungen des Bundesrats oder den sonstigen Vorschriften der Maß- und Gewichtspolizei zuwiderhandelt, wird mit Geldstrafe bis zu einhundertfünfzig Mark oder mit Haft bestraft. Der Ausübung eines Gewerbes im Sinne dieser Vorschrift steht der Geschäftsbetrieb von Vereinen auch insoweit gleich, als er sich auf die Mitglieder beschränkt.

Neben der Strafe ist auf die Unbrauchbarmachung oder die Einziehung der vorschriftswidrigen Meßgeräte zu erkennen, auch kann deren Vernichtung ausgesprochen werden. Es macht keinen Unterschied, ob die Geräte dem Verurteilten gehören oder nicht. Ist die Verfolgung oder die Verurteilung einer bestimmten Person nicht ausführbar, so kann auf die Unbrauchbarmachung oder die Einziehung und auf die Vernichtung selbständig erkannt werden.

---

17. Reichsgesetz, betreffend die Bezeichnung des Raumgehaltes der Schankgefäße, vom 20. Juli 1881 / 24. Juli 1909. (RGBl. 1881 S. 249, 1909 S. 891.)

§ 1. Schankgefäße (Gläser, Krüge, Flaschen ꝛc.), welche zur Verabreichung von Wein, Obstwein, Most oder Bier in Gast- oder Schankwirtschaften dienen, müssen mit einem bei der Aufstellung des Gefäßes auf einer horizontalen Ebene den Sollinhalt begrenzenden Strich (Füllstrich) und in der Nähe des Striches mit der Bezeichnung des Sollinhaltes nach Litermaß versehen sein. Der Bezeichnung des Sollinhaltes bedarf es nicht, wenn derselbe ein Liter oder ein halbes Liter beträgt.

Der Strich und die Bezeichnung müssen durch Schnitt, Schliff, Brand oder Ätzung äußerlich und in leicht erkennbarer Weise angebracht sein.

Zugelassen sind nur Schankgefäße, deren Sollinhalt einem Liter oder einer Maßgröße entspricht, welche vom Liter aufwärts durch Stufen von ½ Liter, vom Liter abwärts durch Stufen von Zehnteilen und vom halben Liter abwärts durch Stufen von Zwanzigteilen des Liters gebildet wird.

§ 2. Der Abstand des Füllstriches von dem oberen Rande der Schankgefäße muß

a) bei Gefäßen mit verengtem Halse, auf dem letzteren angebracht, zwischen 2 und 6 Zentimeter,

b) bei Schankgefäßen für Bier zwischen 2 und 4 Zentimeter,

c) bei anderen Gefäßen zwischen 1 und 3 Zentimeter betragen.

Der Maximalbetrag dieses Abstandes kann durch die zuständige höhere Verwaltungsbehörde hinsichtlich solcher Schankgefäße, in welchen eine ihrer Natur nach stark schäumende Flüssigkeit verabreicht wird, über die vorstehend bezeichneten Grenzen hinaus festgestellt werden.

Die höhere Verwaltungsbehörde ist ferner befugt, den in Abs. 1 zu b bezeichneten Mindestbetrag des Abstandes für Gefäße von einem halben Liter Inhalt und darüber bis auf 3 Zentimeter zu erhöhen.

Bis zum 1. Oktober 1913 ist der Gebrauch von Schankgefäßen für Bier mit einem Mindestabstande von 1 Zentimeter gestattet.

§ 3. Der durch den Füllstrich begrenzte Raumgehalt eines Schankgefäßes darf

a) bei Gefäßen mit verengtem Halse höchstens 1/50

b) bei anderen Gefäßen höchstens 1/30

geringer sein als der Sollinhalt.

§ 4. Gast- und Schankwirte haben gehörig gestempelte Flüssigkeitsmaße von einem zur Prüfung ihrer Schankgefäße geeigneten Einzel- oder Gesamtinhalt bereit zu halten.

§ 5. Gast- und Schankwirte, welche den vorstehenden Vorschriften zuwiderhandeln, werden mit Geldstrafe bis zu einhundert Mark oder mit Haft bis zu vier Wochen bestraft. Gleichzeitig ist auf Einziehung der vorschriftswidrig befundenen Schankgefäße zu erkennen, auch kann die Vernichtung derselben ausgesprochen werden.

§ 6. Die vorstehenden Bestimmungen finden auf festverschlossene (versiegelte, verkapselte, festverkorkte usw.) Flaschen und Krüge, sowie auf Schankgefäße von 1/20 Liter oder weniger nicht Anwendung.

---

18. Reichsgesetz über den Feingehalt der Gold- und Silberwaren vom 16. Juli 1884. (RGBl. S. 120.)

§ 1. Gold- und Silberwaren dürfen zu jedem Feingehalte angefertigt und feilgehalten werden. Die Angabe des Feingehalts auf denselben ist nur nach Maßgabe der folgenden Bestimmungen gestattet.

§ 2. Auf goldenen Geräten darf der Feingehalt nur in 585 oder mehr Tausendteilen, bei silbernen Geräten nur in 800 oder mehr Tausendteilen angeben werden.

Der wirkliche Feingehalt darf weder im Ganzen der Ware, noch auch in deren einzelnen Bestandteilen bei goldenen Geräten mehr als fünf, bei silbernen Geräten mehr als acht Tausendteile unter dem angegebenen Feingehalte bleiben. Vorbehaltlich dieser Abweichung muß der Gegenstand im ganzen und mit der Lötung eingeschmolzen den angegebenen Feingehalt haben.

§ 3. Die Angabe des Feingehalts auf goldenen und silbernen Geräten geschieht durch ein Stempelzeichen, welches die Zahl der Tausendteile und die Firma des Geschäfts, für welches die Stempelung bewirkt ist, kenntlich macht. Die Form des Stempelzeichens wird durch den Bundesrat bestimmt.

Anmerkung: Gemäß Bekanntmachung vom 7. Januar 1886, RGBl. S. 1 muß das Stempelzeichen für die Gold- und Silbergeräte enthalten:

1. die Reichskrone,
2. das Sonnenzeichen ◍ für Gold oder Mondsichelzeichen ☾ für Silber,
3. die Angabe des Feingehaltes in Tausendteilen und
4. die Firma oder die in Gemäßheit des Gesetzes vom 30. November 1874 eingetragene Schutzmarke des Geschäftes, für welches die Stempelung bewirkt ist.

Die Krone muß
bei Goldgeräten in dem Sonnenzeichen ◍,
bei Silbergeräten rechts neben dem Mondsichelzeichen ☾ sich befinden.

§ 4. Goldene und silberne Uhrgehäuse unterliegen den Bestimmungen der §§ 2 und 3.

§ 5. Schmucksachen von Gold und Silber dürfen in jedem Feingehalte gestempelt werden und ist in diesem Falle der letztere in Tausendteilen anzugeben.

Die Fehlergrenze darf zehn Tausendteile nicht überschreiten, wenn der Gegenstand im Ganzen eingeschmolzen wird.

Das vom Bundesrat gemäß § 3 bestimmte Stempelzeichen darf auf Schmucksachen von Gold und Silber nicht angebracht werden.

§ 7. Für die Richtigkeit des angegebenen Feingehalts haftet der Verkäufer der Ware. Ist deren Stempelung im Inlande erfolgt, so haftet gleich dem Verkäufer der Inhaber des Geschäfts, für welches die Stempelung erfolgt ist.

§ 8. Auf Gold- und Silberwaren, welche mit anderen metallischen Stoffen ausgefüllt sind, darf der Feingehalt nicht angegeben werden.

Dasselbe gilt von Gold- und Silberwaren, mit welchen aus anderen Metallen bestehende Verstärkungsvorrichtungen metallisch verbunden sind.

Bei Ermittelung des Feingehalts bleiben alle von dem zu stempelnden Metalle verschiedenen, äußerlich als solche erkennbaren Metalle außer Betracht, welche:

1. zur Verzierung der Ware dienen;
2. zur Herstellung mechanischer Vorrichtungen erforderlich sind;
3. als Verstärkungsvorrichtungen ohne metallische Verbindung sich darstellen.

§ 9. Mit Geldstrafe bis zu eintausend Mark oder mit Gefängnis bis zu sechs Monaten wird bestraft:

1. wer Gold- oder Silberwaren, welche nach diesem Gesetze mit einer Angabe des Feingehalts nicht versehen sein dürfen, mit einer solchen Angabe versieht;
2. wer Gold- oder Silberwaren, welche nach diesem Gesetze mit einer Angabe des Feingehalts versehen sein dürfen, mit einer anderen, als der nach diesem Gesetze zulässigen Feingehaltsangabe versieht;
3. wer gold- oder silberähnliche Waren mit einem durch dieses Gesetz vorgesehenen Stempelzeichen oder mit einem Stempel-

zeichen versieht, welches nach diesem Gesetze als Feingehaltsbezeichnung für Gold- oder Silberwaren nicht zulässig ist;

4. wer Waren feilhält, welche mit einer gegen die Bestimmungen dieses Gesetzes verstoßenden Bezeichnung versehen sind.

Mit der Verurteilung ist zugleich auf die Vernichtung der gesetzwidrigen Bezeichnung oder, wenn diese in anderer Weise nicht möglich ist, auf Zerstörung der Ware zu erkennen.

---

19. Bekanntmachung des Reichskanzlers, betreffend den Erlaß münzpolizeilicher Vorschriften vom 23. Juni 1910. (RGBl. S. 909.)

§ 1. Medaillen und Marken (Reklame-, Rabatt-, Spiel-, Speise- und sonstige Wertmarken) dürfen nicht das Bildnis des Kaisers oder eines Bundesfürsten in der auf den Reichsmünzen befindlichen Gestaltung tragen oder mit einer auf dem Rande befindlichen Schrift versehen sein. Auch dürfen sie nicht die Bezeichnung einer im Deutschen Reiche geltenden Münzgattung oder die Angabe eines Geldwerts enthalten.

Von dem Verbot im Abs. 1 Satz 1 ist das auf Denkmünzen etwa in abweichender Gestaltung angebrachte Bildnis des Kaisers oder eines Bundesfürsten ausgenommen.

Unter das Verbot der Randschrift (Abs. 1 Satz 1) fällt nicht die Anbringung eines Stempelzeichens, des Namens, der Firma des Herstellers oder bei Preismedaillen die Anbringung des Namens des Preisträgers.

§ 2. Marken (§ 1) dürfen nicht mit einem Durchmesser von mehr als 20 bis einschließlich 22 Millimeter hergestellt werden. Dies gilt auch für Medaillen aus unedlem Metalle, die zu geringen Preisen für den Massenabsatz angefertigt werden.

§ 3. Medaillen und Marken von ovaler oder von drei- bis achteckiger Form werden von der Vorschrift im § 2 nicht berührt. Diese Medaillen und Marken sowie die Medaillen und Marken mit einem Durchmesser von wenigstens 41 Millimeter sind von dem Verbot im § 1 Satz 1 ausgenommen.

§ 4. Die in den §§ 1 und 2 enthaltenen Beschränkungen finden keine Anwendung auf solche Medaillen und Marken, die für das Ausland hergestellt und unmittelbar ausgeführt werden.

§ 5. Es ist verboten, Münzen, die auf Grund der Reichsmünzgesetze vom Bundesrat außer Kurs gesetzt sind, nachzumachen und solche nachgemachten Münzen in den Verkehr zu bringen oder sonst zu vertreiben, sofern diese nicht vermittels einer festen metallischen Verbindung Bestandteile anderer Gegenstände bilden.

§ 6. Wer gewohnheits- oder gewerbsmäßig obigen Vorschriften zuwider Medaillen oder Marken herstellt, feilhält, verkauft oder zu geschäftlichen Zwecken in Gebrauch hält, oder dem Verbote des § 5 zuwider Nachmachungen von solchen Münzen, die auf Grund der Reichsmünzgesetze vom Bundesrat außer Kurs gesetzt sind, in den Verkehr bringt oder sonst vertreibt, wird, sofern nicht nach anderen Bestimmungen eine schwerere Strafe verwirkt ist, mit Geldstrafe bis zu 150 Mark oder mit Haft bis zu 6 Wochen bestraft.

§ 7. Die vorstehenden Bestimmungen treten mit dem 1. April 1912 in Kraft.

---

20. Reichsgesetz, betreffend den Schutz des zur Anfertigung von Reichskassenscheinen verwendeten Papiers gegen unbefugte Nachahmung, vom 26. Mai 1885. (RGBl. S. 165.)

§ 1. Papier, welches dem zur Herstellung von Reichskassenscheinen verwendeten, durch äußere Merkmale erkennbar gemachten Papier hinsichtlich dieser Merkmale gleicht oder so ähnlich ist, daß die Verschiedenheit nur durch Anwendung besonderer Aufmerksamkeit wahrgenommen werden kann, darf, nachdem die Merkmale in Gemäßheit des § 7 des Gesetzes vom 30. April 1874, betreffend die Ausgabe von Reichskassenscheinen (Reichs-Gesetzbl. S. 40), öffentlich bekannt gemacht worden sind, ohne Erlaubnis des Reichskanzlers oder einer von demselben zur Erteilung der Erlaubnis ermächtigten Behörde weder angefertigt oder aus dem Auslande eingeführt, noch verkauft, feilgehalten oder sonst in Verkehr gebracht werden.

§ 2. Wer den Bestimmungen im § 1 vorsätzlich zuwiderhandelt, wird mit Gefängnis bis zu einem Jahre, und wenn die Handlung zum Zwecke eines Münzverbrechens begangen worden ist, mit Gefängnis von drei Monaten bis zu zwei Jahren bestraft. Ist die Handlung aus Fahrlässigkeit begangen worden, so ist auf Geldstrafe bis zu eintausend Mark oder Gefängnis bis zu sechs Monaten zu erkennen.

§ 3. Neben der Strafe ist auf Einziehung des Papiers zu erkennen, ohne Unterschied, ob dasselbe dem Verurteilten gehört oder nicht. Auf die Einziehung des Papiers ist auch dann zu erkennen, wenn die Verfolgung oder die Verurteilung einer bestimmten Person nicht stattfindet.

---

21. Reichsgesetz vom 9. April 1900, betreffend die Bestrafung der Entziehung elektrischer Arbeit. (RGBl. S. 228.)

§ 1. Wer einer elektrischen Anlage oder Einrichtung fremde elektrische Kraft mittels eines Leiters entzieht, der zur ordnungsmäßigen Entnahme von Arbeit aus der Anlage oder Einrichtung nicht bestimmt ist, wird, wenn er die Handlung in der Absicht begeht, die elektrische Arbeit sich rechtswidrig zuzueignen, mit Gefängnis und mit Geldstrafe bis zu fünfzehnhundert Mark oder mit einer dieser Strafen bestraft.

Neben der Gefängnisstrafe kann auf Verlust der bürgerlichen Ehrenrechte erkannt werden.

Der Versuch ist strafbar.

§ 2. Wird die im § 1 bezeichnete Handlung in der Absicht begangen, einem Anderen rechtswidrig Schaden zuzufügen, so ist auf Geldstrafe bis zu eintausend Mark oder auf Gefängnis bis zu zwei Jahren zu erkennen.

Die Verfolgung tritt nur auf Antrag ein.

---

22. Reichsgesetz, betreffend die Abzahlungsgeschäfte, vom 16. Mai 1894. (RGBl. S. 450.)

§ 7. Wer Lotterielose, Inhaberpapiere mit Prämien (Gesetz vom 8. Juni 1871, Reichs-Ges.-Bl. S. 210) oder Bezugs- oder Anteilscheine auf solche Lose oder Inhaberpapiere gegen Teilzahlungen verkauft oder durch sonstige auf die gleichen Zwecke abzielende Verträge veräußert, wird mit Geldstrafe bis zu fünfhundert Mark bestraft.

Es begründet keinen Unterschied, ob die Übergabe des Papieres vor oder nach der Zahlung des Preises erfolgt.

§ 8. Die Bestimmungen dieses Gesetzes finden keine Anwendung, wenn der Empfänger der Ware als Kaufmann in das Handelsregister eingetragen ist.

---

23. Reichs-Börsengesetz, in der Fassung vom 27. Mai 1908. (RGBl. S. 215.)

§ 94. Wer gewohnheitsmäßig in gewinnsüchtiger Absicht andere unter Ausbeutung ihrer Unerfahrenheit oder ihres Leichtsinnes zu Börsenspekulationsgeschäften verleitet, welche nicht zu ihrem Gewerbebetriebe gehören, wird mit Gefängnis und zugleich mit Geldstrafe bis zu fünfzehntausend Mark bestraft. Auch kann auf Verlust der bürgerlichen Ehrenrechte erkannt werden.

---

24. Reichsgesetz, betr. die Erwerbs- und Wirtschaftsgenossenschaften, in der Fassung vom 20. Mai 1898. (RGBl. S. 810.)

§ 8 Abs. 4. Konsumvereine (§ 1 Nr. 5) dürfen im regelmäßigen Geschäftsverkehre Waren nur an ihre Mitglieder oder deren Vertreter verkaufen. Diese Beschränkung findet auf landwirtschaftliche Konsumvereine, welche ohne Haltung eines offenen Ladens die Vermittelung des Bezuges von ihrer Natur nach ausschließlich für den landwirtschaftlichen Betrieb bestimmten Waren besorgen, hinsichtlich dieser Waren keine Anwendung.

§ 31. Für Konsumvereine, welche einen offenen Laden haben, hat der Vorstand, um die Beobachtung der Bestimmung des § 8 Absatz 4 zu sichern, Anweisung darüber zu erlassen, auf welche Weise sich die Vereinsmitglieder oder deren Vertreter den Warenverkäufern gegenüber zu legitimieren haben. Abschrift der Anweisung hat er der höheren Verwaltungsbehörde, in deren Bezirk die Genossenschaft ihren Sitz hat, unverzüglich einzureichen.

Die höhere Verwaltungsbehörde ist befugt, die Mitglieder des Vorstandes zur Einreichung und nötigenfalls zur Abänderung oder Ergänzung der Anweisung durch Geldstrafen bis zum Betrage von je dreihundert Mark anzuhalten.

Gegen die Anordnungen und Straffestsetzungen der höheren Verwaltungsbehörde findet binnen zwei Wochen die Beschwerde an die Landes-Zentralbehörde statt.

§ 32. Von Konsumvereinen oder von Gewerbetreibenden, welche mit solchen wegen Warenabgabe an die Mitglieder in Verbindung stehen, dürfen Marken oder sonstige nicht auf den Namen lautende Anweisungen oder Wertzeichen, welche anstatt baren Geldes die Mitglieder zum Warenbezuge berechtigen sollen, nicht ausgegeben werden.

§ 152. Personen, welche für einen Konsumverein den Warenverkauf bewirken, werden, wenn sie der Vorschrift des § 8 Absatz 4 zuwider wissentlich oder ohne Beobachtung der nach § 30a von dem Vorstande erlassenen Anweisung Waren an andere Personen als an Mitglieder oder deren Vertreter verkaufen, mit Geldstrafe bis zu einhundertfünfzig Mark bestraft.

Gleiche Strafe trifft das Mitglied, welches seine Legitimation, durch die es zum Warenverkauf in einem Konsumvereine oder bei einem mit diesem wegen Warenabgabe an die Mitglieder in Verbindung stehenden Gewerbetreibenden berechtigt wird, einem Dritten zum Zwecke unbefugter Warenentnahme überläßt.

Dritte, welche von solcher Legitimation zu demselben Zwecke Gebrauch machen, oder auf andere Weise zu unbefugter Warenabgabe zu verleiten unternehmen, werden in gleicher Weise bestraft.

§ 153. Mit Geldstrafe bis zu einhundertfünfzig Mark wird bestraft, wer Waren, die er aus dem Konsumvereine oder von einem mit diesem wegen Warenabgabe in Verbindung stehenden Gewerbetreibenden auf Grund seiner Mitgliedschaft bezogen hat, gegen Entgelt gewohnheitsmäßig oder gewerbsmäßig an Nichtmitglieder veräußert.

Diese Bestimmung findet keine Anwendung:

1. wenn ein Mitglied eines Konsumvereines die von ihm bezogenen Waren in seiner Speiseanstalt oder an seine Kostgänger zum alsbaldigen persönlichen Verbrauche abgibt.

2. wenn ein Konsumverein, welcher Mitglied eines anderen Konsumvereines ist, die aus letzterem bezogenen Waren an seine Mitglieder abgibt.

§ 154. Zuwiderhandlungen gegen die Vorschrift des § 32 werden mit Geldstrafe bis zu einhundertfünfzig Mark bestraft.

Anmerkung: Die in den §§ 8 Abs. 4, 31, 32, 152 bis 154 enthaltenen Vorschriften finden auf Konsumanstalten, welche von Arbeitgebern für ihre Arbeiter und Beamten betrieben werden, sowie auf Vereinigungen (Gesellschaften, Korporationen), deren wesentlicher Geschäftszweck es ist, ihren Mitgliedern oder bestimmten Berufskreisen in dem Bezuge von Waren Vorteile zu verschaffen, insbesondere auch auf Beamten- und Offiziervereine mit der Maßgabe sinngemäße Anwendung, daß die hinsichtlich der Mitglieder der Konsumvereine getroffenen Bestimmungen bei den vorbezeichneten Konsumanstalten und Vereinigungen hinsichtlich derjenigen Personen gelten, für welche die Einrichtung bestimmt ist. Jedoch ist es den Konsumanstalten und Vereinigungen der vorbezeichneten Art gestattet, in ihren Speiseanstalten Waren zum alsbaldigen persönlichen Verbrauch auch an Dritte abzugeben. (Vgl. Art. II des Reichsgesetzes vom 12. August 1896 betr. die Abänderung des Gesetzes über die Erwerbs- und Wirtschaftsgenossenschaften vom 1. Mai 1889 sowie den Geschäftsbetrieb von Konsumanstalten, RGBl. S. 695.)

---

25. Reichs-Konkursordnung in der Fassung vom 20. Mai 1898. (RGBl. S. 612.)

§ 239. Schuldner, welche ihre Zahlungen eingestellt haben, oder über deren Vermögen das Konkursverfahren eröffnet worden ist, werden wegen betrüglichen Bankerotts mit Zuchthaus bestraft, wenn sie in der Absicht, ihre Gläubiger zu benachteiligen,

1. Vermögensstücke verheimlicht oder bei Seite geschafft haben,
2. Schulden oder Rechtsgeschäfte anerkannt oder aufgestellt haben, welche ganz oder teilweise erdichtet sind,
3. Handelsbücher zu führen unterlassen haben, deren Führung ihnen gesetzlich oblag, oder
4. ihre Handelsbücher vernichtet oder verheimlicht oder so geführt oder verändert haben, daß dieselben keine Übersicht des Vermögenszustandes gewähren.

Sind mildernde Umstände vorhanden, so tritt Gefängnisstrafe nicht unter drei Monaten ein.

§ 240. Schuldner, welche ihre Zahlungen eingestellt haben, oder über deren Vermögen das Konkursverfahren eröffnet worden ist, werden wegen einfachen Bankerotts mit Gefängnis bestraft, wenn sie

1. durch Aufwand, Spiel oder Wette oder durch Differenzhandel mit Waren oder Börsenpapieren übermäßige Summen verbraucht haben oder schuldig geworden sind;
2. in der Absicht, die Eröffnung des Konkursverfahrens hinauszuschieben, Waren oder Wertpapiere auf Kredit entnommen und diese Gegenstände erheblich unter dem Werte in einer den Anforderungen einer ordnungsmäßigen Wirtschaft widersprechenden Weise veräußert oder sonst weggegeben haben;

3. Handelsbücher zu führen unterlassen haben, deren Führung ihnen gesetzlich oblag, oder dieselben verheimlicht, vernichtet oder so unordentlich geführt haben, daß sie keine Übersicht ihres Vermögenszustandes gewähren, oder
4. es gegen die Bestimmung des Handelsgesetzbuches unterlassen haben, die Bilanz ihres Vermögens in der vorgeschriebenen Zeit zu ziehen.

Neben der Gefängnisstrafe kann in den Fällen der Nr. 1, 2 auf Verlust der bürgerlichen Ehrenrechte erkannt werden.

Sind mildernde Umstände vorhanden, so kann auf Geldstrafe bis zu sechstausend Mark erkannt werden.

§ 241. Schuldner, welche ihre Zahlungen eingestellt haben, oder über deren Vermögen das Konkursverfahren eröffnet worden ist, werden mit Gefängnis bis zu zwei Jahren bestraft, wenn sie, obwohl sie ihre Zahlungsunfähigkeit kannten, einem Gläubiger in der Absicht, ihn vor den übrigen Gläubigern zu begünstigen, eine Sicherung oder Befriedigung gewährt haben, welche derselbe nicht oder nicht in der Art oder nicht zu der Zeit zu beanspruchen hatte.

Sind mildernde Umstände vorhanden, so kann auf Geldstrafe bis zu sechstausend Mark erkannt werden.

§ 242. Mit Zuchthaus bis zu zehn Jahren wird bestraft, wer

1. im Interesse eines Schuldners, welcher seine Zahlungen eingestellt hat, oder über dessen Vermögen das Konkursverfahren eröffnet worden ist, Vermögensstücke desselben verheimlicht oder bei Seite geschafft hat, oder
2. im Interesse eines solchen Schuldners, oder um sich oder einem anderen Vermögensvorteil zu verschaffen, in dem Verfahren erdichtete Forderungen im eigenen Namen oder durch vorgeschobene Personen geltend gemacht hat.

Sind mildernde Umstände vorhanden, so tritt Gefängnisstrafe oder Geldstrafe bis zu sechstausend Mark ein.

---

26. Reichsgesetz über das Auswanderungswesen vom 9. Juni 1897.
(RGBl. S. 463.)

§ 1. Wer die Beförderung von Auswanderern nach außerdeutschen Ländern betreiben will (Unternehmer), bedarf hierzu der Erlaubnis.

§ 2. Zur Erteilung oder Versagung der Erlaubnis ist der Reichskanzler unter Zustimmung des Bundesrats zuständig.

§ 3. Die Erlaubnis berechtigt den Unternehmer zum Geschäftsbetrieb im ganzen Reichsgebiete mit der Einschränkung, daß er außerhalb des Gemeindebezirkes seiner gewerblichen Niederlassung und des Gemeindebezirkes seiner etwaigen Zweigniederlassungen bei der Ausübung seines gesamten Geschäftsbetriebs, soweit es sich dabei nicht lediglich um die Erteilung von Auskunft auf Anfrage oder um die Veröffentlichung der Beförderungsgelegenheiten und Beförderungsbedingungen handelt, ausschließlich der Vermittlung seiner nach §§ 11 ff. zugelassenen Agenten sich zu bedienen hat.

§ 9. Der Unternehmer kann seine Befugnisse zum Geschäftsbetriebe durch Stellvertreter ausüben. Die Bestellung eines solchen ist erforderlich für die Geschäftsführung in Zweigniederlassungen.

Nach dem Tode des Unternehmers sowie im Falle einer Vormundschaft oder Pflegschaft kann der Geschäftsbetrieb noch längstens sechs Monate durch Stellvertreter fortgesetzt werden.

Die Bestellung eines Stellvertreters bedarf der Genehmigung des Reichskanzlers.

Agenten.

§ 11. Wer bei einem Betriebe der im § 1 bezeichneten Art durch Vorbereitung, Vermittelung oder Abschluß des Beförderungsvertrags gewerbsmäßig mitwirken will (Agent), bedarf hierzu der Erlaubnis.

§ 12. Die Erlaubnis wird von der höheren Verwaltungsbehörde erteilt.

§ 15. Die Erlaubnis berechtigt zum Geschäftsbetrieb im Bezirke der die Erlaubnis erteilenden Behörde, wenn sie nicht auf einen Teil desselben beschränkt wird. Im Einvernehmen mit dieser Behörde kann jedoch dem Agenten die Ausdehnung seines Geschäftsbetriebs auf benachbarte Bezirke von den für letztere zuständigen höheren Verwaltungsbehörden gestattet werden.

§ 16. Für andere als den in der Erlaubnisurkunde namhaft gemachten Unternehmer sowie auf eigene Rechnung darf der Agent Geschäfte der im § 11 bezeichneten Art nicht besorgen.

§ 17. Dem Agenten ist es untersagt, seine Geschäfte in Zweigniederlassungen, durch Stellvertreter oder im Umherziehen zu betreiben.

Bestimmungen über die Beförderung von Auswanderern.

§ 22. Der Unternehmer darf Auswanderer nur befördern auf Grund eines vorher abgeschlossenen schriftlichen Vertrags.

Den Auswanderern darf nicht die Verpflichtung auferlegt werden, den Beförderungspreis oder einen Teil desselben oder ihnen geleistete Vorschüsse nach ihrer Ankunft am Bestimmungsorte zu zahlen oder zurückzuerstatten oder durch Arbeit abzuverdienen; ebensowenig dürfen sie in der Wahl ihres Aufenthaltsorts oder ihrer Beschäftigung im Bestimmungslande beschränkt werden.

§ 23. Verboten ist die Beförderung sowie der Abschluß von Verträgen über die Beförderung:

a) von Wehrpflichtigen im Alter vom vollendeten siebzehnten bis zum vollendeten fünfundzwanzigsten Lebensjahre, bevor sie eine Entlassungsurkunde (§ 14 des Gesetzes über die Erwerbung und den Verlust der Bundes- und Staatsangehörigkeit vom 1. Juni 1870) oder ein Zeugnis der Ersatzkommission darüber beigebracht haben, daß ihrer Auswanderung aus dem Grunde der Wehrpflicht kein Hindernis entgegensteht;

b) von Personen, deren Verhaftung oder Festnahme von einer Gerichts- oder Polizeibehörde angeordnet ist;

c) von Reichsangehörigen, für welche von fremden Regierungen oder von Kolonisationsgesellschaften oder ähnlichen Unternehmungen das Beförderungsgeld ganz oder teilweise bezahlt wird oder Vorschüsse geleistet werden; Ausnahmen von dieser Bestimmung kann der Reichskanzler zulassen.

§ 25. Verträge über die überseeische Beförderung von Auswanderern müssen auf Beförderung und Verpflegung bis zur Landung im außereuropäischen Ausschiffungshafen gerichtet sein. Sie sind auf die Weiterbeförderung und Verpflegung vom Ausschiffungshafen bis an das Auswanderungsziel zu erstrecken, insoweit dies bei der Erteilung der Erlaubnis (§ 1) zur Bedingung gemacht ist.

Soll das Schiff in einem außerdeutschen Hafen bestiegen oder gewechselt werden, so ist dies in den Beförderungsvertrag aufzunehmen.

§ 26. Der Verkauf von Fahrscheinen an Auswanderer zur Weiterbeförderung von einem überseeischen Platze aus ist verboten.

Dieses Verbot findet jedoch keine Anwendung auf Verträge, durch welche der Unternehmer (§ 1) sich zugleich zur Weiterbeförderung vom überseeischen Ausschiffungshafen aus verpflichtet.

Strafbestimmungen.

§ 43. Unternehmer (§ 1), welche den Bestimmungen der §§ 8, 22, 23, 25, 32 und 33 Absatz 1 oder den für die Ausübung ihres Geschäftsbetriebs von den zuständigen Behörden erlassenen Vorschriften zuwiderhandeln, werden mit Geldstrafe von einhundertfünfzig bis zu sechstausend Mark oder mit Gefängnis bis zu sechs Monaten bestraft.

Sind die Zuwiderhandlungen von einem Stellvertreter (§ 9) begangen worden, so trifft die Strafe diesen; der Unternehmer ist neben demselben strafbar, wenn die Zuwiderhandlung mit seinem Vorwissen begangen ist, oder wenn er bei der nach den Verhältnissen möglichen eigenen Beaufsichtigung des Stellvertreters es an der erforderlichen Sorgfalt hat fehlen lassen.

§ 44. Agenten (§ 11), welche den Bestimmungen der §§ 15, 16, 17, 22 Abs. 2, 23 und 25 oder den für die Ausübung ihres Geschäftsbetriebs von den zuständigen Behörden erlassenen Vorschriften zuwiderhandeln, werden mit Geldstrafe von dreißig bis zu dreitausend Mark oder mit Gefängnis bis zu drei Monaten bestraft.

§ 45. Wer ohne die nach §§ 1 und 11 erforderliche Erlaubnis die Beförderung von Auswanderern betreibt oder bei einem solchen Betriebe gewerbsmäßig mitwirkt, wird mit Gefängnis bis zu einem Jahre und mit Geldstrafe bis zu sechstausend Mark oder mit einer dieser Strafen bestraft.

Die gleiche Strafe trifft denjenigen, welcher sich zum Geschäfte macht, zur Auswanderung anzuwerben.

§ 46. Wer der Vorschrift des § 26 Absatz 1 zuwiderhandelt, wird mit Geldstrafe bis zu einhundertfünfzig Mark oder mit Haft bestraft.

§ 48. Wer eine Frauensperson zu dem Zwecke, sie der gewerbsmäßigen Unzucht zuzuführen, mittelst arglistiger Verschweigung dieses Zweckes zur Auswanderung verleitet, wird mit Zuchthaus bis zu fünf Jahren bestraft. Neben der Zuchthausstrafe ist der Verlust der bürgerlichen Ehrenrechte auszusprechen; auch kann zugleich auf Geldstrafe von einhundertfünfzig bis zu sechstausend Mark sowie auf Zulässigkeit von Polizeiaufsicht erkannt werden.

Dieselben Strafvorschriften finden auf denjenigen Anwendung, welcher mit Kenntnis des vom Täter in solcher Weise verfolgten Zweckes die Auswanderung der Frauensperson vorsätzlich befördert; sind mildernde Umstände vorhanden, so tritt Gefängnisstrafe nicht unter drei Monaten ein, neben welcher auf Geldstrafe von einhundertfünfzig bis zu sechstausend Mark erkannt werden kann.

27. Reichsgesetz über das Postwesen vom 28. Oktober 1871. (RGBl. S. 347.)

§ 19. Jedes Fuhrwerk muß den ordentlichen Posten, sowie den Extraposten, Kurieren und Estafetten auf das übliche Signal ausweichen. Bei Zuwiderhandlungen ist eine Geldstrafe von zehn Silbergroschen bis zu zehn Talern verwirkt.

§ 21. Wenn den ordentlichen Posten, Extraposten, Kurieren oder Estafetten unterwegs ein Unfall begegnet, so sind die Anwohner der Straße verbunden, denselben die zu ihrem Weiterkommen erforderliche Hilfe gegen vollständige Entschädigung schleunigst zu gewähren.

§ 23. Die Torwachen, Tor-, Brücken- und Barrierebeamten sind verbunden, die Tore und Schlagbäume schleunigst zu öffnen, sobald der Postillon das übliche Signal gibt. Ebenso müssen auf dasselbe die Fährleute die Überfahrt unverzüglich bewirken. Bei Zuwiderhandlungen ist eine Geldstrafe von zehn Silbergroschen bis zu zehn Talern verwirkt.

§ 27. Mit dem vierfachen Betrage des defraudierten Portos, jedoch niemals unter einer Geldstrafe von einem Taler, wird bestraft:

1. wer Briefe oder politische Zeitungen, den Bestimmungen des §§ 1 und 2 zuwider, auf andere Weise als durch die Post gegen Bezahlung befördert oder verschickt; erfolgt die Beförderung in versiegelten, zugenähten oder sonst verschlossenen Paketen, so trifft die Strafe den Beförderer nur dann, wenn er den verbotwidrigen Inhalt des Pakets zu erkennen vermochte;
2. wer sich zu einer portopflichtigen Sendung einer von der Entrichtung des Portos befreienden Bezcichnung bedient oder eine solche Sendung in eine andere verpackt, welche bei Anwendung einer vorgeschriebenen Bezeichnung portofrei befördert wird;
3. wer Postwertzeichen nach ihrer Entwertung zur Frankierung einer Sendung benutzt; inwiefern in diesem Falle wegen hinzugetretener Vertilgung des Entwertungszeichens eine härtere Strafe verwirkt ist, wird nach den allgemeinen Strafgesetzen beurteilt;
4. wer Briefe oder andere Sachen zur Umgehung der Portogefälle einem Postbeamten oder Postillon zur Mitnahme übergibt.

In den unter Nr. 2 und 3 bestimmten Fällen ist die Strafe mit der Einlieferung der Sendung zur Post verwirkt.

§ 29. Wer wissentlich, um der Postkasse das Personengeld zu entziehen, uneingeschrieben mit der Post reist, wird mit dem vierfachen Betrage des defraudierten Personengeldes, jedoch niemals unter einer Geldstrafe von einem Taler, bestraft.

E. Versicherungs- und Unterstützungswesen.

1. Reichsgesetz über die privaten Versicherungsunternehmungen vom 12. Mai 1901. (RGBl. S. 139.)*)

§ 108. Wer im Inlande das Versicherungsgeschäft ohne die vorgeschriebene Erlaubnis betreibt, wird mit Geldstrafe bis zu eintausend Mark oder mit Haft oder mit Gefängnis bis zu drei Monaten bestraft.

Die gleiche Strafe trifft denjenigen, welcher im Inlande für eine daselbst zum Geschäftsbetriebe nicht befugte Unternehmung einen Versicherungsvertrag als Vertreter oder Bevollmächtigter abschließt oder den Abschluß von Versicherungsverträgen geschäftsmäßig vermittelt.

Die Vorschrift der Nr. 9 des § 360 des Strafgesetzbuches ist, soweit sie sich auf Versicherungsunternehmungen im Sinne dieses Gesetzes bezieht, aufgehoben.

*) Vgl. Zuständigkeitsverordnung § 4.

2. Gesetz vom 3. April 1875, die Brandversicherungsanstalt für Gebäude in den Landesteilen rechts des Rheines betr. (GVBl. S. 269.)*)

Art. 1. Die für die sämtlichen Regierungsbezirke rechts des Rheines begründete, auf dem Grundsatze der Gegenseitigkeit beruhende Anstalt zur Versicherung der Gebäude gegen Brandschaden hat fortzubestehen.

Art. 2. Die Teilnahme an dieser Anstalt ist im allgemeinen freigegeben, dagegen die Versicherung von Gebäuden bei anderen Brandversicherungsanstalten oder Gesellschaften unter dem Nachteile der Nichtigkeit jedes desfallsigen Übereinkommens verboten.

Dieses Verbot findet keine Anwendung in Ansehung jener Gebäude, denen die Aufnahme in die Anstalt versagt ist.

Art. 61. Erhält ein Gebäude erst nach der Aufnahme in die Anstalt eine feuergefährliche Bestimmung oder eine feuergefährliche Benützung überhaupt oder höheren Grades, so hat der Versicherte hievon dem Brandversicherungsinspektor binnen 14 Tagen Anzeige zu erstatten.

Art. 96. Die Übertretung des im Art. 2 bezeichneten Verbotes wird an Geld mit fünf vom hundert der Versicherungssumme bestraft.

Wer die im Art. 61 vorgeschriebene Anzeige unterläßt, wird an Geld um das Dreifache des rechtswidrig entzogenen Beitrages bestraft.

Überversicherungen von Gebäuden und deren Zugehörungen, welche wissentlich durch unrichtige Wertsangabe herbeigeführt wurden, sind gegen den Versicherten, sowie gegen den Sachverständigen welcher die Schätzung vorgenommen hat, mit Geld bis zu 300 Mk. zu bestrafen, insoferne die Handlung nicht nach einem anderen Strafgesetze als Verbrechen oder Vergehen erscheint.

---

3. Reichs-Krankenversicherungsgesetz vom 15. Juni 1883 / 10. April 1892 (RGBl. 1892 S. 417), **abgeändert 30. Juni 1900** (RGBl. S. 332) **und 25. Mai 1903** (RGBl. 233).

§ 49. Die Arbeitgeber haben jede von ihnen beschäftigte versicherungspflichtige Person, welche weder einer Betriebs- (Fabrik-) Krankenkasse (§ 59), Bau-Krankenkasse (§ 69), Innungs-Krankenkasse (§ 73), Knappschaftskasse (§ 74) angehört, noch gemäß § 75 von der Verpflichtung, der Gemeinde-Krankenversicherung oder einer Ortskrankenkasse anzugehören, befreit ist, spätestens am dritten Tage

---

*) Das hier im Auszuge abgedruckte Gesetz wurde durch Gesetz vom 5. Mai 1890, die Vereinigung der Brandversicherungsanstalt der Pfalz mit jener in den Landesteilen rechts des Rheines betreffend (GVBl. S. 223), auf den Regierungsbezirk der Pfalz erstreckt.

nach Beginn der Beschäftigung anzumelden und spätestens am dritten Tage nach Beendigung derselben wieder abzumelden. Veränderungen, durch welche während der Dauer der Beschäftigung die Versicherungspflicht für solche Personen begründet wird, die der Versicherungspflicht auf Grund ihrer Beschäftigung bisher nicht unterlagen, sind spätestens am dritten Tage nach ihrem Eintritt gleichfalls anzumelden.

§ 81. Wer der ihm nach § 49 oder nach den auf Grund des § 2 Absatz 2*) erlassenen Bestimmungen obliegenden Verpflichtung zur An- oder Abmeldung oder der ihm nach § 10a*) obliegenden Anzeigepflicht nicht nachkommt, wird mit Geldstrafe bis zu zwanzig Mark bestraft.

§ 82. Arbeitgeber, welche den von ihnen beschäftigten, dem Krankenversicherungszwange unterliegenden Personen bei der Lohnzahlung vorsätzlich höhere als die nach §§ 53, 65 zulässigen Beträge in Anrechnung bringen, oder der Bestimmung des § 53 Absatz 3*) oder dem Verbote des § 80*) entgegenhandeln, werden, soferne nicht nach anderen gesetzlichen Bestimmungen eine härtere Strafe eintritt, mit Geldstrafe bis zu dreihundert Mark oder mit Haft bestraft.

§ 82a. Die Arbeitgeber sind befugt, die Erfüllung der ihnen durch dieses Gesetz auferlegten Verpflichtungen solchen Personen zu übertragen, welche sie zur Leitung ihres Betriebes oder eines Teiles desselben oder zur Beaufsichtigung bestellt haben.

Sind die in diesem Gesetze gegebenen Vorschriften von solchen Personen übertreten worden, so trifft die Strafe die letzteren. Der Arbeitgeber ist neben denselben strafbar, wenn die Zuwiderhandlung mit seinem Vorwissen begangen ist oder wenn er bei der nach den Verhältnissen möglichen eigenen Beaufsichtigung des Betriebes, oder bei der Auswahl oder der Beaufsichtigung der Betriebsleiter oder Aufsichtspersonen es an der erforderlichen Sorgfalt hat fehlen lassen.

§ 82b. Arbeitgeber, welche den von ihnen beschäftigten Personen auf Grund des § 53 Lohnbeträge in Abzug bringen, diese Beträge aber in der Absicht, sich oder einem Dritten einen rechtswidrigen Vermögensvorteil zu verschaffen, oder die berechtigte Gemeinde-Krankenversicherung oder Krankenkasse zu schädigen, den letzteren vorenthalten, werden mit Gefängnis bestraft, neben welchem auf Geldstrafe bis zu dreitausend Mark, sowie auf Verlust der bürgerlichen Ehrenrechte erkannt werden kann. Sind mildernde Umstände vorhanden, so kann ausschließlich auf Geldstrafe erkannt werden.

---

*) Von den vorstehend angeführten Bestimmungen betrifft § 2 Abs. 2 statutarische Bestimmungen über An- und Abmeldung von Arbeitern, § 49 a die Anmeldung der Arbeiter durch Hilfskassen, § 53 Abs. 3 die Lohnabzüge seitens zahlungsunfähiger Arbeitgeber, § 80 die Unzulässigkeit von Verträgen, welche die Anwendung des Krankenversicherungsgesetzes zum Nachteile der Versicherten ausschließen oder beschränken.

4. Invalidenversicherungsgesetz vom 13. Juli 1899 (RGBl. S. 463).

§ 180. Den Arbeitgebern und ihren Angestellten ist untersagt, durch Übereinkunft oder mittelst Arbeitsordnungen die Anwendung der Bestimmungen dieses Gesetzes zum Nachteile der Versicherten ganz oder teilweise auszuschließen oder dieselben in der Übernahme oder Ausübung eines in Gemäßheit dieses Gesetzes ihnen übertragenen Ehrenamts zu beschränken. Vertragsbestimmungen, welche diesem Verbote zuwiderlaufen, haben keine rechtliche Wirkung.

Arbeitgeber oder deren Angestellte, welche gegen die vorstehende Bestimmung verstoßen, werden, sofern nicht nach anderen gesetzlichen Vorschriften eine härtere Strafe eintritt, mit Geldstrafe bis zu dreihundert Mark oder mit Haft bestraft.

§ 181. Die gleiche Strafe (§ 180) trifft, sofern nicht nach anderen Gesetzen eine höhere Strafe verwirkt ist,

1. Arbeitgeber, welche den von ihnen beschäftigten, dem Versicherungszwang unterliegenden Personen an Beiträgen in rechtswidriger Absicht mehr bei der Lohnzahlung in Anrechnung bringen, als nach § 34 Abs. 4, § 142 zulässig ist, oder welche es unterlassen, entgegen der Vorschrift des § 142 Abs. 4 die dort gebotenen Lohnabzüge zu machen, oder den bei Anwendung des § 52a des Krankenversicherungsgesetzes auf die Beiträge zur Invalidenversicherung sich ergebenden Verpflichtungen nachzukommen;
2. Angestellte, welche einen solchen größeren Abzug in rechtswidriger Absicht bewirken;
3. Versicherte, welche die Beiträge selbst entrichten, wenn sie dabei von dem Arbeitgeber in rechtswidriger Absicht mehr erstattet verlangen, als nach § 34 Abs. 4, §§ 144, 145 zulässig ist, oder wenn sie für die gleiche Beitragswoche die Erstattung des vollen Beitragsanteils von mehr als einem Arbeitgeber in Anspruch nehmen oder es unterlassen, den vom Arbeitgeber erhobenen Beitragsanteil zur Entrichtung des Beitrages zu verwenden;
4. Personen, welche dem Berechtigten eine Quittungskarte widerrechtlich vorenthalten.

§ 182. Arbeitgeber, welche den von ihnen beschäftigten Personen auf Grund des § 142 Lohnbeträge in Abzug bringen, die abgezogenen Beträge aber nicht zu Zwecken der Versicherung verwenden, werden, falls nicht nach anderen Gesetzen eine höhere Strafe verwirkt ist, mit Geldstrafe bis zu dreihundert Mark oder mit Haft bestraft.

Wurde die Verwendung in der Absicht unterlassen, sich oder einem Dritten einen rechtswidrigen Vermögensvorteil zu verschaffen oder die Versicherungsanstalt oder die Versicherten zu schädigen, so tritt Gefängnisstrafe ein, neben welcher auf Geldstrafe bis zu dreitausend Mark sowie auf Verlust der bürgerlichen Ehrenrechte erkannt werden kann. Sind mildernde Umstände vorhanden, so darf ausschließlich auf Geldstrafe erkannt werden.

§ 183. Die Strafbestimmungen der §§ 175, 176, 179 bis 182 finden auch auf die gesetzlichen Vertreter handlungsunfähiger Arbeitgeber, desgleichen auf die Mitglieder des Vorstandes einer Aktiengesellschaft, Innung oder eingetragenen Genossenschaft sowie auf die Liquidatoren einer Handelsgesellschaft, Innung oder eingetragenen Genossenschaft Anwendung.

§ 184. Wer in Quittungskarten Eintragungen oder Vermerke macht, welche nach § 134 unzulässig sind, oder wer in Quittungskarten den Vordruck oder die zur Ausfüllung des Vordrucks eingetragenen Worte oder Zahlen verfälscht oder wissentlich von einer derart verfälschten Karte Gebrauch macht, kann von der unteren Verwaltungsbehörde und da, wo Rentenstellen die Beitragskontrolle übertragen ist, von dem Vorsitzenden derselben mit Geldstrafe bis zu zwanzig Mark belegt werden.

Sind die Eintragungen, Vermerke oder Veränderungen in der Absicht gemacht worden, den Inhaber der Quittungskarte anderen Arbeitgebern gegenüber zu kennzeichnen, so tritt Geldstrafe bis zu zweitausend Mark oder Gefängnis bis zu sechs Monaten ein. Sind mildernde Umstände vorhanden, so kann statt der Gefängnisstrafe auf Haft erkannt werden.

Eine Verfolgung wegen Urkundenfälschung (§§ 267, 268 des Reichsstrafgesetzbuchs) tritt nur ein, wenn die Fälschung in der Absicht begangen wurde, sich oder einem anderen einen Vermögensvorteil zu verschaffen oder einem anderen Schaden zuzufügen.

§ 185. Die Mitglieder der Vorstände und sonstiger Organe der Versicherungsanstalten sowie die das Aufsichtsrecht über dieselben ausübenden Beamten werden, wenn sie unbefugt Betriebsgeheimnisse offenbaren, welche kraft ihres Amtes zu ihrer Kenntnis gelangt sind, mit Geldstrafe bis zu eintausendfünfhundert Mark oder mit Gefängnis bis zu drei Monaten bestraft.

Die Verfolgung tritt nur auf Antrag des Betriebsunternehmers ein.

§ 186. Die im § 185 bezeichneten Personen werden mit Gefängnis, neben welchem auf Verlust der bürgerlichen Ehrenrechte erkannt werden kann, bestraft, wenn sie absichtlich zum Nachteile der Betriebsunternehmer Betriebsgeheimnisse, welche kraft ihres ihres Amtes zu ihrer Kenntnis gelangt waren, offenbaren, oder wenn sie geheim gehaltene Betriebseinrichtungen oder Betriebsweisen, welche kraft ihres Amtes zu ihrer Kenntnis gelangt sind, solange als diese Betriebsgeheimnisse sind, nachahmen.

Tun sie dies, um sich oder einem anderen einen Vermögensvorteil zu verschaffen, so kann neben der Gefängnisstrafe auf Geldstrafe bis zu dreitausend Mark erkannt werden.

§ 187. Mit Gefängnis nicht unter drei Monaten, neben welchem auf Verlust der bürgerlichen Ehrenrechte erkannt werden kann, wird bestraft, wer unechte Marken in der Absicht anfertigt, sie als echt zu verwenden, oder echte Marken in der Absicht verfälscht, sie zu einem höheren Werte zu verwenden, oder wissentlich von falschen oder verfälschten Marken Gebrauch macht.

Dieselbe Strafe trifft denjenigen, welcher Marken verwendet, veräußert oder feilhält, obwohl er weiß oder den Umständen nach annehmen muß, daß die Marken bereits einmal verwendet worden sind. Sind mildernde Umstände vorhanden, so kann auf Geldstrafe bis zu dreihundert Mark oder Haft erkannt werden.

Zugleich ist auf Einziehung der Marken zu erkennen, ohne Unterschied, ob sie dem Verurteilten gehören oder nicht. Auf diese Einziehung ist auch dann zu erkennen, wenn die Verfolgung oder Verurteilung einer bestimmten Person nicht stattfindet.

§ 188. Mit Geldstrafe bis zu einhundertfünfzig Mark oder mit Haft wird bestraft, wer ohne schriftlichen Auftrag einer Versicherungsanstalt oder einer Behörde

1. Stempel, Siegel, Stiche, Platten oder andere Formen, welche zur Anfertigung von Marken dienen können, anfertigt oder an einen anderen als die Versicherungsanstalt beziehungsweise die Behörde verabfolgt,
2. den Abdruck der in Ziff. 1 genannten Stempel, Siegel, Stiche, Platten oder Formen unternimmt oder Abdrücke an einen anderen als die Versicherungsanstalt beziehungsweise die Behörde verabfolgt.

Neben der Geldstrafe oder Haft kann auf Einziehung der Stempel, Siegel, Stiche, Platten oder Formen erkannt werden, ohne Unterschied, ob sie dem Verurteilten gehören oder nicht.

---

5. Gewerbe-Unfallversicherungsgesetz in der Fassung vom 5. Juli 1900 (RGBl. S. 585.)

§ 150. Die Mitglieder der Vorstände der Genossenschaften, deren technische Aufsichtsbeamten und Rechnungsbeamte (§§ 119, 120) und die nach § 120 ernannten Sachverständigen sowie die Beisitzer der Schiedsgerichte (§ 9 des Gesetzes, betreffend die Abänderung der Unfallversicherungsgesetze) werden, wenn sie unbefugt Betriebsgeheimnisse offenbaren, welche kraft ihres Amtes oder Auftrages zu ihrer Kenntnis gelangt sind, mit Geldstrafe bis zu eintausendfünfhundert Mark oder mit Gefängnis bis zu drei Monaten bestraft.

Die Verfolgung tritt nur auf Antrag des Betriebsunternehmers ein.

§ 151. Die im § 150 bezeichneten Personen werden mit Gefängnis, neben welchem auf Verlust der bürgerlichen Ehrenrechte erkannt werden kann, bestraft, wenn sie absichtlich zum Nachteile der Betriebsunternehmer Betriebsgeheimnisse, welche kraft ihres Amtes oder Auftrags zu ihrer Kenntnis gelangt sind, offenbaren, oder geheim gehaltene Betriebseinrichtungen oder Betriebsweisen, welche kraft ihres Amtes oder Auftrags zu ihrer Kenntnis gelangt sind, solange als diese Betriebsgeheimnisse sind, nachahmen.

Tun sie dies, um sich oder einem anderen einen Vermögensvorteil zu verschaffen, so kann neben der Gefängnisstrafe auf Geldstrafe bis zu dreitausend Mark erkannt werden.

6. Unfallversicherungsgesetz für Land- und Forstwirtschaft in der Fassung vom 5. Juli 1900. (RGBl. S. 641.)

§ 160. Die Mitglieder der Vorstände der Genossenschaften und die Mitglieder der Genossenschaftsausschüsse zur Entscheidung über Beschwerden (§ 38 Ziff. 3), imgleichen die in Gemäßheit der §§ 126, 127 ernannten technischen Aufsichtsbeamten und Sachverständigen sowie die Beisitzer der Schiedsgerichte (§ 9 des Gesetzes, betreffend die Abänderung der Unfallversicherungsgesetze,) werden, wenn sie unbefugt Betriebsgeheimnisse offenbaren, welche kraft ihres Amtes oder Auftrags zu ihrer Kenntnis gelangt sind, mit Geldstrafe bis zu eintausendfünfhundert Mark oder mit Gefängnis bis zu drei Monaten bestraft.

Die Verfolgung tritt nur auf Antrag des Betriebsunternehmers ein.

§ 161. Die im § 160 bezeichneten Personen werden mit Gefängnis usw. [gleichlautend mit § 151 des Gewerbeunfallversicherungsgesetzes].

7. K. Verordnung vom 20. September 1862, die polizeiliche Bewilligung zu Sammlungen betreffend. (RegBl. S. 2269.)*)

§ 1. Zu jeder Sammlung von Geld oder sonstigen Beiträgen, oder von Unterschriften hiezu wird vorbehaltlich dessen, was hierüber in den Gesetzen besonders bestimmt ist, polizeiliche Bewilligung erfordert.

§ 2. Die erteilte Bewilligung ist nach Umfluß von 3 Monaten, vom Tage ihrer Eröffnung an gerechnet, als erloschen zu betrachten, wenn hierüber für den einzelnen Fall nicht anderweitige Verfügung ausdrücklich getroffen ist.

§ 3. Der Allerhöchsten Entschließung bleibt die Erlaubnis zu allen Sammlungen vorbehalten, welche sich über mehrere Regie-

*) Strafbestimmung: Art. 52 PolStGB. Vgl. auch MinEntschl. vom 29. Oktober 1903 (MABl. S. 456).

rungsbezirke oder über das ganze Königreich erstrecken, oder für politische Zwecke oder für das Ausland bestimmt sind.

§ 4. Sammlungen innerhalb eines einzelnen Regierungsbezirkes werden von den Kreisregierungen, K. d. J., bewilligt.

§ 5. Sammlungen irgend welcher Art zur Steuerung einer durch unvorhergesehene Ereignisse herbeigeführten augenblicklichen Not können von den Distriktspolizeibehörden in ihren Amtsbezirken angeordnet werden. In einem solchen Falle ist Anzeige an die Regierung zu erstatten.

§ 6. Wenn ein Aufruf zu Gaben oder Geldbeiträgen mit dem Erbieten der Empfangnahme derselben in öffentlichen Blättern oder Anschlägen erlassen werden soll, so kommen in Ansehung der Zuständigkeit zur Erteilung der Bewilligung die Bestimmungen der §§ 3—5 zur Anwendung.

---

8. Gesetz vom 29. April 1869, die öffentliche Armen- und Krankenpflege betreffend, in der Fassung vom 30. Juli 1899. (GVBl. S. 489.)

Art. 44. Personen, welche öffentliche Armenunterstützung genießen, werden mit Haft bis zu acht Tagen, im Rückfalle bis zu dreißig Tagen bestraft, wenn sie entweder

1. durch ungeziemendes Benehmen die dem Armenpflegschaftsrate, einem Mitgliede desselben, einem Bezirkspfleger oder denjenigen, von welchen sie im Auftrage des Armenpflegschaftsrates Almosen, Kleidung, Wohnung, Kost oder Arbeit erhalten, gebührende Achtung verletzen, oder wenn sie
2. Lebensmittel, Heizungsmaterial, Kleidungsstücke, Heilmittel, Arbeitsstoffe, Werkzeuge und dergleichen, welche sie von der öffentlichen Armenpflege oder von einer öffentlichen Wohltätigkeitsanstalt empfangen haben, unbefugt veräußern oder mutwillig unbrauchbar machen.

Nachtrag.

Hundeabgabengesetz vom 14. August 1910. (GVBl. S. 604.)*)

Art. 1. Die Hundehaltung unterliegt einer gemeindlichen Jahresabgabe nach Maßgabe dieses Gesetzes.

Art. 2. Abgabenpflichtig ist, wer einen Hund, der über 4 Monate alt ist, im Laufe des Jahres besitzt.

Besitzt jemand einen Hund als Nießbraucher, Pfandgläubiger, Mieter, Verwahrer oder in einem ähnlichen Verhältnisse, vermöge dessen er einem anderen gegenüber auf Zeit zum Besitze berechtigt oder verpflichtet ist, so trifft die Abgabenpflicht nur den anderen.

Abgabenpflichtige Mitbesitzer sowie mehrere im Laufe des Jahres aufeinander folgende abgabenpflichtige Besitzer sind Gesamtschuldner der Abgabe. Der einzelne Besitzer haftet jedoch nicht über den Betrag hinaus, der sich nach dem Orte und der Art seiner Hundehaltung berechnet.

Art. 3. Die Pflicht zur Entrichtung der Abgabe entfällt, wenn ihre Voraussetzungen erst nach dem 31. Oktober erfüllt werden.

Tritt an Stelle eines nachweislich verendeten oder getöteten Hundes, für den die Abgabenpflicht bestanden hatte, bei dem gleichen Besitzer ein Ersatzhund, so entsteht für das laufende Jahr keine neue Abgabenpflicht. Geht der Ersatzhund vor dem 1. November auf einen anderen Besitzer über und ist die Abgabe für den verendeten oder getöteten Hund noch nicht entrichtet, so trifft die Pflicht zu deren Entrichtung auch den anderen Besitzer des Ersatzhundes.

Art. 4. Abgabenfrei sind:

1. Hunde von Personen, denen von der Staatsregierung nach völkerrechtlichen Grundsätzen die Abgabenfreiheit zugestanden ist,
2. Hunde, die bei öffentlichen Behörden oder an öffentlichen Anstalten unmittelbar zur Erfüllung öffentlicher Aufgaben gehalten werden.

Art. 7. Für Hunde, die ein umherziehender Gewerbetreibender mit sich führt, gilt dessen Wohnsitz als Haltungsort.

Hat der umherziehende Gewerbetreibende in Bayern keinen Wohnsitz, so gilt als Ort der Hundehaltung der Ort, in dem der Gewerbebetrieb in Bayern nach Eintritt der Abgabenpflicht im Laufe des Jahres zuerst ausgeübt wird.

---

*) Dieses Gesetz tritt am 1. Januar 1912 an die Stelle des oben S. 147 abgedruckten Gesetzes vom 2. Juni 1876 / 31. Januar 1888, die Erhebung einer Gebühr für das Halten von Hunden betr.

Art. 8. Die Abgabe beträgt:
in Gemeinden mit mehr als 15000 Einwohnern 15 ℳ,
in Gemeinden mit 1501 bis 15000 Einwohnern 9 ℳ,
in Gemeinden mit 301 bis 1500 Einwohnern 6 ℳ,
in Gemeinden mit 300 oder weniger Einwohnern 3 ℳ.

Ohne Rücksicht auf die Einwohnerzahl der Gemeinde beträgt die Abgabe 3 ℳ

1. für Hunde, die in Einöden oder Weilern gehalten werden,
2. für Schäferhunde, die während des größeren Teiles des Jahres in Pferchen gehalten werden,
3. für Hunde, die von Forstschutzbeamten ausschließlich oder vorwiegend zu Zwecken des Forstschutzes gehalten werden. Hält ein Forstschutzbeamter mehrere Hunde, so gilt diese Vorschrift nur für einen davon.

Für die Berechnung der Abgabe nach Abs. I wird die Einwohnerzahl der Einöden und Weiler (Abs. II) von der Gesamteinwohnerzahl der Gemeinde in Abzug gebracht.

Die Vorschriften der Abs. II, III finden im Falle des Art. 7 Abs. II keine Anwendung.

Art. 9. Als Einöde (Art. 8 Abs. II) gilt ein Anwesen, das nicht mehr als 300 Einwohner zählt und dessen Wohngebäude mehr als 100 m von jedem anderen Wohngebäude entfernt sind.

Als Weiler (Art. 8 Abs. II) gilt eine Mehrzahl benachbarter Anwesen, die zusammen nicht mehr als 300 Einwohner zählen und deren Wohngebäude mehr als 100 m von jedem anderen Wohngebäude entfernt sind.

Art. 13. Zur Sicherung und Überwachung der Abgabe können oberpolizeiliche und ortspolizeiliche Vorschriften erlassen werden. In den Vorschriften kann die rechtswidrige Gefährdung der Abgabe mit Geldstrafe bis zu 18 ℳ, die rechtswidrige Entziehung oder Verkürzung mit Geldstrafe bis zum Zehnfachen, im Rückfalle bis zum Zwanzigfachen des entzogenen Betrags bedroht werden.

Art. 14. Die Zuständigkeit und das Verfahren bei strafbaren Zuwiderhandlungen gegen die polizeilichen Vorschriften (Art. 13) richten sich nach den Bestimmungen des Reichs-Gerichtsverfassungsgesetzes und der Reichs-Strafprozeßordnung.

Die Gemeindeverwaltungen sind berechtigt, Strafbescheide im Verwaltungswege zu erlassen; auf das Verfahren hierbei finden die Vorschriften der Art. 86, 87 Abs. I, 88 Abs. I, 89 Abs. I bis III, V, 90, 91, 92 Abs. II des Gesetzes vom 18. August 1879 zur Ausführung der Reichs-Strafprozeßordnung entsprechende Anwendung.

Art. 16. Hunde, für welche die fälligen Abgaben nicht binnen acht Tagen nach der Mahnung entrichtet werden, können auf Kosten des Säumigen polizeilich getötet werden.

Anhang.

Anweisung zur Ausübung des Tierschutzes für bayerische Polizeiorgane.

(Nach einem Entwurfe des Verbandes bayerischer Tierschutzvereine.)

Einleitung.

Was ist Tierschutz?

Unter Tierschutz versteht man sowohl diejenigen Maßnahmen, welche getroffen werden, um unnötige Quälereien und Mißhandlungen hintanzuhalten, als auch jene, welche der Ausrottung und Verminderung gewisser Tierarten entgegenzuwirken bestimmt sind.

Was ist Tierquälerei?

Tierquälerei ist jede einem Tiere durch Tun oder Unterlassen zugefügte Handlung, welche mit den Gesetzen der Sittenlehre und der Menschlichkeit oder mit einem erlaubten Zwecke in Widerspruch steht.

A. Gesetzliche Bestimmungen zum Schutze der Tiere.

1. Reichsstrafgesetzbuch § 360 Ziffer 13:

„Mit Geldstrafe bis zu 150 Mk. oder mit Haft wird bestraft:
Wer öffentlich oder in Ärgernis erregender Weise Tiere boshaft quält oder roh mißhandelt."

Eine rohe Mißhandlung ist jede aus einer gemeinen und gefühllosen Gesinnung entspringende körperliche Mißhandlung. Unter „öffentlich" ist die Wahrnehmung einer unbegrenzten Anzahl von Menschen zu verstehen, während, wenn auch nur eine Person an der Mißhandlung Anstoß nimmt, eine „in Ärgernis erregender Weise" stattgefundene Tierquälerei in Frage kommt. Die Mißhandlung wird zur „Quälerei", wenn sie fortgesetzt und ohne vernünftigen Zweck lediglich aus böser Absicht ausgeführt wird; als „boshaft" ist sie in dem Falle anzusehen, wenn sie nur um des Quälens willen geschieht.

2. Polizeistrafgesetzbuch für das Königreich Bayern Artikel 125 Absatz 4:

„An Geld bis zu 30 Mark oder mit Haft bis zu sechs Tagen wird bestraft:
Wer Vögel, deren Einfangen, Töten oder Verkauf durch Verordnung verboten ist, einfängt, tötet oder verkauft, oder wer den Verordnungen oder oberpolizeilichen Vorschriften über das Einsammeln oder den Verkauf von Vogeleiern zuwiderhandelt."

3. Reichsstrafgesetzbuch § 368 Ziffer 11:

„Mit Geldstrafe bis zu 60 Mark oder mit Haft bis zu 14 Tagen wird bestraft:
Wer unbefugt Eier oder Junge von jagdbarem Federwild oder von Singvögeln ausnimmt."

4. Zum Schutze der Vögel wurden folgende Vorschriften erlassen:

a) Reichs-Vogelschutzgesetz vom 30. Mai 1908 (RGBl. S. 317), abgedruckt in der Sammlung S. 257,

b) K. Verordnung vom 19. Oktober 1908, den Schutz von Vögeln betr. (GVBl. S. 965), abgedruckt in der Sammlung S. 260,

c) K. Verordnung vom 6. Juni 1909, die Ausübung und Behandlung der Jagd und den Verkehr mit Wildbret betr. (GVBl. S. 409), abgedruckt in der Sammlung S. 253,
d) Entschließungen des K. Staatsministeriums des Innern, Vogelschutz betr., vom 4. April 1908 (MABl. S. 201), 6. Dezember 1909 (MABl. S. 1084), 18. April 1910 (MABl. S. 325).

B. Mitwirkung der Polizeiorgane beim Tierschutze.

Die Polizeiorgane haben nicht allein die Pflicht, die Übertretungen der Gesetze und Verordnungen zur Anzeige zu bringen. Eine Hauptaufgabe ist vielmehr auch, nach Möglichkeit die Begehung strafbarer Handlungen zu verhindern und Störungen der Rechtsordnung, soweit ein öffentliches Interesse besteht, vorbeugend entgegenzutreten, und zwar durch Belehrungen, Ermahnungen und nötigenfalls durch dienstliche Anordnungen, bei Gefahr im Verzuge durch Ausführung der für notwendig gehaltenen Maßnahmen.

Gerade auf dem Gebiete des Tierschutzes werden die Polizeiorgane häufig Veranlassung zum Einschreiten haben, und zwar auch in solchen Fällen, in denen es zunächst zweifelhaft sein mag, ob die bestehenden Vorschriften zu einer strafrechtlichen Verfolgung vollständig ausreichen. Durch geeignete Mahnung und Verwarnung wird es ihnen in vielen Fällen gelingen, schwereren Ausschreitungen vorzubeugen.

Bleiben ihre Ermahnungen ohne Erfolg und ist der Tatbestand einer Gesetzesübertretung wirklich gegeben, so ist in allen Fällen Strafeinschreitung durch Erstattung der vorschriftsmäßigen Anzeige herbeizuführen.

Der Tierquälereien sind gar viele und es ist ein Ding der Unmöglichkeit, alle einzeln aufzuführen. Nachstehende Ausführungen sollen den Polizeiorganen zeigen, worauf sie hauptsächlich ihr Augenmerk zu richten haben.

I. Tierquälereien bei der Beförderung von Tieren.

1. Das Fesseln oder Knebeln von Kälbern, Schafen, Ziegen und Schweinen.

Die Polizeiorgane haben darauf zu sehen, daß in jenen Gegenden, in welchen noch immer Knebelungen der obengenannten Tiere vorkommen, die Fesselstricke nur über eine Unterlage von Leinwand, Stroh oder einem sonstigen geeigneten Stoffe gespannt sind und nicht zu tief einschneiden. Am Orte ihrer Bestimmung (Viehmärkte, Schlachthäuser, Wirtshäuser, Schlächtereien) sind die Tiere sofort zu entfesseln.

Alle Tiere sind so zu laden, daß weder die Köpfe noch andere Körperteile über die Fuhrwerke herabhängen und daß die Tiere nicht unmittelbar aufeinanderliegen und mit anderen Gegenständen beschwert werden. Auch dürfen sie nicht als Fußsäcke für die Fuhrwerkslenker dienen. Die Teile des Fuhrwerkes, worauf die gefesselten Tiere liegen, müssen mit einer ausreichenden Strohunterlage versehen sein. Kälber sind in Maulhöhe am Wagenrand zu befestigen; das Festbinden der Köpfe am Wagenboden ist unstatthaft.

2. Die Überladung der Fuhrwerke.

Oft kommt es hiebei vor, daß schwächere Tiere zu Boden fallen und von den anderen totgetreten werden.

3. Überfüllung der Viehtransportwagen auf der Eisenbahn.

Die näheren Bestimmungen über die Beförderung von lebenden Tieren mittels Eisenbahnen sind in der Anlage B zur Eisenbahn-Verkehrsordnung vom 23. Dezember 1908 / 25. Januar 1909 (GVBl. 1909 S. 86) enthalten. Das Nachfolgende ist besonders ins Auge zu fassen:

Für das Einladen müssen besondere Vorrichtungen getroffen sein. Auf Stationen mit regelmäßig großem Viehversand, sowie auf den Tränkstationen oder in deren Nähe müssen zur vorübergehenden Unterbringung des Viehes eingefriedigte Räume, von denen ein angemessener Teil überdeckt sein muß, vorhanden sein. Die Wagen sind darauf zu prüfen, ob sie nicht überfüllt sind. Die zur Beförderung von Tieren zu verwendenden Käfige, Kisten, Körbe, Säcke oder andere Behälter müssen hinlänglich geräumig und luftig sein. Die Tiere dürfen **nicht geknebelt** zur Beförderung aufgegeben werden. Großvieh darf nicht aneinander und an die Wandung gepreßt stehen.

Kleinvieh muß die Möglichkeit haben, sich zu legen. Großvieh und Kleinvieh, sowie Tiere verschiedener Gattung dürfen in denselben Wagen nur dann verladen werden, wenn jede Gattung durch Schranken, Bretter- oder Lattenverschläge von der anderen getrennt wird. Das gleiche gilt für die in Käfigen und Kisten zu befördernden Tiere.

Die Absender sollen die Tiere, deren Beförderung von der Abgangs- bis zur Bestimmungsstation 24 Stunden oder länger in Anspruch nimmt, vor der Verladung füttern und tränken. Währt die Beförderung in Viehzügen mehr als 36 Stunden, so hat spätestens nach je 36 Stunden eine Fütterung und Tränkung der Tiere stattzufinden.

Häufig führt auch zu Tierquälereien das zu frühzeitige Einladen der Tiere und das zu lange Stehenlassen in den Viehwagen nach der Ankunft auf den Stationen bis zum Ausladen.

4. Treiben von Vieh auf Landstraßen.

Hunde, die zum Treiben verwendet werden, sind mit Maulkörben zu versehen. Das Stechen und Stoßen mit spitzen Gegenständen, das Prügeln mit Knütteln, das heftige Zerren am Leitseil ohne begründeten Anlaß, das Quetschen und Drehen des Schweifes sind als Tierquälereien zu erachten.

5. Auf den Märkten.

Geknebelte Lämmer, Spanferkel und Kitze dürfen nicht mit abwärts hängendem Kopfe oder an den Hinterbeinen getragen werden, ebenso nicht das Geflügel; letzteres auch nicht in überfüllten Netzen ohne Boden. **Lebende Fische dürfen nicht mit in die Kiemen eingesetzten Fingern befördert werden.**

Als häufig vorkommende Tierquälereien sind noch hier zu erwähnen: Ungebührlich langes Liegenlassen geknebelter Tiere im Freien ohne Schutz gegen Hitze, Kälte und Unwetter; länger dauerndes Hinlegen auf den bloßen Boden ohne Strohunterlage (besonders im Winter); Herumtreten auf den geknebelt am Boden liegenden Tieren, sowie Überfüllung der Geflügelbehälter.

II. Tierquälereien beim Gebrauch der Tiere zu Arbeitsleistungen.

1. Die Verwendung erkrankter, abgetriebener und verletzter, in der Regel auch lahmer Tiere zur Arbeit und die Unterlassung des Verbandes bei verletzten Tieren.

2. Der übermäßige Gebrauch der Peitsche oder anderer Antriebsmittel, wie Prügel oder spitziger Stecken. Das Treten mit den Füßen, das Werfen mit Steinen 2c.

3. Überanstrengung der Körperkraft überhaupt.

Hiezu ist zu rechnen:

a) Überladungen der Fuhrwerke, namentlich der Schuttabfuhrwagen bei Bauten, der Holz- und Getreidefuhrwerke;
b) die Unterlassung des Radschuheinlegens und des rechtzeitigen Schärfens der Pferde bei Glatteis;
c) das ungebührlich lange Stehenlassen erhitzter oder ermüdeter Tiere in der Sonnenhitze oder im Unwetter auf der Straße;
d) die Benützung schlecht hergestellten Geschirrwerkes, in der Regel auch des Doppeljoches;
e) die übermäßige Belastung der Hundefuhrwerke, namentlich das Sitzen des Hundefuhrwerkbesitzers auf dem Gefährte.

III. Tierquälereien bei der Haltung und Pflege der Tiere.

Hiebei ist den Polizeiorganen ein reiches Feld zur Betätigung im Interesse des Tierschutzes geboten.

1. Unreinlichkeit, oft auch Magerkeit, beruhen auf schlechter Behandlung der Tiere. Jede Versäumnis der einem Tiere zu seiner Erhaltung nötigen Fütterung, Tränkung und Pflege ist eine Tierquälerei.

2. Das Heulen der Kettenhunde ist häufig die Folge von Hunger, Durst, Kälte und Hitze, welche diese Tiere erdulden müssen.

3. Das Heraushängen von Vogelkäfigen in die Sonnenhitze ohne Schutz gegen diese.

4. Das Anbinden von Hunden an Wagen und Fahrrädern bei Zurücklegung weiter Wegstrecken.

IV. Tierquälereien beim Schlachten der Tiere.

Hiebei, namentlich außerhalb öffentlicher Schlachthäuser, kann man oft Tierquälereien und Mißhandlungen wahrnehmen, zumal wenn die Betäubung vor der Schlachtung nicht vorgeschrieben ist. Einige besonders krasse seien nachstehend hervorgehoben:

1. Eine grausame Tierquälerei ist das sogenannte „Aufflechsen" der Kälber (Aufschneiden der Haut an den Hinterfüßen und Bloßlegen der Sehnen, um daran die Tiere aufhängen zu können) vor dem Abstechen.
2. Häufig lassen auch Rohlinge die zum Schlachten bestimmten Kälber, Ziegen und Schafe längere Zeit mit zusammengebundenen Füßen hängen.
3. Auf Fischmärkten werden zuweilen Fische lebendig geschuppt und den Aalen im lebenden Zustande die Haut abgezogen.

V. Sonstige Tierquälereien.

1. Die Abhaltung von Tierkämpfen jeder Art einschließlich des Hetzens rauflustiger Hunde gegen einander.

2. Die Unterlassung des rechtzeitigen und vollständigen Melkens bei Kühen. Die Euter sind dann übermäßig mit Milch gefüllt, ein Zustand, der den Tieren großen Schmerz verursacht.

3. Das Froschkeulen. Die Froschfänger schneiden den Fröschen die Schenkel ab und lassen die zuckenden Körper liegen.

4. Das Annageln lebender Tiere, z. B. von Fledermäusen und Eulen an Scheunen.

5. Die Unterlassung der Nachschau bei den zum Fange von Raubzeug aufgestellten Fallen. Die gefangenen Tiere müssen so elendiglich zugrunde gehen.

6. Das Anbohren von Füchsen und Dachsen.

7. Die Abnahme gefangener Fische von der Angel ohne deren vorherige Tötung.

Schluß.

Die Aufführung aller vorkommenden Tierquälereien ist unmöglich. Das Gefühl sagt schon in den meisten Fällen, was gegen das Sittengesetz und die Menschlichkeit verstößt und strafbar ist. Sache jedes fühlenden Menschen, insbesondere aber jedes Polizeibeamten, ist es, gegen Tierschinder energisch einzuschreiten und sie entweder zur Anzeige zu bringen, wenn die begangene Mißhandlung unter das Strafgesetz fällt, oder sie ernstlich zu verwarnen und jederzeit sofortige Abhilfe zu schaffen. Wenn so die Tierquälereien möglichst beschränkt werden, so wird dadurch auch Roheit, Grausamkeit und Hartherzigkeit gegen den Nebenmenschen bekämpft, denn die Erfahrung lehrt, daß aus Tierquälern in der Jugend rohe Menschen im Alter werden, die kein Bedenken tragen, Leib und Leben des Nächsten zu schädigen. Wer eifrig den Tierschutz pflegt, arbeitet mit an dem Fortschritte und der Verbreitung echter Menschlichkeit und Nächstenliebe.

Sachregister.

(Die Zahlen bedeuten die Seiten.)

A.

C.

D.

E.

F.

G.

H.

J. (i.)

J. (j.)

K.

L.

W.

Z.

J. Schweitzer Verlag (Arthur Sellier) München und Berlin.

Signalementslehre

(System Alphonse Bertillon)

enthaltend

I. Das „gesprochene Porträt“ (Portrait parlé).

Von Prof. Dr. R. A. Reiss, Lausanne.

II. Identitätsfeststellungen ohne Signalement.

Von Dr. H. Schneickert.

Handbuch für Polizeibehörden, Gendarmerie- u. Polizeischulen.

Mit sieben Tafeln und zahlreichen Illustrationen im Text.

Deutsche Ausgabe bearbeitet und erweitert von

Dr. iur. Hans Schneickert

Kgl. Kriminalkommissar am Polizeipräsidium in Berlin.

8° (IV, 164 S.) Preis gebunden Mk. 4.50.

Die amtliche Feststellung der Identität einer in polizeilichem Gewahrsam befindlichen Person ist durch zuverlässige Identifikationsmethoden, durch Bertillonage und Daktyloskopie gesichert. Ungleich schwerere Aufgaben sind aber dem Polizeibeamten bei der Fahndung nach einer in der Freiheit befindlichen Person gestellt. Alphonse Bertillon, dem verdienten französischen Kriminalisten, ist es geglückt, in seiner im „Portrait parlé“ dargestellten Signalementslehre eine Identifikationsmethode zu finden, die immer mehr an Bedeutung gewinnt. Leider ist ihre Anwendung in Deutschland noch nicht so verbreitet, als im Interesse einer einheitlichen und genauen Verbrecherbeschreibung zu wünschen wäre. Die deutschen Polizeiorgane mit dem System Bertillons bekannt zu machen, ist die Aufgabe vorliegenden Werkchens. Sein Hauptzweck soll jedoch der sein, eine allgemeine und möglichst einheitliche Einführung des Systems bei allen Polizeibehörden und Polizeischulen anzubahnen.

= *Wir bitten die verkleinerten Probeseiten auf der nächsten Seite zu beachten.* =

Urteile:

Die Polizei 1909 Nr. 24. Das Buch muss zu den unentbehrlichsten Unterrichtsmitteln für die Polizeibeamten aller Dienstgrade gerechnet werden. Seine durch mustergültige Abbildungen erläuterten klaren Darstellungen lehren den Polizeibeamten den Polizeiblick. Wer das Buch gründlich durchgearbeitet hat, wird eine zutreffende brauchbare Personalbeschreibung geben können unter Benützung von Bezeichnungen, die allgemein verstanden werden.

Münchener Zeitung, Beilage **„Die Propyläen“** 1908 Nr. 50. Hoffentlich trägt diese, durchaus zutreffend übersetzte, deutsche Ausgabe dazu bei, das portrait parlé bei den deutschen Polizeiverwaltungen einzubürgern, damit es Bertillonage und Daktyloskopie im Kampf gegen das Verbrechertum wirksam unterstützen kann.

Archiv für Kriminal-Anthropologie und Kriminalistik 1908 S. 184. Das Buch ist ein wichtiges, ausgezeichnetes und verständlich geschriebenes Hilfsmittel für alle Polizeibehörden. *H. Gross.*

Probeseiten aus Reiss-Schneickert, Signalementslehre
(1/8 nat. Grösse).

Linie (= ligne oculo tragienne in Fig. 1) mit der durch dieses Zäpfchen gehenden Horizontallinie einen Winkel von 15° bildet.

Wenn man einen zur Aufnahme von Photographien nach Bertillons Methode bestimmten Stuhl zur Verfügung hat, lässt man die Person wie zur Aufnahme einer Photographie sich auf diesen Stuhl niedersetzen, der so konstruiert ist, dass der Kopf in normaler Stellung ist, wenn die Vor-

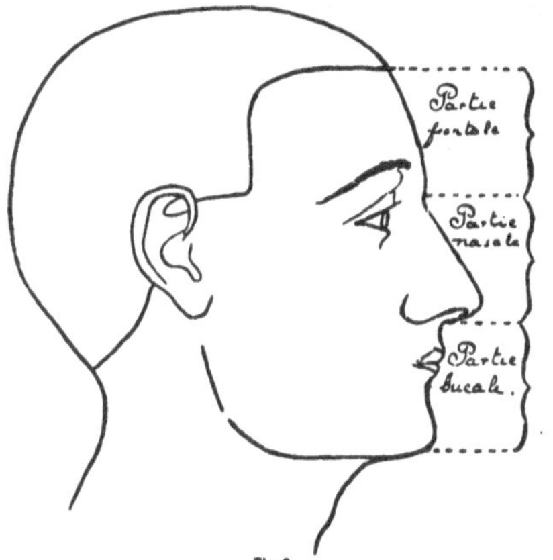

Fig. 2.

schriften bezüglich der Kopf- und Rückenstütze usw. genau eingehalten werden.

Nach dieser Vorbereitung beginnen wir dann die Prüfung der einzelnen Bestandteile des Kopfes und notieren auf einem besonderen Zettel den Befund. Dabei haben wir sowohl das Profil wie auch die Vorderseite des Kopfes zu

2. Richtung der Augenbrauen.

a) Schief einwärts (Fig. 80). Die Mittellinie der Augenbrauen verläuft von oben nach unten gegen die Nasenwurzel hin.

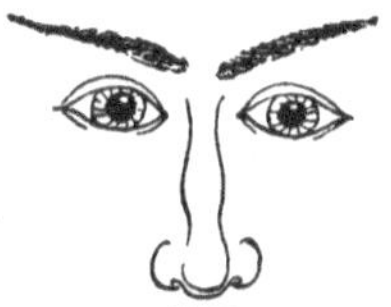

Fig. 80.

Fig. 81.

b) Schief auswärts (Fig. 81). Hier verläuft die Mittellinie von oben nach unten gegen die äusseren Augenwinkel hin.

3. Form der Augenbrauen.

a) Bogenförmig (Fig. 82). Die Mittellinie der Augenbrauen beschreibt eine nach oben konvexe Linie.

b) Geradlinig Hier hat die Mittellinie eine gerade horizontale oder schräge Richtung

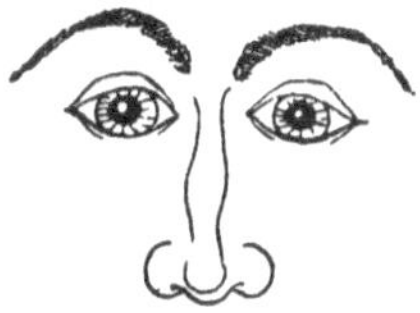

Fig. 82.

Fig. 83.

c) Wellenförmig (Fig. 83). Die Mittellinie der Augenbrauen ist wellig.

Zu bemerken ist, dass die Bezeichnungen: hoch, niedrig, nahe beisammen, getrennt, bogenförmig, geradlinig sich nur auf die Lage der Augenbrauen in ihrem Ruhezustand

sehr tief ist und der nicht durchfurchte Teil des Ohrläppchens sehr klein ist; hier setzen wir die Bezeichnung „durchfurcht“ in Klammern.

Zeigt das Ohrläppchen keine Spur einer Vertiefung, dann nennen wir es „glatt“ (oder „eben“) (II, 14). Springt das „glatte“ Ohrläppchen etwas nach vorn, so bezeichnen wir es „hervorstehend“ (II, 15).

Die siebenstufige Einteilung der hier besprochenen Formen ist also:

durchfurcht — durchfurcht — (durchfurcht) — halbdurchfurcht — glatt — hervorstehend — hervorstehend.

4. Die Grösse (Höhe) des Ohrläppchens
(Hauteur du lobe).

Die Höhe des Ohrläppchens variiert zwischen „sehr gross“ und „sehr klein“, also:

klein — klein — mittel — gross — gross
(Vgl. Tafel II, 16, II, 17, II, 18, II, 19, II, 20).

5. Die Besonderheiten des Ohrläppchens
(Particularités du lobe).

1. **Geschlitztes Ohrläppchen.** Mädchen lassen sich oft das Ohrläppchen zum Tragen von Ohrringen durchstechen. Beim Herausnehmen oder Herausreissen der Ohrringe wird das Ohrläppchen häufig durchgeschnitten. Dieser Schlitz bleibt dann und verheilt (II, 21).

2. **Spitzes Ohrläppchen.** Zuweilen finden wir Ohrläppchen, die in einem Dreieck sehr spitz auslaufen (II, 22).

3. **Viereckiges Ohrläppchen.** Diese Form kommt nicht häufig vor; das viereckige Ohrläppchen ist fast immer vorstehend und sehr dick (II, 23).

4. **Nach innen gebogenes Ohrläppchen.** Statt senkrecht nach unten zu hängen, ist das Läppchen leicht nach innen (d. h. also nach hinten) gebogen (II, 24).[1]

5. **Nach aussen gebogenes Ohrläppchen.** Der gegenteilige Fall des vorigen; hier ist der untere freie Läppchenrand nach aussen, also nach vorn gerichtet. (II, 25.)[1]

[1] Die Bezeichnungen „nach innen“, „nach aussen“ sind mit Beziehung auf die Mittellinie des Körpers zu verstehen. D. O.

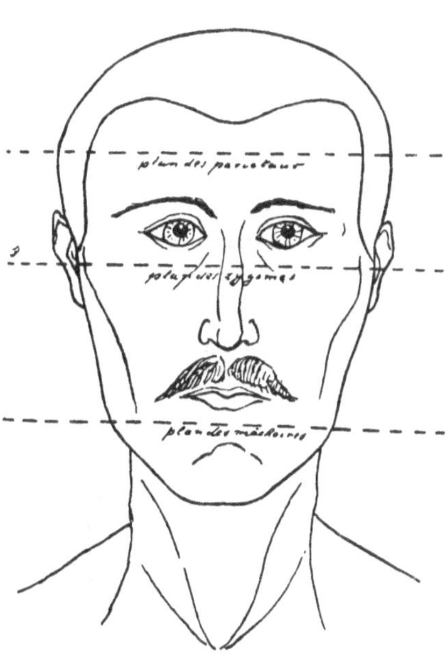

Fig. 62.[1]

[1] pariétaux = Schläfe, zygomes = Jochbeine, mâchoires = Kiefer, Kinnladen.

Aus „Sammlung von Gesetzen, Verordnungen und Ministerialerlassen strafrechtlichen Inhalts für bayerische Polizeiorgane" 2. Aufl.
J. Schweitzer Verlag (Arthur Sellier) München.

Anweisung zur Ausübung des Tierschutzes für bayerische Polizeiorgane.

(Nach einem Entwurfe des Verbandes bayerischer Tierschutzvereine.)

Einleitung.

Was ist Tierschutz?

Unter Tierschutz versteht man sowohl diejenigen Maßnahmen, welche getroffen werden, um unnötige Quälereien und Mißhandlungen hintanzuhalten, als auch jene, welche der Ausrottung und Verminderung gewisser Tierarten entgegenzuwirken bestimmt sind.

Was ist Tierquälerei?

Tierquälerei ist jede einem Tiere durch Tun oder Unterlassen zugefügte Handlung, welche mit den Gesetzen der Sittenlehre und der Menschlichkeit oder mit einem erlaubten Zwecke in Widerspruch steht.

A. Gesetzliche Bestimmungen zum Schutze der Tiere.

1. Reichsstrafgesetzbuch § 360 Ziffer 13:

„Mit Geldstrafe bis zu 150 Mk oder mit Haft wird bestraft
Wer öffentlich oder in Ärgernis erregender Weise Tiere boshaft quält oder roh mißhandelt."

Eine rohe Mißhandlung ist jede aus einer gemeinen und gefühllosen Gesinnung entspringende körperliche Mißhandlung. Unter „öffentlich" ist die Wahrnehmung einer unbegrenzten Anzahl von Menschen zu verstehen, während, wenn auch nur eine Person an der Mißhandlung Anstoß nimmt, eine „in Ärgernis erregender Weise" stattgefundene Tierquälerei in Frage kommt. Die Mißhandlung wird zur „Quälerei", wenn sie fortgesetzt und ohne vernünftigen Zweck lediglich aus böser Absicht ausgeführt wird; als „boshaft" ist sie in dem Falle anzusehen, wenn sie nur um des Quälens willen geschieht.

2. Polizeistrafgesetzbuch für das Königreich Bayern Artikel 125 Absatz 4:

„An Geld bis zu 30 Mark oder mit Haft bis zu sechs Tagen wird bestraft:
Wer Vögel, deren Einfangen, Töten oder Verkauf durch Verordnung verboten ist, einfängt, tötet oder verkauft, oder wer den Verordnungen oder oberpolizeilichen Vorschriften über das Einsammeln oder den Verkauf von Vogeleiern zuwiderhandelt."

3. Reichsstrafgesetzbuch § 368 Ziffer 11:

„Mit Geldstrafe bis zu 60 Mark oder mit Haft bis zu 14 Tagen wird bestraft:
Wer unbefugt Eier oder Junge von jagdbarem Federwild oder von Singvögeln ausnimmt."

4. Zum Schutze der Vögel wurden folgende Vorschriften erlassen:

a) Reichs-Vogelschutzgesetz vom 30. Mai 1908 (RGBl. S. 317), abgedruckt in „Sammlung von Gesetzen rc. für Polizeiorgane". 2. Aufl. S. 257.

b) K. Verordnung vom 19. Oktober 1908, den Schutz von Vögeln betr. (GVBl. S. 965), abgedruckt in „Sammlung von Gesetzen ꝛc. für Polizeiorgane". 2. Aufl. S. 260.

c) K. Verordnung vom 6. Juni 1909, die Ausübung und Behandlung der Jagd und den Verkehr mit Wildbret betr. (GVBl. S. 409), abgedruckt in „Sammlung von Gesetzen ꝛc. für Polizeiorgane". 2. Aufl. S. 253.

d) Entschließungen des K. Staatsministeriums des Innern, Vogelschutz betr., vom 4. April 1908 (MABl. S. 201), 6. Dezember 1909 (MABl. S. 1084), 18. April 1910 (MABl. S. 325).

B. Mitwirkung der Polizeiorgane beim Tierschutze.

Die Polizeiorgane haben nicht allein die Pflicht, die Übertretungen der Gesetze und Verordnungen zur Anzeige zu bringen. Eine Hauptaufgabe ist vielmehr auch, nach Möglichkeit die Begehung strafbarer Handlungen zu verhindern und Störungen der Rechtsordnung, soweit ein öffentliches Interesse besteht, vorbeugend entgegenzutreten, und zwar durch Belehrungen, Ermahnungen und nötigenfalls durch dienstliche Anordnungen, bei Gefahr im Verzuge durch Ausführung der für notwendig gehaltenen Maßnahmen.

Gerade auf dem Gebiete des Tierschutzes werden die Polizeiorgane häufig Veranlassung zum Einschreiten haben, und zwar auch in solchen Fällen, in denen es zunächst zweifelhaft sein mag, ob die bestehenden Vorschriften zu einer strafrechtlichen Verfolgung vollständig ausreichen. Durch geeignete Mahnung und Verwarnung wird es ihnen in vielen Fällen gelingen, schwereren Ausschreitungen vorzubeugen.

Bleiben ihre Ermahnungen ohne Erfolg und ist der Tatbestand einer Gesetzesübertretung wirklich gegeben, so ist in allen Fällen Strafeinschreitung durch Erstattung der vorschriftsmäßigen Anzeige herbeizuführen.

Der Tierquälereien sind gar viele und es ist ein Ding der Unmöglichkeit, alle einzeln aufzuführen. Nachstehende Ausführungen sollen den Polizeiorganen zeigen, worauf sie hauptsächlich ihr Augenmerk zu richten haben.

I. Tierquälereien bei der Beförderung von Tieren.

1. Das Fesseln oder Knebeln von Kälbern, Schafen, Ziegen und Schweinen.

Die Polizeiorgane haben darauf zu sehen, daß in jenen Gegenden, in welchen noch immer Knebelungen der obengenannten Tiere vorkommen, die Fesselstricke nur über eine Unterlage von Leinwand, Stroh oder einem sonstigen geeigneten Stoffe gespannt sind und nicht zu tief einschneiden. Am Orte ihrer Bestimmung (Viehmärkte, Schlachthäuser, Wirtshäuser, Schlächtereien) sind die Tiere sofort zu entfesseln.

Alle Tiere sind so zu laden, daß weder die Köpfe noch andere Körperteile über die Fuhrwerke herabhängen und daß die Tiere nicht unmittelbar aufeinanderliegen und mit anderen Gegenständen beschwert werden. Auch dürfen sie nicht als Fußsäcke für die Fuhrwerkslenker dienen. Die Teile des Fuhrwerkes, worauf die gefesselten Tiere liegen, müssen mit einer ausreichenden Strohunterlage versehen sein. Kälber sind in Maulhöhe am Wagenrand zu befestigen; das Festbinden der Köpfe am Wagenboden ist unstatthaft.

2. Die Überladung der Fuhrwerke.

Oft kommt es hiebei vor, daß schwächere Tiere zu Boden fallen und von den anderen totgetreten werden.

3. Überfüllung der Viehtransportwagen auf der Eisenbahn.

Die näheren Bestimmungen über die Beförderung von lebenden Tieren mittels Eisenbahnen sind in der Anlage B zur Eisenbahn-Verkehrsordnung vom 23. Dezember 1908 / 25. Januar 1909 (GVBl. 1909 S. 86) enthalten. Das Nachfolgende ist besonders ins Auge zu fassen:

Für das Einladen müssen besondere Vorrichtungen getroffen sein. Auf Stationen mit regelmäßig großem Viehversand, sowie auf den Tränkstationen oder in deren Nähe müssen zur vorübergehenden Unterbringung des Viehes eingefriedigte Räume, von denen ein angemessener Teil überdeckt sein muß, vorhanden sein. Die Wagen sind darauf zu prüfen, ob sie nicht überfüllt sind. Die zur Beförderung von Tieren zu verwendenden Käfige, Kisten, Körbe, Säcke oder andere Behälter müssen hinlänglich geräumig und luftig sein. Die Tiere dürfen nicht geknebelt zur Beförderung aufgegeben werden. Großvieh darf nicht aneinander und an die Wandung gepreßt stehen.

Kleinvieh muß die Möglichkeit haben, sich zu legen. Großvieh und Kleinvieh, sowie Tiere verschiedener Gattung dürfen in denselben Wagen nur dann verladen werden, wenn jede Gattung durch Schranken, Bretter- oder Lattenverschläge von der anderen getrennt wird. Das gleiche gilt für die in Käfigen und Kisten zu befördernden Tiere.

Die Absender sollen die Tiere, deren Beförderung von der Abgangs- bis zur Bestimmungsstation 24 Stunden oder länger in Anspruch nimmt, vor der Verladung füttern und tränken. Währt die Beförderung in Viehzügen mehr als 36 Stunden, so hat spätestens nach je 36 Stunden eine Fütterung und Tränkung der Tiere stattzufinden.

Häufig führt auch zu Tierquälereien das zu frühzeitige Einladen der Tiere und das zu lange Stehenlassen in den Viehwagen nach der Ankunft auf den Stationen bis zum Ausladen.

4. Treiben von Vieh auf Landstraßen.

Hunde, die zum Treiben verwendet werden, sind mit Maulkörben zu versehen. Das Stechen und Stoßen mit spitzen Gegenständen, das Prügeln mit Knütteln, das heftige Zerren am Leitseil ohne begründeten Anlaß, das Quetschen und Drehen des Schweifes sind als Tierquälereien zu erachten.

5. Auf den Märkten.

Geknebelte Lämmer, Spanferkel und Kitze dürfen nicht mit abwärts hängendem Kopfe oder an den Hinterbeinen getragen werden, ebenso nicht das Geflügel; letzteres auch nicht in überfüllten Netzen ohne Boden. Lebende Fische dürfen nicht mit in die Kiemen eingesetzten Fingern befördert werden.

Als häufig vorkommende Tierquälereien sind noch hier zu erwähnen: Ungebührlich langes Liegenlassen geknebelter Tiere im Freien ohne Schutz gegen Hitze, Kälte und Unwetter; länger dauerndes Hinlegen auf den bloßen Boden ohne Strohunterlage (besonders im Winter); Herumtreten auf den geknebelt am Boden liegenden Tieren, sowie Überfüllung der Geflügelbehälter.

II. Tierquälereien beim Gebrauch der Tiere zu Arbeitsleistungen.

1. Die Verwendung erkrankter, abgetriebener und verletzter, in der Regel auch lahmer Tiere zur Arbeit und die Unterlassung des Verbandes bei verletzten Tieren.

2. Der übermäßige Gebrauch der Peitsche oder anderer Antriebsmittel, wie Prügel oder spitziger Stecken. Das Treten mit den Füßen, das Werfen mit Steinen 2c.

3. Überanstrengung der Körperkraft überhaupt.

Hiezu ist zu rechnen:

a) Überladungen der Fuhrwerke, namentlich der Schuttabfuhrwagen bei Bauten, der Holz- und Getreidefuhrwerke;
b) die Unterlassung des Radschuheinlegens und des rechtzeitigen Schärfens der Pferde bei Glatteis;
c) das ungebührlich lange Stehenlassen erhitzter oder ermüdeter Tiere in der Sonnenhitze oder im Unwetter auf der Straße;
d) die Benützung schlecht hergestellten Geschirrwerkes, in der Regel auch des Doppeljoches;
e) die übermäßige Belastung der Hundefuhrwerke, namentlich das Sitzen des Hundefuhrwerkbesitzers auf dem Gefährte.

III. Tierquälereien bei der Haltung und Pflege der Tiere.

Hiebei ist den Polizeiorganen ein reiches Feld zur Betätigung im Interesse des Tierschutzes geboten.

1. Unreinlichkeit, oft auch Magerkeit, beruhen auf schlechter Behandlung der Tiere. Jede Versäumnis der einem Tiere zu seiner Erhaltung nötigen Fütterung, Tränkung und Pflege ist eine Tierquälerei.

2. Das Heulen der Kettenhunde ist häufig die Folge von Hunger, Durst, Kälte und Hitze, welche diese Tiere erdulden müssen.

3. Das Heraushängen von Vogelkäfigen in die Sonnenhitze ohne Schutz gegen diese.

4. Das Anbinden von Hunden an Wagen und Fahrrädern bei Zurücklegung weiter Wegstrecken.

IV. Tierquälereien beim Schlachten der Tiere.

Hiebei, namentlich außerhalb öffentlicher Schlachthäuser, kann man oft Tierquälereien und Mißhandlungen wahrnehmen, zumal wenn die Betäubung vor der Schlachtung nicht vorgeschrieben ist. Einige besonders Fälle seien nachstehend hervorgehoben.

1. Eine grausame Tierquälerei ist das sogenannte „Aufflechsen" der Kälber (Aufschneiden der Haut an den Hinterfüßen und Bloßlegen der Sehnen, um daran die Tiere aufhängen zu können) vor dem Abstechen.
2. Häufig lassen auch Rohlinge die zum Schlachten bestimmten Kälber, Ziegen und Schafe längere Zeit mit zusammengebundenen Füßen hängen.
3. Auf Fischmärkten werden zuweilen Fische lebendig geschuppt und den Aalen im lebenden Zustande die Haut abgezogen.

V. Sonstige Tierquälereien.

1. Die Abhaltung von Tierkämpfen jeder Art einschließlich des Hetzens rauflustiger Hunde gegen einander.

2. Die Unterlassung des rechtzeitigen und vollständigen Melkens bei Kühen. Die Euter sind dann übermäßig mit Milch gefüllt, ein Zustand, der den Tieren großen Schmerz verursacht.

3. Das Froschkeulen. Die Froschfänger schneiden den Fröschen die Schenkel ab und lassen die zuckenden Körper liegen.

4. Das Annageln lebender Tiere, z. B. von Fledermäusen und Eulen an Scheunen

5. Die Unterlassung der Nachschau bei den zum Fange von Raubzeug aufgestellten Fallen. Die gefangenen Tiere müssen so elendiglich zugrunde gehen.

6. Das Anbohren von Füchsen und Dachsen

7. Die Abnahme gefangener Fische von der Angel ohne deren vorherige Tötung.

Schluß.

Die Aufführung **aller** vorkommenden Tierquälereien ist unmöglich. Das Gefühl sagt schon in den meisten Fällen, was gegen das Sittengesetz und die Menschlichkeit verstößt und strafbar ist. Sache jedes fühlenden Menschen, insbesondere aber jedes Polizeibeamten, ist es, gegen Tierschinder energisch einzuschreiten und sie entweder zur Anzeige zu bringen, wenn die begangene Mißhandlung unter das Strafgesetz fällt, oder sie ernstlich zu verwarnen und jederzeit sofortige Abhilfe zu schaffen. Wenn so die Tierquälereien möglichst beschränkt werden, so wird dadurch auch Roheit, Grausamkeit und Hartherzigkeit gegen den Nebenmenschen bekämpft, denn die Erfahrung lehrt, daß aus Tierquälern in der Jugend rohe Menschen im Alter werden, die kein Bedenken tragen, Leib und Leben des Nächsten zu schädigen. Wer eifrig den Tierschutz pflegt, arbeitet mit an dem Fortschritte und der Verbreitung echter Menschlichkeit und Nächstenliebe.

Aus „Sammlung von Gesetzen, Verordnungen und Ministerialerlassen strafrechtlichen Inhalts für bayerische Polizeiorgane" 2. Aufl.
J. Schweitzer Verlag (Arthur Sellier) München.

Anweisung zur Ausübung des Tierschutzes für bayerische Polizeiorgane.

(Nach einem Entwurfe des Verbandes bayerischer Tierschutzvereine.)

Einleitung.

Was ist Tierschutz?

Unter Tierschutz versteht man sowohl diejenigen Maßnahmen, welche getroffen werden, um unnötige Quälereien und Mißhandlungen hintanzuhalten, als auch jene, welche der Ausrottung und Verminderung gewisser Tierarten entgegenzuwirken bestimmt sind.

Was ist Tierquälerei?

Tierquälerei ist jede einem Tiere durch Tun oder Unterlassen zugefügte Handlung, welche mit den Gesetzen der Sittenlehre und der Menschlichkeit oder mit einem erlaubten Zwecke in Widerspruch steht.

A. Gesetzliche Bestimmungen zum Schutze der Tiere

1. Reichsstrafgesetzbuch § 360 Ziffer 13:

„Mit Geldstrafe bis zu 150 Mk. oder mit Haft wird bestraft:
Wer öffentlich oder in Ärgernis erregender Weise Tiere boshaft quält oder roh mißhandelt."

Eine rohe Mißhandlung ist jede aus einer gemeinen und gefühllosen Gesinnung entspringende körperliche Mißhandlung. Unter „öffentlich" ist die Wahrnehmung einer unbegrenzten Anzahl von Menschen zu verstehen, während, wenn auch nur eine Person an der Mißhandlung Anstoß nimmt, eine „in Ärgernis erregender Weise" stattgefundene Tierquälerei in Frage kommt. Die Mißhandlung wird zur „Quälerei", wenn sie fortgesetzt und ohne vernünftigen Zweck lediglich aus böser Absicht ausgeführt wird; als „boshaft" ist sie in dem Falle anzusehen, wenn sie nur um des Quälens willen geschieht.

2. Polizeistrafgesetzbuch für das Königreich Bayern Artikel 125 Absatz 4:

„An Geld bis zu 30 Mark oder mit Haft bis zu sechs Tagen wird bestraft:
Wer Vögel, deren Einfangen, Töten oder Verkauf durch Verordnung verboten ist, einfängt, tötet oder verkauft, oder wer den Verordnungen oder oberpolizeilichen Vorschriften über das Einsammeln oder den Verkauf von Vogeleiern zuwiderhandelt."

3. Reichsstrafgesetzbuch § 368 Ziffer 11:

„Mit Geldstrafe bis zu 60 Mark oder mit Haft bis zu 14 Tagen wird bestraft:
Wer unbefugt Eier oder Junge von jagdbarem Federwild oder von Singvögeln ausnimmt."

4. Zum Schutze der Vögel wurden folgende Vorschriften erlassen:

a) Reichs-Vogelschutzgesetz vom 30. Mai 1908 (RGBl. S. 317), abgedruckt in „Sammlung von Gesetzen rc. für Polizeiorgane". 2. Aufl. S. 257.

b) K. Verordnung vom 19. Oktober 1908, den Schutz von Vögeln betr. (GVBl. S. 965), abgedruckt in „Sammlung von Gesetzen rc. für Polizeiorgane“. 2. Aufl. S. 260.

c) K. Verordnung vom 6. Juni 1909, die Ausübung und Behandlung der Jagd und den Verkehr mit Wildbret betr. (GVBl. S. 409), abgedruckt in „Sammlung von Gesetzen rc. für Polizeiorgane“. 2. Aufl. S. 253.

d) Entschließungen des K. Staatsministeriums des Innern, Vogelschutz betr., vom 4. April 1908 (MABl. S. 201), 6. Dezember 1909 (MABl. S. 1084), 18. April 1910 (MABl. S. 325).

B. Mitwirkung der Polizeiorgane beim Tierschutze.

Die Polizeiorgane haben nicht allein die Pflicht, die Übertretungen [illegible] und Verordnungen zur Anzeige zu bringen. Ihre Hauptaufgabe ist vielmehr auch, nach Möglichkeit die Begehung strafbarer Handlungen zu verhindern und Störungen der Rechtsordnung, soweit ein öffentliches Interesse besteht, vorbeugend entgegenzutreten, und zwar durch Belehrungen, Ermahnungen und nötigenfalls durch dienstliche Anordnungen, bei Gefahr im Verzuge durch Ausführung der für notwendig gehaltenen Maßnahmen.

Gerade auf dem Gebiete des Tierschutzes werden die Polizeiorgane häufig Veranlassung zum Einschreiten haben, und zwar auch in solchen Fällen, in denen es zunächst zweifelhaft sein mag, ob die bestehenden Vorschriften zu einer strafrechtlichen Verfolgung vollständig ausreichen. Durch geeignete Mahnung und Verwarnung wird es ihnen in vielen Fällen gelingen, schwereren Ausschreitungen vorzubeugen.

Bleiben ihre Ermahnungen ohne Erfolg und ist der Tatbestand einer Gesetzesübertretung wirklich gegeben, so ist in allen Fällen Strafeinschreitung durch Erstattung der vorschriftsmäßigen Anzeige herbeizuführen.

Der Tierquälereien sind gar viele und es ist ein Ding der Unmöglichkeit, alle einzeln aufzuführen. Nachstehende Ausführungen sollen den Polizeiorganen zeigen, worauf sie hauptsächlich ihr Augenmerk zu richten haben.

I. Tierquälereien bei der Beförderung von Tieren.

1. Das Fesseln oder Knebeln von Kälbern, Schafen, Ziegen und Schweinen.

Die Polizeiorgane haben darauf zu sehen, daß in jenen Gegenden, in welchen noch immer Knebelungen der obengenannten Tiere vorkommen, die Fesselstricke nur über eine Unterlage von Leinwand, Stroh oder einem sonstigen geeigneten Stoffe gespannt sind und nicht zu tief einschneiden. Am Orte ihrer Bestimmung (Viehmärkte, Schlachthäuser, Wirtshäuser, Schlächtereien) sind die Tiere sofort zu entfesseln.

Alle Tiere sind so zu laden, daß weder die Köpfe noch andere Körperteile über die Fuhrwerke herabhängen und daß die Tiere nicht unmittelbar aufeinanderliegen und mit anderen Gegenständen beschwert werden. Auch dürfen sie nicht als Fußsäcke für die Fuhrwerkslenker dienen. Die Teile des Fuhrwerkes, worauf die gefesselten Tiere liegen, müssen mit einer ausreichenden Strohunterlage versehen sein. Kälber sind in Maulhöhe am Wagenrand zu befestigen; das Festbinden der Köpfe am Wagenboden ist unstatthaft.

2. Die Überladung der Fuhrwerke.

Oft kommt es hiebei vor, daß schwächere Tiere zu Boden fallen und von den anderen totgetreten werden.

3. Überfüllung der Viehtransportwagen auf der Eisenbahn.

Die näheren Bestimmungen über die Beförderung von lebenden Tieren mittels Eisenbahnen sind in der Anlage B zur Eisenbahn-Verkehrsordnung vom 23. Dezember 1908 / 25. Januar 1909 (GVBl. 1909 S. 86) enthalten. Das Nachfolgende ist besonders ins Auge zu fassen:

Für das Einladen müssen besondere Vorrichtungen getroffen sein. Auf Stationen mit regelmäßig großem Viehversand, sowie auf den Tränkstationen oder in deren Nähe müssen zur vorübergehenden Unterbringung des Viehes eingefriedigte Räume, von denen ein angemessener Teil überdeckt sein muß, vorhanden sein. Die Wagen sind darauf zu prüfen, ob sie nicht überfüllt sind. Die zur Beförderung von Tieren zu verwendenden Käfige, Kisten, Körbe, Säcke oder andere Behälter müssen hinlänglich geräumig und luftig sein. Die Tiere dürfen nicht geknebelt zur Beförderung aufgegeben werden. Großvieh darf nicht aneinander und an die Wandung gepreßt stehen.

Kleinvieh muß die Möglichkeit haben, sich zu legen. Großvieh und Kleinvieh, sowie Tiere verschiedener Gattung dürfen in denselben Wagen nur dann verladen werden, wenn jede Gattung durch Schranken, Bretter- oder Lattenverschläge von der anderen getrennt wird. Das gleiche gilt für die in Käfigen und Kisten zu befördernden Tiere.

Die Absender sollen die Tiere, deren Beförderung von der Abgangs- bis zur Bestimmungsstation 24 Stunden oder länger in Anspruch nimmt, vor der Verladung füttern und tränken. Währt die Beförderung in Viehzügen mehr als 36 Stunden, so hat spätestens nach je 36 Stunden eine Fütterung und Tränkung der Tiere stattzufinden.

Häufig führt auch zu Tierquälereien das zu frühzeitige Einladen der Tiere und das zu lange Stehenlassen in den Viehwagen nach der Ankunft auf den Stationen bis zum Ausladen.

4. Treiben von Vieh auf Landstraßen.

Hunde, die zum Treiben verwendet werden, sind mit Maulkörben zu versehen. Das Stechen und Stoßen mit spitzen Gegenständen, das Prügeln mit Knütteln, das heftige Zerren am Leitseil ohne begründeten Anlaß, das Quetschen und Drehen des Schweifes sind als Tierquälereien zu erachten.

5. Auf den Märkten.

Geknebelte Lämmer, Spanferkel und Kitze dürfen nicht mit abwärts hängendem Kopfe oder an den Hinterbeinen getrgaen werden. ebenso nicht das Geflügel letzteres auch nicht in überfüllten Netzen ohne Boden. Lebende Fische dürfen nicht mit in die Kiemen eingesetzten Fingern befördert werden.

Als häufig vorkommende Tierquälereien sind noch hier zu erwähnen: Ungebührlich langes Liegenlassen geknebelter Tiere im Freien ohne Schutz gegen Hitze, Kälte und Unwetter; länger dauerndes Hinlegen auf den bloßen Boden ohne Strohunterlage (besonders im Winter); Herumtreten auf den geknebelt am Boden liegenden Tieren, sowie Überfüllung der Geflügelbehälter.

II. Tierquälereien beim Gebrauch der Tiere zu Arbeitsleistungen.

1. Die Verwendung erkrankter, abgetriebener und verletzter, in der Regel auch lahmer Tiere zur Arbeit und die Unterlassung des Verbandes bei verletzten Tieren

2. Der übermäßige Gebrauch der Peitsche oder anderer Antriebsmittel, wie Prügel oder spitziger Stecken. Das Treten mit den Füßen, das Werfen mit Steinen ꝛc.

3. Überanstrengung der Körperkraft überhaupt.

Hiezu ist zu rechnen:

a) Überladungen der Fuhrwerke, namentlich der Schuttabfuhrwagen bei Bauten, der Holz- und Getreidefuhrwerke;
b) die Unterlassung des Radschuheinlegens und des rechtzeitigen Schärfens der Pferde bei Glatteis;
c) das ungebührlich lange Stehenlassen erhitzter oder ermüdeter Tiere in der Sonnenhitze oder im Unwetter auf der Straße;
d) die Benützung schlecht hergestellten Geschirrwerkes, in der Regel auch des Doppeljoches;
e) die übermäßige Belastung der Hundefuhrwerke, namentlich das Sitzen des Hundefuhrwerkbesitzers auf dem Gefährte.

III. Tierquälereien bei der Haltung und Pflege der Tiere.

Hiebei ist den Polizeiorganen ein reiches Feld zur Betätigung im Interesse des Tierschutzes geboten.

1. Unreinlichkeit, oft auch Magerkeit, beruhen auf schlechter Behandlung der Tiere. Jede Versäumnis der einem Tiere zu seiner Erhaltung nötigen Fütterung, Tränkung und Pflege ist eine Tierquälerei.

2. Das Heulen der Kettenhunde ist häufig die Folge von Hunger, Durst, Kälte und Hitze, welche diese Tiere erdulden müssen.

3. Das Heraushängen von Vogelkäfigen in die Sonnenhitze ohne Schutz gegen diese.

4. Das Anbinden von Hunden an Wagen und Fahrrädern bei Zurücklegung weiter Wegstrecken.

IV. Tierquälereien beim Schlachten der Tiere.

Hiebei, namentlich außerhalb öffentlicher Schlachthäuser, kann man oft Tierquälereien und Mißhandlungen wahrnehmen, zumal wenn die Betäubung vor der Schlachtung nicht vorgeschrieben ist. Einige besonders krasse seien nachstehend hervorgehoben:

1. Eine grausame Tierquälerei ist das sogenannte „Aufflechsen" der Kälber (Aufschneiden der Haut an den Hinterfüßen und Bloßlegen der Sehnen, um daran die Tiere aufhängen zu können) vor dem Abstechen.
2. Häufig lassen auch Rohlinge die zum Schlachten bestimmten Kälber, Ziegen und Schafe längere Zeit mit zusammengebundenen Füßen hängen.
3. Auf Fischmärkten werden zuweilen Fische lebendig geschuppt und den Aalen im lebenden Zustande die Haut abgezogen.

V. Sonstige Tierquälereien.

1. Die Abhaltung von Tierkämpfen jeder Art einschließlich des Hetzens rauflustiger Hunde gegen einander.

2. Die Unterlassung des rechtzeitigen und vollständigen Melkens bei Kühen. Die Euter sind dann übermäßig mit Milch gefüllt, ein Zustand, der den Tieren großen Schmerz verursacht.

3. Das Froschkeulen. Die Froschfänger **schneiden den Fröschen** die Schenkel ab und lassen die zuckenden Körper liegen.

4. Das Annageln lebender Tiere, z. B. von Fledermäusen und Eulen an Scheunen.

5. Die Unterlassung der Nachschau bei den zum Fange von Raubzeug aufgestellten Fallen. Die gefangenen Tiere müssen so elendiglich zugrunde gehen.

6. Das Anbohren von Füchsen und Dachsen.

7. Die Abnahme gefangener Fische von der Angel ohne deren vorherige Tötung.

Schluß.

Die Aufführung aller vorkommenden Tierquälereien ist unmöglich. Das Gefühl sagt schon in den meisten Fällen, was gegen das Sittengesetz und die Menschlichkeit verstößt und strafbar ist. Sache jedes fühlenden Menschen, insbesondere aber jedes Polizeibeamten, ist es, gegen Tierschinder energisch einzuschreiten und sie entweder zur Anzeige zu bringen, wenn die begangene Mißhandlung unter das Strafgesetz fällt, oder sie ernstlich zu verwarnen und jederzeit sofortige Abhilfe zu schaffen. Wenn so die Tierquälereien möglichst beschränkt werden, so wird dadurch auch Roheit, Grausamkeit und Hartherzigkeit gegen den Nebenmenschen bekämpft, denn die Erfahrung lehrt, daß aus Tierquälern in der Jugend rohe Menschen im Alter werden, die kein Bedenken tragen, Leib und Leben des Nächsten zu schädigen. Wer eifrig den Tierschutz pflegt, arbeitet mit an dem Fortschritte und der Verbreitung echter Menschlichkeit und Nächstenliebe.

FSC
www.fsc.org
MIX
Papier | Fördert gute Waldnutzung
FSC® C083411

Kolibri 360 GmbH
Ferdinand-Jühlke-Straße 7
99095 Erfurt, Deutschland
produktsicherheit@kolibri360.de